湘潭县年鉴

XIANG TAN XIAN NIAN JIAN

2016

湘 潭 县 人 民 政 府 主办
湘潭县年鉴编纂委员会 主编

方志出版社
Publishing House of Local Records

图书在版编目（CIP）数据

湘潭县年鉴. 2016 / 湘潭县年鉴编纂委员会编 . -- 北京：方志出版社，2016.10

ISBN 978-7-5144-2161-3

Ⅰ. ①湘… Ⅱ. ①湘… Ⅲ. ①湘潭县-2016-年鉴 Ⅳ. ①Z526.44

中国版本图书馆CIP数据核字（2016）第259651号

湘潭县年鉴（2016）

编　　者：湘潭县年鉴编纂委员会
责任编辑：齐 笑

出 版 人：黄祥德
出 版 者：方志出版社
　地址　北京市朝阳区潘家园东里9号（国家方志馆4层）
　邮编　100021
　网址　http://www.fzph.org
发　　行：方志出版社发行中心
　电话（010）67110500
经　　销：各地新华书店
印　　刷：湘潭地调彩印厂

开　　本：889×1194　1/16
印　　张：20.25
字　　数：693千字
版　　次：2016年11月第1版　2016年11月第1次印刷
印　　数：0001~1000册

ISBN 978-7-5144-2161-3　　定 价：200.00元

《湘潭县年鉴》编纂委员会

《湘潭县年鉴》编辑部

地　　址　湘潭县大鹏中路518号(湘潭县人民政府大院内)

邮　　编　411228

电　　话　0731-52520626　0731-52520623

邮　　箱　szb2520623@163.com

编辑说明

一、《湘潭县年鉴》是由湘潭县人民政府主办、《湘潭县年鉴》编委会主编的湘潭县综合性年鉴。1997年创刊,每年编辑一部。《湘潭县年鉴(2016)》为第20部。

二、本卷年鉴坚持以马克思列宁主义、毛泽东思想、邓小平理论、“三个代表”重要思想和科学发展观为指导,全面、系统、真实地记载2015年湘潭县自然、政治、经济、文化、社会和生态文明建设等方面的基本情况,为各级政府和部门决策提供依据,为社会各界了解和研究湘潭县提供基本信息资料;为续修《湘潭县志》积累史料。

三、本卷年鉴为中编结构,分“类目”“分目”“条目”三个层次。部分涉及面较广的“分目”下增设“副分目”。2016年卷设图片专辑、特载、大事记、综述、中共湘潭县委员会、湘潭县人大常委会、湘潭县人民政府、政协湘潭县委员会、民主党派·工商联、社会群众团体、法治、国防建设、经济管理、建设·环保、重点工程建设·园区建设、农业、工业、交通·邮政·通信、贸易·旅游、财政·税务、金融·证券·保险、教育·科技、文化·体育·传媒、卫生·医疗、社会民生、乡镇、人物·荣誉录、统计资料、附录、索引等30个类目。卷首设图片专辑、特载、大事记、综述4个类目;百科设中共湘潭县委员会等24个类目;卷末设附录、索引2个类目。除综合性类目分别置于首尾外,其余各类目按自然、政治、经济、文化、社会的顺序,依次排列。

四、为减少层次,避免交叉重复,《湘潭县年鉴》多数“类目”下不设“概述”,仅在“分目”或“副分目”下设“概况”作为第一条目,以对部门、单位期内情况进行综合性或概括性记述。

五、根据图书出版要求,条文中“亩”“公里”“公斤”都换算成“公顷”“千米”“千克”。为延续传统表述方式,书中保留了部分“亩”及“亩产”的单位表述方式。

六、本卷年鉴所载信息资料均由各部门、单位专人撰写,并经领导审阅,文中所用统计数据均由供稿单位审核,撰稿人随文署名,以示尊重劳动成果并文责自负。统计资料由县统计局提供,凡因统计口径、方法、时间不同造成与条目中数据不一致时,均以《湘潭县2015年国民经济和社会发展统计公报》发布的数据为准。组织结构和负责人名录以2015年12月县政府机构改革确定新的领导班子为准,由各单位提供,经县委组织部审定。《湘潭县年鉴》编辑部对各部门、单位资料整理编辑,经2016年9月27日年鉴编纂委员会会议审核通过,具有权威性。

七、本卷年鉴编纂出版工作得到全县各部门、单位的大力支持与配合,广大编撰人员为之付出了艰辛劳动,借此表示衷心感谢。由于成书仓促,水平有限,多有疏漏或不足之处,敬请广大读者批评指正。

《湘潭县年鉴》编辑部

2016年10月

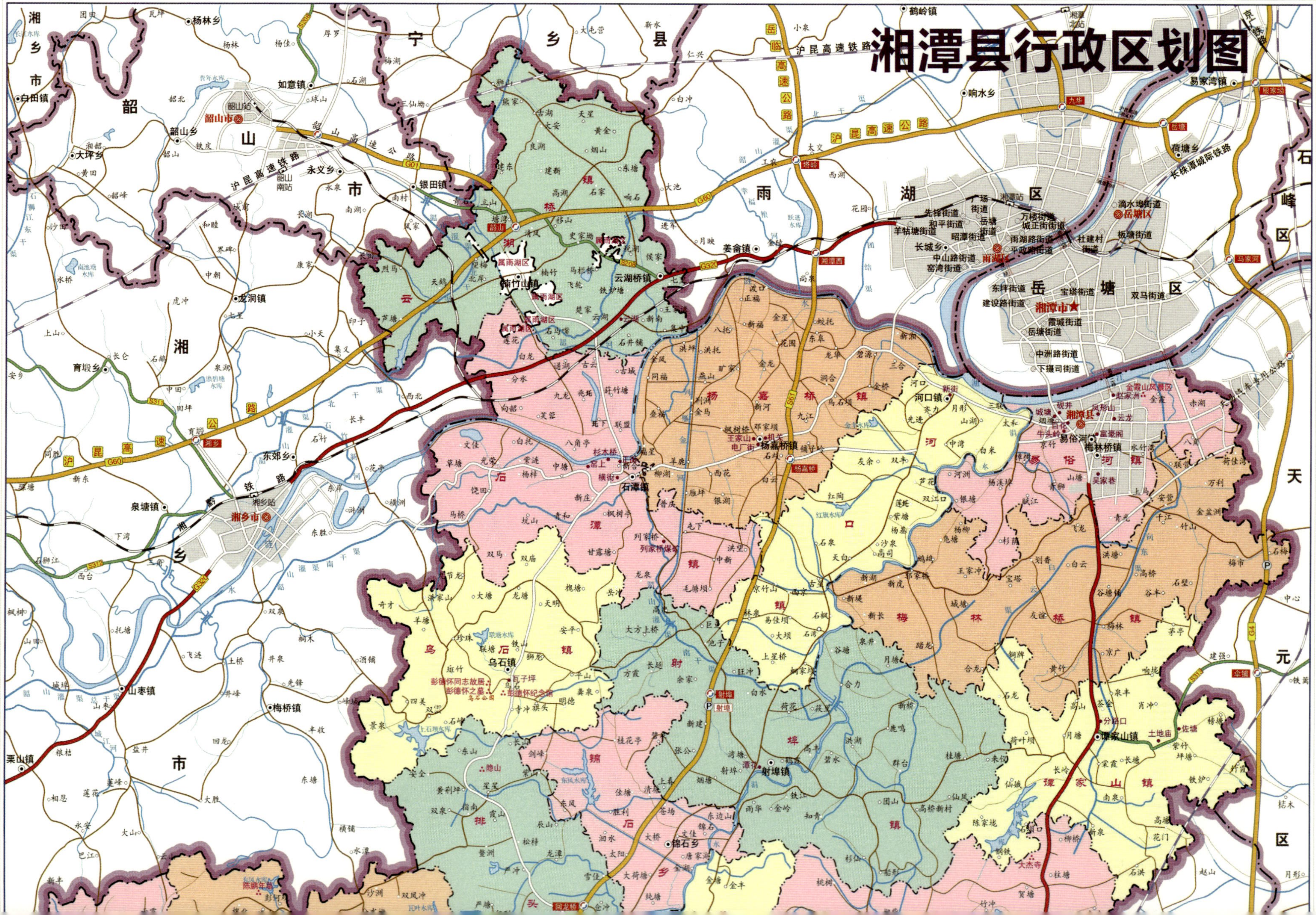
湘潭县行政区划图
湘潭市★
湘潭县
岳塘区
雨湖区
韶山市
湘乡市
易俗河镇
河口镇
杨嘉桥镇
石潭镇
花石镇
白石镇
射埠镇
谭家山镇
排头乡
锦石乡
乌石镇
云湖桥镇
梅林桥镇
中路铺镇
茶恩寺镇
分水乡
青山桥镇
姜畲镇
银田镇
如意镇
永义乡
东郊乡
龙洞镇
育塅乡
泉塘镇
山枣镇
梅桥镇
栗山镇
白田镇
杨林乡
韶山乡
大坪乡
响水乡
鹤岭镇
易家湾镇
荷塘乡
长城乡
乌石镇
隐山
彭德怀同志故居
彭德怀之墓
彭德怀纪念馆
沪昆高速铁路
沪昆高速公路
长株潭城际铁路
岳临高速公路
韶山高速公路
湘

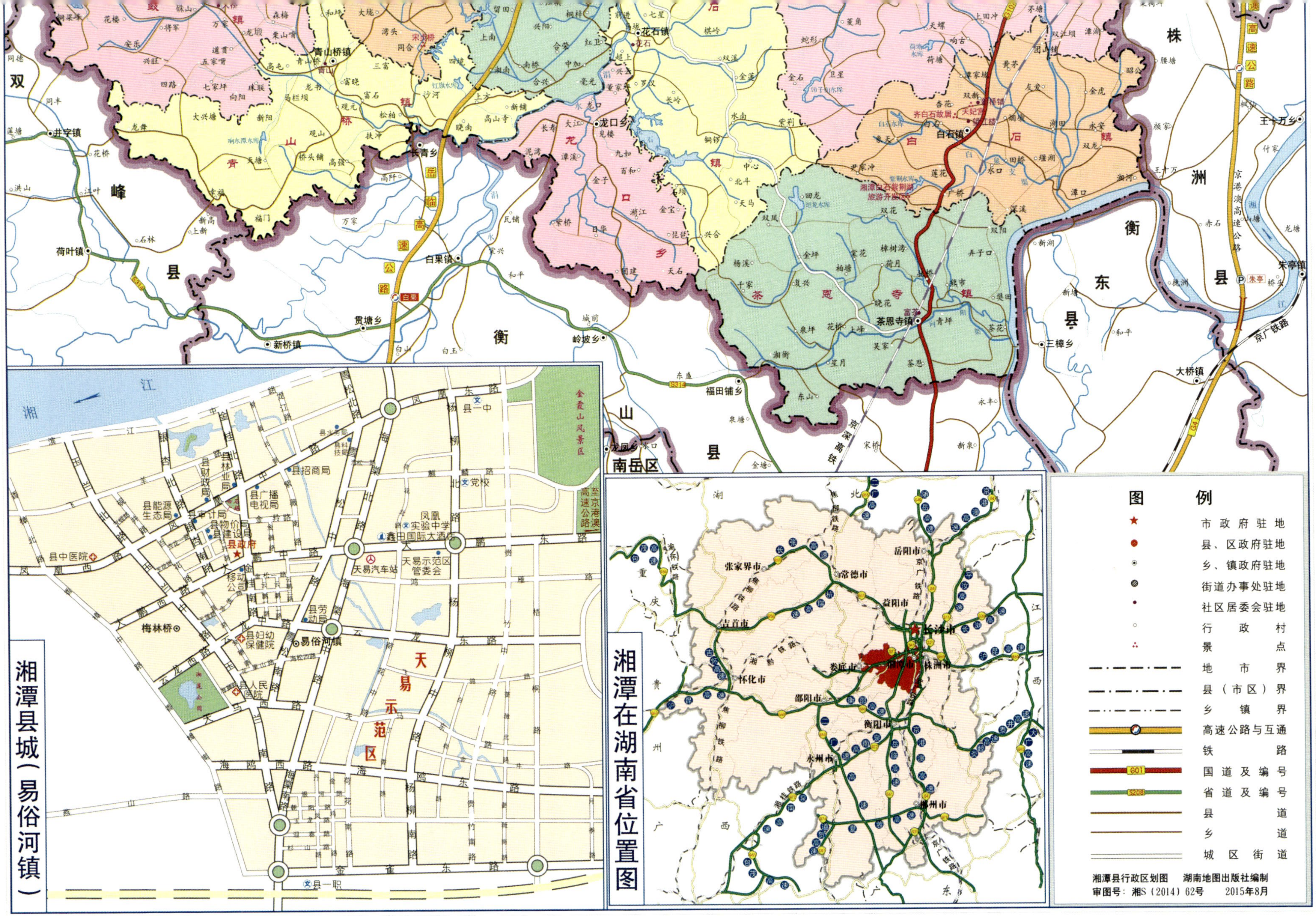
湘潭县城（易俗河镇）
湘潭在湖南省位置图
图例
市政府驻地
县、区政府驻地
乡、镇政府驻地
街道办事处驻地
社区居委会驻地
行政村
景点
地市界
县（市区）界
乡镇界
高速公路与互通
铁路
国道及编号
省道及编号
县道
乡道
城区街道
湘潭县行政区划图 湖南地图出版社编制
审图号：湘S（2014）62号 2015年8月
株洲县
衡东县
衡山县
南岳区
衡峰县
双
白石镇
茶恩寺镇
花石镇
龙口乡
青山桥镇
射埠镇
长青乡
白果镇
贯塘乡
新桥镇
岭坡乡
福田铺乡
荷叶镇
井字镇
三樟乡
大桥镇
朱亭镇
王十万乡
天易示范区
易俗河镇
县政府
县中医院
县一中
县一职
天易汽车站
梅林桥

重要荣誉称号

★中国湘莲之乡
★全国粮食生产先进县
★全国计划生育优质服务先进县
★全国科技进步先进县
★全国文化先进县
★全国绿化模范县
★全国生猪调出大县
★中国民间文化艺术之乡
★中国最具投资潜力特色示范县200强

★湖南省文明县城
★湖南省“经济十强县”
★湖南省全面小康经济强县
★湖南省特色县域经济重点县
★湖南省安全生产先进县
★湖南省粮食生产标兵县
★湖南省新农村建设先进县
★湖南省人口与计划生育工作优秀单位
★湖南省阳光计生示范县
★湖南省福彩销售先进县
★湖南省旅游强县

数字湘潭县2015

全县总面积	2134平方千米	专利授权量	189件
全县总人口	97.95万人	卫生机构	783个
全县生产总值	329.8亿元	医疗床位数	3394张
其中:第一产业增加值	58.7亿元	社会消费品零售总额	74.8亿元
第二产业增加值	170.4亿元	城镇居民人均可支配收入	27709元
第三产业增加值	100.7亿元	农村居民人均可支配收入	14539元
财政总收人	24.4亿元	城镇居民人均消费支出	15078元
财政总支出	43.2亿元	农村居民人均消费支出	11023元
规模以上工业企业增加值	136.6亿元	参加城镇职工基本医疗保险人数	56802人
农林牧渔业总产值	100.1亿元	参加城镇居民基本医疗保险人数	55950人
固定资产投资	200.4亿元	参加新型农村合作医疗人数	813460人
房地产开发投资	16.9亿元	参加失业保险职工人数	21946人
房屋建筑施工面积	199.3万平方米	参加工伤保险职工人数	44803人
房屋建筑竣工面积	115.3万平方米	参加生育保险职工人数	27929人
进出口总额	1699万美元	参加企业单位养老保险人数	50291人
接待入境旅游人数	720.03万人次	参加机关事业单位养老保险人数	22832人
旅游收入	48.18亿元	参加新型农村养老保险人数	300333人
专利申请量	283件		

2015年8月21日，省委书记、省人大常委会主任徐守盛（前排中）到天易示范区企业湖南珠江啤酒有限公司调研

（天易示范区 提供）

2015年4月13日，省政协主席陈求发（前右三）到湘潭县调研耕地修复治理项目

（县政协 提供）

2015年11月3日，省委副书记孙金龙（前左二）到湘潭县调研乡镇行政区划调整改革工作

（彭　圆　摄）

2015年7月29日，副省长戴道晋（前右二）到湘潭县督查早稻收购工作

（彭　圆　摄）

2015年2月13日，副省长李友志（右二）到湘潭县走访慰问老人和困难群众

（龙显扬 摄）

2015年3月11日，省政协副主席欧阳斌（右二）到湘潭县调研隐山湖湘文化源生态旅游区建设情况

（县政协提供）

2015年7月8日，省政协副主席武吉海到湘潭县督查湘发〔2014〕3号文件贯彻落实情况

（县政协 提供）

2015年5月22日，市委书记、市人大常委会主任陈三新(左二)考察天易示范区企业发展情况

（天易示范区提供）

2015年5月5日，市委副书记、市长胡伟林（右二）到湘潭县调研园区经济发展情况

（天易示范区 提供）

2015年5月26日，市政协主席周放良（前右二）到天易示范区企业湖南傲派自动化设备有限公司调研

（天易示范区 提供）

2015年7月29日，县委书记谢振华（前右三）到易俗河镇银塘村了解村党务公开和财务公开情况

（杨　建摄）

2015年5月27日，县人大常委会主任黄忠德（右二）调研全县桑蚕产业发展情况

（杨　建摄）

2015年7月23日，县委副书记、县长傅国平（左四）查看金霞山公园消防隔离带规划图

（龙　蓉 摄）

2015年3月24日，县政协主席王惠芳（右四）调研湘潭斯瑞摩科技有限公司发展情况

（县政协 提供）

2015年2月9日晚，湘潭县举行首届道德模范和最美群众贴心人颁奖晚会

（龙显扬 摄）

2015年10月24日，纪念彭德怀同志诞辰117周年活动在彭德怀同志纪念馆铜像广场举行

（彭德怀纪念馆 提供）

2015年9月30日，湘潭县举行烈士纪念园开园暨“缅怀革命先烈 弘扬民族精神”公祭活动

（龙　蓉　摄）

2015年6月29日，县委、县人民政府在易俗河镇青狮村举行罗亦农故居遗址标识落成庆典

（罗　建　摄）

2015年6月5日，湘潭县举行“徒步竞答金霞山·两型环保并肩行”活动

（天易示范区 提供）

2015年8月18日，全国1%人口抽样调查综合试点在湘潭县启动

（龙显扬 摄）

2015年3月14日，“无限风光在顶峰——石鼓·顶峰之旅”正式启动

（龙显扬 摄）

2015年5月23日，湘潭县举行“采莲乡新茶 品红色文化”湘潭县乌石一日游暨中国旅游日主题活动启动仪式

（杨 建 摄）

2015年7月4日，湘潭县第二届赏荷之旅暨第一届湘潭地方特色产品交易展示会在花石镇开幕

（彭　圆　摄）

2015年7月18日，美丽梅林“都市后花园”开园仪式暨文艺汇演在湘潭县举行

（龙　蓉　摄）

2015年9月29日，湘潭县2015年“欢乐潇湘·幸福湘潭·莲乡大舞台”群众广场舞大赛决赛在白石广场举行

（彭　圆　摄）

2015年3月5日，湘潭县"庆新春·闹元宵"系列文体活动在白石广场上演（罗 建 摄）

2015年1月22日，湘潭县首届房地产交易博览会在白石广场开幕

（罗　建 摄）

2015年5月15日，位于天易示范区的湖南珠江啤酒有限公司投产

（天易示范区 提供）

2015年7月17日，总投资约9.7亿元的12个重点工程项目在天易示范区举行集中开工仪式

（天易示范区 提供）

2015年3月18日，湖南傲派自动化设备有限公司湖南基地在天易示范区建成投产

（天易示范区 提供）

2015年4月15日，湘潭市子敬慈善基金会与湘潭县人民政府签署合作建校办学协议

（罗　建 摄）

2015年6月7日，白石广场和人防工程提质改造项目成功签约

（杨　建 摄）

2015年7月14日，湘潭县与阿里巴巴集团举行农村电子商务合作举行签约仪式

（龙 蓉 摄）

2015年9月28日，阿里巴巴农村淘宝湘潭县服务中心成立

（杨 建 摄）

2015年11月11日，世界500强ADM公司动物营养项目签约落户天易示范区

（天易示范区 提供）

2015年12月10日，位于天易示范区的湖南傲农湘潭基地建成投产

（天易示范区 提供）

2015年3月2日，台湾考察团考察天易示范区

（天易示范区 提供）

2015年12月25日，潭衡高速公路晓南互通工程开工建设动员大会举行

（龙 蓉 摄）

2015年4月15日，湘潭芙蓉大桥（五大桥）正式通车　　（天易示范区 提供）

金霞广场　　（周铁东 摄）

同丰广场
（县城市管理和行政执法局 提供）

湘潭碧桂园小区　　（丁艳平 摄）

湘江国际住宅区　　（周铁东 摄）

2015年9月30日，大鹏路提质改造竣工通车　　（天易示范区 提供）

湘潭江声实验学校
（县教育局 提供）

湘潭云龙实验学校　（县教育局 提供）

天易金霞小学　（县教育局 提供）

湘潭县一中　（县教育局 提供）

县中医院新住院大楼　　（县中医院 提供）

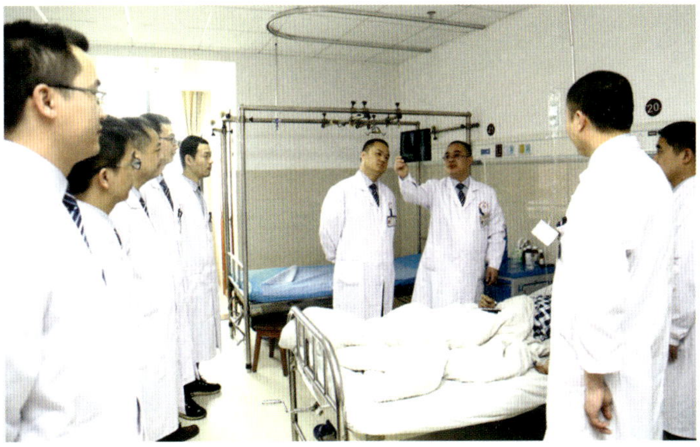

县中医院骨科病室　　（县中医院 提供）

县人民医院血液净化中心
（县人民医院 提供）

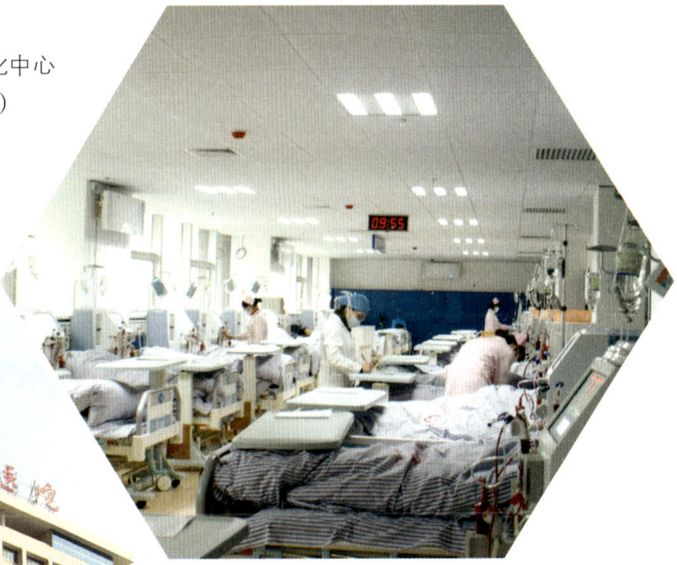

县人民医院外科大楼　　（县人民医院 提供）

和谐潇湘 精彩省运
魅力莲乡 激情省运
中共湘潭县委 湘潭县人民政府

县城新貌　（县城市管理和行政执法局 提供）

滨江风光带　（周铁东 摄）

金霞山　　（周铁东 摄）

晓霞山

县文化体育旅游局 提供）

汉城桥　　（黄剑业 摄）

涓水河　　（周铁东 摄）

鹭恋莲乡　　（县文化体育旅游局 提供）

十里荷香　　（黄剑业 摄）

铜梁山下 （周铁东 摄）

铜梁风光 （县文化体育旅游局 提供）

彭德怀故居　　　　（县文化体育旅游局 提供）

洛口老街　　　　（黄剑业 摄）

顶峰瀑布　　　　（黄剑业 摄）

十八罗汉山　　　　（黄剑业 摄）

五龙山大杰寺　　　　（县文化体育旅游局 提供）

元帅树　　（周铁东 摄）

隐山　　（周铁东 摄）

目　录

CONTENTS

湘潭县人大常委会
XIANGTANXIAN PEOPLES CONGRESS

湘潭县人民政府
THE PEOPLES GOVERNMENT OF XIANGTANXIAN

政协湘潭县委员会
C.P.P.C.C XIANGTANXIAN MUNICIPAL PARTY COMMITTEE

民主党派
DEMOCRATIC PARTY ASSOCIATION OF INDUSTRY

群众团体
SOCIAL MASS ORGANIZATIONS

法　治
RULE OF LAW

国防建设
NATIONAL DEFENSE

经济管理
ECONOMIC ADMINISTRATION

建设·环保
CONSTRUCTION AND ENVIRONMENTAL PROTECTION

重点工程建设·园区建设
CONSTRUCTION OF KEY PROJECTS AND DEVELOPMENT ZONE

农 业
AGRICULTURE

工 业
INDUSTRY

交通·邮政·通信
TRANSPORTATION AND POST OFFICE AND COMMUNICATIONS

商务·旅游
TRADE AND TOURISM

财政·税务
FINANCE AND TAXATION

金融·证券·保险
FINANCE AND SEURITIES AND INSURANCE

教育·科技
EDUCATION AND SCIENCE AND TECHNOLOGY

文化·体育·传媒
CULTURE AND SPORTS AND MASS MEDIA

卫生·医疗
HEALTH AND MEDICAL

社会民生
SOCIAL AND LIVELIHOOD

乡 镇
TOWNSHIP

人物·荣誉录
FIGURES AND HONOR DIRECTORY

统计资料
STATISTICAL DATA

附 录
APPENDIX

索 引
INDEX

特　载

在县委经济工作会议上的讲话

中共湘潭县委书记　谢振华

（2016年1月25日）

县委书记　谢振华

同志们：

这次会议的主要任务是，全面贯彻落实中央、省委和市委经济工作会议精神，总结2015年经济工作，分析当前经济形势，部署今年各项任务。等下，国平同志还要做出具体安排，请大家认真抓好落实。下面，根据县委常委会形成的统一意见，我讲四个方面的内容。

一、客观评价去年工作，备加珍惜来之不易的好态势

2015年，面对整体经济下行的巨大压力和改革发展稳定的繁重任务，县委、县政府团结带领全县人民，主动适应新常态，积极应对新挑战，推动了县域经济社会协调发展、行稳致远。

一是经济总量稳步增长。各项主要经济指标如期完成年度目标任务，其中，GDP、规模工业增加值、固定资产投资等指标增速均排名全市第一。创国家级经开区工作持续推进，乡镇工业园区发展迅速，“一区多园”规模工业总产值在全县占比超过80%。

二是全面小康均衡提升。五大类指标平均提升约3个百分点，总体实现程度提升近4个百分点，预计可达到89.2%。始终突出民生民利，全年完成民生投入32亿元，占财政总支出的72%，有效增强了广大群众的获得感和满意度。

三是深化改革稳妥突破。9大类68项改革任务齐头并进，政府机构改革、行政审批、土地确权等一批重点改革事项取得实质性进展。在全省率先开展“松绑减负”、乡镇委托授权执法等探索与实践，率先稳妥推进乡镇行政区划调整改革工作，得到省委领导的充分肯定。

四是产业转型升级加快。深入实施“强工壮县”举措，装备制造、现代服务、农产品加工三大主导产业不断壮大，产值占规模企业产值的93%；“特色县域经济重点县”政策持续发力，农业“接二连三”“百家示范”工程有力推进，湘莲、楠竹、油茶等特色产业效益逐年提高；石鼓、乌石、花石、云湖桥等乡镇的乡村旅游业态逐渐火热；以淘宝·湘潭县馆为载体的电子商务业发展迅速。

五是党的建设持续加强。基层组织建设“双创”工

程加快推进，党建“阵地标准化、队伍优质化、载体品牌化、制度规范化”建设全面铺开。探索推行“阳光村务”，逐步构建了一套科学化的村级权力运行体系。推行“党员亮分制管理”，严格处置不合格党员，营造了从严治党的新常态、新气象，创造的工作经验得到省委推介，经济建设的组织保障进一步夯实。

2015年各项目标任务的胜利完成，总体实现了“十二五”规划的圆满收官。过去五年，我们坚持以科学发展观为统领，坚决落实中央和省、市各项决策部署，围绕“现代壮县、幸福莲乡”目标，实施“强工壮县、惠农富民”举措，攻坚克难、开拓进取，保持了经济社会又好又快的发展势头。据统计，与2010年相比，地区生产总值由172亿元增加到330亿元，年均增长12.6%；财政收入由10亿元增加到24.4亿元，年均增长19.5%；全社会固定资产投资由56.5亿元增加到200亿元，年均增长28.8%；社会消费品零售总额由36.3亿元增加到75亿元，年均增长15.0%，各项关键指标基本实现倍增，县域经济综合实力三次跻身全省十强。先后获得全国粮食生产先进县、文化先进县、科技进步先进县、绿化模范县、中华诗词之乡、湖南省全面小康经济强县、文明县城、特色县域经济重点县、新农村建设先进县、安全生产先进县、可持续发展试验区、旅游强县等多项荣誉。

这些成绩来之不易，弥足珍贵。成绩的取得，得益于省委省政府、市委市政府的坚强领导、科学决策，归功于全县广大党员干部和人民群众的共同奋斗、不懈进取，凝聚了在座同志们的辛劳和智慧。在肯定成绩的同时，我们也必须看到，县域发展还存在不少困难和问题：经济发展步伐放缓，主要经济指标增速下滑；新增投资项目不多，影响发展后劲；实体经济步履维艰，企业融资难、盈利少、市场压缩问题突出；产业转型任务艰巨，经济结构不优、创新驱动不足的短板没有得到根本改变；财政收支矛盾突出，可用财力明显不足等。对此，我们一定要保持清醒头脑，增强忧患意识，强化底线思维，积极谋划应对。

二、科学研判当前形势，切实凝聚加快发展的正能量

谋事之基，在审时度势；成事之要，在顺应时势。做好今年经济工作，必须置身历史发展新背景，顺应经济转型新常态，结合县域发展新特征，科学把握大势，准确研判形势，才能牢牢把握工作的主动权。

第一，在承前启后的历史关口，要扣准时代脉搏，把握发展大局，找准新的定位。从历史进程来看，2016年将是继往开来、大有作为的一年。这一年是“十三五”规划的开局之年，开局之年更要有运筹帷幄的视野；这一年是“全面小康”的决战之年，决战之年更要有决战决胜的信心；这一年是推进结构性改革的攻坚之年，攻坚之年更要有攻坚克难的韧劲；这一年是创国家级经开区的接力之年，接力之年更要有接力奋进的担当；这一年是省市县乡集中换届之年，换届之年更要有平稳交接的定力。根据这“五个定位、五个要求”，全县各级各部门要以全局的意识、前瞻的思维、全新的姿态，在新的历史坐标中定好盘子、选准路子、迈开步子。

第二，在爬坡过坎的关键时刻，要咬定发展目标，保持战略定力，加压往前推进。这几年来，县委县政府立足实际，着眼长远，审时度势提出了一系列战略目标和思路举措。其中，建设“现代壮县、幸福莲乡”是引领县域发展的战略目标，是百万人民的强县之梦；县域经济“创一流、进百强”是市委市政府交给湘潭县的光荣使命，更是我们攀高比强、自我加压的勇气担当；2017年提前全面建成小康社会是省委省政府交给长株潭地区的政治任务，更是县委县政府对全县人民的庄严承诺；推进“强工壮县、惠农富民”是加快县域经济发展的现实路径，也是实现发展成果共享的内在要求；天易示范区创建“国家级经开区”，是驱动县域发展的核心引擎，也是助推经济转型升级的强大动力。这些战略目标和关键抓手，既是中央、省、市系列决策部署在湘潭县的贯彻、落实和落地，也是我们在不同阶段、不同领域，对历年发展思路的继承、丰富和发展，它们相互交融，辩证统一，相得益彰，共同绘就了湘潭县未来一个时期的宏伟蓝图。“行百里者半九十。”当前，我们正处于这样一个爬坡过坎、滚石上山的关键时刻，这也是最考验广大党员干部定力、耐力、韧劲的时刻。咬紧牙关，挺一挺，目标就将如期实现；一竿松劲，缓一缓，就有可能前功尽弃。因此，做好2016年经济工作，必须继续保持战略定力，咬定发展目标，把工作思路一项一项地落实，把目标任务一个一个地推进，真正把一张好的蓝图抓到底、干到底。

第三，在深度转型的新常态下，要主动调整结构，抢抓发展机遇，厚植发展优势。中央经济工作会议提出，认识新常态、适应新常态、引领新常态，是当前和今后一个时期我国经济发展的大逻辑。当前，湘潭县已经进入了经济调速换挡、发展动力转换、结构调整转型的新常态阶段，既要应对宏观经济下行的巨大压力，又要处理好自身长期积累的结构性矛盾，挑战前所未有，但机遇也同样难得：一是中央、省、市战略决策带来新的机遇。从国家层面来看，中央对当前形势做出“四个没有变”的总体判断，我国仍处于可以大有作为的重要战略机遇期。中央着力推进供给侧结构性改革，明确去产能、去库存、去杠杆、降成本、补短板五大任务，将进一步为当前经济发展创造良好环境。从省、市层面来看，湖南省地处“一带一部”特殊区位，全面融入长江经济带、长江中游城市群建设；湘潭市以长株潭自主创新示范区为平台，建设中部崛起“智造谷”，全面兴起创新创业大潮。这些都将有利于我县在更高层次推进转型升级发展，在更大范围集聚人流、物流、资金流、信息流、产业流。二是“五化”同步蕴藏巨大发展潜力。当前，我县新型工业化、新型城镇化加速推进，农业现代化日新月异，信息化方兴未艾，绿色化潜力无限。在湘潭县2134平方千米的土地上继续推进“五化”同步，具备广阔空间和回旋余地。特别是在基础设施、产业发展、民生改善、公共服务、扶贫开发等领域，我们还存在不少空档和薄弱地带，这既是要着力补强的短板，同时也蕴藏着巨大的投资和消费需求。三是内生动力正逐步培育壮大。贯穿县城区的长株潭城市轨道交通

线、武广大道连接线、潭衡高速晓南互通、潭花复线等一批重大基础设施项目顺利推进或即将启动，交通区位优势再次放大提升。深化改革的活力持续迸发，“一区多园、多点支撑”的互补格局基本成型，食品药品、新材料等新兴产业占据主导地位，农产品精深加工企业逐渐集聚，农业“接二连三”蓬勃兴起，农村电商呈星火燎原之势，珠江啤酒、宏信创新产业园等一批重大项目产能逐步释放，一批新的经济增长点、增长极正在孕育、成长和壮大。纵观这些有利条件，正是我们做好今年经济工作的信心之所在、底气之所在。只要我们准确把握有利形势，扬长避短，加速转型，奋力作为，就一定能够在新时期赢得新的优势。

三、科学谋划发展思路，奋力开启“十三五”征程的新篇章

“十三五”时期是我县贯彻落实“四个全面”战略布局的重要时期，我们必须认真谋划未来发展思路，为湘潭县的发展指引方向、引领航程。“十三五”时期，县委县政府将始终高举中国特色社会主义伟大旗帜，深入贯彻习近平总书记系列重要讲话精神，认真落实“十三五”规划的目标任务，牢牢把握发展第一要务，以提高经济发展质量和效益为中心，以“一区多园”为载体，以项目建设为抓手，以改革创新为动力，推进新型工业化、信息化、城镇化、农业现代化和绿色化“五化”同步，努力将湘潭县建设成生态宜居滨江靓城、协同集聚产业新区、开放创新经济强县、文明和谐小康家园，为基本实现现代化奠定坚实基础。

五年看三年，三年看头年，立足新起点，实现新跨越，必须赢在当前，决战当下。做好2016年经济工作，要全面贯彻党的十八大和十八届三中、四中、五中全会精神以及中央、省、市经济工作会议精神，加强和改善党对经济工作的领导，按照“五位一体”总体布局和“四个全面”战略布局的要求，更加突出创新、协调、绿色、开放、共享的发展理念，更加注重发展质量和效益，持续深化“现代壮县、幸福莲乡”建设目标，深入实施“强工壮县、惠农富民”工作举措，接力推进“创一流、进百强”工作进程，为“十三五”开好局、起好步，全力谱写县域经济社会发展的崭新篇章！

2016年的主要预期目标是：GDP增长10%以上，财政总收入增长7%以上（其中税收增长10%以上），规模工业增加值增长14%以上，固定资产投资增长20%以上，社会消费品零售总额增长12.5%以上，城乡居民人均可支配收入分别增长11%和12%以上。主要经济指标的确定，既要充分体现中央对新常态下发展速度的科学把握和判断，又要紧密结合湘潭县发展阶段特征；既要有一种跳起来摘桃子的感觉，有压力、有动力，起到提振信心、稳定预期的效果；又要稳妥适当，必须摘得到、落得实、兑得现。根据中央提出的“五大发展理念”，结合湘潭县的实际情况，今年突出在以下五个方面发力：

1.突出创新发展，加快步入质效并举新境界。创新是引领发展的第一动力，是提高发展质效、破解结构性难题的必由之路。要紧跟中央推进供给侧结构性改革的政策部署，从供给、需求两端同步发力，稳增长、调结构两手齐抓，做好调优结构、转型升级的“加法”“乘法”，做好消化产能、简政放权的“减法”“除法”，从根本上提升县域经济发展质量和效益。一要以创新驱动培育发展新动力。创建国家级经开区是举全县之力所追求的一个目标，必须坚定不移贯彻下去，靠创新、靠产业、靠实力进入“国家队”。要紧密对接湘潭市“园区发展三年行动计划”，围绕产业促招商，围绕企业促转型，围绕项目促进度，推动天易示范区创国家级经开区工作取得实质性突破。要着力推动园区转型、管理创新，以新常态的思维方式抓项目、抓投资，基础项目建设要更加突出补短板，产业项目建设要更加注重增效益，切实提高园区项目投资的精准性和有效性。要坚定不移实施“一区多园”战略，支持杨河工业园、青山皮鞋工业园、茶恩竹木工业园做大做强、做精做专，把花石湘莲工业园纳入支持体系，辐射带动排头、白石、射埠、锦石等周边乡镇经济发展。要以宏信创新产业园为引领，主动对接和转化“互联网+”“中国制造2025”等政策规划，发挥大众创业、万众创新的乘数效应，催生一批新技术、新模式、新业态，促使一批新的增长点在园区内培育孵化、开花结果。继续推进“淘宝·湘潭县馆”、阿里巴巴农村淘宝建设，着力解决“买进容易、卖出难”问题，形成线上线下一体化格局。二要以结构调整构建产业新体系。持续推进产业结构战略性调整，在先进装备制造业、食品医药产业方面下功夫，重点培育珠江啤酒、伍子醉、五洲通等10家龙头骨干企业和高耐合金、鼎珩智能、莲美食品等20家高成长型企业。着力化解过剩产能，完善市场化退出机制，分类有序处置“僵尸企业”。加快转变农业发展方式，促进农业“接二连三”、融合发展，深入推进“百家示范”工程，大力培育农民合作社、家庭农场、专业大户等新型经营主体。积极创建全省家庭农场示范县，新增省级示范5家以上、市级示范10家以上。着力提升现代服务业水平，积极培育金融、物流、科技信息、电子商务等生产性服务业。坚持新兴产业扩张与传统产业提升互动并进、先进制造业与现代服务业“双轮驱动”，着力构建富有湘潭县特色、富有竞争力的现代产业体系。三要以深化改革完善发展新体制。围绕环境不优、服务效率不高、“融资难”“融资贵”等问题，深化改革举措，解决发展难题。结合2016年全面深化改革要点，以供给侧结构性改革为引领，着力推进财税体制改革、金融体制改革、公务用车改革、行政管理体制改革、事业单位分类改革。在积极承接落实上级改革任务的基础上，自主铺排一批打基础、利长远的改革举措。要在以往剥离示范区社会事务、开展“委托执法”、推进“松绑减负”等探索创新的基础上，进一步理顺示范区与乡镇园区共建共享机制，继续取消下放一批行政审批事项，动态完善村级事务“三清单一目录”制度，充分释放改革红利。要巩固乡镇行政区划调整改革成果，严格落实省、市要求，在3月底前走完行政村合并法定程序，确保改革任务按照既定时间节点稳妥有序完成。

2.突出协调发展，着力构建统筹融合新格局。协调发展是科学发展的题中之义，是落实“四个全面”战略布局必须坚持的重要原则。要重点促进城乡协调发展，

促进经济社会协调发展，促进新型工业化、信息化、城镇化、农业现代化同步发展，推动物质文明和精神文明协调发展。一要促进产城协调。产业是城市发展的支柱和动力源泉，城市是产业发展的载体和依托。根据中央城市工作会议精神，结合“十三五”规划，要加快天易新城区商业、教育、卫生、文化、金融等生活设施建设，进一步增强综合承载能力。着力推进子敬小学、武广大道、滨江风光带延伸线等一批重点项目建设，加快农产品精深加工园、动力配件产业园等功能区配套设施建设，引导产业和人口向新城区聚集，争创优势互补、错位发展的产城融合示范区。二要促进城乡协调。中央经济工作会议提出，要继续推进以人为核心的城镇化建设，通过加快农民工市民化，扩大有效需求，打通供需通道，稳定房地产市场。要以满足新市民住房需求为主要出发点，以建立租购并举的住房制度为主要方向，积极化解商品房库存，落实好降息、公积金政策调整、下调商业贷款首付比例等政策，促进在城镇稳定就业和生活的农业人口落户。三要促进物质文明和精神文明协调。进一步加强城市精细化管理，着力推动创文工作日常化、制度化，不断优化人居环境、创业环境、投资环境，全力争创“全国文明县城”提名资格县城。进一步加强思想道德建设，强化社会主义核心价值观的宣传和普及，加强道德模范的宣传选树。深入挖掘整合历史人文资源，重点建设白石文化旅游区、乌石红色旅游区、隐山湖湘文化风景区，促进物质文明和精神文明的同步推进、共生共融。

3.突出绿色发展，充分展示美丽莲乡新面貌。青山绿水是宝贵资源，也是我们最大的优势。要始终坚持以绿色发展为前提，促进形成绿色生产方式和消费方式。一要用好“两型”建设的名片。要以新材料、新能源、电子信息、节能环保等新兴产业为切入点，大力发展低碳经济、绿色经济和循环经济。大力推广使用低碳技术，鼓励和引导市民绿色出行，有序发展公共租赁自行车。要提质改建公共场所绿地，推进县城背街小巷、金霞山城市公园、芙蓉大道、大鹏西路等绿化建设，推进全民植树活动，实现绿地率、绿化覆盖率、人均公共绿地稳步提升。要利用县电视台、县报、县网等媒体开展宣传，在全县形成“两型”创建的浓厚氛围。二要擦亮美丽乡村的窗口。进一步整合资源和项目，完成易俗河梅林都市后花园二期建设，支持梅林桥美丽乡村示范片创建AAA景区，示范带动全县美丽乡村的建设步伐。要加大整体包装、营销推介力度，推进石鼓顶峰油菜花节、乌石采茶节、花石赏荷之旅、云湖桥橙子节等乡村观光生态旅游体验活动，打造既有社会效应更有经济效益的系列特色品牌。三要打造环境整治的典范。要着眼长效，持续发力，完善考评机制，夯实基层基础。继续开展专项整治，推广市场化服务，巩固保洁效果，确保农村生活垃圾分类减量处理率达到90%。要依托美丽屋场建设，打造示范亮点。要借助农村环境整治全覆盖项目的推进，提升工作水平，实现全县环境整治工作常态化运作。

4.突出开放发展，全力抢占区域竞争制高点。在当前开放型经济背景下，必须坚持对外开放，融入区域发展，提高区域合作水平。一要积极构建开放发展格局。要紧扣省“十三五”期间实施的“开放型经济五年倍增计划”，坚持内需外需协调、“引进来”“走出去”并重、引资引技引智并举，大力促进开放型经济发展，加快形成对外开放新格局。要注重区域开放合作，积极对接“一带一部”、长江开放经济带等国、省战略和平台，主动融入长株潭区域协作和互动，做大做强湘莲、茶叶等传统产品出口业务，支持示范区矿山设备、农产品精深加工及高新技术产业的出口，并培植打造成出口基地。二要大力推进招商引资工作。继续实施“招商突破年”活动，营造“亲商、爱商、安商”环境，紧盯医药食品等优势产业上下游项目，开展针对性招商，力争全年引进过10亿元项目2个以上、过亿元项目10个以上，到位资金50亿元。大力推进全员招商，对县直单位和乡镇明确招商引资任务，加大对招商引资有功人员的奖励力度。要发掘人脉资源开展乡情招商，举行“引老乡、回故乡、建家乡”招商活动，吸引在外成功人士回乡投资创业。三要有效降低实体企业成本。中央经济工作会议明确将“降成本”作为今年经济工作五大任务之一，并以此提出了“六大举措”。一方面，要积极对接落实中央、省委关于降低企业税负、社会保险费和电力价格的相关政策；另一方面，要着力清理不合理收费，减少不必要的检查督查，切实帮助企业降低行政成本。示范区、县科技和经济信息化局、商务粮食局、农业局以及各乡镇要积极为企业出谋划策，支持企业向上争取技改项目和资金投入。

5.突出共享发展，切实增强人民群众获得感。要着力解决好人民群众最直接、最关心、最现实的利益问题，让人民群众得到更多实实在在的利益，不断提升全体人民在共建共享中的幸福感和获得感。一要精准扶贫解民困。要把脱贫攻坚作为第一民生，切实抓好28个省定贫困村工作，充分发挥联点领导、联点单位、扶贫工作队的作用，把产业项目、危房改造、培训就业、社保托底、搬迁移居等扶贫措施精准落实到村、落实到户、落实到人。各单位要进一步倾注感情、担当责任，确保在2016年年底易俗河镇、河口镇提前实现贫困人口全部脱贫。二要强化保障暖民心。中央经济工作会议指出，要守住民生底线，更好地发挥社会保障的社会“稳定器”作用，把重点放在兜底上，保障群众基本生活，保障基本公共服务。要继续保持民生支出占比70%以上，推动公共服务扩面提质，推进社保“一卡通”建设，同步抓好机关事业单位养老保险制度改革，加快建立更加公平、规范、有效的城乡居民医保制度，构建覆盖城乡居民的社会保障体系。在竭力争取上级资金和政策的基础上，进一步优化财政支出结构，更加注重兜底线保基本，加强困难群众的子女就学、就业帮扶、社会救助、生活保障，不断提升民生工作质量。三要科学治理保民安。继续保持“省安全生产先进县”的荣誉，争创“省安全生产示范县”，严格落实安全生产责任制，抓住重点区域、扭住关键环节、盯住高危行业，全力消除安全生产隐患，持续确保事故总量和死亡人数“双下降”。建好、用好信访数据库，依托网上信访平台，引导群众依法逐级走访，持续推动信访秩序好转，切实维护群众合法权益。要深化“平安湘潭县”建设，深入推进社会治安防控体系建设，用铁腕维护经济建设秩序，用铁拳确保社会平安有序，争取群众最大的认同。

四、坚持中国特色社会主义政治经济学，全面加强党对经济工作的领导

实现新的奋斗目标，关键在党，关键在各级干部。随着经济发展进入新常态，县域发展面临的环境、条件、任务都发生了新的变化，必须提高党领导发展的能力和水平，切实加强思想保障、组织保障和作风保障，为县域经济发展保驾护航。

1.把加强思想建设作为发展县域经济的行动向导。思想是行动的先导。面对新的目标、新的任务，要不断突破思想上的瓶颈，谋求新的跨越。一要解放思想，形成众创氛围。守盛书记在省委经济工作会议上提到：“要为那些愿干事、敢干事、能干成事的干部创造条件、搭建平台、提供保障，旗帜鲜明地为信念坚定、为民服务、勤政务实、敢于担当、清正廉洁的好干部加油鼓劲。”全县党员干部尤其是领导干部既要善于思考如何推进本乡镇、本部门工作突破的新办法、新措施，又要善于把执行政策的原则性与实际操作的灵活性相结合，在政策的大框架内，在法律的大原则下，创新思维、机制和手段，争取更大的工作成效。要旗帜鲜明地支持改革、鼓励干事、善待挫折、宽容失败，营造更加宽松的干事创业环境。二要凝心聚力，达成集体共识。在县域经济爬坡过坎的重要关口，在集中换届的特殊时期，更需要全县上下心往一处想、劲往一处使，凝心聚力干事创业。要引导全体党员干部把思想和行动统一到县委县政府的决策部署上来，把力量凝聚到“现代壮县、幸福莲乡”建设上来。全体党员干部要始终如一地坚守岗位，正确对待个人进退留转，确保思想不乱、工作不断、人心不散，保持县域经济的持续健康有序发展。三要消除杂音，形成良好导向。只要符合科学发展的要求、只要得到人民群众的支持，就要积极探索、大胆实践、勇于担当，不因评论而随波逐流，不因质疑而犹豫不决，不因干扰而降低标准，更不能让一些不合时宜的“杂音”成为影响发展的障碍。要形成在理解中拥护、在拥护中更加理解的良好社会导向，提神鼓劲，创先争优，让再干一场、再创辉煌成为时代的最强音。

2.把加强组织建设作为发展县域经济的根本保障。深刻把握“抓好党建是最大政绩”的理念，始终突出从严治党这根主线，落实好市委推进基层党建“连心惠民”工程，着力提高党建工作实效，为经济社会发展凝聚力量、提供保障。一要找准党建和经济结合点。这几年，我县在组织建设、党的建设上花了很大气力，取得了一些成绩，但也还存在一些亟须加强的地方，比如部分村集体经济缺乏，收入来源单一，缺乏增长支撑；一些党组织书记带头致富能力欠缺，缺乏号召力；个别乡镇党委书记抓经济和抓党建“两张皮”，不能做到有效结合等等。因此，要正确把握好抓党建与促发展的关系，找准基层党建与经济社会发展的结合点，引导和推动基层党组织书记一手抓党建、一手促发展，同向发力、同步推进。二要通过选贤任能打造激情奋斗队伍。能否实现“创一流、进百强”的目标，核心在人才。要更加突出基层党员干部队伍、专业人才队伍培育，要选贤任能、引培结合、管用结合，强化后备干部和人才队伍建设。同时，要重点引进培养一批应用型专业人才和产业紧缺技能人才。坚持以实绩论英雄，在急、难、险、重任务中考验干部，在各行业、各领域一线识别人才，在推动发展的具体实践中锻炼人才。三要突出党建工作的品牌效应。继续用抓品牌的理念抓党建，用抓项目的方法促党建，推进“隐绩”变“显绩”，持续推进“双创”工程，健全基层组织体系，使组织工作与中心工作同步同调，使组织工作既“无处不在”又“实实在在”。

3.把加强作风建设作为发展县域经济的重要保证。严实的作风是事业成功最为关键的因素、最为有力的保障。一要有打硬仗的勇气。在新的一年里，要继续发扬艰苦奋斗的作风和攻坚破难的精神，切实解决“不敢为、不会为、不善为”的问题，敢于担当、敢于碰硬、敢于负责，抓住制约经济发展的重点、难点问题不放手，全力以赴打赢每一场战役。二要有干实事的本领。真抓才能把事业推向前进，实干才能把目标变成现实。各级领导干部要率先垂范，既要定思路、善部署，也要管过程、重结果，不能把工作只停留在开会、安排上，要坚持实干为先，真正把精力和心思用在重大决策的实施和具体工作的推进上，确保经济社会发展取得更多更大的成效。三要有最严肃的纪律。始终把纪律和规矩挺在前面，严格执行《准则》《条例》，弛而不息纠正“四风”，强化监督执纪问责，以铁的纪律、铁的手腕、铁的作风，确保全县政令畅通、决策落地。

同志们，重任在肩，时不我待。希望大家把握时代提供的机遇和舞台，珍惜组织的重托和厚爱，不负群众的信任和期待，以只争朝夕的紧迫感和善作善成的责任感，上下一心，奋发有为，务实进取，共同谱写“十三五”伟大征程的新篇章！

湘潭县人民代表大会常务委员会工作报告

——2016年2月26日在湘潭县第十五届人民代表大会第四次会议上

县人大常委会主任 黄忠德

县人大常委会主任 黄忠德

各位代表、同志们：

我受湘潭县第十五届人民代表大会常务委员会的委托，向大会报告工作，请予审查，并请各位列席的同志提出意见。

2015年，在县委的正确领导下，县人大常委会深入贯彻落实党的十八大、十八届三中、四中、五中全会和习近平总书记系列重要讲话精神，按照中发〔2015〕18号文件要求，坚持党的领导、人民当家做主、依法治国有机统一，紧紧围绕全县工作大局，认真履行宪法和法律赋予县级人大常委会的各项职权，圆满完成了县十五届人大三次会议和2015年工作要点确定的各项目标任务。

一、围绕法律法规贯彻实施，组织开展法律监督

根据社情民意，常委会挑选了《中华人民共和国食品安全法》《中华人民共和国森林法》《中华人民共和国禁毒法》三部法律作为执法检查选题。在执法检查过程中，常委会坚持并与时俱进地完善了以往工作中的一些成功做法，实现了执法检查成效新的提升。在执法检查开展前，以邀请有关专家学者授课等方式，组织机关干部和执法检查组成员开展集中学法，增强了执法检查的针对性；在执法检查调研中，坚持由常委会领导带队、对口委室牵头、有关职能部门负责人和部分县人大代表参与，深入有关单位和部门及基层一线翔实了解法律的贯彻实施情况，掌握第一手资料。针对《中华人民共和国食品安全法》执法检查中发现的问题，提出了提升法律宣传效果、加强对重点领域监管、加大执法力度三条意见。县人民政府积极整改，通过印发资料、举办培训班等方式，提高了职能部门和广大人民群众对新修订的《中华人民共和国食品安全法》的知晓度；切实加强了对农村和学校饮用水、校园食品等重点领域食品安全监管；设立了食品安全投诉举报电话，进一步明确了部门职责，集中查处了一批食品安全问题。通过开展《中华人民共和国森林法》执法检查，督促和支持县人民政府加大了对林业法律法规的宣传，巩固了造林绿化亮点，落实了林业政策，查处了一批涉林违法犯罪案件。特别是在开展林业执法过程中，依法对一起森林火灾案件犯罪嫌疑人判处了2年有期徒刑，达到了查处一起、震慑一片的社会效果。针对《中华人民共和国禁毒法》执法检查中发现的问题，提出了落实禁毒工作职责、加强禁毒宣传教育、从严打击查处涉毒违法犯罪三条意见，督促和支持县人民政府开展了禁毒专项督查，组织了形式多样的禁毒法制宣传教育，集中整治了歌舞厅、茶楼、宾馆等容易涉毒场所，加大了对涉毒案件的侦破，坚决遏制了毒品犯罪蔓延势头。

常委会按照《县人大常委会规范性文件备案审查办法》的规定，对县人民政府报送的28件规范性文件，在是否超越法定权限，是否有损公民、法人和其他组织的合法权益等五个方面的情形进行了审查，没有发现违法违规行为，维护了社会主义法制的严肃性和统一性。常委会还根据上级人大常委会的要求，配合开展了立法调研、执法检查等工作。

二、围绕经济发展和民生改善，依法加强工作监督

1.着力促进县域经济平稳健康发展。常委会立足于经济发展新常态，支持县人民政府加大经济发展力度。如针对当前实体经济低迷，经济发展处于爬坡过坎的转型时期，县域经济发展亟须新增长极的实际，常委会及时调整工作部署，听取和审议了县人民政府关于招商引资工作情况的报告，提出了深化思想认识、坚持有效工作方法、创新招商引资手段三条意见。县人民政府积极回应，主动适应经济发展新常态，在全县范围内开展了

招商突破年活动，总结了以往招商工作经验，清理和废止了一批过时的招商奖励政策，与时俱进地推出了一批新的招商引资举措；县政府主要领导亲力亲为，赴浙江、广东、深圳等地上门招商，引进了农村淘宝、晓霞山风电等项目，增强了县域经济发展后劲。又如，湘莲产业是我县的一大特色产业，也是一个富民产业，为促进湘莲产业做优做强，保持和巩固中国湘莲之乡的美誉，常委会听取和审议了县人民政府关于湘莲产业化发展情况的报告，要求组建好湘莲协会，加强科技研发应用，巩固花石湘莲集散中心地位，打击湘莲加工生产中的违规行为，得到了县人民政府的及时回应。

2.着力保障民生事项。常委会主动回应民生热点，选择了三项工作作为听取和审议专项工作报告的议题。一是致力于提升县城物业管理水平。为提升县城物业管理水平，打造宜居宜业的人居环境，常委会对县城物业管理工作情况组织了专题调查，要求尽快出台新的物业管理办法，加大控违拆违力度，加强对老旧小区的物业管理。二是回应人民群众对涉众型经济案件的诉求，听取和审议了县人民法院关于涉众型经济案件审理工作情况的报告，督促和支持县人民法院建立和完善了案件移送、信息共享等工作机制，实施了案件公开审理、巡回审理，挽回了受害人部分经济损失。三是推动农村公路建设与养护工作开展。随着新农村建设步伐的加快，人民群众对便捷出行的要求日益增高，农村公路建设与养护问题成了广大人大代表和人民群众的关注热点。常委会顺应人民群众的期盼，将关注农村公路建设与养护纳入了年度专项工作监督的议题，提出了出台农村公路养护办法、加强质量监管和治超工作、加大建设与养护资金投入三条意见。目前县人民政府及其相关职能部门正在有针对性地开展工作。

3.着力改进薄弱环节。一年来，常委会以农村可再生能源开发利用、社区矫正工作、农村卫生院（室）建设、花石重点镇建设、乡镇工业园建设、职业教育发展、县城居民健身场所建设和管理工作为主题，组织常委会组成人员和部分人大代表进行了专题视察，提出了工作建议。在视察过程中，常委会认为职业教育必须得到更好的发展，提出了落实有关工作经费、天易示范区管委会要积极支持县职业技术学校解决发展实际问题、尽快解决原县二职校区闲置资产三条建议。县人民政府分管副县长向常委会主任会议报告了建议落实情况。

4.着力加强财政监督，支持审计工作。认真贯彻落实新《中华人民共和国预算法》，稳健推进全口径预算决算审查监督工作。不仅听取和审议了2015年上半年和全年预算执行情况的报告，审查和批准了2014年县级财政决算，督促加强财税管理改革，优化支出结构，强化预算刚性管理，还邀请省人大常委会预工委领导为县委中心学习组成员讲授新《中华人民共和国预算法》的贯彻实施问题，提高了全县科级以上干部依法理财的意识和水平。同时，切实加大了对“同级审”指出问题整改工作的跟踪督办力度，不仅要求县人民政府报告“同级审”指出问题的整体整改工作，还要求四个职能部门报告了各自的整改情况。通过县人民政府的积极整改和常委会的督办问效，去年“同级审”报告中反映的问题大部分都得到了纠正。

5.着力提升乡镇人大工作水平。常委会认真履行《中华人民共和国宪法》《中华人民共和国地方组织法》等法律法规赋予的上级人大对下级人大的指导和监督职责，按照县人大常委会下发的《关于进一步做好乡镇人大工作的意见》的工作要求，指导和监督乡镇人大健全工作机制，召开乡镇人代会和乡镇人大主席团会议，认真组织代表开展工作评议、视察等闭会期间活动，提升了乡镇人大工作水平。尤其是组织乡镇人大主席、副主席学习外地创建代表工作室经验，支持乡镇创建代表工作室，目前各乡镇已经完成创建并通过验收。

三、围绕党的领导与依法履职相统一原则，认真做好重大事项决定和人事任免工作

1.依法行使重大事项决定权。常委会根据县人民政府提请，依法行使了重大事项决定权，相继就天易示范区管委会融资、授予县级劳动模范称号、县信用联社改制、部分乡镇区划调整改革、县人代会召开等14项具体工作做出决议、决定，推动了全县经济社会可持续发展。

2.依法做好人事任免工作。常委会坚持党管干部原则和依法任免相统一，确保党组织推荐的人选通过法定程序成为国家政权机关的公务人员。全年共任免地方国家机关工作人员73人次，其中决定任免县政府组成人员13人次，任免法院、检察院工作人员60人次。

四、围绕更好发挥人大代表作用，丰富闭会期间代表活动

1.组织开展了县城居民健身场所建设与管理专项工作评议。此项工作于去年3月中旬启动，12月上旬基本结束，经过动员、调查、评议和测评四个阶段，历时10个月。县人大代表在评议调查、评议审议、评议测评等整个评议活动中发挥了主体作用，参与活动的代表达到110人，超过代表总数的三分之一。通过专项工作评议，掌握了当前县城居民健身场所建设与管理工作现状，针对调查中发现的规划编制滞后且执行不严、重点工程推进不快等问题，有的放矢地向县人民政府提出了加强组织领导、加大建设力度、强化日常管理三个方面的整改意见。县人民政府高度重视代表意见，成立了县城居民健身场所建设工作领导小组，印发了《湘潭县县城居民健身场所建设和管理实施方案》《县城居民健身场所建设和管理办法》，加快了金霞山公园、滨江风光带二期建设步伐及部分社区和小区健身场所建设步伐，落实了职能部门工作职责。在工作评议整改测评中，县人民政府顺利通过了与会人大代表投票测评，专项工作评议活动取得了阶段性成效。

2.加强和改进了代表建议办理工作。县十五届人大三次会议及闭会期间，共收到代表建议351件。常委会及时将代表的建议分类造册登记，转交“一府两院”办理，并对承办单位办理代表建议情况组织了多轮督办。尤其是通过建立“常委会领导带队、各委室分工督办、代表积极参与、全社会共同关注”的代表建议“大督办”机制，有力地提升了建议解决率和代表满意率。同时，常委会继续实施了重点建议、重点承办单位重点督办制度，从众多建议中挑选出6件作为年度重点建议，

开展重点督办，解决了部分社会关注度高的现实问题。如在督办287号加强对“土律师”管理的建议中，督促县司法局从认真核实情况、加大宣传力度、加强日常监管、强化职业道德教育等方面入手，进一步规范法律工作者队伍管理，同时加强与县人民法院的沟通合作，依法查处未取得法律执业证书和执业律师资格的代理人从事诉讼代理等现象，规范了我县法律服务市场。

3.加强了与代表的日常联系。常委会努力创造条件，扩大代表对各项活动的参与，在专项工作调查、视察、座谈会、常委会会议等活动中，有计划地邀请县人大代表参与，直接听取和吸收代表们的意见，提升了活动实效；定期寄送《人民之友》《县人大常委会公报》《莲乡人大》等资料，督促“一府两院”将重大决策和重大事项开展情况及时向代表通报，保证了代表知情知政和监督权；主动了解代表工作、生活和履职情况，积极做好“三联”工作，竭力为代表排忧解难。

五、围绕落实中发〔2015〕18号文件精神，完善和理顺监督机制

去年6月，中共中央以中发〔2015〕18号文件转发了全国人大常委会党组关于加强县乡人大工作和建设的若干意见，这是以中共中央名义发布的首份专门就加强县乡人大工作的重要文件，显示出党中央对县乡人大工作前所未有的重视，对全面加强县乡人大工作和建设提出了新的更高的要求。该文件下发后，常委会以高度的政治自觉，从三个方面着手抓了文件的贯彻落实：一是在去年县委中心学习组第三次集中学习时，常委会主要领导对文件的主要精神进行了宣讲；二是在省内专题调研的基础上，提出了贯彻落实的具体思路，并向县委进行了专题汇报，得到了县委的肯定和支持；三是向县人民政府、县人民法院和县人民检察院发送了《关于贯彻落实中发〔2015〕18号文件精神、加强与“一府两院”工作联系的主任会议建议书》，形成了较好的良性互动工作机制。

六、围绕提升服务保障水平，不断加强自身建设

常委会按照县委的统一部署，在机关县处级领导干部中开展了“三严三实”专题教育，并以此为契机，推动了机关思想、组织、作风建设和各项工作的务实开展。一是加强学习，提升素质。通过集体学习、讲党课、专题研讨等形式，深入学习了党的十八届四中、五中全会精神，学习了《中国共产党廉洁自律准则》和《中国共产党纪律处分条例》，增强了全体机关干部的政治意识、纪律意识，进一步推进了机关思想政治建设。二是健全和落实各项制度，进一步转变工作作风，务实开展各项工作，努力提升工作实效。三是积极参与全县中心工作，认真开展省级文明县城复查迎检、精准扶贫、双联共建、千名干部访万户等工作。四是加强人大新闻宣传工作。继续办好了常委会机关刊物《莲乡人大》；加强与相关媒体沟通、衔接，在《人民代表报》《人民之友》《新华社专供》《湘潭日报》等市级以上媒体发表理论文章等稿件60余篇，扩大了全县人大工作的社会影响。

按照年度工作要点安排，在做好上述工作的同时，常委会还听取和审议了“一府两院”工作报告2015年上半年执行情况的报告，首次建议县人民政府结合集中走访代表向广大代表报告了《政府工作报告》年度执行情况，提高了《政府工作报告》执行情况的透明度；听取了县人民政府关于合格学校建设、依法行政工作、水利建设、《中华人民共和国城乡规划法》贯彻实施等情况的报告；继续开展“环保世纪行”“三湘农产品质量安全行”“三湘农民健康行”“湘潭县司法公正行”活动，解决了一批与人民群众生产生活休戚相关的民生问题；依法做好信访工作，全年共接待人民群众来信来访203件次630人次，做到了接访、转办、督办、回复四个100%。

各位代表，过去的一年，常委会依法履职，各方面工作都取得了新的成绩。这是县委正确领导的结果，是常委会全体组成人员和广大代表认真履职的结果，是“一府两院”和各级各部门及广大人民群众大力支持配合的结果。在此，我谨代表县人大常委会，向大家表示衷心的感谢并致以崇高的敬意！

在总结成绩的同时，我们也清醒地认识到，与宪法法律的要求、党和人民的期望、改革发展的需要相比，常委会工作还存在一些差距和不足，如监督的实效还需进一步增强；依法行使好重大事项决定权还需要进一步探索；少数代表履职能力有待提升；工作作风还需进一步改进，等等。这些问题都将在今后工作中切实加以改进和解决。

各位代表，党的十八届五中全会指出，如期实现全面建成小康社会奋斗目标，推动经济社会持续健康发展，必须坚持以人民为中心的发展思想，把增进人民福祉、促进人的全面发展作为工作的出发点和落脚点。习近平总书记强调：“我们党来自人民、根植人民、服务人民，党的根基在人民、血脉在人民、力量在人民。失去了人民拥护和支持，党的事业和工作就无从谈起。”人民代表大会制度是坚持党的领导、人民当家做主、依法治国有机统一的根本制度安排，人大及其常委会是代表人民行使当家作主权利的国家权力机关。我们肩负人民的重托，代表人民的意志，履行人民赋予的神圣职责，必须努力实现好、维护好、发展好人民的根本利益，让人民群众有更多的获得感和满意度。

2016年是“十三五”规划的开局之年，常委会将以党的十八大、十八届三中、四中、五中全会精神为指导，按照习近平总书记“四个全面”战略布局，认真贯彻落实中发〔2015〕18号文件要求，在县委的坚强领导下，依法履行宪法和法律赋予县级人大常委会的各项职权，不断加强县乡人大工作和建设，全力提升工作实效。重点做好以下四个方面的工作：

1.切实加强和改进监督工作。常委会将根据中发〔2015〕18号文件精神，认真贯彻实施《中华人民共和国监督法》，依托法定监督手段，加大监督力度，推动各级党委重大决策部署的落实，推动“一府两院”依法行政、公正司法。一是继续推进全口径财政预算决算审查监督。根据财政监督的时间节点要求，发挥好县人民代表大会和常委会在审查批准预算决算、预算调整等财政监督工作中的作用。关注天易示范区管委会债务管理，更好地发挥其县域经济社会发展龙头作用。进一步

加强审计监督，对一些重复出现的问题，将督促和支持县人民政府及其审计部门加大审计整改和问责力度，进一步提升审计监督威慑力。二是加强对经济发展和民生保障方面的监督。今年我们将结合县域经济社会发展的现实需要和工作中收集到的社情民意，积极回应民众关切，对《中华人民共和国民办教育促进法》和《中华人民共和国劳动争议调解仲裁法》开展执法检查，对动物检疫、县城管理工作情况开展专项工作监督，对农村电子商务发展、全面放开二孩政策实施、法院立案工作、县城居民健身场所建设和管理、安全生产等工作以不同方式进行密切关注；继续开展“环保世纪行”“三湘农产品质量安全行”“三湘农民健康行”“湘潭县司法公正行”活动。三是落实新任人员向宪法宣誓制度，强化其依法行政和接受监督意识。

2.努力提升代表工作实效。我们将始终不渝地坚持人大代表在人大工作中的主体地位，按照常委会代表建议办理办法，落实好代表建议“大督办”机制和重点建议、重点承办部门重点督办制度，切实提升问题解决率和代表满意率；加强和改进县人大代表对常委会活动的参与，在专项工作调研、执法检查等活动中提前向广大县人大代表发送通知，扩大代表参与常委会工作的广度和深度；邀请代表列席常委会会议，保障广大代表知情知政和监督权；进一步落实“三联”工作制度，畅通民意表达渠道。

3.认真开展换届选举工作。根据省市安排，今年将进行县乡两级人大提前换届选举，这是全县人民政治生活中的一件大事，也是常委会年度中心工作。我们将在县委的坚强领导下，按照法律法规和换届选举政策的要求，精心制定换届选举方案，加强对县乡人大代表选举工作的指导。深入开展调查研究，扎实做好代表资源摸底和推荐工作，把好代表政治关、素质关、结构关，确保当家主政能力强、群众信任度高的公民进入新一届人大代表行列。严格依法依程序开展选举工作，确保换届工作顺利进行。要以换届为契机，认真贯彻落实中发〔2015〕18号文件精神，进一步加强县乡人大的组织建设，重视乡镇人大工作开展，指导和监督乡镇依法选举产生县乡人大代表，组织召开乡镇人民代表大会会议。

4.不断加强常委会自身建设。自觉坚持党的领导，牢牢把握人大工作正确政治方向。坚持制度自信，加大对人民代表大会制度和人大工作的宣传力度，加强常委会履职能力建设。积极践行“三严三实”要求，认真落实常委会各项工作制度和常委会机关各项内部管理制度，切实提高制度执行力。严守《中国共产党廉洁自律准则》和《中国共产党纪律处分条例》，深入开展党风廉政教育，全面加强作风建设，加强人大机关干部队伍建设，树立常委会机关的良好形象，以优良的精神风貌履行好各项职责。

各位代表，依法治国的时代号角在召唤我们，党和人民群众的殷切期盼在鞭策我们。让我们高举中国特色社会主义伟大旗帜，在中共湘潭县委的领导下，锐意进取，奋发有为，努力开创人大工作的新局面！

湘潭县人民政府工作报告

2016年2月25日在湘潭县第十五届人民代表大会第四次会议上

湘潭县人民政府县长　傅国平

县人民政府县长　傅国平

各位代表：

现在，我代表县人民政府作政府工作报告，请各位代表连同《湘潭县国民经济和社会发展第十三个五年规划纲要（草案）》一并审查，并请各位政协委员和其他列席会议的同志提出宝贵意见。

一、“十二五”工作回顾

2011年以来，我们肩负着百万莲乡人民的重托，走过了极不平凡、极富成效的五年。在县委的坚强领导下，在县人大、县政协的监督支持下，全县上下围绕“现代壮县、幸福莲乡”主题，坚定实施“强工壮县、惠农富民”举措，攻坚克难、开拓进取，扎实完成了“十二五”规划确定的各项目标任务。

这五年，我们始终注重加快发展，综合实力大幅提升。地区生产总值由2010年的172.1亿元增加到329.8亿元，财政收入由10亿元增加到24.4亿元，固定资产投资由56.5亿元增加到200.4亿元，社会消费品零售总额由37.3亿元增加到74.8亿元。三次产业结构由25.8：44.2：30调整为17.8：51.7：30.5；县域经济综合实力三次跻身全省县域经济十强县。农业经济提质增效。粮食总产量保持在75万吨以上，连续十年丰产丰收；年出栏生猪200万头以上；新增市级以上农业产业化龙头企业25家、特色农产品基地150个、市级以上农民合作示范社52家；农机装备水平连续十年稳居全省前列。工业经济转型升级。规模工业企业由189家增加到206家，规模工业增加值由53亿元增加到136.6亿元，高新技术企业由9家增加到23家，高新技术产值由45.5亿元增加到218.6亿元；建成省、市工程技术研究中心7家、产业技术创新战略联盟1家，获得授权专利400余件；新增房屋建筑工程施工总承包一级企业1家；新增中国驰名商标3个，省著名商标、名牌产品16个（件）；煤矿、石膏矿全部关闭退出，全面关停小造纸、小水泥企业，万元GDP能耗下降25%，工业经济实现量质提升。第三产业繁荣活跃。同丰·中央广场投入运营，大洋白石商业广场签约落地，“特色中国·湘潭县馆”电子商务平台顺利上线，阿里巴巴“农村淘宝”率先进入我县；梅林桥“都市后花园”顺利开园，“观油菜”“采春茶”“赏荷花”“品脐橙”等主题乡村旅游活动深入推进；成功举办首届房地产交易博览会、首届青山桥鞋业联盟皮鞋订货会；新增上海农商行、长沙银行等10家金融机构，县信用联社改制组建天易农商行，实体经济发展得到有效支撑。

这五年，我们始终注重园区发展，湘潭天易强势领航。天易示范区先后获批湖南省可持续发展实验区、“两型”园区、新型工业化产业示范基地，综合实力连续三年位居省级以上产业园区领先地位。经济实力成倍增长。2015年完成技工贸收入606.4亿元，规模工业总产值338亿元，固定资产投资150.2亿元，财税总收入15.5亿元，主要经济指标是2010年的4倍，年均增长30%以上。产业聚集势头强劲。五年累计引进外来投资到位资金140亿元，宏信创新创业园一期、新向维等50余个项目建成投入使用，先进装备制造、食品医药、新材料三大产业规模工业产值占园区规模工业总产值的比重在93%以上。承载能力显著增强。五年累计实施150余个重点基础设施项目，完成投资160余亿元，芙蓉大道、黄莺路等主干道建成通车，园区发展框架全面铺开。资源整合高效有力。五年累计批回建设用地760公顷，出让土地320公顷，实现土地出让收入19亿元，清理处置联合储备土地近266.67公顷，有效盘活了土地存量；不断拓展融资渠道，累计融资到位136亿元。

这五年，我们始终注重强工壮县，特色经济亮点纷呈。乡镇工业园区蓬勃发展。大力实施“强工壮县”系列举措，着力推动乡镇工业园区发展，在全市率先实施“一区多园”战略，获批成立天易示范区杨河工业园、青山皮鞋工业园、茶恩竹木工业园。3个乡镇工业园发展势头良好，2015年签约落户项目10个，规模工业总产值分别达到28.8亿元、11.9亿元、8.1亿元。茶恩寺竹木工业园成功获批湖南省现代农业特色产业园，青山皮鞋工业园积极争创省级工业集中区。“一区引领、多园支撑”的工业发展模式成为全市示范。特色县域经济来势喜人。成功争取全省首批“省特色县域经济重点县”，农产品精深加工物流园初具规模，建成全省唯一县级省特色产品（湘莲）质量检测检验中心，培育湘莲、水稻、油茶、楠竹特色基地8.67万公顷，新增农副产品精深加工企业10家，实施农副产品加工业项目50个，2015年全县农副产品加工业总产值突破200亿元大关。

这五年，我们始终注重项目建设，发展后劲不断夯实。五年累计争取上级投资项目173个，总投资60亿元；签约引进项目310个，到位资金180亿元；建设重点工程项目208个，完成投资267亿元。碧桂园、珠江啤酒等一批重大产业项目顺利竣工；涓水二桥及其连接线、千吨级码头等一批重大基础设施项目投入使用；天易金霞小学、城投制水、滨江风光带一期等一批重大民生项目全面完成。期盼多年的潭衡高速晓南互通工程正式开工；酒泉至湖南±800千伏特高压直流输电工程等重大跨境项目加快推进。

这五年，我们始终注重城乡统筹，县域面貌有效改善。县城更具实力。按照“打开通道、拓展框架、着重配套、提升管理”的思路，县城东西南北四个出口全面拓展。县城建成区面积由12平方千米扩大到20平方千米；提质改造了玉兰路、海棠路、银杏路、大鹏路等城市干道及14条背街小巷，县城污水处理厂提质改造工程顺利竣工。切实加强城市管理，环卫清扫、照明改造和绿化管养实现市场化运作，城区主干道实现绿化提质、净化提标、亮化提档；开通了县城公交，成功取缔困扰县城多年的“跑跑车”，新增100台出租车，新增101路等3条市县同城公交线路，连续三年顺利通过“省级文明县城”检查验收。乡镇更具活力。花石、石潭跻身国家级重点镇行列，易俗河被评为全国宜居小镇；乌石、白石成为省级特色镇；杨嘉桥、云湖桥、石鼓等小城镇建设稳步推进，谭家山矿区综合治理初见成效。乡村更具魅力。深入推进新农村建设，成功创建全国生态文化村1个、省级生态家园示范村2个、省级秀美村庄3个。累计完成各类水利工程5万余处，新建、改造变电站11座、线路34条，完成343个村农网改造，硬化农村公路2500余千米，建设农村沼气池1.5万口，完成32.5万农村人口饮水安全工程，农村水、电、路等基础设施大幅改善；创新投入机制，整合项目资金，将杜家毫省长联点的梅林桥“美丽乡村”示范片打造成湘潭都市后花园和城乡统筹样板区；茶恩寺金坪·复兴、白石潭口示范片和110个帮扶村建设均取得良好成效；加快推进“绿色莲乡”建设，认真落实“十大环保工程”，强力实施湘江干流规模畜禽养殖退养工作，扎实推进农村环境综合整治，全面完成省、市减排任务。全县森林覆盖率稳定在45%以上，全县城镇化率由26.5%提高到38.8%。

这五年，我们始终注重民生民利，社会事业全面进步。城乡居民人均可支配收入分别比2010年增加1.14万元、0.7万元。五年累计投入资金20亿元，完成省、市、县民生实事工程165项。城镇新增就业3.7万人，新增农村劳动力转移就业5.9万人，下岗失业人员再就业0.7万人。建立了统一的城乡居民养老保险制度，逐年增加企业离退休人员工资和失业保险金，逐年提高城乡低保、农村“五保”保障标准。建设保障性住房980套，棚改安置房4500套，改造农村危旧房7270户。建设义务教育合格学校160所和乡镇公办中心幼儿园19所，高考成绩连续17年蝉联全市第一，公办教育和民办教育、普教和职教协同发展；新农合参合率稳定在97.5%以上，累计补偿参合农民160余万人次，补偿资金达5.7亿元，中医院住院综合大楼投入使用，乡镇、村医疗卫生条件全面改善；深入开展“欢乐潇湘·幸福湘潭·莲乡大舞台”大型群众文艺活动，全面推进易俗河10个社区文体广场和谭家山、锦石、排头等10个乡镇文体广场建设，有序推动分水、白石、龙口“村村响”试点工程，云湖桥被评为“中华诗词之乡”，顺利完成电视剧《彭德怀元帅》的拍摄；人口计生工作连续三年保持“国优、省模”地位。认真推进“平安湘潭县”创建活动。切实加强安全生产监管，深入开展“打非治违”，安全生产步入健康常态，先后四次荣获全省“安全生产先进县”；深入推进法治湘潭县建设，圆满完成“六五”普法工作，中路铺司法所获评全国模范司法所，县公安局获评全国规范执法先进单位；完成群众来访接待中心、公安业务技术用房和平安城市电子防控系统建设，新建茶恩寺、乌石、杨嘉桥、白石派出所和射埠、石潭、青山桥基层法庭；在全市率先探索实行政府购买社区矫正服务试点；强力开展“打黑除恶”等专项行动，严厉惩处违法犯罪，全面开展禁毒工作，强化防控体系建设，社会治安明显好转，人民群众安全感、满意度显著提高，社会大局保持和谐稳定。

这五年，我们始终注重改革创新，自身建设切实加强。积极推进政府机构、行政管理体制改革以及合村并镇工作，将原19个乡镇合并调整为17个，644个建制村合并调整为549个；全面实施“先照后证”工商登记前置审批、“三证合一”“一照一码”登记制度。深入开展公立医院改革，全面实行基本药物制度；全面实施国库集中收付制度，推行全口径预算、财政资金绩效评价制度，积极推进PPP项目建设模式，加强审计监督，核减各项建设资金5.6亿元，进一步规范土地出让金、政府采购、村级财务管理，财政投资效益不断提升；深入推进行政审批改革，全面实施“两集中、两到位”工作机制，288项行政审批实现“一站式”办理，审批时限缩短2/3以上；率先开展委托授权乡镇执法，“扩权强镇”经验在全市推广；启动农村土地确权登记、农业“三项补贴”改革。全面深化改革稳步推进。自觉接受人大、政协监督，累计办结人大代表建议1431件，政协委员提案537件，答复率、见面率、办结率均达到100%。深入开展党的群众路线教育实践活动和“三严三实”专题教育，着力整治“四风”突出问题，三公经费大幅下降，会议文件精简45%，议事协调机构减少55%，腾退办公用房8000余平方米。严格行政问责，行政效能稳步提升。

各位代表，2015年是“十二五”收官之年，也是经济运行特别艰难的一年。我们积极采取应对措施，努力克服经济下行压力，较好地完成了县十五届人大三次会议确定的目标任务。全年完成地区生产总值329.8亿元，增长10.7%；完成财政总收入24.4亿元，增长9.1%；完成固定资产投资200.4亿元，增长20.5%；完成社会消费品零售总额74.8亿元，增长12.7%；完成规模工业增加值136.6亿元，增长11.5%；城乡居民人均可支配收入分别达2.77万元、1.45万元，增长8.0%、9.0%。

“十二五”期间，围绕经济建设和社会发展，粮食、供销、物价、移民、气象、烟草、史志、档案、人防、对台、侨务、人民武装、国防教育、民族宗教等工作进展顺利，消防、通信、供水、供气等部门贡献突出，工会、共青团、妇联、残联、工商联、文联、科协、关工委、老龄委以及各民主党派和其他社会团体成绩斐然。

五年风雨同舟，五年砥砺前行，五年硕果累累。五年来，先后荣获全国粮食生产先进县、生猪调出大县、文化先进县、科技进步示范县、绿化模范县、民政工作先进县；湖南省全面小康经济强县、特色县域经济重点县、知识产权示范县、“芙蓉杯”水利建设竞赛先进县、新农村建设先进县、安全生产先进县、推进新型工业化先进县、可持续发展试验区、保障性安居工程先进县、旅游强县、残疾人工作先进县等荣誉。这些成绩的取得，是县委科学决策、正确领导的结果，是县人大、政协有力监督、大力支持的结果，是历届政府扎实工作、接力奋进的结果，是全县上下凝心聚力、真抓实干的结果。在此，我谨代表县人民政府，向辛勤工作在各行各业的广大干部群众，向人大代表、政协委员，向工商联、人民团体，向各民主党派、无党派人士和离退休老同志，向所有关心、支持湘潭县经济社会发展的各位朋友、各界人士，表示衷心的感谢并致以崇高的敬意！

在充分肯定成绩的同时，我们也清醒地认识到，全县经济社会发展仍然存在一些困难和不足。经济总量不大，产业结构不优，项目支撑不强，财政收支矛盾突出，可用财力增长乏力，积欠债务负担较重，基础建设仍然薄弱，融资难、融资乱问题仍然存在，有的群众生产生活仍然困难，有的干部服务意识、担当意识和责任意识仍然不强，不作为、缓作为、消极应付的现象仍然有之。对此，我们一定高度重视，采取有力措施加以解决。

二、“十三五”工作谋划

“十三五”政府工作的指导思想是：全面贯彻党的十八大和十八届三中、四中、五中全会及中央经济工作会议精神，以“四个全面”战略布局为总揽，牢固确立创新、协调、绿色、开放、共享发展理念，努力推动“三量齐升”“五化同步”，坚持“创一流、进百强”发展目标，坚持“强工壮县、惠农富民”发展举措，坚持“一区多园、创新驱动”发展模式，着力实施“融城、强园、兴业、惠民”四大战略，为全面建设“协同集聚的产业新区、开放创新的经济强县、生态宜居的滨江靓城、文明和谐的小康家园”而不懈努力！

“十三五”我县经济社会发展的总体目标是：

——建设协同集聚的产业新区。以“一区多园”为载体，坚持错位发展，突出产业特色，延伸产业链条，形成产业集聚。大力发展食品医药、先进装备制造等主导产业，积极培育节能环保、电子商务等新兴产业，加快发展湘莲、油茶、竹木等特色产业，努力提升传统产业，积极引导企业向园区集群，产业向园区集聚。

——建设开放创新的经济强县。积极推进供给侧结构性改革，加强需求侧管理，着力健全创新体系，强化激励机制，提高自主创新能力，加速科技成果转化，推进产学研合作，建设创新、协调、绿色、开放、共享型小康经济强县。实现经济总量、产业规模、财政总收入稳步合理增长。

——建设生态宜居的滨江靓城。立足生态保护，加快新型城镇化发展步伐，着力提升城市功能，扩大城市容量，优化城市环境，统筹城乡发展。全县城镇化率达到50%以上，全力提升县城品位，建设生态宜居的滨江靓城。

——建设文明和谐的小康家园。着力加强社会治理，维护社会公平正义，完善公共服务体系，加大民生事业建设，提升全民文化素质，全面建成小康社会，着力构建“富强、民主、文明、和谐”的小康家园。

踏上新征程，实现新跨越，我们将突出“融城、强园、兴业、惠民”四大战略，确保“十三五”目标顺利实现。

（一）着力融城。构建“县城、中心镇、特色镇”三大层级鲜明的新型城镇化体系。提升县城建设。按照“规模中等、功能齐备、管理精细、环境优美”的建设思路，积极推进城区建设，拓展县城规模，到“十三五”末，县城建成区面积达到30平方千米以上，人口达到30万以上。全力创建“全国文明县城”，着力完善城市功能，健全社会公共服务体系；推进长株潭城际铁路湘潭县段建设，构建便捷高效的县城交通网络；实施城市地下管网改造工程，创建“海绵城市”；落实房地产促进政策，推进房产市场平稳健康发展；强化城市管理，着力构建“精细化、大城管”格局；大力实施“绿化、净化、亮化”工程，确保建成区绿化覆盖率达到30%以上。提质中心城镇。加快花石县域次中心和石潭、射埠、中路铺、青山桥等4个区域中心城镇建设，着力建设杨河新城。提升高速公路、干线公路、县道承载能力，完善中心镇基础设施建设；继续推进扩权强镇改革，扩大中心城镇权力下放范围。加快产城融合步伐，加快推进新型城镇化。打造特色乡镇。以“元帅故里乌石”“大师故乡白石”“湖湘源头排头”“千年碧泉锦石”为重点，做活“产业+文化+旅游”文章，大力发展特色文化、特色产业、特色旅游，形成特色品牌，打造独具魅力的特色小镇。

（二）着力强园。按照“一区多园”发展模式，建设“基础完善、产业集聚、特色明显、服务优良、环境优美”的实力园区。高标准定位。将天易示范区建成千亿元园区、国家级经济技术开发区，将青山桥建成省级工业集中区、“中部鞋都”，实现皮鞋生产规模和全国市场占有率湖南“两个第一”，茶恩寺按照省级示范园标准继续做大做强特色竹木产业，推进杨河工业园共建“长株潭”国家自主创新示范区、服务中小企业发展示范基地。聚企业集群。天易示范区重点发展食品医药与先进装备制造两大主导产业，青山工业园重点发展皮鞋及配套产业，茶恩工业园重点发展竹木精深加工业，杨河工业园重点发展天易示范区配套产业。打造动力配件、装备制造、湘莲、槟榔、医药、皮鞋、楠竹等七大产业集群，突出特色发展，推动产业集聚。强基础建设。加强园区道路等基础设施建设，完善环卫设施、提升绿化标准，构建园区互联互通的综合交通网络和水、电、气互为补充的基础配套网络。优政务服务。减少行政干预，减轻企业负担，实实在在帮扶实体经济。继续推进行政审批制度改革，精简审批程序，优化审批流程，构建电子政务平台，推进网上并联审批，开启企业全程代办服务，着力营造高效务实的政务环境。

（三）着力兴业。围绕提升与创新，切实振兴产业、大力创新创业。加快产业提升。发展现代农业，大力实施“接二连三”、百家示范工程，进一步加快美丽乡村、特色县域经济建设，持续稳定粮食生产，加强新型农村经营主体培育，推动农业规模化、机械化、标准化、无害化发展，深入推进农业现代化。推动强工壮县，积极对接“中国制造2025”，坚持传统产业改造与新兴产业培育“两手抓”，按照高端化、智能化、绿色化、服务化方向，加快培育龙头企业、推动品牌建设，化解过剩产能，发展高新技术，加速工业转型，全面推进新型工业化。活跃第三产业，切实加快凤凰路、银杏路核心商圈建设步伐；充分发展农村淘宝等电子商务，推动特色县域产品网上销售；发展红色旅游、乡村旅游。着力规范金融产业，为县域经济发展提供有力支撑。推进创新创业。加强宏信创新创业园、射埠等乡镇创新创业基地建设与管理，加快动力配件、农产品加工创新创业园建设步伐，鼓励务工人员回乡利用闲置场所自主创业；形成“大众创业、万众创新”的良好氛围。强化要素保障。积极争取用地规模，推进节约集约用地，确保重点项目用地需求；鼓励新兴企业资本市场融资，推进银企合作，加大企业帮扶力度；深入实施人才培养和人才引进工程，加大与湖南农大、湘潭大学等高校战略合作力度；切实保障发展要素。

（四）着力惠民。以“便民、安民、富民、为民”为宗旨，着力增进民生福祉。发展社会事业。实施教育品牌战略，积极推进以名校为依托的校际联盟，进一步提高基础教育和职业教育水平，盘活教育资源，改善办学条件，擦亮教育金字招牌；推动县人民医院建成三级综合医院，支持县中医院发展中医特色，加强公共卫生服务能力建设；推进医保城乡统筹，全面建立居民大病医保制度；坚持计划生育基本国策；推动综合交通运输体系建设，推进城乡客运一体化工作；稳步扩大城乡就业规模，推动农民工市民化；健全养老服务体系，创新社区、村镇养老模式，提升养老服务水平，提高农村低保、农村五保保障标准，不断健全社会保障体系。推进平安创建。积极整顿和规范市场经济秩序，依法严厉打击威胁公共安全和影响项目建设的违法犯罪行为；全面加强基层派出所与社区警务室建设；着力规范信访秩序，维护人民群众合法权益。积极推进法律服务体系建设，深入开展“七五”普法；建立健全立体化社会治安防控体系和打防控管一体化运行机制，构建大防控、大治安、大综治格局，切实保障人民群众安居乐业。严格按省安全生产示范县的标准，健全基层监管体系，加大安全投入，整治安全隐患，全面提高安全生产意识，切实提升安全生产水平。切实精准扶贫。扎实推进“精准识贫、精准扶贫、精准脱贫”，确保2017年年底28个省定贫困村实现“摘帽”；4万多贫困人口全部实现脱贫，贫困村基础设施和基本公共服务主要指标达到全县平均水平，全面完成精准扶贫各项任务。构建诚信社会。推进政务、商务、社会等诚信体系建设，提升信用水平；全力整顿金融市场秩序，严厉打击涉众型经济犯罪行为；确保地方性债务保持在合理区间；积极创建金融安全区。

三、2016年工作安排

2016年经济和社会发展主要目标是：GDP增长10%以上，达到365亿元；财政总收入增长7%以上（其中税收增长10%以上），达到26亿元；第三产业增加值增长11.5%以上，达到112亿元；规模工业增加值增长14%以上，达到158亿元；固定资产投资增长20%以上，达到240亿元；社会消费品零售总额增长12.5%以上，达到84.5亿元；城乡居民人均可支配收入分别增长11%和12%以上，达到3.07万元和1.63万元；城镇化率41%以上；万元GDP能耗下降6%以上。

2016年，我们将认真抓好“十件民生实事”，努力推动县域经济社会持续稳定发展。①提质改造金霞山城市公园，续建滨江风光带。②建设文体广场，建成县体育馆（县一中艺体馆）。③建设晓南互通及其连接线。④综合整治矿区环境，改善矿区基础设施。⑤提质改造5条城市干道和10条背街小巷。⑥改造农村危房1000户。⑦硬化农村公路300千米。⑧建设“五小”水利项目村150个。⑨启动城区九年一贯制学校建设，建成12所合格学校。⑩启动县人民医院三级综合医院创建，完成100个村卫生室标准化建设。

为完成以上目标和任务，我们将着力做好以下十个方面的工作。

1.坚定不移推进“一区多园”。按照“一区做大，多园做专”思路，全力推进一区多园建设。做大做强天易示范区。力争全年完成技工贸总收入690亿元、规模工业总产值375亿元、固定资产投资170亿元、财政收入16.8亿元以上。完成武广连接线二期、香樟路、含羞草路、凤凰东路、云龙东路、天马西路、杨柳南路二期、梧桐南路二期等重大基础设施项目建设。启动大洋百货和文体广场建设。加快农产品精深加工物流园、动力配件产业园和宏信创新产业园二期项目建设。确保凯依克物流、南方阀门、ADM动物营养项目等重大产业项目竣工投产。重点培育珠江啤酒、五洲通等10家龙头骨干企业和高耐合金、映日荷花等20家高成长性企业，支持引导企业通过上市融资实现快速发展。做精做专乡镇工业园。积极推进天易示范区青山皮鞋工业园、茶恩竹木工业园、杨河工业园协同发展。完善竹木产业发展规划，抓好楠竹资源拓展、品种改良和竹木产品升级换代；推进青山桥皮鞋工业园续建工程建设，引进先进皮鞋流水生产线，拓展皮鞋产业链条，提升产品档次，打造知名品牌，建成网上销售电商平台；完善杨河工业园配套基础设施建设，确保英达机电、海大饲料等项目建成投产，积极筹建和申报成立天易示范区花石湘莲产业园。

2.坚定不移加快强工步伐。支持企业加强科技创新，挖潜提质增效，拓展产品市场，加快“强工壮县”步伐，加速推进新型工业化进程。围绕创新抓发展。积极融入长株潭国家自主创新示范区建设，推动建立企业为主体、产学研紧密结合的技术创新体系。进一步创新管理、创新技术、创新产品，不断提高企业信息化、智能化水平，提高生产效益和产品质量，增强企业核心竞争力。全年完成技改投入137亿元，实现高新技术产值260亿元，申请专利200件，新增国家级高新技术企业3家以上，完成万元规模工业增加值能耗降低率18%以上。围绕品牌抓扶持。积极支持企业依托特色和技术创建品牌，加强质量监管，加快标准化建设，加大包装和宣传力度，不断提高产品知名度和市场占有率，力争全年新增中国驰名商标、省著名商标和省名牌产品4个（件）以上。围绕企业抓服务。进一步整合资源、建立机制，落实各项优惠、扶持政策，认真帮扶企业。健全中小企业服务体系，加强中小微企业一站式服务，强化企业联点帮扶制度，切实解决企业发展中的困难和问题。全年新增规模工业企业10家以上，完成规模工业总产值535亿元以上。

3.坚定不移发展现代农业。以“惠农富民”为目标，壮大农业规模，夯实农业基础，彰显农业特色，加快发展现代农业。推进农业规模经营。稳定粮食种植面积在10.67万公顷以上，实现农业产业化产值达260亿元以上。推进“百家示范”，推广设施农业。大力培育骨干龙头企业、农民合作社、家庭农场、专业大户等新型经营主体，积极创建“湖南省家庭农场示范县”，新增省级示范家庭农场5家以上，市级示范家庭农场10家以上。夯实农业基础建设。完成150个村“五小”水利项目建设，完成水利建设投资2.8亿元；继续实施重金属污染耕地修复及农作物种植结构调整工程，完成耕地修复治理3533公顷；在谭家山、云湖桥等11个乡镇建设高标准农田1800公顷。进一步整合资源和项目，加大白石潭口等美丽乡村示范片和帮扶村建设，推进易俗河梅林都市后花园二期建设。认真抓好防汛抗旱、农业保险、气象服务、动物防疫、森林防火、移民后扶等工作。彰显农业特色品牌。扎实推进特色县域经济重点县建设。完善农产品精深加工物流园基础，启动农产品加工创新创业标准厂房建设；力争新引进入园企业5家以上，建成投产3家以上。突出抓好湘莲、楠竹、油茶、茶叶等特色农产品，积极做好湘莲、砂子岭猪等地理标志产品的保护与推介，继续推进“寸三莲”原种场基地、万亩湘莲高产示范片等种植基地建设。

4.坚定不移强化项目建设。强力推进项目建设。年内组织实施重点项目80个以上，确保完成投资145亿元以上。科学谋划和包装一批重点项目，列入国家、省、市“十三五”规划，全年争取上级投资10亿元以上。推动湘江河口大桥、醴娄高速公路和酒泉至湖南±800千伏特高压直流输电工程建设，确保县档案馆、晓南互通等项目全面建成。强力保障项目建设。全面清理闲置土地，盘活存量用地，全力保障项目建设用地需求，确保年内批回建设用地133公顷；进一步优化项目建设环境，严厉打击阻碍重点工程项目建设的违法行为，切实维护项目建设环境。强力推动招商引资。继续开展“招商突破年”活动，确保招商引资取得新突破。围绕产业招商，以医药食品产业为重点，引进骨干龙头项目。积极承接珠三角等地产业转移，积极组织县内企业参加中博会、渝洽会、港洽周等国家和省级大型招商节会活动，继续支持乡镇工业园举办皮鞋订货会等专题招商活动，加强与浙江温州皮鞋产业、安吉竹木产业和广东电子信息产业对接，大力引进特色产业上下游企业。动员全员招商，加强招商引资责任，鼓励提供招商信息，重奖招商引资有功人员，营造“人人都是招商代表，个个都有招商责任”的良好氛围。开展乡情招商，开展“请老乡、回故乡、建家乡”招商活动，充分挖掘人脉资源，借助湘潭籍知名人士牵线搭桥，大力推介湘潭县发展优势，打造“亲商、爱商、安商”良好环境，吸引在外成功人士回乡投资兴业。开展“筑巢引凤”，借助省政府实施“135”工程和改革机遇，尽快筹建标准厂房，为产业集聚奠定基础。力争全年引进新项目50个以上，其中过10亿元项目1个以上，过亿元项目12个以上，实现招商引资到位资金50亿元以上。

5.坚定不移繁荣第三产业。做活文化旅游产业。继续开展“欢乐潇湘·幸福湘潭”等系列文体活动，打造群众文化品牌；举办县第三届运动会，巩固全民健身示范城市创建成果；以文体基础设施建设为重点，新建5个乡镇文体广场，完成100个建制村“村村响”工程建设任务，继续推进农村广播电视“户户通”工程，规范农村广播电视发展。支持梅林美丽乡村示范片创建AAAA景区、齐白石故居创建AAA景区，继续推进“花石赏荷花”“石鼓观油菜”“乌石采春茶”“云湖品脐橙”“都市后花园观光”等旅游活动，启动名人故居保护工作，加强旅游厕所、旅游集散中心等配套设施建设，提升旅游接待能力和服务水平。做强商贸流通产业。加快大洋百货购物中心项目建设，打造城区商业发展新商圈，推进3个乡镇农贸市场建设和提质改造，充分运用“互联网+”手段，继续推进“淘宝网·特色中国·湘潭县馆”、阿里巴巴农村淘宝项目和农村商贸综合服务体系建设，畅通农产品流通渠道。做稳金融房地产业。加强银企合作，创新金融服务，支持中小微企业信贷；严厉打击非法集资，加强不良贷款追缴，优化金融生态环境；加快推动康宁达等企业上市融资，加快推进天易农商行和湘淮村镇银行正式营运。按照“去库存”的要求，认真落实促进房地产发展政策，精心举办第二届房博会；鼓励农民进城购房；拓宽保障性住房解决渠道，积极推进“以购代建”“购租并举”的住房制度，畅通保障房与商品房转换通道。全面提升县城物业管理工作水平，促进房地产市场平稳健康发展。

6.坚定不移推动县城建设。按照“道路提质、绿化提档、管理提标”思路，加快县城建设。道路提质。加速大鹏西路配套建设，提质改造凤凰西路、飞羊路等5条城市干道，继续实施背街小巷改造三年行动计划，改造富豪阁、砚井社区的10条背街小巷。绿化提档。续建滨江风光带，往西延伸至银杏路，向东对接金霞山。理顺金霞山土地权属关系，按城市公园标准，提质改造金霞山公园。启动“林荫行动”工程，加快凤凰东路、云龙东路、黄莺路等主要干道绿化带的提档，加强绿化管理维护，加快老旧小区的绿化改造，变杂草、菜地和荒地为绿地，切实提升县城绿化档次。管理提标。落实省级文明县城建设管理长效机制，建立健全综合执法体制，全方位加强城市管理；进一步提升社区服务水平；启动县城第二污水处理厂建设，同步改造城区排水管网；依托县城电子监控网络，加强交通秩序管理，逐步实现县城管理数字化，打造“智慧县城”；严格规范渣土运输，重拳治理超限超载；消除卫生死角；努力提升县城品位。

7.坚定不移加快乡镇发展。强化规划引领。围绕“全域规划、产城融合、城乡一体”思路，推动规划“五规合一”，结合乡镇区划调整和并村改革，编制5个村镇布局规划、10个中心村村庄规划，编制花石镇总体规划和控制性详细规划。推进基础建设。以中心镇和特色镇建设为重点，发挥政府投资引导作用，鼓励社会资本参与公共基础设施建设。推进乡镇机关“五小设施”和村级组织活动场所提质改造。抓紧完成潭花线河口段改线工程扫尾，加快推进花石湘莲市场干线、杨嘉桥湘水缘公路环线、晓南互通至青山桥连接线建设，抓好花石、石潭等中心镇垃圾处理、污水处理、城镇燃气等基础设施建设，全年硬化农村公路300千米。加强综合管理。综合整治矿区环境，推进谭家山、石潭、云湖桥、花石等地矿区土地复垦、道路提质、产业转型。加快推进城乡客运一体化，开通易俗河至谭家山等城乡公交线路；规范管理农村马路市场；加大控违拆违力度；更加注重环境保护，加大环境污染防治力度，严厉查处环境违法行为；继续推进生猪养殖粪污治理工程；抓紧分水曲江河治理；动员全民植树造林，保持森林覆盖率在45%以上；巩固农村环境卫生综合整治成果，实现农村生活垃圾分类减量处理率达到100%。

8.坚定不移增进民生福祉。树立“托住底线，提升质量”的工作导向。托住民生底线。提高城乡低保、农村五保、城乡医保救助保障能力；加强村、社区养老场所建设和社会养老服务，切实关爱留守儿童、留守妇女和留守老人；落实困难残疾人生活补贴和重度残疾人护理补贴制度；改造农村危旧房1000户；全面完成省、市、县民生实事工作任务。扎实推进精准扶贫工作，确保2016年易俗河、河口等乡镇提前完成脱贫任务。加强教育基础。狠抓教研教改，提升办学质量；加强职业教育，加快培养服务县域经济发展的技能型人才。按照全省领先的标准提质改造县一中，推进湘潭子敬学校建设，建成县体育馆（县一中艺体馆）、云龙实验幼儿园并投入使用，启动水竹学校九年一贯制学校建设，完成12所合格学校、1所公办幼儿园、11所国省足球学校建设。提升医卫水平。启动县人民医院三级综合医院创建，加快内科住院楼及门急诊医技综合楼建设，推动县妇幼保健院整体搬迁，提质改造白石、茶恩寺2所乡镇卫生院，完成100个村卫生室标准化建设任务，进一步深化县级公立医院改革，改善农村合作医疗管理，推进城乡医保统筹，提高医疗保障水平，抓好重大传染病防控工作，创建省级卫生县城；落实全面二孩政策，加大查处“两非”案件力度，认真做好出生缺陷干预和免费孕前优生健康检查工作。

9.坚定不移加强社会治理。坚持“严管重罚，惩防并举”工作举措。始终把安全生产放在首要位置，全力创建省级“安全生产示范县”，坚决落实安全生产责任制，切实抓好重点行业和重点领域的安全生产工作，深入开展安全生产大检查，强化安全监管执法，全面排查整治安全隐患，深入开展“打非治违”，确保安全生产持续稳定向好。扎实开展“三年禁毒大行动”，持续开展打黑除恶专项行动，严厉打击群众反映强烈的突出犯罪行为，进一步提升群众安全感和满意度。深化“平安湘潭县”建设，加强交通管理和消防安全工作，持续推进平安示范乡镇、示范村、示范企业、示范学校达标创建活动。着力加强食品药品安全监管，探索建立食品安全可追溯机制，切实维护人民群众生命安全。及时化解矛盾纠纷，规范信访秩序，引导群众依法解决信访问题。推进人民调解、社区矫正和法律援助，启动“七五”普法，强化依法治县成果运用。推进公安基础建设，确保公安业务技术用房投入使用，完成交通安全管理综合服务中心建设，继续实施乡镇派出所建设三年行动计划，加快乡镇派出所建设和中心镇交警中队建设，逐步实现乡镇派出所、交警中队区域全覆盖。

10.坚定不移推动改革创新。按照“放权、减负、松绑”的工作要求，推动县域体制机制创新发展。深化审批改革。切实转变政府职能，根据机构改革调整，重新理顺审批事项；成立不动产管理中心，统一负责房产、国土、林业、畜牧等不动产登记；优化公共资源配置，规范交易行为，打造公开、公平、公正的公共资源交易平台。深化执法改革。整合工商、质监、食品药品监督等执法职能；整合文化、环保等县城管理执法职能；完善委托授权乡镇执法工作。深化农村改革。积极推进区划调整工作，认真抓好建制村合并调整；扎实推进农村土地承包经营权确权登记和农业“三项补贴”改革，推行村级权力清单制度，改革村级财务管理模式，建立村级便民服务点。

加强工会、共青团、妇女、儿童、国防教育、民兵预备役、老龄、老干、侨务、侨联、对台、文联、工商联、档案、人防、史志、民族宗教、科协、计生协、红十字会等工作，推动各项事业全面进步。

四、切实加强政府自身建设

继续加强政府自身建设，自觉接受人民监督，持之以恒建设“法治、为民、务实、廉洁”的人民政府。

1.持之以恒依法行政。加强和规范法律顾问工作，深入推进依法行政。坚持“法定职责必须为，法无授权不可为”，健全依法决策机制，严格规范行政决策程序，完善重大决策合法性审查机制和社会稳定风险评估机制。坚决执行人大及其常委会的决议、决定，坚持与政协民主协商制度，自觉接受人大的法律监督和政协的民主监督。继续发挥县长信箱、县长热线等互动平台作用，及时回应群众关切，主动接受舆论监督和公众监督。

2.持之以恒为民执政。把为民服务的理念内化于心、外化于行，认认真真访民情，诚诚恳恳听民意，实实在在解民忧，兢兢业业保民安，真正做到每一项工作都始于人民需求、终于人民满意。充分尊重和发挥基层、企业、群众的首创精神，让发展道路更加通畅，让创业热情更加高涨。

3.持之以恒务实勤政。进一步加强作风建设，强化行政管理，提高行政效能。坚持恪尽职守，勤于政事，坚持实事求是，真抓实干，营造勤勉敬业、求真务实、精益求精的良好工作氛围。继续推行权力清单和责任清单制度，大力整治“慵、懒、散”，努力提振“精、气、神”，健全问责、考评机制，树立勤政、务实、高效的政府形象。

4.持之以恒从严治政。严格遵守《准则》和《条例》，严格落实党风廉政建设“两个责任”，把廉洁从政贯彻到政府工作每个环节。强化审计监督，加大行政问责力度。巩固“三严三实”专题教育成果，牢固树立“过紧日子”的思想，进一步加强公车管理与改革、规范公务接待、压缩“三公经费”，健全权力公开透明运行长效机制，把权力关进制度的“笼子”，用制度管权、管人、管事，让权力在阳光下运行。

各位代表，宏伟蓝图已绘就，奋发有为正当时。让我们在县委的坚强领导下，在县人大、县政协监督支持下，紧紧依靠和团结全县人民，全心全意、全力以赴，为全面建成小康社会而努力奋斗！

政协湘潭县第八届委员会常务委员会工作报告

——2016年2月24日在政协湘潭县第八届委员会第四次会议第一次全体会议上

县政协主席　王惠芳

县政协主席　王惠芳

各位委员、各位同志：

我受政协湘潭县第八届委员会常务委员会的委托，向大会报告工作，请予审议，请列席会议的同志提出意见。

2015年工作回顾

2015年，县政协常委会深入学习贯彻落实中共十八大、十八届三中、四中、五中全会和习近平总书记系列讲话精神，在中共湘潭县委的坚强领导下，坚持团结和民主两大主题，广泛团结参加人民政协的各党派、团体和社会各界，紧紧围绕全县经济社会发展大局，切实履行政治协商、民主监督、参政议政职能，充分发挥政协协商民主优势，大力推进履职能力建设，各项工作取得新进展，为全县经济平稳健康发展和社会和谐稳定做出了新的贡献。

一、积极开展协商议政，为改革发展献计出力

为科学决策当参谋，协商议政内容丰富。充分发挥人民政协在社会主义协商民主中的重要渠道作用，着力“议大事、谋全局、抓重点、求实效”，围绕年初提出的协商重点事项，积极开展各项专题协商、对口协商和界别协商。重点开展了湘潭县“十三五”规划纲要、新常态下县域工业经济发展与转型升级、规范我县村务管理工作、白石广场提质改造、乡镇区划调整等7次专题协商；开展了电子商务平台、合格学校建设和燃气管网建设等3次对口协商；开展了加快农业产业化发展、公立医院改革和名人故居保护利用等3次界别协商。注重与县委县政府工作的有效衔接和协商沟通，实现“我要协商”与“要我协商”的良性互动，增强了协商的密度和力度。

助推经济社会发展，协商议政成效明显。常委会围绕“稳增长、调结构”开展专题调研，召开专题协商会，形成了《大力培育新兴产业，促进县域经济转型升级的建议案》，提出了产业定位、规划编制、要素集聚、大力招商、优化服务五个方面的意见与建议，得到了重视和采纳，县人民政府已科学编制了《湘潭县工业发展规划（2015—2020年）（初稿）》，政务服务发展环境进一步优化，招商引资手段更加精准，科技创新力度不断加大，服务企业发展的能力进一步提升，成立槟榔产业发展办公室，明确职能职责，重点服务槟榔产业的发展；常委会围绕“规范我县村务管理工作”开展专题调研，召开专题协商会，形成了《关于规范我县村务管理工作的建议案》，从加强基层组织建设、营造民主氛围、健全工作机制、改革创新载体和严格落实制度五个方面提出了意见与建议，县委县政府高度重视基层组织建设和村级管理，出台了《阳光村务管理实施办法》《湘潭县村务监督委员会实施办法》等制度，明确了把村级事务管理工作列入对乡镇和村级班子绩效考核内容，加强对村级财务审计的力度。

常委会组织专委会和委员对国土管理工作、农村供电工作和行政审批改革等工作开展专题视察10次，提出了加强对土地整理项目的后续管理、均衡推进农村电网改造、加强行政审批改革顶层设计等意见与建议40余条，并形成专题视察报告，推动了相关问题的解决和促进了部门工作。

专委会牵头组织部分委员围绕电子商务平台、燃气管网建设、名人故居保护和利用等议题开展对口协商和界别协商，提出了加强电子商务平台建设、重新修订我县（2015—2020年）燃气短期发展规划和长期发展规划、制定湘潭县名人故居保护和利用规划等意见与建议30余条，县政府及相关部门认真采纳委员意见，如县政府投入专项资金打造的“淘宝网·特色中国·湘潭县馆”成为省内首家淘宝网县级地方馆；成立了湘潭县燃

气安全监管领导小组，对存在的燃气安全隐患进行了排查和整改；将保护和利用名人故居工作纳入我县“十三五”规划纲要等。

各联工委组围绕经济建设、农业产业发展、民生改善等方面开展专题调研视察52次，撰写调研视察报告38篇。如石潭镇联工委就防汛抗旱用电问题、乌石镇联工委就旅游产业发展、河口镇联工委就农村环境卫生整治工作、谭家山镇联工委就乡镇转型发展、教育联工组就职业教育发展、农业联工组就林下经济发展等分别开展调研视察，形成专题报告呈报党委政府和相关部门，提出的意见建议成为党政决策和推动部门工作的重要参考。

二、创新民主监督方式，进一步提高民主监督实效

加大委派民主监督小组工作力度。继续开展委派民主监督小组工作，出台《委派民主监督小组工作办法》，派出10个民主监督小组分别进驻县财政局、县供电公司、县法院等单位，围绕事关全县改革发展和人民群众切身利益的20个重点事项进行监督。委派民主监督小组工作进一步规范、有序，对20个监督事项中存在的问题分别形成《意见与建议》。提出了加大农机技术人员培训、加大农改项目实施的公开力度、加强财政专项资金监管使用、完善人民陪审员管理制度、建立健全土地违法巡查制度等意见建议40余条，逐一进行交办并跟踪落实，促进了受派单位进一步提高行政效能、改进工作作风，提高了群众的满意度。

强化提案办理协商和民主评议提案。八届三次会议以来共收到提案96件，提案办复率100%，满意率98%，促进了一大批人民群众关注的重点、难点问题的解决。继续落实县政协领导领衔督办和县政府领导牵头办理重点提案制度，县政府分管副县长就《关于加强农民专业合作社建设的建议》《整治农村农业生产环境污染的建议》等提案多次召开专题交办会、推进会，相关部门积极落实，出台了《关于加快发展农民合作社的意见》《关于进一步规范村级财务管理的若干规定》等制度，落实了加强“两型”农业综合生产能力建设、加强农村饮用水水质监测等措施，有力地推动了相关问题的解决。召开提案办理协商会10次，将提案办理协商贯穿于提案办理的全过程，并加大对提案办理的督促检查。常委会对县环保局、县卫生局、县农业局等7家单位的提案办理工作进行民主评议，针对工作中的薄弱环节提出批评意见，有效地促进了部门工作的落实。

加强对大会参政议政发言的督办落实。为更好地推进八届三次会议11个大会参政议政发言的落实，县政府召开专题交办会，县政协各委室牵头，加强与各承办单位的协商沟通，推进参政议政发言的落实。八届三次会议11个参政议政发言共涉及经济、文化、法制、教育、农业等领域，提出意见与建议40余条，均得到县政府及相关部门的重视和采纳，助推了《关于稳增长促发展的九条意见》《关于加快湘潭县高新技术产业发展的意见》等政策的出台，有效缓解了中小企业融资难、人才引进难、民办教育发展难等现实问题。

积极反映社情民意，畅通民意表达渠道。充分发挥政协委员联系面广的优势，进一步加大社情民意工作力度，全年共收集社情民意210余条，其中《关于加强沿江风光带管理的建议》《关于加快整改我县液化气供应企业的建议》等4条社情民意以专刊的形式报送县政府及相关部门。并注重加强对社情民意的跟踪督办，特别是对人民群众普遍关心的热点难点问题予以长期跟踪，助推了沿江风光带、金霞山广场和白石广场管理长效机制的建立和工作措施的落实，维护了市民公共活动场所的有序、舒适和整洁。另外，《加强村级财务管理的建议》等社情民意被省、市政协采用，进一步发挥了社情民意针对性强，反映问题迅速、及时的作用，为相关工作的决策和改进提供有效参考。

三、广泛团结联络，为改革发展凝聚正能量

充分发挥桥梁纽带作用。通过常委会议、座谈会、调研视察、走访慰问等形式保持与各民主党派、人民团体和各界代表人士的经常性联系联络，为他们在政协履行职责搭建平台、畅通渠道，不断巩固和发展了最广泛的爱国统一战线。进一步密切与港澳台侨及其亲友的联系联络，积极引导他们参与全县经济社会发展。发挥宗教界代表人士的作用，及时了解反映信教群众意见和诉求，促进了宗教和睦、社会和谐。各民主党派及非公经济界的委员积极参与“同心社区”等公益活动，为砚井社区、牛头岭社区争取项目资金1000余万元，助推了砚井社区成为省级两型示范基地和老年服务示范点，积极开展各类志愿服务活动。委员们发挥自身特点和优势，密切联系界别群众，积极宣传党的路线方针政策和县委县政府决策部署，促进了社会各界增进共识，形成合力。

充分发挥委员主体作用。密切与委员的联系沟通，强化委员履职服务保障，搭建委员知情明政的平台。委员们积极参与“五个一”活动，为经济社会发展提出建议意见570条，提交提案98件，参与协调化解社会矛盾400起，为困难群众办实事360件，为薄弱学校建设、扶贫帮困等各项公益事业直接捐资220万元。同时，注重扩大履职活动中委员参与面，常委会和专委会先后邀请130余名委员参加调研、视察、协商等履职活动；选派40名委员为民主监督小组成员，21名委员参与政风行风评议、特约人员工作。通过参与形式多样的履职活动，委员主体作用得到充分发挥。

四、切实加强自身建设，不断夯实工作基础

深入开展“三严三实”专题教育。按照中央、省市县委的部署要求，认真组织开展“三严三实”专题教育，县政协领导班子成员对照“三严三实”的要求，结合自身实际，积极开展批评和自我批评，重点查摆和整改“不严不实”的问题。认真开展“一进二访”活动，实地了解贫困村和贫困家庭情况，有针对性地制定了精准扶贫计划，全体机关党员干部每人联系一户贫困户，实行一对一帮扶，努力为困难群众排忧解难。

加强理论学习和宣传工作。重点将《关于加强社会主义协商民主建设的意见》《关于加强人民政协协商民主建设的实施意见》以及习近平总书记在全国政协成立65周年大会上的讲话作为县委中心组成员和政协委员的学习内容，通过专题讲座、理论征文等形式，在全县各级各部门及全体政协委员中掀起了学习政协理论和社会

主义协商民主的热潮，进一步深化了广大党员干部和政协委员对人民政协性质、地位、作用的把握和对社会主义协商民主建设的认识，增强了开展基层协商民主的意识，夯实了开展基层协商民主的理论基础。通过县政协网、《莲乡政协》工作刊物以及省、市、县媒体积极宣传社会主义协商民主，反映政协工作动态，展示履职成果和委员风采。《莲乡政协》出刊4期，县政协网站刊登各类履职信息、文章180余篇（条），上报人民政协报和省、市政协工作信息、文章等30余篇（条），其中《人民政协报》以《主动监督群众最关心的事》对我县政协委派民主监督小组工作进行了宣传报道，省政协《湘声报》就我县政协履职工作和推进协商民主的探索与实践进行了专题报道，提升了我县政协工作的知名度和影响力。

加强机关建设，为政协履职做好服务。组织机关干部集中学习党的十八大和十八届三中、四中、五中全会和习近平总书记系列重要讲话精神，以及经济、文化、科技和政协业务等方面的知识，提升政策理论水平和工作能力。严格落实党风廉政建设“一岗双责”，开展常态化的警示教育。严格落实“三会一课”制度，加强党支部建设。努力提升机关工会、老干、后勤保障等工作“三化”水平，增强了机关凝聚力和战斗力。

各位委员、同志们：过去一年成绩的取得，是中共湘潭县委高度重视、坚强领导的结果，是县人大、县政府、县人武部和社会各界大力支持、密切配合的结果，是政协各参加单位、全体委员和政协工作者忠实履职、积极奉献的结果。在此，我代表县政协常委会，向所有关心支持政协事业发展的各级领导、各位委员、各界人士、各位朋友致以衷心的感谢和崇高的敬意！

在肯定成绩的同时，我们清醒地认识到，我县政协工作还存在一些需要进一步改进的问题，主要表现在开展协商民主的形式和方法还有待进一步创新，民主监督的组织化程度还有待进一步提高，履职能力建设还有待进一步加强，政协机关服务委员和群众的能力有待进一步提升。真诚地希望各位委员和同志们对常委会工作提出意见和建议。

2016年工作任务

2016年，是“十三五”规划实施的开局之年，是全面建成小康社会的决胜之年，是县乡两级换届之年。今年县政协工作的总体要求是，认真贯彻落实中共十八大和十八届三中、四中、五中全会精神，深入贯彻落实中央、省市县委经济工作会议精神，在中共湘潭县委的坚强领导下，围绕协调推进“四个全面”战略布局，贯彻创新、协调、绿色、开放、共享发展新理念，主动适应政协工作的新要求，大力推进履职能力建设。充分发挥人民政协在社会主义协商民主中的重要渠道作用，凝心聚力、履职尽责，为努力开创我县“十三五”发展新局面、提前全面建成小康社会贡献智慧和力量。

一、深入学习贯彻中央、省市县委重要决策部署。坚持把学习贯彻中央、省市县委重要决策部署，作为人民政协的一项重要任务，要通过学习，进一步坚定理想信念，加强思想理论武装，自觉把思想和行动统一到中央、省市县委的决策部署上来。继续开展对《关于加强社会主义协商民主建设的意见》和《关于加强人民政协协商民主建设的实施意见》的学习和研讨，努力探索和推进基层政协协商民主，充分发挥人民政协在社会主义协商民主中的重要渠道作用。当前，要全面做好中共十八届五中全会和中央、省、市、县委经济工作会议精神的学习贯彻工作，牢牢把握“十三五”发展总体要求和2016年工作重点，为我县全面建成小康社会，发挥好人民政协建言献策、凝心聚力的作用。

二、紧扣改革发展稳定大局建言献策。要按照我县“十三五”规划纲要和2016年县委、县政府的工作部署，牢固树立和贯彻创新、协调、绿色、开放、共享发展的理念，紧扣县委经济工作会议提出的目标要求，精心选择课题，深入调研，建睿智之言，献务实之策。常委会、专委会、联工委组、界别要围绕“稳增长、调结构、促改革、惠民生”的决策部署，重点在“十三五”规划实施和专项规划的制定、经济转型升级、全面深化改革、民生改善、生态文明建设以及人民群众关心的热点难点问题等方面开展协商议政。常委会将围绕“加快电商平台建设，促进城乡供需转型”和“加快我县养老服务业发展，促进社会和谐安定”开展专题调研和协商；围绕“十三五”专项规划的制定、重点项目建设、精准扶贫等开展专题视察和协商。各专委会、界别将围绕农产品质量安全管理、职业技术教育、家庭农场发展等事项开展对口协商和界别协商。继续开展委派民主监督小组工作，派驻3个民主监督小组对相关单位开展民主监督。进一步加强提案工作，选择部分重点提案开展提案办理协商，切实提高提案质量和提案办理水平，继续开展常委会民主评议提案办理工作。进一步做好社情民意工作，反映群众呼声，促进工作落实，推动民生改善。

三、进一步做好凝心聚力促发展工作。始终突出团结和民主两大主题，充分发挥政协代表性强、联系面广、包容性大的优势，在各界群众中广泛宣传党的思想理论、方针政策，做好解疑释惑、增进共识、凝聚人心和汇聚力量的工作，使党的主张成为各民主党派、工商联、无党派人士、各人民团体和社会各界人士的自觉行动，积极引导各界群众积极支持和参与改革发展，努力为改革发展增进共识、形成合力，凝聚正能量。要完善工作机制，创新工作方法，搭建履职平台，为民主党派成员和无党派人士更好发挥作用创造条件。要继续探索和推进政协委员联系群众工作制度，畅通和拓宽各界群众利益诉求表达渠道，拓展有序政治参与。要继续在委员中开展“五个一”活动，进一步发挥畅通民意、理顺情绪、协调关系、化解矛盾、排忧解难、加油鼓劲的作用。要坚持在宪法、法律和政协章程的框架下正确履职，广大政协委员和政协工作者要带头践行社会主义核心价值观，推动形成良好的社会风尚。落实好党的民族和宗教政策，积极引导宗教和中国特色社会主义相适应。认真做好文史资料的征集和整理，加强对县域文化的传承和发展。充分发挥港澳台侨和非公经济界委员的作用，积极开展招商引资和对外开放合作。

四、大力推进履职能力建设。政协常委会和政协委员要全面把握中共十八大以来对人民政协提出的新任务和新要求，大力推进履职能力建设。要充分发挥政协委员主体作用，以专委会、联工委组、界别为基础，加强委员培训、管理，密切与委员的联系、沟通和交流，推动委员积极履职。要深入推进机关建设，以创建文明单位为抓手，积极开展创先争优活动，提升工作水平，为政协“忠实履职、奉献莲乡”提供有力保障。要巩固深化党的群众路线教育实践活动和“三严三实”专题教育成果，认真执行中央、省、市、县委关于作风建设的各项规定，深入学习《中国共产党廉洁自律准则》和《中国共产党纪律处分条例》，坚持不懈地抓好政协机关和委员队伍的思想、组织、作风和党风廉政建设。

五、统筹做好县政协换届工作。根据中央、省委和市委关于调整换届时间、实现市县乡同级领导班子同步换届的要求，全面征求了各位委员的意见，县政协常委会已经依章依程序做出了关于调整换届时间的决定，决定县政协换届时间提前一年进行。今年，将是本届政协的最后一年，我们要以高度的政治责任感和强烈的事业心，在坚持抓好政协各项履职工作的同时，统筹抓好县政协的换届工作，要严格按照省委、市委和县委的统一部署，坚决贯彻落实换届有关政策和纪律要求，确保换届工作圆满完成。

各位委员，同志们：新目标、新任务赋予新使命，让我们以饱满的政治热情，勇于担当的精神，紧密团结在以习近平同志为总书记的中共中央周围，在中共湘潭县委的坚强领导下，同心同德，群策群力，开拓创新，奋发有为，为全面建成小康社会，共同谱写“十三五”新篇章做出更大的贡献！

（责任编校 杨红艳）

大事记

1月

5日　县委书记谢振华、湖南日报社湘潭分社社长曹辉到齐白石故居、晓霞山等地调研旅游文化产业发展，督查“文化强县”“八个一”工作落实情况。县委常委、县委办主任谭何龙，县委常委、宣传部部长刘耀奇等陪同调研。

是日　湘潭县召开2015年度第一次安委会全体会议，贯彻落实省、市安全生产工作会议精神，部署春节、两会期间全县安全生产工作。县领导傅国平、唐正武、周俊文、刘铁强、黄铁华、陈卫兵、谭捍卫、韩伟、唐仁光、罗义彬等出席会议。

7日　2015年湘潭县议教工作会议召开，研究部署全县教育工作。

8日　县委召开巡视工作领导小组会议，县委书记谢振华听取巡视工作汇报。县领导周艳希、周贤、谭何龙、胡亚湘参加会议。

9日　湘潭县办公室系统“周末大讲堂”第六期专题讲座《领导干部创新思维与创新方法》开讲。县委、县人大、县政府、县政协“四办”和湘潭天易示范区综合管理部共140余名干部参加。

是日　湘潭县召开旅游市场秩序和安全监管工作部署会。

是日　湘潭县首支专业森林消防队组建成立并正式上岗履职。该队配备50人，由河口镇、中路铺镇、花石镇人民政府40岁以下青壮年男干部组成，是湘潭县森林防火指挥部直接指挥调度使用的一支专业扑救队伍。

13日　市委书记陈三新参加市人大代表湘潭县第三代表小组视察活动，了解湘潭县青山桥镇企业发展、乡镇园区建设等情况。

是日　市委副书记、市人大常委会党组书记、市人大常委会副主任候选人李江南到湘潭县听取两会筹备工作意见和建议。县领导傅国平、周艳希、唐正武、黄忠德、周贤、韩德平、韩炎、欧建美、何晓春、赵国政、曾耀辉等参加。

是日　湘潭天易示范区召开2015年度工作务虚会，回顾总结2014年工作情况，谋划2015年发展思路和各项工作。县领导唐正武主持会议，县领导谢振华、傅国平、黄忠德、王惠芳出席会议并讲话。

14日　市纪委副书记、监察局局长游志华率市检查组一行到湘潭县检查2014年度落实党风廉政建设责任制和推进惩防体系建设工作开展情况。县领导谢振华、傅国平、周艳希、唐正武、黄忠德、王惠芳，以及县委常委班子其他成员、县纪委常委班子全体成员参加汇报会。

27日　县委经济工作会议召开。县委经济工作会议上，县委书记谢振华全面总结2014年经济工作，分析形势，部署2015年全县经济工作。县领导傅国平、周艳希、唐正武、周贤、周俊文、谭何龙、唐剑恒、刘铁强、刘耀奇、张性宇、胡亚湘等参加会议。

是日　湘潭县人口和计划生育工作会议召开，总结成绩，表彰先进，讲评冬季优质服务竞赛活动，安排部署2015年度人口和计划生育工作，递交计生工作责任状。

28日　湘潭县2014年度乡镇党委书记履行基层党建工作责任述职评议会议召开。市委组织部副部长、市老干局局长鲁建春，县领导谢振华、傅国平、周艳希、周贤、周俊文、谭何龙、唐剑恒、刘铁强、刘耀奇、张性宇、胡亚湘等参加会议。

29日　县委党务部门工作会议召开。县领导谢振华、周艳希、周贤、周俊文、谭何龙、韩炎及县直机关工委、编办、史志办等党务群团部门负责人参加会议。

是日　湘潭县2015年教育工作会议在县一中召开。

2月

3日　2014年度省直机关年轻公务员到湘潭县挂职锻炼总结汇报会举行。县委书记谢振华，县委常委、组织部部长、统战部部长周贤参加会议。

4日　县委书记谢振华到易俗河镇、河口镇走访慰问劳动模范、困难群众和特困党员。县委常委、县委办主任谭何龙，县委常委、纪委书记胡亚湘参加慰问。

5日　湘潭县召开各界人士迎春座谈会。县领导谢振华、傅国平、唐正武、黄忠德、王惠芳、周贤、周俊文、胡亚湘、成极中、刘新玉等参加座谈。

是日　湘潭市造林工作现场会议在湘潭县召开。副市长杨真平肯定湘潭县的营造林工作取得的成功经验和做法，部署全市森林防火工作。会议组织与会人员参观中路铺镇营造林现场。市政府副秘书长谭毓平，副县长谭捍卫等出席会议。

6日　县委书记谢振华、县人大常委会主任黄忠德、县政协主席王惠芳到县武警消防大队、县军干所、县武警中队、县光荣院和县武装部等地走访慰问。县委常委、县委办主任谭何龙及民政部门负责人等陪同走访。

是日　湖南省中小企业信用担保有限责任公司湘潭县办事处在县财政局正式挂牌。省中小信用担保有限责任公司董事长邹志新、副县长唐仁光出席挂牌仪式。

是日　“雷洪连、王北南先生巨幅油画捐赠仪式”在彭德怀纪念馆举行，油画创作者雷洪连、王北南先生及湘潭市委宣传部副部长文孝男，湘潭县委常委、宣传部部长刘耀奇等领导出席捐赠仪式。

8—10日　政协湘潭县第八届委员会第三次会议召开。

9日　首届湘潭县道德模范和最美群众贴心人颁奖仪式在县委党校大礼堂隆重举行。市委常委、宣传部部长蒋锋，市委宣传部副部长、市文明办主任罗玲玲，县领导谢振华、傅国平、周艳希、唐正武、黄忠德、王惠芳等全体在家副县级以上领导出席仪式并为获奖人员颁奖。

9—11日　湘潭县第十五届人民代表大会第三次会议召开。

12日　中共湘潭县第十一届纪委第五次全会（扩大）会议召开。县委副书记、县长傅国平主持会议。谢振华、周艳希、唐正武、黄忠德、王惠芳等全体县级领导，各乡镇党政一把手、纪委书记，县直单位党政正职、纪委书记（纪检组长），县委巡视组成员，特邀监察员等参加会议。

是日　湘潭县召开老干部代表迎春座谈会。

13日　副省长李友志一行到湘潭县谭家山镇参加“红十字博爱送万家”慰问活动，看望慰问谭家山镇困难群众和敬老院的老人们，给他们送去慰问金和过年物品。市、县领导陈三新、陈忠红、苏健全、谢振华、谭何龙、陈卫兵、刘新玉等参加慰问活动。

17日　县委书记谢振华，县委副书记、县长傅国平，县委副书记周艳希分别带队看望慰问春节期间坚守岗位的一线工作者们，代表县委、县政府向他们致以新年的祝福与问候。县领导唐正武、黄忠德、周俊文、谭何龙等参加慰问。

3月

9日　全县村（社区）党支部书记培训班在县委党校举行。全县578个村、社区（居委会）党支部书记参加培训。县委书记谢振华参加开班仪式并讲话。县委常委、组织部部长、统战部部长周贤主持开班仪式。

12日　县级领导谢振华、周艳希、黄忠德、谭何龙、刘铁强、刘耀奇、韩炎、赵国政、黄铁华、陈卫兵、韩伟、唐仁光、李西文、杨欣荣、荣虎成、唐争耀等到白石镇齐白石故居植树基地参加义务植树活动。

14日　湘潭县举行“无限风光在顶峰——石鼓·顶峰之旅”启动仪式。县委副书记周艳希出席，县委常委、宣传部部长刘耀奇主持启动仪式。县领导胡亚湘、陈卫兵以及市、县旅游局和石鼓镇相关负责人，近千名游客一同参加启动仪式。

16—17日　省安全监察局党组书记、局长李建民率省财政、国土一行到湘潭县逐一进行现场查看2014年关闭的5处矿井，肯定湘潭县煤矿“关实关死”的工作成绩。

17日　河口镇举行农村党员冬春训示范培训班。县委书记谢振华参加并上党课。县委常委、县委办主任谭何龙陪同参加。

18日　县委副书记周艳希先后到中路铺龙凤庄园、茶恩寺金坪复兴示范片、龙口润泽生态农业发展有限公司、乌石和杨嘉桥镇的羊鹿茶叶基地等地调研现代农业发展。副县长谭捍卫参加调研。

20日　县委副书记周艳希到湖南华绿生物科技有限公司调研粮食产业全程社会化服务体系建设情况。副县长谭捍卫参加调研。

是日　县委中心组（扩大）集中学习专题讲座在县委党校举行。省委宣传部原巡视员、省社科联主席郑佳明，县委书记谢振华分别为大家授课。

24日　县委书记谢振华到易俗河镇调研督查综治工作。县领导唐正武、谭何龙、唐剑恒参加调研督查。

是日　广州军区副司令员邢书成率广州军区工作组到彭德怀纪念馆参观学习。湖南省军区政治委员马必强，湘潭军分区司令员杨扬，政治委员孔雪兴，湘潭县委常委、宣传部部长刘耀奇，县武装部政治委员张性宇陪同参观。

26日　县人大常委会主任黄忠德率县人大相关委室负责人一行，到青山皮鞋工业园进行专题视察，听取汇报，了解青山桥在发展中遇到的困难、疑惑，提出意见和建议。县委常委、副县长刘铁强，天易示范区管委会副主任杨欣荣及县经信局、国土局、招商局等部门负责人等参加调研活动。

27日　全县党务工作会议召开。县委副书记周艳希主持会议。县领导谢振华、周贤、谭何龙、刘耀奇、胡亚湘、韩炎，县直单位主要负责人，各乡镇党委书记、组织宣传统战委员、办公室主任等参加会议。

是日　省长株潭两型试验区管委会副主任周上游，宣教联络处处长李红卫、宣教联络处正处级干部刘少健一行到湘潭天易示范区调研两型示范创建、宣传教育工作。

28日　湘潭天易示范区与湘潭

中库投资置业有限公司举行湘潭天易商业文化广场项目签约仪式，此项目投资20亿元。

是日 烈士陈毅安之孙二炮54基地总工程师、少将陈正烈到彭德怀纪念馆瞻仰彭总。

30日 湘潭县召开医药卫生体制改革座谈会，研究部署县级公立医院综合改革工作。

31日 湖南省林业厅副厅长吴彦承一行到湘潭县检查指导春季森林防火工作,对县委、县政府高度重视森林防火，积极备战清明森林防火给予肯定。

是日 省人大常委会委员、环资委副主任委员姜玉泉一行到湘潭县调研湖南珠江啤酒有限公司环保工作。

4月

7日 市政协副主席肖克和到茶恩寺镇调研竹制品手工作坊和机械化加工企业生产情况。

8日 县委书记谢振华到射埠镇调研基层党建工作，听取河口、花石、中路铺、锦石、射埠五个乡镇关于农村基层组织建设、村级财务管理、村级事务管理、村（社区）松绑减负等工作的建议和意见。县领导周贤、谭何龙、赵新良等参加调研座谈会。

是日 市政协副主席肖克和率市政协调研组一行到青山桥镇开展青山皮鞋产业的发展及传统皮鞋技术传承创新专题调研。县政协主席王惠芳陪同参加调研活动。

是日 副市长苏健全、市卫生局局长胡振湘一行到湘潭县人民医院检查公立医院改革实施情况。

10日 全县农村工作暨基层党建、安全生产、群众工作会议在县委党校召开。县领导谢振华、傅国平、周艳希、唐正武、黄忠德、王惠芳、谭何龙、唐剑恒、刘铁强、刘耀奇及其他在职的副县级领导干部，县委各部、委主持日常工作的负责人，县直机关各单位（含垂直管理单位）党政主要负责人，天易示范区管委会主任助理、各部部长，县委巡视组正副组长，各乡镇党委书记、乡镇长、人大主席，各村（社区）支部（总支）书记参加会议。

13日 湘潭县在白石广场开展以“关注候鸟保护，守护绿色家园”为主题的第34届爱鸟周宣传活动，让市民认识鸟类，爱护鸟类，提高全民生态保护意识，促进人与自然和谐相处。

15日 湘潭县人民政府与湘潭市子敬慈善基金会举行合作共建湘潭子敬学校签约仪式。湘潭子敬学校选址在湘潭县易俗河镇山塘村香樟路与云龙路的西北角，占地面积6.67公顷，计划于2017年6月1日建成，9月1日正式对外招生。

16日 省统计局党组成员、副局长李绍文一行考察湘潭县、湘潭天易示范区。

17—18日 县委书记谢振华带领县委常委、宣传部部长刘耀奇和县文体广新局、县广电台、县城乡规划局、彭德怀纪念馆、白石镇负责人到浙江省嵊州市考察调研文化建设。

21日 湘潭县召开2015年食品药品“四小”（“小诊所”“小药店”“小餐饮”和“小作坊”）整规专项行动启动会议。

22日 湘潭县城乡规划委员会2015年度第一次会议召开，县委副书记、县长、县规划委员会主任傅国平主持会议，副县长黄铁华出席会议，与会专家和部门负责人分别对各个规划方案进行讨论和审议。

是日 市委常委、常务副市长谈文胜率市发改、国土、住建、银信等部门负责人一行，到湘潭县、湘潭天易示范区调研“135”工程建设（“135”工程指省人民政府为促进创新、推动创业立足现有省级以上园区，实施创新创业园区发展“135”工程，即：重点扶持100个布局合理、优势突出的创新创业园区，新建3000万平方米以上统一规划、功能配套的标准厂房，引进5000家以上创新能力强、成长性好的创新创业企业）。

23日 县委书记谢振华一行到石潭、排头等地调研农业生产及防汛工作。县领导谭何龙、谭捍卫，县农业局、水利局等有关部门负责人陪同调研。

是日 县委副书记周艳希到县内部分农副产品加工企业调研特色产业发展情况。县委办、县特色办、县邮政银行相关负责人参加调研活动。

是日 中国书法家协会会员、中国美术家协会会员、中华诗词学会会员、中国文艺家联合会副主席白崇然，中国美术家协会会员、国家一级美术师张龙印到彭德怀纪念馆参观并赠送书画两幅。

5月

4日 湘潭县第四届劳动模范（先进工作者）表彰大会召开。会议由县委副书记、县长傅国平主持，县委书记谢振华讲话。10名来自全县各行各业的劳动模范（先进工作者）受到表彰。县领导周艳希、唐正武、黄忠德、周贤、周俊文、谭何龙、唐剑恒、刘铁强、刘耀奇、张性宇、胡亚湘、韩炎等出席会议。

是日 湘潭县财税“双过半”动员会召开，会议通报全县2015年度1—4月财税收入情况，部署财税工作。县领导傅国平、周俊文、胡庚、黄高良等参加会议。

5日 市委副书记、市长胡伟林到湘潭县调研园区经济发展情况。胡伟林要求进一步抓好项目建设，优化政务环境，积极为企业排忧解难。市、县领导杨真平、谢振华、傅国平、唐正武、刘铁强陪同调研。

是日 湘潭县公安机关“一打三治”新年亮剑专项行动讲评会召开。

8日 全县“招商突破年”活动动员大会召开。会议由县委副书记、天易示范区管委会常务副主任唐正武主持，县委副书记、县长傅国平讲话。县领导欧健美、唐仁光、李西文、杨欣荣等出席会议。

是日 湘潭县信用合作联社组建农村商业银行及清收不良贷款工作动员会召开。县委副书记、县长傅国平要求全县统一认识，明确工作目标，强力推进改革，确保信用合作联社改制工作圆满完成。县领导周俊文、欧建美、唐仁光、黄高良等出席会议。

10日 湘潭县总工会、湘潭县信用合作联社共同举办、彭德怀纪念馆协办的“爱在春天里相守信合情”单身联谊活动在彭德怀纪念馆铜像广场举行，来自湘潭地区各行各业的208名单身男女职工浪漫相聚，寻找有缘人。经过半日的相识、相谈、相玩，共有5对单身男女职工牵手成功。

15日 位于湘潭天易示范区的湖南珠江啤酒有限公司正式竣工投产。珠江啤酒股份有限公司董事长方贵权，市委常委、市政府常务副市长谈文胜共同为公司投产揭牌。县领导周艳希、唐正武、黄忠德、王惠芳、周俊文及中国酒业协会、广州市国资委相关负责人等出席投产仪式。

20日 县委副书记周艳希、县政协主席王惠芳到谭家山镇调研特色农业生产经营情况，县农办、农业局相关负责人参加调研。

23日 “采莲乡新茶品红色文化”湘潭县乌石一日游暨中国旅游日主题活动启动仪式在湘潭县乌石镇举行。县委常委、宣传部长刘耀奇宣布活动启动。市旅游外事侨务港澳局党组书记、局长张昱、副县长陈卫兵，彭德怀纪念馆、县旅游局、乌石镇负责人以及200余名游客参加启动仪式。

26日 市政协主席周放良一行到湘潭县、湘潭天易示范区调研非公经济发展情况。

是日 湘潭县防汛抗旱工作调度会召开。

28日 全县干部教育培训党校大讲堂启动仪式举行。省直机关工委常务副书记徐晨光，县委副书记、县长傅国平，县委常委、组织部部长、统战部部长、党校校长周贤出席启动仪式。

29日 省医改办主任、省卫生计生委党组书记詹鸣一行到湘潭县调研县级医院建设情况，现场查看湘潭县人民医院基础建设和专科建设情况，并召开座谈会。市卫生计生委党委书记、主任赵新文，县人民政府副县长陈卫兵，县政协副主席、卫生局局长刘新玉参加调研。

30日 湘潭县举行“三严三实”专题教育党课，县“三严三实”专题教育工作正式启动。县委书记谢振华上党课。傅国平、周艳希、唐正武、黄忠德、王惠芳及其他副县级领导干部，各乡镇党委书记、乡镇长、组织委员，县直各单位主要负责人、县委各部委主持日常工作负责人，县人大、县政协委室主任，天易示范区主任助理、各部部长，县委巡视组正副组长参加学习。

6月

3日 酒泉至湖南±800千伏特高压直流输电工程在湘潭县射埠镇正式开工。省、市、县领导陈肇雄、谈文胜、傅国平、刘铁强等参加开工仪式。

7日 白石广场和人防工程提质改造项目签约仪式举行。县委副书记、县长、天易示范区管委会主任傅国平代表县人民政府与湘潭大洋置业有限责任公司董事长陈祖成签约。县领导周艳希、唐正武、王惠芳、周俊文、谭何龙、唐仁光、唐向前等参加签约仪式。

8日 县委副书记周艳希、副县长谭捍卫到排头调研计生工作。县计生局负责人、青山桥、石鼓、锦石、射埠、分水等乡镇负责人参加座谈。

9日 湘潭县落后小煤矿关闭退出工作领导小组会议召开，听取全县煤矿关闭工作情况汇报，安排部署煤矿关闭退出工作。县领导傅国平、周俊文、刘铁强、唐仁光等出席会议。

18日 省工商联副主席李曦率全省创新创业先进典型巡回报告团到湘潭县举行报告会。县委副书记周艳希主持报告会，县委副书记、县长傅国平讲话。省委统战部、省市工商联的有关负责人，在家的全体县级领导出席会议，县直机关各单位、乡镇主要负责人，乡镇宣传组织统战委员，县工商联（总商会）执委、常委、副主席（副会长）参加会议。

29日 罗亦农故居遗址标识落成庆典在湘潭县易俗河镇青狮村举行。市委副秘书长、市史志办主任易小兰，县委副书记、县长傅国平，县委副书记周艳希，县委常委、县委办主任谭何龙，县政协原主席、县史志联络组组长李罗莹，县委原副书记、调研员、县史志联络组副组长贺顺恒出席，市史志办、湘乡、岳塘、雨湖、韶山等县市区史志办相关负责人等参加。

30日 市委书记、市人大常委会主任陈三新到湘潭县青山桥镇调研和现场办公，为乡镇基础设施建设和园区特色经济发展排忧解难。市委副书记、组织部部长、统战部部长严华，市委常委、市委秘书长陈忠红，县委副书记、县长傅国平，县人大常委会主任黄忠德，县委常委、县委办主任谭何龙，县委常委、副县长刘铁强，以及市县相关部门负责人参加调研活动。

7月

1日 市委书记、市人大常委会主任陈三新到湘潭县石潭镇慰问困难党员，并调研基层党建、村集体经济发展情况。市、县领导严华、陈忠红、傅国平、周贤、谭何龙陪同。

4—5日 湘潭县第二届赏荷之旅暨第一届湘潭地方特色产品交易展示会在“中国湘莲之乡”——湘潭县花石镇举办。市县领导李光泉、周艳希、王惠芳、刘耀奇、陈卫兵、唐仁光、刘新玉等出席。

8日 湘潭县森林灭火救援队启动仪式在湘潭县武警中队举行。该救援队由县林业局联合县武警中队组成，救援队武警官兵配备专业森林灭火设备，当日进行现场调试灭火设备及演练。

13日 湘潭县创建国家可持续发展试验区工作汇报会召开。县领导傅国平、刘铁强、谭捍卫等出席会议。

17日 全县重点工程项目集中开工动员会召开。县委副书记、县长、天易示范区党工委委员、管委会主任傅国平主持动员会，县领导谢振华、唐正武、黄忠德、王惠芳、周俊文、刘铁强、荣虎成出席会议。湘江防洪景观道路（湘潭县水厂取水口至金桂北路）摩托车及电动车配件仓储物流项目、宏信创新产业园公租房项目、湘潭县一中艺体馆、节能环保型农作物烘烤专业设备研发生产项目、湖南伍子醉食品有限公司技改等12个重点工程项目在天易示范区举行集中开工仪式，总投资约9.7亿元。

18日　湘潭美丽梅林“都市后花园”开园仪式举行。市委常委、市委秘书长陈忠红，副市长杨真平，市委副秘书长李伟清，市政府副秘书长谭毓平及县领导谢振华、傅国平、周艳希、唐正武、黄忠德、王惠芳、谭何龙、刘耀奇、陈卫兵、谭捍卫、宋小玲等出席开园仪式。

18—20日　首届青山桥鞋业联盟全国订货会在湘潭县鑫田国际大酒店举行。参展企业19家，展出各类皮鞋样品1180种，全国各地1200多名采购商前来采购，累计实现各类皮鞋销售订单240万双，成交金额达1.85亿元。

20日　湘潭县人民政府第十五届六次全体（扩大）会议召开，总结上半年主要经济指标和主要工作完成情况，安排部署下半年政府工作。

21日　县委书记谢振华召集河口、乌石、云湖桥、杨嘉桥、石潭等5个乡镇负责人座谈安全生产、计划生育和信访维稳工作开展情况。县领导谭何龙、唐剑恒、刘铁强参加。

22日　湖南省林业厅副厅长唐苗生到茶恩寺镇调研竹木产业园发展情况。

27日　云湖桥镇民营企业——湘潭县烟山石业有限公司发生1起物体打击事故，造成1人死亡，直接经济损失85万元。

29日　全县党建工作推进会召开。县领导谢振华、周艳希、周贤、谭何龙、谭捍卫、赵新良出席会议。

是日　省发改委考察组一行到天易示范区青山皮鞋工业园参观入园企业，了解新建项目，并就园区发展相关事宜进行座谈交流。县领导傅国平、刘铁强及市县发改局负责人等陪同参加考察。

30日　2015年湘潭县争项争资专题调度工作会召开。县委常委、常务副县长周俊文主持会议并讲话。

8月

2日　杨嘉桥镇民营企业——湘潭县怡达建材有限公司发生1起冒顶事故，造成1人死亡，直接经济损失64.4万元。

6日　县委十一届七次全体（扩大）会议在县委党校举行。会议总结上半年工作，研究部署下半年工作任务，审议通过《中共湘潭县委关于加快推进精准扶贫开发工作的决议》。县领导谢振华、傅国平、周艳希、唐正武、黄忠德、王惠芳、周贤、周俊文、谭何龙、唐剑恒、刘铁强、刘耀奇、张性宇及其他在职副县级干部，县委委员、候补委员，各乡镇党委书记、乡镇长，县委各部、委主持日常工作的负责人，县直机关各单位（含垂直管理单位）党政主要负责人，县人大、县政协委室的主要负责人，天易示范区管委会主任助理、各部部长，纪委委员，县委巡视组正副组长等参加会议。

7日　县委书记谢振华到天易示范区调研重点工程项目建设，并现场协调解决相关问题。县领导唐正武、谭何龙、罗义彬、荣虎成及县重点办、示范区三促办等部门负责人陪同。

11日　内蒙古自治区党委常务副秘书长、办公厅主任包广林一行到彭德怀纪念馆参观。中共湖南省委办公厅副巡视员曲建文，湘潭市委常委、政法委书记廖国峰，湘潭县委常委、政法委书记唐剑恒陪同参观。

12日　县委书记谢振华到天易示范区、梅林桥、中路铺镇等地督查安全生产工作。县委常委、副县长刘铁强，天易示范区党工委委员、总工程师荣虎成，县安监局等有关部门主要负责人陪同。

13日　湘潭县精准扶贫专题调研座谈会举行。县领导谢振华、周艳希、周贤、谭何龙、谭捍卫、刘新玉出席会议，相关乡镇、县直单位主要负责人参加会议。

20日　全县“三严三实”专题教育开展第二次集中学习。县领导谢振华、傅国平、周艳希、唐正武、黄忠德、王惠芳及县委中心组其他成员，县委第二学习中心组成员，县委巡视组正副组长，乡镇党委书记、乡镇长、乡镇人大主席、乡镇政协联工委主任、乡镇纪委书记参加学习。

是日　2015年度湘潭县城乡规划委员会第二次会议召开，县领导傅国平、赵国政、黄铁华、宋小玲等出席会议。

21日　湖南省委书记、省人大常委会主任徐守盛到湘潭县调研农村建设和企业发展情况。省委常委、省人大常委会副主任、省委秘书长韩永文，市、县领导陈三新、胡伟林、陈忠红、谢振华、傅国平、唐正武、谭何龙、唐剑恒、韩伟陪同调研。

24日　全县平安建设暨提高群众满意度会议召开。县委副书记、县长傅国平主持会议。谢振华、周艳希、唐正武、黄忠德、王惠芳、周贤、谭何龙、唐剑恒、刘铁强、刘耀奇、张性宇、胡亚湘等县级领导出席会议。

25日　“欢乐潇湘·幸福湘潭”大型群众文艺汇演市级决赛湘潭县专场在县委党校大礼堂举行。市人大常委会副主任徐亚健、县委书记谢振华、县长傅国平、县委副书记周艳希、县政协主席王惠芳等全体在家的县级领导到场观看比赛。

27日　县委常委会“三严三实”专题教育开展第二次集中学习研讨。市委书记、市人大常委会主任陈三新、市委常委、市委秘书长陈忠红，县领导谢振华、傅国平、周艳希、唐正武、周贤、周俊文、谭何龙、唐剑恒、刘铁强、刘耀奇、张性宇、胡亚湘出席会议。

是日　县委书记谢振华到易俗河镇百花社区开展走访恳谈活动。县领导谭何龙、唐剑恒陪同。

31日　酒泉至湖南±800千伏特高压直流输电线路项目征拆工作动员大会召开。县委副书记、县长傅国平在会上发表讲话。国网湘潭供电公司总经理贺伟明，县领导刘铁强、黄高良出席会议。

9月

1日　县委书记谢振华到河口镇调研安全生产、作风建设、环境优化等重点工作。县委常委、县委办主任谭何龙陪同调研。

是日　湘潭县启动“利剑”行动，打击非法捕猎野生动物违法行为，为候鸟南迁保驾护航。

2日　湘潭县精准扶贫工作领导小组会议召开。县领导谢振华、傅国平、周艳希、刘新玉出席会议。

8日　湘潭县教育工作暨第31个教师节庆祝大会举行。县领导谢振华、傅国平、黄忠德、王惠芳、刘耀奇、陈卫兵，各乡镇党委书记、分管教育工作负责人，县直相关部门负责人，教育局党委班子成员，各县属学校、乡镇中心学校、民办学校校长、书记，县教育局各股室及二级机构负责人以及部分优秀教师和学生代表参加会议。

是日　省委督办专员陈吉芳到湘潭县开展“实施特色县域经济发展工程”专题调研，实地走访梅林现代农业示范园、天易示范区农产品精深加工物流园及相关企业，并就湘潭县特色县域经济重点县建设工作进行座谈交流。

9日　县委书记谢振华到中路铺镇中心小学、谭家山镇长岭中学、县职业技术学校、云龙中学、县一中等地看望慰问一线教师，并送去节日的祝福。县委常委、县委办主任谭何龙，副县长陈卫兵等陪同。

10日　县委书记谢振华一行到排头乡、花石镇、杨嘉桥镇、河口镇等地调研特色产业发展。县委常委、县委办主任谭何龙陪同。

14日　湘潭县财税工作会议召开。县委常委、常务副县长周俊文在会上作重要讲话。县领导胡庚、黄高良等出席会议。

16日　县委书记谢振华到石鼓镇兴旺村调研指导精准扶贫工作，走访慰问贫困户。县委常委、县委办主任谭何龙等陪同。

是日　《湘潭县关于加快推进养老服务业发展的实施意见》座谈会召开。副县长谭捍卫出席会议，涉及养老服务业发展的30家相关单位负责人参加会议。

18日　2015年度湘潭县城乡规划委员会第三次会议召开，审议湘潭子敬慈善学校等4个项目的规划方案。县领导傅国平、赵国政、黄铁华、宋小玲、荣虎成参加会议。

21日　湘潭县信访工作、走访恳谈工作调度会议召开。

24日　县委书记谢振华对湘潭县全体县级领导和县直部门、乡镇主要负责人进行集体廉政谈话。谈话由县委副书记、县长傅国平主持。

28日　阿里巴巴农村淘宝湘潭县服务中心开业暨淘宝特色中国·湘潭县馆揭牌仪式举行，标志淘宝特色中国·湘潭县馆正式营运。副县长唐仁光主持仪式，阿里巴巴集团农村淘宝湘桂大区总经理陈信与县委副书记、天易示范区管委会常务副主任唐正武共同为中心揭牌。团中央组织部副巡视员刘晋平，省商务厅电商处处长胡松强，市政府副秘书长宾如光出席仪式。

是日　湘潭县与浏阳农商银行在天易示范区举行村镇银行合作签约仪式，由浏阳农商银行发起的湘淮村镇银行将落户湘潭县。

29日　2015年“欢乐潇湘·幸福湘潭·莲乡大舞台”群众广场舞大赛决赛在县城白石广场举行。县领导刘耀奇、韩炎、陈卫兵、李西文与数千名群众一起到场观看决赛。

30日　湘潭县在中路铺镇晓霞山举行烈士纪念园开园暨“缅怀革命先烈、弘扬民族精神”公祭活动。县领导谢振华、傅国平、周艳希、黄忠德、王惠芳、谭何龙，老战士代表，公安政法干警代表，县直各单位负责人，医卫系统干职工代表，中小学生代表参加。

10月

13日　市委书记、市人大常委会主任陈三新到湘潭县调研走访。市、县领导陈忠红、谢振华、周贤和谭何龙陪同。

是日　中共湘潭昭山示范区工作委员会、湘潭昭山示范区管理委员会一行到彭德怀纪念馆开展“三严三实”专题教育活动。

是日　潭衡高速公路晓南互通工程建设签约仪式举行。深圳泰邦集团执行董事龚子鉴、潭衡公司董事长沈韶兴，县领导谢振华、傅国平、唐正武、黄忠德、王惠芳、谭何龙、刘铁强、欧建美、宋小玲出席签约仪式。

14日　县委书记谢振华一行到易俗河镇百花社区现场办公。县领导谭何龙、唐剑恒、胡亚湘、韩伟等参加。

16日　全县工作推进大会在县委党校举行。县领导谢振华、傅国平、周艳希、唐正武、黄忠德、王惠芳、周俊文、谭何龙、唐剑恒、刘铁强、刘耀奇、张性宇、胡亚湘等及其他在职副县级干部，各乡镇党委书记，乡镇长，分管农业负责人，分管城镇规划负责人，经发办主任，县委各部、委主持日常工作负责人，县直机关各单位（含垂直管理单位）党政主要负责人，天易示范区管委会主任助理，各部部长，三促办主任，县委巡视组正副组长，28个省定贫困村支部书记及驻村工作队员，结对帮扶企业负责人等参加会议。

21日　团中央组织部副巡视员刘晋平到湘潭县分水乡开展“常态化下沉基层”走访调研。

是日　副市长吴小月到排头乡鳌洲村调研指导精准扶贫工作，走访慰问贫困户，县委常委、副县长刘铁强，县水务局、排头乡政府主要负责人陪同调研。

22日　湘潭县召开全面建成小康社会工作推进会。县领导谢振华、傅国平、周艳希、周俊文、谭何龙、刘铁强、韩炎、谭捍卫、宋小玲等出席会议。

24日　全国元帅纪念馆第十二次联谊会暨彭德怀同志诞辰117周年纪念活动在湘潭县乌石镇彭德怀纪念馆铜像广场举行。此次活动以弘扬彭总精神，做“忠诚、干净、担当”的好干部为主题，由全国元帅纪念馆联谊会、中共湘潭县委、湘潭县人民政府主办。县领导傅国平、黄忠德、王惠芳、刘耀奇参加，邀请十大元帅纪念馆、韶山毛泽东纪念馆、刘少奇纪念馆、平江起义纪念馆管理处、中国西柏坡精神研究会、曾国藩故里管理处等单位代表参加。

28日　湖南省财政厅厅长郑建新一行到湘潭调研，实地察看县一中艺体馆项目、滨江风光带（雪松路—贵竹路段）、宏信创新产业园等，并在天易示范区管委会会议室听取相关工作的情况汇报，了解湘潭财政经济运行情况以及遇到的困难和问题。市、县领导胡伟林、谈文胜、谢振华、傅国平、唐正武、周俊文及市县相关单位和部门负责人等参加调研。

30日　市人大常委会党组书记、常务副主任李江南率帮扶单位、后盾单位负责人到湘潭县分水乡双凤冲村开展“一进二访”精准扶贫工作。

11月

1日　毛泽东侄女毛小青，黄克诚大将之子黄晴，毛泽民烈士之孙毛宁斌，彭德怀元帅之侄孙张峰，湖南省委原第一书记张平化之子张自为，湖南省纪委原书记谭余保之子谭元纮，湖南省委原书记周礼之子周五一，湖南省委原书记万达之子万湘林，湖南省政协原副主席翁徐文之子翁学林，王凤余大校之子王大东，中共中央办公厅原机要局肖庆元一行到彭德怀纪念馆缅怀彭总。

3日　省委副书记孙金龙到湘潭县调研乡镇行政区划调整改革工作。市县领导陈三新、严华、陈忠红、杨真平、谢振华、傅国平、周艳希、谭何龙、谭捍卫，湘潭县、韶山市、雨湖区、岳塘区及易俗河镇、龙口乡主要负责人等参加实地调研或座谈会。

4日　湘潭县乡镇区划调整改革领导小组（扩大）会议召开，部署推进乡镇区划调整改革工作。县领导谢振华、周艳希、周贤、周俊文、唐剑恒、刘耀奇、胡亚湘、何晓春、谭捍卫、韩伟、李西文、刘新玉、荣虎成等出席会议。

5日　县委副书记周艳希到百花农贸市场、凤凰路、牛头岭及水印康桥小区，督查文明县城复查迎检工作落实情况。县委常委、副县长刘铁强等参加。

是日　湘潭县湘江保护、河道保洁暨水资源考核工作调度会召开。

9日　湖南省乡镇国库集中支付制度改革座谈会在湘潭县召开。省财政厅国库处调研员龙炳华，县委常委、常务副县长周俊文出席。省财政厅、省内部分市县财政局相关负责人参加座谈会。

是日　湘潭县开展“雷霆行动”，打击破坏森林和野生动物资源违法犯罪行为。在乌石、石潭等乡镇开展野生动植物和林地保护的法律法规宣传，在易俗河、河口等乡镇开展执法行动，打击违规用火、张网捕鸟、乱捕滥猎、违规占用林地等违法行为。

11日　湘潭天易示范区与世界500强ADM公司签订协议，标志着投资6000万元的动物营养项目正式落户天易示范区。湘潭县委副书记、县长、天易示范区管委会主任傅国平，县委副书记、天易示范区管委会常务副主任唐正武，天易示范区党工委委员、管委会副主任唐争耀以及ADM亚太区总裁Ismael先生、ADM动物营养总裁Brent先生等参加签约仪式。

是日　湘潭市委常委、纪委书记张建平率领市科技局、市交通局、市水利局相关负责人一行到茶恩寺镇双花村调研精准扶贫工作。

是日　2015年湘潭县教育基金募资工作动员会召开。副县长陈卫兵在会上作重要讲话，湘潭县企事业单位、驻县市直管单位代表参加会议。

12日　县委书记谢振华到花石镇调研，花石镇、龙口乡、排头乡负责人分别汇报乡镇区划调整改革、基层党建、城镇建设、冬季农业生产等有关重点工作情况。县领导周俊文、谭何龙参加调研座谈会。

18日　湘潭县乡镇食品安全工作会议召开。

20日　县委副书记周艳希召集十个群团部门的全体正副职开展集体廉政谈话，强调群团部门要切实保持和增强群众性，做到“清水衙门”守得住“清水”。县纪委、县委办相关负责人参加座谈会。

21日　湘潭县“十三五”规划纲要编制工作汇报会召开，县委副书记、县长傅国平在会上作重要讲话。县领导唐正武、周俊文、刘铁强、黄铁华、陈卫兵、谭捍卫、韩伟、唐仁光、黄高良、荣虎成、唐争耀出席会议。

是日　湘潭市创建平安医院安排部署会在湘潭县人民医院召开，市卫计委党委书记、主任赵新文介绍湘潭市平安医院创建工作开展情况。市委常委、政法委书记廖国锋在会上作重要讲话。市县领导苏健全、曾建平、唐剑恒、刘耀奇、刘新玉及市县相关部门负责人出席会议。

29日　第十一届全国政协副主席郑万通一行到彭德怀纪念馆瞻仰彭总。湘潭市政协主席周放良，湘潭县委副书记、县长傅国平，县政协主席王惠芳，县委常委、县委办主任谭何龙等领导陪同。

30日　湘潭县乡镇区划调整改革领导小组会议举行。县领导谢振华、周艳希、周俊文、谭捍卫、韩伟、李西文、刘新玉参加会议。

12月

3日　湘潭县举行政府职能转变和机构改革动员大会。县委副书记周艳希主持会议。县领导谢振华、傅国平、周艳希、唐正武、黄忠德、王惠芳、周贤、谭何龙、胡亚湘等及其他在职副县级干部，各乡镇党委书记、乡镇长，县委各部、委主持日常工作的负责人，县直机关各单位主要负责人，县委巡查组正副组长参加会议。

7日　湖南省林科院专家组一行到湘潭县梅林桥镇紫金河、河口镇红旗水库等湿地小班现场考查，通过看现场、访农户、听汇报、查资料，检查考核湘潭县2013—2015年度湿地资源保护工作。

8日　湖南省委副秘书长赵小明带队到湘潭县开展乡镇区划调整改革和不动产统一登记工作专项督查。省委办公厅副主任叶建军，县领导傅国平、周俊文、谭何龙、谭捍卫、唐仁光、刘绵晖等参加。

11日 湘潭县“十三五”规划编制纲要（草案）汇报会召开。县领导谢振华、傅国平、周艳希、唐正武、黄忠德、王惠芳、周俊文、谭何龙等出席会议。

14日 副市长陈小山到湘潭县、湘潭天易示范区调研槟榔产业发展情况。副县长唐仁光，示范区党工委委员、管委会副主任唐争耀陪同。

是日 县委书记谢振华一行到县财政局调度财税情况。县领导周俊文、谭何龙、胡庚等参加会议。

15日 市委书记、市人大常委会主任陈三新到湘潭县检查考核县委抓党风廉政建设责任制情况。谢振华、傅国平、周艳希、唐正武、黄忠德、王惠芳等全体在家县级领导参加。

17日 湘潭县水利建设工作推进会在京湘供水有限责任公司召开。

18日 湖南省林业厅召开全省绿化暨古树名木保护工作现场会，湘潭县在会上作典型发言，其古树名木保护管理经验在全省推广。

23日 县委书记谢振华到易俗河镇检查考核落实党风廉政建设责任制情况，主要对原易俗河镇党委和原梅林桥镇党委2015年抓党风廉政建设责任制情况进行一次全面验收。

25日 潭衡高速公路晓南互通工程开工建设动员大会举行。县领导傅国平、周艳希、唐正武、刘铁强、刘绵晖，泰邦集团负责人龚子鉴、沈韶兴、陆思强、傅景平等出席。

28日 湘潭天易示范区青山桥皮鞋工业园扩建工程正式开工。县领导傅国平、周艳希、刘铁强、刘绵晖参加开工建设动员会。

是日 中信银行湖南省分行行长陆金根一行到湘潭县、湘潭天易示范区考察湖南伍子醉食品有限公司、宏信创新产业园。县委书记、示范区党工委书记谢振华，天易示范区党工委委员、管委会副主任胡庚、唐争耀陪同考察。

30日 县委书记谢振华到乡镇厂矿、临江码头、吴家巷治超站、网吧、超市等地，督查安全生产和公共场所消防安全建设情况。县领导周俊文、谭何龙、韩伟陪同。

（责任编校 杨红艳）

综 述

概 况

【地理位置】 湘潭县位于湖南省中部偏东，湘江下游西岸，北纬27°20′00″~27°50′44″，东经112°25′30″~113°03′45″。东北与长沙县以湘江为界，与湘潭市区犬牙交错，东与株洲市天元区、株洲县水陆相连，东南隔湘江与衡东县相望，南与衡山县接壤，西南与双峰县相邻，西与湘乡市接界，西北与韶山市毗连，北与宁乡县、湘潭市雨湖区为邻。楠竹山镇插入县域云湖桥镇的中南部。

【面积】 湘潭县自宋朝元符元年（1098）至民国时期，县域没有变化。1949年，县境跨湘江下游东西两岸，今湘潭市区、株洲市区全部及韶山市、株洲县大部分都属湘潭县统辖，全县面积为4586平方千米。中华人民共和国成立后，境域析置多变，析出划入相抵，总计减少面积2073.77平方千米。至1990年，全县面积为2512.23平方千米。1991年3月至1994年4月，县国土部门进行县域土地详查，详查后确定县域土地面积为2512.98平方千米。2009年7月1日，根据《湖南省民政厅关于将湘潭县响水乡成建制划归雨湖区管辖的批复》（湘民行发〔2009〕7号）文件规定，湘潭县响水乡成建制划归雨湖区管辖。行政区划调整后，湘潭县总面积2374平方千米。2010年11月20日，根据《湖南省民政厅关于将湘潭县响塘乡和姜畲镇成建制划归雨湖区管辖的批复》（湘民行发〔2010〕15号）文件规定，湘潭县响塘乡、姜畲镇成建制划归雨湖区管辖。行政区划调整后，湘潭县总面积为2134平方千米。

【资源】 ①植被。县域内属中亚热带东部常绿阔叶林亚林带，按植被区系划分，属华中偏东亚系。过去对天然植被利用不当，致使现皆为次生植被或人工植被。次生植被的组成主要有壳斗科、樟科、山茶科等；人工植被的组成主要有用材林、油茶经济林及沼泽性水上植物等群落。地貌形态多样致使植被各具特色。县境内野生植物资源较为丰富，名目较多，主要有林木类、竹类、药用植物类、花卉类等数百个品种。②野生动物。县境内野生动物属亚热带林灌丛草地农田动物群，常见的野生动物有鼠、野兔等6个种；禽类有麻雀、野鸡等22个种；鳞类有鲤、鲢等40多个种；介类有龟、蟹等6个种；昆虫类有蜘蛛、蝉等46个种；无脊椎类有蜗牛、蚯蚓等6个种；脊椎爬行类有眼镜蛇、水蛇等14个种；两栖类有泥蛙、泽蛙等5个种。③矿产。县境内已探明的矿产资源主要有煤、锰、铅、磷、石膏、海泡石、矽砂、石灰石、铁、金、高岭土、白云石和矿泉水等。

【县治】 南朝梁天监年间（502—519）立湘潭县，县治在湘江东岸今衡东县石湾一带。唐天宝八年（749），县治移至洛口（今易俗河镇）。南宋年间（1127—1279），移至今湘潭市雨湖区观湘门直街。1995年9月28日，移至新县城——易俗河镇至今。

【历史概况】 境内荆洲老虎坑、锦石乡堆子山发现大溪文化时期聚落遗址（属湘中四大大溪文化遗址），从这里收集的彩绘陶器等文物，证明早在距今5000年左右，县内先民已由狩猎、采集活动，进入畜牧、水稻生产阶段，形成定居。

商周时期，境内出土的文物较多，其中最珍贵最有代表性的是九华桂花村船形山出土的豕尊和青山桥镇高屯村老屋出土的窖藏尊、鼎、觯、镭、爵、钟等青铜器。青铜器的种类、形制和纹饰工艺，说明境内先民已用青铜制作生产工具，懂得酿造技艺，尚祀神饮酒和娱乐活动。

战国时期，县域属楚国。隶长沙郡。境内已使用铁制工具，饮食具“饭稻羹鱼”特点。秦灭楚，置临湘县，今县地属临湘县，隶长沙郡。

西汉，析临湘置湘南县（东汉

为湘南侯国），治所在今石潭镇古城村，今县地分属湘南和临湘县，隶长沙国。

三国吴太平二年（257），分临湘立湘西县，今县地分属湘南、湘西县，隶衡阳郡。晋，湘南、湘西隶属关系未变。南朝齐建元二年（480），湘南县废。今县地分属湘西、湘乡、新康县。梁天监年间（502—519），分阴山县立湘潭县，湘潭县始立，县地多在今衡东县境，治所在衡东石湾附近，隶湘东郡。

隋开皇九年（589），湘潭县域扩大，将茶陵、攸水、阴山、建宁县并入，今株洲县凤凰山以北部分地域亦属湘潭县。衡山县域亦扩大，湘西、湘乡县、新康县部分并入。今县地属衡山县，隶潭州长沙郡。

唐天宝八年（749），湘潭县大部划属衡山县，衡山县北部划属湘潭县，县治移至洛口（今易俗河镇），隶潭州。至此，县境初定，名地相符。是时，碧泉潭涌泉，利于灌溉。湘潭、易俗河等港口，利于船舶停靠。刘禹锡、杜甫等著名诗人，至此多有诗作，中原文化影响益深。

五代十国时期，县域属马殷楚国，隶潭州长沙府。易俗河商业发达，设置场馆。

宋代，湘潭县隶荆湖南路潭州。县人开采金矿，开垦山田，扩种水稻。株洲商业兴起，开征酒税。元符元年（1098），湘潭县析出2乡、长沙县析出5乡置善化县。南宋，县治移至今湘潭市观湘门直街，设立学堂。崇安人胡安国从荆门移居县域，筑碧泉书堂讲学，撰成《春秋传》，创湖湘学派，开一代学风。

元贞元年（1295），湘潭县升为州，隶湖广行省潭州路。元末，人民不堪重负，湘乡人易华据境内乌石寨起兵反抗。后为陈友谅农民起义军参政，抗衡朱元璋。

明初，朱元璋部将常遇春平湘潭，其部杀易华于乌石峰下，并大肆屠戮，全县幸存20053人。湘潭复降为县，隶长沙郡。此后，县民多从江西迁入，经过休养生息，人口渐繁。湘潭成为湘江交通枢纽，县治筑城，工商业发达，易俗河成为著名米市。

清顺治六年（1649），清军入城，杀明督师大学士何腾蛟，并“以邑人多贰于圣朝”，下令“血洗县城”，全城幸存者不满百人。清康熙十三年（1674），吴三桂反清，占领县城。清康熙十八年（1679），清军复定湘潭，兵戎蹂躏，境荒田1.33万公顷。清咸丰四年（1854），太平军袭占县城。曾国藩以侍郎督师专征东南，治兵衡阳，倚湘潭为饷源，其后筹饷皆取自湘潭，且大新县城。自此，沿江十余里，商贸繁荣，城中街坊街总，楼宇整峻。时称天下第一壮县。

1905年，湘潭辟为寄港地，外国商品涌入，民族工业、手工业受到冲击。同时，县内效兴洋务，电话、电报事业始兴；株萍铁路、粤汉铁路长株、株渌段建成；西医随教会传入；废除书院，兴办学堂，数十名青年东渡日本留学，寻求救国救民之术。刘揆一与黄兴等创立华兴会，任副会长，曾代行总理职务。他与孙中山，黄兴同为同盟会三巨头，曾联络会党谋划反清起义。刘道一参加同盟会，参与领导萍浏醴起义，壮烈牺牲。武昌起义胜利后，湖南首先响应，10月27日，湘潭宣布反正。

民国3年（1914），湘潭县隶湘江道。民国11年（1922）撤道，隶湖南省。民国27年（1938），隶湖南省第一行政督察区。袁世凯窃国后，县人参与护国反袁运动。

1919年以后，受俄国十月革命和国内“五四”运动的影响，县人开始研究马克思主义，共产主义运动兴起。毛泽东创建湖南共产党早期组织，一批先进分子加入中国共产党。他们中多数人回县，深入工农群众，宣传马克思主义，建立中共湘潭县基层组织和中共湘潭地方执行委员会，领导湘潭工农运动。蒋介石发动“四一二”反革命政变后，许克祥在长沙发动“马日事变”，其部进驻湘潭，实行白色恐怖，全县共产党员、工农运动领导人及革命群众共200余人惨遭杀害。中共湘潭地方组织被迫转入秘密活动。

抗日战争开始后，国共两党实现第二次合作，中共湘潭县工作委员会建立，开展抗日救亡工作。1939年，“平江惨案”后，国共合作再度破裂，中共湘潭地方组织又被迫转入秘密活动。1944年6月17日，县城沦陷，日军在县境四处扫荡，到处奸淫、烧、杀和掳掠，全县死伤13万余人。1945年9月20日，日军向驻潭国民革命军缴械投降。抗日战争胜利后，蒋介石发动反人民的内战，县政府强令抓丁充当内战炮灰。奇征异科，日重一日，地租加重，社会黑暗，官吏贪婪。加之滥发纸币，物价飞涨，工商倒闭，失业人口剧增，民怨沸腾。

1949年8月，湖南和平解放。8月9日，中国人民解放军第一三八师第四一三团进驻湘潭县城。11日，南下途中组建的中共湘潭县委率干部百余人抵城，宣布湘潭和平解放。县域隶长沙专区（1952年，长沙专署改名湘潭专区，县域隶湘潭专区）。13日，中共湘潭工委与中共湘潭县委合并。22日，县人民政府成立，接管旧政权，开展筹粮支前，清匪反霸，安定社会，发动群众兴修水利，恢复生产。1950年，县城关区析出，建县级湘潭市。此后，县内开展减租退押，开始土地改革，试办农业互助组，镇压反革命，着手兴办地方国有企业和区、乡供销合作社，动员青年参加中国人民志愿军赴朝参战。

1951年，株洲镇及太平桥等7乡从县境析出，建株洲市。同年，开展土改复查，至1952年结束。

1953年，县内开始进行农业、手工业和私营工商业的社会主义改造。1956年，全县基本实现农业合作化，完成手工业和私营工商业的社会主义改造。同时在农村开展反资斗争。1957年，第一个五年计划完成，全县工农业总产值1.2897亿元，为1949年的140%。此后，政治运动不断。1957年，县委在党内开展整风运动，后期转到反右派斗争。1958年，开始“大跃进”、人民公社化运动，办公共食堂，大炼钢铁，“共产风”“浮夸风”等五风盛行，加上自然灾害，导致发生1959—1961年的国民经济严重困难。1959年，县境析出五星、卫星、星星、上游四个公社及红旗公社的一部分和雷打石镇入株洲市。1960年，县内整风整社，纠正五风错误。1963年，开展社会主义教育运动。1966年，“文化大革命”开始，历时十年，国民经济遭到严重破坏。同年，兴建韶山灌区工程，为农业发展创造条件。1968年，析出韶山区建省属韶山特区。

1978年，中共十一届三中全会后，县委清理“左”的指导思想，拨乱反正，平反冤、假、错案，以经济建设为中心，实行改革开放，县域经济飞速发展。1980年，全县工农业总产值达32612.29万元，为1949年的3.56倍。1992年，规划易俗河镇为新县城所在地，并启动新县城建设。1995年9月28日，县治移址易俗河。同年，在首批百家中国特产之乡命名宣传活动组委会举办的首批“中国特产之乡”命名大会上，湘潭县被命名为“中国湘莲之乡”。1997年，全县综合实力进入全省十强县，生猪生产为湖南第一，粮食生产为湖南第二。1998年8月，县内出现严重旱情，经全县人民奋力抗旱，仍有万余亩晚稻减产。同年10月20日，彭德怀诞辰百周年纪念大会暨铜像揭幕仪式在彭德怀纪念馆隆重举行。

2001年，县委、县政府提出“主攻工业，提升农业，大力发展第三产业”发展思路，推动工业园区建设，易俗河经济开发区和新县城建设以及县域经济发生全新变化。2005年，全县GDP达到75.16亿元，财政收入达到3.5亿元。2005年9月，举办县治移址10周年庆典活动，一个崭新的湘潭县形象展示在世人面前。2006年，实现GDP达到85.7亿元，财政收入4.47亿元。2007年，实现地区生产总值110.7亿元，财政总收入5.64亿元。湘潭县连续3年获“全国粮食生产先进县标兵”称号。县域经济综合实力跻身全省第十二位，被省委、省政府授予“全省县域经济发展先进县市区”称号。2008年，实现地区生产总值129.5亿元，财政总收入7.0768亿元。湘潭县连续六年被国家农业部评为全国粮食生产先进县、被中国科协评为“全国科普示范县”、被科技部评为“全国科技进步考核先进县”荣誉称号。县域经济综合实力跻身全省第十位，被授予全省县域经济“十强”县。2009年，全年实现GDP148.5亿元，增长13.9%。其中第一、第二、第三产业分别实现增加值43.0.60.5.45亿元。三个产业结构比为29：40.7：30.3；全县实现财政总收入8.5亿元，增长20.1%，比上年所定目标高出5.1个百分点，连续第五年收入总量位居全市首位。全口径税收收入达5.8亿元，占财政总收入比重为67.9%，同比提高0.7个百分点。财政收入过千万元乡镇达到10个。城乡居民可支配收入分别达14592元、6548元，增长12%、10.4%；城镇化率29%。湘潭县获农业部、文化部、科技部分别授予“全国粮食生产先进县标兵”“全国文化先进单位”“国家科技进步示范县”等荣誉。2010年，实现GDP172.1亿元，比上年增长14.4%，其中：第一产业增加值44.4亿元，增长4.3%；第二产业增加值76.1亿元，增长23.1%；第三产业增加值51.6亿元，增长12.3%。三次产业结构由上年29：40.7：30.3调整为25.8：44.2：30.0。全年实现财政收入10.0008亿元，增长17.63%。全县农民人均可支配收入7542元，增长15.2%；农民人均纯收入7566元，增长15.2%。全县城镇居民人均可支配收入16346元，增长12%。湘潭县连续第八年获得国家农业部授予的“全国粮食生产先进县”称号；先后被人力资源和社会保障部、民政部、商务部、世界品牌组织、美中经贸投资总商会、世界500强全球合作组织、国务院第一次全国污染源普查领导小组办公室、环境保护部、国家统计局、农业部、司法部、湖南省人民政府分别评为“全国农村劳动力转移就业工作示范县”“全国农村‘五保’供养工作先进单位”“全国市场监测分析工作先进单位”“中国最具投资潜力特色示范县200强”“第一次全国污染源普查先进集体”“全国人民调解宣传工作先进单位”“湖南省‘芙蓉杯’水利建设竞赛先进县”等荣誉称号，县域形象得到进一步提升。2011年，实现地区生产总值195.5亿元，增长14.9%；财政总收入突破13亿元，增长30%；完成固定资产投资74.4亿元，增长31.7%；城镇化率达对30.5%；城乡居民可支配收入分别达18578元和8758元，增长13.7%和16.1%。湘潭县被民政部、科技部、省委省政府、省政府残工委分别评为“‘十一五’全国民政系统先进单位”“全国科技进步先进县”“全省安全生产先进县”“‘十一五’全省残疾人工作先进县”；举办庆祝建党90周年、第二届湘莲文化艺术节、纪念爱国诗僧释敬安诞辰160周年等系列活动，县域影响力、美誉度得以提升。2012年，实现地区生产总值227.3亿元，增长13.7%。三次产业结构由上年的22.2：48.8：29.0调整为20.8：50.6：28.6。全县人均生产总值27061元，比上年增加4713元。财政总收入17亿元，增长30.6%。获批全国小型农田水利建设重点县、省可持续发展试验区和省首批新型工业化产业示范基地。第九次被国家农业部评为“全国粮食生产先进县”，连续第二年被省委省政府评为“全省安全生产先进县”。创建“湖南省文明县城”。分别被国家人口和计划生育委员会、省委省政府、省民政厅评为“全国计划生育优质服务先进县”“湖南省社会管理综合治理先进县”“全省民政工作先进县”。2013年，实现地区生产总值258.4亿元，增长12.2%；财政总收入20亿元，增长17.7%；固定资产投资134.6亿元，增长33%；社会消费品零售总额56.8亿元，增长16.2%；城乡居民人均可支配收入分别达23519元、11929元，增长10.4%、13.9%，跻入湖南省“经济十强县”行列，入选全国农业综合开发示范县、全省特色县域经济重点县、全省旅游强县、全省连片推进农村土地整治示范县。省长新农村示范片落户梅林桥。获得农业部、全国绿化委员会、科技部、省委省政府、湖南省促进非公有制经济和中小企业发展工作领导小组、省委省政府分别授予的全国粮食生产先进县、全国绿化模范县、全国科技进步先进县，全省社会管理综合治理先进县、全省非公经济和中小企业发展先进县、全省人口和计划生育工作模范单位等荣誉。

2014年，湘潭县实现地区生产总值286.8亿元，增长11.6%；财政总收入22.3698亿元，增长11.8%；规模工业增加值130.4亿元，增长15.3%；固定资产投资166.3亿元，增长23.5%；社会消费品零售总额64.8亿元，增长14.0%；城镇居民人均可支配收入、农民人均纯收入分别达25653元、13344元，增长9.0%、11.4%。继续保持“全国粮食生产先进县”“全国计划生育先进县”“湖南省文明县城”等荣誉，被文化部、省委省政府分别授予“中国民间文化艺术之乡”“湖南省安全生产先进县”等荣膺称号。

2015年，湘潭县紧扣“现代壮县、幸福莲乡”主题，坚持“创一流、进百强”，继续实施“强工壮县、惠农富民”系列举措，全面完成或超额完成市委、市政府下达的各项绩效目标。完成地区生产总值329.8亿元，完成财政收入24.4亿元，完成固定资产投资200.4亿元，完成社会消费品零售总额74.8亿元，城乡居民人均可支配收入分别达27709元、14539元，增长8%、9%，单位GDP能耗降低率9.85%，高新技术产业增加值占GDP比重达19.4%，规模以上服务业企业营业收入7741万元，增长31%，文化产业增加值6.5亿元，增长25.6%，三次产业结构调整为17.8∶51.7∶30.5。湘潭县先后获得“全国粮食生产先进县”“全国计划生育先进县”“湖南省文明县城”“湖南省安全生产先进县”“湖南省全面小康经济强县”等重要成绩。

【行政区划】 2015年，湘潭县对全县乡镇区划进行调整，将龙口乡、花石镇成建制合并设立花石镇，将排头乡桐梓、红卫、中加3个建制村划出，成建制并入花石镇；将梅林桥镇、易俗河镇成建制合并设立易俗河镇；其他乡镇维持现状不变。区划调整后，湘潭县由19个乡镇调整为17个乡镇，设14个镇、3个乡，为易俗河镇、谭家山镇、中路铺镇、白石镇、茶恩寺镇、河口镇、射埠镇、花石镇、青山桥镇、石鼓镇、云湖桥镇、乌石镇、石潭镇、杨嘉桥镇、分水乡、锦石乡、排头乡。全县549个行政村，9177个村民小组，12个居委会，22个社区居委会。

【人口状况】 2015年，全县共285615户，总人口979490人，其中非农业人口91501人，农业人口839580人。男性507285人，女性472205人，其中18岁以下165675人，60岁以上173600人。出生11952人，其中男性6197人，女性5755人。死亡4937人。年内省内迁入1337人，省外迁入652人，迁往省内2946人，迁往省外1689人。

【民族宗教】 全县少数民族有28个族种，1800人，17个乡镇均有分布，呈散居状，大多数为县外嫁入女性，其中以苗族、土家族、壮族人数居多。县内有五大教派，为全省40个宗教工作重点县（市）之一。全县依法登记的宗教活动场所51处，其中天主教2处，分别位于梅林桥镇麦子石管区和锦石乡东坝村；基督教10处，其中市级基督教重点聚会点2个（射埠聚会点和易俗河聚会点）、真耶稣教派1处（易俗河聚会点）；佛教活动场所21处，其中省级重点活动场所1处（中路铺镇的五龙山大杰寺），市级重点活动场所3处（易俗河镇的龙兴寺、慈航阁、射埠镇的西灵寺）；道教14处；民间信仰场所4处。

【风景名胜】 湘潭县属中亚热带湿润气候区，土地肥沃，植物茂盛，山川相趣，雄奇与精微、恢宏与质朴浑然一体，形成众多钟灵毓秀的山水景观，加上地处全省五大旅游区的中心，东有长沙，南有衡山，西有武陵源，北有岳阳，中有韶山，具有明显的区位优势。

湘潭县山川秀丽。湘江和涓水、涟水穿越县境；古潇湘八景之一的昭山、湖湘文化发祥地隐山、高耸入云的昌山、巍峨挺拔的乌石峰、重峦叠翠的仙女山、傍江而立的金霞山可登高览胜；湘潭文庙、关圣殿、夕照亭等古刹殿宇历史文物犹存；碧泉潭、砚井、汉城桥等名胜古迹可游目骋怀。历代留下“岸花飞送客，樯燕语留人”“绿水暖青萍，湘潭万里春”“杯底还缴龙安云，剑边更落金霞山”等千古绝唱。

湘潭县名人辈出。纳韶峰之灵气，汲湘江之膏泽，受湖湘文化心性修养、经世致用精神的熏陶，孕育出老一辈无产阶级革命家毛泽东、彭德怀、罗亦农以及世界文化名人齐白石、近代文学艺术界杰出人物黎氏八兄弟、一代文豪王闿运、诗僧释敬安、音乐家吕骥等名人。这里还是台湾地区政要马英九、宋楚瑜的祖籍所在地。

县内有革命纪念地、全国爱国主义教育基地和国防教育基地、国家AAAA级旅游景区——彭德怀纪念馆，世界文化名人齐白石故居，国家AAA旅游景区、湖南省重点佛教活动场所——五龙山大杰寺，湘潭重要的革命传统教育基地，湖南省级文物保护单位，国家级AAA级旅游景区——周小舟故居等名胜，旅游资源丰富。

【交通状况】 湘潭县区位优越。交通项目建设按照“西提、东扩、南拓、北接”的思路，一个以干线公路为骨架、县乡公路为经络，通村达户的县域公路交通网基本形成，全县公路通车里程达9892千米。跨县境内的高速公路4条：京港澳高速公路（G4）、沪昆高速公路（G60）、韶山高速公路（S01）、岳临高速公路（S61）；国道2条：G107.G320；省道2条：学七线（S208）、分雷线（S313）；县道28条，其中湘湘、韶茶两条干线公路总长113.21千米，途经县境9个乡（镇）72个村，是省“十一五”重点工程建设项目，是优化湘潭县路网结构，实现县域“三纵五横”交通格局的两条重要交通干道；城市公交线路10条，其中601路、602路、603路、605路为县城公交，10路、23路、101路、108路、116路、123路为县域公交；重点港口1个：湘潭港易俗河港区千吨级码头一期工程初步建成并开始试运营。

【气候特点与气象灾害】 2015年，湘潭县全年气候呈现出：气温偏高，为1959年以来第六高值。降水量正常，但时空分布不均。气象灾害呈历时短、强度大、局地灾害重的特征，主要灾种为暴雨和强对流灾害。在极强厄尔尼诺背景下，湘潭县极端天气气候事件频发：本地有气象记录来第二最暖冬年、春季多阴雨、局地多强对流天气、4月"倒春寒"、5—6月强降水集中、10—11月秋雨明显，12月出现罕见冬汛，秋冬季节雾、霾频发。

气候要素与气候特点：

1.气温。全县年平均气温18.0℃，较常年偏高0.6℃，较上年偏高0.1℃。全县属偏高年份，为1959年以来第六高值，与1961年、2004年、2009年持平。全县各月平均气温与常年同期比，1月、2月、3月、6月和10月平均气温偏高，其余月份均接近常年。年内日极端最高气温37.2℃（7月14日），高温日数（日最高气温≥35℃）13天，较常年同期偏少11天，高温期出现在6月26—30日和8月2—7日。年日极端最低气温—1.5℃（12月17日）。

2.降水。全县年降水量正常，但时空分布不均。全县年平均降水总量1396.5毫米，基本与常年持平（+1.4%），比上年偏少157.2毫米（-10.1%），全年降水评定为正常。全年雨（雪）日（R≥0.1毫米）181天，比常年偏多31天。除3月、5月、6月、7月、10月降水接近常年同期外，9月、11月、12月降水异常偏多，其余月份降水偏少，尤其是1月全县降水显著偏少，9月以来降水异常偏多，10—11月期间总雨日分别比常年偏多5—12天，为秋雨明显年份，12月出现罕见冬汛。

3.日照。全年日照时数正常，全县平均总日照时数1381.2小时，较常年偏少200.9小时（-12.7%），比上年偏少22.9小时（-1.6%）。全年日照正常，年日照百分率为29%，属正常范畴。全县逐月日照时数与常年同期比，9月、10月日照时数接近常年值，1月、3月、5月、7月、8月、11月12月日照时数偏少，其中11月、12月偏少尤为明显，其他时间均不同程度偏多。

4.四季气候特征。入春和入夏偏早，入秋和入冬偏晚，冬夏长，春秋短。3月13日入春（平均气温稳定通过10℃），比常年入春时间偏早10天，春季持续时间61天，较常年同期偏少5天；5月14日入夏，较常年提前14天，夏季持续时间138天，较常年同期偏多34天；9月30日入秋，较常年推迟11天，秋季持续时间54天，较常年同期偏少9天；11月24日入冬，较常年推迟3天。

5.汛期降水特征。5月28日，全县进入雨季。由于7—8月多降水，雨季结束时间不明显。雨水相对集中期（雨季中任意10天内降水总量>150毫米）出现在6月中旬和11月中旬,期间任意10天内最大降水量为185.4毫米（6月13—22日）。汛期（4—9月）全县降水量798.2毫米，较常年同期偏少75.4毫米（-9.4%），降水主要集中在6月，降水量为256.1毫米，占汛期总降水量的32.1%。

灾害天气：2015年，湘潭县年初气温异常偏高、春季多阴雨、局地多强对流天气、4月"倒春寒"、汛期暴雨过程频繁，局地灾害重；秋冬季节雾、霾频发；其中以汛期暴雨所造成的影响和损失最大。

1.暖冬。有气象记录来第二最暖冬年。2014/2015年冬季全县平均气温偏高1.6℃，且1月平均气温偏高3.0℃，满足暖冬标准，为1961年以来第二最暖冬（次于1998年）。其中1月全县平均气温异常偏高，为8.1℃，为1981年来同期第二高值。气温持续偏高，降水也比常年同期少很多。2014/2015年冬季降水总量为103.6毫米，较历年平均值偏少52.7%。2014/2015年冬季全县大雾、灰霾天气频发。湘潭观测站记录大雾天气15天，其中1月15日出现的大范围大雾天气。全年出现霾日65天，比常年同期明显偏多，影响较大的是1月25—26日出现的大范围中度霾天气。

2."倒春寒"天气。4月上旬，全县平均气温为14.7℃，较常年同期偏低0.7℃，较前10天平均气温低1.5℃。3月31日—4月1日受热低压影响，气温迅速上升，最高气温均在30℃以上。4月2日开始受冷空气影响，气温逐步下降，1—3日48小时最低气温降幅达8℃左右；7—9日平均气温均在12℃以下，出现农业"倒春寒"天气。

3.雷暴大风强对流。2月15日晚上出现首次雷电。4月6日晚的强对流天气，局地出现小冰雹，对4月3—4日直播的早稻影响较大，受其影响，出现烂种烂芽僵苗情况严重，部分只能重新再种。5月11日上午，受高空低槽和地面较强冷空气影响，全县出现一次雷雨大风天气，湘潭观测站当天最大风速11.9米/秒，花石镇、青山桥镇、分水乡、石鼓镇、受灾严重。

4.暴雨。2015年汛期降水总体平稳，共出现6次较强降水过程。其中，全县6月30—7月5日出现雨水相对集中期。5月15日下午至晚上，受中低层切变和地面弱冷空气的共同影响，全县普降中到大雨，部分暴雨，局地大暴雨。强降水主要集中在湘潭县南部区域，由于此次降水过程持续时间不长，未收到相关的灾害情况。6月30日—7月5日，全县降水集中，据全县27个区域自动气象站统计，全县平均降水量92.3毫米。其中大于100毫米的站点有15个，最大降水量151.0毫米（中路铺印子山水库），其次是148.2毫米（白石乡马家堰），最大1小时降水量39.8毫米（分水乡3日14—15时）；主要降水时段出现在1日上午、2日清晨（中南部）、3日下午至4日。8月14日晚全县出现短时阵雨天气，其中乌石、分水、河口、易俗河、梅林桥等乡镇出现短时暴雨，最大降水量81.5毫米（梅林桥村），1小时极大降水量达72.8毫米（乌石镇上石坝水库）。9月5日傍晚至6日上午，全县出现中等雷阵雨，部分大雨，局地暴雨。据全县27个区域自动气象站资料统计，5日8时—7日8时面平均降水量39.8毫米，累计最大降水量为113.8毫米（乌石镇奇才村）；其中5日晚较强降水集中在西部乌石排头等乡镇，最大降水量81.5毫米（奇才村），6日上午，北部梅林桥、易俗河等地出现短时强降水天气，最大降水量50.5毫米（梅林桥镇）。

5.干旱。冬旱：2014/2015年冬季全县平均降水量103.6毫米，较常年同期平均偏少五成，属显著偏少范畴。其中1月降水量湘潭为有气象记录来第五少值。受前期降水偏少的影响，部分地区出现冬旱。受2月18日持续降水的影响，冬旱逐渐解除，未出现明显灾情。

夏旱：8月初，全县大部分地区降水偏少，气象干旱逐步发展，8月末出现一次较强降水过程，全县干旱范围有所缩小。秋旱：10月8—28日，全县大部分地区以晴好天气为主，气象干旱明显发展，达到气象干旱标准。

6.秋雨明显。全县秋季总降水量438.5毫米，较常年同期异常偏多，雨日38天，较常年偏多9天。其中，9月全县降水异常偏多，为1981年以来第五多值。10—11月总雨日为27天，比常年偏多12天，达到秋雨标准（10月—11月期间两月总雨日比常年多4天或以上，或雨日偏多20%），为秋雨明显年份。秋季共出现6次较强降水过程，其中，9月5—6日受中低层切变南压影响，全县出现中等雷阵雨，部分大雨，局地暴雨。受地面冷空气影响，9月19日8时—20日8时，全县普降大雨，局部暴雨。有降雨持续时间长，累积量大的特点，面平均降水量41.2毫米，最大降水量为59.6毫米（湘潭县巨渔村）。10月4—7日，受冷空气影响，全县持续阴雨天气，其中6日全县普降中雨，局地大雨，7日全县普降中雨，局地暴雨。29—30日全县普降中雨。11月10—12日受高空低槽和地面强冷空气影响，全县普降大雨，局部暴雨；11月16—17日也出现暴雨过程，全县平均降水量60.7毫米，最大降水量82.3毫米（湘潭县巨渔村）。

7.罕见冬汛。11月，全省暴雨频繁，湘江发生1961年有气象记录以来的最大冬汛。受湘江上游强降水影响，全县降雨量创历史新高引发罕见冬汛：11—12月全县总降水量为296.5毫米，创1961年以来同期新高。受湘江流域罕见强降雨影响，湘潭水文站于11月15日下午4时出现36.27米洪峰水位，流量13900立方米/秒。

持续阴雨寡照天气，导致油菜和冬季蔬菜生长缓慢；降水偏多导致低洼地方的农田土壤湿度增大，造成湿渍灾害，油菜及冬季蔬菜出现烂根死苗现象；阴雨天气对碰柑类作物的品质和成熟度也会有一定影响。此外，持续的阴雨天气影响多地的晚稻收割进度，也不利于冬种的进行。

8.寒潮。11月23—25日，受强冷空气影响，全县出现一次明显降温、风力加大和降水天气过程。据监测显示，23日8时—25日8时降温幅度全县达到寒潮天气标准，48小时最低气温降幅9.7℃，日最低气温为2.7℃，最大风速7.5米/秒。据调查，寒潮天气没有出现明显灾情。

9.雾霾频发。全县大雾天数为65天，在春季最为频繁，出现30天（占全年46%）。霾天数为112天。呈现出年中灰霾天气明显少于年初、年末的特点，年中一般是汛期，天气复杂多变，稳定的天气过程较少，空气中的污染物容易扩散，不利于灰霾天气的形成。

（辛　倩　赵晋萱）

国民经济和社会发展

【概况】　2015年，湘潭县实现地区生产总值（GDP）329.8亿元，增长10.7%。其中，第一产业增加值58.7亿元，增长2.4%；第二产业增加值170.4亿元，增长12.2%；第三产业增加值100.7亿元，增长13.0%。按常住人口计算，人均地区生产总值38565元。三次产业结构比为17.8:51.7:30.5，二、三产业增加值占GDP比重较上年提升0.5个百分点。高新技术产业增加值占GDP的比重为19.4%，比上年提升3.7个百分点。第一、二、三次产业对经济增长的贡献率分别为4.1%、59.9%和36.0%，其中工业对经济增长的贡献率为53.8%。

全年完成财政总收入243999万元，增长9.1%。其中，公共财政预算收入完成190802万元，增长15.3%；上划收入完成53197万元，下降8.7%。公共财政预算支出432047万元，增长10.0%。年末全县金融机构本外币各项存款余额298.8亿元，增长13.4%；本外币各项贷款余额187.9亿元，增长11.3%。

全县承办的30项省、市重点民生实事全面完成工作任务。其中，新增城镇就业、完成创业培训、普通公路安保设施建设、农村危房改造、新增公共租赁住房、新增城镇管输天然气用户、救治救助贫困重性精神病患者、继续实施“百村帮扶”工程等8项工作超额完成全年目标任务。

【农业】　2015年，全县实现农业总产值100.1亿元，增长3.1%。全县粮食种植面积10.75万公顷，增长0.9%，粮食总产量75.15万吨，增长1.4%；蔬菜种植面积2.39万公顷，增长6.4%，蔬菜产量72.54万吨，增长6.4%；油料种植面积0.87万公顷，增长17.9%，油料产量0.90万吨，增长16.8%。水产品产量4.11万吨，增长8.7%；禽蛋产量2.02万吨，增长4.1%。出栏肉猪207.59万头，下降5.0%。水利工程投入资金3.4亿元，开工各类水利工程1.1万处，完成土石方1010万立方米。全年治理水土流失面积39.89平方千米，新增农田有效灌溉面积330.33公顷，新增节水灌溉面积133公顷。全县年末农业机械总动力达144.67万千瓦。

【工业、建筑业和交通】　2015年，全县规模以上工业企业完成总产值484.0亿元，增长12.7%，完成规模工业增加值136.6亿元，增长11.5%。其中，天易示范区完成规模工业增加值98.5亿元，增长17.2%，占全县规模工业增加值的比重为72.1%。全县规模工业企业实现主营业务收入463.9亿元，增长11.0%，实现利润14.0亿元，下降7.2%。

全县建筑业总产值24.5亿元，增长13.6%。具有资质等级的总承包和专业承包建筑业企业实现利润1.19亿元，增长8.4%。房屋建筑施工面积199.3万平方米，下降2.7%；房屋建筑竣工面积115.3万平方米，增长23.4%。

全年交通基础设施建设投入资金16.51亿元。其中，干线公路建设投入13.03亿元、农村公路建设投入1.24亿元。芙蓉大道二期湘潭县段、S330连接线项目第一标段建成通车，潭衡高速公路晓南互通工程开工建设。

【固定资产投资】　2015年，全县完成固定资产投资200.4亿元，增长20.5%。按经济类型分，国有投资52.7亿元，增长4.3%；非国有投资147.7亿元，增长27.6%。按投资方向分，其中工业投资125.4亿元，增长20.8%；民生投资2.9亿元，增长23.0%；基础设施投资48.4亿元，增长2.1%；高新技术产业投资8.1亿元，增长41.3%。全县施工项目422个，本年新开工项目394个，本年投产项目388个。全县房地产开发投资16.9亿元，增长29.2%。商品房销售面积30.6万平方米，增长14.6%；商品房销售额12.2亿元，增长12.3%。全年共签约新项目50个，其中，投资规模亿元以上新项目11个。全年到位内资50亿元，实际利用外资7124万美元，增长5.2%。

【贸易和旅游】 2015年，全县实现社会消费品零售总额74.8亿元，增长12.7%，其中限额以上法人批发零售、住宿餐饮企业实现零售额11.1亿元，增长16.6%。全年进出口总额1699万美元，下降40.5%。其中，进口总额147万美元，增长31.8%；出口总额1552万美元，下降43.4%。全县有进出口实绩企业23家。

旅游产业持续发展。全年接待游客720.03万人次，增长2.4%，实现旅游综合收入48.18亿元，增长0.1%。

【教育和科学技术】 2015年，全县有中等职业教育学校7所，招生1966人，在校学生5759人，毕业生2265人，教职工516人。普通高中10所，招生6877人，在校学生19662人，毕业生6530人，教职工1368人。初中学校60所，招生9398人，在校学生30356人，毕业生10720人，教职工2632人。普通小学172所，招生8370人，在校学生45522人，毕业生7716人，教职工2406人。特殊教育学校1所，在校学生36人，教职工13人。各类民办学校在校学生45619人，幼儿园在园幼儿25256人。小学适龄儿童入学率、高中阶段教育毛入学率均为100%。

全年实现高新技术产业总产值218.6亿元，实现高新技术产业增加值63.8亿元。新增省部级以上科技成果4项。完成专利申请283件，其中，发明专利59件。授权专利189件，其中发明专利11件。

【文化、卫生和体育】 2015年，全县有群众艺术馆、文化馆1个，公共图书馆1个，博物馆、纪念馆1个，国家级非物质文化遗产保护目录1个。全县有线电视用户达11.5万户，广播综合人口覆盖率、电视综合人口覆盖率均为100%。全年放映农村公益电影7716场。“庆新春·闹元宵”系列文化活动获评第五届湖南艺术节项目类“三湘群星奖”，花鼓戏表演唱《新农村里新事多》获作品类“三湘群星奖”声乐器乐银奖、《青山乡韵》获优秀奖，弹词《元帅树》获戏曲曲艺优秀奖。

全县共有卫生机构783个。其中，医院10个，妇幼保健院1个，疾病预防控制中心1个，卫生监督所1个，乡镇卫生院17个，诊所、卫生室、医务室209个，村卫生室544个。卫生技术人员4113人，其中执业医师和执业助理医师1620人，注册护士1547人。年末医院、乡镇卫生院共有床位3394张。

全县共有体育场地1290个。其中，运动场95个，游泳池6个，各种训练房89个。全县经常参加体育锻炼人数39.3万人，全年开展全民健身项目20项次。参加湖南省青少年锦标赛，县内选手分获皮划艇女子乙组、男子乙组第一名及赛艇男子乙组第一名。

【人口、人民生活和社会保障】 2015年年末，全县户籍人口97.95万人，常住人口85.72万人，其中，城镇人口33.22万人，农村人口52.50万人，城镇化率38.75%。全年出生人口11952人，出生率12.2‰，死亡人口5898人，死亡率6.0‰，人口自然增长率6.2‰。

全县居民人均可支配收入18870元，增长8.5%。其中，城镇居民人均可支配收入27709元，增长8.0%；农村居民人均可支配收入14539元，增长9.0%。全县居民人均消费支出12325元，增长11.6%，其中，城镇居民人均消费支出15078元，增长14.5%；农村居民人均消费支出11023元，增长9.6%。

全县城镇新增就业人员7066人。其中，失业人员再就业1326人，年末城镇登记失业率为4.1%。新增农村劳动力转移就业8278人。年末全县城镇低保对象8461人、农村低保对象34396人，农村“五保”对象9072人。全年累计发放城镇居民最低生活保障经费2498.7万元，发放农村居民最低生活保障经费4357.6万元，发放农村“五保”供养经费2508.9万元。全年新增公共租赁住房589套，城市棚户区改造600套。年末参加机关事业单位养老保险人数22832人；参加企业单位养老保险人数50291人；参加城镇职工基本医疗保险人数56802人；参加城镇居民基本医疗保险人数55950人；参加失业保险人数21946人；参加工伤保险人数44803人；参加生育保险人数27929人；参加城乡居民养老保险人数300333人；参加新型农村合作医疗人数813460人，参合率98.04%。

【资源、环境和安全生产】 2015年，全县耕地面积68713公顷，基本农田面积55003公顷。全年批准建设用地144.58公顷，其中占用耕地都得到补充，实现耕地占补平衡。

环境保护扎实推进。全年化学需氧量、二氧化硫、氮氧化物、氨氮主要污染物削减率分别为1.78%、7.8%、2.55%、1.3%。全年单位GDP能耗下降9.85%，城镇污水处理率达70.7%。

全年完成造林面积3603.2公顷。其中，退耕还林工程造林面积100公顷，荒地造林面积1780公顷，年末实有封山育林面积12313公顷，森林覆盖率达44.91%。

安全生产形势稳定。全年生产安全事故死亡8人，比上年减少1人，无较大以上生产安全事故。道路交通事故死亡25人，比上年减少2人。

（注：1.本公报为初步统计数。2.湘潭县GDP、各产业增加值绝对数按现价计算，增长速度按可比价计算。）

组织机构和负责人名录

（截至2015年12月县政府机构改革确定新的领导班子）

中共湘潭县委员会

书　记　谢振华
副书记　傅国平　周艳希（女）
　　　　唐正武
常　委　周　贤　周俊文
　　　　谭何龙　唐剑恒
　　　　刘铁强　刘耀奇
　　　　张性宇　胡亚湘

湘潭县人大常委会

主　任　黄忠德
副主任　韩　炎　欧建美
　　　　何晓春（女）
　　　　赵国政　曾耀辉

湘潭县人民政府

县　　长　傅国平
常务副县长　周俊文
副　县　长　刘铁强　黄铁华
　　　　　　陈卫兵（女）
　　　　　　谭捍卫　韩　伟
　　　　　　唐仁光

政协湘潭县委员会

主　席　王惠芳（女）
副主席　成极中（兼）
　　　　宋小玲（女）
　　　　刘绵晖（兼）
　　　　李西文
　　　　刘新玉（兼）

县人民武装部

部　　长　尹明忠
政　　委　张性宇

党群系统

县委办公室
县委常委、县委办主任　谭何龙
副主任　刘培军　肖国祥
　　　　王铁钢　何　敏
　　　　符建光
副主任、纪检组长　唐　荣

县纪律检查委员会、县监察局
县委常委、纪委书记　胡亚湘
纪委副书记、县监察局局长
　　　　杨　格
纪委副书记　李学军　朱良红
纪委常委、县监察局副局长
　　　　刘会琴（女）王　剑
纪委常委　唐湘鹏　黄拥军
　　　　周　意（女）
县监察局副局长　王兴奇

县委组织部
县委常委、组织部部长、
统战部部长　周　贤
副　部　长　刘建平　陈金红
　　　　陈　义（兼）
　　　　虞　也（兼）
　　　　胡荣华（兼）
副部长、纪检组长　方继前

县委统战部
县委常委、组织部部长、
统战部部长　周　贤
副部长　田建国
台办主任　马勇军
副部长　唐声华（兼）

县直机关工作委员会
书　记　胡秋莲（女）
副书记　王　军　周自伦
纪工委书记　胡　芳（女）

县机构编制委员会办公室
主　任　胡荣华
副主任　张　昶　马　令（女）

县委老干部局
局　长　虞　也
副局长　何天然　杨艳辉（女）
纪检组长　赵立军

县委党校
副县级干部、校委主任、
常务副校长　韩　云
副校长　伍佑平
　　　　王三文
校委委员、副校长、纪检组长
　　　　王　耀

县史志办
党组书记、主任　刘献忠
党组副书记、副主任　章桂芝
党组成员、副主任　杨红艳（女）
党组成员、纪检组长
　　　　肖　静（女）

县档案局
党组书记、局　长　张灼峰
党组成员、副局长　丁绪南
　　　　齐彩霞（女）
党组成员、纪检组长　傅登奎

县总工会
县人大副主任、总工会主席　韩　炎
党组书记、副主席　张国富
党组副书记、副主席　贺重农
党组成员、副主席
　　　　胡　钧（女）
党组成员、纪检组长
　　　　张妍娜（女）
党组成员　陈欣波

团县委
书　记　谷　巍（女）
副书记　胡　巧（女）　袁　毅

县妇联
党组书记、主席　胡理芬（女）
党组副书记、副主席
　　　　何小梅（女）
党组成员、副主席　刘胜林（女）

县工商联（非公党工委）
主　　席　成极中
党组书记、副主席、非公经济党工委副书记　唐声华
党组副书记、副主席　谷宏伟
党组成员、副主席（秘书长）
　　　　曹　颖（女）
党组成员、副主席　徐　琳（女）

县科协
党组书记、主　席　任俭琳
党组成员、副主席　龚清节
副主席　杨跃军
党组成员　曾正芳（女）

宣传系统

县委宣传部
县委常委、宣传部部长　刘耀奇
副部长　谭学文　刘立新
　　　　李日方
副部长、纪检组长　周　军

彭德怀纪念馆
党组书记、馆　长　李日方
党组成员、副馆长　刘晓年
　　　　王彩玉（女）
党组成员、纪检组长　陈名勋

县文体旅游体育局
党组书记、局　长　莫柏槐
党组副书记　苏新波
党组成员、副局长　王　璧（女）
　　　　向日辉　黄中柱
党组成员　欧阳红梅（女）　彭志祥
党组成员、县纪委派驻纪检组长
　　　　周　莉（女）
副局长　谢尚志

县广播电视台
党组书记、台　长　肖　军
党组成员、副台长　陈建良
何秉煌
周　芳（女）
党组成员、纪检组长　赵辉林
党组成员　徐细合

县文联
党组书记、主席　赵炽光
党组成员、副主席　陈　艳（女）

政法系统

县委政法委员会
县委常委、政法委书记　唐剑恒
副书记　吴玉林　陈江华　翁建培
贺建平　贺　博（兼）
纪检组长　林亚强

县委防范和处理邪教问题领导小组办公室
主　任　贺　博
副主任　傅钰凯

县公安局
党委书记、局长　韩　伟
党委副书记、政委　曾正新
党委委员、副局长　曾文博　陈一新
谢　伟　郭　松
党委委员、纪委书记　樊海冰

县消防大队
大队长　胡　鹍
教导员　谢方勇

县人民检察院
党组书记、检察长　曹海平
党组副书记、副检察长　王壮光
党组成员、副检察长　曾国富
谭文见
副检察长　张文忠
党组成员、纪检组长　刘文忠
党组成员、政工科科长
尹爱辉（女）
党组成员、反渎职侵权局局长
韩进平

县人民法院
党组书记、院长　袁钢赤
党组副书记、副院长　马　铁
冯革新
党组成员、副院长　赵超纲
副院长　成翠芬（女）
党组成员、纪检组长　张　琦
党组成员、执行局局长　蒋岳强
党组成员、刑庭庭长　罗　星

县司法局
党组书记、局长　杨希平
党组副书记、副局长　刘新群
党组成员、副局长　刘新宇
副局长　林亚科
党组成员　张红娟（女）

县民政局
党组书记、局　长　邓高燕
党组副书记、副局长　周　令（女）
党组成员、副局长　杨立新
赵冠群　王　军
党组成员、纪检组长　郑赛君（女）

人大常委会各委室

县人大办公室
县人大常委会党组成员、办公室主任
冯德君
办公室副主任　张　晟（女）
倪　波（女）
人大机关纪检组长　唐星堤

联工委
主　任　喻国强
副主任　谭甚昭（女）

内司工委
主　任　刘天星
副主任　杨立明

城环工委
主　任　谢凯泉
副主任　唐定伟

财经工委
主　任　周迪泉

农工委
主　任　王泽洪

科教文卫工委
主　任　陈北球
副主任　王美玉（女）
人大专职常委　冯　敏（女）
杨　庆（女）
张润清
周清梅（女）
刘志安　冯旭辉

政府办系统

县人民政府办公室
党组书记、主任　楚荣光
党组副书记、副主任　周　斌
县政府办党组副书记、县政府法制办公室专职副主任　肖云祥
党组成员、副主任
王观忠　汤炳葵
汤立新（兼）　胡建军
曾慧聪（女）　唐　术
周建新
县政府办党组成员、副主任，县政府民族宗教和外事侨务港澳办公室专职副主任　彭瑞霞（女）
县政府办党组成员、副主任，县政府金融工作办公室专职副主任
蔡　坚
党组成员、纪检组长　彭志辉
党组成员　欧少泉　吴健敏

县侨联
党组书记、主席　李　言
党组成员、副主席　赵风华（女）

县公共资源交易中心
党组书记、主任　黄旭术
党组成员、副主任　彭丙林
田　晔（女）

县机关事务服务中心
党组书记、主任　成良辉
党组成员、副主任　刘新谷

县政务服务中心
党组书记、主任　谢定龙
党组成员、副主任　刘　毅　张学峰
党组成员、纪检组长　赵卫红（女）

县人力资源和社会保障局
党组书记、局　长　陈　义
党组成员、副局长
李友庚　谢乔泉
王栋梁　王　睿
杨志强　黄进希
党组成员、纪检组长　唐习平（女）
党组成员　旷秋江（女）

县国土资源局
党委书记、局长　肖尽红
党委副书记、副局长　朱建阳
副局长　陈宏望　奚勇军
党委委员、副局长　章文星
党委委员、纪委书记　彭志高
党委委员、执法监察大队长　唐剑勇

县信访局
党组书记、局长　汤立新
党组副书记、副局长　胡志明
党组成员、副局长　陈建军
党组成员、纪检组长　赵庆武

县残疾人联合会
党组书记、理事长　谭海涛
党组成员、副理事长　胡平均
党组成员、纪检组长　陈扬佳
党组成员　王兰英（女）

市住房公积金湘潭县管理部
主　任　何湘龙

政协各委室

县政协办公室
县政协党组成员秘书长、办公室主任　周向荣
办公室副主任　胡雨雪　谭金丹
提案委
主　任　谭少奇
副主任　杨永幸（女）
法制群团委
主　任　王建军
副主任　周理湘
经科委
主　任　马新国
副主任　刘　理
人口资源环境委员会
主　任　胡　勇
副主任　周艳洋（女）
学习文史联谊和港澳台侨委
主　任　符双之
副主任　陈艳妮（女）

人民武装部各科室

副部长兼军事科长　曾力真
政工科长　何乐为
后勤科长　贺学军

湘潭天易示范区管委会

党工委书记　谢振华
党工委委员、管委会主任　傅国平
党工委委员、管委会常务副主任　唐正武
党工委委员、管委会副主任　杨欣荣（女）　胡　庚　罗义彬　唐争耀　蒋中军
党工委委员、总工程师　荣虎成
管委会主任助理、经济发展部部长　郭问利（女）
管委会主任助理、财政投融资部部长　张金爱（女）
综合管理部部长　方小山
规划建设部部长　成　凯
资源管理部部长　左和平

发展改革系统

县发展和改革局
党组书记、局长　易继辉
党组副书记　唐丛虎
党组成员、县重点项目建设办公室主任　尹锦龙
党组成员、副局长　唐智辉（女）　卢　旺
副局长　易　文（女）
党组成员、纪检组长　曾静美（女）
党组成员　邹国培　胡协邦　谭文忠
县统计局
党组书记、局　长　刘智勇
党组成员、副局长　陈永忠　尹文湘
党组成员、纪检组长　文镱静（女）
县农调队
队　长　周家富
副队长　唐泽斌

经济系统

县科技和经济信息化局
党委书记、局长　张拥军
党委副书记　邓中华
党委委员、副局长　阳　波　黄启洪　黄凡强
党委委员、总经济师　刘福禄
派驻党委委员、纪委书记　赵修武
党委委员　黄飞龙　徐智勇
县交通运输局
党委书记、局长　易剑光
党委副书记、副局长　彭友瑜
党委委员、副局长　汤奋强　王　斌
派驻党委委员、纪委书记　周建军
党委委员　熊　雄
总工程师　武智勇
县公路局
党委书记　陈鹏湘
局　长　周　毅
党委委员、副局长　易建湘　潘青云（女）　刘　纲
党委委员　苏自立
副局长　刘运军
县安监局
党组书记、局长　章建新
党组副书记　龙显清
副局长　宾　辉（女）
党组成员、副局长　田　灿
党组成员　王山洪　张　沙
党组成员、总工程师　陈建强
党组成员、纪检组长　许朝晖（女）
国网湘潭县供电公司
总经理　彭　奕
总支书记兼工会负责人　王金亮
总支副书记、纪委书记　刘力刚
副经理　张环球　陈　谦　刘　懋
县邮政局
局长、党委书记　杨林平
副局长　杨　李
副局长、纪检书记、工会主席　冯　攀
中国电信湘潭县分公司
党委书记、经理　夏　维
纪委书记、副经理　张少富
副经理　周建新
中国移动湘潭县分公司
经理、党支部书记　陈晓雷
副经理　颜　建　唐　敏　李旭良
中国联通湘潭县分公司
经　理　程增和
副经理　李　彬（女）

农办系统

县农业局
党委书记、局长　胡建伟
党委副书记　汪文治
党委委员、县委农村工作办公室副主任　武友庚
党委委员、副局长　王正河　罗　超　丁唯芳（女）　袁　冰
党委委员　谭绍泉　韩克勤　阳爱华（女）
党委委员、县纪委派驻纪委书记　田建军
总农艺师　扶利民
县林业局
党组书记、局长　王蔚然
党组副书记、副局长　唐应能
党组成员、副局长　莫叶青（女）　王迪清　王　翔
党组成员、县纪委派驻纪委书记　谭建设
党组成员　段运洪
党组成员、森林公安局局长　郭宗金
县水务局
党委书记、局长　赵迎新
党委副书记　陈晓春
党委委员、副局长　林志勇　齐向中　赵向阳　贺红宇（女）
党委委员、副局长、总工程师　朱建章
党委委员、县纪委派驻纪委书记　谭建设
县畜牧兽医水产局
党组书记、局长　李　哲
党组成员、副局长　李　奇　易伯荣
党组成员　罗伟民　晏坤乾

县农机局

党组书记、局长 谭卫兵
党组副书记、副局长 方骥知
党组成员、副局长 马红军 蔡球辉
党组成员、县纪委派驻纪检组长 邓 培（女）
党组成员 洪孝昌 张 术

县移民局

党组书记、局长 胡松林
党组成员、副局长 欧阳舜 彭义波 杨大比
党组成员、县纪委派驻纪检组长 邓 培（女）

县气象局

局 长 周小兵
副局长 辜 倩（女）
副局长、纪检员 黄昕怡（女）

财贸系统

县财政局

党组书记、局长 胡自根
党组副书记 肖石亮
党组成员、副局长 唐启武 周友军 齐志明 张 燕（女）
党组成员、总会计师 陈先知
党组成员、县纪委派驻纪检组长 阳 敏
党组成员 刘先辉 周风华 陈定炎

县审计局

党组书记、局长 叶立成
党组成员、副局长 胡在正 文湘民 谭 晋
党组成员、县纪委派注纪检组长 黄忠林
总审计师 袁英姿（女）
党组成员 裴建新

县供销合作社联合社

党组书记、理事会主任 彭大江
党组副书记、理事会副主任 陈赛龙
党组成员、理事会副主任 吴建群 唐明旺
党组成员、县纪委派注纪委书记 王志宏（女）
党组成员 陈 碧（女）

县农开办

党组书记、主任 陈定炎
党组副书记、副主任 赵新辉
党组成员、副主任 李建军 王 晋
党组成员、县纪委派驻纪检组长 左安安（女）

县商务粮食局

党委书记、局长 刘石根
党委副书记 言志强
党委委员、副局长 周志鹏 苏征峰
副局长 杨 敏（女）
党委委员 曲建军 胡志文 沈国平 楚英姿（女） 李映红（女）
党委委员、县纪委派驻纪委书记 彭苏苏（女）

县市场和质量监督管理局

党委书记、局长 庞 军
党委副书记 陈向阳
党委委员、副局长 王大洪 曹立明 唐雄辉
党委委员 赵德飞 黄 欧 袁瑞兰（女） 许 旦（女）
党委委员、县纪委派驻纪委书记 王 艳（女）
党委委员、县食安办专职副主任 文翰吾

县国税局

党组书记、局 长 贺昌泰
党组成员、副局长 李 湘 冯 果 官红荣（女） 袁 磊
党组成员、纪检组长 楚晓锋

县地方税务局

党组书记、局长 崔 智
党组成员、副局长 彭英果 张晓峰 李湘珍
党组成员、纪检组长 朱永忠
工会主席 苏 萍（女）

县烟草专卖局

书记、局长、经理 谢献球
副局长 彭宇蕾
副经理 李 丹
纪检组长 张剑鸣

教科文卫系统

县教育局

党委书记、局长 李建军
党委副书记 刘俊林
党委委员、副局长 皮红卫 彭利红 周少如 杨伟军
党委委员、纪委书记 贺鹏程
党委委员 陈粤湘

县卫生和计划生育局

党委书记 局长 李 鹏
党委副书记、县纪委派驻纪委书记 曾金华
党委委员、副局长 胡利芳（女） 彭 军 齐先强
党委委员、农合办主任 刘启南
党委委员 徐海苍 周 平 胡再辉 赵英姿（女） 张 毅
副局长 刘冰薇（女）

建设系统

县住房和城乡建设局

党委书记、局长 肖命军
党委副书记 杨建军
党委副书记、副局长 王泽建
党委委员、副局长 唐小春 林 涛
副局长 贺松林
党委委员、县纪委派驻纪委书记 郑良德
党委委员、总工程师 罗健芳（女）

县人民防空办公室

党组书记、主任 谭建明
党组成员、副主任 彭梅超 贺国泉
党组成员、县纪委派驻纪检组长 刘碧文
副主任 傅美湘（女）

县房产局

党组书记、局长 胡孝泉
党组副书记 叶金凤（女）
党组副书记、副局长 王小敏
党组成员、副局长 刘顺奇 康健明
党组成员、县纪委派驻纪检组长 赵丽娟（女）

县城市管理和行政执法局

党组书记、局长 陈志锋
党组副书记 刘德纯（女）
党组副书记、副局长 赵 伟
党组成员、副局长 冯艳果
党组成员、纪检组长 易佑斌（女）
党组成员、总工程师 刘文斌

县环保局

党组书记 胡立新
局 长 刘新玉
党组成员、副局长 彭玉辉 黄文斌
党组成员、总工程师 蔡艳红（女）
党组成员、县纪委派驻纪检组长 刘碧文
党组成员 唐文辉（女）

县规划局

党组书记、局长 韩铁军

党组副书记、副局长　姜伟文
党组成员、副局长　周克亮
　　冯光志
党组成员、县纪委派驻纪检组长
　　刘碧文
党组成员　黄　宁
总工程师　谭　勇

乡　镇

云湖桥镇

党委书记　杨　林
党委副书记、镇长　冯传强
党委副书记、人大主席　朱　亮
党委委员、副镇长、政协联工委主任　朱振华
党委委员、纪委书记　陈艳红（女）
党委委员、组织宣传统战委员
　　唐　滚
党委委员、武装部部长　王　锋
副镇长　史江宏　龙　江

杨嘉桥镇

党委书记　陈　赞
党委副书记、镇长　王冬高
党委副书记、人大主席　马勇根
党委委员、副镇长、政协联工委主任　向海军
党委委员、纪委书记　王建华
党委委员、组织宣传统战委员
　　周意群（女）
党委委员、武装部部长　张亚丰
副镇长　黄扬林　董继兵

石潭镇

党委书记　刘奇志
党委副书记、镇长　何海军
党委副书记、人大主席　张学军
党委委员、副镇长、政协联工委主任　肖和平
党委委员、纪委书记　阳旭东
党委委员、组织宣传统战委员
　　宋春秀（女）
党委委员、武装部部长　符　鑫
副镇长　郭安明　彭　坤

乌石镇

党委书记　赵龙江（女）
党委副书记、镇长　黄宏伟
党委副书记、人大主席　刘　纲
党委委员、副镇长、政协联工委主任　肖铁光
党委委员、纪委书记　赵小祥
党委委员、组织宣传统战委员
　　陈　超
党委委员、武装部部长　王建伟
副镇长　蔡　茁　汤进军

分水乡

党委书记　彭均赞
党委副书记、乡长　周强宇
党委副书记、人大主席　朱　军
党委委员、副乡长、政协联工委主任　杨　毅
党委委员、纪委书记　唐清云（女）
党委委员、组织宣传统战委员
　　龚　亮
党委委员、武装部部长　贺　虎
副乡长　马　亮　冯俊军

石鼓镇

党委书记　陈虎彪
党委副书记、镇长　王富强
党委副书记、人大主席　王佳洪
党委委员、副镇长、政协联工委主任　周　波
党委委员、纪委书记　肖经炎
党委委员、组织宣传统战委员
　　莫牡丹（女）
党委委员、武装部部长　胡志勇
副镇长　莫　凌　康安定

青山桥镇

党委书记　罗刚强
党委副书记、镇长　胡　卫（女）
党委副书记、人大主席　马　立
党委委员、副镇长、政协联工委主任　张　宏
党委委员、纪委书记　谭铁权
党委委员、组织宣传统战委员
　　张密湘（女）
党委委员、武装部部长　陈　哲
副镇长　任志文　陈立强

花石镇

党委书记　赵勇光
党委副书记、镇长　陈建强
党委副书记、人大主席　陈　龙
党委委员、副镇长、政协联工委主任　王新其（女）
党委委员、纪委书记　肖　伟
党委委员、组织宣传统战委员
　　王格律
党委委员、武装部部长　刘新军
副镇长　袁　勇　张　维

排头乡

党委书记　许伟成
党委副书记、乡长　唐晓坤
党委副书记、人大主席　彭光宇
党委委员、副乡长、政协联工委主任　赵　珊
党委委员、纪委书记　徐　彬
党委委员、组织宣传统战委员
　　李淑群（女）
党委委员、武装部部长　李毅龙
副乡长　汪海洋　周佳文

锦石乡

党委书记　周　湘
党委副书记、乡长　戴　勇
党委副书记、人大主席　彭进高
党委委员、副乡长、政协联工委主任　谭鸿斌
党委委员、纪委书记　陈耀武
党委委员、组织宣传统战委员
　　熊　伟（女）
党委委员、武装部部长　方新奇
副乡长　蔡剑锋　贺细谷

射埠镇

党委书记　符念龙
党委副书记、镇长　肖建祥
党委副书记、人大主席　雍灿辉
党委委员、副镇长、政协联工委主任　杨习光
党委委员、纪委书记　谭舜尧（女）
党委委员、组织宣传统战委员
　　谭思恩
党委委员、武装部部长　胡　勇
副镇长　赵　露　胡忠健

河口镇

党委书记　吴　能
党委副书记、镇长　周海洋
党委委员、副镇长、政协联工委主任　袁谷红（女）
党委委员、纪委书记　贺　超
党委委员、组织宣传统战委员
　　熊志军
党委委员、武装部部长　曾立斌
副镇长　段　斌　石　涛

易俗河镇

党委书记　贺玉良
党委副书记、镇长　何金强
党委副书记、人大主席　左　华
党委委员、副镇长、政协联工委主任　周　勇
党委委员、纪委书记　许　鹏
党委委员、组织宣传统战委员
　　刘　蔚（女）
党委委员、武装部部长　唐晓昆
副镇长　唐建新　李光灿

谭家山镇

党委书记　胡定伟
党委副书记、人大主席　周冬林
党委委员、副镇长、政协联工委主任　楚放军
党委委员、纪委书记　胡海军
党委委员、组织宣传统战委员

朱金凤（女）
党委委员、武装部部长 彭 彰
副镇长 宋学文 朱建国

中路铺镇

党委书记 李洪运
党委副书记、镇长 唐智锋
党委副书记、人大主席 赵文彬
党委委员、副镇长、政协联工委主任 陈泽锋
党委委员、纪委书记 张 勇
党委委员、组织宣传统战委员 崔 强
党委委员、武装部部长 周鹏程
副镇长 梁 军 廖 湘（女）

白石镇

党委书记 尹 忠
党委副书记、镇长 王 鑫
党委副书记、人大主席 罗勇辉
党委委员、副镇长、政协联工委主任 陈 虹
党委委员、纪委书记 周勇超
党委委员、组织宣传统战委员 张海花（女）
党委委员、武装部部长 王 锋
副镇长 胡 兴 谢文光

茶恩寺镇

党委书记 彭积春
党委副书记、镇长 刘江华
党委副书记、人大主席 胡咏新
党委委员、副镇长、政协联工委主任 张杨佑
党委委员、纪委书记 刘泽林
党委委员、组织宣传统战委员 张 霞（女）
党委委员、武装部部长 齐志敏
副镇长 蔡 雄 宾鸿涛

（责任编校 杨红艳）

中共湘潭县委员会

概 述

【概况】 2015年，湘潭县紧扣“现代壮县、幸福莲乡”主题，坚持“创一流、进百强”，继续实施“强工壮县、惠农富民”系列举措，努力克服经济下行压力，全面完成或超额完成市委、市政府下达的各项绩效目标。完成地区生产总值330亿元，完成财政收入24.4亿元，完成固定资产投资202亿元，完成社会消费品零售总额75亿元，城乡居民人均可支配收入分别达27708元、14546元，增长8%、9%，单位GDP能耗降低率10%，高新技术产业增加值占GDP比重达19.3%，规模以上服务业企业营业收入6040万元，增长20%，文化产业增加值9亿元，增长45%，三次产业结构调整为17.7∶51.6∶30.7。先后获得“全国粮食生产先进县”“全国计划生育先进县”“湖南省文明县城”“湖南省安全生产先进县”“湖南省全面小康经济强县”等重要荣誉。

一、始终注重加快发展，综合实力大幅提升

农业生产提质增效。粮食总产量保持在75万吨以上；年出栏生猪200万头以上；新增市级以上农业产业化龙头企业5家、特色农产品基地30个、市级以上农民合作示范社10家；农机装备水平稳居全省前列。工业经济转型升级。规模工业企业增加到206家，完成规模工业增加值137亿元，高新技术企业增加到27家，完成高新技术产值218.6亿元；万元GDP能耗下降10%，工业经济量质齐升。特色经济成效明显。农产品精深加工物流园初具规模，建成全省唯一县级特色产品（湘莲）质量检测检验中心，培育湘莲、水稻、油茶、楠竹特色基地16667公顷，新增农副产品精深加工企业2家，实施农副产品加工项目10个，全县农副产品加工业总产值突破200亿元大关。第三产业繁荣活跃。同丰·中央广场投入运营，大洋白石商业广场签约落地，“淘宝·湘潭县馆”电子商务平台顺利上线，阿里巴巴“农村淘宝”率先进入农村；梅林桥“都市后花园”顺利开园，“观油菜”“采春茶”“赏荷花”“品脐橙”等主题乡村旅游活动深入推进；成功举办首届房地产交易博览会、首届青山桥鞋业联盟皮鞋订货会；新增4家金融机构，县信用联社改制组建天易农商行，实体经济发展得到有效支撑。

二、始终注重“强工壮县”，“一区多园”成效明显

天易示范区引领发展。天易示范区综合实力连续三年位居省级以上产业园区领先地位，国家级经开区创建取得进展，国家可持续发展实验区创建有望获批。天易示范区全年完成技工贸总收入606亿元，完成规模工业增加值98.5亿元，完成财税收入15.5亿元，完成重点项目投资40.8亿元。加快推进武广大道二期、凤凰东路二期等一批骨干路网建设，成功引进世界五百强ADM公司和动力配套产业园建设，先进装备制造、食品、新材料三大产业完成产值282亿元，占全县规模工业总产值比重93%，产业集聚效应增强。一区多园有力推动。天易杨河工业园、天易青山皮鞋工业园、天易茶恩竹木工业园发展势头强劲，全年签约落户项目10个，完成工业投资18亿元，完成规模工业总产值分别达到28.79亿元、11.86亿元、8.05亿元。茶恩寺竹木工业园成功获批湖南省现代农业特色产业园省级示范园，青山皮鞋工业园争创省级工业集中区。“一区引领、多园支撑”的工业发展模式成为全市示范。

三、始终注重项目建设，发展后劲不断夯实

全县91个重点工程建设项目开工85个，开工率达94%。节能环保型农作物烘烤专业设备研发生产等24个新建项目开工，13个项目进入全市投资项目集中开工典礼；通信工程等3个基础设施建设项目竣工投入使用，年产2万吨新型无机非金属功能搪瓷材料生产线建设等12个产业建设项目竣工投产。招商引资成果喜人，全面启动“招商突破

年”十大招商活动，全年共引进项目50个，到位内资50.03亿元，外资7124万美元，集中开工12大重点工程项目，顺利签约捐资过亿元的子敬小学，投资达10亿元的大洋白石商业广场正式签约，潭衡高速晓南互通正式开工，成功争取长株潭城际铁路在湘潭县设站。

四、始终注重城乡统筹，县域面貌有效改善

县城更具实力。按照“打开通道、拓展框架、着重配套、提升管理”的思路，县城东西南北四个出口全面拓展。县城建成区面积由12平方千米扩大到20平方千米；提质改造玉兰路、海棠路、银杏路、大鹏西路及14条小街小巷，县城污水处理厂二期竣工投入营运。切实加强城市管理，环卫清扫、照明改造和绿化管养实现市场化运作，城区主干道实现绿化提质、净化提标、亮化提档，连续三年顺利通过“省级文明县城”检查验收。乡镇更具活力。花石、石潭跻身国家级重点镇行列，易俗河获评全国宜居小镇；乌石、白石成为省级特色镇；杨嘉桥、云湖桥、排头等小城镇建设稳步推进，谭家山矿区综合治理初见成效。乡村更具魅力。深入推进新农村建设，完成各类水利工程1万余处，完成60个村农网改造，硬化农村公路390千米，建设农村沼气池3000口，完成1.5万农村人口饮水安全工程，农村水、电、路、气等基础设施大幅改善；创新投入机制，整合项目资金，将杜家毫省长联点的梅林桥“美丽乡村”示范片打造成湘潭都市后花园，城乡统筹样板区；茶恩寺金坪·复兴、白石潭口示范片和110个帮扶村建设取得较好实效；加快推进“绿色莲乡”建设，落实“十大环保工程”，强力实施湘江干流规模畜禽养殖退养工作；扎实推进农村环境综合整治，全面完成减排任务。全县森林覆盖率稳定在45%以上，全县城镇化率提高到40%。

五、始终注重民生民利，社会事业全面进步

民生保障水平不断提高。完成各类民生支出约32亿元，占财政总支出的80%左右。完成省、市、县民生实事工程30项。城镇新增就业7000人，新增农村劳动力转移就业1.1万人，下岗失业人员再就业1300人，“4050”再就业280人。建立统一的城乡居民养老保险制度，增加企业离退休人员工资和失业保险金发放标准，提高城乡低保、农村五保保障标准。公租房开工建设589套。各项社会事业稳步推进。高考成绩连续17年蝉联全市第一，新农合参合率稳定在97.5%以上，县中医医院住院综合大楼投入使用；深入开展“欢乐潇湘·幸福湘潭·莲乡大舞台”大型群众文艺活动，全面推进易俗河10个社区文体广场和谭家山、排头等10个乡镇文体广场建设，有序推动分水、花石、龙口“村村响”试点工程，顺利完成电视剧《彭德怀元帅》拍摄；人口计生工作连续三年保持“国优、省模”地位。全县社会大局和谐稳定。切实加强安全生产监管，认真推进“平安湘潭县”创建活动，深入开展“打非治违”，强力推动煤矿关闭，安全生产步入健康常态；圆满完成“六五”普法工作，“法治湘潭县”创建全面推进。中路铺司法所被评为全国模范司法所；完成群众信访接访中心、平安城市电子防控系统、公安业务技术用房建设，新建乌石、杨嘉桥、白石派出所和射埠基层法庭；在全市率先探索实行政府购买社区矫正服务试点；强力开展“打黑除恶”等专项行动，严惩违法犯罪，全面开展禁毒工作，强化防控体系建设，案件发案率明显下降，人民群众满意度显著提高，民调排名连续五年位居全省前列，社会大局保持和谐稳定。

六、始终注重改革创新，政府效能显著提升

全面深化改革取得稳妥突破。政府机构、行政管理体制改革以及合村并镇工作稳步推进，原19个乡镇合并调整为17个乡镇，644个建制村调整为549个。实施“先照后证”工商登记前置审批、“三证合一”登记制度。开展公立医院改革，全面实行基本药物制度。全面实施国库集中收付制度，推行全口径预算、财政资金绩效评价制度，积极推进PPP项目建设模式，加强审计监督，进一步规范土地出让金、政府采购、村级财务管理，财政投资效益不断提升。深入推进行政审批改革，全面实施“两集中、两到位”工作机制，288项行政审批实现“一站式”办理，审批时限缩短2/3以上。率先开展委托授权乡镇执法，“扩权强镇”经验在全市推广。启动农村土地确权登记、农业“三项补贴”改革。加强行政问责，实施人事机构编制领域专项治理，行政效能稳步提升。

七、始终注重党的建设，基层基础逐步夯实

县委领导班子从严从实。积极做好县“四大家”班子和示范区领导班子“三严三实”专题教育，46名县级党员干部全部建立问题清单和整改台账，查摆“不严不实”问题6大类120多条，提出整改举措280余条。全体县级党员干部全部到基层联系点上党课50余堂。严格执行民主集中制，规范常委班子运行和决策机制，落实“三重一大”民主决策制度及党政正职“三不一末”制度，完善“两个责任”考核办法及追究办法，先后追究7家单位和16名干部的主体责任。

党员干部队伍坚强有力。落实《干部任用条例》，全年调整配备干部6批次140人次，提拔或重用24人次，职务交流89人次，免职27人次。积极推动干部“上挂下派”，接收16名省、市直机关选派干部来县挂职，推荐1名乡镇长到上海挂职，推荐2名干部到县直部门挂职。推行县、乡党校和村远教站点“三级培训”模式，培训党员2.8万余人次。继续实施“5518”人才引进工程▲，引进各类人才256名。坚持“两考四评”，全面推行“党员亮分制管理”模式，累计认定不合格党员515名，其中369名限期整改，146名予以劝退、除名或党纪立案。该工作经验被湖南卫视专题报道，并作为省委《送阅件》呈送省“四大家”领导。积极整治“三超两乱”问题，全年消化超职数科级干部132人。

基层组织堡垒更加坚实。高标准、严要求推进“双创”工程，严格执行党建工作“三级联述联评联考”制度，搭建了县乡村三级党建工作责任体系。出台乡镇党代会年会制，设立党代表接待日制度。549个行政村实现标准化村部全覆盖，19个乡镇党校和党建工作站全部建成，56个软弱涣散党组织晋位升级。围绕精准扶贫和“一进二访”活动，全面开展“双联共建”活动，组织527个机关党支部与549个农村党支部结对共建，9100余名机关党员与1.6万名贫困户结对帮扶。全面铺开村级“松绑减负”，建立村级事务、牌账和考核三个清单，配套出台《推动村、社区“松绑减负、提升服务”的实施意见》，构建“3+1”制度体系▲。工作经验得到徐守盛、孙金龙、郭开朗等省委领导肯定，《松绑减负 提升服务》一文在省委通报（第12期）上刊发，并全省推介。推行“阳光村务”管理，探索规范村级权力运行的有效途径，村级管理不断规范透明。《全面推行“阳光村务”》一文被省委《改革简报》和中组部的《组工信息》刊发。

党风廉政建设抓新抓常。落实“两个责任”，构建“678”量化监督体系▲，探索建立“一清单、一告知、一述责、两报告”工作机制。打造廉政文化精品工程，在全市率先建成廉政文化教育基地。重点围绕为官不为、庸懒散拖、干部走读、公款吃喝等现象，综合运用明察暗访、专项督查、公开曝光等手段，开展作风检查24轮次，通报批评88人、诫勉谈话26人、责令书面检查5人、免职2人、纪律处分76人；盯住具体问题开展专项整治，查处14名违反财经纪律村干部，4起违规发放津补贴问题，形成强大震慑力。加大纪律审查力度，全县党纪政纪立案205件，涉及科级干部39人、一般干部职工101人、村干部29人、农村党员36人。

宣传统战工作全面发展。加强党的十八大、十八届三中、四中、五中全会和习总书记系列重要讲话精神学习宣传，开展县委学习中心组、县委第二学习中心组理论学习14次。巩固“书记（局长）大讲堂”“一村一员一课堂”等宣讲阵地，开展主题宣讲200余场次，村级宣讲6000余次，举办2期社区论坛。争创“全国文明县城”，开展县首届道德模范及“最美群众贴心人”评选、“家园清洁行动”“最美乡村环卫工”专题宣传等文明创建活动，形成“一镇一特色、一村一品牌”精神文明建设格局。开展“书记的一天”“精准扶贫莲乡在行动”“千名干部进万户”“纪念中国人民抗日战争胜利70周年暨世界反法西斯战争胜利70周年”等新闻宣传活动。坚持“同心”教育，全力推进“四同创建”活动，全县22个创建点，投入资金9000余万元，开展活动120余场次，受益居民和群众达10万余人。全县200余名乡镇党政负责人联系400余名重点统战成员，12名常委对口联系36名党外代表人士，进一步融洽党内外合作共事关系。

▲实施“5518”人才引进工程：指从2013年开始，湘潭县连续5年内为县直机关、各乡镇、县属医院（学校）、天易示范区等单位，引进紧缺专业的全日制博士研究生或正高以上职称专家50名，全日制硕士研究生或副高以上专业技术人才100名，重点高校全日制本科生800名。引进的专业分布和职位设置涉及城市建设、规划、环保、工业、经济、商贸、旅游、农林、畜牧、水利、法律、管理、文化、计算机、财会及教育、卫生等领域，具体分年度设置招聘岗位和完成引进任务。

构建“3+1”制度体系：指“3”指三类清单，即：事务清单、牌帐清单、考评清单。“1”指一个意见，即出台《中共湘潭县委关于推动村、社区松绑减负、提升服务的实施意见》。

构建“678”量化监督体系：指细化“一案双查”的6种情形，明确责任追究的7种方式，制订落实责任的8项制度。

重要会议和决策

【中共湘潭县委十一届七次全体（扩大）会议】 8月6日，县委十一届七次全体（扩大）会议在县委党校举行。会议由县委副书记、县长傅国平主持。县领导谢振华、傅国平、周艳希、唐正武、黄忠德、王惠芳、周贤、周俊文、谭何龙、唐剑恒、刘铁强、刘耀奇、张性宇及全体在职副县级以上干部，县委委员、候补委员，各乡镇党委书记、乡镇长，县委各部、委主持日常工作的负责人，县直机关各单位（含垂直管理单位）党政主要负责人，县人大、县政协委室的主要负责人，天易示范区管委会主任助理、各部部长，纪委委员，县委巡查组正副组长等参加会议。会上，县委书记谢振华代表县委常委会报告半年来的工作，并重点就下半年工作和扶贫开发工作提出要求。谢振华指出，全县各级各部门和广大党员、干部，要把“三严三实”专题教育与稳增长、调结构、惠民生、转作风结合起来，切实做到专题教育与中心工作两手抓、两促进，并将这一要求贯彻落实到经济社会发展的各方面、全过程。县委副书记周艳希作关于《中共湘潭县委关于加快推进精准扶贫开发工作的决议（草案）》的说明。会议以举手表决的方式，通过《中共湘潭县委关于加快推进精准扶贫开发工作的决议》。

【2015年第一次县委常委会议】 1月7日，由县委书记谢振华主持召开。会议听取关于县十五届人民代表大会第三次会议筹备工作情况汇报；听取关于政协湘潭县第八届委员会第三次会议筹备工作情况汇报；研究审定《湘潭县行政问责办法》；审定湘潭港千吨级码头转让合同；听取湘潭县首届道德模范评选表彰的情况汇报；审定《关于落实党风廉政建设党委主体责任和纪委监督责任的实施办法》（试行）；审定《湘潭县2014年落实党风廉政建设责任制推进整治和预防腐败体系建设检查考核实施办法》；审定对朱修仁、阳正伟等的党纪处分决定；研究干部人事工作。

【2015年第二次县委常委会议】 1月12日，由县委书记谢振华主持召开。会议听取关于中国供销合作对外贸易有限责任公司“中国供销城”项目的情况汇报。

【2015年第三次县委常委会议】 1月23日，由县委书记谢振华主持召开。会议审定县委经济工作会议上县委书记、县长的讲话；审定县人大、政府、政协工作报告；传达学习中央政法工作会议精神。

【2015年第四次县委常委会议】 2月11日，由县委书记谢振华主持召开。会议听取湘潭县群团工作汇报；传达学习中央、省、市纪委全会精神；审定县委书记、县纪委书记在中共湘潭县第十一届纪委第五次全体会议上的讲话；听取县委巡查工作汇报；审定村级考核结果；听取关于实施基层组织建设“双创”工程的意见的工作汇报；研究干部人事工作。

【2015年第五次县委常委会议】 3月4日，由县委书记谢振华主持召开。会议审议《湘潭县人民政府职能转变和机构改革方案》；听取关于2014年重点工程建设表彰奖励方案暨2015年重点工程项目建设计划情况的汇报；关于天易示范区部分行政管理及社会事务移交有关情况的汇报。

【2015年第六次县委常委会议】 4月3日，由县委书记谢振华主持召开。会议听取村级财务规范管理的若干意见及农业农村工作会议有关事项；审定湘潭县群众满意度考核奖励及责任追究办法；审定2014年科级领导班子绩效考核结果；审定阳光村务管理办法；审议关于给予蔡友毅党纪处分的决定；确定省直机关公务员挂职安排。

【2015年第七次县委常委会议】 5月7日，由县委书记谢振华主持召开。会议听取全面建成小康社会推进工作情况汇报；听取关于湘潭县深入开展“招商突破年”活动实施方案的情况汇报；听取关于政府工作部门及涉改事业单位职数配备方案的情况汇报；听取关于县建设投资有限公司法人治理结构及相关情况的汇报；听取关于落实《中共中央关于加强社会主义协商民主建设的意见》的情况汇报；审定2014年度科级领导干部绩效考核结果；审定《2015年度科级领导班子和领导干部绩效考核办法》；研究干部人事工作。

【2015年第八次县委常委会议】 5月28日，由县委书记谢振华主持召开。会议审定《关于在全县县处级领导干部中深入开展“三严三实”专题教育的实施方案》；审定《中共湘潭县委关于党风廉政建设主体责任和监督责任追究办法》《湘潭县2015年度落实党风廉政建设责任制推进惩治和预防腐败体系建设检查考核实施办法》《湘潭县2015年基层纪检监察干部考核办法》；审定《关于落实“两个责任”宣传教育活动方案》；听取关于刘济群案处理情况的汇报。

【2015年第九次县委常委会议】 6月4日，由县委书记谢振华主持召开。会议听取关于武汉大洋置业有限公司投资建设白石广场和人防工程提质改造项目的情况汇报。

【2015年第十次县委常委会议】 7月27日，由县委书记谢振华主持召开。会议听取“三严三实”工作情况汇报；研究审定《关于全面推进村级小微权力规范化运行的实施意见》；听取对台工作汇报；审定关于吴跃林违纪处分的意见；研究干部人事工作。

【2015年第十一次县委常委会议】
9月23日，由县委书记谢振华主持召开。会议审定《湘潭县精准扶贫工作实施方案》；审定《关于在“三严三实”专题教育中开展领导干部“一进二访”活动的实施方案》；审定《关于鼓励支持村级集体经济发展的实施意见》；听取基层党建工作汇报；审定关于《中国农业发展银行湘潭市分行与湘潭县人民政府金融合作协议》（草案）；传达省纪委书记傅奎的重要讲话精神，听取2015年全县党风廉政建设和反腐败工作汇报；听取巡查工作情况汇报；研究审定《湘潭县党风廉政建设责任制工作领导小组主要职责、组成人员、任务分工》。

【2015年第十二次县委常委会议】
10月10日，由县委书记谢振华主持召开。会议听取关于潭衡高速公路青山桥段增设晓南互通相关工作的情况汇报；审定关于给予刘绪辉开除党籍处分的决定。

【2015年第十三次县委常委会议】
11月2日，由县委书记谢振华主持召开。会议传达学习《中共中央办公厅关于印发〈党委（党组）意识形态工作责任制实施办法〉的通知》（中办发〔2015〕52号文件精神；关于乡镇区划调整改革工作的情况汇报。

【2015年第十四次县委常委会议】
11月6日，由县委书记谢振华主持召开。会议听取全县农村土地确权登记颁证工作进展情况汇报；听取全县党组织清理规范工作情况汇报；研究干部工作。

【2015年第十五次县委常委会议】
11月17日，由县委书记谢振华主持召开。会议传达市县乡同步换届有关精神；关于政协湘潭县第八届委员会换届时间的工作方案；机构改革有关干部政策情况汇报；关于公务员职务与职级并行制度、工资调整、社会养老保险改革的情况汇报；关于全县禁毒工作的情况汇报；关于湘潭县乡镇区划调整改革工作的情况汇报；解读《中国共产党纪律处分条例》和《中国共产党廉政准则》；审议给予赵金池、朱启贵、周志平、楚娉婷、刘海池党纪处分的决定。

【2015年第十六次县委常委会议】
11月23日，由县委书记谢振华主持召开。会议听取关于筹建湘潭天易农商银行的情况汇报；审议湘潭县超职数配备干部整改计划。

【2015年第十七次县委常委会议】
11月30日，由县委书记谢振华主持召开。会议审议《关于加强全县安全生产监管能力建设的实施意见》（讨论稿）；研究副科级干部提前退休政策；研究干部人事工作；传达全省加强基层纪检监察信访举报工作会议精神；听取县纪委对团县委相关违纪问题调查处理情况汇报。

【2015年第十八次县委常委会议】
12月16日，由县委书记谢振华主持召开。会议审议《关于召开政协湘潭县第八届委员会第四次会议的请示》；审议《关于召开十五届人大第四次会议的请示》；贯彻落实中发〔2015〕18号文件精神，加强县

人大工作建设；听取关于大洋白石商业广场项目规划情况的汇报；审议加强防范和处理邪教基层基础工作的意见；审定关于开展2015年度落实党风廉政建设责任制检查考核的通知；研究县纪委内设机构改革事项；研究干部人事工作；观看警示教育片。

【2015年第十九次县委常委会议】 12月22日，由县委书记谢振华主持召开。会议审定关于县政府工作部门及涉改事业单位“三定”规定及机构编制工作调整方案。

【县委经济工作务虚会议】 1月16日，县委经济工作务虚会议在鑫田大酒店五楼会议室召开。会议由县委书记谢振华主持，傅国平、周艳希、唐正武、黄忠德、王惠芳、周贤、周俊文、谭何龙、唐剑恒、刘铁强、刘耀奇、张性宇、胡亚湘等参加会议，县人民政府副县长，县人大、政协常务副职，天易示范区管委会领导班子成员，法、检两长，各乡镇党委书记、乡镇长，有关职能部门负责人，天易示范区管委会各部部长等参加会议。

县委副书记、县长傅国平表示，各级各部门既要看到2014年全县经济建设的成绩，又要重视差距。全县经济发展既要顺应新常态，又要谋求新跨越，始终坚持以“一区多园”为主体，实现经济核心增长，同时合理确定目标，保持合理投入，确保经济稳定增长。县委书记谢振华指出，2014年湘潭县在经济大环境下滑的情况下，主要经济指标保持稳中有进，干部作风和执行力也大有提升，成绩来之不易。要坚持以经济建设为中心，具体落实“一个目标、二个任务、三个保障、四个攻坚”▲。

▲“一个目标、二个任务、三个保障、四个攻坚”：指“创一流、进百强”宏伟目标；“深化改革、全面小康”两大任务；“强化民生、作风、党建”三个保障；“推进园区、项目、产业、城乡建设”四大攻坚。

【县委经济工作会议、全县人口和计划生育工作会议】 1月27日，县委经济工作会议、全县人口和计划生育工作召开，县委书记谢振华，县委副书记、县长傅国平部署2015年全县经济工作。县领导周艳希、唐正武、周贤、周俊文、谭何龙、唐剑恒、刘铁强、刘耀奇、张性宇、胡亚湘参加会议并在主席台就座。

【县委政法工作会议】 3月2日，县委政法工作会议召开。县领导谢振华、傅国平、周艳希、唐剑恒、何晓春、韩伟、李西文等出席会议。县委常委、政法委书记唐剑恒作政法工作报告。县委书记谢振华提出“四点要求”，要深入领会习近平总书记的重要指示精神，切实增强做好政法工作的责任感和使命感。深刻领会政法形势的“五个转变”、政法工作的“五个认识”、政法队伍的“四个忠于”； 要着力推进“平安湘潭县”建设，努力为县域经济社会发展大局保驾护航。要从“平安、和谐、发展”三个方面着手，做到保平安要多管齐下，建和谐要防患未然，促发展要有所作为；要着力推进“法治湘潭县”建设，逐步提升执法司法公信力和全民守法意识。建设“法治湘潭县”的关键是严格执法、文明执法、公正司法、全民守法；要着力推进政法过硬队伍建设，不断提高思想政治素质和履职能力。始终把政法队伍建设作为基础性、战略性工程来抓，全面贯彻从严治警要求，坚持“五个过硬”标准，着力打造一支忠于党、忠于国家、忠于人民、忠于法律的政法队伍。

【湘潭县投资暨重点项目推进会】 3月11日，全县投资暨重点项目建设推进会召开。县领导谢振华、傅国平、周艳希、唐正武、黄忠德、王惠芳、周俊文等出席会议。会议要求，2015年，各级各部门要突出重点，在强化举措中奋力推进，力争全县投资和重点项目建设实现“五个确保”：确保完成固定资产投资205亿元以上；确保88个重点项目完成投资108亿元以上；统筹推进49个重大前期项目，确保5个项目年内开工建设；确保完成40万平方米工业标准厂房建设；确保实现招商引资到位资金40亿元以上。

【全县党务工作会议】 3月27日，县党务工作会议举行。县领导谢振华、周艳希、周贤、谭何龙、刘耀奇、胡亚湘、韩炎等出席会议，县直单位主要负责人、各乡镇党委书记、组织宣传统战委员、办公室主任等参加会议。会议由县委副书记周艳希主持。谢振华指出，党务工作必须紧扣中心，在服务大局中准确定位。党务工作是加快经济社会发展的方向指导、力量支撑和坚强保障，没有一流的党务，就不可能有一流的业绩。全县党务部门和广大党务工作者要进一步强化责任意识，把党务工作与中心工作联系起来进行落实，视党务为要务，化党务为实务，促党务为服务，努力使党务工作有所作为、有大作为。要以“改革”的精神抓党务，勇争一流业绩；要以“负责”的态度抓党务，树立一流形象；要以“务实”的劲头抓党务，打造一流队伍。

【全县农村工作暨基层党建、安全生产、群众工作会议】 4月10日，全县农村工作暨基层党建、安全生产、群众工作会议召开。谢振华、傅国平、周艳希、唐正武、黄忠德、王惠芳、谭何龙、唐剑恒、刘铁强、刘耀奇等全体在家、在职的副县级以上领导干部，县委各部、委主持日常工作的负责人，县直机关各单位（含垂直管理单位）党政主要负责人，天易示范区管委会主任助理、各部部长，县委巡查组正副组长，各乡镇党委书记、乡镇长、人大主席，各村（社区）支部（总支）书记参加会议。县委副书记周艳希，县委常委、政法委书记唐剑恒，县委常委、副县长刘铁强，副县长谭捍卫分别就全县的基层党建工作、群众工作、安全生产工作、农村工作进行安排部署。县委副书记、天易示范区管委会常务副主任唐正武通报2014年度全县村级领导班子和专职干部绩效考核结果、社会治安综合治理和维护稳定工作、安全生产工作、新农村建设、农业产业化发展和粮食生产工作考核结果。与会的各乡镇乡镇长向县人民政府递交安全生产、粮食生产、保护发展森林资源目标管理责任状。谢振华希望，面对新形势、新任务、新要求，全县各级要凝心聚力、务实进取、真抓实干，统筹推动农村工作取得新进展，基层党建取得新成效，群众工作取得新进步，安全生产得到新加强，为县域经济社会发展奠定更加坚实的基础，为全面建成小康社会做出新的更大贡献。

【湘潭县第四届劳动模范（先进工作者）表彰大会】 5月4日，湘潭县第四届劳动模范（先进工作者）表彰大会召开，10名来自县各行各业的劳动模范（先进工作者）受到表彰。会议由县委副书记、县长傅国平主持，县领导周艳希、唐正武、黄忠德、周贤、周俊文、谭何龙、唐剑恒、刘铁强、刘耀奇、张性宇、胡亚湘、韩炎等参加会议。会上，县委书记谢振华向受到表彰的劳模表示热烈祝贺。谢振华强调，要弘扬劳模精神，引领社会风尚，全面奏响“劳动最光荣、劳动最崇高”的时代主旋律；要汇聚实干力量，积极建功立业，奋力推进湘潭县“创一流、进百强”的历史新征程；要加强党的领导，发挥工会优势，切实为广大职工和劳动者成长成才、就业创业营造良好的环境。

【县委书记“三严三实”专题党课】 5月30日，县“三严三实”专题教育党课举行。县委书记谢振华为与会人员上一堂深入浅出的党课，县“三严三实”专题教育工作正式启动。傅国平、周艳希、唐正武、黄忠德、王惠芳等全县副县级以上领导干部，各乡镇党委书记、乡镇长、组织委员，县直各单位主要负责人、县委各部委主持日常工作负责人，县人大、县政协委室主任，天易示范区主任助理、各部部长，县委巡查组正副组长参加学习。谢振华指出，在专题教育中，要坚持把学习弘扬“彭总精神”与践行“三严三实”要求融合起来，把“彭总精神”作为一面镜子，从里到外、从上到下反复照一照自己，深入查摆自己在修身做人、为官用权、干事创业等方面存在的问题和不足，努力做心中有党、心中有民、心中有责、心中有戒的好干部。谢振华指出，开展“三严三实”专题教育，是从严管党治党的一项重要举措。全县所有县级领导干部要把开展专题教育作为重大政治任务，把“三严三实”贯穿到管党治党全过程，融入到全面从严治党各方面，不断提高党的执政水平，努力营造良好政治生态。具体来讲，要在“四个从严”上下功夫，在从严落实管党治党责任上下功夫；在从严教育管理干部上下功夫；在从严加强作风建设和反腐倡廉上下功夫；在从严扎紧制度笼子上下功夫。

【全县平安建设及提高群众满意度工作会议】 8月24日，全县平安建设暨提高群众满意度会议召开。县委副书记、县长傅国平主持会议。周艳希、唐正武、黄忠德、王惠芳、周贤、谭何龙、唐剑恒、刘铁强、刘耀奇、张性宇、胡亚湘等在家的县级领导参加会议。县委书记谢振华要求，要强化认识，凝聚共识，以新的更高要求把全县平安建设推向深入；要顺应民意，保障民安，以强有力的措施打赢民调工作“翻身仗”；要聚力同心，合力共为，以“严”“实”的作风狠抓工作责任的落实，努力将全县平安建设和群众满意度工作提高到新的水平。

【全县重点工作推进大会】 10月16日，全县当前工作推进大会在县委党校召开。本次会议是精准扶贫、领导干部“一进二访”、农村基层党建、村集体经济发展、农村土地承包经营权确权登记颁证、秋冬农业生产、拆违控违七项重点工作推进会。县领导谢振华、傅国平、周艳希、唐正武、黄忠德、王惠芳、周俊文、谭何龙、唐剑恒、刘铁强、刘耀奇、张性宇、胡亚湘等全体在职副县级以上干部，各乡镇党委书记，乡镇长，分管农业负责人，分管城镇规划负责人，经发办主任，县委各部、委主持日常工作负责人，县直机关各单位（含垂直管理单位）党政主要负责人，天易示范区管委会主任助理，各部部长，三促办主任，县委巡查组正副组长，28个省定贫困村支部书记及驻村工作队员，结对帮扶企业负责人等参加会议。围绕当前几项重点工作，谢振华强调，一要统一思想、提高认识，切实增强工作的责任感、紧迫感和使命感。抓好当前几项工作是贯彻落实上级政策的必然要求；抓好当前几项工作是实现年度目标任务的重中之重；抓好当前几项工作是检验“三严三实”成果的重要标尺。二要突出重点、精准发力，切实增强工作的指导性、主动性和灵活性。要坚持谋划在前，精心布局，全面拉开工作序幕；要坚持问题导向，精准施策，迅速形成攻坚态势；要坚持统筹推进，精益求精，着力掀起大干热潮。三要严字当头、实字为本，积极争当工作落实的先行者、实践者和促进者。领导要靠前带头抓落实；凝心聚力逐级抓落实；真督实查反复抓落实。

【湘潭县农业“三项补贴”改革试点暨机关事业单位“三项改革”工作动员会】 11月20日，县农业“三项补贴”改革试点暨机关事业单位“三项改革”工作动员会召开。县领导傅国平、周艳希、周俊文、谭捍卫参加会议。从2015年起，全县将农作物良种补贴、种粮农民直接补贴和农资综合补贴合并为农业支持保护补贴，并全面启动公务员职务与职级并行制度、调整机关事业单位工作人员基本工资标准和离退休人员增加基本离退休费、机关事业单位养老保险制度改革三项工作。

【湘潭县政府职能转变和机构改革动员大会】 12月3日，县政府职能转变和机构改革动员大会召开。全体在职副县级以上干部，各乡镇党委书记、乡镇长，县委各部、委主持日常工作的负责人，县直机关各单位主要负责人，县委巡查组正副组长参加会议。县委书记谢振华要求，全县各级党政主要负责同志要带好班子，管好队伍，确保稳定。在机构改革和区划调整中，要严守人事纪律、财经纪律、工作纪律，做到令行禁止，严格做好上级安排的各项工作，确保改革工作这项政治任务如期如质完成。

重要调研

【徐守盛到湘潭县调研】 8月21日，湖南省委书记、省人大常委会主任徐守盛，省委常委、省人大常委会副主任、省委秘书长韩永文由市领导陈三新、胡伟林、陈忠红，县领导谢振华、傅国平、唐正武、谭何龙、唐剑恒、韩伟等陪同到湘潭县调研。徐守盛参观彭德怀纪念馆，深切缅怀彭德怀同志的丰功伟绩；实地调研梅林桥美丽乡村建设，与梅林桥村支部书记座谈。他强调，带领广大群众实现共同富裕是共产党的最终目标，也是党员干部应尽的责任，作为村里的支部书记，要充分发挥党员的传帮带作用，带领广大村民共同富裕；要经常开展党员活动，保证每一个党员都过上组织生活。随后徐守盛实地考察天易示范区珠江啤酒有限公司。他指出，企业要做大做强，在园区起到更好的带头示范作用；要按规定处理好废水排放，保护好周边的生态环境。

【陈求发调研湘潭县耕地污染修复治理工作】 4月13日，湖南省政协主席陈求发，省政协副主席杨维刚由湘潭市领导陈三新、胡伟林、周放良、陈忠红、杨真平、马石城等陪同到湘潭县调研耕地污染修复治理工作。陈求发一行实地调研湘潭县梅林现代农业示范片，专题听取片区耕地污染修复治理和桑蚕生态修复工作情况。他强调，发展在任何时候都是硬道理，要聚精会神抓发展，确保各项目标任务全面完成；要不断优化治理措施，充分保障参与群众的切身利益；要用积极的态度解决土壤污染问题，要把污染的土地修复好、治理好、使用好。

【孙金龙调研湘潭县乡镇行政区划调整改革工作】 11月3日，省委副书记孙金龙一行由市领导陈三新、严华、陈忠红、杨真平，县领导谢振华、傅国平、周艳希、谭何龙、谭捍卫等人陪同，到湘潭县调研乡镇行政区划调整改革工作。他实地察看易俗河镇便民服务中心，专题听取湘潭县乡镇区划调整改革工作汇报，肯定湘潭县乡镇行政区划调整改革工作并强调，要站在战略和全局的高度充分认识乡镇区划调整改革的必要性和重要性，进一步把思想和行动统一到省委省政府的决策部署上来，研深悟透全省乡镇区划调整改革有关会议和文件精神，使之成为推进改革的锐利武器；要突出加强思想政治工作，强化改革政策宣传，全力做好解惑释疑、理顺情绪、凝聚人心的工作；要进一步强化责任担当，加强组织领导，落实工作责任，勇于攻坚克难；要注重科学工作方法，坚持以协调发展和现代治理的理念推进改革，既立足当前又着眼长远，加强顶层设计和统筹谋划，统筹协调解决好人事、编制等突出问题，确保乡镇区划调整改革得到积极有力推进。

【卢贵敏调研湘潭县现代农业建设工作】 9月11日，国家农发办主任卢贵敏一行由省财政厅副厅长欧阳煌、省农发办主任李丙力、副市长杨真平及县领导傅国平、谭捍卫等人陪同，调研湘潭县现代农业建设发展情况。卢贵敏一行先后实地考察梅林现代农业园、彭老倌养蜂专业合作社及湖南莲美食品有限公司并给予充分肯定。他强调，园区在发展现代农业的同时，也推进生态休闲旅游的发展，为当地经济发展注入活力，很好地带动农民增收致富，其建设发展经验值得推广。

【戴道晋到湘潭县调研早稻收购工作】 7月29日，副省长戴道晋，省政府副秘书长曹英华一行由市县领导胡伟林、陈小山、傅国平、唐仁光，省市县粮食、财政、农委、农发行等部门主要负责人陪同到湘潭县调研早稻收购工作。戴道晋一行实地调研湘潭县裕湘粮食购销有限公司。他肯定湘潭县早稻收购工作并指出，要在加快工作进度的同时，保证粮食收购的质量；要为送粮群众提供必要的防暑设施设备，为群众送粮提供方便。

【武吉海到湘潭县调研】 7月8日，湖南省政协党组副书记、副主席武吉海一行由市县领导周放良、李光泉、周艳希、王惠芳、周贤、周俊文、宋小玲、李西文等陪同到湘潭县调研人民政协工作。武吉海专题听取湘潭县人民政协工作汇报并给予肯定。他强调，县政协要坚持“长期共存、互相监督、肝胆相照、荣辱与共”的十六字方针，要加强基层协商民主制度建设，鼓励基层政协组织及政协委员在这方面进行积极有益的探索；县政协要在重大政策的出台、重大项目的建设方面，多为党委政府想办法、出点子，把党和政府的主张变成广大人民群众、政协委员的共识；党委政府要科学合理采纳县政协的意见，使之在重大问题的决策上更为谨慎，更为注重群众基础；县政协要从加强政协机关、政协委员履职能力入手，科学选择群众呼声较高的调研视察课题，提出的调研视察意见要推动实际问题的解决。

【欧阳斌到湘潭县调研】 3月11日，省政协副主席欧阳斌一行由市、县领导李光泉、王惠芳、李西文陪同到湘潭县调研。欧阳斌一行实地考察胡安国父子墓、周小舟故居地，专题听取隐山湖湘文化源生态旅游区建设工作情况。他强调，隐山作为湖湘文化发祥地，文化底蕴深厚，人文资源丰富，名胜古迹多，区位优势明显，要合理开发、保护旅游文化，将湖湘文化进行良好地推广，将隐山打造成湘潭的又一张璀璨名片。

县委办公室工作

【概况】 2015年，县委办公室深入贯彻党的十八大、十八届三中、四中全会精神和习总书记系列重要讲话精神，站在“四个全面”的战略高度，围绕县委“核心”，紧扣县域发展“中心”，严格践行“三严三实”和“四有”要求，坚持“五个第一”，切实当好县委的“核心智库”“坚强前哨”“巩固后院”和“过硬尖兵”，不断提升全县办公室工作科学化水平，更好地助推县域经济社会又好又快发展。

【政策研究】 围绕县委的重大决

策部署和县委领导关注的重大问题、热点问题，先后组织或陪同县委领导参加县域经济发展、基层党建、家庭农场建设、村（社区）事务“松绑减负”等调研十余次，形成一批调研成果。调研文章《经济新常态下抓项目投资的着力点》在全国中文核心期刊《领导科学》（2015年9月下期）刊发。《走正走实县域新型城镇化道路的思考》《湘潭县城乡一体化发展的现状、问题与对策研究》《农业“接二连三”天地宽》等多篇文章被《湖南领导参考》《研究与决策》等省市刊物采用。年内，起草撰写领导讲话稿、汇报材料、理论调研等各类文稿300余篇，共计有60篇文章在国家、省、市主流刊物或媒体发表，宣传、推介湘潭县的工作。做好内刊编印工作，全年刊印《县委通报》9期，及时将县委主要领导重要讲话及决策部署向全县各部门乡镇通报；编印《莲乡之声》4期，成为县域经济社会发展成果交流的重要阵地；编印《小康简报》4期、《改革简报》7期，为县委主要领导和全县各级干部提供重要参考。

【综合信息】 积极发挥党委信息主渠道作用，对全县信息人员动态登记，完善信息考核、通报和联系制度，将信息触角延伸至乡镇各管区、村、社区，定期通报各单位信息采用情况，推动信息工作常态化。全年共向省委、市委上报信息1100余条，一大批精品信息被省、市采用，采用率达40%以上，信息工作排名全省第二、全市第一。规范紧急信息报送制度，统一报送口径，严格执行24小时值班。梳理分析不稳定因素和倾向性、苗头性问题，上报紧急信息近90条，编辑《要情汇报》168期，没有发生紧急信息漏报、迟报、瞒报等现象。发挥综合职能，按月进行县委工作总结及计划，呈送县委主要领导。及时处理县委书记信箱群众来信和市委来电，全年书记信箱办共收到群众来信72件，依规定按程序受理62件，处置和答复率达100%，得到领导的好评和群众的认可。

【督查】 围绕项目建设、作风建设、平安创建、安全生产等县委、县政府中心工作，认真推动决策部署的贯彻落实。年内，组织和参与各项督查活动45次，编发《督查通报》10期，推动县委重要工作的落实。抓好查办，严谨扎实抓批示件解决，专项办理的实效性切实增强。通过现场督办，电话督办，回访当事人等方式，督促各责任单位按时办理，共受理各级领导批示72件，办结完成率100%，刊发县委督查经验材料3篇。进一步规范领导批示件的办理工作，新制订《重要批示件办理情况单》《批示件报告单》等规范文本。2015年，县委督查室被省委督查室评为先进单位。

【办文办会】 认真贯彻落实《党政机关公文处理条例》《湖南省党政机关公文处理工作细则》，规范公文处理工作流程，提高处理时效，保证公文办理及时、安全、高效。充分利用电子政务内网收发处理公文，尽可能减少纸质公文数量。全年共发文98件，同比上年减少19.3%，全部通过电子政务内网发送。严格执行上级党委关于党内规范性文件备案规定，全年备案文件18个。全年共接收涉密文件112批次，共782件，全部清理到位，实现“零泄密”。按照精简、高效、务实的原则，实行整合开会，切实减少会议数量。严格控制规模、科学设置议程、压缩会议时间。全年下发会议通知420余个，4800余人次，完成50多个重要会议活动的协调服务工作。坚持执行县“四大家”主要领导碰头会议、县委常委工作部门碰头会议，县“四办”主任联席（扩大）会议制度，实行“6+5”周工作协调联动机制，统筹协调安排县“五大家”、天易示范区和县委常委部门重要会议和重大活动，全年下发全县重要会议活动安排表52期，协调服务各类领导公务活动60余个。

【后勤接待】 围绕县委、县政府中心工作和县域经济社会发展大局，切实发挥接待工作窗口、桥梁、纽带作用，努力做到工作用心、待客诚心、服务细心、来宾舒心、领导放心，实现“零差错、双满意”的工作目标。年内，共接待来宾112批次1630余人次，其中国家领导人1批次，省部级领导5批次，国家各部委、省、市副厅级以上领导79批次1168人次；省内外地市、县考察团、考核组19批次402人次；其他接待8批次。

【保密】 大力开展保密法制宣传教育。全年在党校举办的青干班、全县办公室主任（秘书）培训班、科干班等培训班上保密知识课10余堂，40余课时。抓好日常保密宣传教育，充分运用网站、电子政务短信平台等载体不定期向全县干部职工开展保密宣传教育。督促各单位结合自身实际开展保密宣传教育活动，受邀为有关单位上保密知识课12堂次。严格保密工作日常管理。全县106家单位向县委保密委员会递交保密工作目标管理责任书，522名涉密人员签订保密承诺书。落实党政领导干部保密工作责任制，加强党政机关和涉密单位保密管理,督促有关单位建立健全保密管理制度，完善人防、物防、技防措施。规范政府信息公开保密审查程序，加强对政府信息公开保密审查工作的督促检查。全年收缴各类文件资料近3吨，有效防止不当处理造成的失泄密。加强保密工作督促检查。加强对全县重大活动、会议及国家级考试的保密监督和服务，协助教育部门和其他用人单位做好高考、高中学业水平考试、中考以及录用、招（竞）聘考试考点安全和试卷保密等工作，全年共参与有关保密监督10余次。加强保密工作日常检查和专项督查，对不符合要求的单位提出整改意见。上半年检查40余家单位；年底组织开展一次全面的保密执法检查，并对县城区内印刷复印企业进行专项保密检查。

【电子政务】 2015年，电子政务内网更名为党政内部工作专网。上半年，组织一次对全县接入党政内部工作专网、电子政务外网的146家单位网络运行情况的走访调查；配合县纪委、县委组织部在党政内部工作专网平台上建设“金纪工程”和“大组工网”；电子政务外网互联网出口带宽从原来的400兆扩容到1100兆；对党委视频会议机房进行优化，全面启用全省党委视频会议系统；10月底和联通公司签定电子政务外网线路升级改造合同；同月，采购一批中心机房设备，用于更换旧设备，并于11月下旬完成15台交换机和200多根网线淘汰更新工作；12月，为中心机房安装摄像头。全年上报、解决各类故障120余次，自行维修设备5台次，新增电子公章2个。

（潘　娟）

纪检监察工作

【概况】 2015年，中共湘潭县纪委、湘潭县监察局贯彻上级纪委全会精神，从严监督执纪问责，各项工作稳步推进。

突出重点抓两责。抓住明责、履责、追责这些关键点，推进“一清单、一述责、两报告、两考核”工作机制，层层传导压力。推行清单制，向19名县委、县政府班子成员发放责任清单，督促乡镇纪委、县直机关纪检组向600余名科级干部开出责任清单，明确履责要求；健全党政正职述廉述责制度，将责任落实作为述责的重点，接受“两代表一委员”、纪委委员的评议；推行“两报告”制度，督促各级党委、纪委每半年书面报告履责情况，每季度填写报表报告具体工作开展情况，实时掌控履责情况；出台“两个责任”考核办法，既考核主体责任，又考核监督责任，即考核班子集体履责情况，又考核班子成员“一岗双责”落实情况，把责任落实情况，作为业绩评定的依据。同时，按照“动员千遍，不如问责一次”要求，出台“两个责任”追究办法，在调查“四风”和违纪问题同时，检查党委是否加强廉政风险防控，班子成员是否强化监督管理，纪委是否履行监督责任，对责任落实不力的，倒查追责。全年，先后追究7个单位和16名干部的主体责任，以问责倒逼责任落实。

持之以恒抓作风。动态监管与专项整治双管齐下。盯住重要节点，强化动态监管。整合审计、财政、工商、税务等部门力量，持续不断开展暗访督查，让干部处于“天天有检查、时时有暗访”的紧张状态。全年，开展作风暗访督查24轮次，下发督查通报8期，发现违反作风规定的问题71起，通报批评109人，给予党政纪处分76人，诫勉谈话26人。盯住具体问题，开展专项整治。组织有关职能等部门，采取票据倒查、账务清查等方式，对农村“小微权力”运行、公务消费纪律执行、涉农专项资金管理使用等情况，进行再监督再检查，查处14名违反财经纪律的村干部，查处4起违规发放津补贴问题，就惠农资金管理使用中存在的问题向14个单位发放整改函督促限期整改，严肃整治发生在群众身边的“四风”和腐败问题。

坚定不移抓惩处。年内，全县纪检监察机关共受理信访举报239件次，立案215件，较上年上升58%，结案205件，结案率95%，涉及科级干部40人。加强协同配合，与法院、检察、公安、审计等部门协同配合，健全线索移送、案情通报等制度，成立由分管案件业务的副职参与的协调小组办公室，加强信息互通、手段互补、力量互助。纪律审查突出“纪律”特点，不片面追求案值大小，不依赖“两规两指”措施，集中精力查清违纪事实，涉嫌违法的迅速移送。全年，通过反腐败协调小组收集问题线索47件，移送违法线索10件，不使用措施直接移送司法机关8人。加强工作指导。针对基层办案能力不足的问题，推行交叉办案、交叉审理机制，组织基层纪检监察干部对疑难问题进行交叉调查、对事业单位人员违反政纪的案件进行交叉审理，通过实战提升业务能力。推行片区联动机制，划分乡镇、县直单位对口三个纪检监察室，通过召开片会、交叉调查，切磋技能、破解难题。全年，19个乡镇和23个县直单位均有自办案，分别立案100件、85件，同比上升52%、81%。注重抓早抓小。综合运用诫勉谈话、函询等方式，对200余名党员干部进行提醒教育。发挥纪律审查和宣传教育的“同频共振”效应，通过观看警示教育影片、旁听法院公开庭审，用身边事教育身边人；开通“湘潭县纪委监察局”微信公众号，广泛宣传廉政文化；开展争当“廉内助”等活动，号召党员干部廉洁从政；开展《条例》《准则》专题学习，强化党员干部纪律意识；投入130万元，在全市率先建成廉政教育基地，打造廉政文化精品工程。自开馆以来，接待县内参观人员4600余人次，接待省外、省直、市直等参观人员570余人次。

创新手段抓监督。抓住突出问题和重点事项，有针对性地开展再监督再检查。按照新的巡视条例，不断完善县委巡查制度，设立3个巡查组，明确6人小组会议专题听取汇报，建立巡查人员退出机制，确保巡查客观性、权威性；完善巡查方式，既开展地毯式巡查，对各单位集中巡查；又开展点穴式巡查，针对突出问题开展专项巡查；还开展回访式巡查，对已巡查单位杀“回马枪”。年内，集中巡查单位8个，专项巡查园区土地审批，巡查回访单位12个，发现问题线索30余条，提出巡查意见14条。监督检查重大决策的落实情况。为避免政府机构改革、乡镇区划调整出现等待观望、投机钻营问题，加大对组织纪律执行情况的再监督再检查力度，对违纪线索进行核实，给予1名“一把手”、2名副职、1名正科级干部相应纪律处分并免职处理。加大对重大决策落实情况的再监督再检查力度，对县城管局拒签市环保局执法文书、五大桥南端违规设置广告牌等缓作为、乱作为、“为官不为”问题从严问责，确保政令畅通。加强派驻机构建设，全年，派驻人员协助驻在单位制定完善各项制度56项，对驻在单位重大决策和有关问题提出意见建议110余项，对驻在单位违纪问题开展初核工作25次。

严格要求抓队伍。在全市率先开展“践行‘三严三实’，做忠诚干净担当纪检监察干部”专题教育，切实加强自身建设，努力打造一支忠诚干净担当的纪检干部队伍。围绕法定职责，厘清监督事项，督促各单位对纪委书记分工进行调整，不得安排纪委书记分管与本职无关的业务；会同组织部门对乡镇纪委书记兼任组织委员职务进行调整，单设纪委书记，明确专职副书记、纪检干事，确保专职专用。调整内设机构，通过内部挖潜，确保从事监督执纪的业务室达到7个，人员达到内设机构总人数3/4，将精力、人力向主业倾斜。强化外部监督，聘请10名特邀监察员，参与作风暗访、案件审理，深入一线监督纪检监察工作。强化内部监督，成立内部监督机构和案管机构，规范涉案款物管理权、信访处置权、定性量纪权的使用；严明保密纪律，与纪检监察系统和县委巡查组工作人员签订保密承诺书，确保不泄漏工作秘密；出台纪律审查安全工作意见，投入10万元建成2间标准化谈话室，对谈话过程实时监控，投入20万元为乡镇配齐笔记本电脑、便携式打印机、摄像机等办案设备，推进乡镇纪委办公办案场地标准化建设。

【中共湘潭县第十一届纪委第五次全会暨全县反腐败工作会议】 2月12日，中共湘潭县第十一届纪委第五次全会暨全县反腐败工作会议召开，会议由县委副书记、县长傅国平主持。县领导周艳希、唐正武、黄忠德、王惠芳等全体县级领导，各乡镇党政“一把手”、纪委书记，县直单位党政正职、纪委书记（纪检组长），县委巡查组成员，特邀监察员等参加会议。会上，县委常委、县纪委书记胡亚湘作工作报告，县委书记谢振华讲话。谢振华强调，党委主体责任和纪委监督责任要同步落实、双轮驱动；纪检体制改革和监督制度改革要两手齐抓、整体推进；担当干事和干净干事要高度统一、互促共进，以更加坚定的信念、更加扎实的作风、更加过硬的举措，坚定不移地把反腐倡廉和作风建设不断推向深入，为加快推进全面建成小康社会提供坚强的纪律和作风保障。各乡镇的党委书记、纪委书记分别向谢振华、胡亚湘递交2015年度党风廉政建设主体责任书和监督责任书。

【张建平到湘潭县调研督促“两个责任”落实情况】 5月6日，市委常委、纪委书记张建平一行到湘潭县调研党风廉政建设“两个责任”落实情况。 张建平对湘潭县“两个责任”落实情况表示肯定。他指出，要实现全面从严治党，必须把“两个责任”落实到每一级党组织，落实到每一名党员干部，落实到党的建设全过程，敢用善用责任追究这个“撒手锏”，通过上追一级、问责追究、终身追责等手段，倒逼“两个责任”的落实。

【湘潭县纪委监察局官方微信试运行】 5月12日，中共湘潭县纪委、县监察局微信服务号开通试运行。该服务号开设廉政资讯、政民互动、曝光台等栏目，其中，“廉政资讯”主要发布纪检监察信息、廉政法规和廉政文化；“政民互动”主要接受网上信访举报和网友留言、听取意见建议；“曝光台”将全县纪检监察机关查办的案件第一时间发布。这是湘潭县继手机报短信平台开通后，构建新时代网络宣传，推行“开门反腐”工作的又一项新举措。

【践行“三严三实” 做“忠诚干净担当”的纪检监察干部专题教育活动】 5月，湘潭县纪检监察系统在全市率先开展“践行‘三严三实’，做‘忠诚干净担当’的纪检监察干部”专题教育活动。县纪委通过开展全县纪检纪检监察干部业务培训、纪委委员集中学习、参观长沙监狱等活动，提升履职能力、强化身份意识。此次活动，共组织开展“纪委书记讲党课”50余次，各类警示教育60余次，受众1200余人，收集问题500余条，专门制定《“三严三实”专题教育问题清单》，涉及纪检监察干部“不严不实”问题共6大类，67个问题，督促纪检监察干部进行对照检查，提升党性修养。同时，对纪检监察干部违纪行为“零容忍”，先后查处2起纪检监察干部违纪问题，在全县反响强烈。

【中国社科院国情调研组到湘潭县调研】 7月15日，中国社科院社会学研究所廉政建设与社会评价研究室主任、中国廉政研究中心副秘书长蒋来用率中国社科院国情调研组到湘潭县，围绕惩治腐败机制建设工作进行调研。调研组听取湘潭县惩治腐败机制建设采取的有效措施和具体做法、面临的困难及意见建议的报告，对湘潭县近年来惩治腐败机制建设给予肯定。

【纪检监察干部业务培训班开班】 9月17—18日，湘潭县纪检监察干部业务培训班在县委党校举办，全县各乡镇、县直机关及委局机关的200余名纪检监察干部参加集中培训。此次培训本着“实务、实用、实效”的原则，在办班前广泛收集干部培训需求，培训方式由过去自上而下“灌输式”改为自下而上“需求订单式”，培训内容为纪检监察业务基本知识、基本工作方法和技能，安排纪律审查、安全文明办案、党风政风监督、案件审理、宣传信息、信访举报、财务监督管理等7个方面课题，做到按需施教。学员反映此次培训具有很强的操作性、针对性和实用性，是他们最需要的，必将推动以后执纪监督问责工作。 （肖 莹）

组织工作

【概况】 2015年，全县基层党组织1544个。其中，党委43个、工委3个、党总支128个、支部1373个。党员38981名，其中，女性6838名，少数民族19人，45岁及以下13135人、大专及以上11456人；农村党员23996名。全年发展党员409名，其中女性116名。

制定出台《关于实施基层组织建设“双创”工程的意见》（潭县发〔2015〕3号），部署实施基层组织建设“双创”工程。继续推行“书记谈党建”“书记述党建”“书记考党建”三大举措，全县19名基层党组织书记均进行述职评议。

加快基层阵地提质改造。全县549个行政村实现标准化村部全覆盖，19个乡镇全部建成党校和党建工作站，214个村远教站点实现设备升级。全年建好200个基层党建示范点，其中农村党建示范点100个、社区党建示范点10个、“两新”组织党建示范点20个、机关及窗口单位党建示范点50个、教育卫生行业党建示范点20个。

从严加强党员管理。在党员“两考四评”的基础上，推行“党员亮分制管理”模式，累计认定不合格党员515名，对369名限期整改，对146名予以劝退、除名或党纪立案。

优化党员服务载体。围绕精准扶贫和“一进二访”活动，开展以“支部联村、党员联户”为主要内容的“双联共建”活动，先后组织527个机关事业单位党支部与549个农村党支部结对共建，9100余名机关事业单位党员与16000多户贫困户结对帮扶，制定脱贫项目600余个，捐资捐物折合560余万元。深化机关事业单位党员到社区报到工作，通过组建党员便民服务队、义工队，设立“党员示范户”“党员示范岗”等形式开展“组团式、示范式”服务。

规范村务管理。制定《阳光村务管理实施办法》，全面推行阳光村务管理。对村级公共事务进行清理，出台村级小微权力清单36条，在549个村建立村务监督委员会，制定村级财务规范化管理规定和村干部任期经济责任审计办法，村级管理不断规范透明。阳光村务管理做法被省委《改革简报》和中组部《组工信息》推介。

引导村集体积极参与农业产业化经营，实行领导干部“清零”任务责任包干制，全县在职县级班子成员联系“清零”任务村37个，乡镇班子成员联系“清零”任务村109个，214个“清零”任务村共制定发展村级集体经济对策措施188条，已完成“清零”任务78个。

出台《湘潭县乡镇党代会年会制实施办法》，设立党代表接待日制度，依托19个乡镇党代表工作室、549个村（社区）村党代表工作站直接联系服务群众，全年各级党代表参加驻室活动1100余人次，接待党员群众8000余人次，结对帮扶贫困户1580多户。

严格落实《党政领导干部选拔任用工作条例》和《县委管理干部选拔任用工作流程》，做好县政府机构改革正职调整配备以及乡镇区划调整领导班子配备，理顺县纪委内设机构改革后有关人事调整。全年调整配备干部6批次140人次，提拔或重用24人次，职务交流89人次，免职27人次，7名试用期满干部全部正式任职。

着力加强干部宏观管理，开展协调服务工作。积极服务县“四大家”班子和天易示范区领导班子“三严三实”专题教育。推动干部“上挂下派”工作，全年接收14名省直机关和2名市直机关选派的干部来县挂职，推荐1名乡镇长到上海挂职，推荐2名干部到县直部门挂职。配合市委组织部完成对相关市管干部的人事档案专项审核，同步更新科级领导干部电子信息档案。协调做好县直机关事业单位机构改革职数核定和设置等工作。组织开展正科级干部提前退休呈报工作，呈报市委组织部审核34人，通过市委审批33人。组织落实职务职级并行工作，完成任职年限及资格审查工作。

先后举办第20期青干班、公务员初任培训班、第22期科干班等主体班，党政领导干部“县域经济发展”高级研修班、科级领导干部能力提升班，培训干部471人次。举办2期“湘潭县干部教育培训党校大讲堂”，培训1400余人。选送46人次参加市级以上主体班培训，组织28名干部参加市党政领导干部基本理论知识任职资格考试，选送15名干部参加省委党校研究生学习。全年举办各类培训班26期次，培训学员11000人次。继续完善湘潭县干部学习网教学课程资源，累计注册学员达3600多人，并组织1620名干部参加市干部教育培训网络学院学习。

配合市委组织部完成对45名县处级干部2014年集中报告个人有关事项抽查核实工作。组织对23名县直单位和乡镇一把手开展经济责任审计。落实诫勉谈话制度，约谈乡镇纪委书记、组织委员12人次，对15名定为三等且排名末位的领导干部进行诫勉谈话。大力治理“为官不为”，有效遏制乡镇领导干部“走读”现象。对12个单位违规借调人员情况进行抽查督查，下发整改通知13份，约谈逾期不整改单位领导12名，违规借调全部清退到位。开展干部不在岗情况督查，对重点单位下发督办通知书，清理2名领导干部在企业、社会组织兼职行为。配合完成省审计厅对全县的选人用人专项审计及省委巡视组的专项检查。积极整治“三超两乱”问题，全年共消化干部366名，其中领导职务116人，非领导职务250人，顺利通过省委组织部对全县消化吸收超职数工作的对账审核。

全面完成2014年度科级领导班子和领导干部绩效考核工作，评出一等领导班子20个、二等领导班子57个、三等领导班子11个；科级领导干部共评出优秀等次176人、称职等次403人、不定等次7人。修改完善绩效考核办法，调整有关乡镇和县直单位的分类，调整单列考核对象的范围，调整考核指标的审批模式、计分方法、影响定等的有关情形和奖励加分项目等。

继续实施“5518”人才引进工程和六项人才培养工程计划。全年引进党政人才56名，引进医卫专业技术人员103名，教育人才97名。向市委组织部推荐6名第六批市专业技术骨干人才、4名优秀专家。组织对全县6支人才队伍情况进行摸底调查，截至2015年6月，全县人才总数约27626人，其中党政人才2697人、企业经营管理人才5358人、专业技术人才9677人、技能人才1251人、农村实用人才8643人、社会工作人才26人。全年共选派科技特派员59名，确定省级科技特派员派驻单位2个；市级科技特派员派驻单位14个，市级农村科技致富示范点5个；县级科技特派员派驻单位29个，县级农村科技致富示范点3个，建设湘莲、生猪科技特派员创业链2条，创建中国科学院院士工作站1个。全年争取国家、省、市科技项目15项，累计争取科技专项资金1200多万元，开展培训或讲座70多期，培训人员3300多人次，医疗服务6000余人次。

【“三严三实”专题教育】 2015年5月下旬开始，按照中央、省、市委的安排部署，全县县处级领导干部坚持“严”字当头、“实”字托底，深入开展“三严三实”专题教育。全体县级党员干部深入基层联系点上党课50余堂；认真参与专题授课、警示教育、廉政谈话，并积极进行研讨交流；分批参观“三严三实”党性教育基地，自觉研读《优秀领导干部先进事迹摘编》等重点书目，观看焦裕禄、谷文昌等先进人物专题片，深刻反思违法违纪典型案例，以正反典型修正航向。46名县处级党员干部全部建立问题清单和整改台账，共查摆出6大类120多条，提出整改举措280余条；出台《扎实推进整治“四风”和侵害群众利益行为常态化长效化的实施意见》，持续抓好“党员作用发挥不明显”等54项专项整治任务落实；建立“领导带、定期督、台账促、评价议”四个抓整改落实倒逼机制，进一步规范常委班子运行、决策机制，建立并落实“三重一大”民主决策制度以及党政正职“三个不直接分管”、末位表态制度，完善“两个责任”考核办法及追究办法，先后追究7个单位和16名干部的主体责任。坚持以改革发展、作风建设和基层党建三个成效检验专题教育成果。实施现代农业“百家示范”工程，推动落实28个省定贫困村的扶贫措施，在全省率先开展村级“松绑减负”、乡镇委托授权执法等探索，政府机构改革、乡镇区划调整、土地确权等一批重点改革事项取得实质进展。始终把作风建设主体责任放在心上，切实履行主体责任，先后开展监督检查24轮次，处理违反作风建设规定的各类问题71起，给予党政纪处分76人，全年全县党纪政纪立案205件205人，涉及科级干部39人、一般干部职工101人、农村党员36人、村干部29人，有效震慑各类作风建设不良苗头。通过实施基层组织建设“双创”工程，实现党的基层基础大力夯实，推行“阳光村务”管理、实行党员“两考四评”制、探索党员积分制管理模式等经验做法先后被中组部、省委改革办、省委政研室等予以推介。

【基层组织建设“双创”工程】 2015年，湘潭县制定出台《关于实施基层组织建设“双创”工程的意见》（潭县发〔2015〕3号），组织全县基层党组织围绕基层服务型党组织建设，以创“六有”党组织、创“五好”党员队伍▲为主线，推动机关联系基层、干部联系群众为重点，以实现党建阵地标准化、队伍优质化、载体品牌化、制度规范化为目标，不断提高基层党组织的创造力、凝聚力和战斗力，确保党员队伍先进性和纯洁性。

▲创“六有”党组织、创“五好”党员队伍：即有坚强有力的领导班子、有本领过硬的骨干队伍、有功能实用的服务场所、有形式多样的服务载体、有健全完善的制度机制、有群众满意的服务业绩；全县绝大多数党员政治素质好、工作业绩好、遵纪守法好、思想作风好、群众反映好。

【基层党建示范点建设】 2015年，湘潭县根据不同领域基层党组织特点，制定统一标准，突出特色和亮点，统筹建设基层党建示范点200个，其中农村党建示范点100个、社区党建示范点10个、“两新”组织党建示范点20个、机关及窗口单位党建示范点50个、教育卫生行业党建示范点20个。

【乡镇党建工作站建立】 2015年，湘潭县在19个乡镇分别建立党建工作站，分别由1名站长、1至2名专职组织员组成，站长享受乡镇中层正职相关待遇，并实行任职备案登记制度。乡镇党建工作站由乡镇党委主管，名称统一为“中共××乡（镇）委员会党建工作站”，不增加乡镇机构编制，在乡镇党委领导下开展工作，接受县委组织部业务指导和工作考核，主要履行做好发展党员工作、抓好党员教育工作、抓好党员管理服务工作、抓好基层党组织建设和抓好其他组织工作等五项主要职责。

【党员亮分制管理】 2015年，湘潭县在实行党员“两考四评”（共性考核、个性考核、党员自评、党员互评、群众测评、组织测评）的基础上，推出“党员亮分制管理”模式。县委采取“先探索、后推广”的方式，选取全县第一大乡镇——中路铺镇实行亮分制管理试点，严格落实农村党员教育管理系列举措，处置不合格党员192名，占全镇党员的9%，做到“动真格”，取得成效，成功经验作为省委《送阅件》呈送省“四大家”领导，并在全县推开。自2014年以来，共认定不合格党员515名，其中369名限期整改，146名予以劝退、除名或党纪立案，从而进一步优化党员队伍。

【“双联共建”活动】 2015年，围绕精准扶贫和“一进二访”，湘潭县在县乡机关中开展以“支部联村、党员联户”为主要内容的“双联共建”活动。先后组织527个机关事业单位党支部与549个农村党支部结对共建，9100余名机关事业单位党员与16000多户贫困户结对帮扶，共开展走访调研11000多次，收集贫困户意见36000余个，制定脱贫项目600余个，捐资捐物折合560余万元，并深化机关事业单位党员到社区报到工作，通过组建党员便民服务队、义工队，设立“党员示范户”“党员示范岗”等形式开展“组团式、示范式”服务，有效促使党员“亮牌上岗”“用心服务”。

【湘潭县选派第七批村党支部第一书记】 2015年，从市、县、乡机关选派92名第七批村党支部第一书记，其中市直机关6名、县直机关23名、乡镇机关63名，到美丽乡村创建村、上级党组织确定的软弱涣散村（社区、居委会）、扶贫帮扶村任党支部第一书记，任期两年。第七批村党支部第一书记到村后，在乡镇党委领导和指导下，紧紧依靠村（社区、居委会）党组织，带领村（社区、居委会）两委成员开展工作，重点履行好建强基层组织、发展农村经济、为民办事服务、提升治理水平四个方面的职责任务。

【湘潭县干部教育培训“党校大讲堂”开讲】 2015年，为实现“大规模培训干部、大幅度提高干部素质”的战略任务，湘潭县于5月和11月各举办一期干部教育培训“党校大讲堂”，邀请省直机关工委常务副书记徐晨光，湖南师范大学博导、湖南省政府顾问朱翔，湘潭市委党校副校长赵远琪等领导专家、优质师资在县委党校集中面授，内容为《“三严三实”专题教育》《领导干部的哲学思维》《时政解读与区域经济》等，共组织科级领导干部、中层干部和后备干部1400余人参学。

【乡镇党校建立】 2015年，为进一步加强基层党组织建设，适应大规模培训党员干部的需要，湘潭县在19个乡镇分别建立党校。镇党校由乡镇党委主管，名称统一为“中共××乡（镇）委员会党校”，属业余党校性质，由县委党校负责业务指导，要求每年组织基层党组织书记、村级后备干部、预备党员、入党积极分子等对象集中培训2次以上，机关干部职工集中培训4次以上，各乡镇根据党员干部教育培训需要及实际情况，适时开展各项培训教育活动。

【干部人事档案专项审核】 2015年，全县集中开展干部人事档案专项审核工作，对全县公务员、参照管理人员和事业单位中县委管理干部档案进行全面审核，重点审核干部的出生时间、参加工作时间、入党时间、学历学位、工作经历、干部身份、家庭主要成员及重要社会关系等重要信息，尤其注意审核档案材料是否涂改造假，干部信息是否真实准确，重要原始依据材料是否完整规范等，确保干部人事档案真实、准确、完整、规范，维护干部人事档案工作的严肃性和公信力，充分发挥干部人事档案在干部工作中的重要基础作用。（刘永红）

宣传思想工作

【概况】 2015年，县委宣传部健全完善县委中心组学习制度，组织县委中心组（扩大）集中学习4次。开展“十八届四中全会微宣讲”“党的十八届五中全会精神”和《中国共产党廉洁自律准则》《中国共产党纪律处分条例》等主题宣讲活动120余场次，县委理论讲师团宣讲200余场次，村级宣讲6000余次，举办社区论坛2期。组织“学讲话、用讲话”心得录征集、纪念县治移址20周年征文及光绪年间县志检校工作，编辑印发《2013—2015年科局级以上领导干部理论文集》，《百年尹氏宗祠“五个结合”是文化建设题中应有之义》《把全面从严治党落实到“最后一千米”》等5篇文章先后在《新湘评论》《湖南日报》等省级及以上刊物发表。

新闻宣传方面，做强正面宣传，全年“一区带多园”“纪念抗日战争胜利70周年”等组织主题新闻战役4次，在中央级媒体上稿100余条，省级媒体上稿1270余条，市级媒体上稿1000余条。加强舆论引导与处置，健全完善机制制度。做好网宣网管工作，加强县网建设管理，积极策划组织网上正面宣传，推动网络问政和新媒体建设，建立公众微信平台商业运营模式，引进手机直播系统，手机报订阅户近3万户。

文明建设方面，加强公民思想道德建设。组织以县首届道德模范及“最美群众贴心人”为主题的评选、巡讲、帮扶等系列活动，组织“纪念抗日战争胜利70周年”演讲赛及巡讲等爱国主义主题教育活动。抓好文明创建。开展省级文明县城文明程度指数测评迎检工作，组织文明单位、文明机关、文明社区等群众性精神文明创建活动，组织“家园清洁行动”“最美乡村环卫工”专题宣传及文明村镇和星级农户评选表彰等基层文明创建活动。加强未成年人思想道德建设，健全完善联席会议制度，加强城区中小学校和乡镇中心学校心理咨询室（心理辅导室）和乡村学校少年宫项目的建设与管理，组织“美德少年”评选表彰活动，开展社会文化环境净化工作，组织青少年网络文明推广活动。推进志愿服务体系建设。健全完善常态化工作机制，开展“三关爱”主题志愿服务活动140余次。

文化建设方面，按照文化强县建设领导小组的安排做好文化强县建设的相关统筹协调指导工作，健全完善工作机制和考核制度。继续加强公共文化设施建设，深入推进文化事业发展，擦亮群众文化活动名片，抓好文艺创作生产，推进文化产业的发展步伐。协调做好重大革命历史题材电视剧《彭德怀元帅》的拍摄工作，统筹组织“三下乡”“欢乐潇湘·幸福湘潭·莲乡大舞台”系列大型群众文化活动、全国元帅纪念馆第12次联谊会暨彭德怀同志诞辰117周年纪念活动等文化活动。协调打造乌石红色旅游、白石文化旅游、花石乡村旅游三大核心旅游产品，协调开展文化娱乐场所、网吧专项整治行动，加强对全县农村有线电视及农村数字微波电视的管理。继续实施宣传文化系统“五个一批”人才建设工程，加强人才与队伍建设，统筹组织开展全县宣传思想文化工作培训班和全县文化工作培训班，举办文艺工作者新春座谈会，出台《湘潭县自费出版（展演）文艺作品资助办法》，完成县文艺家协会换届工作。

2015年，县委宣传部被评为《湖南日报》发行工作先进单位、《新湘评论》推广使用工作红旗单位、红网分站建设工作先进单位、红网手机报建设工作先进单位、市级文明标兵单位、县纪检监察工作先进单位、县计生综治模范单位、县综治工作先进单位、群众工作示范单位、县“双联”工作先进单位等。

【道德模范宣传选树】 2月9日晚，县首届道德模范和“最美群众贴心人”颁奖仪式在县委党校大礼堂隆重举行。该活动由县委、县政府主办，县委宣传部、县委组织部、县文明办、县委党校、县广播电视台承办。赵在和、汤光览、蔡娟、钟金盆、王石连、胡玉光、张红波、熊幸于、仇桂、姜淑斌10名“最美群众贴心人”，黄桂英、彭线红、颜跃华、张伏秋、赵剑锋、朱玲、马嫩、罗艳兰、唐伟、谢少军10名县道德模范，肖荷南、宋立新、邹星辉、韩怀恩、罗宇灿、胡国泉、王孝桂、楚铁安8名县道德模范获提名奖并被表彰。6—11月，组织开展模范人物先进事迹巡讲活动。该活动以“践行核心价值观，做最美莲乡人”为主题，由县委宣传部主办，县文明办、县总工会、县文联、县演讲与口才协会承办，县委政法委、天易示范区管委会办公室、县直机关工委、县妇联、团县委、县商务局、县广播电视台协办。先后组织模范人物进中心组暨首场巡讲及模范人物进乡村基层巡讲活动。10月底，由县委常委、宣传部长刘耀奇任主编，县委宣传部、县文明办、县文联、县作家协会等单位参与编辑的《榜样的力量》一书发行，全书共12万余字，由湖南人民出版社出版。为积极践行社会主义核心价值观，大力提升公民思想道德素质，充分发挥榜样人物的典型带动作用。

【湘潭县纪念中国人民抗日战争暨世界反法西斯战争胜利70周年演讲比赛和校园巡讲活动】 8月，湘潭县组织开展纪念中国人民抗日战争暨世界反法西斯战争胜利70周年演讲比赛，该活动由县委宣传部主办，县文联、县演讲与口才协会承办，县广播电视台、县网协办。比赛设预选、复赛、决赛三个环节，来自全县各乡镇、各系统单位和县演讲与口才协会共33名选手参加比赛，评选出等级奖12名。9月，大赛组委会组建巡讲团，赴江声实验学校等25所中小学开展巡讲。

【2015年“欢乐潇湘·幸福湘潭·莲乡大舞台”系列群众文化活动】 5—11月，由县委宣传部、县文体广新局、县文联联合组织开展湘潭县2015年“欢乐潇湘·幸福湘潭·莲乡大舞台”系列群众文化活动。该活动由群众美术、书法、摄影作品征集活动，原创广场舞大赛，群众文艺汇演和“你行你登台·文艺村村行”文艺轻骑兵活动等四项活动构成。其中群众美术、书法、摄影作品征集活动以“我们的中国梦”为主题，收集非专业作者参赛作品320余件，12件作品入选省展，《古文》《书评》等2件书法作品分别荣获省级金奖、银奖和市级一、二等奖，《世说新语》等7件作品获得市级三等奖，27件作品入选市级优秀奖。10月，组织获奖作品和专业作品集中展览。原创广场舞大赛由乡镇海选和县级决赛两部分组成。全县19支代表队、近600名选手参赛。梅林桥镇文体广电站、易俗河镇文体广电站等两个代表队获得一等奖，茶恩寺镇文体广电站等3个代表队获得二等奖，乌石镇文体广电站等4个代表队获得三等奖，中路铺镇文体广电站等10个代表队获得优胜奖。湘潭县网站微信公众号全程视频直播赛事。群众文艺汇演分为初选、片区赛、决赛三个部分，活动参与群众艺人超2000人，演出节目近110个，原创节目在80%以上。曾在2014年“欢乐潇湘·幸福湘潭·莲乡大舞台”活动中大受好评的弹唱节目《元帅树》获得2015年湖南省廉政文化优秀作品创作征集评选活动二等奖。“你行你登台·文艺村村行”文艺轻骑兵活动丰富多彩，选送少儿舞蹈《稻草人》、花鼓表演唱《新农村里新事多》、吹打乐《双采莲》等三个节目参加2015年“欢乐潇湘·幸福湘潭”大型群众文艺汇演活动暨“你行你登台·文艺村村行——文艺轻骑兵”活动汇报巡演首场演出及巡演活动。 （张宁波　肖凯龙）

统一战线工作

【概况】 2015年，县委统战部以推进统战工作改革创新为主线，以“同心工程”创建为抓手，加强政治引导，凝聚强大力量，服务发展大局，促进社会和谐稳定，为全面建设“现代壮县，幸福莲乡”做出应有的贡献。

加强同心教育，坚定统一战线理想信念。县委统战部把学习贯彻全国统战工作会议精神和《中国共产党统一战线工作条例（试行）》作为首要的政治任务，组织开展专题讲座、调研征文、统战培训、谈心会等活动，统战干部和统一战线成员深刻领会中央关于统战工作的新思想新观点新要求，最大限度地激发统一战线服务县域经济社会发展的活力，共组织各类培训、讲座5次，培训200余人次。县委领导和统战部班子成员通过谈心与教育相结合、个别谈心与集体谈心相结合的方式，和民主党派成员、非公经济人士、各类党外代表人士谈心12场次。县委统战部长周贤组织带领各民主党派负责人赴福建古田会议旧址等地专题开展“同心同行”暑期谈心活动，巩固共同的思想政治基础，加强统一战线成员思想教育和政治引导，坚定统一战线成员的“同心”理念。加强与统一战线成员的联络联系。年内，深入特种电线电缆有限公司等非公经济企业进行走访、调研，共走访党外政协委员20人次，党外人大代表8人次，党外领导干部20人次。从11月开始，县委统战部采取听取单位一把手意见和本人个别谈话等形式，对全县科级实职党外领导干部的德能勤绩以及合作共事情况进行走访了解。

大力推进民主党派自身建设。以“规范有序发展、实践忠诚合作”为主题，开展“民主党派基层组织规范化管理建设年”活动，开展“八有建设”（党派有经费、工作有计划、办公有场地、活动有特色、参政有平台、发展有质量、年末有总结、支部有档案），将湘潭县6个民主党派支部（总支）建设成为“组织健全、制度规范、活动有序、作用明显”的参政党支部。刊发《湘潭县民主党派建言献策简报》两期，民革、民盟、民进3个支部（总支）顺利开展支委班子的换届工作，进一步加强组织建设。

认真做好党外代表人士工作。知联会活动开展有声有色。及时召开知联会会长会议、常务理事会议部署全年工作，组织知联会的常务理会成员赴广东阳江等地参观学习，组织知联会积极参政议政。党外领导干部联谊会工作进一步规范有序，组织召开联谊会年会，会议表彰8名优秀会员，对2名不符合要求的会员宣布予以退会。积极推进特约人员工作。5月14日召开湘潭县特约人员年度工作大会，会议对2014年度工作进行总结讲评，对2015年度工作进行安排部署，出台2015年度工作考评实施细则，并解聘和增补2名特约人员。11月，县委统战部对全县各单位的特约人员进行走访、调研和考核。做好联谊交友工作。按照全面实施“网格化”管理的要求，全县19个乡镇200余名党政负责人联系区域内400余名重点统战成员，全县12名常委共对口联系36名党外朋友，由县级领导邀请开展调查研究、专题学习、参观考察、座谈讨论等活动。

结合抗战胜利70周年纪念活动，对黄埔同学会员进行一轮全面走访慰问，对原国民党抗战人员情况进行摸底调查，并做好抗战老兵及家属咨询接待，共接待80余人次。积极协助县民政部门做好原国民党抗战老兵每人5000元慰问金发放工作。

积极引导非公经济代表人士为“现代壮县，幸福莲乡”献计出力。召开各界代表人士迎春座谈会。与会80多人纷纷就企业经营、个人发展、代表（委员）履职畅所欲言，并围绕县域经济发展和社会稳定对湘潭县委、县政府提出意见和建议20余条。6月18日，由省工商联副主席李曦带队的全省创新创业先进典型巡回报告团到达湘潭县，6名报告团成员讲述他们创新创业的艰辛历程和宝贵心得，县工商联（总商会）执委、常委、副主席（副会长），非公经济代表人士共120余人参加报告会。举行各种形式的非公经济人士座谈会。非公经济代表人士参政议政意识不断增强。鼓励非公经济人士积极参政议政，共收集建议意见100余条，上报建言献策期刊3期，提出意见和建议，促进县域经济和社会全面发展。

【“四同创建”活动】　2015年，湘潭县全面推进“四同创建”活动。年初，召开“四同创建”工作动员大会，制定实施方案，组织进行创建点申报。全县共有创建点22个，其中同心乡村创建点18个，同心社区创建点3个，同心项目创建点1个。参与创建的统战组织53个，统战成员人数725名，开展活动60余场次，发现培养党外人士100余人次。

同心社区创建工作成效显著。牛头岭社区、砚井社区促进同心社会创建工作精细化，构建社区—同心工作站—同心义工队—党外志愿者四级网格，构建“同心网格”。注重筑牢社区现有成熟的工作载体，完善“同心活动室”“同心医疗室”等活动场所的建设，筑牢“同心平台”。深化“六进社区”活动。开展扶贫帮困活动。组织统战成员开展慰问困难家庭和“春蕾助学”活动，并募捐设立“同心社区”爱心基金。不断完善“两型”设施，促进社区环境整治。年内，通过创建“同心社区”，对飞羊西路、香椿路等社区内的背街小巷进行绿化，对砚井路150米路面进行提质改造，安装节能灯30余盏。设立康复中心，由党外医卫界人士为老年人、残疾人提供医疗康复帮助。推进统战成员参政议政。安排统战成员参与社区内小区物业管理、“日托”养老服务等工作。推进法律服务进社区。协助社区群众工作室，认真开展“大走访”和矛盾纠纷排查工作，对居民诉求详细登记、设立台账，将不稳定因素消除在萌芽状态，全年共受理矛盾纠纷20起，成功调处20起。同心志愿者为社区安置帮教小组成员，不定期对失足青少年、“两劳”释放人员、吸毒人员做心理辅导，配合帮教，5名社区戒毒/康复人员、7名社区矫正人员、10名刑释解教人员，经帮教思想稳定，表现良好。

11月26日，市委统战部副部长赵美林带队对“同心”乡村梅林桥镇石梅村考核验收。12月1日，市委统战部纪检组长秦曙光对“同心”社区砚井社区进行考核验收。同时，牛头岭社区已经接受省委统战部的验收考核。年内，县委统战部为3个省、市级创建点争取创建资金近60万元。　（陈　柳）

县直机关党建工作

【概况】　2015年，中共湘潭县直属机关工作委员会下辖66家机关单位171个基层党组织。其中，新设立机关党委3个，机关总支8个，机关支部5个，共有党员2714名。

是年，县直机关工委贯彻落实《中国共产党党和国家机关基层组织工作条例》，以“三严三实”活动为主线，狠抓思想、组织、作风、反腐倡廉、制度五大建设，扎实开展党建基础工作，切实履行责任，取得较好成效。

注重教育，理想信念更加坚定。扎实开展“三严三实”活动。班子成员积极参与“三严三实”活动，集中学习中央、省、市、县委有关文件精神，撰写心得体会。轮流上党课，邀请县委讲师团刘立新主讲《中华传统文化与社会主义精神文明建设》。书记胡秋莲在新任职党务干部培训班上，主讲“三严三实”专题教育党课。10月，县直机关所有党组织书记及工委全体机关干部听取县纪委胡亚湘主讲的《“三严三实”作风建设》讲座。认真贯彻落实《条例》及省委、市委《实施办法》，将《条例》和《办法》的学习内容纳入年度党建工作要点和季度学习重点，学习的效果纳入年度党建工作考核内容。向县委专题汇报《条例》执行情况，财政上增加机关党员教育经费专项预算。建立县直机关党校，对党务工作人员、党组织负责人进行轮训，优化机关党务专职干部，确保人员精干、有力。建设学习型党组织。实行季度学习重点推荐制，向各级党组织赠送理论学习书籍3000余册，丰富学习内容。举办书记大讲堂，邀请市县领导、市县党校教授、先进模范人物给机关党组织书记讲党课。推进“学党章、守党规”活动，“七一”期间，举行“学党章、守党规”知识抢答赛。规范集中学习交流活动，定期交流工作心得、研讨党建理论。“七一”评比表彰10名学习型党员、5个学习型党组织，机关党员学习氛围更加浓厚。

夯实基础，组织建设更加规范。落实党建工作责任制。针对党务干部变动大、新手多的情况，向各级党组织赠送《机关党务工作实用手册》等业务书籍。6月上旬召开上半年机关党建工作推进会，12月上旬对各单位进行年度机关党组织书记述职测评工作。认真开展年度党员“两考四评”工作。通过党组织书记党建述职测评及工作推进会议等措施，有力推动机关党建责任制的落实。创建服务型党组织活动氛围良好。开展基层服务型党组织创建活动，推行党组织和党员干部结对帮扶制度。深化党员示范岗、志愿服务、承诺践诺、过党日等活动，走访慰问困难党员、老党员。以党员志愿者共建共享、党员到社区报到等活动，助推文明县城建设，彰显党员本色。完善和规范基础工作。全年新设立党组织1个，32个机关党组织换届选举，新任、调整、增补各级党组织书记、委员共86人。7

月下旬培训93名新任职党务干部，10月中旬培训229名党组织书记，12月上旬培训66名党内统计业务骨干。办好入党积极分子培训班、预备党员培训班各1期，培训入党积极分子77名，预备党员71名，审批发展党员21人，预备党员转正31人。全年召开工委委员会议研究部署工作6次，收缴党费680379.8元，接转党组织关系127人次。

严明纪律，改进工作作风。深入开展廉洁从政学习活动。要求各党组书记、党支部书记必须上一堂廉政党课，各单位党组织必须组织全体党员到湘潭县党风廉政教育基地接受警示教育，全年执行情况良好。不断完善作风建设长效机制。积极协助相关部门开展作风建设、行风评议活动，推动机关窗口作风持续好转，对重要部门、重点岗位、热点问题实行明查暗访和重点督查，对不良作风公开曝光，全年约谈党员6人次。加大查处力度，纯洁党员队伍。全年开除党籍2人，留党察看1人，党内严重警告1人，党内警告2人，自行脱党组织处置3人。

营造氛围，文化建设得到提升。弘扬两型文化理念。开展两型机关创建活动，形成“资源节约型、环境友好型”的先进理念。开展中华优秀传统文化进机关活动。利用各类培训班开展“传统文化与精神文明建设”讲座，利用湘潭县手机报开设“经典阅读”专栏，每周2期，全年推出76期，丰富优秀传统文化学习内容。积极开展廉政文化建设。深入学习贯彻反腐败斗争理论和中纪委全会精神，坚持和完善反腐败领导体制和工作机制，强化党组主要领导抓党风廉政建设的第一责任人职责，建立健全反腐败工作格局。

强力帮扶，双联活动得到发展。双联共建活动助推农村发展。组织119个县直机关党支部对口联系131个农村党支部，党员1576人联系1527户困难群众，实行精准帮扶，有效推动农村发展。双联帮扶活动促进社会和谐。全县112个参联机关单位、4700名机关干部集中走访困难企业80家，慰问困难职工1194人，发放慰问金67.79万元，解决群众生产生活困难4938人次。11月8日，湘潭县双联工作接受市双联办的检查，得到上级领导认可。

【“七一”系列活动丰富多彩】 “七一”期间，在全县举行“学党章、守党规”知识抢答赛，强化机关党员的党性意识，规范集中学习交流活动，定期交流工作心得、研讨党建理论，营造机关学习氛围，促进学习型党组织建设。“七一”评比表彰10名学习型党员、5个学习型党组织，5个雷锋号示范窗口。

（王　睿）

机构编制工作

【概况】 2015年，全县党政群机关81家，事业单位673家，行政实有人员2339人，事业实有人员12392人。办理年度报告公示单位352家，变更登记116家，新设立登记19家，注销登记7家。

坚持编委议事规则及“三个一”审批制度，按照审批权限、审批程序和规定的限额审批机构编制事项。行政编制、事业编制分类核定、分开使用，严禁混编、混岗，坚持行政事业单位新进人员凡进必考，严格把好人员入口关。按照中央和省、市的要求，根据《湘潭县党政机关消化超编人员工作实施方案》确定的工作任务，年内，消化行政超编人员34人、事业超编人员99人。

强化机构编制监督检查工作。4月，配合组织部、人社局、财政局等单位开展编外人员的清理工作，共清理编外人员128名。11月，配合县人社局对乡镇自谋职业人员进行清理、整顿和规范，共清理乡镇自谋职业人员140名。

根据省、市有关事业单位分类改革文件精神，7月，完成479家事业单位分类审批发文工作，事业单位分类顺利完成。深入开展专项体制改革工作，开展乡镇事业站所人员第二轮竞聘上岗前期调研工作。完成乡镇区划调整改革新设立的乡镇“三定”规定。

【政府机构改革】 按照省、市统一部署，制定并下发《关于印发〈湘潭县人民政府职能转变和机构改革方案的实施意见〉的通知》《关于湘潭县人民政府机构设置的通知》《关于抓紧拟定湘潭县政府工作部门和涉改单位“三定”规定草案的通知》等文件。12月3日，湘潭县召开县政府职能转变和机构改革动员大会，部署全县机构改革工作，明确机构改革的指导思想、目标任务和工作重点。12月7日，县编办召开“三定”工作培训会，通过对各涉改单位分管负责人及具体经办人培训，确保各部门在拟定“三定”规定时，在职责定位上更加准确、语言表述上更加规范。在此基础上，县政府工作部门、涉改事业单位和新设群团机构“三定”规定及机构编制调整情况经“分组审核、集中讨论审议、广泛征求意见以及反复协商协调、交叉审核、县法制办合法性审查”等多个阶段的反复审核、不断修改、多次反馈后提交至县编委会、县政府常务会、县委常委会审议通过，完成35家单位的“三定”规定的制定以及1家单位的机构编制调整事项工作。改革后，全县政府工作部门由27个（包括工商局、质监局）减少到24个（计入县政府工作部门数24个，县监察局、县人防办不计入县政府机构个数），精简11.1%，政府直属正科级事业单位由18个减少到6个，精简66.7%。通过改革调整，政府工作部门共明确具体的职能调整事项97项，其中取消3项，整合48项，增加职能15项，加强职能31项。至年底，县政府机构改革全面完成。

【行政审批制度改革】 2015年，县编办严格按照中央、省、市行政审批制度改革有关要求，在全市率先开展“权力清单”清理审核工作。两个月内对全县45家单位6000多项行政权力事项进行清理审核，最终确定县政府本级行政权力4394项，各部门共同行政权力10项。同时，根据“法定责任必须为”的原则，对应权力清单梳理出各单位主要职责492项，共同监管事项职责边界197项，公共服务事项194项。两项清单均严格程序，严格把关，于12月中旬在县人民政府门户网站上公布。清理期间，县编办根据法律法规立改废释情况，结合县政府职能转变和机构改革工作，对权力清单工作建立动态调整长效管理机制，印发《湘潭县人民政府关于取消、新增和调整一批行政审批项目的决定》（潭县政发〔2015〕5号），共取消、新增和调整行政审批项目221项。其中：取消调整31项非行政许可项目，新增行政许可项目44项，调整行政审批名称、依据、实施主体等内容后继续保留为行政许可项目146项；取消调整后，该县不再保留非行政许可项目，最终保留行政许可项目194项。 （刘佳武）

党校工作

【概况】 2015年，县委党校县行政学校（以下简称党校）围绕县委县政府中心工作和学校年初确立的建设“三大工程”（即实施目标工程、重点工程、服务工程）目标，凝心聚力，奋发有为，努力做到重点工作有突破，常规工作有亮点，特色工作创品牌，党校事业全面提升。年内，在国家级刊物公开发表论文8篇，省级刊物发表论文1篇，申报立项省委党校社科课题3个，获省级奖励的论文4篇，科研成果创历史新高。

年内，共举办各级各类培训班50期，培训干部8266人次。其中主体班4期，培训人数237人，主要包括：新录用公务员初任培训班2期、第二十期青干班和第二十二期科干班。举办党校大讲堂2期，培训科级领导干部、副科级后备干部、中层骨干1300余人。组织教员进机关、到乡镇、入社区、走农村，宣讲党的十八大精神，“中国梦”解读，十八届三中、四中、五中全会精神和习近平总书记系列讲话精神等重大时事热点50场次，受众达4500人次。指导乡镇党校培训农村党员2万余人次。异地培训工作迈开新步伐，西藏自治区党校乡镇干部培训班、贵州雷山县委党校青干班等前来交流学习。

行政后勤服务工作实现专业化、规范化、科学化，宿舍管理、会务、教室、食堂管理明确专人负责，茶水、保洁、保安外包给物业公司，全县性的大会、大规模的培训班由办公室统一安排，全员参与，形成适应现代化管理和党校工作发展要求的后勤保障。全年承接会议70场次，服务18760人次，特别是县人大、县政协会议第一次合并在党校大礼堂召开，社会各界反响较好。此外，承接多次大型的文化演出等活动，逐步打造为全县的文化活动中心。

【党性教育经验全国推广】 县委党校认真贯彻落实《2014—2018年全国党员教育培训工作规划》，在干部教育培训中突出党性教育主题，形成党性教育工作“五个好”的特色，即：利用好资源、创新好模式、打造好硬件、汇聚好师资、办出好效果。充分依托和挖掘本地红色文化资源，创新培训方式，突出党员干部的党性锻炼，形成“理论教学、现场教学、体验式教学、社会实践教学、廉政警示教学”加“严格学员管理”的“5+1”培训模式，党性教育得到中央、省、市组织部门的肯定，成为全省2家基层党校之一上报中组部作为全国党性教育示范基地并建好网上展馆。年底，中共湘潭县委党校党性教育网上展馆作为全国首批76个党性教育基地网上展馆之一上载中组部共产党员网，在首页巡展热评获第二名，党性教育工作经验在全国得到推介，为湘潭县争得荣誉。

【省委组织部党员教育中心考察活动】 6月17日，湖南省委组织部党员教育中心副主任雷忠胜一行到县委党校考察全国党性教育基地建设情况，市委组织部副部长鲁建春，县委常委、组织部长、统战部长周贤等参加。考察组首先参观湘潭县廉政文化基地，然后召开座谈会，县委党校校委主任、常务副校长韩云进行专题汇报，雷忠胜肯定党校工作，对今后的党性教育基地建设工作提出新要求。 （钟 丽）

党史地方志工作

【概况】 2015年，湘潭县党史地方志工作坚持“为党写史、为国修志、为民服务”理念，以改革创新为动力，积极履行职责，推动史志编修、史志宣传和资源开发利用等各项工作的开展；以服务为宗旨，增强史志服务功能，不断提高史志工作为经济社会发展大局服务的水平，促进史志事业的科学发展。

党史和党史联络工作成绩斐然。按照省委党史研究室的《湖南党委工作纪事》组稿通知要求，认真撰稿《湘潭县党委工作执政纪事》，全面反映2014年湘潭县的政治、经济、文化、民生和社会事业。

开展《中国共产党湘潭县历史》第三卷编纂的前期工作，拟出编目草稿。第三卷正文暂设4编，23章。该编目将根据县情即收集的资料和上级党史部门专家学者的研究成果，进行反复修改、补充。收集部分资料。年内，在县档案馆翻阅案卷四五百卷，拍摄资料数千张，收集县委1978年至1999年的工作文件、报告、汇报等资料。

加大革命遗址开发保护工作。上年，县史志办、县史志联络组提请县委常委会研究同意启动建设罗亦农故居遗址标识建设工作。年内，县史志联络组、县史志办多次召集易俗河镇政府和青狮村村支两委负责人召开罗亦农故居遗址标识建设协调会，并达成一致意见。6月29日，县委、县人民政府在易俗河镇青狮村举行罗亦农故居遗址标识落成庆典。三五九旅南下司令部（位于花石镇盐埠村黄家祠堂）革命遗址标识建设进入标识设计、建设阶段，次年完成标识建设。革命遗址开发保护，发挥党史革命人物的宣传教育功能，促进县内红色旅游资源的开发和利用。

围绕纪念抗战胜利70周年开展以“铭记历史、奋勇前行”为主题的系列活动，重点组织好“三个一”活动（即编撰一本反映全县抗战历史的书籍《甲申风云——湘潭抗战纪事》、编撰一本《甲申风云——纪念抗战胜利70周年诗文书画集》、组织联络组所有成员开展一次党史宣传活动）。

组织史志联络组成员围绕纪念抗战胜利70周年及县治移址20周年两大主题撰写纪念性和回忆性文章，深入挖掘和整理历史资料。已向上投稿10篇。其中，郭奇志撰写的《罗亦农和恩师郭月卿》在湖南省委党史研究室《湘潮》刊物第1期刊载；鄢光润撰写的《彭德怀与湘潭》在省地方志编纂委员会《文献与人物》刊物第8期刊载；谭述其、谭静江等6名同志的稿件被市委党史研究室和市联络组编研的《回忆与研究》采用。

组织史志联络组开展红色文化学习考察活动。4月，组织联络组成员参观湖南省党史陈列纪念馆。11月，在胡耀邦同志诞辰100周年之际，组织联络组成员参观胡耀邦同志故居、浏阳秋收起义文家市会师纪念馆、平江县平江起义纪念馆。

编纂出版纪念湘潭县史志联络组成立25年一书《足迹》。联络组成员郭奇志、谭静江等参与编写、资料搜集等工作，联络组多数成员参与审稿，校稿，提出修改意见及建议。该书文稿图片100余张，文字10万余字。12月，印制出版发行300本。《足迹》主要是反映湘潭县史志工作32年的历史及史志联络组25周年的历程。

高标准高质量完成湘潭县志续修工作。《湘潭县志（1988—2006）》编修工作历经11载，2014年底方志出版社完成出版审查。年内，组织编修人员按照方志出版社的审稿意见，对志稿进行最后一轮修改打磨，完成定稿。8月，按照政府采购要求，公开招标确定印刷单位进行印刷，年底正式出版，全面完成二轮修志任务。续修县志由概述、大事记、人物、附录和22个专篇组成，总计139.2万字。收录传记人物62人，社会知名人士598人。刊登彩色图片120张，黑白插图33张。《湘潭县志（1988—2006）》的编纂质量得到省、市志办和方志出版社的肯定，被评价为“一部优秀的综合性志书”。

高起点严要求铺开乡镇简志编纂工作。为落实全省第七次地方志工作会议精神，按照省志委和市史志办的统一部署，全面启动乡镇简志的编纂工作。县政府成立领导机构和工作机构，印发编纂方案，组建业务指导队伍，落实组稿编写人员，召开动员会议，组织业务培训，构建乡镇简志编修“县主持，乡（镇）承撰，史志部门把关”的良好工作格局。通过精心组稿、悉心指导、严加把关，简志编修工作整体推进较快。8月完成初稿，12月完成县级评审。市史志办认为湘潭县乡镇简志稿件质量较高，在五个县市区中名列前茅。

年鉴工作有新突破。年鉴篇目进一步完善。通过学习借鉴全国年鉴编校特等奖《临安年鉴》《栖霞年鉴》等先进的编纂经验，大幅度调整《湘潭县年鉴》的框架结构，将原来的“政治”篇拆分为“中共湘潭县委员会”“湘潭县人大常委会”“湘潭县人民政府”“政协湘潭县委员会”4篇，“人物”与“光荣榜”篇章合并为“人物·荣誉录”，增设检索工具“索引”篇，将原来28个类目调整为30个类目，增加英文目录，确保年鉴框架结构更科学合理。图片专辑进一步改革。推出“湘潭县荣誉”“数字湘潭县”“领导视察”“重大活动”“经济建设”“民生保障”“生态建设”等栏目，集中反映县委、县政府为建设“现代壮县 幸福莲乡”在经济建设、民生保障、生态建设等方面创造性开展工作所取得的辉煌成绩，全部为公共版，突出官书特点，提升年鉴品位。年鉴编撰质量进一步提高。4月9日，组织召开全县地方志工作会议，开展年鉴撰写业务培训。利用年鉴工作QQ群，上传《地方志工作条例》《地方综合年鉴编纂出版规定（试行）》《年鉴行文规范》《年鉴条目的撰写》《日常写作与年鉴稿件中常见的错别字》及乡镇和县直机关年鉴稿件规范性文本，指导承编单位年鉴撰写。对年鉴组稿工作任务重的单位上门指导，从资料的收集、条目的拟定到行文的规范，逐一进行指导，全面提高年鉴质量。年鉴出版实现质的跨越，实现从“内部资料”到“公开出版物”身份的提升，让湘潭县年鉴走向更宽广的社会领域，成为宣传和推介湘潭县、为社会大众服务的桥梁和纽带，较好地发挥年鉴“存史鉴今、资政育人”的作用。

认真落实省市志办的工作部署，完成《湘潭市志》《株洲市志》1000万字的评审任务。

2015年，湘潭县史志办被湖南省委党史研究室评为“以史铸魂”先进集体。

【罗亦农故居遗址标识落成庆典】

6月29日，县委、县人民政府在易俗河镇青狮村举行罗亦农故居遗址标识落成庆典。市委副秘书长、市史志办主任易小兰，县委副书记、县长傅国平，县委副书记周艳希，县委常委、县委办主任谭何龙，县政协原主席、县史志联络组组长李罗莹，县委原副书记、调研员、县史志联络组副组长贺顺恒及市史志办、湘乡、岳塘、雨湖、韶山等县市区史志办相关负责人等应邀参加活动。参加活动的还有县史志办、县旅游局、易俗河镇等相关单位负责人和易俗河镇青狮村村支两委成员、全村党员及罗亦农同志的后裔亲属。庆典仪式上，县委副书记、县长傅国平致辞并讲话。他说，县委、县政府决定在罗亦农故居建设一座罗亦农故居遗址标识，就是用这种特殊的方式，纪念罗亦农同志等老一辈无产阶级革命家的丰功伟绩，发挥党史革命历史人物的宣传教育功能，促进县内红色旅游资源的开发和利用。傅国平指出，罗亦农同志的丰功伟绩，永垂青史，永远是家乡人民心中一座不朽的丰碑；罗亦农同志的崇高精神，薪火相传，永远是激励家乡人民开拓进取的宝贵财富。全县人民要以罗亦农故居遗址标识落成为契机，继承和弘扬革命先辈的优良传统和奉献精神，开拓创新，奋发有为，为加快湘潭县经济社会又好又快发展而不懈奋斗，努力把罗亦农的家乡建设得更加美好。市委副秘书长、市史志办主任易小兰指出，湘潭县委、县政府建设落成罗亦农故居遗址标识，用这种特殊的方式，纪念和缅怀罗亦农同志光辉而伟大的一生，这既是湘潭党史乃至湖南党史工作中的一件大事，对于发挥党史人物的宣传教育作用，推进党史研究成果转化，探索生动有效的育人方式方法，有着重要的意义和影响；也是湘潭发展红色旅游一件喜事，对于充分发掘湘潭红色人文资源，全面推介湘潭，打造全国红色文化旅游基地，有着十分积极的推动作用。易小兰希望广大史志工作者以此为契机，以高度的政治责任感和历史使命感来履行好党史资政育人的神圣职责，为全市党员干部群众学好党史这门必修课，提供最好的教科书、营养剂、清醒剂，更多注重研究成果的转化，更好地以党的伟大成就激励人、以党的优良传统教育人、以党的成功经验启迪人、以党的历史教训警示人，激发正能量，激励各行各业争做改革发展的排头兵。

【《湘潭县年鉴（2015）》公开出版发行】　2015年11月，《湘潭县年鉴（2015）》由方志出版社公开出版发行。该书设图片专辑、特载、大事记、综述、中共湘潭县委员会、湘潭县人大常委会、湘潭县人民政府、政协湘潭县委员会、民主党派·工商联、群众团体、法治，国防建设、经济管理、建设·环保、重点工程·园区建设、农业、工业、交通·邮政·通信、贸易·旅游、财政·税务、金融·保险、教育·科技、文化·体育·传媒、卫生·医疗、社会民生、乡镇、人物·荣誉录、统计资料、附录、索引30个类目，全书718千字，图片专辑设“湘潭县荣誉”“数字湘潭县”“领导视察”“重大活动”“经济建设”“民生保障”“生态建设”等栏目，共40个彩页，全部为公共版。该书全面、系统、真实地记载2014年湘潭县自然、政治、经济、文化、社会和生态文明建设等方面的基本情况，为全县各级部门决策提供依据，为社会各界了解和研究湘潭县提供基本信息资料。　（杨红艳）

对台工作

【概况】　2015年，借助县委统战部创建“同心社区”活动平台，在县城各社区设立涉台知识宣传专栏，推动“涉台知识进社区”活动。2015年端午佳节之际，走访慰问刘肇礼、马玉昭、向媛芝等重点台属，做好走访探望工作。7月4日，做好县籍重点人士回乡祭祖接待工作，并向到湘潭县旅游观光、考察的台胞、台商推介湘潭县资源、招商引资项目和优惠政策等信息，服务县域经济社会发展。上半年，接待台湾诚富集团总裁胡子将一行到天易示范区进行项目投资考察。推动涉台工作重点乡镇新农村建设工作，做好潭口示范片建设工作，争取电力部门的支持，落实示范片内3个村的农电网升级工程。争取林业部门的支持，落实12.1千米环形道路绿化项目，到位资金40余万元。争取市水务局支持，落实水利建设资金50万元。争取县能源局支持，在双阳村路段安装50盏太阳能路灯。　（李　佳）

老干部工作

【概况】　2015年，湘潭县委老干部局管理和服务的离休干部和享受副县级三项待遇以上的退休干部251人，离休干部无固定收入遗孀配偶112人。离退休干部中，年龄最大的96岁，最小的64岁，分布在全县17个乡镇和72个机关、企事业单位。

全年围绕“为党的事业增添正能量”主题活动，完成体检、征文、访谈、参观、走访、展览、培训、提质改造等“十件实事”，组织开展钓鱼、棋牌、麻将、门球等一系列老干部活动。组织老干部集中学习11次，重点突出对全国、全省离退休干部“双先”表彰大会精神的学习贯彻和宣传。制定《老干部服务指南》。5月19日至27日，在湘潭县中医医院和老县城人民医院组织全县离退休干部进行一次健康检查。10月16日，组织全县离休干部和副县级以上退休干部参观梅林桥美丽乡村示范片，县领导周贤、周俊文、赵新良等领导参加活动。对老干部活动中心院内原有道路、排水沟、车库等进行提质改造，新建1个塑胶气排球场和6个生态停车场。9月16日，湘潭县老干部工作业务培训班暨湘潭市全省离退休干部先进集体和先进个人事迹巡回报告会首场在县委党校举行。年内，编印《为霞满天——湘潭县老干部工作资料汇编（2013—2014）》一书。4月，湘潭县委老干部工作局被授予湘潭市“二〇一四届文明标兵单位”称号。

【老干部座谈会】　2月12日，县委、县政府在天易示范区组织召开老干部代表迎春座谈会。会前，县委副书记周艳希陪同老干部们参观天易示范区重点项目建设发展情况。座谈会上，县长傅国平通报2014年全县经济社会发展情况和2015年的工作思路与目标，县委书记谢振华讲话。县四套班子主要领导、县老干部工作领导小组正副组长及县委办、县政府办、县委组织部、县财政局、县人社局、县卫计局、县老干局等老干部工作领导小组成员单位负责人参加会议。10月27日，县政府召开白石广场及人防工程提质改造项目汇报会，向离退休老干部们汇报项目的有关情况，县委副书记、县长傅国平与老干部们座谈并听取意见和建议。

【老干部生活待遇】　巩固和完善离休干部“三个机制”，离休干部离休费按时足额发放，医药费按规定实报实销。离休干部健康休养费、无固定收入配偶（遗孀）生活补助费、电话补助费、交通费按时发放不拖欠。全年，发放离退休干部各项费用共计212.3万元。根据湘老干〔2015〕22号文件精神，第一、二次国内革命战争时期参加革命工作的离休干部的遗孀生活补助费由每人每月700元提高到每人每月1100元，配偶由每人每月400元提高到每人每月730元；抗日战争时期参加革命工作的离休干部的遗孀生活补助费由每人每月600元提高到每人每月1000元，配偶由每人每月370元提高到每人每月，680元；解放战争时期参加革命工作的离休干部的遗孀生活补助费由每人每月580元提高到每人每月900元，配偶由每人每月350元提高到每人每月630元。

【“关爱老干部、情暖夕阳红”主题活动】 年内，开展以“送温暖、送清凉、送服务、送祝福、送帮扶”为主要内容的“关爱老干部、情暖夕阳红”主题活动，冬送温暖，夏送清凉，节日送祝福，困难送扶助，全年走访慰问老干部400多人次。集中走访慰问主要有四次：一是元旦、春节期间，县委、政府主要领导登门拜访老干部代表；二是夏送清凉活动，为老干部送去防暑降温物品；三是抗日战争胜利70周年纪念日前夕，县委常委、组织部部长、统战部部长周贤与局负责人走访慰问湘潭县抗战时期参加革命工作的离休干部；四是重阳节期间，对全县离退休干部发放重阳节慰问金。

【“我心向党”党建主题活动】 6月至10月底，在全县离退休干部党组织和党员中开展“我心向党”党建主题活动。县委办老干党支部开展的《念好四字经，唱响夕阳红》、河口镇老干党支部开展的《党的知识竞赛》荣获全市“离退休干部优秀党建主题活动”荣誉称号；县纪委朱放良、石潭镇张先辉荣获全市“离退休干部优秀党务工作者”荣誉称号。

【湘潭县“县治移址二十周年·我与新莲乡”访谈、征文活动】 为纪念县治移址二十周年，从5月开始，在全县离退休干部中组织开展“县治移址二十周年·我与新莲乡”主题征文活动。征文活动共收到稿件71篇,陈长工的《我骑单车逛县城》、郭奇志的《璀灿明珠耀三湘》等20篇作品分别获一、二、三等奖和优秀奖。七月中下旬，联合县网站、县报在离退休干部代表中开展“我与新莲乡”访谈活动，通过13位老干部代表的亲身回顾，从不同层面、不同角度、不同战线重温新城建设艰辛的奋斗历程以及20年来湘潭县经济社会发生的巨大变化，人民生活各方面的不断改善提高，访谈后撰写的文章在县网、县报以专栏形式刊登。

【湘潭县“最美夕阳红”老干部主题摄影图片展】 10月20日，由县委组织部、县委老干部局主办，县文化馆、县摄影家协会协办的湘潭县“最美夕阳红”老干部主题摄影图片展，在县政府旁的宣传长廊展出。县委常委、组织部长、统战部长周贤出席图片展开展仪式。展览设“亲切关怀”“重大活动”“日常服务”“红霞风采”和“获奖作品”五个篇章，共200余幅图片参加展出。

【涉老组织工作】 年内，老年大学共开办两期，招收学员500余名，开设诗词班、舞蹈班、戏曲班、声乐班、柔力球班、二胡班共6个主题班。组队参加全市离退休干部“筑梦2015·展示阳光心态”主题系列活动中的门球、柔力球和太极拳比赛并获奖。母亲节期间，老年大学声乐二队学员分别赴易俗河镇敬老院和白石广场进行文艺演出。县中老年保健协会编印《养生保健诗联集》等养生保健资料，开展“健康教育进农村，为老年人服务促健康”的试点工作，在县电视台、县网、手机报等媒体开设健康教育专栏，举办工间操、门球等健身比赛，开展养生保健知识讲座等活动。县门球协会举办9次大的赛事，共387场次1580人次参加。

（彭双飞）

关心下一代工作

【概况】 2015年，县关工委增加成员单位4个。年内，召开主任、顾问会议3次，联席会议6次，县领导参加关工委重要会议、重大活动10次。重新聘请46名“五老”为网吧监督员。在全县各小学开展“红领巾相约中国梦，核心价值观记心中”活动，组织全县中小学校进行“核心价值观在我心，我是文明湘潭人”演讲比赛。联合县文明办、县教育局、县妇联，在全县开展首届“美德少年”评选表彰活动，评选出友善助人、自强自立、孝老爱亲、诚信明理四个类型的“美德少年”30名。6月24日在县政府五楼会议举行表彰会议，县一中的彭浩铭等30名学生被授予湘潭县首届“美德少年”荣誉称号。县江声实验学校王心妍、县一中欧阳祖彬等5名学生被分别授予全市首届“美德少年”和“美德少年”提名奖荣誉称号。秋季开学期间，组织6名市县“美德少年”在全县24所学校开学典礼上进行巡回演讲。9月14日，启动全县青少年法制宣传周活动，通过“观看一场法制电影、举办一次法制讲座、开展一次社会实践活动”，加强青少年法治宣传教育。9月上旬，开展以“铭记历史，珍爱和平”为主题的湘潭县纪念中国人民抗日战争暨世界反法西斯战争胜利70周年主题巡讲活动，组织巡讲团分赴全县20多所中小学开展巡讲。建立留守儿童数据库，云龙中学的“知心屋”成为全县首个农村留守儿童心理健康辅导中心，并配备1名专职教师。各乡镇关工委共调整“五老”结对帮扶对子1255对。年内，县关工委募集资金近70万元，发放助学金30.5万元，扶助各类贫困学生335人次。4月22日，在全县举办一期乡镇“五老”副主任、网吧监督组长和关工委工作专干参加的业务培训班，市关工委主任、市委原副书记劳动就关心下一代工作业务知识进行辅导讲座，县文体广新局有关负责人对网吧监督相关问题进行辅导，培训人数达39人。

（彭双飞）

档案工作

【概况】 2015年，湘潭县档案局（馆）接待查档3258起，4945人次，查阅档案11053卷次，复印6952页，解决各类问题2577起。档案馆查阅接待窗口被县直机关工委授予“2015年度雷锋号示范窗口”荣誉称号。在推进档案、数据、信息“三位一体”的资源建设中，拍摄视频档案数据1.06GB；存储备份管理住建局等重点部门业务数据2.36GB；完成民生档案全文扫描和录入文件级目录数据14.4GB，县档案局（馆）数据量达6.78TB。在县报、县手机报开设“莲乡档案”专栏，宣传档案史料和国家档案局、民政部令第11号《城市、社区档案管理办法》等档案法律法规，进一步增强领导的责任意识和全民的档案意识。及时更新湘潭县档案信息网站内容，优化网站栏目，不断加强和完善档案信息平台建设。编辑《档案园地》6期，上报并被各级采用的档案工作信息86篇，其中被中国档案报（网）采用8篇，省级媒体采用12篇，市级媒体采用10篇，县级56篇。县档案局连续10年被评为全省档案宣传工作先进单位。党组书记、局长张灼峰被省人力资源社会保障厅、省档案局授予“湖南省档案工作先进个人”称号。

【档案资源建设】 年内，接收重点工程潭衡高速和长湘高速会计档案540盒，接收破产改制企业原县玻璃厂文书、科技、财务等档案2568卷（册）。征集接收光绪湘潭县2盒20册，唐绮德书10本，湘潭黎氏族谱、湘潭抗战纪事等各类档案资料74盒，组织技术人员全部做好消毒、鉴定、整理、编目入库工作。

【档案保护与抢救工作】 县档案馆添置防虫、干燥药剂，配备30个二氧化碳灭火器，安排人员24小时值守档案库房，定时开启空调、除湿机，每天记录库房温湿度，保持库房的通风、干燥、清洁，认真做好“防火、防盗、防鼠、防虫、防尘、防潮、防强光、防高温、防有害气体”等安全防护工作，确保档案安全。年内，抢救、整理民国湘潭地方法院诉讼重点档案2100卷，完成案卷封面撰写1705卷，打印案卷目录3000条，装订目录6本。

【开展馆藏档案数字化和基层档案备份工作】 在加快馆藏目录数据库和全文数据库平台建设中，2015年完成存储备份管理住建、国土、房产、规划等重点部门业务数据2.36GB，完成全县79个立档单位档案数据备份的数据量达1.35TB。在开展声像档案服务中，拍摄《湘潭县纪念抗战胜利70周年图片展览》等全县重要活动的视频数据1.06GB，录制成品30个。

【指导基层档案工作】 年内，派出机关业务能手400多人次，上门为天易示范区规划建设部、县财政局、易俗河镇等57个单位进行文书档案整理指导，为县国土局档案室整体搬迁提供档案整理和技术支撑，指导县国税局、县工商联等20多个立档单位规范化管理建档，新增1家省一级、7家省二级达标单位。指导湖南傲派自动化有限公司和湖南欣积房产等民营企业建档工作。完成了全县机构合并的龙口乡、梅林桥镇、县粮食局等29个单位档案移交接收工作。

【开展岗位练兵活动】 11月20日，组织全局50岁以下干部职工参加岗位练兵活动。此次活动围绕现行文书、会计档案、照片档案、档案信息化和档案保管技术等主题，人人上台讲解档案业务知识，由评委现场点评，促进干部职工成为技能“俚手”和业务“多面手”，调动干部的学习热情和工作积极性。

【全县《档案法》实施情况检查】 1月，县档案局组织对卫生系统进行档案工作质量检查；10月，组织对县房产局、县人社局、县民政局等6家单位开展档案安全管理专项执法检查；12月，组织对全县19个乡镇及76家县直机关单位进行档案工作绩效考核，对存在问题的单位下达限期整改意见书，并进行定期验收。

【省档案局到湘潭县开展档案执法检查】 8月17日，省档案局党组成员、副厅级纪检员吴杰率省档案执法检查组一行，在市档案局阳荣初的陪同下，到湘潭县进行档案行政执法检查，并察看湘潭县国家综合档案馆建设进展情况，要求档案工作人员牢记职责使命，增强法治思维，改进指导服务，不断夯实基层单位档案工作基础，以档案馆建设为契机，提升档案服务发展、服务民生功能，充分发挥档案在文化强县建设中的独特作用。

【举办档案学术交流会】 4月14—15日，县档案局、县档案学会举办全县档案学术交流。来自全县机关、乡镇、县属中学、县属医院、社区、民营企业的94名档案员（会员）参加此次研讨会，针对档案工作形势、声像档案、档案数据管理和信息化建设、各门类档案归档整理以及编研工作、档案工作规范化管理进行交流和研讨。

【开展国际档案日宣传活动】 6月9日，县档案局在县过渡档案馆前坪举办以“档案与你相伴”为主题的我国第三个“国际档案日”宣传活动，活动信息在县网、县报和湖南红网新闻频道进行报道。活动现场有档案法律、法规、政策宣传，有馆藏声像档案播放，有档案业务咨询等多项宣传服务。

【湘潭县国家综合档案馆新馆封顶】 湘潭县国家综合档案馆新馆，占地面积5420平方米，规划建筑面积1.38万平方米，层高11层。2014年11月4日动工，2015年6月16日封顶。到2015年底完成投资3550万元，其中主体投入3050万元，弱电系统工程、暖通工程、电梯等设备设施投入500万元，顺利进入二次装修阶段。

【举办湘潭抗战档案史料图片展览】 为纪念中国人民抗日战争暨世界反法西斯战争胜利70周年，湘潭县档案局（馆）从9月17日开始，举办湘潭抗战档案史料图片展并在全县巡展，再现湘潭人民浴血抗战的历史。展览按湘潭抗战的历史进程分为“抗战先锋，为国捐躯”“频遭轰炸，动员支前”“沦陷抗敌，胜利纳降”3个部分。展览素材以湘潭县档案馆馆藏民国档案为主，制作70块展板，分别在湘潭县江声实验中学、县一中等县属中学和同丰步步高广场等15处地点进行免费巡展。全县各级领导、党员干部、群众、学校师生和各界人士3万多次参观展览。湘潭抗战档案史料图片展电子版在湘潭县档案局网上展览，年内点击率达数十万人次。

（谢伦炳）

（责任编校　杨红艳）

湘潭县人大常委会

概 述

【概况】 2015年，县人大常委会按照中共中央转发《中共全国人大常委会党组关于加强县乡人大工作和建设的若干意见》（中发〔2015〕18号）文件要求，坚持党的领导、人民当家做主、依法治国有机统一，围绕全县工作大局，认真履行宪法和法律赋予县级人大常委会的各项职权，圆满完成县十五届人大三次会议和2015年工作要点确定的各项目标任务。

县人大常委会依法行使重大事项决定权，相继就天易示范区管委会融资、授予县级劳动模范称号、县信用联社改制、部分乡镇区划调整改革、县人代会召开等14项具体工作做出决议、决定。

县人大常委会挑选《中华人民共和国食品安全法》《中华人民共和国森林法》和《中华人民共和国禁毒法》三部法律作为执法检查选题。通过开展《中华人民共和国食品安全法》执法检查，督促县人民政府积极整改，通过印发资料、举办培训班等方式，提高职能部门和人民群众对新修订的《中华人民共和国食品安全法》的知晓度；切实加强对农村和学校饮用水、校园食品等重点领域食品安全监管；设立食品安全投诉举报电话，明确部门职责，集中查处一批食品安全问题。通过开展《中华人民共和国森林法》执法检查，督促和支持县人民政府加大林业法律法规的宣传力度，巩固造林绿化亮点，落实林业政策，查处一批涉林违法犯罪案件。通过开展《中华人民共和国禁毒法》执法检查，督促和支持县人民政府开展禁毒专项督查，组织形式多样的禁毒法制宣传教育，集中整治歌舞厅、茶楼、宾馆等容易涉毒的场所，加强涉毒案件的侦破，坚决遏制毒品犯罪蔓延势头。

县人大常委会以农村可再生能源开发利用、社区矫正工作、农村卫生院（室）建设、花石重点镇建设、乡镇工业园建设、职业教育发展、县城居民健身场所建设和管理工作为主题，组织人大常委会组成人员和部分人大代表进行专题视察，提出工作建议。在视察过程中，人大常委会认为职业教育必须得到更好的发展，提出落实有关工作经费、天易示范区管委会要积极支持县职业技术学校解决发展实际问题、尽快解决原县二职校区闲置资产三条建议。县人民政府分管副县长向人大常委会主任会议报告建议落实情况。

县十五届人大三次会议及闭会期间，共收到代表建议351件。人大常委会及时将代表的建议分类造册登记，转交“一府两院”办理，并对承办单位办理代表建议情况组织多轮督办。通过建立“常委会领导带队、各委室分工督办、代表积极参与、全社会共同关注”的代表建议“大督办”机制，有效提升建议解决率和代表满意率。人大常委会继续实施重点建议、重点承办单位重点督办制度，从众多建议中挑选出6件作为年度重点建议，开展重点督办，解决部分社会关注度高的现实问题。在督办287号加强对“土律师”管理的建议中，督促县司法局从认真核实情况、加大宣传力度、加强日常监管、强化职业道德教育等方面入手，规范法律工作者队伍管理，同时加强与县人民法院的沟通合作，依法查处未取得法律执业证书和执业律师资格的代理人从事诉讼代理等现象，规范全县法律服务市场。

县人大常委会坚持党管干部原则和依法任免相统一，确保党组织推荐的人选通过法定程序成为国家政权机关的公务人员。全年共任免地方国家机关工作人员73人次，其中决定任免县政府组成人员13人次，任免法院、检察院工作人员60人次。

重要会议

【县十五届人大三次会议】 2月9日至11日在易俗河召开。此次会议共召开三次全体会议、三次主席团会议。2月9日上午，大会在县委党校大礼堂举行第一次全体会议暨开幕式，2月11日上午，大会举行第三次全体会议暨闭幕式。会议应到代表303名，因事、因病请假10名，实到代表293名。会议听取和审查县人大常委会和“一府两院”工作报告，书面审查计划、财政报告。会议以举手表决的方式通过《关于政府工作报告的决议》《关于湘潭县2014年国民经济和社会发展计划执行情况与2015年计划的决议》《关于湘潭县2014年财政预算执行情况和2015年财政预算安排的决议》《关于县人大常委会工作报告的决议》《关于县人民法院工作报告的决议》《关于县人民检察院工作报告的决议》。会议共收到代表建议351件。

【县十五届人大常委会第十六次会议】 1月26日召开。会议表决通过《湘潭县人大常委会2015年工作要点》；表决通过《湘潭县人大常委会工作报告》，推定县人大常委会主任黄忠德为报告人；逐一通过县十五届人大三次会议工作日程等具体事项（草案）。会议表决通过县人大常委会代表资格审查委员会关于县十五届人大二次会议以来代表异动情况的审查报告。

【县十五届人大常委会第十七次会议】 4月28—29日召开。会议听取和审议县人民政府关于贯彻实施《中华人民共和国森林法》和《中华人民共和国食品安全法》情况的报告；听取和审议县人民政府关于全县招商引资工作情况的报告；表决通过县人民政府关于办理潭常函〔2014〕5号（医患纠纷调处）、6号（农村环境综合整治）和县人民检察院关于办理潭常函〔2014〕7号（法律监督）审议意见交办函情况的报告；决定授予邓梁等10名同志县第四届劳动模范（先进工作者）荣誉称号；决定批准2015年部门预算及政府性基金预算、国有资本经营预算、社会保险基金预算；依法依程序决定人事任免。

【县十五届人大常委会第十八次会议】 6月30日召开。会议听取和审议县人民政府关于2014年预算执行及其他财政收支的审计工作报告，听取和审议县人民政府关于2014年县级财政决算草案的报告，批准2014年县级财政决算；听取和审议县人民法院关于涉众型经济案件审理工作情况的报告；听取14位市人大代表述职，并进行履职情况投票测评；依法依程序决定县人民法院有关工作人员人事任免。

【县十五届人大常委会第十九次会议】 8月25—26日召开。会议听取和审议“一府两院”在县十五届人大三次会议上所作工作报告上半年执行情况的报告；听取和审议县人民政府2015年上半年财政预算执行情况的报告；听取和审议县人民政府关于《中华人民共和国禁毒法》贯彻实施情况的报告；表决通过县人民政府关于潭常函〔2015〕1号（服务企业发展）审议意见交办函办理工作报告；依法依程序做好个别市人大代表辞职与补选工作。

【县十五届人大常委会第二十次会议】 10月27日至28日召开。会议听取和审议县人民政府关于县城物业管理、湘莲产业化发展及农村公路建设与养护情况的报告；听取县人民政府关于2015年预算调整草案和上级转移支付资金安排情况的报告，做出批准2015年预算调整和上级转移支付资金安排的决议；票决通过县人民法院关于办理涉众型经济案件审理审议意见交办函情况的报告；听取县人民政府关于依法行政工作情况的报告；听取12名市人大代表的述职，依法依程序任命23位人民陪审员。

【县十五届人大常委会第二十一次会议】 11月13日召开。会议做出关于同意湘潭县乡镇区划调整改革工作方案和关于同意县人民政府对县信用联社改制组建农村商业银行给予优惠政策的决议。

【县十五届人大常委会第二十二次会议】 12月24日至25日召开。会议票决通过县人民政府关于办理潭常函〔2015〕2号（《食品安全法》贯彻实施）、3号（《森林法》贯彻实施）、4号（招商引资工作）、6号（《禁毒法》贯彻实施）审议意见交办函情况的报告；听取和审议县人民政府及县直有关部门关于2014年“同级审”指出问题整改工作情况的报告；会议决定2016年2月24日至27日在易俗河召开县十五届人大四次会议，除按惯例审查和批准县人民政府等六个工作报告外，会议还将审查和批准全县国民经济和社会发展第十三个五年规划纲要；听取和审议县人民政府关于办理县十五届人大三次会议以来代表建议批评意见情况的报告；听取县人民政府关于合格学校建设、《中华人民共和国城乡规划法》贯彻实施、水利建设情况的报告；书面听取“环保世纪行”“三湘农产品质量安全行”“三湘农民健康行”“司法公正行”年度工作报告及县人大常委会组成人员年度“三联”工作情况的报告；依法依程序决定人事任免。

（唐定伟）

（责任编校　杨红艳）

湘潭县人民政府

概　述

【概况】 2015年，全县完成地区生产总值329.8亿元，比上年增长10.7%；完成财政总收入24.4亿元，增长9.1%；完成固定资产投资200.4亿元，增长20.5%；完成社会消费品零售总额74.8亿元，增长12.7%；完成规模工业增加值136.6亿元，增长11.5%；城乡居民人均可支配收入分别达2.77万元、1.45万元，增长8.0%、9.0%。

“一区多园”蓄势发力。天易示范区完成技工贸收入606.4亿元，规模工业总产值338亿元，固定资产投资150.2亿元，财税总收入15.5亿元。宏信创新创业园一期、新向维等50余个项目建成投入使用，先进装备制造、食品医药、新材料三大产业规模工业产值占园区规模工业总产值的比重在93%以上。芙蓉大道、黄莺路等主干道建成通车，园区发展框架全面铺开。杨河、青山、茶恩3个乡镇工业园规模工业总产值分别达到28.8亿元、11.9亿元、8.1亿元。茶恩寺竹木工业园获省林业厅批准为湖南省现代农业特色产业园，青山皮鞋工业园争创省级工业集中区。“一区引领、多园支撑”的工业发展模式成为全市示范。农产品精深加工物流园初具规模，建成全省唯一县级省特色产品（湘莲）质量检测检验中心，培育湘莲、水稻、油茶、楠竹特色基地86667公顷，新增农副产品精深加工企业10家，实施农副产品加工业项目50个，全县农副产品加工业总产值突破200亿元大关。

项目建设成效显著。碧桂园、珠江啤酒等一批重大产业项目顺利竣工；涓水二桥及其连接线、千吨级码头等一批重大基础设施项目投入使用；天易金霞小学、城投制水、滨江风光带一期等一批重大民生项目全面完成。潭衡高速晓南互通工程正式开工；酒泉至湖南±800千伏特高压直流输电工程等重大跨境项目加快推进。

城乡面貌有效改善。县城东西南北四个出口全面拓展。县城建成区面积由12平方千米扩大到20平方千米；提质改造玉兰路、海棠路、银杏路、大鹏路等城市干道及14条背街小巷；县城污水处理厂提质改造工程顺利竣工。花石、石潭跻身国家级重点镇行列，易俗河被评为全国宜居小镇；乌石、白石成为省级特色镇；杨嘉桥、云湖桥、石鼓等小城镇建设稳步推进，谭家山矿区综合治理初见成效。落实“十大环保工程”，实施湘江干流规模畜禽养殖退养工作，扎实推进农村环境综合整治，全面完成省、市减排任务。县内森林覆盖率稳定在45%以上，城镇化率由26.5%提高到38.8%。

社会事业全面进步。省、市、县30项民生实事工程圆满完成。建立统一的城乡居民养老保险制度，逐年增加企业离退休人员工资和失业保险金，逐年提高城乡低保、农村五保保障标准。建设义务教育合格学校40所和乡镇公办中心幼儿园3所，高考成绩连续17年蝉联全市第一；新农合参合率稳定在97.5%以上，中医院住院综合大楼投入使用，乡镇、村医疗卫生条件全面改善；深入开展“欢乐潇湘·幸福湘潭·莲乡大舞台”大型群众文艺活动，全面推进易俗河10个社区文体广场和谭家山、锦石、排头等10个乡镇文体广场建设，有序推动分水、白石、龙口“村村响”试点工程，云湖桥被评为“中华诗词之乡”，顺利完成电视剧《彭德怀元帅》的拍摄；人口计生工作连续三年保持“国优、省模”地位。

各项改革全面深化。将原19个乡镇合并调整为17个，644个建制村合并调整为549个；全面实施“先照后证”工商登记前置审批、“三证合一”“一照一码”登记制度。深入开展公立医院改革，全面实行基本药物制度。全面实施国库集中收付制度，推行全口径预算、财政资金绩效评价制度，积极推进PPP项目建设模式，加强审计监督，核减各项建设资金5.6亿元，进一步规范土地出让金、政府采购、村级财务管理，财政投资效益不断提升。深入推进行政审批改革，全面实施“两集中、两到位”工作机制，288项行政审批实现“一站式”办理，审批时限缩短2/3以上；率先开展委托授权乡镇执法，“扩权强镇”经验在全市推广；启动农村土地确权登记、农业“三项补贴”改革。

作风建设常抓不懈。深入开展党的群众路线教育实践活动和“三严三实”专题教育。着力整治“四风”突出问题，“三公经费”大幅下降，会议文件精简45%，议事协调机构减少55%，腾退办公用房8000余平方米。严格行政问责，行政效能稳步提升。

重要会议

【县政府第十五届五次全体（扩大）会议暨2015年廉政工作会议】3月4日召开，县政府班子成员、县纪委主要负责人、县人大、县政协、县人武部联系政府工作的负责人、天易示范区管委会班子成员、各乡镇乡镇长、县直有关部门负责人、县内各金融机构负责人、县人大财经委、县政协经科委负责人、天易示范区管委会有关部室负责人、县监察局副局长、县政府办联系分管副县长工作的负责人参加，会议安排部署2015年政府重点工作及廉政工作。

【县政府第十五届六次全体（扩大）会议】 7月20日召开，县四大家主要负责人、县委副书记、县政府班子成员、天易示范区管委会班子成员、各乡镇乡镇长、县直和驻县有关单位负责人、县人大财经委、县政协经科委负责人、天易示范区管委会各部部长、县内各金融机构负责人、县政府办全体班子成员参加。会议通报2015年上半年政府工作开展情况及重点工作落实情况，部署下半年工作。

【县政府2015年第一次常务会议】1月8日，由县长傅国平主持召开。会议审议《政府工作报告》《湘潭县2014年国民经济和社会发展计划执行情况与2015年计划》；听取关于中国供销城开发项目的情况汇报。

【县政府2015年第二次常务会议】1月29日，由县长傅国平主持召开。会议审议《湘潭县2014年预算执行情况与2015年预算编制》《天易示范区节能环保产业基地控制性详细规划》；听取湘潭县县城垃圾清运处理工作、交通安全管理综合服务中心项目建设、高明矿业征收补偿工作以及召开全县科技奖励暨科技创新大会的情况汇报；听取县妇幼保健院“8·10”事件应对媒体不力造成负面影响责任追究的情况汇报；通报县政府领导班子教育实践活动“回头看”的情况。

【县政府2015年第三次常务会议】3月2日，由县长傅国平主持召开。会议审议2015年《〈政府工作报告〉重点工作任务分解方案》；审议2014年重点工程建设表彰奖励方案、2015年重点工程项目建设计划；审议天易示范区部分行政管理及社会事务移交方案；审议调整和增设部分社区居委会工作方案；听取关于清理规范税收等优惠政策情况的汇报。

【县政府2015年第四次常务会议】3月24日，由县长傅国平主持召开。会议听取关于全县安全生产工作情况的汇报；审议关于申请追认谭曙初为烈士的建议；听取县委农村工作会议筹备及相关工作的情况汇报；审议《湘潭县财政专项资金管理办法》；听取2015年县“两会”所提议案、建议、提案、参政议政发言情况及办理意见的情况汇报；审议湘潭县“十三五”规划编制工作方案及湘潭县城镇土地使用税地段等级税额标准调整方案；审议关于辞退县司法局李曦、辞退梅林桥镇政府胡军的意见。

【县政府2015年第五次常务会议】4月3日，由县长傅国平主持召开。会议审议《湘潭县区域医疗机构设置规划（2015—2018）》《湘潭县公立医院医药价格改革工作方案》《湘潭县县级公立医院综合改革实施方案》《白石广场及其人防工程提质改造项目招商合作协议》；听取关于拟组建湘潭县农村商业银行的情况汇报。

【县政府2015年第六次常务会议】4月24日，由县长傅国平主持召开。会议听取关于2015年一季度全县经济发展情况的汇报；审议《湘潭县深入开展“招商突破年”活动实施方案》、湘潭县“十三五”综合交通运输重点项目规划方案、《湘潭县2014年预算执行情况与2015年预算编制》、第二次全国地名普查工作实施方案；听取湘潭县第四届劳动模范（先进工作者）选树工作的情况汇报、关于友好城市缔结情况的汇报；审议给予阳正伟、蔡友毅、陈志锋等政纪处分的决定。

【县政府2015年第七次常务会议】5月6日，由县长傅国平主持召开。会议审议《湘潭县建设投资有限公司经营管理、法人治理结构以及人事管理暂行办法》；听取关于解决湘潭县法院审判法庭建设项目用地的情况汇报；审议湘潭县养老服务信息平台建设及有关老龄优待政策提标扩面的方案。

【县政府2015年第八次常务会议】6月17日，由县长傅国平主持召开。会议审议《湘潭县工程公司企业改制、资产处置、职工安置方案》、湘潭县“平安城市”电子防控系统二期建设规划、县档案馆二次装修方案；听取关于同丰置业有限公司自持房产权证办理等相关情况的汇报；审议《湘潭县严格耕地保护耕地占补平衡的意见》《湘潭县人民政府领导班子深入开展“三严三实”专题教育活动方案》。

【县政府2015年第九次常务会议】6月26日，由县长傅国平主持召开。会议审议《湘潭县2014年度县本级财政预算执行和其他财政收支的审计结果报告》《湘潭县行政应诉工作办法》《湘潭县推进城市管理相对集中行政处罚权实施办法》；听取湘潭县本级行政权力清理工作的汇报。

【县政府2015年第十次常务会议】7月21日，由县长傅国平主持召开。会议审议关于天易示范区房地产开发项目缴纳综合报建费的政策、《湘潭天易示范区管委会对规划区内遗留经营性建设用地容积率调整的处理意见》《天易示范区征收集体土地上涉及行政审批不齐建筑的遗留问题处置意见》、关于湖南金宏泰肥业有限公司重组问题的有关建议；审议关于给予陈东阳等政纪处分的决定。

【县政府2015年第十一次常务会议】 8月6日，由县长傅国平主持召开。会议审议《湖南浏阳农村商业银行股份有限公司与湘潭县人民政府设立村镇银行的合作协议》《湘潭县“救急难”试点工作实施方案》；听取湘潭县老屋煤矿自行关闭退出的情况汇报；安排部署县人民政府领导班子落实党风廉政建设“两个责任”工作。

【县政府2015年第十二次常务会议】 9月1日，由县长傅国平主持召开。会议审议《中国农业发展银行湘潭市分行与湘潭县人民政府金融合作协议》《湘潭天易示范区推广政府与社会资本合作（PPP）模式的实施方案（试行）》《县机械化施工公司破产改制、资产处置、职工安置工作方案》《湘潭县招商引资信息收集管理和奖励办法（试行）》；听取湘潭县烈士纪念广场建设有关问题的情况汇报。

【县政府2015年第十三次常务会议】 9月16日，由县长傅国平主持召开。会议审议《湘潭县精准扶贫工作实施方案》《湖南省湘潭县污水处理厂（BOT）（一级A升级改造工程）特许经营权补充协议》《湘潭县2014年度生猪调出大县奖励资金使用实施方案》；听取关于提高农村五保供养、城市“三无人员”和农村低保救助标准的情况汇报；听取湘潭县工商局体制改革期间相关问题的汇报。

【县政府2015年第十四次常务会议】 9月30日，由县长傅国平主持召开。会议审议关于县人民政府为湖南傲派自动化设备有限公司担保股权回购建议方案以及潭衡高速晓南互通建设合作协议。

【县政府2015年第十五次常务会议】 10月14日，由县长傅国平主持召开。会议审议《全县秋冬季农业生产工作方案》《湘潭县农村土地承包经营权确权登记颁证工作方案》《湘潭县加强农村饮水安全工程水质检测实施意见》《全县拆违控违工作方案》《湘潭县财政投资评审管理办法》和《湘潭县政府采购管理暂行办法》。

【县政府2015年第十六次常务会议】 10月29日，由县长傅国平主持召开。会议审议湘潭县乡镇区划调整改革工作方案、《关于进一步促进房地产市场平稳健康发展的意见》《湘潭县土地利用总体规划（2006—2020年）新增建设用地剩余指标调整方案》《湘潭县不动产统一登记实施方案》《关于促进全县开放型经济发展的意见》；听取关于刘洪亮同志申请辞职的情况汇报。

【县政府2015年第十七次常务会议】 11月13日，由县长傅国平主持召开。会议审议《湘潭县乡镇区划调整改革工作方案》《湘潭县农业“三项补贴”改革试点实施方案》；听取全县禁毒工作情况汇报；审议《湘潭县公务员职务与职级并行制度实施方案》《湘潭县机关事业单位养老保险制度改革工作实施方案》《湘潭县关于调整机关事业单位工作人员基本工资标准和增加机关事业单位离退休人员离退休费的实施方案》；听取关于金宏泰肥业有限公司项目重组工作的情况汇报；明确原由县委常委、副县长刘铁强分管的安全生产监督管理工作，调整由县委常委、常务副县长周俊文分管。

【县政府2015年第十八次常务会议】 11月27日，由县长傅国平主持召开。会议听取湘潭县2014年度县域经济发展奖励审计情况的汇报；审议乡镇自谋职业人员相关工作处理意见、《关于加强全县安全生产监管能力建设的实施意见》《湘潭县公共租赁住房和廉租住房并轨运行试行办法》；听取湘潭县白石广场及人防工程提质改造项目修建性详细规划审查情况的汇报；审议《湘潭县国有土地使用权出让收支管理办法》；审议关于给予周广等人政纪处分的决定。

【县政府2015年第十九次常务会议】 12月21日，由县长傅国平主持召开。会议听取关于县政府工作部门、机构改革涉改事业单位和新设群团机构“三定”规定及机构编制调整的情况汇报。

重要调研

【孙金龙到湘潭县调研乡镇行政区划调整改革工作】 11月3日，省委副书记孙金龙由市领导陈三新、严华、陈忠红、杨真平，县领导谢振华、傅国平、周艳希、谭何龙、谭捍卫等陪同，到湘潭县调研乡镇行政区划调整改革工作。孙金龙一行到易俗河镇便民服务中心，观看该镇区划调整规划展板，了解相关工作进展情况。孙金龙说，县一级作为改革实施主体，既要立足当前又着眼长远，加强顶层设计和统筹谋划，统筹协调解决好人事、编制等突出问题，确保乡镇区划调整改革工作的顺利进行。

【郑建新到湘潭县调研财政经济运行情况】 10月28日，省财政厅厅长郑建新一行由市领导胡伟林、谈文胜，县领导谢振华、傅国平、唐正武、周俊文等陪同，到湘潭县调研财政经济运行情况。郑建新一行实地察看县一中艺体馆项目、滨江风光带（雪松路—贵竹路段）、宏信创新产业园等，并在天易示范区管委会会议室听取相关工作的情况汇报。郑建新对湘潭县经济建设取得的进步，财政收入迅速增长的成绩予以肯定。他说，省财政厅将带着感情，全力支持、帮助湘潭县，为县域经济发展营造更为宽松而良好的环境。

实事项目建设

【概况】 2015年，湘潭县人民政府承担省、市为民办实事30项。县政府紧扣建设“现代壮县、幸福莲乡”主题，落实重点民生实事工作作为强力实施“强工壮县、惠农富民”系列重要举措，全县各级各部门精心部署，统筹谋划，扎实工作，30项省市重点民生实事任务全面完成（其中8项超额完成全年目标任务），为县域经济社会保持平稳较快发展夯实基础，让更多百姓共享发展成果，有更多的获得感。

湘潭县政府承担省、市为民办实事30项，及其完成情况（见下表）。

2015年湘潭县落实省、市为民实事情况

表1

序号	实事项目	完成情况
1	新增城镇就业	加大宣传力度和培训规模，做好台账基础工作，积极开发就业岗位，深入开展专场招聘会，新增城镇就业7000人，完成7066人
2	重点扶持创业孵化基地	完成重点扶持创业孵化基地1个(湖南天人合产业发展有限公司)，已入驻企业17家，安置就业人员近1000人
3	完成创业培训	完成创业培训1300人
4	普通公路安保设施建设	普通公路安保设施建设160千米，完成175千米
5	生活垃圾无害化处理率	累计处理生活垃圾75152吨，处理率100%
6	行政村配电网改造	完成6个村的配电网改造
7	农村危房改造	农村危房改造1100户，完工2100户
8	新增公共租赁住房	新增公共租赁住房470套，已开工589套，建成512套，完成全年目标任务的108.93%
9	新增城镇管输天然气用户	新增城镇管输天然气用户2000户，已完成2046户，完成率100.23%
10	污水无害化处理率达到92%以上	污水无害化处理率达到95%.
11	城市棚户区改造	已完成货币安置520套，完成率100%
12	救治救助贫困重性精神病患者	已完成救治救助贫困重性精神病患者190人
13	改扩建精神卫生服务机构	建成一家精神卫生服务机构(谭家山卫生院)
14	建设义务教育合格学校	建成义务教育合格学校25所
15	建设农村公办幼儿园	建成农村公办幼儿园3所
16	建设城乡居民文化活动、体育健身场所	建成城乡居民文化活动、体育健身场所20处
17	解决农村人口饮水安全问题	解决全县农村人口56800人的饮水安全问题
18	城镇公共供水厂水质达到《生活饮用水卫生标准(GB5749-2006)要求	完成1家城镇公共供水厂水质达到《生活饮用水卫生标准(GB5749-2006)要求
19	新增养老服务床位	新增养老服务床位340张
20	资助解决农村特困户建房	资助解决农村特困户建房71户
21	扶助城乡60岁以上失独老人	扶助城乡60岁以上的失独老人255人
22	帮助0~7岁残疾儿童 实施抢救性康复	帮助0~7岁残疾儿童50名实施抢救性康复
23	贫困残疾人家庭无障碍改造	完成贫困残疾人家庭无障碍改造100户
24	继续实施“百村帮扶”工程	继续实施“百村帮扶”工程90个村
25	新增社会治安视频监控摄像头	新增社会治安视频监控摄像头200个
26	扶持县市区蔬菜基地建设	扶持1家蔬菜基地建设，湘潭县杨嘉桥镇三汇蔬菜种植有限公司
27	农贸市场标准化改造	农贸市场标准化改造3个
28	提质改造农村村级组织活动场所	提质改造农村村级组织活动场所31个

说明：表中第12项、第25项与省实事项目重复

县政府办公室工作

【经济研究】 2015年，围绕县政府中心工作、深入园区、乡镇、机关和项目建设一线全面开展经济社会发展调研，为县域经济发展、新型城镇化、文化旅游产业、“一区多园”发展模式、矿区综合整治等工作发挥参谋作用。年内，完成《天易示范区，一区带多园》《关于湘潭县旅游产业发展的调查与思考》等高质量的调研材料4篇。为县委经济工作会、政府全会暨廉政工作会议等重大会议起草大型报告、综合汇报及各类典型材料200余篇，共计100万余字。参与组织编制湘潭县“十三五”规划等重要文件；完成“三严三实”专题教育活动相关材料撰写工作。创新信息工作理念，坚持“贴近中心工作、贴近群众关切、贴近问题需求”原则，认真收集和整理全县经济社会发展情况，及时上报有深度、有价值、有特色的信息，向省市上报信息300余条，信息工作在全市各县市区排名前列。其中，《落后小煤矿关闭退出地区实现转型发展存在“四大压力”》《“梅林美丽乡村”建设成效明显》等100余条信息被省办和市办采用。

【办文办会】 2015年，牵头组织全县性会议6场，较上年精简会议50%；承办政府常务会议19场，参与组织各类专题会议130场。及时做好每次会议的衔接准备、通知发放和会议记录工作，确保会议精神的落实和政令畅通。规范处理公文，全年以县政府、县政府办的名义发出正式文件440余份，收上级机关来文1200余份，收县直各单位和乡镇来文2500余份。签收各级电子公文1000余份，发送电子公文280余份。同时将办理完毕的文件材料及时收集归类，立卷归档，共整理归卷档案71盒1283件。

【政务督查】 2015年，组织参与各类政务督查153次，编发《政务督查》13期，与县委督查室联合发通报5期，开展调研5次,办理市政府督查室督办函3件，县领导批办件12件。

【建议提案办理】 2015年，全县共收到市人大代表建议6件，市政协提案3件；县人大代表建议333件，县人大主任会议建议书2件，县政协提案89件、建议案2件、参政议政发言建议11件、社情民意3件、意见与建议8件，所有交办件已全部办复。其中，所提问题已解决或基本解决的有183件（A类），占43.4%；正在解决或列入计划逐步解决的有211件（B类），占50%；因目前条件限制或政策不许可等原因暂时不能解决的有28件（C类），占6.6%。县级建议提案的见面率100%，满意率达99%以上。

【协调服务】 2015年，排查全县性社会矛盾纠纷隐患24起，接受协调处理有关单位之间的矛盾纠纷75起，接待上访群众300人次，召开各类大小协调会议60余次，矛盾纠纷调处率100%。重点启动湘潭矿业集团公司社会职能分离移交工作，协调解决谭家山沉陷区的涉农赔偿、涉房赔偿、环境保护等矛盾纠纷以及部分煤矿关闭后产生的遗留问题。及时化解石潭镇莲花村在江南工业集团公司火工区100米范围内新建村部大楼，造成安全隐患的问题。

【民族宗教】 2015年，全县依法登记的宗教活动场所51处。与乡镇、村（居委会）签定《宗教事务管理责任书》，健全县乡村三级民族宗教工作网络。指导县基督教“两会”选任新班子成员及乌石基督教聚会点和长岭基督教聚会点选任新场所负责人，督促金霞山龙兴寺退还信众购塔资金，化解敬安大师纪念堂及祈福塔林建设矛盾纠纷，维护县内宗教活动场所的和谐稳定。引导各宗教场所捐资进行扶贫助学、修路修塘共计3万余元。审批少数民族考生资格认证，审核个人民族成分更改手续，保障少数民族考生的权益。走访县城经商的外来少数民族群众，发放“民情联系卡”，关心少数民族群体生产生活状况。

【行政后勤】 2015年，严格执行来访登记、车辆出入登记和24小时轮班制度，加强安全保卫和物业管理，确保政府大院正常办公秩序。认真做好公务接待，全年接待中央、省、市各级领导来县检查指导工作100余次。加强实物采购、公务用车及财务管理，认真审核各项支出，合理调度公务用车，实行定点加油、定点维修和用车登记制度。对县政府大院楼房进行日常维修维护，县政府机关大院顺利通过省级文明卫生单位复查，县政府办成功创建无烟单位。

外事与侨务侨联工作

【概况】 2015年，利用春节、端午、中秋等传统节日走访慰问县内重点侨眷、侨属和困难侨眷及归侨40余户，发放慰问金及礼品3万余元。接待来县访问的外国友人和回乡探亲的华人华侨20批次。百花学校一行13名教师赴菲律宾、泰国、印尼支教，江声中学被省外侨办设立为华文教育培训基地，获得4万元资金支持。引进华侨捐赠40余万元，支持全县教育事业发展。5月，县长傅国平赴美国德州梅斯基特市进行友好城市访问交流，并与该市市长签订《建立友好城市关系意向书》，实现湘潭县缔结友好城市零的突破。11月，湘潭县白石镇侨联小组成立，成为湘潭市第一家农村侨联小组。12月，湘潭县归国华侨联合会正式列入群团机构序列。

应急管理工作

【概况】 2015年，建立健全“横向到边，纵向到底”的应急管理体系，发挥应急指挥协调职能，修订完善专项应急预案29个，全面修订部门和乡镇预案。强化应急值守工作责任，严格落实24小时应急值守管理制度。及时报送应急信息，接收并处置各类突发事件信息500余条。利用青干班、科干班等培训载体开展应急培训60余次，开展各类专题演练60余场。3月至12月，开展公众应急知识动漫片宣传活动。

5月6—26日，开展应急知识集中宣传活动，出动宣传车辆12台，展出宣传展板180余块，悬挂宣传横幅、条幅200余条，发放宣传资料6万余份，举办相关讲座60余场，接受群众现场咨询1万余人次。

(唐　术)

信访工作

【概况】　2015年，湘潭县信访局创新工作思路，健全完善工作机制，压实群众信访工作责任。推行互联网+信访“四通工作法”，规范信访事项受理办理程序，引导群众依法逐级走访，抓信访积案化解和非访治理工作。年内，接待群众来访2217批5439人次，同比批次增加23.30%，人次增加16.24%。其中，集体访224批2608人次，同比批次增加3.70%，人次减少13.44%。阅处群众来信341件，同比减少30.12%。维护县内经济社会发展环境的和谐稳定，提升群众满意度。县信访局被市委、市政府评为2015年度全市群众工作和信访工作责任目标管理考核优胜单位。

【县级领导挂牌接访制度】　落实县级领导挂牌接访制度，县联席办每月初将县级接访值班领导的姓名、职务和接访日期在信访接待中心大厅内予以公示，让信访群众“选”领导，增强领导干部接访的效率。每个工作日，值班接访领导坚持在县级领导接访室接待来访群众，所接待的重要信访事项由县联席办进行专题交办督办。2015年，县级领导坐班接待来访群众1013批4199人次，涉及具体问题613件。

【群众工作日活动】　各级领导干部在群众工作集中日（每月25日、26日、27日）深入乡镇、进村入户走访，处理群众信访问题。全年县财政投入专项工作经费，每村聘请“五老”人员担任群众工作协调员，及时收集反馈和调解各类矛盾纠纷。矛盾纠纷排查化解的触角延伸到村、组、农户，做到矛盾纠纷早发现、早处置、早稳定。2015年，全县机关干部参与走访11万余人次，走访群众69.8万户次，共处理15435起矛盾纠纷，当场化解10422起。

【互联网+信访“四通工作法”】　搭建群众来信、走访、网上信访、电话信访“四位一体”工作平台，通过推行互联网+信访“四通工作法”，方便群众反映诉求，规范群众初信初访受理办理程序，压实责任单位的办理责任，推动群众信访问题在基层得到及时、有效解决。2015年，受理和办理“一箱通”信访事项304件次、“一号通”信访事项3518件次、“一册通”信访事项338件次、“一点通”信访事项918件次，及时回复办结率达100%，满意率达89.5%。《湖南日报》分别于3月24日、9月25日刊载湘潭县创新群众信访工作的相关报道《湘潭县“四通工作法”通了民心》《从传统信访到信访信息化》；《人民信访》期刊10月刊载湘潭县信访“四通工作法”的报道《“四通”则不“痛”》。

【信访积案化解“百日攻坚”行动】　8月至11月，开展信访积案“百日攻坚”行动，25位县级领导对筛选出的26个信访老户、26件信访积案实行领导包案制。县级包案领导对所包案件重新深入调查、厘清案情始末，坚持“三不限、三重新、三找出”原则，坚持“三到位，一处理”，逐一清理甄别，综合运用法制、行政、经济和救助等手段实现停访息诉。到活动结束，化解等3个信访老户，缓解老户20个；26件信访积案已化解9件，缓解15件。

【进京非正常上访的处置】　县成立依法治理非访工作领导小组，由县委常委、政法委书记任组长，公、检、法三长和政法委常务副书记任副组长，综治办、维稳办、信访局、法制办和公检法司相关负责人为成员。设立“轻刑快办”工作协调组和侦查工作组。制定《湘潭县依法治理非访工作“百日行动”实施方案》，明确工作步骤，提出具体要求。县委、县政府主要领导到进京非访较突出的乡镇联系办点。县委书记谢振华到易俗河镇，县委副书记、县长傅国平到梅林桥镇，县委副书记周艳希到云湖桥镇，县委常委、政法委书记唐剑恒到茶恩寺镇。2015年，治安拘留22人次，“轻刑快办”5人次。　(乐泰伯)

政务公开和政务服务工作

【概况】　2015年，县政务服务中心窗口受理行政审批和公共服务事项78299件，按时办结率100%，收缴财政非税收入1.46亿元。该中心获批国家标准化管理委员会办公室第二批管理和公共服务综合标准化试点项目，各项工作顺利推进。

做好政府门户网站的更新维护工作，完成全国第一次政府网站普查工作，各单位网站更新维护顺利通过市、省、国家检查。不定期浏览、检查各单位网站，检查结果作为年终绩效考核依据。全年网站信息更新5523条，重点领域信息公开专栏信息更新445条，政策解读类信息更新10条，领导信箱收件214件，领导信箱办结214件，政务微信更新253条。完善政府信息公开工作制度和依申请公开制度，及时开展政务公开指导、检查和考核工作，全县19个乡镇和48个县直单位的政务公开工作落实到位。完成县“1+3清单”公布实施工作，30家单位权力清单4389项、31家单位责任清单1186项均在省人民政府门户网站、县政府门户网站公示。在县政府门户网站、县政务服务中心网站、县政务服务中心大厅电子显示屏上公开进驻单位所有收费事项的收费依据、收费标准，并逐步公示收费结果。

调整、完善进驻单位和窗口项目。其中，新增县环保局行政审批股、县工商局企业注册登记、企业动产抵押登记、户外广告登记行政许可等事项。完善电子监察系统，制定《湘潭县行政审批电子监察工作管理办法》。通过业务受理实时监控，警示8686例，人工提醒516例，有效防控服务不达标行为。凡进驻中心的收费项目按“窗口出单、非税开票、银行收款、财政统管、收支分离”的原则实行统一收费，以票据管理审批事项，常驻单位一律停发票据，持续推进“三集中，三到位”。

完善《湘潭县政务服务暂行规定》，健全政务服务体系；修订《窗口及窗口工作人员管理办法》《窗口及工作人员绩效考核办法》，强化服务窗口管理。年内，共评选出红旗窗口4个、优秀窗口5个、党员先锋（服务示范）岗26个、优秀个人23个。

构建全县三级便民服务体系。健全以县政务服务中心为龙头、乡镇便民服务中心为基础、村便民服务室为拓展的三级便民服务体系。全县所有乡镇均建立便民服务中心，549个村全部建立便民服务点。

【行政审批制度改革】 2015年，湘潭县按照行政审批制度改革工作要求，全面取消非行政许可项目，承接下放调整部分行政许可项目,最终县本级行政许可项目199项、行政权力转报事项110项。不断优化办理流程，建立由专人负责的专题邮箱、QQ群等渠道，提高工单查收落实率。通过通知取单、督办催办、倒计时通知、与诉求人沟通等环节，不断提高处办效率。及时解决工作难点，对重复投诉件进行专题汇报，由分管领导、常务副县长直接批示，有效遏制敷衍塞责、应付了事的现象。

【"12345"市民服务热线】 2015年，县政务服务中心加强监督信访办件，设立专人专岗，确保"12345"市长热线和"市长信箱"工作顺利开展，定期通报办理情况，并纳入政务公开年终绩效考核内容。年内，承办市长热线262件、市长信箱104件，办结率100%；受理办结县长热线137件，按时办结率100%；各职能部门回复政风行风热线698条；回复民情在线群众提问11条；受理依申请公开16例。落实回访制度，对各类办理事项的办事群众进行每日电话（当面）回访，每月对回访收集到的情况予以总结，有针对性地开展整改工作。通过公开监督投诉电话、设立意见箱、摆放意见簿等形式倾听群众诉求，解决群众困难。 （朱建强）

人事人才工作

【概况】 2015年，坚持人才优先发展战略，为全县经济社会发展提供人才支撑。大力实施"5518"人才引进工程，全年招录公务员47名；公开招聘机关事业单位工作人员203名。其中，教育系统招聘教师100人、卫生系统招聘专业技术人员103人；组织信访局公开选调2名文秘人员和1名接谈人员。

开展"人才素质提升工程"，全年举办复退安置人员专业知识培训、专业技术人员公需科目培训、公务员任职培训等各类培训班7期，培训907人次。

不断完善人才考核评价体系，完成2014年度机关事业单位工作人员年度考核。其中，记三等功160人，嘉奖1067人，评为不称职（不合格）24人，基本称职（基本合格）16人,不定等次12人；办理开除公职2人，辞退2人，辞职1人；印发任免文件6个。

年内，共计发文确认各系列高级专业技术职称人员84人，确认各系列中级专业技术职称人员250人，确认卫生系列初级专业技术职称人员315人。

【工资福利】 年内，按照有关文件调整机关事业单位人员工资标准。6月，按《湖南省机关事业单位离退休人员增加离退休费办法》，对全县机关事业单位2014年9月30日前离退休人员7363人增加离退休费，对机关事业单位在职人员14685人（含2014年10月1日以后退休人员）实行预调。工资标准调整后，机关事业单位人员工资结构进一步优化，基本工资占工资总额比重大幅提高。公务员人均月工资由3077.5元增加到3920.9元，月工资额增加843.4元；其他事业单位人员人均月工资额增加807.4元；中小学教师人均月工资额增加1059.8元。 （刘湘云）

2015年湘潭县事业单位新增专业技术人员情况

表2 单位：人

专业	评定方式	高级	中级	初级
教育	评审	50	131	18
	认定	—	9	215
卫生	考试评审	12	98	142
工程	评审	2	3	25
	认定	—	—	26
农业	评审	—	2	—
	认定	—	—	2
群文	认定	—	—	1
合计		64	243	429

民政工作

【概况】 2015年，县民政局坚持发挥民政在公平建设中的骨干作用和在民生保障中的兜底作用，规范建设救助体系不断健全、救助水平不断提高、救助程序公开透明的“阳光民政”；积极推进乡镇区划调整、社会组织管理等各项工作改革，努力打造社会治理不断创新的“法治民政”；积极维护全县社会稳定，全力建设尽职尽责、勇于担当的“服务民政”；加强资金、人员的安全监管，塑造纪律作风优良、行业生产安全的“廉洁民政”。年内，向上级争取民政资金1.62亿元，制定、完善民生政策文件达60余件，办理各类投诉、救助咨询198件，办理人大代表建议、政协委员提案12件。

是年，县民政局被县爱卫办评为县级无烟单位，被省民政厅评为全省民政宣传信息工作先进单位、全省福彩销售先进县。被民政部、省民政厅定为“救急难”救助工作试点县。

【基层组织政权建设】 2015年，县政府组织调整易俗河镇原赵家洲、富豪阁、吴家巷、牛头岭4社区居委会管辖范围，新设立瓦屋湾、晓木塘、大湖塘、花果山4个社区居委会。调整和新设后，易俗河镇的社区居委会由9个增加至13个。谭家山镇新设立分路口社区居委会。

【优抚工作】 年内，按标准及时足额发放各类抚恤补助资金和优待金8000余万元；完成重点优抚对象信息采集工作；认真做好评残、提残、原工程兵部队退伍军人职业病检查、残疾证换证等工作；健全优抚对象医疗减免、医疗救助和医疗优惠的医疗保障体系。切实加强军休干部管理和服务工作。

【双拥工作】 春节、“八一”期间，广泛开展走访慰问和座谈活动，共计召开座谈会50场次，发放慰问金（物资）45万元。在纪念抗战胜利70周年期间，走访慰问全县32名抗战老兵，发放抗战胜利70周年纪念章32枚，发放一次性生活补助金15万元。

【安置工作】 年内，共接收退伍士兵421人。其中，无工作安置退伍义务兵375人，需要由人民政府安置的退伍军人共46人（转业士官34人，因战致残被评为6级伤残军人1人，立二等功1人，符合安置条件的城镇兵10人），均已安置到位。建立和完善教育、培训制度，引导和组织自主就业的退役士兵365人在退役1年内参加职业教育和技能培训。

【民间组织管理】 年内，新登记注册社会组织31个，采取定点、定片、定时和上门年检相结合的形式对219家社会组织开展年检工作，开展党员领导干部在全县社会团体中担任领导职务的专项整顿治理行动。新成立社会组织党支部10个，加强业务指导。创建圣康医院社会组织党建示范点，发挥党工委在“两新”党组织建设上的带动作用。

【开展烈士公祭活动】 9月30日，县委、县政府在中路铺镇晓霞山的烈士纪念园举办开园仪式以及“缅怀革命先烈、弘扬民族精神”为主题的烈士公祭活动。县领导谢振华、傅国平、周艳希、黄忠德、王惠芳、谭何龙及老战士代表、公安政法干警代表、县直各单位负责人、医卫系统干职工代表、中小学生代表参加烈士公祭活动。上午10时，烈士纪念园开园暨公祭活动开始。全场肃立，高唱《中华人民共和国国歌》。县委副书记、县长傅国平宣读祭文，缅怀为民族独立、人民解放和国家富强、人民幸福而献身的莲乡革命先烈，激励广大莲乡儿女要继承烈士遗志，弘扬先辈优良传统，凝心聚力，加快推进科学发展，为全面建成小康社会而奋勇前行。随后，少先队员合唱《我们是共产主义接班人》。县委书记谢振华，县委副书记、县长傅国平，县人大常委会主任黄忠德，县政协主席王惠芳及县人武部负责人分别向烈士敬献花篮。参加公祭仪式的全体人员向烈士纪念碑行三鞠躬礼。县委书记谢振华宣布湘潭县烈士纪念园正式开园，所有参加活动的人员在工作人员的引导下，瞻仰烈士纪念碑，并向烈士敬献鲜花。在中国革命、建设、改革开放各个历史时期，湘潭县先后涌现出罗学赞、彭公达、林蔚、杨昭植、卢冬生、梁鸿钧、韩联生等一大批革命烈士。据资料整理，全县共有烈士997名。为纪念、缅怀先烈，传承民族精神，县委、县政府决定在湘潭地下党组织的发源地——中路铺镇晓霞山开工修建烈士纪念园。烈士纪念园于2015年6月动工兴建，投资达900万元，占地7900多平方米，可容纳600余人，包括纪念广场、纪念牌坊、烈士纪念名录、浮雕墙等附属设施，可同时容纳600余人开展瞻仰纪念活动，成为全县重要的爱国主义教育基地和国防教育基地。（龚　卓）

（责任编校　杨红艳）

政协湘潭县委员会

概　述

【概况】　2015年，县政协充分发挥人民政协在社会主义协商民主中的重要渠道作用，着力“议大事、谋全局、抓重点、求实效”，注重与县委、县政府工作的衔接和协商沟通，实现“我要协商”与“要我协商”的良性互动，增强协商的密度和力度。围绕年初提出的协商重点事项，开展各项专题协商、对口协商和界别协商。全年开展湘潭县“十三五”规划纲要、新常态下县域工业经济发展与转型升级、规范湘潭县村务管理工作、白石广场提质改造、乡镇区划调整等专题协商7次；开展电子商务平台、合格学校建设和燃气管网建设等对口协商3次；开展加快农业产业化发展、公立医院改革和名人故居保护利用等界别协商3次。

常委会组织专委会和委员对国土管理、农村供电和行政审批改革等工作开展专题考察10次，形成专题考察报告，提出加强对土地整理项目的后续管理、均衡推进农村电网改造、加强行政审批改革顶层设计等意见与建议40余条，推动相关问题的解决，促进部门工作。

专委会牵头组织部分委员围绕电子商务平台、燃气管网建设、名人故居保护和利用等议题开展对口协商和界别协商，提出加强电子商务平台建设、重新修订湘潭县燃气短期发展规划和长期发展规划（2015—2020年）、制定湘潭县名人故居保护和利用规划等意见与建议30余条。县政府及相关部门认真采纳委员意见，投入专项资金打造“淘宝网·特色中国·湘潭县馆”，是省内首家淘宝网县级地方馆；成立湘潭县燃气安全监管领导小组，排查和整改燃气安全隐患；保护和利用名人故居工作被纳入湘潭县“十三五”规划纲要等。

各联工委组围绕经济建设、农业产业发展、民生改善等方面开展专题调研考察52次，撰写调研考察报告38篇。石潭镇联工委就防汛抗旱用电问题、乌石镇联工委就旅游产业发展、河口镇联工委就农村环境卫生整治工作、谭家山镇联工委就乡镇转型发展、教育联工组就职业教育发展、农业联工组就林下经济发展等分别开展调研考察，形成专题报告呈送党委政府和相关部门，提出的意见建议成为党政决策和部门工作的重要参考。

八届三次会议11个参政议政发言共涉及经济、文化、法制、教育、农业等领域，提出意见与建议40余条。县政府召开专题交办会，县政协各委室牵头，加强与各承办单位的协商沟通，均得到县政府及相关部门的重视和采纳，助推《关于稳增长促发展的九条意见》《关于加快湘潭县高新技术产业发展的意见》等政策的出台，有效缓解中小企业融资难、人才引进难、民办教育发展难等现实问题。

八届三次会议以来共收到提案96件，提案办复率100%，满意率98%。继续落实县政协领导领衔督办和县政府领导牵头办理重点提案制度。县政府分管副县长就《关于加强农民专业合作社建设的建议》《整治农村农业生产环境污染的建议》等提案多次召开专题交办会、推进会，相关部门积极落实，县人民政府出台《关于加快发展农民合作社的意见》《关于进一步规范村级财务管理的若干规定》等文件，加强“两型”农业综合生产能力建设，加强农村饮用水水质监测。县政协召开提案办理协商会10次。常委会对县环保局、县卫生局、县农业局等7家单位的提案办理工作进行民主评议，对薄弱环节提出意见，促进部门工作落实。

县政协充分发挥政协委员联系面广的优势，加强社情民意工作，全年共收集社情民意210余条。其中《关于加强沿江风光带管理的建议》《关于加快整改湘潭县液化气供应企业的建议》等4条社情民意以专刊的形式报送县政府及相关部门。注重社情民意处理工作的跟踪督办，特别是对人民群众普遍关心的热点难点问题予以长期跟踪，助推沿江风光带、金霞山广场和白石广场管理长效机制的建立和工作措施的落实，维护市民公共活动场所的有序、舒适和整洁。《加强村级财务管理的建议》等社情民意被省、市政协采用，为相关工作的决策和改进提供参考。

不断巩固和发展最广泛的爱国统一战线。通过常委会议、座谈会、调研考察、走访慰问等形式保持与各民主党派、人民团体和各界代表人士的经常性联系联络，为他们在政协履行职责搭建平台、畅通渠道。密切与港澳台侨及其亲友的联系联络，积极引导他们参与全县经济社会建设。发挥宗教界代表人士的作用，及时了解反映信教群众意见和诉求，促进宗教和睦、社会和谐。各民主党派及非公经济界的委员积极参与“同心社区”等公益活动，为砚井社区、牛头岭社区争取项目资金1000余万元，助推砚井社区成为省级两型示范基地和老年服务示范点。积极开展各类志愿服务活动。委员们发挥自身特点和优势，密切联系界别群众，积极宣传党的路线方针政策和县委县政府决策部署，促进社会各界增进共识，形成合力。

县政协委员发挥主体作用，认真开展“五个一”活动，为经济社会发展提出建议意见570条，提交提案98件，参与协调化解社会矛盾400起，为困难群众办实事360件，为薄弱学校建设、扶贫帮困等各项公益事业直接捐资220万元。注重扩大履职活动中委员参与面，常委会和专委会先后邀请130余名委员参加调研、考察、协商等履职活动；选派40名委员为民主监督小组成员，21名委员参与政风行风评议、特约人员工作。

认真组织开展“三严三实”专题教育，落实中央、省市县委的部署要求。县政协领导班子成员对照“三严三实”的要求，结合自身实际，积极开展批评和自我批评，重点查摆和整改“不严不实”的问题。认真开展“一进二访”活动，实地了解贫困村和贫困家庭情况，制定精准扶贫计划，全体机关党员干部每人联系一户贫困户，实行一对一帮扶，努力为困难群众排忧解难。重点将《关于加强社会主义协商民主建设的意见》《关于加强人民政协协商民主建设的实施意见》以及习近平总书记在全国政协成立65周年大会上的讲话作为县委中心组成员和政协委员的学习内容，采取专题讲座、理论征文等形式，在全县各级各部门及全体政协委员中掀起学习政协理论和社会主义协商民主的热潮，深化广大党员干部和政协委员对人民政协性质、地位、作用的把握和对社会主义协商民主建设的认识，增强开展基层协商民主的意识，夯实开展基层协商民主的理论基础。通过县政协网、《莲乡政协》刊物以及省、市、县媒体积极宣传社会主义协商民主，反映政协工作动态，展示履职成果和委员风采。《莲乡政协》出刊4期，县政协网站刊登各类履职信息、文章180余篇（条），上报人民政协报和省、市政协工作信息、文章等30余篇（条）。其中《人民政协报》以《主动监督群众最关心的事》为题报道湘潭县政协委派民主监督小组工作，省政协《湘声报》专题报道湘潭县政协履职工作和推进协商民主的探索与实践。

【陈求发调研湘潭县耕地修复治理项目】 4月13日，省政协主席陈求发率省政协重点课题“关于我省耕地污染修复治理”调研组赴湘潭调研。省政协副主席杨维刚和秘书长袁新华参加。调研组一行到湘潭县梅林现代农业示范片考察基本农田土地污染修复治理工作。县长傅国平建议，治理应该整村整组地推进，加大土壤改良技术能力的攻关和对种粮大户等新型主体实施引导。陈求发肯定湘潭人民改革发展所取得的成绩。

【欧阳斌考察湘潭县隐山湖湘文化源生态旅游区建设情况】 3月11日，省政协副主席欧阳斌一行到排头乡，并实地走访考察胡安国父子墓、周小舟故居等地，了解隐山湖湘文化源生态旅游区建设进展情况。市、县领导李光泉、王惠芳、李西文陪同。欧阳斌看到胡安国墓地绿化已经完成，濂溪书院已部分修缮，西禅寺已完成主体工程，湖湘大道12米宽的高等级油路正在紧张施工，进入景区的四方交通环线已经全部拉通，景区内水、电、路、信等基础设施已经完成或部分完成。欧阳斌认为，隐山作为湖湘文化发祥地，文化底蕴深厚，人文资源丰富，名胜古迹多，区位优势明显，要合理开发、保护旅游文化，要做好湖湘文化推介工作，将隐山打造成湘潭的又一张璀璨明信片。

【武吉海到湘潭县督查湘发〔2014〕3号文件贯彻落实情况】 7月8日，湖南省政协党组副书记、副主席武吉海一行到湘潭县督查《中共湖南省委转发〈政协湖南省委员会政治协商、民主监督、参政议政的规定（试行）〉的通知》（湘发〔2014〕3号）文件贯彻落实情况。市县领导周放良、李光泉、周佩珞、周长林、周艳希、王惠芳、周贤、周俊文、宋小玲、李西文等参加汇报会。会议由县政协主席王惠芳主持，武吉海对湘潭县落实湘发〔2014〕3号文件、加强人民政协工作情况予以肯定。认为，县委高度重视人民政协工作，贯彻落实湘发〔2014〕3号文件精神做了大量卓有成效的工作，特别是在重大问题的解决及重大项目的建设上，主动听取政协意见的做法值得肯定。对县政协紧扣党委政府中心工作、积极推动委员履职、积极发挥委员作用，在化解社会矛盾等方面发挥的作用成效显著表示满意。武吉海要求，要坚持“长期共存、互相监督、肝胆相照、荣辱与共”的十六字方针，加强基层协商民主制度建设，鼓励基层政协组织及政协委员在这方面进行积极有益的探索；县政协要在重大政策的出台、重大项目的建设方面，多为党委、政府想办法、出点子。同时，把党和政府的主张变成人民群众、政协委员的共识，大家心往一处想、劲往一处使，使党的执政基础更加牢固。县政协要加强政协机关、政协委员履职能力，科学选择群众呼声较高的调研考察课题，提出的调研考察意见能推动实际问题的解决。

【周放良调研非公经济发展情况】 5月26日，湘潭市政协主席周放良一行到湘潭天易示范区调研非公经济发展情况，并到园区内的傲派自动化、珠江啤酒、新向维、伍子醉等四家企业实地调研。市政协副主席肖克和、周韶光、谭岳，县政协主席王惠芳、副主席宋小玲和天易示范区副主任杨欣荣等参加考察。

重要会议

【政协湘潭县第八届委员会第三次会议召开】 2月8日至10日，政协湘潭县第八届委员会第三次会议在泓熹大酒店举行。出席会议各界政协委员302人。会议期间，委员们听取和讨论中共湘潭县委书记谢振华的重要讲话；听取和审议政协湘潭县第八届委员会常务委员会第二次会议以来的工作报告和提案工作报告；列席湘潭县第十五届人民代表大会第三次会议，听取和讨论县政府工作报告；进行大会参政议政发言；按照《政协章程》的规定和民主协商的原则，补选常委1名。政协湘潭县第八届委员会第三次会议共收到委员提案105件。提案审查委员会按照《中国人民政治协商会议提案工作条例》的有关规定，对提案进行认真审查，共立案102件，有2件提案不予立案，1件作为来信来访处理。在立案的102件提案中，涉及经济建设方面的27件，占26.5%；农业和新农村建设与农村环境整治等方面的22件，占21.6%；教育、卫生、文化、旅游方面的15件，占14.7%；党群、政法等其他方面的18件，占17.6%；县城管理、城乡道路建设、维护方面的10件，占9.8%。其他方面的10件，占9.8%。

【政协湘潭县第八届委员会常务委员会第十二次会议召开】 1月23日，政协湘潭县第八届委员会常务委员会召开第十二次会议。政协第八届委员会全体常委会议组成人员参加会议，县委副书记、县长傅国平，县委常委、常务副县长周俊文应邀参加会议。会议听取关于县政协八届三次会议选举常务委员的说明，听取县人民政府关于建议案、意见与建议、社情民意办理情况、提案办理情况的报告，听取《政府工作报告（征求意见稿）》（以下简称《政府报告》）的起草情况说明，并分组协商讨论《政府报告》。县政协主席和各位政协常委就《政府报告》分别提出意见和建议。特别是就报告中如何壮大实体经济、加快项目建设、发展特色经济等方面提出更多的举措。县委副书记、县长傅国平感谢各位政协委员为湘潭县经济社会发展做出的贡献和会上提出的宝贵意见，表示认真研究意见和建议并整合到政府工作报告中去。傅国平表示，县人民政府会始终把支持政协参政议政、听取政协的社情民意、办理政协委员的提案、坚持三重一代的会商，以及落实政协各次的调研报告，作为推动政府工作的重要的力量。

【政协湘潭县第八届委员会常务委员第十三次会议召开】 2月10日，政协湘潭县第八届委员会常务委员会召开第十三次会议。会议听取分组协商讨论情况综合和常务委员候选人酝酿情况；听取提案征集情况汇报；协商通过大会决议以及政协湘潭县第八届委员会常务委员会2015年工作要点（草案）。

【政协湘潭县第八届委员会常务委员会第十四次会议召开】 6月17日，县政协召开第八届委员会常务委员会第十四次会议。会议组织学习《中共中央关于加强社会主义协商民主建设的意见》；协商讨论“大力培育新兴产业，促进县域经济转型升级”专题调研报告（草案）。

县政协常务委员表示专题调研报告内容详实，紧贴实际，提出的建议针对性强。同时，他们还结合湘潭县新兴产业发展情况，提出加强特色产业的顶层规划和支持力度、增设高端装备制造产业园、促进校企结合解决企业招工难问题等建议。会议用举手表决的方式，通过此报告草案。县政协主席王惠芳对大家提出的建议给予充分肯定。表示，将认真吸纳大家的意见，完善调研报告，为县委、政府决策提供参考。同时，王惠芳要求，要认真把握《中共中央关于加强社会主义协商民主建设的意见》的精神实质，充分发挥协商民主重要渠道和专门协商的作用，要抓好委派民主监督小组的落实，各专委会、各界别要按年初计划做好对口协商，政协常委要积极参加所在联工委组和界别的活动，为县域经济社会发展做出更大贡献。

【政协湘潭县第八届委员会常务委员会第十五次会议召开】 8月12日，县政协召开第八届委员会常务委员会第十五次会议暨专题协商会。县政协主席王惠芳，常务副县长周俊文，副主席宋小玲、李西文、刘绵晖、刘新玉，秘书长周向荣，县委组织部、政府办、财政局、民政局、农经局相关负责人，石潭、谭家山、排头乡联工委主任及政协全体常委参加会议。会议由县政协副主席李西文主持。会议听取县人民政府2015年上半年全县经济社会发展情况和下阶段工作安排，县委常委、常务副县长周俊文通报2015年上半年全县经济社会发展情况。会议就规范湘潭县村务管理工作开展专题协商，听取《关于规范湘潭县村务管理问题的调查与建议》《关于湘潭县推行阳光村务的工作汇报》《关于规范村级财务管理工作汇报》三个主题发言。上半年，县政协常委会专题调研组到全县部分乡镇，采取听汇报、实地走访、发放问卷、召开座谈会等形式，调查研究县村务管理问题，并形成《关于规范湘潭县村务管理问题的调查与建议》。报告针对村务工作现状及存在的一些突出问题，从加强基层组织建设、营造民主氛围、健全工作机制、改革创新载体、严格落实制度等方面提出具体意见和建议。县政协主席王惠芳指出，上半年全县经济社会发展情况和下阶段工作安排的报告后，很客观实在。县人民政府的工作非常扎实，任务分工十分明确，许多工作调度有序，及时解决许多困难和问题，一区多园、重点项目建设等重点亮点工作突出。她希望县政府在接下来的工作中注重县内实体经济发展，工业产业扶持和投资问题，搞好规划，鼓励支持创业创新。希望政协常委们关注全局，将国际国内形势与湘潭县的中心工作相结合，做好调研。王惠芳强调，村务管理是基础，基础不牢地动山摇。抓好基层组织建设特别是村党支部建设；提高村民委员会管理村务的水平；为规范村务，在村务管理上要贯彻好基层民主协商，让村务阳光，让村民实现五个要：即村里的事村民要知道，村里的事村民要参与，村里的事村民要做主，村里的事村民要监督，村里的事村民要满意。同时，她要求常委们要发挥好自身优势，参与、关注全县的发展，发挥好协商民主的重要渠道作用。

【政协湘潭县第八届委员会常务委员会第十六次会议暨乡镇区划调整改革专题协商会召开】 11月12日，湘潭县召开乡镇区划调整改革专题协商会。县政协副主席李西文主持会议，县委常委、常务副县长周俊文，县政协副主席宋小玲、刘绵晖、刘新玉，秘书长周向荣及部分政协常委和相关单位负责人参加会议。会上，县民政局就湘潭县乡镇区划调整改革工作的情况进行说明。随后，与会政协常委纷纷发言，对区划调整、干部安排及后续管理等工作提出意见和建议。县政协副主席宋小玲表示，此次乡镇区划调整改革前期准备工作扎实，县委、县政府充分考虑县域实际情况，有利于城镇建设发展。并提出两点建议，一是合并村命名要尽量保留一个原始村名；二要合理妥善安排干部职工。会上，县委常委、常务副县长周俊文充分肯定各位政协常委提出的意见和建议，县委、县政府将认真把大家的意见融入、运用到工作中去。同时，解释说明政协常委提出的问题。

【政协湘潭县第八届委员会常务委员会第十七次会议】 11月20日，政协湘潭县第八届委员会常务委员会第十七次会议召开。县委常委、副县长周俊文及县环保局、卫生局、公安局、天易示范区综合部等相关单位负责人应邀参加会议。会议主要内容为民主评议提案办理工作。

【政协湘潭县第八届委员会常务委员会第十八次会议召开】 12月23日，县政协召开第八届委员会常务委员会第十八次会议。会议协商通过政协湘潭县第八届委员会有关人事任免；协商通过《关于召开政协湘潭县第八届委员会第四次会议的决定》（草案）；协商通过政协湘潭县第八届委员会第四次会议的相关事项。

调研考察

【概况】 2015年，县政协常委会围绕“稳增长、调结构”开展专题调研，并召开专题协商会，形成《大力培育新兴产业，促进县域经济转型升级的建议案》，提出产业定位、规划编制、要素集聚、大力招商、优化服务等五个方面的意见与建议，得到重视和采纳。县人民政府已科学编制《湘潭县工业发展规划（2015—2020年）（初稿）》，政务服务发展环境进一步优化，招商引资措施更加有力，科技创新力度不断加大，服务企业发展的能力进一步提升。成立槟榔产业发展办公室，明确职能职责，重点服务槟榔产业的发展。围绕“规范湘潭县村务管理工作”开展专题调研，召开专题协商会，形成《关于规范湘潭县村务管理工作的建议案》，从加强基层组织建设、营造民主氛围、健全工作机制、改革创新载体和严格落实制度等五个方面提出意见与建议，县委县政府高度重视基层组织建设和村级管理，出台《阳光村务管理实施办法》《湘潭县村务监督委员会实施办法》等制度，把村级事务管理工作列入对乡镇和村级班子绩效考核内容，加强村级财务审计。

【县政协常委会专题调研新兴产业发展情况】 3月24—25日，县政协主席王惠芳、副主席成极中，率政协相关委室负责人及部分政协委员对湘潭县的新兴产业进行走访调研，实地走访信诺颜料科技、瑞鑫电气、傲派自动化、吉光科技、韶力机车等园区企业。在座谈中，各企业负责人分别汇报企业自身的发展情况、核心竞争力、未来的发展思路，面临的困难，并就当前新兴产业的发展提出许多有针对性的意见和建议。王惠芳主席指出，一个地方没有实体经济的支撑，那么这个地方就谈不上发展。此次调研主要是了解情况，听取意见，将发现的问题与建议通过调研报告、社情民意等形式向党委政府反映。她建议在现今的大环境下，企业要树立信心，要主动加强与相关部门的联络，在运用、发展好自身核心竞争力的同时，抓好安全生产；各职能部门要利用自身所掌握的资源主动作为，积极搭建与企业交流互动的信息平台，做到跟踪服务、精准对接，为企业发展创造良好的环境，促进县域经济转型升级。

【县政协调研槟榔行业】 4月1日，县政协主席王惠芳，率政协相关委室负责人及部分政协委员走访调研湘潭县槟榔产业。调研组一行先后走访伍子醉、胖哥、小龙王等槟榔企业。各企业负责人分别汇报企业发展现状、发展前景，存在的主要问题，同时就培育产业发展方面提出意见与建议。在调研中，王惠芳主席指出，槟榔行业在湘潭县食品产业中是链条最长，拉动效益最显著的产业之一，并以湖南为半径向周边快速扩散，带动香精原料、原品、包装、物流、广告媒体等多个配套产业的发展，也在财政创税，解决劳动力就业方面做出很大的贡献。她勉励槟榔企业在经济下行压力较大的情况下，努力克服困难，加大技术创新力度，提升劳动生产力，在发展企业的同时注重安全生产，也建议县委政府要做好正面宣传，大力支持槟榔产业的发展，相关职能部门要与上级部门主动衔接，加快争取槟榔行业标准的出台，为产业发展提供要素保障。

【县政协常委会调研村级管理问题】 4月10日，县政协组织部分政协常委召开村级管理调研座谈会，会议由县政协副主席李西文主持，县委组织部、县财政局和民政局、农经局及部分乡镇相关负责人参加会议。座谈会上，与会者从不同角度提出农村财务管理、政权建设、村级合并等工作中存在的问题，分析原因，提出建议。县政协主席王惠芳肯定本次调研工作的重大意义，并就村级管理存在的问题提出一些建议。一是县委政府要高度重视，严格执行年初财政预算，保证专项资金落到实处，监督乡镇党委落实相关责任;二是建议乡镇将村级管理工作纳入到乡镇对村的考核体系，同时加强对村支部的领导，树立乡镇党委的权威。切实加强对村级班子的培养，提高业务能力;三是健全村级管理机制，推动村级民主选举、民主管理、民主决策、村务公开等工作，引入公众随机抽查评估机制;四是加大对违纪行为的查处力度，促进村级班子自律，规范工作行为。

【县政协对燃气工作开展专题考察】 4月15至17日，县政协人口资源环境委员会组织专题考察组对湘潭县燃气工作开展专题考察。考察组一行先后到谭家山、中路铺、花石等乡镇瓶装液化气充气站，县城天然气充气站，燃气管网敷设标识标牌、部分燃气用户进行现场查看，听取意见。在听取燃气工程利用情况的汇报后，讨论县燃气项目发展规划、规划落实情况及“十三五”规划设想。考察活动结束后，考察组总结考察过程中发现的问题，针对燃气规划、监管职责、安全整治等开展对口协商。

【县政协调研考察特色产业发展情况】 7月22日，县政协主席王惠芳率队考察县内部分农副产品加工企业和特色产业基地。考察组先后考察万亩湘莲示范基地、荷味食品、金风米业等多家企业，详细了解特色产业发展现状。在齐心湘莲、荷味食品等项目建设现场，了解工程建设进度、周边环境、发展规划等情况后，王惠芳鼓励企业负责人紧抓政策良机和抢抓天气时机，加紧建设，争取早日投产运营。在“寸三莲”原种场和花石万亩湘莲基地，王惠芳主席详细了解基地土地流转费用和模式、面临的困难和问题等，指出花石是湘莲主产区，要利用好湘莲这一金字招牌，发展独具特色的乡镇旅游，要充分发挥好湘莲种植、加工、贸易一条龙服务的优势，加大对湘莲品种提纯和保护的科研投入，引导本土及周边乡镇的湘莲企业抱团发展。强调湘潭县作为省第一批特色县域经济重点县，取得的成绩是可喜的，而今年是特色县建设的收官之年，更要强化工作举措，重点建设好产业基地，抓好农副产品精深加工项目建设，推动县域经济发展。

【县政协调研县国税工作】 11月10日，县政协主席王惠芳率副主席宋小玲、李西文、成极中，秘书长周向荣和经科委负责人一行调研县国税工作。考察组听取县国税局2015年税收收入情况汇报，与国税局班子成员就当前县域经济发展形势和前景、税收工作的应对措施、对企业的服务和支持等方面开展深入探讨和交流。王惠芳表示，县国税局新班子带来新理念，将各项工作责任、工作任务量化到人、量化到岗位，全面建立和落实干部综合评价系统，激发活力、增强动力、提高效率，呈现出新面貌，很值得借鉴和推广。指出，税务工作既要依法征税，做到应收尽收，又要实事求是，切实为企业提供良好的发展环境，让企业引得进、留得下、发展得好，更要看到县委政府抓发展的理念和力度、看到县天易示范区良好的发展承载能力、看到县域经济的特色和良好前景，全面树立信心，抓好税务工作队伍、打好税务工作的基础，促进税收可持续增长。

民主评议提案

【概况】 2015年，县政协常委会对县环保局、县卫生局、县农业局等7家单位的提案办理工作进行民主评议，针对工作中的薄弱环节提出批评意见，有效地促进部门工作的落实。

【县政协常委会民主评议提案办理工作】 11月20日，县政协常委会议召开会议，民主评议提案办理工作，由常委会组成人员对被评议单位进行百分制测评。根据测评计分结果，评定县司法局、卫生局为2015年度县政协提案办理工作优秀单位，县公安局、民政局、农业局、环保局、天易示范区综合部为2015年度县提案办理工作良好单位。县委常委、常务副县长周俊文表示，“衷心感谢县政协对政府和政府部门在办理提案过程中给予的帮助、支持和理解。”。县政府出台《办理人大代表建议和政协提案的工作办法》，规范与细化提案办理工作，还进行专题研究、开展多次督查，要求各单位增强自主性、带着责任感，确保政协委员提交的提案不流于形式、不走过场。同时，提案办理的质量需更高、影响更大，要正视差距、严格督查、严肃考核、严厉问责，让委员满意、让人民群众满意。县政协主席王惠芳指出，提案工作是政协一项具有全局意义的工作，是政协履行政治协商、民主监督和参政议政职能最直接、最经常、最便捷、最有效的形式之一。希望各部门认识，加强政协提案工作的重要意义，加强督办，提高提案办理实效，努力做到办一件成一件，努力提高提案办理工作科学化水平，推动政协提案工作迈上新台阶。

委派民主监督小组

【概况】 2015年，县政协出台《委派民主监督小组工作办法》，委派民主监督小组工作进一步规范、有序。派出10个民主监督小组分别进驻县财政局、县供电公司、县法院等单位，围绕关系全县改革发展和人民群众切身利益的20个重点事项进行监督。对监督事项中存在的问题分别形成意见与建议。提出加大农机技术人员培训、加大农改项目实施的公开力度、加强财政专项资金监管使用、完善人民陪审员管理制度、建立健全土地违法巡查制度等意见建议40余条，逐一交办并跟踪落实，促进受派单位工作。

【县政协向县直机关单位委派10个民主监督小组】 4月24日，县政协召开委派民主监督小组工作会议，安排部署委派民主监督小组工作。县委、县政府联系政协工作的领导，县政协主席会议组成人员，各民主监督小组成员，县农机局、财政局、法院等10个受派单位主要负责人，县政协各委室负责人参加会议，县政协主席王惠芳，县委副书记周艳希，常务副县长周俊文，县政协副主席宋小玲、李西文、成极中、刘绵晖、刘新玉和秘书长周向荣出席会议。委派民主监督小组是政协创新民主监督形式、加强民主监督的力度和深度推出的重要举措。县政协委派10个民主监督小组，共40名民主监督员，对县农机局、县财政局、县供电公司、县法院等10家单位的20项有关全县改革发展和人民切实利益的事项进行监督，分别为农机补贴、移民工程建设、农电发展、财政专项资金使用、人民陪审员管理、城区网吧管理及企业工伤保险管理使用等20项社会关注热点工作进行监督。在监督期间，民主监督小组通过参加受派单位有关会议和活动、开展调查研究、专项检查评议、工作测评等形式，以书面形式向受派单位提出意见和建议，并向县政协提交建议、提案等，推动受派单位依法行政、提高工作效能和服务质量。期间，民主监督小组不直接处理问题，不干预受派单位的日常工作。县委副书记周艳希要求：各监督小组和单位在思想上认识委派民主监督小组是县政协加强民主监督的重要方式，是受派单位提升业务水平的有利契机，是党建工作提高民主决策的有效途径；在监督过程中，要注重求真务实，注重协调沟通，注重社会宣传；在工作推进中，要不断提高监督的民主化水平、成果的运用和转化水平、机制的健全水平。县政协主席王惠芳表示，委派民主监督小组是县政协有效履行民主监督职能，提高民主监督的组织化程度，增强民主监督实效的一项创新性工作。各民主监督小组要提高认识，增强做好民主监督工作的责任感和使命感；要加强学习，尽责履职，不断提高政协民主监督工作水平。各受派单位，要端正思想，积极主动接受民主监督；要加强领导，确保政协民主监督工作取得实效。

【县政协召开委派民主监督小组推进工作会】 10月22日，县政协主席王惠芳主持召开委派民主监督小组推进工作会，副主席李西文、成极中，秘书长周向荣，政协各专委会负责人，10个委派民主监督小组组长参加会议。会上，各委派民主监督小组组长汇报、交流监督情况、监督进度、存在的问题以及意见。县政协主席王惠芳对委派民主监督小组工作进行点评。指出，委派民主监督小组自5月进驻各监督单位以来，工作扎实，与被监督单位进行有效对接；工作规范有序，监督小组在监督中能做到有调查，有商量；各监督小组通过参加会议，实地了解与考察，做到情况明、底子清、方法得当，成效明显。要求各委派民主监督小组要按照方案，抓紧开展工作，及时反映工作动态，梳理与汇总发现的问题，用集体的智慧提出监督建议，提交到协商交办会，将民主监督的开始与最后的落实形成一个工作的闭合圈；在反映整理意见的同时，可将遇到的部分问题转化为社情民意并提交到各专委会，引起上级部门及相关领导的注意；委员们在监督过程中要加强学习，提升履职能力，通过履职活动提高参政议政的能力，做到敢于监督、善于监督，做到讲真话，道实情，在协商中达成一致意见，形成共识，改进工作。

联谊交流

【概况】 4月2日，市政协原主席宋厚源、副主席马石城等一行在县政协主席王惠芳、县经信局负责人的陪同下到湘潭县云飞电子商务有限公司进行调研，民进市委副主委熊兆伟陪同调研。4月7日至9日，市政协副主席肖克和率调研组到湘潭县开展“创新传统手工业发展，促进形成新的经济产业”专题调研走访活动。县政协主席王惠芳、副主席成极中陪同调研。他们先后来到县茶恩寺、石鼓、花石等6个乡镇的传统手工业作坊和现代机械化加工企业实地参观考察，了解传统手工篾制品、现代竹制品、手工花纸伞、皮鞋、茶油制作的工艺流程及企业发展情况。7月2日，近代著名政治家杨度的嫡长孙、现年84岁高龄的杨友龙先生及夫人何肇琛女士应县政协学习文史联谊和港澳台侨联络委员会之邀到湘潭县。县领导王惠芳、周贤、陈卫兵等及相关部门负责人与杨先生夫妇进行交流座谈。7月13日，湘潭大学副校长、湘潭市政协副主席刘长庚携湘潭大学商学院教授、学生一行到湘潭县石潭镇古云村、古城村调研农业、农村工作。县政协主席王惠芳、石潭镇党政主要负责人以及相关村负责人陪同调研。7月16日，怀化市靖州县政协副主席苏东一行到湘潭县考察特色农副产品加工和工业园区的建设情况。7月31日，湘潭县政协在石潭镇召开乡镇联工委工作座谈会，推广石潭镇联工委的先进工作经验，提高政协履职工作的实效。县政协主席王惠芳，副主席宋小玲、李西文、刘绵晖、刘新玉，秘书长周向荣及各乡镇联工委负责人参加会议。石潭镇党政主要负责人受邀参加会议。10月28日，宋小玲副主席接待合肥市庐江县政协副主席郭厚英一行来湘潭县学习考察农产品质量安全监管体系建设及现代农业发展情况。 （刘　理）

（责任编校　杨红艳）

民主党派

中国国民党革命委员会湘潭县总支委员会

【概况】 2015年5月28日，总支换届，选举产生新一届总支班子成员。民革湘潭县总支下辖四个支部，分别为民革湘潭县一、二、三支部及天易支部。年内，总支有党员51人。其中，发展新党员3人。党员中，有1人任市人大代表，1人任县政协常委，13人任县政协委员，12人担任特约人员或各类政风行风监督员。任副科级以上干部7人。总支获民革湘潭市委年度考核第一名。主委杨跃军，副主委胡海强、刘应龙、陈敏、刘冰薇，组织委员赵胜，宣传委员侯正光。

组织党员参政议政。总支中的政协委员积极撰写各类提案，号召党员积极了解社情民意，各位行风评议员积极参与监督单位活动。侯正光撰写的《建立计生工作激励导向机制的建议》获得民革市委好评，符利辉撰写的《协商民主在畜牧部门的应用》获县政协理论征文三等奖；杨跃军撰写的《保护沿江风光带的建议》，得到县长傅国平亲自批示并落实。全年共上报各类提案、建议案等17件。

开展走访慰问原国民党抗战老兵活动。两次走访慰问7名原国民党抗战老兵，共送慰问金及物资等折合人民币1万元。

参与同心村建设活动。梅林桥镇石梅村由民革市委作为同心村进行帮扶建设，组织进行规划、精准扶贫、重点工程建设等，总支党员积极捐款，村容村貌得到大幅提升。成功创建为市级同心村。

开展社会服务活动。继续在湘潭县一中开展“一对一”助学活动，党员彭银香、刘应龙、赵胜等分别给结对帮扶学生捐助学费5000元。曾纯继续利用业余时间进行特困学生情况摸底、造册并对口支援县二中一位特困学生。

开展好总支其他活动，增强总支凝聚力。“三八”妇女节，总支组织全体女党员赴韶山缅怀伟人、赏万亩油菜花、参观太空农村活动。响应民革中央开展的“观故居、走多党合作之路”活动。4月，组织全体党员赴广州参观何香凝廖仲恺故居、黄花岗七十二烈士墓、黄埔军校旧址等。全年，总支开展专题政治学习两次，主题分别是学习习近平同志治国理政方略及重要系列讲话精神。

2015年，党员符利辉获得湘潭市优秀专家、优秀科技特派员、县三八红旗手荣誉称号，两篇论文分获市科协自然科学论文二、三等奖；侯正光获得民革市委2015年度优秀党务工作者、县人民政府嘉奖；徐颖被评为全省结核病控制工作先进个人；张炯获县域优秀律师称号；肖靓、曾纯、周伟、赵胜、马新荣5人被民革湘潭市委评为优秀党员；杨跃军获县优秀政协委员；宾辉获市安全生产先进个人、县人民政府嘉奖；李洁萍获县人民政府嘉奖；邓宏英获省民主党派第十八期骨干班优秀学员、县法院先进个人；章金标获县人民政府嘉奖。 （杨跃军）

中国民主同盟易俗河支部委员会

【概况】 2000年12月成立易俗河支部。现有盟员23人。其中，教师17人，内有9人具有高级技术职称；机关干部5人，内有2人担任副科级职务；非公经济人士1人。盟员中吴可任县政协常委，聂必强、马剑雄任县政协委员，吴可、马剑雄、陈明任特约人员，马剑雄担任县纪委特邀监察员。2015年7月，顺利召开支部换届大会，选举产生新一届支部委员。年内，发展新盟员1名。支部主委吴可，副主委马剑雄，组织委员何灿辉，宣传委员杨智辉，联络委员陈明。

2015年，支部组织盟员赴江西南昌、盘龙大观园等地进行参观学习。11月，组织盟员赴齐白石中学开展送教下乡活动。 （马剑雄）

中国民主建国会易俗河支部委员会

【概况】 2015年，民建易俗河支部有会员29人，以经济界和与经济界联系紧密的政府部门工作人员为主。会员中有市人大代表1人，市政协委员1人，县政协常委3人，县政协委员13人。支部主委林亚科，副主委郭文伟、彭建平、杨巧，支部委员周理湘、黄丹、唐筱毅。

加强学习，提高会员素质。支部根据实际情况，采取集中学习与会员自学相结合的方式，不断提高会员的理论水平和参政议政能力。会员上报信息8篇，其中被市级采用2篇。支部选送会员到省、市学习培训4人次。

加强组织建设，积极开展各项活动。通过多方努力，支部拥有固定办公场地，并对会议室、档案室等进行布置，完善支部各项制度，整理会员档案。全面走访会员企业，并组织会员赴省外考察学习。年内，支部工作得到民建省、市各级领导的认可。确定2名重点发展对象。

积极建言献策。发动会员深入基层，及时了解社情民意，围绕政府中心工作开展调研。担任县公安局、县人社局等部门特约人员的会员积极开展民主监督。会员杨巧积极参加县政协的提案评议、电视问政等活动，反映人民群众的呼声，扩大民建组织的影响。原主委饶治宇退休后，仍然发挥余热，为全县养老服务体系建设出力，筹办全县第一个高标准的城区老年人日间照料中心。会员周理湘等撰写的《关于加强村务管理的建议》获省政协二等奖。

积极开展社会服务活动。支部组织会内政协委员并邀请县戏曲家协会部分人士到牛头岭社区举办2场精彩演出，受到群众的一致好评。连续16年参加“春蕾助学”活动，累计捐资达20万余元，资助女童近380人。

2015年，支部被民建中央评为“全国先进基层组织”。 （周理湘）

中国民主促进会易俗河支部委员会

【概况】 2015年，中国民主促进会湘潭市委易俗河支部积极履行参政党职责，在组织建设、参政议政和社会服务等方面取得较好成绩。

开展争先创优活动，增强组织凝聚力，激发会员积极性。年内，发展新会员1人，至年末有会员22人。会员中有市政协委员3人。其中，常委1人。有县政协委员5人。其中，常委1人。有民进市委委员2人。其中，副主委1人。是年6月，支部召开换届工作会议，应到21人，因事请假3人，实到18人，符合规定人数，会议选举产生新一届支委班子。支部主委马新国，副主委莫映礼、杨敏，宣传委员李芳，组织委员彭红光。李芳、董建伟评为该市委优秀会员。

积极参政议政。主委马新国历时2个月开展对县域新兴产业的调研，撰写的调研报告《大力培育新兴产业，促进县域经济转型升级》获市政协三等奖，撰写的《浅谈基层民主党派在协商民主中的作用》获县政协理论征文三等奖。会员张正星提交提案2件，撰写的《基层协商民主之乌石医院设施更新》获县政协理论征文优胜奖。会员齐延龄担任市政协委员，全年撰写提案10件，并当选县作家协会主席；会员杨敏积极履职，参加县政协民主监督小组活动，深入调研，参加“十三五”规划协商会，建言献策。会员马志刚创办湘潭云飞电子商务有限公司，致力于区域资源整合和产业无缝对接，打造区域内产业电子商务平台，邀请市政协原主席宋厚源、民进市委主委马石城等领导到公司调研。

开展社会服务活动。支部在搞好各项工作的同时，积极服务社会，常年资助贫困学生楚玲（每年3000元）。组织会员捐款2000元到湘潭市车站路社区慰问贫困户。会员马志刚资助贫困学生12万余元，开办的晨光补校将350多名学生送入高校。

2015年，民进易俗河支部被授予“民进全国先进集体”称号。

（马新国）

中国农工民主党易俗河支部委员会

【概况】 2015年，中国农工民主党（简称农工党）易俗河支部，有党员22人。其中，有正高职称的党员1名，副高或相当副高职称的党员9名，1人任县政协副主席，1人任县人大常委，1人任县政协常委，4人任县政协委员。是年，该支部获农工党湘潭市委先进基层支部，并被推荐至农工党中央参加全国先进基层支部评选。支部主委刘新玉，副主委符小乔，组织委员周青梅，宣传委员易新民。

积极参政议政。党员在不同的工作岗位上尽职尽责，发挥参政议政、民主监督的作用，为湘潭县社会发展和经济建设做出应有的贡献。符小乔、王婷、汤翠萍、刘应高4位党员撰写《关于公立医院改革的几点建议》《中国农工民主党易俗河支部到顶峰村送医送药》《凝心聚力 与时俱进 实现中华民族伟大复兴》三篇提案及通讯、政论稿。

每季度召开1次党员大会，讨论部署支部各项工作。组织新党员参加农工党湘潭市委培训。4月和11月，分别组织党员赴外地谈心考察，增强支部凝聚力。9月，组织全体党员赴顶峰村开展“三下乡”活动，为100多名村民义诊、送医药、送种子和科技书籍等。

开展公益活动。支部继续资助2名贫困大学生，分别是四川农大学生张胜利一年学费5000元，长沙理工大学学生左高隆学费6000元，解除贫困大学生的后顾之忧。年底，看望河口镇一贫困户，送去慰问金2000元。在谭家山镇月塘村开展“四同创建”活动，为村发展出谋划策，建设美丽和谐乡村。

【党员风采】 2015年，该支部加强党员个人素质提升和能力发挥。党员易新民参与梅林桥美丽乡村示范片建设和宣传工作，被中央7台《美丽中国乡村行》栏目进行专题报道，主持编写梅林桥《圆梦·美丽乡村》画册，对培训和提高农民农业科技文化素质、有力推介和展示湘潭县美丽乡村建设成效发挥积极作用。6月，符小乔参与国家卫计委《母子保健手册》制定。王婷、赵小红、刘应高获农工党湘潭市委优秀党员称号，符小乔获农工党湘潭市委优秀党务工作者称号。

（易新明　符小乔）

中国致公党
易俗河支部委员会

【概况】 2015年，该支部共有党员16人。其中，市人大代表1人，县政协委员4人。支部主委陈宏望，副主委肖华晖，组织委员谭勇，宣传委员彭红娟，委员徐鑫成。

是年，支部坚持中国共产党的领导，坚持在致公党湘潭市委的统筹安排下开展支部工作，取得较好的成绩。支部提交的《推进易俗河镇一中建设》的提案被县政协评为年度优秀题案，并得到认真落实。由支部牵头创建的“砚井同心社区”建设通过中共湘潭市委统战部验收授牌，反响良好。坚持搞好社会服务。组织部分党员积极参加湖南都市频道组织的心得乐助学活动，每人捐款1000元以上。党员周卫东资助困难学生学费和生活费10余万元。支部党员全年扶贫助困共捐款4.6万元，推动社会的和谐发展。

2015年，支部被评为“全省致公优秀支部”“致公市委先进支部”。

（陈宏望）

（责任编校　杨　柳）

群众团体

总工会

【概况】 2015年，县总工会按照“组织起来，切实维权”的工作方针，大力推进工会组织“两型三化”建设，全面实施群众性经济技术创新、和谐劳动关系、关爱服务职工和固本强基四大工程，为推动县域经济发展做出积极贡献。

组织建设工作。县总工会围绕全总“基层组织建设年”活动，采取以奖代投的方式，在机关和事业单位工会开展“模范职工之家”创建活动，县二中等3家单位积极创建全国模范职工之（小）家，青山桥派出所等3家单位成功创建市级模范职工之（小）家；在乡镇工会开展“红旗乡镇工会”和“六好乡镇工会”创建活动，花石镇等4家乡镇工会联合会成功创建“县级红旗乡镇工会”，青山桥镇工会联合会成功创建湖南省六好乡镇（街道）工会；在企业工会开展“精品工会”创建活动，伍子醉等4家企业工会成功创建“精品工会”。全县新增工会组织89家，新发展会员8526人，其中农民工会员7142人，企业建会率和职工入会率保持在95%以上。

经济技术工作。县总工会引导职工积极投身大众创业、万众创新，制定并实施《湘潭县总工会送培训进企业“百千万”三年行动计划（2015—2017）》，为19家企业的639名职工提供送训到岗服务。举办月嫂培训班2期，59名女农民工通过系统的学习取得从业资质证书。组织湘潭县2015年职工职业技能大赛，选送优秀选手参加全国第五届职工职业技能大赛省、市选拔赛，温超建获得计算机程序设计竞赛全省第3名、全国第23名，被评为“湖南省技术能手”，授予“湖南省五一劳动奖章”；章碧良等3名选手晋升高级职称；李榆英等6名选手分别荣获湘潭市旅游服务业职业技能竞赛一、二、三等奖。组织开展“安康杯”竞赛活动，参赛单位达349家（其中，非公企业279家），参赛班组1179个，参赛职工25477人。指导小龙王食品有限公司封口一组创建省级“芙蓉标兵岗”，指导县邮政公司大鹏路营业厅会计股等4个班组创建市级“芙蓉标兵岗”。选树全国劳动模范1人、省级劳动模范2人、县级劳动模范10人、县级五一先锋12人。指导县一中“杨红劳模创新工作室”成功创建省级劳模创新工作室。

维权帮扶工作。县总工会继续实施工资集体协商质量提升三年行动计划（2013—2015），签订工资集体协议197份，覆盖企业535家，覆盖职工10890人，职工人均工资同比增幅4.5%，50人以上的非公企业协商率100%。共接待来访来信来电职工215人次，免费提供法律咨询1112人次，处理维权案件19件，为职工争取工伤、工亡补助金561万元。积极开展“四送”活动，举办专场人才招聘会，组织23家企业进场招聘，提供就业岗位2077个，现场达成初步就业意向198个。筹集价值4万元的清凉药品，慰问坚守户外、高温作业的一线职工、农民工1392人次。筹集助学资金18.43万元，帮扶困难职工、农民工子女154人。筹措送温暖资金25.63万元，慰问困难职工、农民工163人。开展女职工免费体检活动，受益女职工2815名。举办“爱在春天里”单身职工联谊活动，为208名未婚青年搭建交流平台。组织开展第二期职工医疗互助和女职工特殊疾病保障活动，共发放补助金83.37万元，女职工特殊疾病赔付1万元，受益职工1826人次。

宣传教育工作。县总工会向《湖南日报》《湖南工人报》等媒体投稿27篇，被采用20篇。组织开展“工人阶级宣传月”活动，全县各级工会共组织各类宣传活动109场次，发放宣传资料2万余份，现场接待咨询的职工群众2000余人次。联合县文体广新局成功举办工间操指导员培训班和县直机关工间操比赛，丰富职工群众的文化生活。

精准扶贫工作。县总工会根据习近平总书记精准扶贫指示精神和县委安排，联点石鼓镇安乐村，多方筹集建设资金58万元，投入水利建设资金25万元，组织村民投工投劳3700多个，完成高标准渠道9000多米。鼓励和支持旅游工艺伞产业做大做强，配合做好申报世界文化遗产的相关工作，实现年生产旅游伞250万把。争取36.67公顷油菜种植项目落户安乐，带动村民增收20余万元。成立黑山羊养殖合作社，发展养殖示范户8户，组织相关人员赴花垣县学习养牛、养羊最新技术。广泛开展水稻、蔬菜种植培训。依托县女职工培训学校培训月嫂5名。向村农民工培训中心捐赠电脑、音响等价值近万元的器材，有效改善村级培训条件。帮扶贫困大学生4名，高中、初中、小学生各1名，发放帮扶资金9800元。组织机关党员干部与安乐村10户贫困户结成帮扶对子，看望慰问困难党员群众30人次，发放慰问款物3万多元，代办低保手续5户，解决与村民切身利益息息相关的各类问题195个。

自身建设工作。县总工会切实加强工会干部队伍建设，深入开展工会干部“一人学一技”活动和“月课月评”活动，鼓励和支持工会干部学业务、练技能，有效提升服务能力和水平。加强干部教育培训，积极选派37名工会干部参加省市的培训学习。在县委党校举办为期3天的全县工会干部培训班，112名工会干部参加学习培训，进一步提高全县基层工会干部的业务素质和工作能力。邀请县纪委书记为全县工会干部讲党风廉政课，邀请县纪委副书记、监察局局长为县总机关党员干部讲解《准则》和《条例》，进一步提高工会干部依法依规办事的意识和能力。

2015年，县总工会荣获湘潭市工会工作“红旗单位”，县职工维权帮扶中心荣获“全国职工教育培训示范点”称号。（陈　果）

共青团

【概况】　2015年，共青团湘潭县委员会大力推动团员成为注册志愿者工作，全县2.6万余名团员青年成为注册志愿者。组织青少年志愿者开展“弘扬雷锋精神，共建幸福莲乡”“清朗网络·青年力量”“一张纸献爱心”等各类志愿服务100余次，有效服务莲乡和谐社会建设。

大力推进共青团助力扶贫开发工作，通过“希望工程一元捐”、子敬阳光、芙蓉学子、华融湘江等助学项目为全县416名贫困学子筹集助学资金172万元。开展“青春助推精准扶贫”系列活动，创建10支精准扶贫突击队，动员团组织联点贫困村，服务贫困农村群众增收致富。

抓住“五四”“六一”等重要时间节点，组织开展“缅怀五四情·激扬青春梦”“红领巾相约中国梦·核心价值记心中”少先队风采展示、大学生暑期“三下乡”社会实践、“与人生对话”等各类主题实践活动，组织少先队员开展全国第七次少队会精神学习活动，引导广大青少年积极践行社会主义核心价值观。

开展“共青团员与人大代表、政协委员面对面”活动，关注农村留守儿童生活现状，畅通和搭建青少年合理诉求渠道。充分发挥“两办”职能作用，开展六类重点青少年群体摸底调查，加强对闲散青少年、不良行为青少年等六类青少年群体的教育、管理和服务。依照《未成年人保护法》和《预防未成年人犯罪法》的要求，开展青少年维权普法宣传。依托国际禁毒日对毒品的防范知识进行集中宣传，在城区主要街道发放宣传资料，号召各级团组织积极开展禁毒宣传，让广大青少年进一步认识毒品的危害，保护青少年健康成长。

坚持推进“青年文明号”评比创建工作。在公安、教育、医疗等系统评选12家县级“青年文明号”，引领各行业青年传播职业文明，提供优质服务。联合县整治办开展志愿者美化沿江风光带责任认领、“爱我莲乡　青年先行”等环境综合整治行动，通过清洁水源、植树造林、环境清扫等服务形式，带领广大青少年积极投身美丽莲乡建设。联合县综治办开展“平安莲乡·青春同行”活动，通过线下“大走访大宣传大志愿”服务和线上“微问答微点赞微宣传”推广，带领广大青少年开展积极投身平安莲乡建设。

在天易示范区宏信创新产业园创立“湘潭县青年创业孵化基地”，联合司法、财税、金融等部门向青年创业者们提供创业咨询和服务。联合劳动、农业等单位一起开办多期免费的创业知识培训及专业的就业技能培训，服务青年达3000余人次。举办全县青年电子商务培训班，吸引57名创业青年参加。举办“青春创业，建功莲乡”创新创业日活动，开展电子商务青年交流座谈会，为青年创业者搭建展示自我、交流提升的良好平台。推广青年就业创业小额贷款财政贴息政策，全年完成50笔贴息贷款。

组织全县700百余名青少年参加沿江风光带青年健步走活动，弘扬节能减排、低碳出行的健康理念。举办湘潭县“青春杯”首届八人制足球比赛，市、县16支代表队，共计295名运动员，24名裁判员参加，为体育爱好者提供同场竞技、交流感情的机会。联合县武警中队开展“相约军旗下·共筑强军梦”庆“八一”联欢晚会，100余名青年干群、武警官兵共庆“八一”，密切军政军民的联系，丰富武警官兵的精神文化生活。联合县邮政局举办纪念中国人民抗日战争胜利70周年集邮品展览，以邮票为载体纪念中国人民抗日战争暨世界反法西斯战争胜利70周年。

加强团属网站、微博、微信等新媒体建设。积极探索微信公众号的升级改版，策划开展青年文明号评选、青少年足球赛投票、平安建设有奖问答等多次微信线上活动。共青团湘潭县微信公众号共有固定听众13956人，2015年连续三周位列全省区县团组织微信公众号排行榜第一名。

开展“走基层、强活力、促发展”基层集中走访和“常态化下沉基层”调研走访。推报乌石镇成功创建全省基层团建榜样示范乡镇。举办大学生村官公考笔试、面试培训班，组织开展大学生村官参加素质拓展训练、村务知识竞赛。深入开展团干部如何健康成长大讨论活动。邀请团中央领导、县委分管领导参加全县“团干部如何健康成长大讨论”座谈会。依托县委党校成立县团校，组织全县58名基层团干部参加全县基层团干部培训班。不断完善湘潭县青年服务中心建设，成功推报服务中心为中央级、省级示范性青少年综合服务平台。

（周琼宇）

妇女联合会

【概况】 2015年，县妇联紧紧围绕县委、县政府中心工作，组织引领广大妇女积极投身经济社会建设的伟大实践，努力在新的历史起点上实现妇女事业创新发展。

年内，开展“三八”妇女维权月活动和“家庭律师基层行”“建设法治中国　巾帼在行动—万家联动，送法到家”“影动三湘·禁毒宣传进万村”“禁毒妈妈联盟在行动·娱乐场所静音120秒”等主题宣传活动，进行婚姻家庭、禁毒、防艾等方面的法规政策和知识宣传。编印《婚姻法》《预防儿童性侵犯》《预防和制止家庭暴力》等折页、宣传图共3万份，向妇女儿童免费发放。通过“湘潭县妇联”微信平台推送平安家庭建设小知识9期。全年接待来访95批次，12338妇女维权专线受理来电40余件，办结率100%。进一步加强婚调委建设，在全县范围内招募婚姻家庭纠纷调解志愿者25名，全年接待来访来电咨询360余人次，调处婚姻家庭纠纷117件。其中，调和30件，调离87件。先后有省妇联、省妇干校、市政法委、县人大、县政协、宁远县妇联、岳塘区妇联等多个部门到湘潭县婚调委开展调研。在农村土地承包经营权确权登记颁证工作中，切实维护农村妇女的土地承包权益。

关注儿童成长，联合省女律师协会在云龙实验中学和河口镇白米村举办关爱留守儿童的健康法律知识讲座和法律咨询活动，举办“关爱儿童关注未来”主题宣讲活动，联合华南师大心理学院在锦石乡文佳村开展以关爱留守儿童为主题的“心行动，爱护航”社会实践服务活动。加强未成年人思想道德教育。举办中华经典诵读活动。联合县关工委、县司法局等单位开展第三届“关爱明天、普法先行”青少年普法教育活动。“六一”期间，邀请傅国平、周艳希等县领导到县内部分中小学、幼儿园和县特殊教育学校开展慰问活动。在云龙实验中学建立湘潭县首个农村留守儿童心理健康辅导中心“知心屋”。10个儿童早期发展社区家庭支持（ECD）项目点工作有序推进，实效不断提高，2015年省级ECD项目培训班在湘潭县举行。争取全国“每周一信·伴随成长”大型公益项目落户湘潭县，通过每周推送彩信为全县3.8万名0~6岁儿童家长免费提供科学育儿指导。

开展困境妇女儿童关爱行动。开展“我做妇女群众贴心人”活动，慰问困难群众、贫困村妇代会主任79人，发放慰问金5.2万元。开展“春蕾助学”活动，资助春蕾女童240余名，发放助学金18万余元。联合迅达集团宝莲慈善基金会联合开展困难帮扶活动，慰问困难单亲母亲、失依儿童、孤儿、抗战老兵、贫困家庭等各类困难群体等1272人次，发放慰问金及物资近180万元。到石鼓镇铜梁小学、射埠镇方上桥小学开展助学活动，捐赠价值5万余元的文体设备。继续支持分水乡长丰村“迅丰”红薯粉厂的建设与发展，促进边远山区农民增收。开展农村留守妇女关爱服务体系建设试点工作。继续实施湘潭县农村妇女乳腺癌检查项目，年内免费检查2100人。开展乳腺癌、宫颈癌摸底，有281名两癌患者信息被录入全国贫困农村妇女“两癌”免费检查项目数据采集系统。举办登山比赛，大力宣传预防乳腺癌知识。争取“贫困母亲两癌救助”中央专项彩票公益金8万元。

10月，接受省妇儿工委终期督导评估，获得好评。积极谋划新一轮妇女儿童发展规划，向县发改局提交将妇女儿童发展纳入县“十三五”规划的函，形成《湘潭县妇女儿童发展规划（2016—2020年）基本思路》（讨论稿），已进入征求意见阶段。

加强妇联自身建设。培育县级示范“妇女之家”19个，青山桥镇三富村、分水乡天垅村、云湖桥镇塘湾村创建市级示范“妇女之家”。新设“湘潭县妇联”微信公众号。增补、替补4名执委，表彰10个妇女工作先进集体、24名先进妇女工作者。召开女党政一把手和新录用女公务员座谈会，推荐唐春到市直单位挂职锻炼。县妇联机关何小梅通过社会工作者（中级）考试，刘胜林考取国家心理咨询师三级资格证。举办“我运动、我健康、我快乐”县直机关女干部职工庆三八趣味运动会和女领导干部羽毛球、乒乓球比赛。

是年，县妇联被评为湖南省妇联系统宣传工作先进单位，县妇联档案室成功创建档案工作规范化管理“省二级”单位；湘潭县春静水稻种植专业合作社被评为全国巾帼现代农业科技示范基地，理事彭水平被评为湖南省“最美创业”；县财政局国库集中支付局被评为全国巾帼文明岗。

【农村妇女“双学双比”活动】 2015年，县妇联以“精准扶贫·巾帼同行”为主题，认真落实国家、省、市、县关于扶贫开发的战略部署和扶贫政策。举办种养殖等农村实用技术培训40期，培训2000人次。举办“精准扶贫·巾帼同行”湘潭县妇联“育婴师”培训班，55位参训妇女获得育婴师五级证。北京农家女实用技能培训学校举办湘潭县首期“精准扶贫·巾帼同行SYB培训班，选送31名有创业意识的妇女参加培训。彭水平、黄书艳等7人参加新型职业女农民等各类优秀女性人才培训。加强与财政、人社等部门合作，扶助45位创业农家女申请小额贷款384万元；举办贫困单亲母亲专场招聘会，40余人达成就业意向。开展“寻找最美莲花”活动，选送石鼓油纸伞等手工作品参加省市手工编织职业技能创新创业大赛，获得优异成绩。

【城镇妇女“巾帼建功”活动】 2015年“三八”期间，召开女性创业就业座谈会和女干部座谈会，组织各界别巾帼精英共话情谊、共商发展。县云龙实验中学艺术组、石潭镇民政和社会保障办公室等2个先进集体创建市级“巾帼文明岗”，县法院李彦、石潭镇古城中心小学赵慧等2人被评为市级“巾帼建功标兵”。

【“和谐家庭”主题创建活动】 2015年，评选表彰15户“两型家庭”、27户“平安家庭”、100户“清洁示范户”。开展寻找“最美”活动。各乡镇、系统推选出的各级“最美家庭”577个，云湖桥镇罗银辉家庭等13户家庭获评市级“最美家庭”，彭水平获评省级“最美创业”，彭瑛、汤亚奇获评市级“最美创业”，邹星辉、蔡子辉、文细英获评市级“最美女性”。联合县纪委、监察局开展“参观一次廉政教育基地，观看一部廉政警示教育片，发送一份倡议书；上好一堂廉洁家风课，签订一份家庭助廉承诺书”等“五个一”廉政文化进家庭活动，召开“家庭助廉”座谈会，来自全县95家县直机关单位及乡镇的近百名正科级党政“一把手”家属参加座谈会。继续在全县开展“做合格母亲，育合格人才”家庭教育实践活动。“六一”表彰34对“优秀母亲”和“三好孩子”。联合县关工委、县文明办、县教育局开展“美德少年”评选活动，评选表彰湘潭县首届“美德少年”30名，王心妍等3人获评湘潭市“美德少年”。 接受并通过《关于指导推进家庭教育的五年规划（2011—2015年）》市级终期评估。

（陈思瑶）

工商业联合会

【概况】 2015年，县工商联有17个乡镇商会，1家示范区商会，直管行业协会4家，会员总数798人，含企业会员510人。

注重围绕热点问题开展调研。深入企业进行调研30多次，走访企业60多家，比较全面地掌握了解会员企业的困难与诉求，在县政协会上提交《关于促进非公经济企业稳定健康发展的建议》，为促进县域经济发展提供参考和借鉴。同时，调动会员中的人大代表、政协委员和参政议政能力突出的非公有制企业家的积极性，以人大代表建议、政协委员提案等形式提出意见和建议54份。其中，人大代表建议28件，政协委员提案26件，主要涉及融资、环境方面的问题。与承办部门单位加强联系，力促问题解决。举行各类座谈会。参与承办全县非公经济人士迎春恳谈会，邀请县委、县政府主要领导出席并作重要讲话，与非公经济人士共谋发展。

坚持“有求必应、尽力而为”宗旨，热情接待、及时处理企业投诉，切实维护企业和企业家合法利益。有针对性地走访企业，听取企业家对政府和部门的建议，及时化解矛盾，维护企业合法权益，为天恒玻璃、融城大厦项目部等20家企业协调解决问题20个，挽回经济损失2000万元，为企业协调解决融资5000万元。认真组织“企业评部门”活动。4月，会同纪委、统战部对36家职能部门进行测评，测评项目主要包括工作作风、依法行政、政务公开、办事效率、廉洁自律五个方面，测评采取量化记分和无记名投票方式进行，对位列后五名的单位由效能办通报，同时下发整改函，督促其开展自查自纠，切实改进工作作风，认真履行好服务企业、优化经济发展环境的职能职责，及时跟踪核实,促进政府职能部门的全局意识、服务意识和依法行政意识的提高。

抓好培训，提升企业家素质。4月30日，邀请湘潭县公安局经侦队队长为200余位企业家进行法律讲座，增强企业依法维权和依法生产经营的能力。8月，组织40余名企业负责人旁听一起股权转让纠纷案，增强企业负责人的法律意识。7月27日，组织部分企业家赴武汉大学参加企业经营管理人才研修班学习，促进企业主分析市场、正确判断、果断抉择。8月，组织会员企业参加“民营企业法商风险管理高级培训班”学习。10月，组织部分企业家赴清华大学参加“非公企业创新管理高级研修班”学习。通过组织各类培训，拓宽非公企业界人士的视野，促进县域经济持续健康发展。

坚持办好每月一期的会刊《商会动态》。至2015年12月止已办219期。会刊分政策聚焦、会务动态、基层商会、非公党建及经营之道栏目，指导会员企业依法经营、照章纳税，可读性、时效性较强，深受会员的欢迎。发挥《湘潭县总商会网》的作用，宣传工商联组织、宣传党对非公经济方面的方针政策，推介优秀企业和非公经济人士，宣传湘潭县招商引资的优惠政策，成效突出。倡议和组织会员参与各项社会公益活动。组织非公企业参与“光彩事业”“双联共建”“金秋助学”“精准扶贫”等各类主题活动，引导非公经济人士感恩、回报社会。涓江鞋业连续2年对全县环卫工人进行赠鞋活动。年内，共有80余名非公经济人士捐资295.9万元用于助学、助建、助困。其中，助学70.2万元，帮助建设212.5万元，慰问老人13.2万元。根据群众工作、精准扶贫工作要求，与城塘社区、分水乡晓冲村、龙口乡潭溪村支部结对帮扶，走访群众120余户，解决困难问题10个。

完善《湘潭县基层商会考核实施细则》，出台《关于对基层商会考核办法》，制订《会长分工方案》，根据地域或行业对专兼职副主席联系基层商会提出具体要求，加强工商联会长们与会员之间的联系。年内，走访会员企业100余家，促进基层商会工作的开展。经常开展外出考察、维权服务、培训教育等活动，基层商会的组织网络更加健全，工作更加充满活力。全县乡镇（开发区）商会全部组建，成为服务非公经济的一支重要力量。

学习外地商会经验，加强与外地商会的联络与交流。年内，该会主席成极中一行赴山东、广东等地进行考察交流。邀请外地商会和企业家来县交流考察。与苏仙区工商联、冷水江市工商联结成友好商会。

以规范、提升作为非公企业党建工作主题，开展全面大走访活动，选派143名党建指导员对非公企业党建工作进行指导。抓好非公企业党组织换届工作，通过换届选举，选优配强新一届党组织领导班子。加强对软弱涣散党组织的整顿，19个乡镇撤销或者合并党组织

64家，共有非公党组织140家。全年举办2期非公企业党组织书记培训班和一期党员培训班，参训人数200余人次，通过各类培训，基层党组织建设得到加强。

2015年，湖南康普药业股份有限公司湘潭一笑堂公司被评为市级非公有制经济组织党组织规范化建设示范单位，湖南韶力电气有限公司党支部被评为湘潭市基层党建示范点，排头乡商会党支部被评为全市非公有制经济组织先进基层党组织。（谭　浪）

【湘潭县工商业联合会】

主席　成极中

党组书记　唐声华

党组副书记、副主席　谷宏伟

党组成员、副主席　徐　琳

党组成员、副主席、秘书长　曹　颖

兼职副主席、副会长　马正湘　马光荣　尹立仁　李　明　邹石山　张祖洪　罗金海　周　建　周卫东　周志高　赵延安　赵声安　胡红辉　俞晓阳　袁扩军　唐闻骏　凌海科　彭　瑛　谢荣光　谭义军

兼职副会长　刘孟龙　周运奇　赵康宇　侯建荣　郭彩云　胡海强　周其林

【中共湘潭县非公有制经济组织工作委员会】

书　记　唐声华

副书记　徐　琳　许江池（兼）

委　员　李学军（兼）　胡厚浪（兼）　刘立新（兼）　周少如（兼）　王　睿（兼）　贺重农（兼）　万子宣（兼）　刘胜林（兼）　谷宏伟（兼）　曹　颖（兼）

科学技术协会

【概况】　2015年，县科协认真推进实施《全民科学素质纲要》，协调相关职能部门，统筹做好五大重点人群科学素质工作：组织举办全县第35届青少年科技创新大赛，共收到各类参赛项目390项，评选出优秀作品303件。实施新型职业农民培育等项目，共培训5131人次。开展科普进社区活动，在县城和有关乡镇社区举办科普讲座20期、1800余人次参加，集中科普展览3次、3500多人次参加。面向领导干部和公务员开展教育培训4期，培训260人次。通过组织开展重点人群科学素质行动，以点带面，推动全民科学素质整体提升。

大力实施基层科普行动计划。重点扶持县全丰种养技术协会、行寅贤林业科技示范园等农技协和科普示范基地，其中行寅贤林业科技示范园被湖南省科协评为“科普惠农兴村计划”奖补单位，奖金为10万元；易俗河镇城塘社区被中国科协、财政部评为“基层科普行动计划”奖补单位，奖金为20万元。

5月22日全国科技活动周期间，联合县科技局，组织县属16个学（协）会在易俗河镇城塘社区举办一场“百名科学使者进社区”活动。9月22日，组织4个县属涉农学会和县医学会，在分水乡举行湘潭县全国科普日主场活动。

制定并印发《2015年学会目标管理考核办法》，引导和推动学会发展，鼓励学会围绕自身的业务、职能特点，积极开展各项活动。各学会开展多形式的学术交流活动40次，参加人员达1200人次，收集论文近400篇，其中在国家级刊物发表4篇、省级4篇。举办各类技术培训与讲座活动67期，培训5500余人次。（彭　乐）

文学艺术界联合会

【概况】　2015年，县文联下辖作家协会、书法家协会、美术家协会、音乐家协会、摄影家协会、戏剧曲艺家协会、嘤鸣诗社、洛口诗词楹联协会、舞蹈家协会、演讲与口才协会、文艺评论家协会等12个文艺家协会，拥有骨干会员1200人左右，从事文艺创作人员20000人左右。

加强文艺队伍建设，规范协会管理。10月20日至11月20日，县文联下辖文艺家协会组织召开会员代表大会，进行换届选举。其中，县楹联学会与县洛口诗社整合为县洛口诗词楹联协会。新一届协会主席为：作家协会主席齐延龄、书法家协会主席刘联群、美术家协会主席周伟红、音乐家协会主席周俊卿、演讲与口才协会主席陈艳、摄影家协会主席谭学文、民间文艺家协会主席何秉煌、戏剧曲艺家协会主席王凤英、舞蹈家协会主席罗涛、嘤鸣诗社社长韩白奎、洛口诗词楹联协会主席杨孟雄。各协会积极组织文艺活动，加强文艺创作。县作家协会参与省、市“纪念抗战胜利”征文大赛，出版3本该题材作品；县书法家协会在赵家洲小学、白石小学开展“书法名家进校园”经常性的教学活动；洛口诗词楹联学会组织会员参加省内外各种诗词征集比赛，杨孟雄赴北戴河参加全国诗词楹联年会；作为湖南省3名代表之一，民间文艺家协会鄢光润赴沈阳参加中央民俗学会年会；读山诗社对八指头陀、谭半农等本地名人名作品进行整理，出版3本著述。

加强基层文联建设。以县文联下基层走访和协会与基层“结对子”指导为抓手，结合县内旅游节会，先后到石鼓镇、花石镇、谭家山镇、茶恩寺镇、梅林桥镇、龙口乡、石潭镇、云湖桥镇等10余个乡镇进行主题采风创作和文艺调研指导，建立写生和创作互相推进、调研与指导互相结合的常态机制，夯实基层文艺工作基础。

文艺创作硕果累累。2015年国家级：共12人的作品出版、展演、获奖或发表。其中，胡思群、程仁的作品入选第十一届全国书法篆刻作品展，这是湘潭市女书法家首次入展全国书法篆刻展，也成为全省唯一有两位女性青年书法家入展的地级市；谭学文的《晨雾》在《中国摄影杂志》发表；鄢光润的《湘潭隐山正一度亡法会解读》收入国家民俗学会2015年会论文集；陈长工、刘向阳等7人获得国家级诗词歌赋创作奖。省级：共34人的作品出版、展演、获奖或发表。市级：

共36人的作品出版、展演、获奖、发表。

组织春节“三下乡”活动。是年春节前后，组织70余名艺术家赴云湖桥、梅林桥、谭家山、龙口、易俗河等乡镇组织送春联活动。推进文艺惠民。3月5日，在县城白石广场、金桂南路组织“名家写字绘画”活动，为群众送出扇面、横幅、条陈、对联、绘画等书画作品1000多副（张）。

是年，县文联被评为市文联系统先进单位、省文联系统先进单位。

【“欢乐潇湘·幸福湘潭”书画摄影大赛】 2015年，“欢乐潇湘 幸福湘潭”书画摄影大赛历时5个月，收到参赛作品465件，选送12件作品参加省“欢乐潇湘”展览，获得金奖1名、银奖1名。同期，选送6件作品参加湖南省第五届艺术节。9月底，在天易示范区管委会大厅举行获奖作品展，展出作品100余件。

【纪念中国人民抗日战争胜利70周年暨世界反法西斯战争胜利70周年演讲赛暨基层巡讲活动】 2015年，组织纪念中国人民抗日战争胜利70周年暨世界反法西斯战争胜利70周年演讲赛，经初赛、复赛，共30余名选手脱颖而出，决赛共评出等级奖12名，选送选手参加市级决赛，1人获一等奖。组织纪念抗战胜利70周年中小学巡回演讲活动，共派出20余人，分赴全县各乡镇、各学习组织巡讲24场次。（张宁波）

残疾人联合会

【概况】 2015年，县残联秉承“人道、廉洁、服务、奉献”理念，履行“代表、服务、管理”职能，紧密围绕县委、县政府中心工作，全面完成残疾人事业“十二五”规划收官之年各项工作目标任务，全县残疾人工作居全市前列。

残疾人社会保障体系基本建立。社会保障制度全面覆盖贫困残疾人。落实重度残疾人（一、二级）生活补助和护理补贴。全县9598名重度贫困残疾人享受每月60月的特殊生活补助、每月50元的护理补贴，共计资金730万元。城乡残疾人普遍按规定加入基本养老保险和基本医疗保险，补助残疾人个人自负部分59.217万元。开展省市重点民生实事等助残项目惠及广大残疾人。50名贫困残疾儿童得到免费康复训练（30名脑瘫、14名智力缺陷、6名孤独症儿童），为120户贫困残疾人家庭进行无障碍改造（下列）。开展重度肢体、智力残疾人居家托养服务250户，救助资金18万元。为1000名家庭特别贫困的残疾人代步车辆发放260元/年的机动轮椅车燃油补贴26万元。县民政、卫生、残联部门协作，500余名贫困精神病人得到门诊医疗救助25万余元。贫困残疾人及其子女就学得到重点扶助。落实《湖南省高中阶段残疾学生和高中阶段贫困残疾人家庭子女资助管理办法》（湘残联字〔2015〕17号）文件精神，高中阶段残疾学生每人每学年资助1400元，高中阶段贫困残疾人家庭子女每人每学年资助1000元。是年，湘潭县“智力扶残、后代扶强”助学活动，筹措资金30.48万元，共资助全县大、中、小残疾学生及贫困残疾人家庭子女441名。挖掘社会资源助学。4月，携手湘潭县“领袖联盟建材家居”资助12名贫困残疾学生，每人2000元，共计2.4万元。

残疾人社会服务体系基本建立。县、乡、村残疾人组织网络健全，全县578个村/社区都成立残协。1—3月，全县残联组织完成22636名残疾人基本服务状况与需求专项调查工作，为国家制定政策提供依据。10月，与计生、卫生等部门协作，开展0—7岁儿童残疾筛查工作。11月26—27日，县残联在县委党校分2期培训全县578个残疾人联络员。年底，组织乡镇残联对村/社区残疾人联络员进行目标考核。县乡残联和卫生系统建立残疾儿童动态信息库，及时掌握残疾儿童情况。开展杨嘉桥镇新福村、射埠镇鹤霞村、石潭镇联盟村残疾人工作示范村创建工作。加强残疾人康复服务机构建设。县残疾人辅助器具站增加辅具数量和种类，年内免费发放各类辅具1045件，为19名重度残疾人免费安装假肢和矫形器，支持创建砚井社区残疾人康复站，配送价值2万余元的康复训练器材、投入3万元筹建经费。积极推进残疾人就业服务。是年，县残疾人就业服务所开办残疾人职业技能和实用技术培训班12期，培训残疾人348人。举办二期残疾人就业招聘会，推荐84名残疾人就业。投入55万元扶持55户残疾人创业，投入45万元支持残疾人贷款创新创业。支持4家盲人按摩机构升为省级合格店，投入15万元奖励扶持30名“创业之星”。组织开展第二十五次“全国助残日”活动以及“爱耳日”、法制宣传日和全县“最美残疾人”“最美残疾人贴心人”评选。全县各级机关和企事业单位“关注孤独症儿童，走向美好未来”开展一系列以“帮扶贫困残疾人”为主题的扶残助残活动。县残联机关募集助残资金20多万元，用于扶残助学、残疾人辅具适配、困难救济等。县内有10名运动员进入湘潭市代表团参加省第九届残疾人运动会，获金银铜奖牌分别为17块、8块、3块，受到湘潭市政府表彰奖励。残疾人工作宣传影响扩大。全县乡镇残联干部发布工作信息近200篇。信息报送量在全省县级残联中排名11。县残联网还开辟残疾人婚恋信息网、残疾人救助平台，为残疾人提供更多、更全面的政策、信息服务。

【0~7岁贫困残疾儿童抢救性康复】 2015年，湘潭县实施省重点民生实事项目0—7岁贫困残疾儿童抢救性康复50名。其中，30名脑瘫、14名智力缺陷、6名孤独症儿童分别送到省市定点康复机构进行免费康复训练，人均救助标准达到12000元以上，康复效果显著。

【贫困残疾人家庭无障碍改造】 2015年，县残联实施市重点民生实事“贫困残疾人家庭无障碍改造”项目，全县有120户（其中省项目20户）贫困残疾人家庭得到“个性化、人性化”无障碍改造，平均每户改造资金达到7000元以上，大大改善了残疾人生活起居环境。

【残疾人就业培训】 2015年，县残联开展残疾人实用技术和职业技能培训班。举办石鼓镇2期农村实用技术（油菜种植与管理）培训班58人、茶恩寺镇农村实用技术（养蜂）培训班30人、花石镇2期（葡萄种植技术）培训班60人、射埠镇2期（中药材百合种植和蔬菜的种植）培训班60人。举办残疾人职业技能培训：盲人保健按摩培训33人，电焊培训25人，园艺花卉培训30人，电子商务培训23人，创业培训29人。共12期，培训残疾人348人。

【“最美残疾人”“最美残疾人贴心人”】 2015年，湘潭市委宣传部、文明办、市残联组织开展湘潭市“最美残疾人”“最美残疾人贴心人”评选表彰活动，12月2日，颁奖典礼在市广电中心举行。湘潭县残疾人赖新泉、彭觉、杨树华荣获“最美残疾人”，胡安平、唐建光、谭萍、贺跃纯被评为“最美残疾人贴心人”，黄燚湘获“最美残疾人贴心人”提名奖，8人均受到市委、市政府表彰和奖励。

【残疾人流动服务车】 2015年12月16日，湖南省中央专项彩票公益金县级残联流动服务车在长沙市集中配发交付，中国残联为湘潭县配发一台流动服务车，用于残疾人的信息筛查、康复服务、就业扶贫、权益保障、残疾人证办理等服务。

个体私营经济协会

【概况】 2015年，湘潭县个体私营经济协会下设9个分会，理事41人。有个体会员8593人，私营企业会员2165户。

是年，新发展个体工商户会员2244户，私营企业会员845家。联合各部门安排下岗职工、返乡农民工、大学毕业生、退伍军人就业创业，成绩显著。引导会员创名牌，积极引导个体私营户转型升级为企业，帮助企业做大做强。在个私企业会员中开展诚信守法经营活动，表彰个体工商户和私营企业的诚信文明经营。

组织会员开展社会公益活动。春节前后，县个私协和各分会积极开展慰问活动，将现金和过年物资分送到特困会员的家中，让会员感受到个私协会的温暖。3月5日，县个私协和各分会组织开展“学雷锋”主题活动，与步步高湘潭店一起组织一次为期3天的为群众义务理发、修理、义诊，提供法律法规、医疗保健、识假辨假和消费维权知识咨询活动。共为关心下一代、教育基金、扶危解困、希望工程等社会公益事业筹资或捐款52多万元，慰问困难群众和困难会员87人，送去价值10多万元的衣服、食品、日用品等以及慰问金5万元。

全年接待来信来访76人次，提供咨询126人次，协调处理各类矛盾纠纷28起，处理各类侵权事件22起，为会员挽回或避免经济损失达72万余元。

是年，县个体私营经济协会获湘潭市工商局、湘潭市个私协会“发展个私经济先进单位”荣誉称号。

（赵静萍）

红十字会

【概况】 2015年，县红十字会坚持“抓重点、干实事、见效果”的原则，以“携手人道、共建和谐，献爱心，关爱弱势群体”为主题，大力开展宣传动员工作，推进红十字各项事业不断深入，持续开展帮困和送温暖活动，充分发挥政府在人道事务工作中的助手作用。

扎实开展各种宣传日活动。在县城和乡镇繁华地段开展“5.8”世界红十字纪念日、“6·14”世界献血者日、“12·1”世界爱滋病宣传日、“12·5”国际志愿者日等宣传日活动，发放宣传资料，展示红十字知识图片等，积极宣传《中华人民共和国红十字会法》，培养和强化人们的“人道、博爱、奉献”的红十字精神。

以媒体为平台，大力营造舆论氛围。充分利用媒体，加大宣传报道工作，省市县电台、县网、县报对宣传日活动进行及时播报，副省长李友志一行2月13日来潭参加省红会2015年“红十字博爱送万家”活动及副市长苏健全于“6·14”世界献血者日到湘潭县慰问献血者活动分别在省、市电台报道。通过宣传，取得良好的社会效果，提高广大公众对红十字工作认识度。

扎实开展无偿献血活动。根据市政府下达湘潭县无偿献血任务，结合全县实际，拟定全县无偿献血工作方案，召开全县无偿献血工作会议，广泛宣传、精心组织，较好完成市献血办下达的团体无偿献血任务。

关爱弱势群体，深入开展救护、救助工作。深入开展“红十字博爱送万家活动”。2月13日，副省长李友志一行来湘潭县开展红十字博爱送万家活动，慰问谭家山镇6名特困户。年前，该会将价值3万多元的棉被、棉衣、大米、食用油等生活必需品，及时地送到孤寡老人和贫困环卫工人手中，让他们过一个祥和温暖的春节。积极开展救助活动。年内该会为马典等三位白血病患儿争取基金会救助项目并都已通过省、市红会审核。普及救护知识，年度培训3次，300人次。

（黎　蜜）

（责任编校　杨　柳）

法 治

政法委及综治工作

政 法

【概况】 2015年，湘潭县政法工作紧紧围绕“确保社会稳定、促进社会公平正义、提高群众安全感和满意度”三项目标，着力推进“三大建设”即平安建设、法制建设、队伍建设，主动服务经济社会发展，保持全县社会政治大局稳定。

推进平安建设。在全县范围内开展平安乡镇、平安单位、平安村、平安社区、平安家庭创建活动。3月和8月，组织开展平安建设集中宣传月活动。年内，各级媒体播发平安建设稿件796条，印发《家在莲乡》宣传手册。组织县乡干部深入开展大走访活动，深入乡镇村组，宣传动员广大干部群众参与平安建设。加强治安防控体系建设。完善县城区电子监控系统，确保新增的200多个电子探头全部投入使用，县城区主干道和各小区视屏监控系统做到互联互通。县公安局专职巡逻队坚持24小时巡逻防控。组织县直机关干部开展徒步巡逻，警车定点值守。完善农村地区乡镇治安巡逻大队、村（社区）义务巡逻队巡防机制，探索建立“995十户联防”，推广移动车卫士GPS小型技防设施，全县“两抢”案件发案同比下降22.3%，其中抢劫案件发案下降33.4%。

推进法制建设。按照社会治理改革的要求，大力推行执法公开工作。组织政法各单位重点加强法律文书公开，工作流程公开，执法活动公开。县内法院生效法律文书全部在中国裁判文书网上予以公开发布。召开执行听证会9场，举行执行房产阳光变卖会1场。网上开展庭审图文网络直播7场次。

服务经济发展。服务重点工程、重点项目建设和实体经济发展，共破获各类刑事案件861起，打掉田某恶势力团伙，整治治安复杂地区、场所5处，化解涉企矛盾92起，依法查处阻碍企业正常生产经营的治安案件16起。确保大鹏西路征地拆迁、凤凰东路延伸等重点工程建设顺利进行。

推进政法队伍建设。按照“三严三实”专题教育的总体要求，坚持以党建促队建，以廉政勤政，促作风转变，以文明创建促整体能力素质提升。坚持“一岗双责”“党政同责”，始终把党的建设作为政法队伍建设的保障工程，重点抓好十八大、十八届三中、四中、五中全会精神，习近平总书记系列讲话精神的学习贯彻落实，积极组织参加集中学习和个人自学，坚定党员干部的政治立场。以落实“两个责任”为抓手，加强政法机关党风廉政建设，使每一个党员干部做到知责、明责、守责。督促政法机关“一把手”主动落实“三个不直接分管”和“末位表态制度”。坚持每月组织一次暗访督查活动，狠抓政法机关干部作风建设。

【涉法涉诉积案化解“百日行动”】 建立律师参与化解涉法涉诉信访工作机制。将涉案涉诉信访工作纳入各乡镇、政法系统、县直机关单位年度综治考评。2015年7月20日~10月31日，县政法委在全县开展涉法涉诉积案化解“百日行动”。规范涉法涉诉联合接访中心工作流程，共接处访226批次。落实湘政法〔2014〕14号文件，成立依法治访领导小组和工作班子，切实加大进京非访治理力度，全年共化解信访积案34件，化解市交办涉法涉诉信访案件25件，对缠访、滞留访等人员依法训诫92人次，依法行政拘留35人次，刑事处罚2人，其中判处有期徒刑1年以上的1人。

【“三官一律”进村（社区）活动】 2015年，在全县17个乡镇规范设立19个“三官一律”（是指法官、检察官、警官、律师）法制工作室，每个星期二由驻室干警坐班接访或下乡走访，活动开展以来，调解矛盾纠纷751件，提供法律咨询968人次，为群众办实事125件。

（杨正华）

社会治安综合治理

【概况】 2015年，全县的综治工作坚持以提高群众满意度为目标，以落实社会治安综合治理目标管理责任制为主要抓手，扎实推进落实综治各项措施，群众安全感和满意度不断提升，在全省民调中，湘潭县排名第74位，综合排名全市第2位。

健全社会治安综合治理目标管理责任制。不断完善综治维稳目标管理责任制，制定《群众满意度奖励考核及工作责任追究办法》，在全县各乡镇、村（社区），县直各部门单位，层层签订责任书。建立领导干部抓综治维稳工作绩效档案、综治维稳工作年度考评办法。组织开展专项督查6次，暗访4次，对履职不到位的9个单位进行通报批评。经综合考评，评出5个先进乡镇（石潭镇、中路铺镇、射埠镇、锦石乡、分水乡），12个合格乡镇（梅林桥镇、云湖桥镇、谭家山镇、排头乡、石鼓镇、乌石镇、龙口乡、茶恩寺镇、易俗河镇、杨嘉桥镇、河口镇、白石镇），2个基本合格乡镇（花石镇、青山桥镇），21个先进单位，66个合格单位。在村级年度考核中对民调排名在全县后50名至后11名的村实行“黄牌警告”。对民调排名在全县后10名的村支部书记、村主任实行预免职，村群众工作协调员予以解聘。

加强综治服务综合平台建设。完善乡镇综治维稳中心，明确由党委书记兼任中心主任，配齐综治维稳专干，健全工作制度和流程，着力加强乡镇综合服务管理平台建设，及时解决社会治安问题，全县基本形成“社会治安联防、矛盾纠纷联调、重点人员联控、突出问题联治、平安建设联创”的工作格局。

综治信息化建设。根据省市综治办要求，抓紧与省综治信息中心对接，规划建设县、乡镇、村、组四级综治信息网络。组织乡镇综治办结合“大走访”活动，进村入户走访群众，了解和收集社会矛盾、违法犯罪，以及人口、住房等基础信息，共收集录入信息310余条。

社区网格化管理。坚持“精细化管理、零距离服务”的理念和“定格、定人、定责”的要求，对社区实行“三级网格管理”的模式，整合社区资源，对社区合理划分网格，每个网格配备1名网格管理员，明确网格管理员在人口信息采集、社情民意收集等方面的职责，网格管理员在社区的组织下规范开展工作，构建“以块为主、条块结合、上下联动、多方配合”的工作模式。

排查化解社会矛盾。健全矛盾纠纷排查调处协调会议制度，完善“三调联动”工作机制，深化矛盾纠纷预防排查化解“村为主”体系。加强专业调解委员会建设，在建立医疗纠纷调处中心、交通事故调处中心以后，再建立征地拆迁、劳资、婚姻家庭等专业性调解组织。全年共排查调处矛盾纠纷2435件，调处成功2405件，调处成功率98.7%。无因调处不当而发生“民转刑”的案件。

流动人口服务管理。深入开展流动人口和出租房屋的清理整顿，每个季度对各乡镇的流动人口录入情况进行抽查。全年开展集中清查行动5次，清查重点场所269家，宾旅馆384家；清查流动人口9642人，出租房屋4187户，做到登记、录入“不漏户、不漏人”。

护路护线和见义勇为。全面落实护路护线责任，大力开展“珍爱生命·关爱他人·护爱铁路”为主题的爱路护路宣传活动，深入排查化解涉路矛盾纠纷，积极开展义务护路护线活动，全县未发生“五类”危行案件。设立见义勇为基金，严格审核和表彰见义勇为人员，年内对排头乡颜强等对象进行表彰奖励。

进京非访治理。成立由县委常委、政法委书记任组长，政法委主持日常工作的副书记任副组长，综治办、维稳办、信访局、法制办和公、检、法、司主要负责人为成员的依法治理非访工作领导小组，设立“依法治访”工作协调组和侦查工作组。制订《湘潭县依法治理非访工作“百日行动”实施方案》。县委、县政府主要领导到进京非访较突出的乡镇联系指导，全力推进进京非访治理工作。依法打击进京非访的违法行为，共治安拘留18人次。

综治宣传活动。县电视台、县网、县报开设平安建设专栏，对综治（平安建设）工作进行动态报道。各乡镇、政法各单位利用横幅、宣传资料、宣传车等形式大力开展宣传，县综治委组织对全县2014年“平安家庭”户进行贴牌，编印31万册《家在莲乡、共建和谐》宣传册发至全县每户，利用移动、联通等通信公司发送31.2万条短信。

【开展千名干部进万户夜访恳谈活动】 8月，组织县直机关干部对易俗河县城区内的住户开展夜访恳谈活动，听取群众意见，宣传政法综治维稳工作，采集人口、住房等基本信息。8月20日召开动员大会，走访工作按照分组包干的办法，将84家县直机关单位2029名干部分到县城的9个社区，由社区统一安排，逐户走访。活动共走访群众17785户，收集群众意见建议6540条，解决群众困难问题196个，答复意见1763条。 （杨正华）

维护社会稳定

【概况】 2015年，湘潭县维稳工作牢牢把住“确保社会稳定”这一底线，积极应对经济下行的不利影响和各类社会矛盾交织叠加的势头，强化三项机制，较好地完成纪念抗战胜利七十周年、党的十八届五中全会等重大节庆活动期间的安全维稳任务，确保全县社会政治大局稳定。

【强化维稳责任】 按照“属地管理”和“谁主管谁负责”的原则，明确各乡镇党委书记和各部门行政一把手为维稳工作第一责任人，层层签订维稳工作责任状，形成一个职责明确、上下连贯的责任体系。由县委督查室、县纪委、县维稳办、县联席办等单位组成督查组，定期或不定期对维稳重点领域、重点人员、重点时段、重大问题进行专项督查。全年共组织联合督查12次，暗访6次，对在督查中发现思想上不重视、工作上不落实等现象及时提出批评，责令限期整改，确保各乡镇和单位真正将维稳责任落实到位。

加强维稳情报信息。完善县、乡（镇）、村（社区）三级信息网络，抓实情报信息的搜集、研判、上报三个环节。全县物建维稳信息员164人，反馈情报信息610余条。经过研判，共综合编发《维稳信息》36期、《维稳形势分析》24期、手机专报51期，为有效防范和及时化解群体性事件和非正常上访起到提前预警的作用。

社会稳定风险评估。制定《关于建立维护社会稳定风险评估机制的实施意见》，并将风险评估工作列入重大决策的前置条件。先后对小煤矿关闭，石鼓镇风能发电项目等，组织风险评估工作，为领导决策提供依据。

不稳定因素排查化解。不断完善和发挥矛盾纠纷排查化解"村为主"体系的作用，调处医疗纠纷71起，交通事故114起；三调联动调解617起，调解成功617起。没有因调处不当而发生民转刑的案件，全年排查出不稳定因素120余起，内含较突出的涉稳问题18起。

依法处置突发事件。主动应对经济下行带来的不利影响，对涉众型经济纠纷、征地拆迁、房产纠纷、企业改制、个人极端行为和到省进京上访问题、涉农问题等方面分别设立专项治理工作组，县维稳办实行"一周一调度、一月一汇总"。年内，牵头处置、化解堵门、堵路、堵桥等突发性群体性集访事件65起。积极服务重点工程、重点项目建设和实体经济发展。协调处置大鹏西路征地拆迁、凤凰东路延伸、武广大道等重点工程项目建设的矛盾问题18起。（杨正华）

法治政府建设

【概况】 2015年，湘潭县人民政府深入贯彻落实党的十八大及十八届三中，四中全会精神，牢固树立依法行政理念，围绕全面建成小康社会目标，深入推进依法行政工作，加快法治政府建设，全县依法行政工作取得明显进展。

抓职能转变，着力优化经济发展环境。清理行政审批、提升行政效能，全面推行依法行政各项工作，全县行政审批时限缩短三分之二、审批事项精简二分之一。在审批事项数量方面，全县行政审批事项由580项精简至285项，再次对审批事项进行调整，并以县政府名义印发《关于取消、新增和调整一批行政审批项目的决定》。在审批流程方面，全县47家有行政审批职责的单位设立行政审批股，审批职能集中归并到行政审批股，各单位的行政审批股全部进驻县政务服务中心，实行行政事项进一家门办事、盖一个章办好，收规定费办完，按承诺日办结。严格按照省市的统一部署，对全县45家单位的权力清单和责任进行全面清理，明确31家单位（机构改革后）的行政许可、行政强制行政征收等10个权力类别清单4399项，明确28家单位（机构改革后）的责任清单清理、主要职责492项、公共服务事项194项、职责边界197项，权力清单和责任清单均在政府常务会议通过并在网上予以发布。在县政府办（县法制办）设立副科级的政府法律顾问室，解决法制机构人员不足的问题，县政府执法任务较重的单位均设立政策法规股。

抓法治建设，着力推进依法民主决策。坚持政府常务会议学法制度。年内，政府常务会议2次听取县法制办工作汇报，特别是重大行政决策合法性审查，县政府法制办作如何做好重大行政决策合法性审查的专题汇报。严格行政决策程序。坚持政府常务会议、政府专题会议议事制度。凡列入政府常务会议研究的议题，会前均由分管县长组织各部门就参会议题进行充分研究讨论，会中参会领导、相关部门负责人及相关领域专家充分发表意见。对需专题研究的事项，由县政府主要领导或分管领导召开专题会议，根据工作需要随时研究形成会议纪要遵照执行。严格行政决策监督。重大决策事项必须经过公众参与、专家论证、风险评估、合法性审查、集体讨论决定程序方能做出决定。出台《湘潭县重大行政决策事项清单和年度目录管理试行办法》，事关经济社会发展的重大问题、涉及群众切身利益的重大事项，通过召开听证会的形式，广泛听取专家及参会代表意见，利用网络、报纸等载体向全社会广泛征集意见，集中民意民智，防范决策风险。政府法制机构全程列席政府常务会议，重大事项法制部门提前介入，参与决策建议，确保各项行政管理活动依法进行。严格规范性文件管理。认真执行《湖南省行政程序规定》和《湖南省规范性文件管理办法》相关规定，按照省市法制办的相关要求，文件制定实行三统一规定，坚持法制办审核把关，政府常务会议集体研究，在内容上遵循职责法定和依法行政原则，做到不与法律法规相冲突、不与上级政策相抵触。2015年，全县出台规范性文件25件，均报同级人大常委会和湘潭市政府备案。定期开展对规范性文件清理，对该修改废止的文件及时进行修改和废止。加强政府合同的管理。出台《湘潭县合同管理暂行办法》，县人民政府签订的重大经济合同及招商引资合同，均由县法制办对约定事项的合法性、合同条款的严谨性、完备性进行事前审查。县法制办全年共审查修改县政府各类重大合同20余份。

抓改革创新，着力规范公正文明执法。推进城市管理创新。成立湘潭县城市管理和行政执法局，出台《湘潭县城市管理相对集中行政处罚权实施办法》，实行城管领域综合执法，相对集中行使市容卫生环境、园林绿化、市政的全部行政处罚权和工商环保的部分处罚权，较好地解决多头执法、职权交叉、重复执法问题，提高城市管理服务水平。推进强镇扩权改革。从2013年开始，全县探索委托乡镇行使部分政府工作部门行政处罚权，将国土、规划等7个职能部门13项行政处罚权下放至乡镇，集中行使委托乡镇授权执法。是年，全县有综合执法中队18个，专职乡镇综合执法人员215名。探索建立"一支队伍管全部、一支队伍管到底"的基层综合执法、集中执法的新模式。构建以"村级信息采集员—乡镇执法中队—县直部门"为主的联合执法网络体系，实现基层行政执法无死角、无盲点、无缝隙。全县乡镇综合执法中队累计开展巡查2000余次、制止违法行为600余起，通过委托乡镇授权执法，提升执法效能，强化执法力度，全县违法事件同比下降50%以上。加大行政处罚案件的管理，推进“两法衔接”工作。出台《湘潭县关于在全县推行行政处罚决定网上公布工作的通知》，加强对行政执法单位行政处罚案件的监管，建立“两法”衔接联席会议制度，及时研究通报行政执法活动中发现的涉嫌犯罪案件或国家工作人员职务犯罪违纪违法线索，加强对行政执法权力的监督和制约，切实保障执法部门依法行政。

抓政务公开，着力加强行政权力监督。强化行政职能公开。以权力清单和行政审批公开为载体，向社会全面公开政府及部门职责权限、法律依据、管理流程及监督方式，自觉接受社会监督。实行财政预算公开和“三公”经费公开。晒账单，严格控制“三公”经费和一般性支出。实行重大事项公开，重大建设项目、公共资源配置和社会公益事业建设等领域的政府信息实现全面公开。强化行政权力监督。自觉接受人大监督、民主监督、司法监督、审计监督等多种形式的监督，加强行政权力运行的制约。重大事项向人大常委会报告和政协协商。加强国有资产、政府投资、政府采购等权力集中部门分岗分权，强化内部流程控制，防止权力滥用。强化财政投资项目评审管理。通过建立科学有效的权力运行制约和监督体系，促进行政权力在法治轨道上规范运行，实现依法行政。强化行政复议应诉工作。坚持行政复议申请进行“六个审查”，严格按照工作流程及时将审理情况告知申请人。年内，受理行政复议案件35起，所受理案件坚持在法定期限内结案，被申请人做出的行政行为从证据是否确凿、事实是否清楚、程序是否合法、适用法律是否准确等方面进行严格审查，该维持的维持、该撤销的坚决撤销，做到既维护复议申请人的合法利益又积极支持行政机关依法办事。7月，县人民政府份应对新的《行政诉讼法》，出台《湘潭县行政应诉工作办法》，明确县政府应诉的流程及县长应当出庭应诉的案件及相关的责任追究办法。是年，县政府成为被告的案件共14起，县法制办对每起应诉案件均积极组织应诉。

（肖云祥）

公 安

【概况】 2015年，湘潭县公安机关立刑事案件3815起，破获各类刑事案件1234起。其中，命案发4起破4起。移送起诉727人，抓捕各类逃犯103人。受理治安案件5005起，结案2976起，行政拘留1443人。查处各类交通违法行为144605起。

是年，公安机关坚持严密防控和主动进攻相结合，服务经济发展与服务民生需求相结合，全力确保社会稳定。加强情报引领。围绕“抗日战争胜利70周年纪念活动”等维稳安保工作，深入推进四级情报网络建设，成立情报委员会，制定情报信息工作规范，上报各类涉稳信息291条。建立情报“日研判、周会商、月通报”机制，发布重大事件预警防范信息110余条，做出调度处置指令64条。及时掌握并协助稳控赴省进京的非访对象87人（次），妥善化解处置。摸排各类不稳定因素638起，妥善化解500起，处置突发事件80余次。受理治安纠纷5101起，成功调解4506起，调解率达88%。坚决维护医疗机构秩序，处置医患纠纷20余起。接待群众来访205人次，受理信访案件57起，办结55起。查处非访刑事案件5起、行政案件3起，刑事打击处理7人，行政拘留17人。快速侦破发生在杨嘉桥镇政府的放火案，并在祖国北疆边城塔城市将企图外逃出境的犯罪嫌疑人唐某某抓获归案。服务经济建设。先后走访重点工程建设单位205次，排查不安定因素87起，解决矛盾纠纷92起，积极妥善处置“天易公路二期建设项目阻工”“道南书院扩建工程与周边群众矛盾纠纷”“天易示范区凤凰东路K0 180路段阻工”等事（案）件45次，破获刑事案件1起，查处治安案件3起，处理违法犯罪嫌疑人8人；为保障重点工程“酒泉—湖南±800千伏特高压直流输电项目”的顺利进行，湘潭县公安局专门成立“驻特高压警务室”，安排1名副所长带1名民警、2名辅警、1名特聘调解员负责相关工作，化解各类矛盾纠纷26起，行政拘留1人。严厉打击处置非法集资和恶意逃债等扰乱金融秩序的行为，深入开展“创建金融安全区”活动，立各类经济犯罪案件53起，破案30起，移送起诉28人，查处违规贷款案件7起，涉案金额1619.87万元，移诉4案3人。打造民生警务。落实32项便民利民服务举措，将宾（旅）馆、印章业等行政许可由前置审批改为后置审批。增设花石镇交通事故快处快赔服务点，成立“流动车管所”推行车驾管服务下乡活动，青山桥派出所设立“车驾管服务窗口”办理上户、驾考业务。运用湘潭县公安微博、微信、网上公安局等平台，推行网上办事、网上预约、网上咨询、网上投诉服务，实现“让信息多跑路、让群众少跑腿”。

扎实开展打防管控。针对治安热点、难点问题相继组织开展打黑除恶、“一打三治”“夏季攻势”“百日攻坚”“打击盗骗毒、全力保民安”“压事故、保安全”等专项行动，强力推进平安建设。突出打击主业，坚持命案必破，深挖命案积案1起；成功摧毁“田兵恶势力团伙”，破获八类恶性案件39起；打掉江西籍“重金求子”诈骗团伙等侵财犯罪团伙15个，破获侵财案件700余起；打掉“跨湘、粤两省特大贩毒团伙案”等各类涉毒刑事案件63起，缴获各类毒品折合海洛因8.8公斤；移诉食药环类犯罪嫌疑人10人。加大对涉众型经济犯罪的打击力度，破获吸收公众存款案5起，涉案金额4.6亿元，冻结、扣押资金1300余万元，为集资户返还资金300余万元。湘潭县公安局的各项打击处理业务数据一直居于全市前列。开展立体防控。以县城出城路口4个交巡警岗亭为支撑，投入巡防警力90余人，采用“四班三运转”模式，24小时不间断的开展街面巡逻；依托平安城市电子防控系统，由视频监控员进行全天候视频巡控；从机关抽调民警在城区交通、人流复杂的路口夜间执勤，加大巡逻密度；联合小区保安力量加强对小区的巡逻防控；推行“一村（区）一警”驻点联村工作机制，在落实社区（农村）警务室“一室一警”基础上，局直机关民警对全县36个治安复杂村开展常态化联系走访。年内，巡防共抓获各类违法犯罪人员487人，城区刑事案件同比下降10.6%，“两抢”案件同比下降26.7%。通过“一村一警”走访获得线索，破获盗窃案20余起，并深挖侦破一起22年前的强奸杀人案。强化治安管理。按照“全覆盖、零容忍、严执法、重实效”的要求，对重点行业、重点部位依法管理，严格管控各类危险物品，切实消除治安隐患和管理盲区。查处涉黄涉赌案件114起，治安拘留323人；查处吸毒人员483人，强制戒毒138人；新增流动人口15421人，出租房屋2458户，工作对象1736人。确保公共安全。认真开展校车整治、治理超限超载、“压事故、保畅通、保安全”等专项整治行动，狠抓交通秩序整治，严肃查处交通违法行为。全县发生交通事故194起，死亡8人，受伤309人，直接经济损失16.2万元；破交通类刑事案件58起（其中危险驾驶2起），移送起诉55人，刑事拘留31人。积极开展消防安全监督管理，全县发生火灾223起，共救助被困人员55人，疏散群众398人，无人员伤亡。

紧扣公安机关“队伍正规化、警务实战化、基础信息化、执法规范化”四项建设，大力推进改革。狠抓队伍正规化。结合“三严三实”专项教育，大力开展党风廉政建设和反腐败斗争，严格落实各项条规禁令和“一岗双责”，以党建抓作风，查办民警违纪案件5案8人，纪律处分6人，给予通报批评7人，停止执行职务2人，免职3人，诫勉谈话3人。开展“训练日”等系列活动，以竞赛、文学、拓展等形式加强警营文化建设；推出《孟哥讲案子》《湘潭县公安报》《湘潭县公安手机信息》《派出所简报》等宣传品牌；组织开展民警（职工）家庭大走访活动，了解掌握民警的思想、家庭和社会关系状况，及时帮助其排忧解难，提升团队归属感和凝聚力；办理民警维权案件24起，采取刑事强制措施23人，行政处罚13人。2015年，湘潭县公安局被评为全市公安教育训练工作先进单位，有12名人员在省厅、市局立功受奖。打造警务实战化。不断完善扁平化指挥体系，全面运行“三台合一”系统，所有接、派警均实现网上流转，同时利用“天网”监控实时掌握现场情况，科学调度警力；新录入16名新警，坚持一律分配到基层派出所，派出所警力占全局警力的50.92%；为一线执法民警配备高性能警棍，添置200台执法记录仪以及60套新型单警装备，购置95式狙击步枪、92式手枪等先进武器；联合开展武装巡逻，健全完善《湘潭县反恐防暴应急处突预案》，常备60名反恐应急处突警力，定期组织实战演练；建立“专业主导、情报支撑、按需上案”的侦破打击模式，落实“一长四必”要求，大力推进刑事技术室一级评估建设，运用指纹比中案件19起，利用DNA技术比中犯罪嫌疑人63人，刑事技术发挥关键作用破获案件83起。推进基础信息化。按照“基础工作信息化、信息工作基础化”的要求，加快县局技术用房建设，已完成主体工程建设，12月完成消防、弱电以及室内装修；加快推进乡镇建所，乌石、杨嘉桥2个派出所的维修改造工作已全部完成，白石派出所的改造正在进行，确保12月份全部投入使用；湘潭县“平安城市”电子防控系统一期230个监控点全部投入使用，二期15个路口电警点位、乡镇3个电子卡口、城区所有路口立杆已完成，正在安装设备；推动基础信息应采尽采，为全局民警更换警务通；全县220家宾旅馆完成全省旅馆业治安信息系统联网更新建设。保障执法规范化。围绕擦亮“全国公安机关执法示范单位”奖牌，不断提升执法主体能力，组织执法知识竞赛，明确要求没有取得中级执法资格的民警一律不得担任中层以上负责人职务；加强内部监督，开展执法质量网上巡查、“坚决纠正涉法涉诉中损害群众利益行为专项整改”“立案突出问题专项治理”等专项整改活动，涉及县局的10起行政诉讼案件全部被判决驳回原告诉讼请求；深化执法公开，积极向人大、政协汇报执法工作，办结建议、提案19件，“市长热线”44件，其中有3件被市热线办评为优秀办件；全面推行“阳光警务系统”，主动向当事人推送执法信息18521条，接收14350条，收到的69条投诉全部处理到位；对民警的执法过错实行“零容忍”，追究5名民警执法过错责任。

2015年，县公安局被省公安厅通报表扬全省“打击盗骗毒、全力保平安”专项行动成绩突出集体、全省侦破命案工作成绩突出集体。

【集中开展扫黄扫赌专项行动】 1月6日，按照市局部署，湘潭县公安局在全县集中开展扫黄扫赌专项行动。这次行动集中销毁电游赌博机整机18台、外壳11台，主板、主机87块。破获涉赌刑事案件5起，移诉13人；查处涉赌行政案件100起，行政拘留335人，罚款231人。破获涉黄刑事案件7起，移诉12人；查处涉黄行政案件34起，行政拘留79人，罚款16人。其中，查处党员及国家公职人员参与赌博案2起，处罚2人。

【破获涉恶案件】 潭邵高速公路江南连接线修建贯通后，云湖桥镇北岸村红佯、汤家村民小组逐步依公路两侧开发形成商业街，社会治安状况日渐复杂。云湖桥派出所在日常工作中发现，刑满释放人员田某一纠集一帮社会闲散人员在当地逞强称霸、替人“了难”，获取非法利益，动辄损毁财物、拳脚相加，甚至公然持械伤人。2015年1月6日，湘潭县公安局专案组经过近半年的秘密侦查，实施集中抓捕行动，一举抓获主犯田某一及骨干成员田某二、王某某。随后，民警盯案不放，于1月21日、28日相继将团伙成员唐某、谭某抓获归案。破获涉恶案件10余起。

【侦破系列入室盗窃案】 1月28日19时许，湘潭县小龙王槟榔厂内员工宿舍2栋305室被人入室盗窃，室内储物柜中5名女性受害人共计30000余元现金被盗。侦查员通过视频追踪等侦查工作，成功获取犯罪嫌疑人较为清晰的图像。发现犯罪嫌疑人28日14时许作案后的活动轨迹，通过串并案，发现县城区另有6起盗窃案件均系吴某某所为。1月29日，湘潭县公安局刑侦大队侦查员在易俗河镇雪松路某网吧内成功抓获涉嫌盗窃的犯罪嫌疑人吴某某（男，20岁，贵州省湄潭县人）。经审讯，吴某某对1月28日的犯罪事实供认不讳。同时，还交代自2014年11月份以来，其先后9次窜至湘潭县胖哥槟榔厂、小龙王槟榔厂宿舍、办公室、“天一佳园”营销中心等地，盗窃电脑内存条、电脑主机、电脑显示屏、现金等物品的犯罪事实。20小时内侦破系列入室盗窃案10起，涉案价值4万余元。案件突破后，民警多策并举，积极开展追赃工作，快速追回赃款26700余元及用赃款购买的一台价值2500元的手机，并于1月30日全部返还。吴某某因涉嫌盗窃罪已被依法刑事拘留。

【瓦解一个以捡钱分钱方式实施盗窃的犯罪团伙】 2月13日上午，楚某某（女，62岁）在易俗河镇牛头岭等车时，被两男一女以捡钱分钱方式通过调包手法盗走其现金2900元。湘潭县公安局刑侦大队和易俗河派出所联合开展侦查。经视频监控及卡口信息分析，民警成功锁定嫌疑车辆和嫌疑人黄某（曾盗窃被判刑，2014年刑满释放）。通过进一步分析、比对、辨认，民警确定邓某某、张某某、罗某某为该团伙成员。随后，民警通过信息研判，掌握黄某某、罗某某、张某某的租住处。3月16日，在市局相关部门的支持下，湘潭县公安局所队联合，通过视频侦查及信息作战，成功抓获犯罪嫌疑人黄某某、罗某某、张某某，瓦解一个以捡钱分钱方式实施盗窃的犯罪团伙，破获系列盗窃案件11起，扣押作案车辆一台、赃款7000元。

【打掉一个以“重金求子”方式实施电信诈骗的犯罪团伙】 1月20日易俗河派出所接到李某报案，称其于元月7日至17日被“重金求子”诈骗现金9万余元。湘潭县公安局刑侦大队迅速与易俗河派出所成立专案组，经过网上协作和技术侦查、综合研判，成功锁定嫌疑人江某、董某某夫妇的真实身份，通过对二人活动轨迹不断动态跟进，于3月中旬又锁定另一名嫌疑人涂某某。4月19日晚在重庆市丰都县将董某某、涂某某抓获，打掉其分别设立的诈骗窝点各一处，搜获诈骗台词剧本、群呼号码猫池6台、笔记本电脑8台及大量电信卡、手机、银行卡，扣押赃款6万余元，4月24日凌晨民警在江西省南昌市将江某连人带车抓获，收缴作案工具一批，扣押赃款8万余元。打掉一个以“重金求子”方式实施电信诈骗的犯罪团伙，端掉两个诈骗窝点，扣押诈骗资金14万余元、轿车一辆。3名犯罪嫌疑人均如实交代：自2014年以来，购置专用设备、软件，利用无线群呼技术、改号技术、变声软件等高科技设备，冒充富婆及律师，以富婆“重金求子”要求受害人交纳诚信费、海关税、同居费等名义实施电信诈骗，截至2015年4月28日已查实2起，涉案金额20万元，嫌疑人交代的其余数十起诈骗案件将继续核实。3名犯罪嫌疑人已被刑事拘留。

【打掉一“仙人跳”盗窃团伙】 4月以来，湘潭县易俗河城区及其周边乡镇连续发生多起利用女性以“按摩”为由诱骗中老年男子至其住处，与之配合的男性则伺机盗窃受害人衣物内的财物“仙人跳”实施盗窃的案件。刑侦大队与易俗河派出所成立专案组，通过情报研判，民警发现经常在易俗河宾旅馆入住的李某一（有重大作案嫌疑，同时，经视频侦查和辨认，成功锁定李某一及几名同行女子系犯罪嫌疑人，办案民警随即对李某一进行动态布控、蹲点守候。6月17日下午，在巡防大队的配合下，刑侦大队民警成功抓获犯罪嫌疑人李某一、史某某。依法扣押作案面包车一台，追回赃款赃物近30000元。犯罪嫌疑人如实交代，自3月份以来，伙同李某二等人窜至长沙市及湘潭县、湘乡市采取“仙人跳”方式实施盗窃作案10余起的犯罪事实。犯罪嫌疑人李某一、史某某已被依法刑事拘留。

【打掉一特大贩毒团伙】 6月中旬，县局禁毒大队在工作中发现湘潭县有吸毒人员用微信、QQ等网络工具与“花妹子”“杰妹子”联系购买数量较多的毒品。县局立即成立专案组，湘潭市公安局指派禁毒支队、网技支队全力支持案件侦办工作。经过近10天的外围调查、信息研判，一张网络贩毒网呈现出来：刘某一、袁某贩卖毒品给眭某、刘某二，眭某、刘某二以湘潭市岳塘区租住房为基地，通过微信、QQ等网络工具将毒品麻古、冰毒贩卖至岳塘、雨湖、湘乡、湘潭县等地。6月30日上午，专案组获得线索当日特大贩毒团伙又将进行大量毒品交易，民警兵分三路，对该团伙进行跟踪、拦截、守候。当晚10时许，一组民警在某高速公路一出口处将来潭送毒品的刘某一、袁某抓获，当场缴获冰毒1公斤，麻古6粒；另一组民警将下线刘某二抓获，在其随身包内搜出冰毒29.3克、麻古5.3克、大麻0.08克，同时，民警乘胜追击于7月1日清早赶赴益阳，在刘某一与女友袁某的租住房内搜查缴获冰毒1700克，毒资17万余元。经审讯，刘某一、刘某二、袁某对贩毒的犯罪事实供认不讳。该案是湘潭县公安局破获的县内首例网络贩毒案件，抓获犯罪嫌疑人3人，缴获毒品冰毒2719克、麻古11克、毒资18余万元，扣押作案车辆2台。刘某一、袁某、刘某二被依法刑事拘留，眭某因岳塘公安分局一涉毒案件被监视居住，后被岳塘区法院收监。

【破获一起22年前的强奸杀人案】 9月9日上午，犯罪嫌疑人刘某某在石潭镇光荣村陈某某家入室盗窃时被陈某某及邻居发现并抓获。石潭派出所迅速出警，审查嫌疑人。刘某某首先试图以假名蒙混过关，被民警识破后，很快交代近10起入室盗窃案，经核对其中2起案件，均属实。侦查员结合审讯经验综合分析，刘某某曾“四进宫”，轻易开口应该是在避重就轻刻意掩盖其他更严重的犯罪事实。随后，民警制订周密的审讯策略和计划，深挖犯罪，刘某某最终供述：1993年9月的一天下午，窜至射埠镇合力村一农户家行窃时被返回的女主人贺某某发现，遂将贺某某强奸后杀害。专案组民警调取命案积案档案资料，通过反复细致盘查作案过程、细节，结合档案资料中现场勘查、尸体检验等情况综合印证分析，确认刘某某供述属实。9月12日，办案民警押带刘某某指认杀人作案现场。犯罪嫌疑人刘某某被刑事拘留。（郭长荣）

交通管理

【概况】 2015年，湘潭县公安局交警大队以民意为引领，以问题为导向，以“质量管理创建年”为推手，以“压事故、保安全”为总目标，坚持传承发展、改革创新，坚持常态推进、动态调控，着力构建莲乡道路平安畅通交通环境。先后开展春运、“一打三治”交通秩序整治、“打非治违”、校车整治、治理超限超载、“压事故、保安全”等专项整治行动，查处交通违法行为，规范路面行车秩序，强化清明、“五一”、端午、高考、中秋、国庆等重点时段的道路管控工作，严重交通违法行为发生率下降。

查处各类交通违法行为99055起。其中，无证驾驶1790起，行政拘留213人，超速60129起，闯红灯18928起，酒驾293起，超员142起，超载271起，货车改装改型1576起，无牌机动车上路768起，违法停车13524起，未按规定投保第三者责任险616起，未按规定进行安全技术检验1018起。提升秩序管理效能，形成严管高压态势。完成省级文明县城复查迎检工作；加大路面管控力度，注重联合教育、交通、各乡镇人民政府及中心联校每季度开展一次联合执法行动，积极开展对校车的集中整治行动，坚决杜绝“黑校车”接送学生，确保校车平安运行。全县有校车驾驶人337人，213台校车全部纳入塞佛迪校车公司规范化管理。2015年，交警大队先后八次开展校（园）车联合整治专项行动，共出动警力1358人次，出动警车513台次，共查处违法行为94起，下发整改通知书344份，责令标牌过期停止接送幼儿205份，其中查处重大违法行为30起（超员13起、未取得校车标牌提供校车服务14起、未取得校车驾驶资格驾驶校车2起、准驾不符1起），发现一起严肃处罚一起。推进校车治理工作；整治货车超载超限，明确目标任务和工作要求，对各交警中队治超工作任务进行量化考核，强化日常巡逻管控，抽调20名警力和五台警车参与县治超联合队伍专业治超，实行固定和流动巡查相结合，坚持严管重罚，不消除违法状态不放行，年内共查处货车超载271起，查处非法改装改型1567起。基本上完成年终超限超载率控制在1%以内的目标任务，2015年12月25日，顺利通过治超迎省检工作；深入推进摩托车综合治理工作，依托乡镇和村组开展大排查，整合自身力量开展大整治，实施严管重罚，对无证驾驶实行零容忍，对无证驾驶摩托车的当事人采取一律拘留的高压态势，全县行政拘留204人。积极向县委县政府争取政策，实行缓交购置税等便民利民措施，成立流动车管所，延伸车管业务，把考场搬到偏远农村和厂矿，方便群众办理摩托车牌证。强化源头管理，及时消除安全隐患。严把机动车登记、检验、保险关和驾驶员考试、发证关。2015年1月1日至12月31日，小汽车上户2783台、摩托车7238上户台、检验机动车17074台、转移登记2228笔、变更登记653笔、抵押登记2475笔、注销登记169笔、转入登记193笔、档案更正12笔、补牌照440副、补行驶证1089本、补登记证书255本、注册摩托车驾驶证4438本、补、换证15145本、审验驾驶人6996人、注销可恢复34人、满分学习291人、注销驾驶证135本、年度体检335人。

深化重点车辆和客货运企业安全监管，加强客车、货车、危化品运输车、校车、农村面包车等重点车辆和重点驾驶人管理，民警深入客运、危险品运输等企业，全面排查客运、危险品运输等车辆安全技术状况、GPS动态监管系统安装与使用情况、消防安全设施配备和管理情况等方面的隐患。对2家客运企业和纳入户籍化管理的283台重点车辆、315名驾驶员实行严格管理。户籍化办公室采取公司巡查与路检抽查相结合的方式，定期开展全县客运交通安全大检查，向客运公司发出整改意见书，督促公司限期整改；排查重点车辆和重点驾驶人安全隐患，对重点车辆逾期未年检、违章未清零等问题进行了全面摸排，全年共排查8013台重点车辆，检查驾驶人从业资格3500人，发告知、催办函1000余份，短信提醒1800余条，隐患整改通知书150份，抄告书30份。加强农村面包车管理，2015年下半年，大队对全县5929辆农村面包车开展集中电话摸排，逐一核对车辆驾驶人姓名、联系电话，告知其车辆违章情况及年检时间并进行车辆管理政策法规知识宣传。

完善交通安全设施。组织城管、交通、规划、公路及各乡镇人民政府等部门，对管辖区域内的农村道路进行安全隐患全面排查；加强对大鹏路、吴家巷、二大桥等道路施工建设的检查与督导、沟通和协调，加强对施工单位负责人和交通疏导员的交通安全培训工作，加强对交通安全警示设施设置督导工作，强化施工现场的交通疏导分流工作；优化交通组织。2015年5月22日，历时一年多的湘潭县“平安城市”电子防控系统一期工程项目建设全面竣工，验收合格。共安装道路监控点50处，电子警察路口9处（新建4处，原有5处接入），县际重要干道路口和县城出入口建电子卡口14个（新建11个，原有3个接入）；简易卡口10个，2015年上半年同时启动平安城市电子防控二期建设，至年底，共新建11个信号灯路口、11个卡口，升级改造4处信号灯路口、3处卡口。另外，加强对107国道、大鹏中路、二大桥施工维修期间交通分流工作进行指导，交通组织进行优化，交通秩序进行维护。邀请相关职能部门、部分人大代表、政协委员、媒体记者一同对城区重点路段进行实地查勘，现场研究有效措施缓解路口拥堵状况。精心排查治理交通信号灯配时不合理、不科学，交通标志标线不全、不清晰等安全隐患。对城区大鹏路、凤凰路、海棠路等主干道的交通标线重新规划补划；对维修改造后的大鹏路全线重新安装、施划标牌标线；对城区人民医院、妇幼保健院等12处交通乱点补划标志标线，并对违法行为实施抓拍。

强化事故处理工作，注重做好保畅、维稳、追逃工作。进一步规范事故处理工作。2015年1月1日至12月31日，大队共接处警12065起，其中一般事故786起，上报事故209起（较大交通事故1起，死亡3人），死亡135人，伤2305人，直接经济损失275.27元。立刑事案件67起（其中危险驾驶3起），移送起诉59人，刑事拘留35人。狠抓交通逃逸案件侦破，全县发生6起交通肇事逃逸致人死亡案件，破获4起，严厉打击交通肇事逃逸者逃避法律责任的企图，因交通事故引发堵路等群体性事件减少。加强事故救助工作，共救助87人106.3万元，有效缓解社会矛盾。进一步加强快处快赔中心工作。对于轻微交通事故，积极引导当事人进入快处快赔程序，为中心增派警力，目前中心已有3名民警、2名协警。2015年，全县道路交通事故进入快处快赔中心的共计有1864起，所有矛盾纠纷均得到及时有效地化解。着力强化便民服务理念，稳步推进道路交通事故快处快赔工作向农村地区延伸，在县域中南片中心的花石镇择址设立一处道路交通事故快处快赔服务点（以下简称“花石服务点”）。服务点坚持高标准建设，选址合理，交通区位优势明显，服务功能覆盖近一半县域。“花石服务点”自2015年9月1日启动试运行至10月底，两个月内共接处警119起，其中110指挥中心通过中队派警53起，各相关保险公司委托出勘66起，受理符合快处快赔的交通事故22起，有效减少因道路交通事故而引发的路面堵塞现象，一定程度上缓解交警中队农村警力不足的矛盾。进一步加强交通事故损害赔偿纠纷调处中心工作。健全行政调解、人民调解、司法调解“三调联动”的道路交通事故纠纷“一站式”调处机制，中心派出调解员坚守一中队进行事故调解，同时对二、四中队的事故也进行积案排查，清理出的积案移交调解中心进行调解，大大加快全县事故调解进度，有效提高调解效率，方便当事人，提高交通事故纠纷调解效率，实现道路交通事故涉案零上访目标。2015年，全县共行政调解交通事故1255起，人民调解成功263件，引导当事人进入诉讼程序78件，移送法律援助中心13起；人民法院受理案件87起，调解成功34起，判结案67起。

创新交通安全宣传，提高文明交通意识。以文明交通行动计划为引领，先后开展春运、全国中小学生交通安全日、我参与我安全宣讲、讲道路礼仪树道路新风等宣传活动，开拓交通安全宣传工作的新局面，推动全社会安全意识、文明意识、礼仪意识的整体提升。深化“百警讲千课”活动。各单位根据“百警讲千课活动授课安排表”，对全县中小学校、幼儿园、机关单位、企事业单位进行一次全面的交通安全宣传教育活动，宣传方式采取民警到学校上课或民警送宣教资料、视频资料等到学校，由教师开展宣传教育等。达到交通安全知识知晓率明显提高的目标。全年共开展集中宣讲活动208次，教育人数达52000余人，达到良好的普及宣传效果。强力推进微信宣传工作。“湘潭县交警”微信公众号自2014年10月13日正式运营以来，突出宣传服务功能，内容涵盖交管动态、警示案例、交通安全知识、交通法律法规普及、交通违法曝光等。大队高度重视，成立编委会实行每周轮班制，加强微信运营管理，制定《湘潭县公安局交警大队“湘潭县交警”微信公众平台操作规范（试行）》，明确职责分工及任务，引入考核奖惩机制，充分调动全队共同参与的积极性。同时，采取制作并发放微信卡片20万份、制作易拉宝等大型展架在各窗口单位和户外宣传活动中进行推广等方式宣传推广“湘潭县交警”微信公众号，大队微信公众号正越来越受到社会各界的关注。截至2015年年底，关注用户数已达10170余人。

【开展“压事故　保安全”专项行动】 10月15日至11月12日，开展“压事故　保安全”专项行动。严查交通违法，预防和减少道路交通事故；加强隐患排查，发现问题及时整改。这次行动共出动警力218人次，共查处交通违法行为2790起。其中，查处客车超员4起，货车超载9起，货车非法改装51起，酒驾25起，涉牌涉证93起，面包车超员1起，其他交通违法行为2607起。排查治理安全隐患124处。

（郭长荣）

检　察

【概况】 2015年，湘潭县人民检察院着力优化经济发展环境。突出打击、教育、预防、保护等职能作用，严厉打击危害经济安全和市场经济秩序犯罪，批准逮捕非法吸收公众存款等涉众型经济犯罪案件6件8人，起诉9件14人；批准逮捕组织领导传销活动、合同诈骗、串通投标等扰乱市场经济秩序犯罪案件6件6人，起诉5件5人；依法查办淘汰落后产能、林业贷款贴息专项资金和小煤矿全面关停等领域职务犯罪案件3件4人，有效净化经济发展环境。充分发挥园区检察室作用，协助园区搞好反腐倡廉建设。组织园区工作人员参加原征拆队员周广贪污、受贿案庭审观摩，通过以案说法，达到惩处一人、警示一片的法律效果。着力服务社会管理创新。坚持以监督促管理，对执法办案中发现的社会管理中的突出问题，及时向有关部门提出对策建议，取得良好效果。依法履行民事行政检察职能，就占道经营、非法营运、违章停车等违法违规现象发出检察建议，督促相关部门依法履职，提升城市管理水平。积极参与对特殊人群的教育管理，加强社区矫正监督工作。对社区服刑人员日常监管情况进行专项检察，督促社区矫正小组依法履行监督管理和教育帮助职责，使矫治教育形成合力，跟踪帮扶形成常态，该项做法得到市县有关部门认同，并在湘潭县率先予以推广。对乡镇敬老院的资金使用管理情况开展专项预防调查，针对发现的问题提出建议，促进农村五保供养工作规范化。着力化解社会矛盾纠纷。坚决惩治损害群众切身利益的犯罪，协同开展食品药品安全专项整治活动，依法审查起诉生产销售假药劣药、有毒有害食品等犯罪嫌疑人4人。积极开展严肃查办危害民生民利职务犯罪专项工作，在征地拆迁、社会保障、专项资金管理使用等领域查办职务犯罪案件8件；依法同步介入重大责任事故调查6件。建立健全联系群众、服务群众长效机制，认真落实有访必接、下访巡访、联合接访、检察长接待日等制度，办理群众信访件21件。开展“三官一律”进社区（村）、党员干部到社区报到服务基层群众活动，畅通联系渠道，化解矛盾纠纷。

坚持打击犯罪与促进和谐并重。认真履行批捕、起诉职能，全年受理公安机关提请批准逮捕案件359件473人，审查后批准逮捕300件398人；受理侦查机关移送审查起诉案件537件763人，审查后提起公诉464件665人。深入开展打黑除恶等专项行动，突出打击黑恶势力犯罪、严重暴力犯罪和盗窃、抢劫、抢夺等多发性侵财犯罪，依法快速办理张湘等10人涉嫌敲诈勒索、寻衅滋事、抢劫、非法拘禁、开设赌场罪案等一批重大案件。注重运用法治思维和法治方式促进刑事和解，对轻微刑事犯罪、未成年人犯罪等坚持“教育、感化、挽救”方针，依法决定不批捕69人，不起诉72人。

坚持查办与预防职务犯罪并重。坚决贯彻中央反腐败决策部署，坚持有腐必惩、有贪必肃。立案侦查贪污贿赂、渎职侵权等职务犯罪案件17件25人，起诉21件24人，为国家挽回经济损失200余万元。加大对执法环节的监督，立案侦查的湘潭市第一强制隔离戒毒所原管教民警孙某某涉嫌滥用职权、受贿案，雨湖区检察院原侦监科长周某涉嫌受贿案均已依法提起公诉。加大对农村基层组织工作人员的监督，立案4件4人，被依法判处有期徒刑10年以上的2人。贯彻惩防结合原则，积极开展廉政建设。以上法制课的方式，为县中医院、县公安局、县纪委等单位开展警示教育；以送法下乡的方式，为基层干部提供职务犯罪预防平台；提供行贿犯罪档案查询服务501次，有效预防商业贿赂行为，促进社会诚信体系建设。

坚持强化监督与人权保护并重。以监督有案不立、以罚代刑为重点，加强刑事检察监督。监督立案10件，监督撤案5件，追捕漏犯22人，追诉漏犯25人，追诉漏罪58条；提请刑事抗诉5件，中级法院已发回重审1件。注重刚柔并济，加强与法院沟通协调，对同类案件量刑不均衡现象，统一法律认识和司法标准。加强民事执行监督。对执行案件中存在的问题，以纠正违法通知书等方式提出监督意见，督促法院退还当事人因改判和执行不当造成的经济损失20余万元。加强刑事执行监督。审查暂予监外执行案件7件，建议收监2人；审查社区矫正评估意见338份，提出不同意见10件；开展羁押必要性审查6人次，建议变更6人，发现社区矫正人员案件刑期计算错误1件，均已执行和纠正到位。贯彻落实《关于构建涉法涉诉信访改革背景下新型检律关系的实施办法（试行）》，加强诉讼权益保护。接受案件当事人和律师维护诉讼权益申请2件，督促相关办案单位依法保障当事人和律师的合法权益。

创新案件管理工作。依托案件管理平台，建立源头管理、统一分流、预警管控和集中评查的案件管理机制，实现多渠道、多角度、全方位的内部监督管理。督促整改假性超期8件，有效提高办案人员程序公正意识。坚持常规评查、专项评查和重点评查相结合，认真开展案件质量评查活动。完成县委政法委和上级院开展案件专项评查活动的同时，对职务犯罪案件、社会关注的热点案件开展重点评查，引导各业务部门加大法律监督力度，注重监督质量和效果的有机统一。坚持开展案件回访，重点回访自侦、不捕不诉、未成年人犯罪等六类案件，及时发现和纠正办案中存在的问题，促进廉洁公正执法。

创新检务公开工作。将举报、信访接待、控告申诉、案管以及民事行政、监所、预防等对外服务的职能整合成一个窗口，成立方便群众的一站式检务中心，形成案件进出、交办督办、会谈约见、提示回复、查询公开、信息统计一条龙工作格局。自检务中心设立以来，共接待网上查询个案信息156人次，律师网上预约阅卷29人次，听取意见15次，接待群众来访134人次。通过莲乡检察官网和电子政务平台，将检察机关受案范围、办案流程和案件办理情况等予以公开，提高检察工作透明度。全年共计公开案件程序性信息727条，重要案件信息15篇，终结性法律文书94件，公开审查、公开答复案件5件5人。全面对接高检院关于“互联网+检察工作”的重要部署，积极创新莲乡检察微信宣传内容，采取文字、图片、网络语言等形式展示检察工作动态，展现检察干警风采，传播法治正能量。

创新内部监督制约。深入开展“司法公正湘潭县行”和规范司法行为专项整治活动，坚持以问题为导向，按照见事、见人、见原因、见整改措施、见整改结果、见责任追究、见经验教训总结的标准从严整治司法不规范行为。对2010年至2014年作撤案、不起诉决定的职务犯罪案件，对市院评查认为有执法瑕疵的案件，对省委巡视组重点关注并提出整改意见的案件，采取领导包案、部门负责人承办、检务督查、跟进督查等方式全面整改，依法纠正案件错误处理决定1件，并启动追责程序。自觉接受省检察院巡视监督，针对巡视组提出的领导班子及班子个人存在的46个问题，认真分类，狠抓整改落实，促进班子整体素能提升。

主动接受人大监督。坚决贯彻党的路线方针政策，重大问题、重要工作主动向党委请示汇报，确保检察工作的正确方向。牢固树立自觉接受监督的意识，贯彻落实《湘潭市人大常委会关于加强检察机关法律监督工作的决定》，向人大及其常委会报告重要工作4次，办理主任会议建议等2件。健全代表、委员联络工作机制，明确院领导联点乡镇、实地走访，赠阅检察刊物、发送手机报，及时报告队伍建设、业务建设和信息化建设等工作情况。开展检察开放日活动，邀请人大代表、政协委员、社区居民群众视察、评议检察工作，努力为代表履职创造良好条件。

主动接受各界监督。以透明促公开，以公开促公正，开展不捕听证工作，如对未成年人吴某涉嫌抢劫一案，组织检风监督员、侦查人员、双方监护人进行公开听证后，形成共识，依法决定不批捕，获得各方认同。注重对乡镇基层反映强烈的案件依法处理，如周某某故意毁坏公私财物一案，在依法不起诉之前，认真与谭家山镇党委政府沟通协调、反馈情况。对市人大督办的左某某故意伤害案以及人大代表、政协委员关注的相关案件及时释法说理，通报案件情况和办案进展。加强外宣联络，编发《检察快报》《莲乡检察》月报、《莲乡检察》手机报等共45期，及时向人大代表、政协委员、500余个行政村以及全县3万余名手机报用户报告检察工作情况，接受各界监督。

注重队伍自身建设。深入开展“三严三实”专题教育，组织干警认真学习党的十八大、十八届三中、四中、五中全会精神、习近平总书记系列重要讲话等，切实增强干警的政治意识、大局意识、责任意识、法律意识和廉洁意识。突出强化纪律作风建设，开展集体廉政谈话，组织全体干警到党风廉政教育基地参观，观摩受贿案件庭审，接受廉政教育和精神洗礼；加强日常督查，对干警作风、纪律上的问题早提醒、早纠正，发现问题不护短，对一名违纪干警给予党内严重警告处分。扎实开展“基层基础建设年”活动，规范检委会建设，使检委会工作进一步规范化、科学化。继续推进检察信息化建设，全面实现网上办公办案。加强队伍管理和教育，建立科学的评价考核体系，涌现出全省十佳热爱读书检察官提名奖廖小娜、全市检察机关公诉业务能手康珉、全县“五一先锋”谭义等一批先进典型。

在全市检察机关执法质量考评中名列第一，反贪污贿赂、反渎职侵权、公诉、侦监等八类主要业务工作位列全市检察机关第一，被评为全市先进基层检察院，检务保障工作被评为全省检察机关先进集体。

（颜　钰）

法　院

【概况】 2015年，湘潭县法院受理各类案件5881件，审执结5020件，收结案数与上年同期相比分别上升27.4%和27.7%。被最高人民法院评为“有效实施失信被执行人名单制度示范法院”、司法警察大队被评为“全国法院司法警察大队先进集体”，另有32名个人获得市、县表彰奖励。

审结刑事案件444件，判处罪犯694人。严厉打击涉黑涉恶犯罪，公开审理田兵等寻衅滋事、非法拘禁、故意伤害一案，判处6名被告人有期徒刑七年三个月至一年两个月不等的刑罚。重拳打击多发性侵财犯罪和毒品犯罪，审理“两抢一盗”案件105件，判处罪犯202人；审理毒品犯罪案件45件，判处罪犯51人。审结生产、销售有毒、有害食品犯罪和销售假药犯罪案件8件，判处罪犯13人，依法维护人民群众生命健康安全。审理全县社会影响大、群众反映强烈的非法吸收公众存款等涉众型经济犯罪案件14起，判处罪犯19人，并做出责令被告人退赃退赔的判决。审理贪污贿赂、渎职侵权等职务犯罪案件8件，判处罪犯8人。公开审理全县首例行贿案件，分别判处两名被告人有期徒刑五年，并邀请150余名企业负责人旁听，壮大反腐声势，扩大警示教育效果。开展历年来因病未交付执行罪犯的专项清理活动，将其中8名罪犯依法收监。

共审结各类民商事案件3399件，诉讼标的6.9亿元。依法审理7起侵犯集体经济组织成员权益案，成功化解因土地征收款分配引发的社会矛盾。审结婚姻家庭类案件811件，以调解或撤诉方式结案的500件，有效解决婚姻家庭纠纷。审结劳动争议案件67件，为劳动者追回劳动报酬400余万元。与交警、保险、医疗等部门建立诉调对接机制，快立、快审、快执机动车交通事故责任纠纷案件501件，为受害者追回经济赔偿款5947万余元。适用小额诉讼程序，审结小额诉讼案件35件。注重保护合法的民间借贷和企业融资行为，依法制裁高利贷等不法行为，审结民间借贷纠纷案件554件，结案标的1.91亿元。开通涉县信用联社借款案件审理便捷通道，积极运用财产保全措施，结案152件，结案标的1.52亿元。审结瑞鸿置业有限公司、湘潭县机械化施工公司破产案件，有效维护社会稳定。

审结行政诉讼案件93件，其中判决驳回原告诉讼请求22件，判决行政机关败诉18件，裁定驳回起诉和撤诉53件。审查非诉行政执行案件245件，裁定准予执行164件，执结164件，执结率达100%。坚持法治引导，推动行政机关负责人出庭应诉，落实行政机关败诉案件通报制度，针对行政执法突出问题发出司法建议2份，邀请300余名行政机关工作人员旁听2起行政诉讼案件的公开审理，促进行政机关依法行政。积极运用行政诉讼调解机制，化解征地拆迁、行政处罚等诉讼案件25件。全力配合武广大道、潭花复线、梅林山庄二期等重点项目建设，受理征拆腾地非诉行政执行案件20件，促成15户拆迁户自动履行，强制执行行政征收腾地案件5起。

执结案件960件，涉案标的5.99亿元。在中秋、春节等节日期间开展涉民生案件专项执行活动，上户执行70次，司法拘留41人，净执结案件158案，执行到位标的257万元。开展“百日执行大会战”活动，执结案件137件，执结标的2657万余元。成立为县信用联社清收贷款专案执行组，执结涉县信用联社借款合同纠纷案件34件，净执结标的8000万元。执结涉众型经济纠纷案件8起，执行到位标的5158万元。加强执行信息化建设，投入资金80余万元，建成集远程视频监控、被执行人相关信息查询、失信被执行人信用惩戒、执行人员统一调度等功能于一体的执行指挥中心。将800名被执行对象纳入失信被执行人名单，采取司法拘留措施120人次，罚款5人次，将1名涉嫌犯拒不执行判决、裁定罪的被执行对象依法移送公安机关侦查。

再审、重审案件27件。坚持依法纠错原则审理再审重审案件，在维护生效判决既判力的同时，及时纠正错误裁判并稳妥做好审判善后工作。

全面实施立案登记。5月1日，实施立案登记，至年末，共立案登记3764件，与上年同期相比增长43%，发出一次性补正告知通知书215份，裁定不予受理或不予立案5件。全年共接待来访群众421人次，处理群众来信28件，做到接待有记录，件件有答复。加大信访案件办理力度，对市委政法委交办的11件信访积案，逐案落实包案领导和责任人，年内全部办结。

巡回法庭及人民法庭。鼓励法庭依托自身解决基层矛盾纠纷的优势和经验，积极参与“三调联动”，把矛盾纠纷化解在基层。采取“巡回开庭”“集市普法”等形式，对老百姓进行面对面法制宣传。年内，7个人民法庭共结案1645件，指导人民调解组织化解矛盾纠纷350余起，开展巡回审判、集市普法合计57场次。

【司法改革】 5月至11月，易俗河法庭率先在全市法院启动审判权运行机制改革试点工作，努力实现“让审理者裁判，由裁判者负责”。按照“一审一助一书”模式，明确两名审判员担任主审法官，并分别配备法官助理和书记员各1名。主审法官独立办案，直接签发法律文书，法官助理和书记员承担各类事务性工作。试点期间，该庭结案数与上年同期相比增加56件，案件平均审理天数缩短16.9天，且无一超审限、无一上访、无一发回重审。下半年，该院在民事审判领域全面实施审判权运行机制改革，共结案2100件，比上年同期增加275件，案件平均审理天数缩短8天。

【司法警察大队被评为全国法院司法警察大队先进集体】 5月29日，司法警察大队被最高人民法院授予“全国法院司法警察大队先进集体”荣誉称号。县法院司法警察大队于1994年正式组建，现有司法警察40名（含聘用制法警18名），平均年龄32岁。该队认真落实最高人民法院和湖南省高级人民法院司法警务体制和工作机制改革的具体要求，积极服务审判执行工作，努力加强司法警察队伍知识化、规范化、正规化建设，着力打造公正司法、一心为民、作风严谨、能力突出的司法警察队伍。连续五年，警队各项考核指标均居全市基层法院司法警察大队之首。2013年，被湖南省高级人民法院授予“五星级”警队荣誉称号。 （高喜朝）

司法行政

【概况】 2015年，全县司法行政系统认真学习贯彻党的十八届四中、五中全会精神，立足本职，积极作为，圆满完成各项工作任务，为县域经济社会的发展做出积极贡献。

湘潭县司法局先后荣获全国人民调解宣传工作先进单位、全省全民创业专项法律服务通报表扬集体、市基层党建工作先进单位、全市司法行政系统合唱比赛一等奖、全县群众（信访）工作先进单位、全县双联工作先进单位、全县政协提案评议工作优秀单位，中路铺司法所被评为全国模范司法所，石潭司法所被评为全省模范司法所，河口、花石、石鼓等司法所被评为全省规范化司法所，云湖桥司法所被评为全省“三调联动化矛盾，息诉息访促平安”专项调解活动通报表扬集体，康泰律师事务所被评为全省县域优秀律师事务所。

【人民调解】 加强源头预防。本着早发现、早控制、早解决的原则，通过全面、细致的排查活动将矛盾纠纷消灭在萌芽状态。全年，全县各级人民调解组织共排查各类矛盾纠纷2951 起，调处矛盾纠纷 2951起，调处成功2898件，调处成功率为98.2%。加强纠纷化解。狠抓矛盾纠纷化解“村为主”，大力推进专业性调委会规范化建设工作，充分发挥人民调解组织在矛盾纠纷化解工作中的独特优势。2015年，县医调中心成功调处各类医疗纠纷74起；县交调中心成功调处各类道路交通事故纠纷244起；县婚调中心成功调处各类婚姻家庭矛盾纠纷115起。加强工作保障。以全县规范村级权力运行为契机，完善村级矛盾纠纷化解工作流程，全面开展人民调解员业务培训，认真贯彻落实人民调解“以奖代补”政策，年内到位“以奖代补”资金16.9万元。

【普法依法治理】 2015年是“六五”普法的总结验收之年，湘潭县顺利通过省、市“六五”普法检查验收。是年，大力开展“法治湘潭县”建设，着重突出对领导干部和国家公务员（机关工作人员）、青少年、农民三大重点人群的法制宣传教育，发挥“两基地四平台”的积极作用，策划开展5月农村法制宣传月、9月青少年法制教育宣传周、“12·4”国家宪法宣传日等一系列群众喜闻乐见的法制宣传教育活动。组织开展“民主法治示范村（社区）”“依法决策示范领导班子”和“依法办事示范窗口单位”法治创建活动。2015年，河口镇三联村被授予“全国民主法治示范村”，县委、县人大、县编办均顺利通过“依法决策示范领导班子”验收。

【社矫安帮】 2015年，全县累计接收社区矫正人员1541人，期满解矫1096人，截至12月，登记在册社区矫正人员445人，安置帮教对象1917人，无脱管漏管现象，无重新犯罪。切实加强对这一部分人的管理。加强舆论宣传，利用各类宣传媒体，广泛开展宣传活动，着力提高在人民群众当中的知晓率和普及率，加深社会各界对社区矫正工作的认识。2015年3月，全县社区矫正工作现场会在中路铺司法所召开，对全县的社区矫正工作的规范化起到很好的推动作用。积极探索创新，2015年6月18日，县司法局与长沙市九州心理咨询有限公司正式签订合作合同，将易俗河和原梅林桥司法所社区矫正工作中的走访、教育、心理矫正、职业培训、手机定位等部分非刑罚执行项目采取购买服务的形式与其合作，率先在湘潭市启动社区矫正购买社会工作服务工作。严格规范执法，进一步规范社会调查评估，把好社区矫正人员的入口关；规范文书、人员交付衔接程序，做好审矫对接关；规范执法审批，强化社区矫正人员管理关；健全执行档案和工作档案，规范档案管理关。建立社区矫正应急预案，强化部门联动配合，完善监管措施。

【公证事务】 2015年，县公证处继续紧紧围绕当前社会热点难点和群众期盼点，加强经济建设领域、基层民主法治建设领域和民生改善领域公证事项的办理工作，开展一系列的便民利民活动。深入开展公证法律义务咨询活动，广泛宣传公证法律制度的意义和作用；为困难群众开辟绿色通道，积极为老、弱、病、残等特殊群体办理上门公证服务活动；针对经济困难的群众，减免公证费用，使群众切实感受到法律的公平正义。是年，县公证处办理各类公证案件共计882起，完成公证费78.5万余元。因工作成绩突出，县公证处被县政务服务中心评为2015年度优秀窗口，窗口工作人员谭伶俐被评为党员先锋岗。

【法律援助】 2015年，以县法援中心为核心，不断完善法律援助网络，充分发挥法律援助站（点）捕捉法律援助需求信息快的特点，力争让那些有需求的社会弱势群众能够第一时间得到法律援助。完善服务接待各项制度，强化法律援助人员在接待咨询中的责任。加强案件质量的监督管理，以各种方式和途径向社会公示法律援助工作的相关政策和工作流程，及时更新全县法律援助办案进度、每季度公示法援受案、补贴发放等情况，自觉接受社会和群众的监督；以实地走访、电话回访等方式，听取受援人、承办法官对承办人员服务水平、工作态度、办案结果等方面意见，受援人回访面达到100%。2015年，办理法律援助案件441件，为当事人挽回经济损失8000余万元。县法律援助中心被评为全县雷锋号示范窗口。

【法律服务管理】 8月22日至23日，基层法律工作者培训班在县委党校举办，全县6家基层法律服务所的54名专、兼职法律服务工作者参加此次培训，提升基层法律服务工作者的纪律作风和业务水平。规范基层法律服务执业行为。县司法局制定并下发《湘潭县律师、基层法律服务年度考核标准》，平时不定期地到各法律服务机构对办案质量、办案数量、收费标准和案件卷宗归档情况进行抽查审阅，每个季度对各律师事务所和法律服务所在县人民法院立案的代理案件，根据案情，有选择性地庭审旁听、讲评。公共法律服务中心建设率先试点。贯彻落实党的十八届四中全会关于“推进建设覆盖城乡居民的公共法律服务体系”的精神，在梅林桥镇“统筹城乡发展示范片”，按照“为人民群众提供公益性、均等性、普惠性、便利性的基本公共法律服务”的要求，有效整合人民调解、公证、法律援助、律师服务、司法鉴定和法制宣传各项法律服务资源，成立“统筹城乡发展示范片”公共法律服务联系点，建立符合农村实际需求的法律服务供给保障机制，确保“示范片”内的人民群众享受到便捷优质的公共法律服务。

（张　双）

（责任编校　杨　柳）

国防建设

人民武装

【概况】 2015年，湘潭县人武部深入贯彻党的十八届四中、五中全会和全军政治工作会议精神，扎实开展“三严三实”专题教育整顿活动，按照“抓重点、打基础、守法规、保稳定”的目标思路，各项工作取得新成绩。

思想政治建设。深入学习贯彻习近平主席在全军政治工作会议上的讲话精神，坚持从“改变思维旧观念、主动适应新常态”出发，教育引导党员干部加强作风建设，树牢正确的理想信念。抓实“三严三实”教育整顿。全面学习习近平主席系列重要讲话精神，同步参加上级机关辅导授课和军分区军营大讲堂活动，组织干部职工到乌石彭德怀纪念馆等地参观见学，激发大家在彭帅家乡建功立业的革命情怀。以“严作风抓整改、落实‘三严三实’要求、全面加强人武部党组织建设”为主题，召开党委专题民主生活会。同时，把整改问题列出台账，挂账销号，做到不解决问题不撒手。抓好主题教育学习实践。认真开展“学习践行强军目标、做新一代革命军人”和“传承红色基因、当好红色传人”主题教育，结合中心组学习，强化党员干部对党史国史军史的认识，从立志立德的基本问题抓起，增进官兵争当有灵魂、有本事、有血性、有品德的新一代革命军人的思想意识。抓牢民兵思想教育工作。围绕“学习践行强军目标，做新一代国防后备军”专题教育活动，在民兵政治教育中融入军队光荣传统、职能使命、形势战备等内容，不断拓展和丰富民兵政治教育新形式。率先在红网建成县级国防教育专网，在县电视台开辟“爱我国防”电视专栏，分《莲乡国防动态》《国防天地》《老兵风采》三个板块，定期播放全县武装工作、双拥共建和民兵预备役先进典型事迹，有效传递爱军尚武的正能量。

民兵预备役工作。按照省军区“一防五反”“12种支援保障行动”和“5种社会救援行动”的任务要求，全面部署民兵整组任务，兴起军事训练热潮，提高人武部平时服务、急时应急、战时应战的能力。日常战备工作。年初，结合任务要求，制订修改各类应急处突预案，组织125人的民兵应急连进行应对突发事件行动演练。在节日战备防护、“两会”等敏感时期，加强形势战备教育，强化干部职工备战打仗意识，严格落实各级各类值班、节假日小交班、干部留营住宿、应急分队点验等制度，始终保持良好的战备状态。民兵整组工作。围绕民兵编组“有利于组织领导、有利于提高质量、有利于执行任务”的原则，按照“编为战”“编为用”的要求，组建以应急队伍为重点、支援队伍为支撑、储备队伍为补充三类共5063人的基干民兵队伍。干部骨干训练。年内共组织首长机关、专武干部、民兵“四会”教练员、扑火抗洪反恐骨干、高中军训教官和高炮射击骨干等专业集训11期，实训723人。6月，省军区推广湘潭县率先探索的高中军训组织规范的经验和声像资料。9月，组织高炮分队到沅江参加实弹射击。完成兵役征集任务。以争创学习型、阳光型、服务型“三型兵役机关”为己任，坚持廉洁征兵“十条硬性措施”，强化“四心”征兵（热心、诚心、用心、廉心），克服当兵热度下降、征兵难度增加等困难，征集比例达到40%。全力参与“湘江—2015”演习任务。借鉴“湘江”系列演习、防卫作战问题研究、非战争军事行动演习等成果，制订演习实施方案。突出组织指挥、战法训法、政治工作、后勤保障及国防动员等内容进行研究探讨，破解打仗“五个不会”的问题，组织实兵进行水面巡逻警戒、水面应急等情况处置，强化动委各成员单位的职能意识和动员能力，有效提升首长机关谋划决策和组织指挥水平，确保演习任务顺利完成。

教育整顿。开展财务大清查。指定专人对近两年来经费开支情况进行自查自纠，对翻箱倒柜查找出来的问题逐一列出清单，共清查4465张开支票据，对手续不齐、内容不详和现金支付等不符合财务管理规定的352张票据，都由经手人补齐手续详单、说明情况；对49笔违规开支进行整改，责令追回80162元。巩固财务清查成果，细化财务管理、住房、用车、公务接待等制度措施；抓好公务卡支付结算、单位物资集中采购、固定资产的登统计和清查管理，严格落实财务管理规定，压缩行政性消耗开支，进一步强化党委集体理财机制，规范财经使用制度。开展干部大清查。认真贯彻习主席关于加强干部队伍建设系列指示精神，开展“立起军队好干部标准”学习讨论，组织党员干部查纠自身存在的问题，核实个人信息档案。按照上级党委的统一部署，全面肃清郭伯雄、徐才厚案件影响。开展职工队伍“正风肃纪、尽职尽责”专题教育。在同步参加上级动员教育的基础上，召开党委会分析职工队伍建设现状，制定整顿方案，针对上级提出的五个方面15个问题进行对照检查，个人查找自身存在问题，抓好整改。

坚持每年开展一次“条令月”活动，形成常态化的条令学习机制，营造党委按条令决策、科室按条令指导、个人按条令执行的良好氛围。抓好工作秩序、车辆派遣、私家车使用、枪弹出入库、涉密载体、网络安全和“八小时”以外的人员管理，并结合每月首长办公会，进行安全形势分析，开展安全排查整治，及时削除安全隐患。解决办公场所设施陈旧老化、秩序不够正规等问题，着手对办公楼进行综合整治和升级改造，规范机关办公秩序。完善健身房、娱乐室、图书阅览室配套建设，丰富干部职工文体生活。针对营院地方住户多、驻地社情复杂等情况，加强营门管理，明确警卫执勤任务，落实营院常态巡逻制度，提高安全警戒意识，确保营院安全。

推动军民融合深入发展，积极参与地方文明创建、平安创建、和谐创建活动。3月，组织100名民兵在晓霞山义务植树2000余棵；8月，以县委名义印发《关于新形势下加强党管武装工作的意见》；9月，组织城区4所高级中学近8000人进行学生军训。结合“千名干部进万户”走访恳谈和“一进二访”活动，对龙口乡金宝村、青山桥镇天塘村两个省级贫困村实施精准扶贫，直接帮扶困难群众7户15人，协调8个后盾单位每年出资35万元支持贫困村建设。结合全县实际，树立8个基层武装部、16个村级民兵营的抓建典型。根据湘潭县人口基数大、涉军人员多等特点，主动协调地方做好涉军人员的稳控工作，及时化解涉军维权纠纷12起，转化老上访户3起。

国防教育。抓好领导干部、青少年、民兵预备役人员的国防教育。坚持将国防教育列入党委（党组）中心组理论学习内容，纳入党校、行政干部学校等干部培训机构教学培训计划，纳入国动委成员单位及主要领导业务考核内容。利用八一建军节、县委议军会、国动委国教委会议等时机，组织领导干部过军事日、参与“湘江—2015”军事演练和国防动员工作。国教办订阅《湖南国防教育》《中国民兵》《知识博览报》等刊物500多份赠送给全县各机关单位、各乡镇、各学校负责人，以刊授的形式让领导干部接受国防教育。7月16日，国动委一综七专办公室主任及相关干部开展以“进军营、学军事、强作风、促融合”为主题的“军事日”活动，进行实弹射击并观看国防教育纪录片，敲响勿忘国耻的警钟。10月，国动委成员单位主要负责人配合参加代号“湘江—2015”防卫作战演习。组织县委宣传部、政府办、经信局等8个县直单位领导干部和易俗河镇、云湖桥镇等9个乡镇的干部职工开展过军事日活动，让各级领导干部走进练兵场，接受国防教育，提高国防素养。贯彻落实教育部、总参谋部、总政治部《关于全面提高学生军事训练质量的通知》精神，8—9月，组织统一的军训教官队伍为全县高级中学、职业技术学校和部分初级中学开展为期7天的学生军训，受训学生近8000人，切实上好国防教育第一课。学生军训工作受到省军区、省教育厅的高度肯定，组织拍摄的学生军训汇报片，在6月召开的全省学生军训工作会议上作为典型推介，根据该县军训模式制定出台《湖南省高级中学学生军训组织规范》。9月2日至8日，在全县中小学校组织开展“纪念中国人民抗日战争暨世界反法西斯战争胜利70周年主题巡讲活动”，组织全县中小学生参加全民国防知识竞赛，加强青少年学生国防意识熏陶和国防知识技能培训，1人获国家级二等奖，7人获国家级三等奖，37人获省级一、二、三等奖；“中国人民抗日战争胜利纪念日”期间，组织全县各中小学举行“勿忘国耻，警钟长鸣”主题升旗及签名活动，组织观看爱国主义影片。2015年，报考军校、国防生人数达400多人，应征报名达2000多人，均创历史新高。结合民兵预备役组织调整、军事训练、参建参治和执行多样化军事训练任务，抓好形势战备、战斗精神、爱国主义和革命英雄主义教育，将国防教育纳入民兵预备役思想政治教育内容，强化民兵预备役人员国防观念和职能使命意识。以重大纪念日节庆日为契机，大力营造弘扬爱国主义精神的浓厚氛围。结合抗战胜利70周年纪念、新中国成立66周年、“九一八事变”纪念日、烈士纪念日，开展“弘扬伟大抗战精神，同心共筑强大国防”主题宣传教育活动。8月，举行全县纪念抗战胜利暨世界反法西斯战争胜利70周年演讲比赛；9月，从档案馆精选馆藏档案史料及征集图片200多件，制作展板70余块，开展“纪念中国人民抗日战争暨世界反法西斯战争胜利70周年湘潭抗战档案史料图片展览”，分别在学校、机关和企事业单位等15处进行巡展，从9月17日首展至10月28日止，全县各级领导、党员干部、群众、学校师生和各界人士参观展览超过60万人次。9月3日，全县各界组织收看抗战胜利大阅兵。9月30日，县委县政府组织举行烈士纪念园开园暨“缅怀革命先烈　弘扬民族精神”烈士公祭活动。抓住“八一”建军节、第十五个全民国防教育日等契机，举办国防教育主题宣传活动，大力宣传《中华人民共和国国防教育法》《中华人民共和国国兵役法》《中华人民共和国湖南省实施〈中华人民共和国国防教育法〉办法》等法律法规，发放宣传资料20000多份，在全县各集镇设置国防教育宣传栏60多个，张贴宣传标语8000余条，挂宣传横幅2000余幅，利用手机报、电子政务平台群发国防教育短讯20000余条。拓展国防教育方法手段。3月，在县电视台开办全省首家县级国防教育电视专栏节目——《爱我国防》专栏，坚守栏目定位，突出个性特色，增强栏目的吸引力感染力。栏目的开播，是全县贯彻落实《中华人民共和国国防法》《中华人民共和国国防教育法》和《关于加强新形势下国防教育工作的意见》精神，丰富国防教育载体，增强国防教育活力，提高国防教育实效的重要举措。全年各类国防教育的新闻报道在省、市、县电视台报道达30余次，在国家、省级以上报刊、网站等媒体上稿、报道达70余篇次。

【《爱我国防》正式开播】 3月28日，湘潭县电视台国防教育专题节目《爱我国防》正式开播，栏目分为《莲乡国防动态》《国防天地》《老兵风采》三个板块，定位为宣传国防建设的新阵地，展示现役、退役军人和民兵预备役人员风采的新窗口，开展全民国防教育的新平台。专栏的开播，开创省内县级电视台开办国防教育专栏的先河。

【反恐维稳专业技能训练】 6月30日，县人武部组织全县19个乡镇100余名民兵开展反恐维稳专业技能训练，县人武部邀请专业反恐人员对参训民兵进行反恐维稳专业技能理论讲座和国防教育。参训民兵接受防暴队形、警棍盾牌操、自由搏击术相关知识的学习，为期4天，通过集训，确保一有情况民兵应急队伍能随时拉得出、用得上、起作用，为维护社会稳定做出贡献。

【县委议军会议】 8月19日，湘潭县召开县委议军会议，县领导谢振华、傅国平、周俊文、谭何龙参加会议。

会议首先总结和回顾2014年县人武部的主要工作情况：深入开展党的群众路线教育实践和“三严三实”专题教育活动，组织颂读红色经典、参观革命圣地、重温入党誓词等活动；科学筹划全县民兵组建任务，在辖区和跨区机动抗洪、扑火、维稳、救援等急难险重任务中发挥突击队作用；先后组织专武干部、民兵“四会”教练员、防火、抗洪、反恐等骨干集训10余期，实训723人；在全省率先倡导争创学习型、阳光型、服务型“三型兵役机关”，完成义务兵征集任务。县人武部被省军分区评为“全面建设先进旅团单位”。

2015年，县人武部将以全军政工会议精神为指引，切实加强思想教育和作风建设，圆满完成年度军事训练任务，认真抓好民兵整组和兵役征集工作，科学统筹军民融合深入发展，全面推进基层三年规划建设，狠抓专武队伍安全管理。

会上，县编办、人社、民政、财政等部门分别就武装工作正常经费、职工编制及关于修订《新形势下加强党管武装工作的意见》三方面的问题发表意见和建议。

县委副书记、县长、县国动委主任傅国平表示，武装工作经费安排按照足额保障、据实安排的原则予以落实；关于人武部职工编制问题，由编委会统一研究落实，对符合进编的人员选入进编。同时，他还对修订意见内的“村民兵营长”的选任和绩效考核内容提出意见。

县委书记、县人武部党委第一书记谢振华充分肯定过去一年县人武部为湘潭县经济社会发展的和谐稳定大局所做出的贡献。他表示，2015年国防后备力量建设的主要工作任务，既结合上级要求，贴近湘潭县实际，也基本符合目前的工作基础，与全县的工作大局是一致的，会议予以原则通过。他要求，县人武部要把上年的荣誉转化为好的工作基础，共同努力，再创国防后备力量建设新的佳绩。（宋德喜）

武警湘潭县中队

【概况】 2015年，中队联合目标单位进行安全大检查12次，联合方案演练4次，协助目标单位圆满完成押解任务20次，押解犯人300人次。共出动兵力50人次，完成重大警卫勤务、“两会”安保、城市武装巡逻等临时勤务。开展各类教育56次，发展党员4名，选拔各类集训人员6人，1人荣立三等功，7人荣立嘉奖，7人被评为优秀士兵。武警湘潭县中队连续实现安全执勤无事故32年。（谢　鹏）

武警湘潭县消防大队

【概况】 2015年，湘潭县消防中队坚持“固基础、强素质，求突破、创一流”的工作思路，落实“预防为主、防消结合”的消防工作方针，坚持“政府统一领导、部门依法监管、单位全面负责、公民积极参与”的工作原则，全面推动消防工作和队伍建设，确保辖区火灾形势和部队管理两个稳定，为湘潭县的经济发展和社会稳定营造良好的消防安全环境。

突出政府主导格局，落实消防安全责任制，推进消防工作社会化进程。是年，县委县政府和县公安机关领导就消防工作做出批示、指示6次，召开政府常务会、现场办公会、专题会议10余次研究部署消防工作，数十次带队检查消防工作，先后多次组织对全县19个乡镇和天易示范区落实消防工作情况进行督查，尤其在“8·12”天津港重特大爆炸事故后，县领导召开紧急会部署相关工作。

年初，大队提请县人民政府召开全县消防工作会议，部署全年消防工作，县政府与各乡镇、派出所、消防安全委员会、消防安全重点单位负责人签订责任状。先后20余次联合民政局、商务局、安监局、文体广新局等多家县直有关单位开展有针对性的专项督查，“地毯式”清查并督促整改社会单位的消防安全隐患，形成良好的消防工作联动机制，大大拓展消防工作格局的新领域。

大队积极督促落实消防责任制，结合辖区实际划分大、中、小三级网格226个，确定226名专职管理人员，发动村、社区、保安、物业管理人员等基层力量，开展“网格化”排查治理。深入推进消防安全重点单位“户籍化”管理工作，实行一户一档的户籍化管理模式，社会单位“四个能力”建设工作成效显著。年内，大队及各乡镇派出所共检查社会单位6766家，下发责令改正通知书1420份，督促整改火灾隐患2667处，下发行政处罚决定书76份，临时查封火灾危险部位7处，责令“三停”7家，罚款31.19万元，拘留13人。

开展“学习践行强军目标，深入开展做新一代革命军人”主题教育和“三严三实”专题教育整顿活动，促使官兵积极弘扬公安消防精神，忠诚履行职责使命，结合官兵思想实际，扎实开展支队特色“三想三比”专题教育活动。大队严格落实教育制度，因公差勤务未参加的归队后及时组织补课，确保人员、时间到位。在教育方式上，采取课堂教育、讨论、写心得相结合的方式，授课方式慢慢朝多媒体教学转变。通过干部精心备课，认真授课、课后辅导、战士仔细听、记笔记、写心得、搞讨论等手段，有效地提高教学效果，为适应新形势对消防工作的需要打下良好的思想基础。同时，大队还鼓励官兵参加自学或函授学习，尽可能地为他们提供学习时间和条件，创造良好的学习氛围，增强官兵的学习自觉性和积极性。大队全年共授课90余课，官兵所写心得体会60篇以上，干部备课90多篇，找战士谈心80人次，与每位战士的家庭均进行两次以上的联系。

中队认真抓好正规化建设，主动向支队领导请示报告，大队投入 100余万元，全面维修美化营区。努力丰富警营文化，每天24小时都处于执勤战备状态，大队积极开展健康向上的文化活动，充实业余生活，陶冶官兵情操。年内，大队共出黑板报10期，简报12期，在公安网发布信息1041条，在部消防局政工信息网发布160条信息。

大队全体官兵积极践行“全心全意为人民服务”的宗旨，视人民为父母、把驻地当故乡，积极开展拥政爱民活动，努力建设一支独具特色的消防队伍。3月中旬，中队官兵走访慰问党员模范和烈士家属，送去慰问金1000元。大队官兵走上街头、走进社区，为群众义务宣传消防知识35次，发放消防宣传单10000份，张贴各类消防标识2000份，悬挂横幅50条，开展社区消防教育培训1700人次，开放社区消防站10余次。

大队以不同形式在不同平台宣传消防知识。做客芒果radio湘潭之声《为民热线》为群众解答消防问题；创建“湘潭县消防”微信公众号为群众每日推送丰富有趣消防安全常识；推广湖南省独立研发“掌上消防”APP，为群众全面了解消防知识提供更大平台。在全县乡镇、宾馆（酒店）、中小学校（托儿所、幼儿园）、商场、公共娱乐场所、易燃易爆等场所负责人开展消防宣传教育培训工作；在大街小巷、机关学校、工厂企业、社区家庭、农村、敬老院开展“七进”消防宣传工作及灭火演练；组织全县派出所及各乡镇消防专干、专职消防队负责人、全县劳动密集型企业负责人开展集中培训；针对社会福利救助机构、卫生医疗机构、宗教场所、寺庙场所等特点突出场所的人员进行专项消防知识培训。同时，大队在党校、人社局等单位添加消防知识培训课时。5月12日，开展“5·12防火减灾日”走进“红门”感受消防活动，全面提升社会单位和人民群众消防安全意识。

训管结合，苦练精兵，确保执勤备战工作。大队以“执勤备战规范化、训练作战一体化”为目标，坚持战斗力标准，全面夯实执勤基础，全面开展实战化训练。

完善考核机制。制定训练工作计划，大队实行“月检查、季考核”，累计作为全年军事业务工作成绩，规范工作秩序。对执勤战斗全过程进行规范，着力提升部队执勤备战规范化水平。

利用总队“战训业务大讲堂”，着力提升部队整体业务理论水平，并及时讨论研究，撰写心得体会论文，从中汲取好的方法和措施，中队作战程序日趋规范，基层指挥员的指挥能力特别是临机处置能力明显增强。

中队坚持“辖区就是训练场”的组训理念，结合辖区火灾特点，因地制宜自行组织训练，大队每季度组织1次考核，大大增强基层训练的自觉性，提高训练的针对性。提请司令部进行指导帮扶，深入训练场，手把手指导训练工作，确保工作质量。部队训练成绩大幅提升，在面对辖区广、任务多、情况险等多种考验下，仍能肩负起全县灭火救援的重担。

是年，全县消防队完成灭火救援作战任务605次。其中，扑救火灾224起，抢险救援105次，社会救助276次。出动各类消防车901台次，出动警力4361人次，抢救被困人员55人，抢救财产价值530.4万元，连续十多年未发生较大以上火灾事故。

开源节流，加大投入，切实做好后勤保障工作。着眼长效，广筹钱、用好钱。勤请示，多汇报，积极协调落实县级财政消防业务经费预算。经过大队多方协调，2015年县级财政预算已达到860万元，在上年的基础上又有大幅上升，解决消防工作的瓶颈问题，提高部队的器材装备建设水平。规范后勤管理、增收节支，确保大队的各项工作的正常运转。大队按照年度经费预算计划，经费投向主要用于改善装备和官兵物质文化生活，足额保证防火、灭火工作所需经费。建立和完善各项规章制度，做到管钱管物制度化，确保各项支出用在实处；开源节流，杜绝浪费，有效地控制接待费、修理费、水电费和油料费的开支，避免铺张浪费现象。

大队投资200万元对新、老办公楼进行改造，并对营区自来水管网进行改造，提升栓心留人的环境。大队利用蔬菜基地积极开展农副业生产，全年养猪13头，蔬菜能够保证自给，共为大队节约资金近10万元。10月30日，按照全年计划，全省首支单编政府专职消防队——湘潭县人民政府天马路专职消防队在社会各界的支持与关注下，正式投入执勤战备。

按照部局、总队有关文件的要求，大队共投入资金200余万元，购买一批消防常规器材、特勤器材和个人防护装备，保证装备两个基数的达标和个人防护装备的到位，为日常训练做好保障。同时，大队还多次对执勤车辆进行全面的维修保养，确保车辆装备的完整好用，为确保灭火作战及抢险救援任务的圆满完成提供装备器材保证。

严格执法，热情服务，增强社会抗御火灾能力。严格按照总队要求，扎实开展“每日一查”“每周一计划”“每周半天宣传”的综合检查宣传机制，特别在“两节”“两会”期间，由支队领导、县领导带队，总队专家支援，开展“零点”行动，以重拳执法，全方位开展火灾防控工作。大队认真贯彻公安部消防局“12·19”电视电话会议精神和副部长刘金国重要讲话，大队以抗战胜利70周年为重点，严格按照支队统一安排，对重大节庆期间的各项工作进行周密部署，明确目标责任，制订具体工作方案，采取“错时”工作，细化工作进程，强化重点单位消防监督抽查工作，规范消防安全重点单位监督管理，着力推进消防控制室达标、微型消防站建设工作，全面开展以公众娱乐场所、商场市场、宾馆饭店、易燃易爆、劳动密集型企业等场所为重点消防安全整治工作，强化派出所消防监督检查职能，加大对城郊结合部、农村地区的监督检查力度，切实做好重大节庆期间消防安全保卫工作，保障县域人民的生命财产安全。

年底，大队提请县政府召开劳动密集型企业专项整治部署会，成立专项整治领导小组，对全县整治工作进行安排部署。先后召开消防工作联席会议进行推进动员，对劳动密集型企业消防安全专项治理工作执法培训会及安全培训会，积极推进劳动密集型企业消防安全专项整治工作，对消防安全重点单位开展“每周督促，每月进门”检查，共摸排劳动密集型企业93家，大部分单位都积极整改，其中，联合多部门对伍子醉简易板房2000余平方米进行拆除，杜绝安全生产盲区，为全县经济社会的持续健康发展提供有效的安全保障。

按照上级要求，根据全县的统一安排和部署，从6月1日至9月20日开展全县夏季消防检查工作。5月27日，大队提请县人民政府召开全县夏季消防检查工作动员部署会，对此项工作进行部署安排，全县各乡镇、县派出所、消安委成员单位相等部门联合开展“拉网式”消防安全大检查，全力掀起排查整治高潮。在行动结束时特向县政府提出专门意见：加大32家公立敬老机构消防基础设施投入；对全县消防规划专篇进行统一修订；青山桥镇、茶恩寺镇工业园区重大消防安全隐患，已有具体措施逐步改进中。

深入贯彻落实公安部消防局印发的《消防安全重点单位微型消防站建设标准（试行）》和《社区微型消防站建设标准（试行）》两个文件的精神，根据湖南省消防总队《关于扎实推进社区和消防安全重点单位微型消防站建设工作的通知》（湘消网发〔2015〕190号）的要求，县消防安委会印发《关于扎实推进社区和消防安全重点单位微型消防站建设工作的通知》（潭消安〔2015〕32号）明确要求：县级消防安全重点单位、社区要学习微型消防站建设标准，按要求完善微型消防站建设，并落实经费保障。11月30日前，分别选取1个城乡社区和5个设有消防控制室的消防安全重点单位完成微型消防站建设试点推广工作。12月底前，确保50%的社区和设有消防控制室的消防安全重点单位建成。冬春火灾防控工作结束前全部建成。2016年将组织全县微型消防站开展业务比武竞赛。各项工作正在全力推进中。

认真贯彻执行《全省公安机关深化改革推进便民利民服务30项举措》，规范服务行为， 减少办事环节，缩短审批时间，提高服务质量和办事效率。此外，大队正积极响应市、县两级政府要求，推进消防业务受理进入湘潭县政务服务中心，设立专门窗口，提供更贴心的“一站式服务”。大队消防监督员通过参加总队、支队的集中培训、现场教学、技能竞赛等形式开展业务培训，有效提高全县消防监督人员的整体素质。年内，组织2期全县公安派出所执法培训班，派出所领导、专兼职消防民警100%参与培训，有效提高派出所民警消防业务能力和网上执法水平。 （胡　鹍）

人民防空

【概况】 2015年12月29日，潭编委发〔2015〕77号湘潭县机构编制委员会关于印发《湘潭县人民防空办公室主要职责内设机构和人员编制规定》的通知，设立湘潭县人民防空办公室，既是县国防动员委员会的常设办事机构，也是县人民政府人民防空工作主管部门，核定内设机构3个（综合股、指挥通信股、工程建设股加挂政务服务股的牌子），行政编制6名。其中，主任1名，副主任2名，纪检组长1名。新增加县国防动员委员会常设办事机构的职责。

人防指挥通信工作全面铺开。完善本年度警报设施的检查档案，由专人负责，做到每月一检、每月一记、一事一档，发现情况及时上报。新增警报器x台，并对现有x台警报器全面地进行检查，投入5000元资金，针对少数由于雨水而锈蚀的部件进行除锈涮漆处理。完成人防数字化超短波组网建设工作，人防数字化超短波系统已投入使用。全面完成《湘潭县人民防空袭方案》的制订工作。组织全办干部职工开展指挥通信演练活动，参加“湘防—2015”人防指挥业务培训及“湘江—2015”的演习。

人防工程结合建设及行政审批工作有序开展。建设项目一律进入县政务中心在线行政审批系统审批，严格按照“一门受理、窗口运作、统一收费、承诺办结”的运行机制办理。县人防办编制的《行政审批项目梳理》作为范本在全县范围内推广。起草出台《湘潭县人民防空办公室行政审批制度》，成立行政审批领导小组，办领导小组对项目行政审批实行例会制。完成行政权力清单和责任清单的梳理，共计梳理出行政许可、行政处罚、行政强制、行政征收、行政确认、行政奖励、行政检查和其他行政权力共计八类25项行政权力。5月至6月，开展为期一个月的执法检查，接受市物价局、发改局对县人防行政执法检查和调研，年内，审批项目8个。其中，结建项目2个，易地建设项目6个。

健全人防工程维护管理的一系列制度。明确专人负责，建立2015年人防工程维护档案，定期对人防工程设备设施进行检修、维护和保养；实行维护管理岗位责任制，签订人防工程维护管理责任书，明确专职维护管理责任人员；对全县的人防工程进行全面的排查，有效的消除各类隐患，确保人防工程内部“灯明、路洁、水畅”。6月初，白石广场人防工程提质改造项目成功签约。

利用电视、报刊、网站、固定宣传栏等，对2014年省政府令270号及省物价局、省财政厅等文件精神进行全方位宣传。以城区为重点，全面开展学校人防教育工作，县城共有中小学校12所，已经全部开设人防教育课，受教育学生达12000人次，受教育率和考试合格率达100%。在县委党校开设人防教育课，向参加学习的各级干部赠送书籍、发放宣传资料。打造彭德怀纪念馆和同丰中央广场宣传教育阵地。开展“5·12”应急处置宣传日和“11·1”警报试鸣宣传一条街活动。9月，组织江声实验中学学生开展防空防灾疏散演练。人防两费征收，严格按照“一令一通知”的规定，做到应建尽建、应收尽收。

2015年，县人防办成功创建市级文明卫生单位和无烟单位。

（欧阳畅）

（责任编校　杨　柳）

经济管理

发展与改革

【概况】 2015年，县发展和改革局加强全县经济社会发展战略研究和规划管理工作，完善经济形势分析、重点企业监测、专项调研分析等制度，做好经济分析与科学规划管理工作。编制《湘潭县国民经济和社会发展第十三个五年规划纲要》，规划“十三五”时期全县国民经济和社会发展的主要目标、战略任务与保障措施。

年内，申报国省预算内资金和国家专项建设基金项目30个，涉及新增粮食产能、保障性安居工程、初中校舍改造、基层卫生服务体系建设、生活垃圾收运系统建设、采煤沉陷区综合治理等项目。累计争取国省预算内资金10808万元，国家专项建设基金26150万元。

主动承接上级下放的行政审批项目，梳理部门权力清单、责任清单、负面清单，起草《湘潭县2015年政府投资目录》和《湘潭县企业投资项目管理负面清单（2015年）》。组织开展全县投资项目在线监管平台建设，优化审批流程，缩短审批时限，不断提高行政审批效率。年内，共审批（核准、备案）项目73个，总投资30.19亿元。完成固定资产投资200.4亿元，比上年增长20.5%。建设重点工程项目91个，完成投资100.5亿元，在全市投资和重点工程项目建设工作考核中，位列全市五个县市区第一名。全面启动“招商突破年”活动，全年共引进项目50个，其中过亿元项目11个，到位资金50亿元。全年直接利用外资7124万美元，增长9.6%。

编制《湘潭县“十三五”服务业发展规划》，开展服务业集聚区创建活动。年内，新增服务业“四上”（指规模以上工业企业、资质等级建筑业企业、限额以上批零住餐企业、规模以上服务业企业4类规模以上企业）企业6家。全县第三产业实现增加值100.7亿元，比上年增长13%。淘宝特色中国·湘潭县馆入驻企业达到160余家，实现销售额8000万元。全县完成社会消费品零售总额74.8亿元，增长12.7%。湘潭县举办首届房地产交易博览会、首届青山桥鞋业联盟皮鞋订货会和湘莲地方特色产品展览会。持续推进乡村旅游活动。年内，梅林桥“都市后花园”开园，石鼓“观油菜”、乌石“采春茶”、花石“赏荷花”、云湖桥“品脐橙”等主题乡村旅游活动不断升级，吸引周边县市区游客。全年接待游客720.03万人次，实现旅游综合收入48.18亿元。

“两型社会”建设成绩斐然。是年，湘潭县单位GDP综合能耗0.572吨标煤/万元，比上年下降10%，完成年度节能减排目标。严格执法监察，规范绿心区的用地秩序，配合省市开展绿心地区卫星监测核查工作。开展两型示范创建，4个单位被长株潭两型试验区管委会评为省两型示范创建单位、云龙小学获长株潭两型试验区管委会批准为省两型示范基地、3个单位和项目被湘潭市两型办评为市级两型示范创建单位和项目。

（贾广温）

物价管理

【概况】 2015年，县物价局以深化价格改革，推进依法行政为抓手，加强价格调控、加强政府定价管理、加强价格监管执法，促进价格工作加快转型，更好地服务于全县经济持续健康发展和社会和谐稳定。

组织清理全县24个行政事业性收费单位、17个涉企行政事业性单位收费项目及收费标准，取消收费项目3项，暂停6项，降低17项，免征31项，为企业和群众减轻负担约600万元。全年共审批收费项目6项，短期培训班收费标准4期，备案收费项目17项，筹备召开价格听证会1次，价格改革座谈会3次，局集体审价会4次，审议价费项目与标准5项。按县政府的统一部署，自4月8日起县人民医院、县中医院、县妇幼保健院3家县级公立医院全面实施新的医药价格，保障各项改革惠民措施执行到位，仅此一项让利824万元。

着力加强教育、农资、医药医疗、客运票价监管。年内，先后开展教育、客运票价、银行、农资市场、涉农、涉企、医疗、药品等专项检查，共检查单位50余个，查出违价金额400余万元，实行经济制裁36万元。

加强价格调节基金征收力度，全年征收价格调节基金449万元。争取省、市价格调节基金扶持“菜篮子”资金300万元，连续几年专项基金投入，全县规模蔬菜基地机械化、智能化、科学化种植模式不断提高，效益提升，规模扩大。其中，三汇蔬菜种植有限公司被市政府列为市重点民生实事项目。该局争取上级主管部门的资金扶持，经常到基地督导建设进度，确保民生实事项目落到实处。

依法开展价格认证工作。县价格认证中心加强与公安机关的联系和协作，客观公正、实事求是地开展“急”“难”“重”涉案物品价格鉴证工作。年内，受理并出具价格鉴定结论158个，涉案金额779万余元。

开展成本监审与成本调查。先后对江声实验学校学费、住宿费、生活服务费、石潭安泰自来水公司、运营成本监审和湘水缘公墓价格、公共交通、县房产局白蚁灭治费等项目进行价格成本调查，提高成本监审、成本调查工作质量和水平，为科学制定价格、服务价格管理提供翔实可信的成本依据。

做好监测预警工作。湘潭县被省发改委列为“国家价格信息监测点”。 国家监测项目为粮食和农村服务价格，省级监测项目为生猪、饲料、家禽、农资等。该局切实做好应急监测与常规监测衔接工作，确保价格监测数据的准确性、及时性和上报率。认真做好每月5日、15日、25日的常规监测、分析和上报，提高分析研判的准确性。全年上报报表100份；每季度刊发价格信息简报3期，全年共计12期，为国家宏观经济调控和公共管理服务决策提供依据。

【价格举报“12358”专线】 2015年，县物价局重视价格举报，畅通群众诉求渠道，着力打造“12358”品牌。年内，“12358”专线受理价格举报和咨询165件，其中举报21件（市局交办5件，网络举报12件、电话及其他形式举报4件），办理书记、县长信箱投诉各1件，价格举报咨询答复率、案件办结率、结果反馈率和群众满意率均达到100%，做到件件有落实，事事有回音。 （王智烽）

工商行政管理

【概况】 2015年，湘潭县工商局充分履行登记职能，大力发展市场主体。全县发展各类市场主体3089户。其中，内资企业6户，私营企业839户（个人独资企业131户、合伙企业4户、有限责任公司及分公司451户、农民专业合作社253户），个体户2244户。新设立登记公司415户，同比增长15%；注册资本合计146524万元，同比增长19%。全年办理“三证合一、一照一码”登记447户。办理变更登记2463户。其中，企业507户，个体户1956户。办理注销登记248户，其中企业注销53户，个体户注销195户。共协助企业冠省名72户，冠市名372户。共办理15件股权出质登记，累计出质股权数额10211.5万元/万股，累计担保债权数额4501万元。

积极推进“品牌兴县”战略。大力培育和指导优势企业争创驰名、著名商标，支持商标无形资产资本化运作。年内，共指导企业和个人申请注册商标178件，帮助指导鑫田国际大酒店等9家企业申报湖南省著名商标。全县拥有注册商标1758件，行政认定的驰名商标4件，司法认定的驰名商标5件，湖南省著名商标34件，地理标志证明商标1件。严厉查处商业贿赂、商标侵权、虚假广告和其他违法违章案件。全年查处制售假冒伪劣商品和商标侵权案件10起，案值15万元，其中查处大要案件及侵犯注册商标专用权商标权案件7起，没收并销毁侵权假冒的商品。借助媒体广告监测系统对电视台发布的广告进行不定期24小时全天候监测，加强房地产、医药等行业户外广告的监管。

加强市场管理。建立健全与公安、卫生、城管、社区、学校、行业协会等部门的整体联动长效机制。年内，出动执法人员559人次，检查各类企业427家。其中，煤矿10家，非煤矿山43户，网吧、歌舞厅等公众聚众场所经营户112户，加油站、烟花鞭炮等经营户262户，下发责令整改通知书24份，抄告相关部门8户，立案2起。加强食品安全监管。在县内开展烟酒市场、乳制品市场、校园及周边食品安全、流通环节无照经营、夏季应用水市场、流通环节肉制品、流通环节违法添加非食用物质和滥用食品添加剂等专项整治行动,出动执法人员923人次，查处过期食品47千克，“三无产品”23千克，查处取缔无照经营户11户。加强无照经营整治。年内，排查无照经营户505户，引导办照450户，开展日常巡查2670人次，下达《责令改正通知书》450份，立案查处无照经营案件11起。积极开展“红盾护农”工作，全年开展“红盾护农”执法行动3次，出动执法人员30余人次，检查农资经营户206户。

开展工商执法。年内，立案查处发布虚假广告、无证照从事经营活动、商标侵权等各种违法案件34起，保障市场竞争公平有序。查处烟草市场违法行为，出动执法人员45人次，执法车辆21台次，检查卷烟零售经营户48户次，责令整改无照经营户26户。加强打击传销，规范直销。通过进社区、进车站走访，对出租民房进行调查，走访群众92人，调查出租房54家，重点调查是否有假借“连锁销售”等名义和形式的传销活动，是否有无正当职业的外地人三五成群聚集开会、学习活动的情况，是否有以介绍工作、从事经营活动等名义诱骗返乡农民工参与传销的违法行为，以及是否有以“国家开发项目”“政府秘密工程”等名义开展传销活动的行为。加强校园周边整治。全县学校周边共有有照经营户589户，无照经营户117户。其中，有照食品经营户258户，无照食品经营户49户。专项整治行动中，共出动执法车辆67车次，执法人员275人次，检查校园周边经营户647户次，查获过期和“三无”食品327袋，销毁变质食品58千克，没收不良玩具143件，盗版教辅书刊322册，盗版光盘171张；对117户无照经营户送达《限期办照通知书》，立案12起。

设立“12315”消费者申诉举报中心1个，工作人员3人。在派出机构下设“12315”消费者申诉举报站7个，工作人员14人。全县共设消费维权服务站34个。其中，企业维权服务站23个；校区联络维权服务站2个；超市维权服务站9个。年内，受理消费者咨询、申诉、举报案件496件。其中，咨询267件，投诉183件，举报46件，件件有答复、有落实。利用投诉、举报线索查办案件4件，为消费者挽回经济损失30多万元。

（文　雯）

湘潭县中国驰名商标、湖南省著名商标名录

表3

级别	序号	商标名称	所属企业	评定时间	续评时间
中国驰名商标	1	小龙王 xiao long wang+图形	小龙王食品有限公司	2009年	—
中国驰名商标	2	宏兴隆+字母+图形	湖南宏兴隆湘莲食品有限公司	2010年	—
中国驰名商标	3	胖哥	湖南胖哥食品有限公司	2012年	—
中国驰名商标	4	韶力+图形	湘潭市电机车厂有限公司	2013年	—
中国驰名商标	5	五洲通+图形	湖南五洲通药业有限责任公司	2015年	—
湖南省著名商标	1	粒粒珍	湖南粒粒珍湘莲食品有限公司	2006年	2015
湖南省著名商标	2	涓江	湖南涓江鞋业有限公司	2002年	2015
湖南省著名商标	3	红燕+图形	湖南红燕化工有限公司	2004年	2013
湖南省著名商标	4	老山堂	湘潭县贡莲皇酒业有限公司	2006年	2015
湖南省著名商标	5	羊鹿+图形	湘潭羊鹿茶业有限公司	2007年	2013
湖南省著名商标	6	潭农	湘潭兴农配方肥有限公司	2007年	2013
湖南省著名商标	7	图形	湘潭市电线电缆有限公司	2007年	2013
湖南省著名商标	8	喜来乐	一笑堂(湖南)制药有限公司	2008年	2014
湖南省著名商标	9	振湘	湘潭振湘鞋业有限公司	2008年	2014
湖南省著名商标	10	伍子醉	湖南伍子醉食品有限公司	2009年	—
湖南省著名商标	11	华绿	湖南华绿生物科技有限公司	2011年	2015
湖南省著名商标	12	湘泵	湖南潇湘制泵有限公司	2011年	2014
湖南省著名商标	13	莲港+图形	湖南莲港紧固件有限公司	2012年	2015
湖南省著名商标	14	亚安+图形	湘潭南方电机车制造有限公司	2012年	2015
湖南省著名商标	15	众一+图形	湘潭县离心机有限公司	2012年	2015
湖南省著名商标	16	HNIKT+图形	湖南泰克互感器有限公司	2012年	2015
湖南省著名商标	17	潭莲+拚音	湘潭兴宏运湘莲食品有限公司	2012年	2015
湖南省著名商标	18	湘水缘+图形	湖南湘水缘长生陵园有限公司	2012年	2015
湖南省著名商标	19	莲冠湘	湖南莲冠湘莲食品有限公司	2013年	—
湖南省著名商标	20	宝湘园	湖南金隆食品有限公司	2013年	—

续表3

级别	序号	商标名称	所属企业	评定时间	续评时间
湖南省著名商标	21	福里居	湘潭县华钢竹业有限公司	2013年	—
	22	百里醇+BAILICHUN	湖南宏信农业发展有限公司	2013年	—
	23	贡莲皇	湖南贡莲皇酒业有限公司	2013年	—
	24	SAHOO+图形	湘潭赛虎电池责任有限公司	2013年	—
	25	康宁达	湖南康宁达医疗设备有限公司	2013年	—
	26	湘正野	湖南湘正野生物饲料有限公司	2014年	—
	27	堂皇+图形+字母	湖南堂皇湘莲食品有限公司	2014年	—
	28	天子山	湖南农其科技开发有限公司	2014年	—
	29	比其路+字母	湖南百舌鸟鞋业有限公司	2014年	—
	30	仙女+字母	湘潭市仙女竹业有限公司	2014年	—
	31	南电	湖南南电电气有限公司	2014年	—
	32	神猴+图形+字母	湘潭市特种线缆有限公司	2014年	—
	33	恩尔+图形+字母	湖南恩尔保险箱制造有限公司	2014年	—
	34	莲美	湖南莲美食品有限公司	2015年	—
	35	鑫田国际大酒店+字母+图形	湘潭鑫田国际大酒店有限公司	2015年	—
	36	席伊吖	湖南润竹竹业有限公司	2015年	—

审计管理

【概况】 2015年，县审计局完成审计项目117个。其中，预算执行审计和财政财务收支审计7个，财政国家基本建设投资审计83个，专项审计和审计调查11个，领导干部经济责任审计16个。通过审计，查出各类违纪违规金额7530万元，管理不规范资金59052万元，处理应增加财政收入3718万元。投资审计送审金额96959万元，审定金额70151万元，审计核减26808万元，审计核减率达27.7%。向纪检监察和相关部门提交移送处理书12份，审计建议问责函3份，审计情况通报函3份，审计要情4份，审计提出建议56条，采纳56条，在各级媒体发表信息41篇次。

6月26日，县审计局在县人民政府第十五届二十五次常务会议作《关于湘潭县2014年度县本级预算执行和其他财政收支的审计结果报告》。6月30日，该局受县政府委托，向县人大常委会作《关于2014年度湘潭县县本级预算执行和其他财政收支的审计工作报告》，报告有针对性地提出认真执行预算编制程序，科学核定预算收支，确保预算的刚性约束力；规范收入征管行为，杜绝虚增财政收入；加强基本建设项目的管理，杜绝超面积、超标准建设；切实加强财政专项资金监督管理，健全预算绩效管理机制；加强结转结余资金管理；完善县乡财政管理体制和天易示范区管理体制等6条审计建议。12月25日，向县人大常委会报告“同级审”问题的整改落实情况，促进出台《湘潭县财政投资评审管理办法》《湘潭县政府采购管理办法》等文件，完善天易示范区财政管理体制。县人大常委会对县级财政预算执行情况审计予以肯定。审计工作报告、审计问题整改报告已成为县人大了解财政状况，监督财政运行的重要手段。

完成对县卫生局等单位的经济责任审计项目16个，审计领导干部23名；审计查出违规问题金额4411万元，管理不规范金额5674万元，就审计中发现的个人借支长期未归还、使用不合规发票列支、工程项目建设违规、在编不在岗人员“吃空饷”、隐匿或销毁票据私分公款等问题，出具移送处理书7份，提交审计要情3份。

围绕促进提高固定资产投资效益和反腐倡廉建设，加强对政府投资和以政府投资为主的建设项目的竣工决算审计，积极开展关系国家利益和社会公共利益的重大建设项目跟踪审计。公开选取6家中介机构参与全县政府投资审计，一定程度上缓解任务重专业技术人员不足的矛盾，充分利用社会资源实现审计的全覆盖。加大对征地拆迁、工程招投标、设备材料采购、资金管理使用和工程质量管理等重点环节的审计力度，督促相关单位加强资金和项目管理，完善制度，提高投资效益，推进廉政建设，促进深化投资体制改革。全年完成投资审计项目83个，投资审计送审金额96959万元，审定金额70151万元，审计核减26808万元，审计核减率达27.7%。

坚持把保障和改善民生作为审计监督的着力点，完善民生审计工作机制，发挥审计监督作用，以预算管理和资金分配为切入点，重点对林业专项资金、小型农田水利设施建设资金、财政“一事一议”专项资金、特色县域经济重点县支持资金等民生项目和资金进行审计和审计调查，关注民生资金的分配、管理和使用等情况，关注强民惠民政策的实施效果，着重反映民生资金和民生工程在资金使用、政策执行、项目管理等方面的问题，尤其是带有苗头性、倾向性的问题，认真研究分析原因，有针对性地提出审计建议，推动部门单位加强和规范资金管理，维护人民群众根本利益。

全力服务县委、县政府中心工作，加大领导交办事项审计力度，确保政府事项“交办一件，快办一件，办好一件”。年内，完成财源建设奖励审计、涉政类不良贷款清理审计、武广客运专线征拆建设协调指挥部撤销移交审计、茶园煤矿关闭资金审计、湘潭县省道S313公路改造项目建设协调指挥部财务收支情况审计等政府交办事项，为服务经济社会发展，促进社会和谐稳定做出积极贡献。

是年，该局按照县委、县政府的要求，安排专门力量，配合上级审计机关的专项审计和调研工作，从进点到审计项目结束，完成全过程的服务和协调理顺关系等方面的工作，保证上级审计项目中的相关会议、活动、审计工作的顺利进行。其中，省审计厅组织的“对谢振华任中共湘潭县委书记、傅国平任湘潭县人民政府县长期间经济责任审计”“省农业委员会2014年度预算执行及其他财政财务收支情况(延伸湘潭县农业局)审计”“牲猪生产专项资金审计”“对天易示范区稳增长的延伸审计”；审计署长沙特派办开展的“重金属污染治理审计调查”；市审计局组织的“湘潭县城镇保障性安居工程跟踪审计”“关于稳增长促改革调结构惠民生防风险政策措施落实情况跟踪审计”等项目。

4月，该局抽调8名审计人员，由副局长文湘民任组长，赴娄底市参与由省委巡视组第四组组织对娄底市经济开发区等单位的财务审计，历时近一个月，审计组圆满地完成工作任务，巡视组来函进行表扬。11月底，派出3名审计人员参加省厅组织的“湘乡市保障性安居工程进行跟踪审计”项目，取得良好的效果，得到上级审计机关的肯定。

2015年，湘潭县审计局创建为省级文明单位，获得湘潭市2015年度县市区审计局工作目标管理考核一等奖。局机关党支部被评为“全市示范基层党组织”。（汤雨常）

统计管理

【概况】 2015年，县统计局以全面建成小康经济强县为总揽，竭力服务县域经济社会发展，加强经济形势研判和经济预警，及时准确反映问题，并提出针对性强的工作建议，多篇分析文章得到县委县政府主要领导的肯定，为抓好经济工作赢得主动。年内，撰写统计分析报告25篇。其中，《从经济普查看湘潭县的经济发展》分析文章获省级征文三等奖。报送热点重点信息52条。其中，被省级以上媒体采用4条次，市级媒体30次，县级媒体26条次，《2015年全国1%人口抽样调查湖南综合试点工作启动》被新浪网新闻中心采用。借助“湘潭县统计信息网”平台，先后发布《统计综合月报》9期、《季度经济形势分析》3期、《湘潭县2014年度国民经济和社会发展统计公报》等人民群众关心的统计信息资料。

强化经济运行监测分析，做好主要经济指标的监测预警。加强监控GDP、第三产业、规模以上工业、固定资产投资、社会消费品零售总额等重点指标；抓好全面建成小康社会指标监测分析，对涉及小康的系列指标，加强与各职能部门的联系，及时汇总、测算，与周边县市比较，全面系统地进行有效监测，发现问题，及时提供监测建议给领导及有关部门；积极加强与上级统计部门的协调衔接，邀请省、市局专家对全县小康相关单位进行业务培训和分类指导。

坚持服务全县经济社会发展，认真做好《统计公报》《分析与研究》《统计月报》《湘潭县第三次经济普查公报（一、二、三）》及《湘潭县2014年妇儿发展规划监测报告》等系列资料的编印和发放工作；创新服务企业方式，搭建政企统计服务互动交流“连心桥”，在局信息网站开辟完善《企业之窗》；9月11日，该局局长带领业务骨干一行到湘潭云飞电子商务有限公司开展专题调研，积极打造政府、企业之间的便捷交流通道；结合本土企业名牌产品、著名商标申报之机，共享区域品牌效应。县民意调查中心全年开展社情民意调查3次，汇总、整理群众反映的突出问题，提出针对性建议，为县委政府提升群众工作水平提供参考。

稳步推进“企业一套表”改革，基层统计联网直报工作走上常规化的轨道。全县联网直报企业直报率100%。按照统计改革整体方案，认真贯彻执行新制度，做好统计年报工作，组织实施企业创新、能源、电子商务、健康服务业、工业发展速度计算方法、固定资产投资等方面的统计改革。加强与发改、经科、商粮等相关职能部门协调合作，及时掌握企业的规模和生产能力等情况，按照“四上”企业入库工作流程，积极做好入库资料的收集、信息核对和预审工作，真正把符合标准的准“四上”企业及时纳入统计调查范围。全年新增“四上”企业28家，全县“四上”企业总量达317家。

大力宣传《统计法》，组织开展“统计法制宣传日”“9月20日中国统计开放日”“统计微信达人”、法律法规知识考试等普法宣传教育活动。按照《统计法》的要求，多次下乡入企落实基层统计单位岗位、人员、经费等要求，到现场指导各乡镇、部门、企（事）业单位建立健全统计电子台账、工作制度和数据审核报送流程，做好原始记录，确保数据采集规范到位。转发《湘潭市统计局数据质量隐患排查及整治工作方案的通知》，对调查对象不规范报送行为进行抽查，针对发现的问题要求立即整改。开展统计执法检查，印发《关于开展2015年统计执法检查的通知》，重点对服务业、固定资产投资、劳动工资等统计专业开展统计执法检查。全年统计执法检查单位20家，并严格依照统计执法程序，发出责令整改通知书3份，责令整改。

加强企事业单位统计人员持证上岗情况的管理和督查，做好2015年全县统计从业资格报名、培训、考试工作，全年报考统计"两证"160人，开展全系统各类培训4期，培训基层总人数200人次。专门成立由主要负责人及业务骨干对口工作服务班子，继续派出业务骨干负责示范区统计工作。认真做好网络安全自查和申报工作，对局内外网再次进行改版升级。按照省、市统一要求和部署，通过设备购置和现场建设等，局网络视频会议室于10月达标建成，逐步完善联网直报指挥中心功能作用。

【全国1%人口抽样调查工作】 2015年，按照省、市人调办的部署，全省1%人口抽样调查城乡结合部综合试点工作于4月至8月在湘潭县进行。湘潭县人民政府重视此项工作，成立湘潭县2015年1%人口抽样调查协调领导小组，制定工作方案，各乡镇组建由乡镇长负责制的工作班子。充分利用县网县报、微信、手机报制作专刊，悬挂横幅、标语，发放《致调查户一封信》和LED电子显示屏等方式加大宣传力度，引导群众如实申报调查项目。5月，组织召开全县1%人口抽样调查工作动员会议及抽样框整理培训会议。6月初，及时、准确地完成2015年1%人口调查村、居委会（社区）抽样框基本情况表的调查、审核、录入、汇总工作，并协助上级完成抽样调查调查小区的抽选及抽中村的边界图和调查小区分块图的绘制工作。8月，完成乡镇、村调查员、调查指导员的选聘工作。10月，组织进行业务培训，并开展抽中调查小区的住户摸底工作。11月1—10日，全面完成抽中调查小区的住户上户登记工作。本次调查全县涉及19个乡镇、40个村、社区（居）委会、40个调查小区，共调查登记人口1.28万余人。（周立理）

国土资源管理

【概况】 2015年，全县耕地保有量68683.73公顷，批准用地面积137.20公顷，其中工业用地33.74公顷，基础设施及公共服务用地92.23公顷。全县申报用地项目35个，总面积166.53公顷，批准项目29个。全年办理土地出让98宗，总面积79.67公顷，成交金额4.57亿元，同比增长48%。全年入库储备土地11.87公顷，实现以地融资8500万元，完成非税收入1.33亿元。

推进湘潭±800千伏换流站、110千伏变电站项目、潭花复线河口段公路改建项目、晓南互通项目、湘潭县花石镇湘莲市场至韶茶干线公路改建项目、梅林山庄旅游渡假村二期、酒泉至湖南80万伏线路工程项目等省市县重点工程项目建设的征拆工作，以及经营性用地项目的征拆成本核算工作。累计完成征地41.65公顷，共签定房屋拆除协议45栋（户），拆除房屋面积11800平方米，累计发放征拆补偿金额6087万元。实施土地开发项目18个，新增耕地139.53公顷，为市政府重点工程提供12.93公顷水田指标。圆满完成市政府下达的耕地保有量不低于64749公顷，基本农田保护面积54692公顷不减少的责任目标，连续15年实现耕地占补平衡；完成土地综合整治项目11个，建设规模3246.67公顷，投资7651.81万元。组织申报2015年度土地整治项目11个，总建设规模2666.67公顷，投资规模7936万元。推进谭家山镇紫竹等17个矿区村整治，争取市级资金2550万元。

是年，关闭矿山8家，保留矿山57家，从严查处超深越界开采行为。组织专项检查2次，对存在超深越界行为的7家矿山立案查处。重点加强对谭煤集团一、三、四矿的监管。重拳整治非法采砂洗沙，取缔非法采砂洗沙场所14处。全县国土资源安全生产实现"零事故""零伤亡""零问责"。组织大规模联合执法行动12次，拆除违法建筑24处、面积23800平方米。加强与公安、法院等部门的联系，重点查处青山桥镇、排头乡2起违法占用耕地行为，依法追究5名当事人刑事责任。土地例行督察和卫片执法检查顺利通过验收。全县土地例行督察原涉及问题211个，通过整改和积极协调，实际交办湘潭县49个违法问题。县政府主要领导亲自督促各有关乡镇和部门扎实整改，全部按要求整改到位，整改率100%；2014年度全县土地卫片违法图斑276宗，矿山卫片违法图斑3宗，276宗非法占地行为全部立案，立案率100%，履职率100%，整改到位率为95.6%。3宗矿山违法图斑全部整改到位。

组织开展地质灾害抢险救灾演练和"4·22"地球日、"5·12"防灾减灾日宣传活动，开展1∶50000地质灾害详细调查工作。成功创建地质灾害防治高标准"十有县"，地质灾害防治做到有制度、有机构、有经费、有监测、有预警、有评估、有避让、有宣传、有演练、有效果，实施地质灾害勘查、治理项目13个，总投资580万元。

加强综合调研信息宣传工作。累计在各级报刊、杂志、网站发表宣传稿件141篇。其中，国家级21篇，省级23篇，市级65篇，县级32篇，上报调研报告6篇，发表4篇，调研信息宣传工作在6个县（市）区局及县直单位中名列前茅。5月，被市国土资源局评为全系统信息报送工作先进单位。6月，该局撰写的《城市化进程中实施耕地占补平衡问题研究》，被省国土资源厅评为全省优秀调研文章二等奖。10月，该局撰写的《浅析湘潭县违法用地现状及对策建议》被县委宣传部评为2015年度优秀理论文章。

印发《湘潭县不动产统一登记实施方案》和《关于整合县级不动产登记职责的通知》，落实领导责任，整合机构职责，组建相关机构，启动窗口建设。年内，共办理国有土地使用权证4561本，集体证2124本，抵押登记57宗；全年测量面积1166.67公顷，；积极推行“一张图”核心数据库建设与应用，国土资源政务信息网上公开，公文和行政审批业务网上办理，被省厅评为全省“国土资源信息化建设先进单位”。

【国家土地督察武汉局督察组到湘潭县开展例行督察】 4月16日，国家土地督察武汉局督查组一行到湘潭县开展例行督察。副县长唐仁光、天易示范区管委会副主任唐向前、湘潭县国土资源局局长肖尽红等陪同参加调研活动。此次土地例行督察内容为县、乡两级政府在耕地保护、建设用地审批、征拆补偿落实、土地供应、土地利用、土地抵押融资、土地执法等方面的职责履行情况。督察组兵分两路，分别到天易示范区和各乡镇开展督察调研，力求找准找实湘潭县在土地利用和管理方面存在的突出问题，提出耕地保护、农用地转用和土地征收、土地供应、土地利用、违法占地与土地执法等八方面的意见。该局高度重视，落实通知精神，制定整改方案，10月中旬完成整改。

【省委督查组督查湘潭县不动产统一登记工作】 12月8日，省委办公厅副主任叶建军率督查组，对湘潭县不动产统一登记工作开展情况进行专项督查。县委常委、县委办主任谭何龙、市国土资源局总经济师熊玲娜、副县长唐仁光及政府办、国土、房产、农业、林业等相关部门负责人参加工作汇报会。会上，县国土资源局负责人汇报全县不动产统一登记工作进展情况。县政府成立县长任组长的不动产登记工作协调领导小组，印发《湘潭县不动产统一登记实施方案》和《关于整合县级不动产登记职责的通知》，如期完成不动产统一登记工作职责整合、机构组建任务，整体工作稳步推进。各相关单位就本部门不动产登记工作情况提出意见和建议，随后督查组一行参观县不动产登记服务窗口。叶建军听取汇报和实地查看后，中肯评价湘潭县的不动产统一登记工作。 （杨　锺）

质量技术监督

【概况】 2015年，湘潭县质量技术监督局紧紧围绕“发展质监事业，服务经济社会”的主题，按照“促进发展抓质量、围绕安全抓监管、贴近民生抓打假、科技兴检强基础、加强规范树形象”的思路，抓质量、保安全、升能力、重规范、促发展，全年产品质量工作延续几年来的良好形势，全县产品质量水平不断提高。

积极推动质量强县、品牌兴企战略。积极指导企业争创名牌，帮助和组织县内7家企业成功申报湖南名牌；深入开展“3·15”和“质量月”等群众性质量活动，积极引导企业实施“以质取胜、诚信经营”的理念和方针；开展企业质量信用档案数据库系统建设工作，对有关生产许可、产品质量监督抽查、CCC认证、名牌产品等方面的数据进行汇总，完善企业质量档案管理，县内21家生产许可证和CCC获证企业的电子档案和纸质档案已全部建立齐全，并根据巡查和执法检查记录及时更新档案内容。

坚持“安全第一、预防为主”的方针，认真落实《湘潭市质量技术监督系统安全生产“一岗双责”实施办法》。明确特种设备领域工作的总体目标、要求和阶段安排，制定《2015年特种设备安全检查责任分解方案》，确保各项工作落实到位，责任明确到人。年内，共检查特种设备使用单位182家次，排查电梯使用单位22家287台电梯，发现存在一般隐患14处，整改到位11处，使用单位主动停用电梯3台，整治“三无”电梯20台；检查2家涉氨制冷企业，下达《特种设备安全监察指令》2条。检查园区企业93家，发现隐患83处，整改到位83处。全县登记注册在用锅炉98台。其中，37台为燃煤锅炉，无10吨以上大型燃煤锅炉。全年通过起重机械管理、电梯管理、叉车操作等项目考核共42人次。与县电视台合作，制作电梯安全知识宣传动漫在电视台滚动播放；联合市质监局、特检院完善动态监管数据库，修订数据89条。

加强强制检定管理，强检设备的受检率和合格率进一步提高。全年完成241台加油机、370块压力表、136台天平、衡器的计量检定工作。投入资金30余万元购置计量标准砝码50吨，电子汽车衡的检测能力提升至120吨，进一步加强计量检测能力。6月，顺利通过省质监局组织的计量机构计量标准考核。

加强食品安全监管。根据市质监局“抓质量、保安全、升能力、重规范、促发展”的工作思路，制定食品生产安全年度考核目标，坚持“严字当头”的工作原则，全面履行监管职责，确保食品生产加工环节不发生食品质量安全责任事故。加强责任落实，确定《2015年湘潭县食品生产加工环节区域监管工作方案》，对辖区内食品生产加工企业的监管实行责任制，以地域管辖为主，行业管理为辅，采取定责任、定人员、定区域、定企业的监管方式将监管责任分解，明确监管目标，切实履行职责，落实各项监管任务和责任。全年出动执法人员600余人次，执法车辆140余台次，对食品获证企业进行监督巡查，巡查企业140余家次，与企业签订“质量安全承诺书”108份，下达“责令改正通知书”100余份。按照上级工作部署，对“食用槟榔”“肉制品”等食品进行9次专项整治行动，完成上级交办任务18件次。积极帮扶全县食品生产加工单位申办食品生产许可证，共成功申办生产许可证的企业17家，正在办理的企业3家。

积极开展标准化工作，认真做好标准相关知识、法律法规的宣传，开展企业执行标准的登记备案审查工作。全年为企业备案标准6套。稳步推进代码管理工作，严格按照代码工作规范要求开展工作，新办972家，年审1743家，变更190家，换证338家，迁出（入）8家，预赋码47家，注销66家，代码质量一直维持在比较高的水平。

增强产品质量检测能力。湖南

省特色产品（湘莲）质量监督检验中心项目于2014年5月动工，12月28日主体已完工。建设规模为五层5000余平方米实验大楼，附加1000平方米钢结构车间。已完成实验室环境建设方案和价格评估，送财政部门进行价格评审。省检中心建设是能力建设重要组成部分，为该局技术立身打下坚实基础。

加强法制宣传。相关法律法规在县电视台、县报社、县红网上公示宣传，并在网站上及时公布最新工作信息；年内，已上报工作信息、简讯共11条。（成彩红）

食品药品安全监管

【概况】 2015年年末，全县有各类餐饮服务单位1352家，从业人员3000余人。其中，社会餐饮单位895家、学校幼儿园食堂425家、企事业单位食堂32家。有涉药涉械单位964家。其中，医疗器械生产企业1家，医疗器械批发企业3家，医疗器械经营企业27家，药品生产企业3家，药品经营企业178家，各类医疗机构752家。

是年，全县食品药品安全监管工作突出加强食品药品安全监管，维护群众饮食用药安全的工作重点，履行职责、扎实工作。受理各类餐饮、药品医疗器械行政许可申请529个。其中，餐饮服务许可证380个，药品经营单位筹建、换发申请146个，医疗器械经营企业申请3个。查处各类涉药涉械违法案件147起，查处餐饮服务单位违法案件12起。

【餐饮保健食品安全监管】 实行餐饮服务食品安全监督量化分级管理制度，全年完成725家单位量化分级评定工作，其中701家获得B级。开展重大活动、节日期间食品安全保障工作。圆满完成两会、高考中考及学考、石潭龙舟赛、石鼓油菜花节，花石荷花节、乌石采茶节、青山桥全国鞋业订货会等10次重大活动餐饮食品安全保障。元旦、春节等重大节日期间加强餐饮食品安全监督检查，检查餐饮服务单位100余家次，下达监督意见书80余份。大力推进食品安全示范工程建设。4月，组织学校食堂管理人员参观省级示范性食堂雨湖区的杉山学校食堂。各学校食堂对照示范食堂的要求对食堂设施进行升级改造，推进2015年的示范创建工作。年底，全县开展“明厨亮灶”的餐饮单位达26家。学校、幼儿园等集体用餐单位食品安全责任保险试点工作推进顺利，全县参保人数已达10万人。

【药品医疗器械安全监管】 加强药品和医疗器械监管。全县836家涉药涉械单位实行档案化管理，建立监管工作档案。开展药品经营企业电子监管和零售药店入网工作。制定并印发药品经营企业电子监管的工作文件，督促药品经营单位加入中国药品电子监管网。全年进行药品电子监管198次，现场监督检查电子监管类药品140余种。开展药品的电子监管和药品广告监测工作，共计监测电视广告药品品种26个，突查现场宣传销售药品等产品4次，收缴不符合规定的店堂广告牌7块，移送工商部门1件。开展食品药品监督抽检工作，共抽检药品品种14个，检出不合格药品8个，均进行立案处理。开展药品不良反应监测工作，全县乡镇药品不良反应监测系统全部联网，全县报告药品不良反应374例。其中，严重41例。器械不良事件报告48例。其中，严重28例，化妆品不良反应报告1例。

【开展食品药品安全监管专项整治】 年内，全县开展食品药品安全监管专项整治活动。组织全县经营主体信息大普查、执法大检查、隐患大排查、问题大清查的“四查”行动。检查餐饮店453家，完成主体数据录入453家，发放《食品药品监督管理信息公示》牌120余块。检查涉药单位717家，完成主体数据录入698家，发放《食品药品监督管理信息公示》牌698块，对存在未按规定索证索票、建立供应方相关档案、贮存环境不符合药品质量安全要求等方面问题的单位下达责令改正文书，当场行政处罚单位41家。开展学校餐饮安全专项检查。组织对全县239个中小学校食堂、176个幼儿园食堂开展的餐饮食品安全专项检查，共检查食堂厨房425个，各类食品原料500余种次；检查食堂从业人员920人；查阅2015年以来的食品原料采购台账、餐具消毒、食品留样、餐厨废弃物流向登记等记录1600余本（册）；下达“责令整改书”共计420余份。5月，联合县教育局对检查中发现的问题开展跟踪检查。对逾期未整改的且问题较为突出的12家餐饮单位（其中幼儿园8家、学校2家、社会餐饮2家）进行立案查处。组织对“四小”（“小诊所”“小药店”“小餐饮”和“小作坊”）专项整治。全年检查小药店69家，小诊所588家，对未索取药品供应方资料、未留存药品购进票据、药品购进入库无验收记录、从业人员未进行健康检查、药品贮存环境卫生条件差、未凭医师处方销售处方药或未留存处方、药品陈列分类不规范、销售含麻黄碱复方制剂等特殊管理的药品未登记消费者相关身份信息等方面存在问题的单位432家，下达责令改正通知书，当场行政处罚单位95家。对存在假劣药品、涉嫌从非法渠道购进药品的3家单位进行重点调查，立案2件，结案1件。小餐饮食品安全专项整规主要检查证照、店内外环境卫生、“三防”设施、食品安全制度、索证索票制度等方面的落实情况。共检查餐饮单位550余家，下达整改意见书550份。

【食品药品法律法规知识宣传】 年内，共举办药品零售（连锁）企业的质量负责人法律法规知识培训班2期，培训药品经营单位从业人员343人。培训食品安全管理人员1100余人。5月至10月，会同公安、法院等单位在中路铺镇、梅林、乌石、白石等乡镇开展“农村法制宣传月”宣传活动，将宣传的展板放置到每一个乡镇，将食品药品安全知识送到每一户村民手中。9月，在县城范围内开展“全国安全用药月”宣传活动，城区的药店参加本次宣传活动，并在药店前悬挂宣传标语。组织开展“食品安全知识进校园”活动，通过举办食品安全知识讲座等形式，向教师、学生传播食品安全知识。全年共开展文明餐桌、食品安全法宣传月、应急知识宣传等宣传活动8次，食品安全知识讲座6次，制作宣传展板5块，发放《食品药品安全知识宣传手册》等宣传资料2000余份,接受群众咨询1000余人次。（卢直纯）

安全生产监督

【概况】 2015年，根据《关于印发〈湘潭县人民政府职能转变和机构改革方案的实施意见〉的通知》（潭县办发〔2015〕23号）要求，县安监局与煤监局职责整合，重新组建县安全生产监督管理局，负责全县安全生产综合监督管理、调查处理生产安全事故、矿山、危险化学品和烟花爆竹、冶金等八大行业安全生产监督管理、职业安全卫生监管、安全生产宣传培训教育、安全生产标准化等工作。内设机构有办公室、政策法规股、安全生产综合监管股（政务服务股）、矿山安全监督管理股、危险化学品和烟花爆竹安全监督管理股、工贸行业安全监督管理股、职业安全健康监督管理股，所属机构有湘潭县安全生产执法监察大队（湘潭县安全生产应急救援中心），派出机构有湘潭县安全生产监督管理局天易分局。

是年，全县安全生产形势总体平稳，发生各类生产经营性安全事故37起，死亡8人，无较大及以上生产经营性事故，继续保持事故总量和死亡人数“双下降”。推进非煤矿山整顿关闭，全县11家石膏矿全部依法关闭；依法关闭不符合安全生产条件的化工企业，全县危险化学品生产企业由12家减至3家。对189家直管行业企业进行执法，共检查企业556家次，制作现场检查记录378份，下达责令限期整改指令书217份，现场处理措施决定书3份，整改复查意见书192份，整改隐患1250条。立案5起，罚款57万元。同时委托乡镇对规模以下企业进行执法检查。

加强安全生产宣传教育。年内，与媒体加强合作，县电视台每天在黄金时段播出安全生产公益广告，县手机报每周四连载《新安全生产法》；做好政务公开，更新县安全信息网，及时传递安全生产工作信息，组建安全知识宣讲团，大力宣传有关法律法规，普及安全常识；每月发送安全短信给领导干部、生产经营单位负责人实时预警提醒。组织开展安全生产演讲比赛、安全生产宣传集中咨询日、有奖竞答等系列活动，指导非煤矿山、加油站、烟花爆竹、供水公司、道路施工等企事业单位开展安全事故应急演练。通过多种方式，实现安全生产宣传进厂矿、进企业、进机关、进校园、进农户。年内，举办全县金属非金属矿山企业和烟花爆竹经营单位负责人、涉危企业负责人和易燃易爆企业负责人安全知识培训，大大提高参训人员安全管理水平。

实行安全生产“一票否决”“黄牌警告”，县安委会成员单位党政负责人按监管任务分类缴纳安全生产风险保证金。县安委办牵头组织县委督查室、县政府督查室采取“四不二直”的方式，每季度至少开展一次督查，采取平常考核与年终考核相结合，以事故考核为导向，对县安委会成员单位进行分类排队计分。年内，依法组织开展4起生产经营性事故调查，督促落实安全生产责任。

强化行政审批，严把源头监管关。严格落实五年内不新办高危行业企业的规定，坚决执行矿山企业变更扩界联合会审制度和春节后高危企业复工复产部门联合验收制度，聘请专家实地勘查非煤矿山、危险化学品等高危行业的安全条件，严格审查安全生产许可证新办证和延期换证工作。全年办理烟花爆竹许可事项147件（新办证63件、延期75件、退回9件），新办非煤矿山安全生产许可证6家，延期3家。

加强作业场所职业病监管。开展职业健康监管计划执法2家，指导11家企业作业场所职业病危害申报、8家企业完成职业危害现状评价，32家企业开展用人单位职业卫生基础建设。

全县安全生产示范村（社区）达50%、安全达标学校达到98%。同时，积极推进企业安全生产标准化创建工作，配合县交警大队、教育、农机等部门开展平安创建系列活动。指导中路铺镇成功创建省级示范乡镇。

年内，湘潭县分别被湖南省人民政府、湘潭市人民政府评为“安全生产工作先进单位”。

【安全生产网格化管理】 2015年，县委办、县政府办联合印发《湘潭县安全生产“网格化”管理工作的实施方案》（潭县办发〔2015〕7号），贯彻落实“五级五覆盖”和“五落实五到位”安全生产责任制。全县17个乡镇549个村（社区）安全生产“三级五覆盖”责任体系覆盖率为100%，规模以上企业安全生产责任“五落实五到位”落实率为100%。监管层面，建立由县级层面到部门、乡镇，再延伸到村（社区）全方位、全区域的动态“网格化监管”模式，发动村组长、小区楼栋长等社会力量参与安全工作，实行网格联点责任制，其责任名单均上墙公布。同时，协助县级领导落实带队检查安全生产工作和谈心对话活动，推动责任落实。建立8个重点行业监管部门牵头的“九打九治”打非治违专项联点督导组，分线及时检查督查，推进乡镇、部门工作联动。企业层面，继续推广企业安全隐患自查自纠月报制度，提高企业安全隐患的排查整治能力；加强企业安全生产诚信体系建设，指导全县130家企业完成双向承诺和风险实时公告，促进企业落实安全生产主体责任。

【安全生产专项整治】 2015年，组织开展油气管道等危险物品输送管道隐患攻坚战、“九打九治”打非治违、危险化学品和易燃易爆物品等7个专项行动，共组织集中执法行动1200次，检查生产经营单位2200家，排查整改安全隐患3320处，责令停产整顿企业85家，提请关闭企业34家。为确保专项整治实效，购买专家服务，聘请专家赴企业一线指导排查治理隐患。危险化学品企业方面，先后开展烟花爆竹“打非”清剿行动、加油站专项整治、危险化学品和易燃易爆物品专项检查，查出兴农配方肥等4家停产企业存在危险化学品安全隐患并予以督办；责令珠江啤酒、京燕化工等3家存在重大安全隐患的企业停产整顿；协助关闭白石镇非法加油站1家；打击非法经营烟花爆竹门店55处，非法生产作坊1处和非法储藏仓库6处。同时，实行烟花爆竹专用封签管理。非煤矿山企业方面，春节后对18家企业复工复产组织相关部门进行联合验收，指导恒发建材有限公司成为地下矿山“五化”建设示范性矿山，配合湖南远能泰新安全技术有限公司对9家地下金属非金属矿山进行隐患排查，并依照“一矿一册”治理报告指导企业整改隐患。工业企业方面，通过排查摸底确定17家涉及粉尘爆炸危险企业，督促企业落实“五措施”，整改隐患100余处。其中，责令茶恩寺镇竹木加工企业吸取“7·27”火灾教训，落实除尘等措施，消除安全隐患；摸排企业烤房、沼气池、冻库、污染物处理池等27处有限空间作业，建立有限空间检查台账，指导企业深入开展专项治理，规范作业行为。同时，在直管行业全面推广安全生产责任保险。

【湘潭县落后小煤矿关闭退出】 2015年，县委、县政府贯彻落实省市关于落后小煤矿关闭退出工作的政策要求和会议精神，将落后小煤矿关闭退出列为重点工作，成立县落后小煤矿关闭退出工作领导小组，实施领导包矿制度。领导小组通过反复约谈、走访煤矿企业主，召开股东会议等方式，宣传国家政策，引导煤矿主动申请关闭退出。8月，湘潭县老屋煤矿申请关闭退出，并通过县、市验收。至2015年年底，湘潭县鸿泰宇一矿、盛家山煤矿和联营煤矿等3家煤矿矿主和股东进行充分沟通，在基本取得矿主同意的前提下，封闭最后3个矿井井筒，并且拆除生产设备，依法遣散企业职工，至此，湘潭县落后小煤矿关闭退出工作基本完成。

（刘艳枝）

国有资产管理

【概况】 2015年，湘潭县矽砂矿、湘潭县工程公司、湘潭县工程总公司等5家企业改制，妥善安置职工120余人。推进裕湘粮食购销有限公司、城市建设投资公司、凤凰数字微波有限公司3家企业与央企、省企合作对接，引进资金近15亿元，经营履行出资人职责企业16户，利润2080万元。面向社会公开拍卖国有资产37宗，处置收益1800余万元，实现国有资产增值159万元，确保国有资产保值、增值。加强行政事业单位国有资产管理。严格国有资产处理程序,坚持按照现场查看实物，抽查原始凭证，核对相关数据，主管部门提出意见，按县政府决定的程序处置国有资产，确保国有资产安全。年内，全面启动行政事业单位资产管理动态系统，对资产的购置到资产的处置全面动态实时掌握。9月，开展全县所有事业单位及事业单位所办企业的产权登记工作，至年末，已完成96家单位的登记工作。加强公务用车的控购和处置工作，全县没有新增一般公务用车。（陈佳妮）

（责任编校　杨红艳）

建设·环保

城乡规划

【概况】 2015年，湘潭县城乡规划局完成谭家山、乌石和锦石3个乡镇核心镇区1∶1000数字化地形图测绘成果验收，面积约12.94平方千米。完成谭家山、乌石2个镇建设规划和锦石乡总体规划编制任务。至此，全县所有乡镇城镇总体规划实现全域覆盖。除锦石、排头、分水和龙口以外其他15个乡镇的核心镇区以及农产品精深加工园、新材料产业及物流基地、节能环保产业基地、商贸物流园的控制性详细规划成果已编制完成。完成湘潭县城电力、排涝防洪、加油（气）站、大型户外广告设置、垃圾中转站和公厕布点等7个专项规划编制任务以及金霞山森林公园3个入口广场，湘江风光带80米景观通廊环境景观，沿江城区重要节点绿地景观，白石广场和文体广场景观，花石镇旅游景观等9个景观规划设计任务。全年召开规委会3期，规划审查例会12期，专家评审会6期，审议通过《湘潭子敬学校修建性详细规划》等37个项目，项目上会率100%。完成现场勘查及项目竣工验收672处，办理土地储备复函18件，建设项目规划预审意见32份；出具设计条件通知书231件；核发“建设项目选址意见书”7件，拟选址面积共计22073.46平方米；核发“建设用地规划许可证”212本，审核建设用地规模601160.52平方米，“建设工程规划许可证”206本，审核建筑工程面积约227245.8平方米，“规划条件核实证书”165本，复核建筑面积189615.76平方米；市政工程规划许可13件，管线长度共计27163.26米。“一书两证”的发放率达95%以上；完成行政复议工作1起；举行规划听证4次；完成规费收入420余万元。完成吴家巷中心养护站等11个项目的经济技术指标复核，完成湘潭县精神卫生服务中心等40个项目的建筑面积复核；完成居佳新城商住楼等3个项目用地性质调整论证；完成海大集团等3个项目的道路上线。畅通信访渠道，完善信访机制。接待群众来访120余人次，处理来信来访18件，协调化解矛盾11例，举报回复率100%，案件审结率98%。先后发放拆违控违宣传资料10000份，张贴政府通告1200份，收集调查统计报表13562份，统计违建面积13万余平方米，下达相关法律文书453份，查处违法建（构）筑物260处，鼓励自拆142户4871平方米，组织拆违行动37次，依法强制拆除75处21958平方米，配合征拆查处违建109处，拆除违建面积26748.8平方米，实现主城区存量违法建设基本清零，新增违法建设有效遏制的目标，维护群众的根本利益和社会的和谐稳定。

【《湘潭县射埠镇建设规划（2014—2030）》审定】 8月20日，《湘潭县射埠镇建设规划（2014—2030）》在湘潭县城乡规划委员会2015年第二次会议上审议通过。射埠镇镇域规划范围170.96平方千米，其中核心区范围包括潭花社区、韶井社区、鹤霞社区以及射埠村、湾塘村部分用地，控制用地面积为460.36公顷；射埠工业园规划范围包括旺冲、白水、新建等村的部分用地，控制用地面积200.72公顷。城镇发展规模：到2020年，镇域总人口约为6.75万人，镇区人口约为1.95万人（射埠镇核心区人口1.8万人、工业园0.15万人），农村人口为4.80万人。到2030年，镇域总人口约为6.86万人，镇区人口约为3.36万人（射埠镇核心区人口2.56万人、工业园0.8万人），农村人口为3.50万人。产业空间布局规划：规划镇域整体形成“一园重点、一带拓展、四区四基地发展”▲的城乡产业空间格局。

▲一园重点、一带拓展、四区四基地发展：一园：射埠工业园是产业发展核心，以油茶加工，材料制造等为龙头产业的工业集中区。一带：指涓水河两岸旅游产业带。是联系天易示范区与涓水河沿岸乡镇的重要纽带，以其为基础，以农业、观光旅游及部分副业为主，促进相关产业的联动发展和梯次促进

发展,服务于整个湘潭地区。四区:分别指综合服务区、方上桥服务区、团山服务区、现代农业特色产业区。综合服务区:提质改造镇区环境,提高服务水平,主要发展第三产业,形成集商贸服务、旅游服务、信息服务、生态宜居等功能于一体的综合服务区。方上桥服务区:整治方上桥集镇风貌,改善服务条件,形成射埠镇的次级服务区。团山服务区:利用现有团山村的集镇基础,提质改造服务环境,形成射埠镇的次级服务区。

现代农业特色产业区:依托涓水河东岸雨花村、铁江村、碧水村、合力村的农业资源,结合涓水河滨水资源的优势,发展现代农业和农业旅游等产业,形成现代农业特色产业区。四基地:分别是指特色产品开发及加工生产基地、特色水稻种植基地、特色高效农业种植基地、油茶种植基地。

【《湘潭县乌石镇建设规划(2014—2030)》审定】 8月20日,《湘潭县乌石镇建设规划(2014—2030)》在湘潭县城乡规划委员会2015年第二次会议审议通过。乌石镇镇域层面规划范围96.12平方千米,核心镇区包括乌石村、寺冲村、彭德怀景区,规划控制范围3.73平方千米,规划以“红”“绿”“古”“新”为主题,将乌石镇定位为:以红色文化旅游为特色,主要发展文化产业、乡村旅游、生态高效农业、农产品加工、旅游产品加工、木产品加工等产业,集观光、旅游、生产、生活于一体的旅游服务型历史文化名镇。人口发展规模:至2020年,镇域总人口约为3.91万人,城镇人口约为0.96万人(镇区人口0.86万人、工业基地0.1万人),农村人口为2.95万人;至2030年,镇域总人口约为4.05万人,城镇人口约为1.68万人(镇区人口1.42万人、工业基地0.26万人),农村人口为2.37万人。产业空间布局规划:规划镇域整体形成“一主两副、一区两轴六基地”▲的产业空间格局。

▲一主:指乌石镇综合服务中心,提质改造镇区街道空间环境,提高服务水平,主要发展第三产业,形成集旅游服务、民俗艺术表演、商贸金融、信息服务、生态宜居等功能于一体的综合服务中心。两副:指羊塘集贸副中心和双庙—中塘坳集贸副中心。一区:指彭德怀景区,以彭德怀故居保护为重点,以彭德怀铜像广场为核心,结合乌石峰自然景观,形成以红色文化旅游为主,及自然人文景观于一体的彭德怀景区。两轴:指沿省道218和省道331形成的两条经济产业轴。是联系乌石镇各村的重要纽带,以其为基础,以乡村旅游、红色文化旅游及部分副业为主,促进相关产业的联动发展和梯次促进发展,服务于整个乌石镇地区。六基地:分别指生态旅游休闲基地、油茶种植基地、优质水稻种植基地、木产品加工基地、精品水果种植基地、特色农业种植及加工基地。生态旅游休闲基地:依托上石坝水库丰富的水资源,结合双雲村、景泉村等村的农林资源优势,发展生态旅游产业,形成乌石镇特有的生态旅游休闲基地。油茶种植基地:利用奇才村、大塘村等村现有的油茶生产基础,扩大种植和生产加工规模,延长产业链,形成长株潭地区最具有特色的油茶种植基地。优质水稻种植基地:利用双庙村、槐塘村等村的地势平坦和水资源优势,发展种植高产水稻,规模集聚种植,形成产业链,打造成为乌石镇的优质水稻种植基地。木产品加工基地:依托龙塘村、铁山村等村的产业基础,结合现有木产品加工厂,发展木产品深加工,形成木产品加工基地。精品水果种植基地:利用平山村、安平村现有水果种植基础,改进种植技术,扩大种植规模,形成精品水果种植基地。特色农业种植及加工基地:控制明德村、龚泉村等村的养殖产业发展,大力推广乌石花卉苗木培植、水稻种植,使用新品种、新技术、新农机,形成具有规模效益的特色农业种植及加工基地。

【《湘潭花石旅游发展专项规划》审定】 8月20日,《湘潭花石旅游发展专项规划》在湘潭县城乡规划委员会2015年第二次会议上审议通过。花石旅游规划范围:为花石镇全域,总面积133.4平方千米。其中,城区面积3.6平方千米。总体定位:以湘莲文化为主脉,依托原生态资源和古镇文化,通过对文化内涵的深度挖掘与资源载体的创新开发,形成以“湘莲文化体验游”为核心特色,以湘莲特色产业为主打的美丽乡村旅游示范区。空间布局:根据花石旅游资源的空间分布、资源类型、资源等级和发展方向及交通区位等综合情况,将花石旅游产业划分为“一心一带三区”▲。

▲一心:指古镇旅游集散中心,以水韵莲乡为主题,完善镇区的旅游基础设施建设,提升湘莲大市场的品质,规划建设并引进一批酒店、餐馆,将该区打造成全镇旅游的集散中心。同时,加强对花石老街及其他历史文化资源的挖掘,建设花石历史文化体验旅游区。一带:指涓水旅游风光带,以青莲水岸为主题,沿涓水河两岸进行景观设计,在沿岸设置自行车道以及人行道和休闲娱乐设施等,将其打造成风光秀丽的沿河风光带。在涓水优质河段规划设计漂游项目,让游客体会到舟行碧波上,人在画中游的美丽风景。三区:指以步步生莲为主题的万亩莲田观光休闲区,以湘莲种植基地、十八罗汉山为基础,对现有景区(点)进行提质升级,完善基础设施,美化景观系统,打造集荷花观赏、湘莲文化体验、生态度假为一体的区域;以流莲溢彩为主题的田园风光休闲区,对现有的果蔬园、农田进行统一规划设计,形成秀美的大地景观,并对重点村庄进行美化,建成花石美丽乡村的主要展示地;以莲峰浩气为主题的户外拓展运动休闲区,依托花石湖(花石水库)、天马山和紫荆山的自然环境和有利地形,打造以户外运动为主题的区域。

住房和城乡建设

【概况】 2015年,湘潭县住房和城乡建设局完成非税收入1493.03万元,为年度目标任务的124.4%;完成建安总产值25.5亿元,比上年同期增长6.2%;完成小城镇建设投入17782.13万元。全县新建公租房589套,基本建成542套,竣工184套,完成投资3821万元,为年度目标任务的115.3%;棚户区改造600户,完成投资27000万元,为年度目标任务的115.4%;农村危房改造2100户,为年度目标任务的190.9%;新增城镇管输天然气用户2270户,为年度目标任务的113.5%;县城区污水无害化处理率达92.6%,为年度目标任务的100%;累计完成固定资产投资2.09

亿元，为年度目标任务的174%。依法、依规、依程序核发施工许可证36个，竣工备案证58个。全县建筑行业、燃气市场安全生产形势总体平稳，安全生产年死亡率继续保持为“0”。

为构建生态宜居环境，最大限度地实现城乡资源共享。共完成小城镇建设投入17782.13万元，其中基础设施投入4403.5万元。重点以花石、石潭、乌石等全国重点镇、省级中心镇、市级特色镇作为统筹城乡发展、推进城乡一体化的关键节点和重要纽带，建设和修缮全县各乡镇的道路、电力、排污、排水、环卫、文体等基础及配套设施。谭家山、乌石、云湖桥、石鼓、青山桥、中路铺等乡镇完成道路硬化、提质改造44400平方米；花石、石潭、青山桥、谭家山、茶恩、分水等乡镇完成污水管网铺设17794米；青山桥、中路铺、锦石、排头等乡镇新装路灯320盏；石潭、石鼓、龙口等乡镇新增垃圾无害化处理设施3处；龙口乡、谭家山镇新建健身娱乐场所2处。18个乡镇（不含易俗河镇）完成总体规划第二轮规划修编工作，云湖桥等8个乡镇核心镇区控制性详规编制工作通过县规委会审定，花石等10个乡镇的给排水专项规划经省住建厅批复通过。乌石红色旅游产业、青山桥皮鞋产业、花石湘莲产业等发展态势良好。易俗河镇、花石镇申报全国美丽宜居小镇，梅林桥镇梅林村、乌石镇乌石村为美丽宜居村庄。花石、石潭率先启动全县第一批乡镇污水处理厂建设，逐步实现扩大城镇规模、完善城镇功能、突出城镇特色的发展目标。

切实加强质量安全监管，严格按相关法律、法规、检查标准检查全县在建工程和燃气企业，重点整治施工现场防坍塌事故、施工起重机械、深基坑防护、高处坠落、施工用电、非法倒灌燃气等重大危险源。检查中，对项目部和施工现场存在的问题及时提出指导性意见，对存在安全隐患的项目下发整改通知书，并督促其整改到位。全年开展4次季度质安大检查，5次专项整治检查，配合示范区月考核检查12次，季度考核检查4次，累计检查项目320项次（其中城区范围项目120项次，乡镇项目200项次），督促改正违法行为或整改各类隐患800余处，受监项目安全生产死亡率为“0”。联合安监及乡镇燃气管理部门开展全县瓶装液化气专项整治，整顿网点的非法倒灌、超量储存、充装销售过期钢瓶、实瓶不封口等行为，共组织燃气设施安全生产专项检查4次，查改隐患138处，发出督查整改指令书79份，查封关停液化气灌装站1家，取缔无证经营网点3家，扣压过期报废钢瓶103个，没收非法倒灌工具5套，规范燃气市场秩序，确保生产安全。

是年，全县完成建安总产值25.5亿元，比上年同期增长6.2%，创税1.35亿元，劳务输出1.1万人。新增建筑业企业5家；县内12家企业完成资质换证，1家企业成功升级增项，8家房建和市政施工总承包企业通过标准化认证，占县内企业总数的72.7%。20个项目在基础或主体阶段实施达标验收，合格率达到100%，创省标化工地3个。组织农民工职业技能培训682人，为劳务市场培养大批技能工。至2015年底，全县建筑业企业有建造师294人，工程师480人，九大员1589人，特种工497人，为建筑业企业发展储备大量专业技术骨干。3个项目申报市优质工程企业，4家企业申报建筑业信用评价AAA级（优秀）企业。

制定《2015年建筑节能工作要点》，开展“全国节能宣传月”活动，强化监督，狠抓建筑节能施工质量提升，积极推进建筑节能工作。结合日常检查，建立在建项目建筑节能动态管理台账，全年民用建筑节能验收备案登记共38个项目，合计建筑面积45.3万平方米。严格审查备案，实施节能材料备案动态管理。经审查合格，给湘潭精创节能公司等12家企业发放备案证明。加强建筑能耗监测管理建设，对2014年度县内机关办公建筑和单体建筑面积大于2万平方米大型公共建筑进行能耗统计，在县发改局、电力局及相关乡镇、社区等部门积极配合下，完成58栋公共建筑的能耗统计，建筑面积约42.39万平方米。抓技术革新推进建筑节能工作，率先在锦园廉租房项目引入绿色建筑设计理念，湘潭县绿色建筑的推广应用取得实质性的突破。全年完成2万平方米既有居住建筑节能改造任务。

全年核发施工许可证36个（不包括天易示范区规建部核发）、竣工备案证58个，申报省、市安全质量标化工地15个。重点对主要路段工程项目在出入口清理、施工围挡设置、安全防护措施、渣土管理等方面进行严格整治。全年在建受监项目83个，面积约159.7万平方米。其中市政工程8个，乡镇受监项目5个，面积约4.02万平方米；竣工验收项目37个，面积约65.34万平方米；符合达标验收条件以及实行施工现场安全生产达标验收项目46个，面积约99.025万平方米，达标验收一次性通过合格率为75%。2015年受监项目安全生产死亡率为“0”，工程安全受监率达到100%。

【建筑设计】 2015年，湘潭县建筑规划设计院完成设计项目124个，设计总建筑面积约40万平方米，完成设计总产值480万元，同比下降14.29%。主要业务来源为天易示范区的市政项目、招商引资的工业厂房项目、部分私人联建项目及小城镇开发项目。其中小城镇开发项目总建筑面积达到15万平方米，仅花石镇就有13万多平方米。花石、射埠、青山、石潭、茶恩寺、谭家山、云湖桥等9个乡镇完成供排水专项规划;完成武广铁路沿线农居点改造规划；完成各类房屋咨询鉴定项目58个，约12万平米；完成县城区背街小巷提质改造设计；完成江声实验学校校园提质改造设计等。

【建设执法】 2015年，湘潭县住房和城乡建设局严厉打击各类建筑施工违法违规行为，全面整治城乡建筑市场环境。重点对城区、乡镇的在建工程未办理报建手续的项目进行摸底造册，除开展日常执法巡查外，结合建筑工程质量安全生产大检查对全县违法违规建设行为进行集中整治。全年开展大规模的联合执法检查4次，检查发现违法违规建设项目120个，下达停工通知

120份，其中城区55份，乡镇65份，立案12件，结案10件。清理整治拖欠农民工工资行为，切实维护农民工合法权益。检查城区15个、乡镇10个在建建筑工地；涉及农民工1400余人（城区、园区建筑行业农民工人1200人，乡镇建筑行业农民工人数200余人），涉及金额2000余万元。

【保障性安居工程】 2015年，湘潭县住房和城乡建设局从改善民生、服务大局出发，突出重点，扎实推进，有效地解决城镇低收入家庭、新就业职工和外来务工人员的住房困难问题。公租房建设：全县新建公租房589套，基本建成542套，竣工184套，总建筑面积27289.6平方米，完成投资3821万元，为年度目标任务的115.3%。廉租住房租赁补贴：新增廉租住房租赁补贴保障对象148户，为年度目标任务的148%，正在享受租赁补贴保障户数为624户，累计发放租赁补贴86.28万元。危房改造：制订《湘潭县2015年农村危房改造实施方案》，印发《关于做好2015年农村危房改造有关事项的通知》，积极争取中央、省、市财政配套农户危改补贴资金1646万元，县财政配套补贴资金276万元（含2014年结余的46万元），完成农村危房改造目标任务2100户，发放补助资金1922万元，为年度目标任务的190.9%。棚户区改造：是年成功申报金霞、武广、京竹三个片区城市棚户区改造项目，共拆迁棚户区棚改户600户，全部为货币安置，争取补助资金480万元，完成投资27000万元，为年度目标任务的115.4%。（黄 丽）

城市供水

【概况】 2015年，湘潭京湘供水有限责任公司拥有固定资产8200多万元，日供水能力11万吨，DN100以上供水主管130余千米。全年完成供水1904万吨，完成营业收入5710万元，同比增长39%。

公司积极响应“两供两治”城镇供水设施项目建设，先后启动鹦鹉路加压泵站建设和一水厂提质改造工程，完成虹吸滤池滤砂的更换、反应池格栅更换及沉淀池刮泥机改造和投矾系统、粉末活性碳投加系统、高锰酸钾投加系统的改造。提质改造后有效解决吴家巷工贸区等区域水压低的问题。

公司主动对接县城建设、改造重点工程项目，配合天易示范区完成鹦鹉路、画眉路等主管安装32500米；完成吴家巷工业园、凯旋华府等多处易破损主管的改造3000余米；配合县政府背街小巷改造，完成百花街、百花市场等供水管网改造500余米，完成上马公租房、锦园廉租房小区、京竹棚户区等保障性安居工程配套基础设施供水管网工程建设，为县城的招商引资提供良好的用水环境。

公司坚持以安全供水为中心，以优质供水为目标，以节约为本，严格控制“三耗”成本，全年设备运行合格率100%；做好常规检测，2次接受省住建厅对饮用水106项指标的全面检测，水质均符合国家标准，水质综合合格率99.66%。12月18日，湘潭县农村饮水安全工程水质检测中心在公司水质监测大楼正式揭牌，承担农村水质检测任务。

是年，是公司安全生产标准化二级达标创建年。公司成立创建领导小组，不断加大安全投入，加强安全教育培训，加强隐患排查，完成公司危险源监控，职业健康检测，应急救援方案编制，安全生产标准化自我评定以及防雷检测等一系列工作。按照二级达标专家组评定意见在生产区域增加警示标志、安全标语等54个，增加一泵房作业前受限空间的含氧量检测，在制水间的二氧化氯设备上安装泄漏报警仪，对制水工艺池上的照明线路系统进行改造并增加救生设备。10月，安全生产标准化二级达标创建工作验收通过，11月，省职安协会授牌。

是年，公司调整收费网点和人员，不断拓展水费缴费方式，先后开通邮政代收，建行、农行网上自助缴费、网上查询的新渠道，为用户提供更多便捷缴费方式的选择；对供水业务流程进行梳理，形成业务咨询、用户申请、勘察设计、安装施工、装表验收、抄表收费的“一站式”服务，并制定立户、安装验收、换表销户等相关制度，要求各相关部门必须严格按照流程和时间节点完成，实现供水业务办理“阳光操作”。

全年开展工作作风督查3次、设备设施巡查12次、施工现场安全检查20次、四防内保检查2次、环境卫生检查4次，确保安全供水。

2015年，公司被评为“安全生产标准化二级企业”“湘潭市集中式供水卫生监督量化分级管理A类单位”。（闵羿滔）

城市供电

【概况】 2015年，湘潭县电网总装机容量2.29兆瓦,其中水电装机容量2.29兆瓦。共拥有35千伏变电站14座，35千伏变压器25台，总容量145.45兆伏安。35千伏线路16条,长度241.122千米。最大负荷235兆瓦,同比上升11%。电网供电电压综合合格率99.13%。

全年完成售电量8.11亿千瓦时，较上年同期7.56亿千瓦时增加0.55亿千瓦时，增长率为7.22%。售电均价完成738.45元/兆瓦时,与上年同期746.59元/兆瓦时减少8.49元/兆瓦时。销售收入完成59863.25万元，与上年同期56474.04万元增加3389.21万元，增长率6%，电费回收率完成100%。综合线损完成11.99%，同比下降1.17%；配损完成5.45%，同比上升0.07%；城网台区损累计完成3.25%，与上年同期3.65%比降低0.4%,比市公司指标低0.4%，农网台区损累计完成11.88%，同比上年同期14.17%下降2.29个百分点，比市公司保底计划指标低0.02个百分点，完成市公司下达指标。

安全生产保持稳定。全年未发生人身、电网运行安全事件，未发生误操作事故，未发生火灾和交通事故。截至2015年12月31日，累计安全运行2732天。公司持续开展精益安全生产管理活动，强化作业现场安全稽查，狠抓各级、各类人员责任落实。加强对供电可靠性、配损及配变异常数据监管工作；成立10千伏配网线路综合整治工作小组，对跳闸率较高的线路进行集中综合整治。严守“五类制度”，突出抓好生产工作策划与过程管控，提升基建、农电、消防、信息、交通安全、应急管理、电力设施保护等工作质量。积极申报同业对标典型经验，共上报安全生产类4篇，典型经验质量较高。大力推进农网运检专业化管理水平。年初成立洛口运检所，通过“三会”平台管控安全生产秩序，10千伏线路跳闸次数明显下降，设备运维效率及质量得到大幅提升，注重抓队伍建设，通过每月组织现场培训，不断提高运检工作人员的技能与服务水平。

电网建设快速推进。特高压项目按里程计划较好地完成属地协调工作，公司领导参与日常项目的指挥，全过程参与征地、房屋拆迁、青赔等工作，做到协调无缝对接。主网工程建设完成110千伏射埠变、35千伏古塘桥变选址、测量工作；完成110千伏射埠变国土手续办理工作，35千伏排头变、35千伏分水变、35千伏分水变输变电工程施工协调工作；完成35千伏排头变输变电工程施工协调工作。

是年，农网改造项目总计投资3724.58万元，完成投资2140万元，完成工程主要内容：新建改造10千伏线路70.117千米，新增配电台区63个，新增配电变压器容量9900千伏安，新建改造低压线路74.85千米。

加强经营管理。抓电费回收。加强电费回收的过程管理和风险防控，合理调整电费回收考核及奖励办法，保证全年电费回收按月结零。抓降损增效。强势推进台区降损，优化绩效考核方式，提高线损降幅在绩效考核中所占的比重，充分体现奖勤罚懒；建立线损通报机制，线损率及高损台区情况由公司直接指挥到台区员，压缩管理层级，确保压力及时传递到位；分级开展跟班稽查，公司领导带队成立五个降损小组，每周到所开展跟班稽查，全年公司降损小组及公司跟班稽查共计897次，发现各类问题及各类违章用电12217处，追补电量53.39千瓦时，追补电费35.26万元；根据工作重点、难点及季节性工作特点开展专项降损活动，7—9月开展“百日降损”竞赛活动，全员参与降损，线损同比降幅达到18.82%；10—12月开展“年底降损冲刺”活动，线损同比降幅达到43.91%，全面完成湘潭公司下达的线损指标。抓集抄建设。年内，公司共计完成493个台区45360户户表改造任务。花石中心所、河口片区实现集抄全覆盖。依托集抄建设，根据营销专业化管理延伸的要求，优化调整花石中心所、河口片区的组织机构，全体人员竞聘上岗，提高全员的工作积极性,2个地区的营销专业化管理水平明显提高，抄表线损由15%~17%下降到10%左右，得到湘潭公司的充分肯定。抓优质服务。不断规范前台服务行为，开展有效的培训与宣传工作，主动与客户建立良好的沟通渠道；积极推进台区客户经理制，加强投诉事件核查，严格考核掩盖事实、虚报结果的行为并严厉惩处服务违章行为。创新工作思路，攻坚克难显成效。是年，公司用于降损工作的投入达到700万元，及时解决攻坚克难地区的低电压等问题，有效推进攻坚克难工作的开展。杨嘉桥三合村、渡口村户表计量装置改造基本完成，谭家山沉陷区8个台区治理取得较大的进展；强化内外宣传，建立“说清楚”制度，业绩排名倒数后3名线路组长在季度营销工作会上“说清楚”，充分利用小喇叭、村部广播、宣传画报等形式，通过正面宣传，净化用电环境；联合厂家研制多功能抗旱抽水购电装置，在射埠供电所使用收到良好的效果。全年共完成1918户特殊用户的治理工作，依法起诉11户，挽回经济损失23万余元。

2015年，公司调控中心荣获省公司安全生产先进班组荣誉称号，抄表二班、用电检查班荣获湖南省电力公司营销服务先进班组荣誉称号，用电检查班荣获湘潭供电公司文明先进班组荣誉称号，公司团支部荣获县级五四优秀团支部荣誉称号。原公司总经理彭奕荣获县级重点工程建设先进个人。 （杨光灿）

城市管理

【概况】 2015年12月29日，根据《中共湘潭县委办公室湘潭县人民政府办公室关于印发〈湘潭县人民政府职能转变和机构改革方案的实施意见〉的通知》（潭县办发〔2015〕23号）和《中共湘潭县委　湘潭县人民政府关于湘潭县人民政府机构设置的通知》（潭县发〔2015〕6号），湘潭县城市管理局正式更名为湘潭县城市管理和行政执法局，为县政府工作部门。县城管执法局内设办公室、计财股、纪监股、规划建设股、行政审批股、政务中心窗口等6个部门，下设城市监察大队、环卫管理处、市政管理处、园林管理处、渣土管理大队、灯饰管理处6个二级机构。

是年，县城管执法局集中整治市容市貌181次，出动人员3993余人次，车辆633余次，发放整治通知3000余份，共纠正出店经营、沿街叫卖、乱牵乱挂等各类违章行为22021件（次），处理噪音污染134次。成立夜间巡察中队，要求所有夜宵摊位广告宣传牌一律上彩板摆设，不得占道，逐步解决夜宵摊噪音扰民、影响市容等问题，全年共取缔违规夜宵摊位62处。

是年，拆除违规广告310处，拆除违章条幅、横幅广告177条，查处散发小广告违法行为321起，没收非法小广告33264张，清理城区牛皮癣35849处，县城“三角区”有损市容市貌的路灯广告全部下架，协调示范区成功下架天易路路灯广告。全年投入公益广告宣传费用20余万元。利用LED城市宣传车、电子显示屏等将“梦娃”系列动画视频滚动播出，累计滚动播出约24000余次。同时，在绿化带内树立公益宣传广告牌。

县城管执法局渣土大队派出4名工作人员24小时轮守在交警监控中心，与公安信息终端共享，通过高清摄像发现问题，重点打击车辆超载、抛洒等违反治超执法的行为。全年查处违章行为1336次，行政处罚89台次，移交公路局超载车151台次，移交交警处理改装车辆

345台次及其他违章车840台次。

是年3月1日，县城管执法局与株洲市金利亚环保科技有限公司就集中处理县城区生活垃圾等事宜协商一致，从根本上解决湘潭县未来30年的垃圾难题。8月，县城管执法局对民政局旁的垃圾中转站改造升级安装自动喷雾除臭设备，有效解决臭气问题，不仅改善一线环卫工人的作业环境，而且减少中转站对周边居民的影响和长期投诉。年内，示范区新移交给县城管执法局路段130万平方米，通过公开招投标使环卫工作全面走向市场，环卫市场化机制进一步健全。全年迎接各类检查和大型活动82次，清理非生活垃圾19754吨，清理生活垃圾82152吨。动用挖掘机164台/次，推土机138台/次，人工8017人/次，清运车2492台次。

是年，启动“林荫大道、林荫行动”工程和大鹏路绿化移植工程。紫薇北路、凤凰路等路段绿化带种植香樟树累计600余株。4月，配合天易示范区改造大鹏路，共移栽景观樟树16株，乔木、灌木600株，小苗7600多平方米。在白石广场转盘、三石广场等处栽植迎春花33325株，在海棠路、凤凰路栽植时令花卉960.5平方米，计76838株，迎接文明县城复检。累计查处擅自修剪行道树的枝叶行为10起，查处制止毁绿行为3起，查处率100%，结案率95%。

全年完成海棠路、天易路、凤凰路、荷花北路、麒麟东路等处沥青混凝土路面维修7914平方米。雪松路、凤凰路、金桂路等处人行道踩板修补达12625平方米。新增凤凰路及小龙王槟榔等多处雨水排水口，更换平石6000多米，校正路沿石12000多米。完成排水井出污500吨，疏通排水管道183000米，更换排水井盖260余套，排除安全隐患。

全年维修路灯812盏，铺设路灯电缆1800米，维修景观灯1470盏，更换景观灯线缆3104米；有序安排社区路灯建设，增加城塘、砚井等5个社区路灯89盏；完成城区路灯灯杆编号工作，总计编号3168杆，做好绘制城区路灯线路总图前期工作；合理安排路灯供电，节约电费100余万元。

全年办理电话投诉109件，县（市）长、书记信箱（交办、督办）15件，群众来访12件，网络信件136件，网络舆情回复32件，群众信件、网络、电话投诉回复率100%。取缔群众反映强烈的白石广场及金霞山广场游乐设施，解决沿江风光带摊贩扰民等问题。办理人大代表建议、政协委员提案3件，人大代表建议、政协委员提案见面率、办结率、满意率达100%。全局党员干部开展“千名干部进万户”活动，共计走访416户，填写“入户走访恳谈登记表”100余份，发放征求意见表500多份，收集到群众反映的热点难点问题30余件。

2015年，县城管执法局先后获得“市无烟单位”“县招商工作先进单位”“县信访工作先进单位”等称号；局环卫工作、渣土治理、市容市貌整治等工作先后被中央、省市县级媒体报道。8月6日，《湖南日报》以《湘潭县重拳治超显成效》为题，详细报道县城管执法局治超工作情况。新华网刊发《湘潭县开展“市民拍环卫”活动庆祝第20个环卫工人节》，展现环卫工人的良好精神风貌。

【建立城市管理工作微信群】 利用微信创新管理。建立微信工作群，将局内13个城管职能部门共134人加入群中，相当于电子签到、定位、城管通系统，逐渐形成城管部门之间“反映及时、监督有力、图文并茂”的高效工作新局面。邀请媒体记者及特约人员加入工作群，随时随地了解城管工作动态，宣传报道和监督城管工作。

【安装车辆GPS定位系统 逐步实现“数字化”城管】 2015年，局属54台车辆都安装GPS定位系统，以便及时掌握城管车辆的行驶路线和行驶时间，准确定位车辆的具体位置，杜绝车辆违规作业、变线行车等违规现象，为逐步实现“数字化”城管打下坚实的基础。

（周爽乐 周锦慧 熊 幸）

房产管理

【概况】 2015年，全县完成商品房销售面积49.12万平方米，实现销售收入18.94亿元，住宅商品房均价为3131元/平方米（碧桂园和商业铺面除外）。重点工程6个在建房地产项目已完成总投资5.43亿元，占计划总投资的122.29%。县房产管理局协征营业税5636.99万元，契税2505.22万元；完成房地产行政事业性收入1046万元；归集维修资金3400万元，累计归集维修资金1.58亿元。全县有房地产开发企业40家，年内注销房地产开发企业的资质1家，降级2家；依法依程序发放预售许可证24个，预售许可面积54.91万平方米。至年底，全县34个开发项目使用审批478宗，拨付商品房预售款9.27亿元。

产权产籍管理。湘潭县房产管理局创新窗口服务方法，成立上门流动服务小分队，多次为老弱病残、行动不便的当事人提供预约上门服务，做到贴近民生，将群众的利益放到首位；通过网站、政务公开栏、宣传册公开行政审批事项、办事程序、服务内容、承诺时限、办理科室、受理流程以及收费事项，开辟绿色通道，大幅缩短办事时限。年内，办理房屋所有权初始登记769宗，发放房屋所有权证945本，登记面积93.48万平方米；办理房屋所有权转移登记3087宗，发放房屋所有权证4496本，登记面积49.83万平方米；核发他项权证3896本，登记面积140.93万平方米，设定权利价值47.62亿元；房屋产权产籍档案整理成册7652卷（册）；出具购房证明8715卷次；预测绘房屋面积400万平米，实测绘房屋面积700万平米。

租赁住房保障。2015年，分配公共租赁住房11套，房源为上半年退出的保障性住房，11户均已办理入住手续。协调芙蓉小区200余户业主办理天燃气立户手续，提高小区硬件管理水平，完善保障性住房公共配套设施，营造整洁舒适的居住环境。注重直管公房安全维护,全年维修保障性住房7500平方米，费用120778元。完善保障性住房规章制度，按国家、省、市关于“两房并轨”的要求，出台《湘潭县公共租赁住房和廉租住房并轨运行试行办法》，已提交县政府常务会议审定通过，于2016年2月开始实施。

物业管理。全县有物业服务企业30家。其中，本土物业服务企业19家，外来企业11家。3月，县房产管理局年审30家物业服务企业资质，有国家一级资质5家，国家二级资质3家，三级资质22家。履行监标单位职责，协助做好招投标工作。参与尚御尊城、凤凰城、君逸华庭、裕都名苑和碧桂园等小区的物业服务公司招投标会，指导锦绣家园、龙江名庭和城南三农御花园等小区成立业主委员会，指导凤凰山庄业主委员会换届选举，加强对小区业主的法律、法规及政策的宣传。办理中特·香缇雅郡、尚御尊城等12个小区物业管理方案确认单，规范县城小区的前期物业管理。

房屋专项维修资金管理。规范使用房屋专项维修资金，严把项目审查关、预算审核关、工程验收关、维修资金拨付关，发挥好房屋“养老金”的作用。年内，共有46个项目申请动用维修资金，已有35个项目完工，拨付维修费用36万元，其他项目正在进行中。

白蚁防治。湘潭县房产管理局强化服务意识，改变以往“坐等”的工作态度，主动上门服务，开展白蚁防治工作。年内，为各类贫困家庭减免白蚁灭治费用约4万元。全年签订白蚁防治合同168份，合同面积60.23万平方米，收取白蚁防治费127.25万元，其中灭治合同25份，合同面积6632平方米，灭治费用26900元。接受来访来电咨询300余次，整理档案220份，完成施工面积43.74万平方米，施工率100%。

房屋安全鉴定。年内，对因紫荆河堤治理施工影响的梅林桥镇梅林村部分房屋、受易俗河镇海棠路施工影响的部分房屋、因旧房改造需要办理报建手续的房屋进行现场查勘、鉴定，并出具房屋安全鉴定报告。全年，查勘房屋65栋，面积约30000平方米，出具房屋安全鉴定报告45份，鉴定面积17000平方米，做好全县城市危险房屋和住宅室内装饰装修监督管理工作。8月21日，湘潭县启动老楼危楼安全隐患排查整治工作，排查出有安全隐患的房屋共计101幢，建筑面积27375平方米。受理80人次房屋安全技术咨询。

法制法规监察。2015年，湘潭县房产管理局协助公、检、法依法查封不动产共236宗、解封58宗，协助法院强制过户14宗，工作量为历年之最。依法没收伪造房屋权证4本，查处房地产开发企业虚假低价广告、违规预售、恶性竞争的案件2起，维护购房者的合法权益和市场秩序。

【出台促房产市场发展政策】 11月9日，县人民政府颁布由县房产管理起草的《关于进一步促进房地产市场平稳健康发展的若干意见》。该《意见》落实国务院关于房产市场分类调控、因地施策的总要求，从优化住房和用地供应结构、明确贷款首套房认定标准、继续实行购房补贴等9个方面推出具体实用的措施，发挥政府调控引导作用，大力支持房地产发展。

【湘潭县举办首届房地产交易博览会】 1月22—26日，“幸福莲乡·宜居县城”2015湘潭县首届房地产交易博览会在县城白石广场举行。本届房博会以保障和改善民生为出发点，共设立展位25个，展位面积千余平方米，参展企业达18家，共推出21个新老楼盘，可售商品房房源为4999套、59.43万平方米。本次房博会为期5天，18家房地产商、21个楼盘齐聚展会，将通过房产楼盘、装饰企业与建材企业同台展示的形式，向消费者展示设计理念、管理经验及环保、优质的家居建材产品，让消费者及时了解产品信息，为消费者创建优质、便捷、实惠、公益的家居一站式服务平台。期间，房地产开发商推出多种促销优惠政策，组委会组织的国土、税务、房产等职能部门的“一站式办公”，县信用联社、中国建设银行湘潭县支行等多家金融机构和住房公积金中心进场服务，均受到广大开发企业和购房业主的一致好评。展会期间，有超过4万人次观展，现场成交各类房屋1021套，成交面积11.8万平方米，销售额达5.08亿元。此次房博会的成功举办，加快商品房去库存化速度，市场开始回暖，提振市场的信心，获得社会各界和广大购房业主的一致好评，对推进湘潭县房地产市场平稳健康发展具有积极的意义。 （李 懿）

2010—2015年湘潭县商品房开发情况

表4

项目 \ 年份	2010年	2011年	2012年	2013年	2014年	2015年
商品房开发面积(万平方米)	64.85	64.35	40.27	71.57	48.42	54.91
商品房销售收入(亿元)	12.24	9.42	8.93	24.05	17.66	18.94
累计归集物业专项维修资金(万元)	2473	3950	5324	10200	12400	15800
行政事业性收费(万元)	1310.91	1292	1329	1818	1232.2	1046
协征税(万元)	13400	5755	6330	9847	10556.64	8142.21

住房公积金管理

【概况】 2015年，住房公积金管理工作坚持强化管理、规范运作，多措并举扩大住房公积金的宣传范围，继续加大贷款发放力度，认真做好收贷工作，紧紧围绕全年工作目标和工作重点，不断提升工作标准、提高服务质量，实现经济和社会效益同步增长。

全年完成归集22744.70万元，同比增长16.44%，完成年初计划103.39%；年末开户单位386个，缴存人数26721人，累计归集128726.42万元，归集余额59193.41万元。把归集扩面作为年度工作重点来抓，与中国湘潭县网签订宣传协议，以加强《住房公积金管理条例》和住房公积金制度及相关政策的宣传，提高广大职工对住房公积金的认知率和支持率。走访全县各乡镇基层单位和园区企业，全年新增单位14个，新增人员367人。锦石乡、梅林桥镇、河口镇等乡镇卫生院设立住房公积金账户。加强财政代扣代缴，使住房公积金制度向更多职工干部延伸，积极完善缴存单位信息，规范单位职工的信息资料，实现缴存人数、覆盖率、归集额指标每年递增的目标。

全年发放贷款644笔15880.50万元，同比增长39.74%，完成年初计划的113.43%；历年累计放贷7266笔83548.25万元，贷款余额48467.92万元。始终坚持改善民生、满足客户需求的目标，塑造住房公积金惠民安居的社会形象。加大个贷力度，严格执行调整首付款比例、提高贷款额度、延长贷款期限、简化贷款手续、公积金银行混合贷款等新政策。加强贷款管理，完善贷款管理制度，有效防止假按揭，降低个贷逾期率，提高个贷质量。加强政策宣传，举办房地产开发企业公积金按揭贷款业务培训1期，全县19个房地产开发企业参加，收到贷款新政策的良好宣传效果。

积极开展文明创建活动。推进文明服务，规范工作行为，不断加强作风建设，认真落实首问责任制、挂牌上岗、限时办结、政务公开、一次性告知等文明服务制度，加大文明服务问责力度，树立良好的窗口形象。 (何湘龙)

(责任编校 杨 柳)

重点工程建设·园区建设

重点工程建设

【概况】 2015年，全县91个重点工程建设项目（其中，新建项目35个，改扩建项目12个，续建项目44个），年度投资计划1236657万元。开工建设项目85个，开工率94%，低于上年同期3个百分点；完成投资1005293万元，占年度投资计划的98.2%，低于上年同期0.8个百分点。

年内，酒泉至湖南±800千伏特高压直流输电工程湖南换流站及网线建设、县一中艺体馆建设等9个新建项目开工建设；海棠路拓宽改造工程、通信工程等5个基础设施建设项目已竣工投入使用；年产2万吨新型无机非金属功能搪瓷材料生产线建设、金驰电缆二期工程、电子商务仓储服务平台建设等18个产业项目已建成投产，其中，年产2万吨新型无机非金属功能搪瓷材料生产线建设等8个产业项目已投产达效。

县域内38个市级重点工程建设项目，开工项目35个，开工率92%，低于上年同期4个百分点；计划投资1047650万元，全年完成投资1276637万元，占年度计划投资的121.9%，高于上年同期6.9个百分点。

【芙蓉大道（五大桥—武广大道）道路工程项目】 该项目占地30.8公顷,道路长4400米，宽60米,包括沥青路面摊铺及绿化、亮化、排水等配套设施建设。2015年，计划投资40000万元，实际完成投资41000万元，年底全线竣工通车。

【年产2万吨新型无机非金属功能搪瓷材料生产线建设项目】 该项目占地3.53公顷，总建筑面积1.79万平方米，包括2栋厂房和1栋办公楼，建设年产2万吨新型无机非金属功能搪瓷材料生产线。2015年，计划投资5000万元，实际完成投资6700万元，年底开始试生产。

【特种钢泵业生产项目】 该项目占地3.13公顷，总建筑面积1.5万平方米，新建3栋厂房、1栋办公楼及生产线设备安装等。2015年，计划投资6000万元，实际完成投资6900万元，厂房及办公楼主体已全部建成，正进行附属设施的建设。

【重金属污染耕地修复及农作物种植结构调整项目】 该项目实施区域耕地面积11135.6公顷，其中，达标生产区6583.87公顷，管控专产区3602.53公顷，作物替代种植区949.2公顷。2015年，计划投资14000万元，实际完成投资14000万元，耕地质量提升与重金属污染修复12046.73公顷，土壤及农产品检测采样10617个，建设技术修复实验点8个；管控生产区种植低镉品种2126.67公顷，建设作物替代种植区542.33公顷。

【中医院住院综合大楼暨“治未病中心”建设项目】 该项目占地0.17公顷，总建筑面积2.85万平方米，17层，设计床位560张。2015年，计划投资14000万元实际完成投资14000万元，次年初竣工投入使用。

（赵利平）

2015年湘潭县部分重点工程建设项目投资进度情况

表5　　单位:万元

序号	项目名称	建设规模	2015年建设任务		项目进度	2015年完成投资额
			责任目标	计划投资		
总计				1047650		1276637
1	年产2万吨新型无机非金属功能搪瓷材料生产线建设	总建筑面积1.79万平方米,包括2栋厂房和1栋办公楼,建设年产2万吨新型无机非金属功能搪瓷材料生产线	建成投产	5800	已建成投产	7300
2	特种钢泵业生产	总建筑面积10万平方米,建设阀门生产基地、检测中心和省级新型阀门工程技术研究中心等	建成投产	7000	已建成投产	10000
3	阀门生产基地建设	总建筑面积1.5万平方米,新建3栋厂房、1栋办公楼及生产线设备安装等	一期工程(3万平方米厂房及配套设施)建成投产	20000	已完成土地平整、地勘和设备采购等	23300
4	中科纳米绿色印刷科技产业园建设	总建筑面积3.5万平方米,新建年产制版设备300台、耗材1200万平方米和油墨12万支的生产线及科研中心	建成投产	16000	已完成两栋多层厂房主体及附属用房主体	18700
5	自动化输送设备及控制系统制造	建设年产300台(套)自动化输送设备控制系统厂房及配套用房	建成投产	5800	已建成投产	7600
6	农产品精深加工园	建设油茶及其副产品精深加工基地、年产500吨茶叶深加工、植物提取生产线、年产3000吨莲子食品及以荷叶、荷花、莲心为主的饮料生产线、年产3万吨预混料添加剂专业生产线、年产30万吨乳猪奶粉料专业生产线等	油茶、湘莲食品加工、茶叶精深加工和其副产品精深加工基地等项目建成投产,完善园内部分配套基础设施	70000	傲农饲料、莲美食品已投产达效;湖南省地方特色产品(湘莲)质量监督检验中心已建成投入使用;浏阳河、湘久阳完成厂房、综合楼主体施工,正在进行设备安装;杰萃生物完成2栋多层厂房、综合楼的主体施工,乡味食品完成厂房、综合楼主体已完成	95000
7	液压环卫水工机械生产	建设液压系统、拍门、拦河坝、水工系统等产品生产车间、办公楼及配套设施	完成厂房主体工程	12000	已完成土地平整和设备采购等	11000
8	年产120万片特种玻璃生产线建设	主要建设年产120万片特种玻璃生产车间、办公楼及配套设施	完成车间、办公楼主体工程及相关配套设施建设	7000	土方平整已完成,正进行基础正负零施工	6700
9	中药现代化生产基地建设	总建筑面积4.9万平方米,新建阿胶生产线、固体制剂生产线(颗粒、胶囊)和口服液生产线	完成一期厂房(2栋2万平方米)建设及办公楼主体工程	5000	土地平整已完成,办公楼的主体施工完成,正进行钢结构厂房主体施工	7300
10	LED光源生产基地建设	建设生产车间、办公楼及配套设施	争取一期工程建成投产	8000	业主单位已退出	0
11	汽车零部件生产	总建筑面积2万平方米,建设汽车底盘、油箱生产线及配套设施	完成一期厂房主体工程和设备安装	13000	业主单位已退出	0
12	金驰线缆二期工程	总建筑面积10万平方米,包括三层共挤悬链式干法交联生产线、三层共挤橡胶硫化生产线、辐射生产线等	建成投产	15000	已建成投产,正在进行绿化和其他附属工程施工	16900

续表5

序号	项目名称	建设规模	2015年建设任务		项目进度	2015年完成投资额
			责任目标	计划投资		
13	五洲通药业公司技改	总建筑面积1万平方米，建设GMP生产线及配套设施	完成GMP生产线建设	10000	GMP生产线已建成投产，现正进行外用药车间建设	16400
14	小龙王食品有限公司技改	新建1栋3万平方米多层厂房和1栋1万平方米办公楼，购置相关设备和附属工程建设等	完成厂房建设及办公楼主体工程	10000	完成1栋多层厂房施工和设备安装，另一栋完成部分主体工程，污水处理设施升级改造已完成	17800
15	湘潭县光伏发电项目	建设装机总容量200兆瓦、年上网电量为2亿千瓦时的光伏发电机组及相关配套设施	建设5个共10万千瓦装机容量光伏发电机组	75000	已完成可研、节能评估、备案批文、土地租赁协议签订、环评、水保、土地预审和主设备订购等，部分单项工程已启动	28000
16	特色县域经济强县"五个三"工程	建设湘莲、油茶和粮食精深加工产业化龙头企业12家；建设油茶基地6667公顷、湘莲基地3333公顷、高标准农田1800公顷	4家湘莲、油茶和粮食精深加工产业化龙头企业建成投产；建设高标准农田600公顷、油茶基地2000公顷、湘莲基地1333公顷	60000	华为湘莲、飞跃湘莲、齐心湘莲、莲冠食品、金风食品、特色楠竹集成综合加工等项目已建成投产；建设春静水稻种植等4个专业合作社；完成600公顷高标准农田建设、完成1800公顷油茶基地建设、寸三莲原种场及万亩湘莲示范片建设	95100
17	天易示范区杨河工业园一期工程建设	杨嘉桥片区2015年计划引进和建设入园企业7家，完善园区部分基础设施建设等.河口片区2015年计划引进和建设入园企业5家，完善园区部分基础设施建设等	杨嘉桥片区完成4家入园企业建成投产，引进3家企业并完成厂房主体工程；完善部分配套基础设施建设.河口片区完成2家入园企业建成投产，引进3家企业并完成厂房主体工程；完善部分配套基础设施建设	33000	华南机电车生产线、熙源建材生产线、湖南牵引电气设备有限公司已建成投产；年内引进湘潭县祥盈文具厂、杨嘉桥镇石岐槟榔加工厂已建成投产；湘潭市嘉瑞达自动化设备有限公司完成厂房建设；湘潭市嘉鸿包装有限公司厂房完成主体工程，办公楼建至3层；海大饲料完成办公楼基础工程，厂房完成基础开挖等；湘潭华旺建设工程有限公司完成土地平整；3000吨农副产品加工项目已完成食品加工车间、成品仓、冻库、原料储藏车间、科研楼、办公及生活用房主体建设，正在进行装修，年底有望投产达效；东凌彩印6000吨食用膜生产线扩建项目已基本完成厂房建设，即将安装设备投入生产；三树青已完成土地平整和厂房规划设计工作，正在进行厂区护坡、围墙挡土墙工程建设。完成园区第二期排水排污工程建设，启动园区主干道绿化提质改造和自来水建设规划设计工作	66700

续表5

序号	项目名称	建设规模	2015年建设任务		项目进度	2015年完成投资额
			责任目标	计划投资		
18	天易示范区青山皮鞋工业园三期工程建设	引进和建设入园企业40家以上,其中三期计划引进和建设入园企业15家及相关配套设施建设	8家入园企业建成投产,3家企业完成厂房主体工程;及完善部分配套基础设施建设	10000	湘潭风舞九天鞋业制鞋生产线、湘潭顺昌鞋底生产线、湘潭志高缘鞋业生产线、湖南豪友鞋业生产线、湖南爱丽丝鞋业生产线、东达生产线鞋已正式投产;008皮鞋配件底生产线完成厂房主体工程;“青山多娇”正在进行厂房基础和挡土墙施工;光明鞋业完成主体工程(现已停工);小康鞋业完成土地平整(0.53公顷);园区完成25万方土方工程、1200米路基工程、4860米下水道建设、3680立方米挡土墙工程、1800米主干电力架设,新增变压器8台、完成3200平方米绿化与2400平方米彩板工程、完成60盏太阳能路灯安装及下期20公顷用地建设的征地前期工作等	22000
19	天易示范区茶恩竹木产业园一期建设工程	引进和建设入园企业40家以上,2015年计划建设和引进入园企业6家(占地10.73公顷),完善园区配套基础设施建设等	4家企业建成投产,2家企业完成厂房主体工程;完善部分配套基础设施建设	7500	已完成10.67公顷建设用地“三通一平”;润竹竹业已建成投产,湖南茶花竹业有限公司完成车间扩建,湖南福鑫木业公司完成锯片车间建设,湖南强盛竹业公司成品生产线建成投产,双江竹制品厂油漆自动喷化生产线建成投入使用	7700
20	昌山风电场	建设5万千瓦风力发电基地	完成项目前期工作,力争开工	5000	已完成风力实测、预评估、可研、地质灾害危险性评估、水土保持方案批复、用地预审等前期工作	0
21	天易示范区产业配套项目	华通机电年产40万件(套)汽车饰件生产线建设;意歌生态科技节能环保型农作物烘烤专业设备研发生产,伟发电动车年产5万台环保节能电动车生产线建设、力神新材料技改等4个项目;及园区中小项目引进建设	华通机电完成一期20万件(套)生产线主体工程及相关配套设施建设;意歌生态科技节能环保型农作物烘烤专业设备研发生产,伟发电动车年产5万台环保节能电动车生产线建设建成投产等	55000	混凝土搅拌站已建成投产;意歌已完成桩基础施工,正在进行主体施工;伍子醉完成1栋冷库主体建设,正在设备安装,员工宿舍和污水处理设施正在主体施工;韶力正进行厂房整修及环保设备购置;三叶正进行综合楼的主体施工及钢结构厂房吊装等	87000
22	湖南湘水缘长生陵园建设	建设16大功能区、60万个墓格位及相关配套基础设施	建墓位2.5万个;修通8千米沥青砼环园道路;完成8000平方米殡仪服务中心的基础施工;种植名贵观赏苗木13.33公顷	10000	建设墓位2.6万个;完成金春区和锦苑桩基础12000个;完成金春区和荣苑墓位基础建设4432个;种植茶苗3.33公顷、罗汉松树10818棵(14.67公顷);种植四季花卉红葵等135000盆;新建四季温控花卉棚一个;殡仪服务中心正在进行基础施工	13700

续表5

序号	项目名称	建设规模	2015年建设任务		项目进度	2015年完成投资额
			责任目标	计划投资		
23	碧桂园精品房产开发	建设超30万平方米高档人居社区	完成三期12万平方米的房产开发及一、二期的相关配套设施建设	15000	高层8栋10万平方米已竣工验收;5栋已交付业主使用;8栋11层电梯小高层已竣工验收,178栋低层住宅全部竣工验收并交付业主使用;2栋小高层12917平方米已竣工验收并对外销售,正在进行6栋小高层34910平方米主体施工	43081
24	金霞·尚御尊城住宅小区建设	总建筑面积28.7万平方米,开发建设商品房1853套	一期工程(623套其中住房453套,门面44个,公寓126个共6.27万平方米)竣工验收,二期工程完成基础施工	12000	一期1.2.3.5.6栋完成配套设施和绿化施工,并交付业主使用;二期7~11栋正在进行内装修、拆架和铝合金门窗安装等	29769
25	梅林桥美丽乡村示范片建设	包括谷梅大道、紫荆河生态改造、民居改造、农贸市场建设、龙畅金谷生态农业城、梅林现代农业产业园、贤能山庄休闲度假村及梅林有机梅产业园、梅林山莊乡村旅游度假村建设等项目	完成梅林山莊乡村旅游度假村部分建设用地征拆;完成接待中心及企业会所、园区主入口休闲广场、停车场、样板房建设;紫荆河生态改造、农贸市场建成投入使用;民居改造140户	30000	紫荆河生态改造、农贸市场已建成投入使用;硬化村组公路12千米、新建整修蓄水塘坝30余座;安装太阳能路灯350盏,建设油菜基地66.67公顷、266.67公顷绿肥和53.33公顷蔬菜示范片;完成169户民居改造;完成600公顷土地治理	38700
26	粮食产业全程社会化服务体系建设	总建筑面积5.04万平方米,建设一个集水稻育种、种植、粮食烘干仓储、加工、农机服务、农资配送与农业技术服务于一体及年产30万吨的测土配方专用肥生产基地	30万吨测土配方肥生产线建成投产;年产3.5万吨的大米精加工生产线建成投产;完成0.9万平方米的粮食储备库和营销交易中心及检测中心建设;建设高标准优质水稻种植示范基地1333.33公顷。	12800	30万吨测土配方肥生产线建成投产;粮食烘干中心已建成投入使用;新建大米加工厂房2000平方米,购置部分成套大米加工设备及安装;新建大米加工环保设施;营销交易中心及检测中心和配套设施建设;建设高标准优质水稻种植示范基地1333.33公顷和14个乡镇服务中心;机插示范片区1333.33公顷;新型植保产品“丰田宝”推广面积1333.33公顷。	18800
27	湘江防洪景观道路湘潭县段(凤凰东路—银杏北路)建设	道路长5065米,宽40—80米,包括道路硬化及绿化、亮化、排水等配套设施建设	二水厂取水口—凤凰东路与湘江防洪景观道路交汇处(3230米)竣工;争取二水厂取水口—银杏北路(1835米)主车道建成通车	40000	已完成县二水厂取水泵房至凤凰路段路面工程施工,完成龙江路至县二水厂取水泵房段路基土方、排水施工,正在进行水稳施工;景观工程已完成雪松北路至贵竹路段施工,正在进行贵竹路至凤凰路段绿化施工	44540
28	武广大道道路工程(芙蓉大道—飞龙桥)	道路长5590米,宽60米的沥青路面道路工程	完成路基排水工程	60000	武广大道一期主车道已建成通车;武广大道二期完成路基土方和桥梁工程,排水工程完成80%,水稳完成60%	75370
29	芙蓉大道道路工程(天易大道—武广大道)	道路长4400米,宽60米,包括道路硬化及绿化、亮化、排水等配套设施建设	完成绿化、亮化、匝道、辅道等配套设施和附属工程建设,争取全线竣工通车	20000	全线已建成通车	30500

续表5

序号	项目名称	建设规模	2015年建设任务		项目进度	2015年完成投资额
			责任目标	计划投资		
30	天易公路二期建设工程	全长8730米,其中新建段4628米(含涓水二桥及连接线和延长线),全线按一级公路标准建设	完成绿化、亮化等配套设施和附属工程建设;完成造塘还塘等水系和设施恢复工程;新建齐力、太和两个安置区;争取全线竣工通车	10000	主车道已竣工通车,路灯安装已完成,造塘还塘等水系和设施恢复工程已完成	16317
31	易俗河港区一期工程	建设1000吨级(兼2000吨级)多用途泊位和件杂货泊位各一个,配套建设相应的仓库、堆场、道路和生产设施等	完成港池疏浚、挡土墙护砌、货场用地征拆、进出道路建设	7000	已建成投入使用	9000
32	天易示范区区基础设施及配套项目建设	凤凰东路二期(金霞路—紫竹北路)道路工程,云龙东路(金银花路—紫竹南路)道路工程,含羞草路(梧桐南路—凤凰西路)道路工程,梧桐南路一期(武广大道—海棠路)道路工程,杨柳南路二期(武广大道—梧桐南路)道路工程,芭蕉路(飞凤路—云龙东路)道路工程,向东渠路道路工程,香樟路道路工程,紫竹南路道路工程	凤凰东路、杨柳南路、芭蕉路、香樟路、紫竹南路建成通车;其余道路完成路基工程	200000	紫竹南路(天易大道北辅道—武广大道)、海棠路拓宽改造工程、大鹏路拓宽改造工程、黄莺西路(含羞草路—海棠路)已竣工通车;凤凰东路(滨江路—紫竹北路)工程滨江路—金霞路完成路基、沥青路面、边坡绿化,金霞路—芙蓉大道段正进行2座桥梁施工及路基土方填筑、排水管道施工;香樟路玉龙路至黄莺路段已竣工通车,大鹏路至玉龙路段完成路基、排水约95%,完成部分水稳层施工;云龙东路(金银花路—梧桐路、芙蓉大道—紫竹路)道路工程金银花路至梧桐路段主车道已竣工通车,芙蓉大道至紫竹路段完成清表及2处盖板涵,正进行全线清淤换填工作;主车道已竣工通车,正在进行附属工程施工;海狮路(玉兰路—香樟路)目前完成全线清表,正在进行路基土方施工等	221110
33	湘潭县第二污水处理厂及污水管网建设	建设日处理10万吨处理规模的污水处理厂及湾东港污水提升泵站、城西污水提升泵站、东城区污水干管、西城区污水干管及建成区雨污分流改造工程等	污水处理厂完成厂区主体工程;污水管网工程竣工	50000	湾东港排渍泵站、龙江闸出口改造工程完成清表和上围堰建设,正在进行主体施工	25000
34	湘潭县中医院住院综合大楼建设	总建筑面积2.85万平方米,层高17层,设计床位560张	建成投入使用	6000	已建成投入使用	18000
35	湘潭县工业地产建设项目	湘潭县建设48万平方米	湘潭县竣工40万平方米	115000	已完成40万平方米标准厂房主体工程,公租房已完成主体施工	127000
36	湘潭县高标准农田建设	完成4333公顷高标准农田建设	完成4333公顷高标准农田建设	9750	已完成5333公顷高标准农田建设	11250

园区建设

湘潭天易示范区

【概况】 2015年，湘潭天易示范区完成技工贸收入606.4亿元，增长25.01%（同比，下同）；完成工业总产值406.6亿元，增长23.53%；完成规模工业总产值338.04亿元，增长20.72%；完成固定资产投资150.2亿元，增长25.01%；完成财税总收入15.5亿元，增长14.8%。

创新定位招商模式，按照定位置、定产业、定体量、定团队的"四定"方针，围绕食品医药、东城区建设等园区重点工作，设立2个项目谈判小组，组建3个招商小分队，分别赴广东、福建、长三角等重点地区招商；充分利用商会、校友会、园区企业家等优质资源，不断拓宽招商信息来源；建立健全招商引资信息奖励机制，开展"招商引资突破年"活动，动员全县各级各部门参与招商引资，有力促成动力配件产业园、凯依克物流等项目落户。全年签约项目21个，实际到位资金40.21亿元，直接利用外资7100万美元。其中，投资过亿元项目8个，过10亿元项目2个；ADM动物营养项目落户，实现园区世界500强企业直接投资零的突破。创新定标安商模式，加强对已落户园区项目的服务，加大主导产业培育力度，继续实施"三促"服务机制和一线工作法，促使新向维、珠江啤酒、傲龙生物、信诺颜料、电线电缆二期等13个项目建成投产。推进产学研合作，聘请3位科技特派员为五里重机等企业解决关键技术；促使炜达与省经贸高级技工学校、市电机车厂与湖南大学、华宇电炉与中南大学开展产学研合作。指导帮助企业申报新型工业化、科技、中央专项建设债券等专项资金6400万元，引导傲派自动化、康宁达、圣雅凯等企业启动新三板上市的前期工作。年末，园区规模工业企业达113家。其中，产值过亿元企业84家。食品医药、装备制造、新材料三大产业完成规模产值321.34亿元，增长20.01%，占全区规模工业产值的95.05%，产业集聚效应进一步增强。

加强资源整合，加快县建设投资有限公司市场化运作步伐，融资渠道进一步畅通，融资成本逐步下降。争取专项建设债10亿元，融资到位资金38亿元。加大争资争项力度，全年争取资金2.39亿元，其中，天易示范区可用财力资金8300万元；中央专项建设债项目3个，争取资金7400万元，其中，县艺体馆1400万元、供排水4000万元、湘江生态治理2000万元。加强科学规划，围绕园区产业发展配套、县城居民生活服务补短板，进一步完善配套。全年完成基础设施建设总投资54.3亿元，启动县一中艺体馆、潭花复线等48个项目建设；大鹏路、海棠路提质改造、天易公路二期、湘江防洪景观带建设（贵竹路—凤凰路）、凤凰东路Ⅰ期等23个项目建成通车；档案馆、质检中心完成主体建设；芙蓉大道、武广大道一期主车道实现通车；背街小巷提质改造一期工程基本竣工。农产品精深加工物流园内路网框架基本成型，自来水、电力、天然气等配套基本完善，为招商引资、项目落户奠定良好的基础。加强协调联动力度，健全从项目选址、前期调查、用地报批、征地拆迁、土地供应到后期监管、问题协调的流水操作线模式。重点推动遗留项目上的房屋腾地扫尾工作，全年共批回土地93.65公顷；签订土地征收协议44个，21.78公顷；签订房屋拆迁补偿合同164户，其中，国有土地上48户；安全拆除房屋220户，腾地241.27公顷，有效保障园区重大项目建设的需要。依法查处各类国土资源违法案件37起，查处闲置土地12宗，进一步盘活闲置资源。完善资源信息库，完成子敬学校、海狮路、天马西路等27个项目433.33公顷土地资源信息调查，为规范管理和高效征拆提供依据。

优化创业环境，理顺管理体制。提请县人民政府理顺天易示范区与县直部门、乡镇的职能职责，将建成安置区管理、建成基础设施维护、环保、安全生产等事项分批移交至县内相关部门、单位，使园区集中精力谋发展，轻装上阵搞建设。提请县委县政府研究帮扶困难企业脱困的指导意见和办法，积极做好困难企业的矛盾纠纷化缓解工作。继续实施"一站式办理""全程代办"等服务制度，精简审批、办事程序。加快推进宏信创新产业园、农产品精深加工园建设，着力完善创新创业平台。其中，农产品精深加工园内映日荷花、傲农饲料已经投产，湘久阳、浏阳河饲料、杰萃生物、乡味食品等项目正加紧建设；宏信创新产业园一期全面建成，二期有13.8万平方米基本完成主体建设，有8万平方米正在基础施工。全年签约项目8个，共入驻企业40余家，投产企业20余家。不断优化建设环境，依法依规做好园区信访维稳、拆违控违、安置社保等工作。健全完善信访工作制度，建立完善矛盾排查预警机制，重点协调处理洛口鱼香、海棠南路提质改造项目、碧桂园、香樟路、小龙王、伍子醉等突出问题30余起。深入开展平安创建活动，安全生产形势持续好转。健全天易示范区、镇、村（社区）联动机制，加强巡查监管，杜绝违法建设，实现项目区"零新增"。全年查处违法建（构）筑物260处，面积3.5万平方米，处置率100%；组织集中拆违行动37次，依法强制拆除违法建筑75处，面积2.2万平方米；依法开展强制腾地，拆除项目上违法建筑109处，面积2.7万平方米。开展拆违控违集中专项行动，全面摸底调查城区内13个社区，涉及1300余户，违法建筑面积8万余平方米，动员群众自拆，138户自拆违法建筑5000余平方米。优化生态环境，加快两型示范创建和引导。争取省市两型示范创建引导资金4166万元；推进工业固废综合利用试点工作，开发天易城市矿产综合信息云平台，建立"互联网+回收利用"的管理模式；严格执行环保"三同时"验收，加快原四通化工重金属污染防治项目建设，统筹推进云水支渠水体治理、上马垃圾填埋场提质改造，人居环境逐步改善。

理顺体制机制，内部管理规范高效。全面开展"三严三实"专题教育活动，认真落实"两个责任”，调整机关党组织设置，部长兼任书记。严格各部门编制管理，完善机构设置，调整优化人员；完善内部的绩效考核办法和薪酬管理办法，将村（社区）统一纳入天易示范区考核体系，实行动态考核，并将考核结果与村（社区）主要负责人的评先评优和工资奖金挂钩，调动村（社区）工作积极性；制定并实施关于加强行政效能建设的若干意见，继续实行预安销号制度，加大执纪问责力度，确保党工委、管委会的各项决策部署贯彻落实。完善程序制度，工程管理规范有序。科学制定项目前期工作计划，对可研、环评、地勘、方案、初步设计、施工图等关键环节严格把关，完成商贸物流园、文体广场、第二污水处理厂等规划编制和项目包装策划工作，完成背街小巷提质改造等24个项目的前期工作。加强在建工程的现场管理，完善监督考核机制，对园区基础设施在建工程实行季度考核，引入外委检测单位，在季度考核中对在建项目实体质量进行随机抽检，及时反馈，保障工程实体质量与外观。坚持从严把关，财政管理规范节约。建立党工委领导联系企业的分片包干制度，加强对财税工作的领导；按季召开税收形势分析会，重点加强对建安营业税、个人所得税、耕地占用税、契税等审核把关，确保税收征管到位。同时，加强资金支出管理，加强征拆稽核工作，严把工程项目预算评审关、跟踪监督关和结算审查关，从紧编制部门预算，全年“三公”经费支出同比下降10%。

【滨江风光带一期建设项目完成】滨江风光带东起湘潭县与株洲市交界处，西至凤凰西路涓江桥，全长9.285千米，是长株潭城市群湘江风光带建设的重要组成部分，对加强湘江流域环境治理，提升县城品位具有重要意义。工程集防洪、交通、休闲、景观功能为一体，包含滨江大堤、滨江大道、绿化景观建设三部分，宽80~120米，双向六车道，全线采用城市次干道标准，全期工程投资约为10.28亿元。截至2015年12月30日，一期建设基本完成，完成投资近5亿元，完成雪松至二水厂段2.4千米道路及绿化景观，龙江路至凤凰东路道路段竣工通车。滨江风光带已成为市民休闲好去处。

【芙蓉大道湘潭县段项目快速推进】芙蓉大道Ⅱ期湘潭县段北起湘潭五大桥南岸，经天易大道，往南止于飞龙桥，全长约9920米，宽81~87米，道路采用主、辅分离形式，主车道设计速度为80千米/小时的城际快速路，该项目总投资约16.6亿元，其中，用于征地拆迁资金约7亿元，建安工程费用约9.6亿元。该项目对于加强长株潭三市区之间联系、完善区域交通网络，带动长株潭及沿线城市组团发展具有重大意义；同时，对于G107拓改提质、整合道路资源，完善管网、公交等市政基础设施也具有举足轻重的作用，是打造长株潭“两型社会”建设的标志性道路工程。该项目一标段于2013年3月动工建设，2014年12月竣工通车；二标段于2014年6月12日开工，2015年底已完成沥青路面及绿化建设。

【湖南珠江啤酒项目建成投产】湖南珠江啤酒有限公司是广州珠江啤酒股份有限公司的全资子公司。广州珠江啤酒于1985年建成投产，是一家以啤酒业为主体、以啤酒配套和相关产业为辅助的大型企业，是中国酿酒行业十强、国家AAAA级标准化良好行为企业、全国文明单位、全国纳税500强企业、国家“两型”示范企业，享有“南有珠江”的美誉。公司拥有国家级企业技术中心和博士后科研工作站，在全国啤酒同行中，首家采用低温膜过滤技术和无菌包装技术生产瓶装纯生啤酒等先进技术，填补国内空白。珠江啤酒是中国驰名商标、绿色食品。该项目于2012年1月落户湘潭天易示范区，注册资本3000万元，用地面积20.1公顷，总体规划40万千升啤酒产能，总投资5.8亿元，分两期建设。首期投资3.7亿元，建设产能20万千升生产线，于2013年10月全面启动建设，2015年5月竣工投产。该项目基地主要生产纯生啤酒、易拉罐啤酒等中高档啤酒，产品直接供应湖南、湖北市场，并覆盖整个中南区域。珠江啤酒落户湘潭，可带动当地包装业、物流业等相关产业的发展，满足消费者的啤酒消费需求，产生良好的经济效益与社会效益。

【天易公路二期全面建成通车】2月9日，天易公路二期正式通车。天易公路二期系天易大道的西延线，自海棠路往西经县城大鹏路跨涓水河（涓水二桥）至河口镇政府前与河岭线X018相接，全长8.73千米。其中，县城区已建成的大鹏路1.665千米；新建的大鹏西路2.437千米，按城市主干道标准建设，路基宽度40米；涓水二桥长度288米，宽度25米；河口段长度4.34千米，按一级公路标准建设，路基宽度24.5米。该项目总投资预算达4亿元。其中，涓水二桥6800万元。天易公路二期通车后，能有效缓解涓水一桥的交通压力，分流潭花线部分交通流量，基本解决县城西向的交通瓶颈问题。

【创建湘潭子敬学校】4月15日，湘潭市子敬慈善基金会与湘潭县人民政府签署合作建校办学协议，湘潭市子敬慈善基金会捐赠1亿元，帮助湘潭县建设一所高品位、高规格、高水平的全新学校——湘潭子敬学校。学校建成投入使用后，莲乡学子可享受到更加优质的教育资源。湘潭市子敬慈善基金会理事长张敬若，湘潭市政协原主席朱明华，湘潭市子敬慈善基金会名誉理事贺新娥及秘书长丁理，湖南省槟榔食品行业协会会长周雪梅，市教育局党委书记、局长陈利文；县领导谢振华、傅国平、黄忠德、王惠芳、刘耀奇、唐向前、唐争耀及县内相关部门负责人等出席捐赠签约仪式。

【陈三新调研园区企业发展】5月22日，市委书记、市人大常委会主任陈三新率领市委政研室、市经信委等负责人一行到湘潭天易示范区调研企业发展。市县领导陈忠红、吴小月、傅国平、唐正武、谭何龙、刘铁强等参加调研。陈三新强调指出，湘潭县、天易示范区要以发展来适应经济新常态，坚定全面推进小康社会发展的信心，在态度上扎实推进小康社会建设；要调整产业结构，由中低端往中高端转移。“经济发展主要的平台是园区、主要的抓手是招商引资。”要将“三严三实”在园区落到实处，要突出重点，找到切入点，下定决心、充满信心、狠抓落实，确保年初既定目标和2017年全面建成小康社会的任务完成。

【县委书记谢振华调研湘潭天易示范区重点工程重点项目建设】 8月7日，县委书记谢振华到湘潭天易示范区的农产品精深加工园、宏信创业园、信诺颜料、鑫华特种钢、武广一、二期等重点工程、重点项目建设工地调研，现场协调解决相关问题。县领导唐正武、谭何龙、罗义彬、荣虎成及县重点办、天易示范区三促办等部门负责人参加调研。在座谈会上，谢振华听取有关部门的情况汇报后，肯定湘潭天易示范区重点工程重点项目建设所取得成绩。指出，各级各部门要始终把加强和加快重点工程项目建设作为工作的重中之重，这是稳增长、调结构、扩内需的重要办法和路径；各级各部门要各尽其职、各尽其能、各尽其力，加快推进重点工程项目的建设。县重点办要对全县的重点项目，按顺利推进、暂时滞后、特别困难等进行梳理分类，让主要领导和负责人做到心中有数；县重点办、天易示范区规划建设部、三促办等要进行敦促落实；县住建、国土、房产等部门要履职尽责，为项目建设提供优质服务，扫清发展障碍。同时，要加大力度，监督重点工程项目的施工安全和质量。

【县长傅国平专题调研天易示范区】 12月16日，县委副书记、县长傅国平率县域经济社会发展调研组到天易示范区进行专题调研。天易示范区领导唐正武、杨欣荣、胡庚、罗义彬、荣虎成、唐争耀、蒋中军参加调研。傅国平对天易示范区所取得的发展成果给予肯定。对明年的园区发展提出六点意见：一要把加快发展作为园区的核心目标。2016年目标的确定将作为大家共同努力的标尺，全体人员要积极奋进，取得突破。二要把招商引资作为园区的首要任务。招商引资是园区的发展源泉，要坚定决心，重点突破。同时要强化招商意识，形成人人关注招商、全力拥护招商引资的氛围。三要把高效运转作为园区的生存基础。效率就是生命，每一位员工都要以时不我待的精神，不等不拖，完成各项工作。四要把优良环境作为招商的名片，加强园区外部环境管理，加快武广连接线、滨江风光带、农产品精深加工园等项目的建设。五要把敬业担当作为园区的基本要求。领导干部要以上带下，凝聚人心，形成良好的工作劲头。六要把特色产业作为园区的主攻方向，全面围绕食品医药、先进装备制造等产业进行突破，推动园区经济持续快速健康发展。

【湘潭市电线电缆二期建成投产】 12月24日，湘潭市电线电缆有限公司在天易示范区杨柳路的电线电缆二期基地举行乔迁仪式，电线电缆二期建成投产。县委副书记、天易示范区党工委委员、管委会常务副主任唐正武、天易示范区党工委委员、管委会副主任杨欣荣，以及湘潭市电线电缆有限公司、桂林国际电线电缆集团有限责任公司负责人等参加仪式。1996年3月，湘潭市电线电缆有限公司成立于湘潭县石鼓镇，2003年入驻天易示范区，位于荷花路，是一家专业从事电线电缆研发、生产和销售的民营企业。经过19年的发展，该公司已经成为拥有注册资本1.18亿元，总资产6亿元，占地面积25万多平方米，年生产能力20亿元，员工近300人的中型规模企业，产品销往全国各地，出口印度、委内瑞拉、越南等国家，是园区内颇具影响力的企业之一。

【金霞山绿心地区土地资源保护和发展体制改革入选全省首批生态文明改革创新案例】 12月25日，中共湖南省委生态文明体制改革专项小组印发湖南省首批生态文明改革创新案例的通知，金霞山绿心地区土地资源保护和发展体制改革入选突破类创新案例。该项改革创新特点，实现绿心所有权与经营权分离，由天易示范区对金霞山公园规划区内的集体经济组织的林地和山地进行租赁，依照法律程序流转，依法享有处置经营和收益权；建立切实可行的租赁流转标准；建立绿心地区公共服务机制，加强当地居民就业培训和社会保障力度，就业率达90%；农民社会养老保险费征缴和就业工作实现100%覆盖；推行城镇居民医保，基本构建拆迁群众“壮有所事、老有所养、病有所医”的公共服务体系。完善金霞山公园辖区内死亡人口异地安葬补偿政策。（谷述良）

天易示范区杨河工业园

【概况】 湘潭天易示范区杨河工业园由湘潭县杨嘉桥镇片区和河口镇片区组成，形成“一轴、两片”的功能结构。一轴”为武广大道产业发展轴，“两片”分别为西部城镇综合片和东部产业拓展片，总规划面积683.27公顷。

2015年，杨河工业园完成规模工业产值28.8亿元，增速达到18%。杨河工业园河口片投入120万余元完成园区粒粒珍段排水排污工程建设，更新整修园区主干道太阳能路灯工程，完成入园通道枫叶路的规划和测量工作,启动园区主干道绿化提质改造和自来水建设规划设计工作。杨河工业园杨嘉桥片完成园区排水管道末端管网和相关水系加深加固工程建设，高标准建设园区大道。杨河工业园充分发挥优势，加大招商引资力度，入园企业必须符合国家产业政策发展要求，新引进的熙源建材企业，通过引进高级技术人才，引进节能型S—15变压器、Y系列节能电机，创新电力电容器补偿无功容量等先进技术，降低能耗，该公司的生产废水通过处理后实现循环利用，生产线由隔音材料构建的厂房完全覆盖，最大限度地降低扬尘和噪音。

（尹　芳　罗　侃）

天易示范区茶恩竹木工业园

【概况】 根据湘潭县委、县政府“一区多园”的发展战略，湘潭县茶恩寺镇成立天易示范区茶恩竹木工业园，形成以竹制品产业为支撑的特色产业园区。2015年，茶恩竹木工业园完成规模工业产值8亿元，增速达到33.5%；投入资金50余万元平整园区土地2公顷；整合财政资金126万元，亮化园区道路、市场，共安装太阳能路灯150杆，修建垃圾处理公共设施。茶恩竹木工业园利用特色产业优势，搭建招商平台。5月，派出招商队伍赴益阳竹产业进行产业承接洽谈，益阳竹产业队伍18家企业来园区进行考察，洽谈设计组团到园区建设园中园；7—9月，茶恩竹木工业园与湘潭环宇物流有限公司进行多轮洽谈，准备在园区建立省级竹木物流园。（尹　芳　罗　侃）

天易示范区青山皮鞋工业园

【概况】　2015年，青山皮鞋工业园按照县委、县政府“一区带多园”发展战略要求，以项目建设为主战场，以“新十条发展思路”为主线，强举措，重推进，园区在运行、建设、服务等方面保持健康、持续发展的良好势头。全年累计生产销售各类皮鞋680万双，实现年产值11.9亿元，安排就业人员3800余人，发放各类工资1.24亿元，创利税2160万元。

是年，园区基础设施进一步完善，完成25万立方米土石方平整工程建设，1200米长的青山大道征地与路基工程建设，4860米下水道建设，3680立方米挡土墙工程建设，1800米主干电力架设，新增变压器8台，3200平方米绿化与2400平方米彩板工程建设，60盏太阳能路灯安装，3个消防取水点与1个备用水源地建设，共计投入2420万元；服务效能进一步提升，全年累计帮助企业代办各类手续28件，协调各类矛盾纠纷165起，积极向上争取各类项目12个，争取资金70万元，融集各类资金550万元，为各企业负责人解决子女上学、就业等难题12件。（尹　芳　罗　侃）

（责任编校　杨红艳）

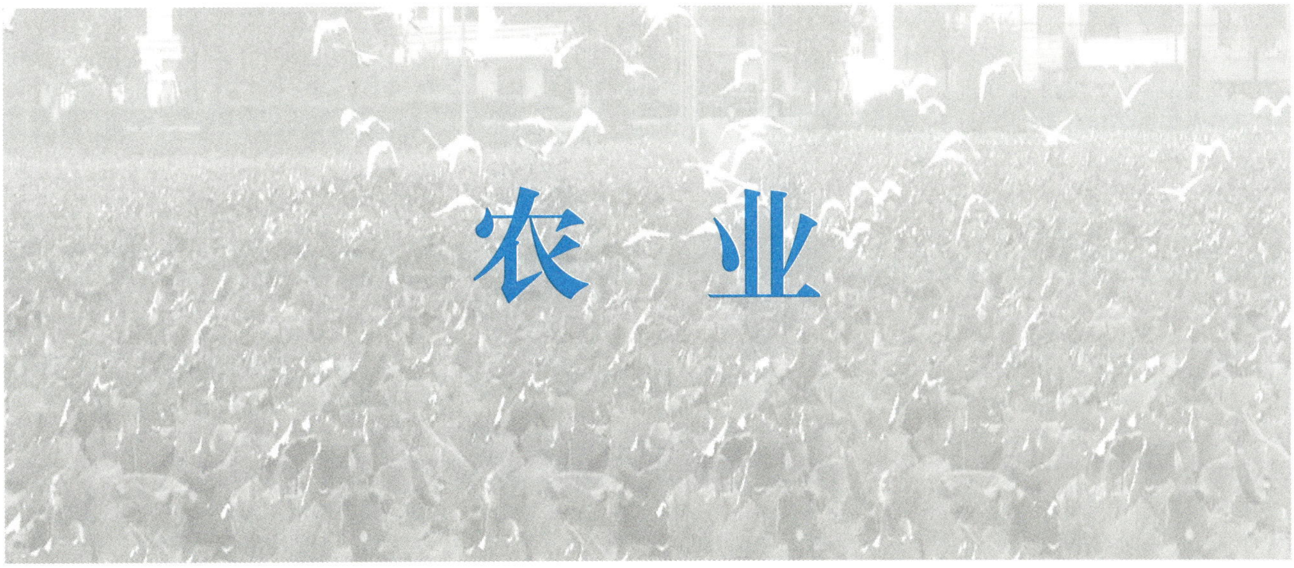

农 业

概 述

【概况】 2015年，全县完成农业产业增加值58.7亿元，增长2.4%。农村居民人均可支配收入14539元，增长9.0%。完成粮食播种面积10.75万公顷，增长0.9%，粮食总产量75.15万吨，增长1.4%，全国产粮大县优势地位得到巩固。其他主宗农产品增产增效。蔬菜种植面积2.39万公顷，增长6.4%，蔬菜产量72.54万吨，增长6.4%；油料种植面积0.87万公顷，增长17.9%，油料产量0.90万吨，增长16.8%；水产品产量4.11万吨，增长8.7%；禽蛋产量2.02万吨，增长4.1%；出栏肉猪207.59万头；完成造林面积3603.2公顷，其中退耕还林工程造林面积100公顷，荒地造林面积1780公顷，年末实有封山育林面积12313公顷，森林覆盖率达44.91%。实现农业产业化产值222亿元，增长15%，完成规模以上企业农产品加工产值172亿元。年内，新创市级示范合作社9家、市级示范家庭农场9家、新型经营主体典型2家。全县“百家示范”经营主体2015年度共争取各级资金投入3000万元以上。新农村建设稳步推进，三个示范片、七个“美丽乡村”和110个帮扶村累计完成项目总投入2178万元。被评为全省新农村建设先进县。农村环境综合整治纵深推进，在花石镇马垅村建立农村清洁工程重点示范村，并通过省农业委考核验收。完成1.2万公顷重金属污染耕地修复治理，在推广低镉积累水稻品种的前提下，采用“1+5”技术进行土壤修复治理，项目区施用石灰2.23万吨。扎实推进精准扶贫工作，出台《中共湘潭县委关于加快推进精准扶贫开发工作的决议》，成立高规格的精准扶贫工作领导小组，制订《湘潭县精准扶贫工作实施方案》，明确联村县级领导、后盾单位和结对帮扶单位，实现贫困户帮扶责任人全覆盖。出台一系列帮扶政策，深入开展“一进二访”活动，对全县41576人贫困人口、28个省定贫困村建立“贫困户帮扶卡”，年度减贫13000人的任务全面完成。年内县财政安排420万元专项扶贫资金，重点用于贫困村基础设施建设和产业发展。农业基础得到巩固,水利工程投入资金3.4亿元，开工各类水利工程1.1万处，完成土石方1010万立方米。治理水土流失面积39.89平方千米，新增农田有效灌溉面积330.33公顷，新增节水灌溉面积133公顷。全县年末农业机械总动力达144.67万千瓦，农机生产总值9亿多元，农作物综合机械化率69%，是全省一类农机大县。

2015年，湘潭县被湖南省人民政府评为“全省粮食生产标兵县”，进入全省县域经济发展先进县行列。 （黄京湘）

农业产业化

【概况】 2015年，湘潭县把握省特色县域经济重点县建设和创建国家现代农业示范区等有利机遇，以培育壮大农产品加工龙头企业和建设特色农产品基地为重点，加大招商引资力度，全力推进项目建设，全县农业产业化经营呈现平稳较快发展的势头。实现农副产品加工业总产值203.1亿元，同比增长17.1%；实现农副产品加工业增加值66.2亿元，同比增长17.2%。全县市级以上农业产业化龙头企业达到43家，2014至2015年新增农副产品精深加工企业10家，新增生产线40条，新增产能近50万吨，新增企业、新增生产线数量分别是2012年的2倍、2.4倍。是年，有珠江啤酒、傲龙饲料、印日荷花、特色产品（湘莲）质量监督检验中心等一批项目建成投产和使用，新落户企业全部投产后年产值将达到20亿元以上。全县初步建立以湘莲、粮食、生猪、油茶、楠竹为重点的主导产业，以农产品加工、农产品物流和乡村旅游等新兴产业为重点的现代农业产业体系。湘莲产业已形成育种、种植、加工、贸易一条龙的产业链。县内湘莲企业有国家级龙头企业1家、省级龙头企业1家、市级龙头企业6家。列入统计范围的规模以上湘莲加工企业共14家，完成年销售收入45亿元，另有一定规模的个体工商户两百余户，共完成税收近千万元，形成“龙头企业+中小企业+个体工商户”的产业格局。再次获得全国生猪调出大县奖励资金，常年出栏量保持在200万头以上，规模化养殖达到80%以上。粮食产量常年稳定在90万吨以上，11年被评为“全国粮食生产先进县”，海大集团（饲料）和珠江啤酒等一批项目的落实，大大提高粮食精深加工能力。有油茶林面积1.3万余公顷，是全国油茶产业发展建设重点县。竹木产业发展迅速，年加工产值在5亿元以上。“三产融合”有亮点，以石鼓观油菜、花石赏荷花、乌石采春茶、梅林桥示范片“都市后花园”“橙邀三湘客”等为主题的乡村旅游活动开展得有声有色。龙凤山庄等企业呈现良好的发展势头。全县休闲农业企业完成经营总收入过亿元，保持平稳增长。槟榔行业产值达70多亿元，税收过亿元。天易示范区农产品精深加工物流园完成基础设施投入11.3亿元，5家农副产品加工企业入园发展，累计完成投资7.5亿元,年内实现农产品精深加工业（食品）产值100亿元以上。实施“一区多园”战略，拓展园区框架。茶恩竹木工业园拥有入园企业40余家，企业固定资产投资达7千万元以上，新增茶恩腾飞竹木制品厂等4个新建及扩建项目，完成园区基础设施投入800万元以上，并获评为湖南省现代农业特色产业园省级示范园——特色楠竹产业园。投资5000万元的荷味食品落户建设，加速推进杨河工业园的迅速崛起。由县农开办组织实施的梅林现代农业园项目总投资达5亿元，于年底接受国家级验收。是年，县内农副产品加工企业有国家高新技术企业2家，省著名商标（名牌产品）19个，中国驰名商标5个。“粒粒珍”湘莲有限公司获省农业委“百企千社万户”现代农业发展工程“百企”培育企业，竞争优势明显。围绕农副产品加工产业链中原材料供应的关键环节，大力发展特色产业基地，巩固产业发展优势。新增湘莲种植面积1350公顷，“寸三莲”原种场基地建设取得新进展，湘莲原种保护、“寸三莲”标准体系建立和腐败病防治试验效果明显。花石万亩连片湘莲基地、21000公顷高档优质稻基地、2500公顷油茶标准化基地、1200公顷楠竹丰产基地圆满完成建设任务，为产业发展提供充足的资源保障。

（黄京湘）

美丽乡村建设

【概况】 2015年，湘潭县“集中攻坚、全面推进、打造亮点”，全力推进农村经济、基础设施和各项事业发展，全县农民人均收入达到15160元，增长11.4%，实现新农村建设的提档升级，被评为全省新农村建设先进县。

县委和县人民政府制定《湘潭县2015年示范、帮扶工作实施意见》，明确联系三个新农村示范片和七个“美丽乡村”的县级领导和后盾单位，从县直机关选派11名能力强、作风实的干部驻示范片和美丽乡村开展工作。制定《湘潭县2015年示范、帮扶驻村工作队员考核管理办法》，加强对驻村工作队员的考核管理。将新农村建设工作纳入县委对乡镇、县直机关的年度绩效考核体系。县财政每年安排1000万元的新农村建设专项资金，重点用于新农村示范片和美丽乡村建设。同时，整合特色县域经济重点县和相关涉农项目资金，向示范片和美丽乡村倾斜。

大力实施农业“接二连三”工程和新型农业经营主体百家示范工程，加快示范片和美丽乡村特色种养业、农产品加工业和乡村旅游业发展，带动农民增收，壮大村级集体经济。年内，示范片和美丽乡村共新建或扩建特色农产品基地12个，农民人均增收1000元以上。梅林桥示范片发展杂交水稻200公顷、湘莲80公顷、油茶100公顷、蔬菜23公顷、葡萄17公顷、西瓜7公顷；锦石乡碧泉村有碧泉潭矿泉水厂1个、娃娃鱼繁殖基地1个，养鸡场1个，贡米基地1个；梅林桥镇谷塘村建有草皮苗木基地、葡萄园基地、梅林休闲山庄，郭家桥村建小型丝瓜基地1个，高桥村投资65万种植板栗、水蜜桃、投资40万种植湘莲；中路铺镇大湾桥村投资120万建羊场1个，养殖山羊1000头，投资60万元建养蛇场1个，养殖蛇1000条。

是年，全县三个示范片和7个美丽乡村共完成基础设施投入2000余万元。梅林桥示范片完成3.4千米紫荆河生态改造工程和85户民居改造工程；茶恩寺示范片完成金坪村河道治理及重建项目；白石潭口示范片硬化双阳村主干道2.3千米，完成2000米双阳渠护砌，完成深溪段、潭口段道路拓宽工程的护砌和平整，完成10口骨干塘清污扩容，新修水渠700米。7个美丽乡村整修硬化村道12.5千米，整修清污渠道24.5千米，整修山塘5口，修建污水处理设施1座，修建三级净化池15个，改厕768户，安全饮水率平均达到94.5%，安装节能路灯185盏，设置路牌或标识牌19块，有线电视入户1876户，网络入户780户。

梅林桥示范片建成“二十四节气”和“二十四孝”文化长廊，成功举办“都市后花园·生态梅林桥”、自行车邀请赛、汽车场地越野友谊赛、篮球赛、越野跑赛和特色农产品交易展览会等系列文化体育旅游活动。以农村环境整治村建设为重点，纵深推进农村环境整治。示范片和美丽乡村累计投入环境整治资金80万元，完成“三边”绿化12千米，绿化植树13000余棵，绿化率达到65.7%；处置废弃房屋74间，危房改造52户，居民房屋改造修缮264户；聘请专职保洁员64名，投入户用垃圾分类设施2693套，集中处理垃圾54.7吨，回收有害垃圾9吨，人居环境焕然一新。

（黄京湘）

百村帮扶工程建设

【概况】 2015年，超额完成“百村帮扶”工程。全县110个帮扶村累计完成项目总投入2178万元，占年计划的101%。其中，村民筹资848.6万元，占年计划的100%；争取上级投入856万元，占年计划的101%；其它筹资473.6万元，占年计划的103%。硬化村道58.5千米，完成年任务的105%；农网改造改线37.7千米，完成年任务的101.5%；整修塘坝136口，占年计划的102%，整修渠道35.6千米，占年计划的103%。90个市级帮扶村累计完成项目总投入1706.2万元，占年计划的101%。其中，村民筹资651.3万元，占年计划的100%；争取上级投入694万元，占年计划的101%；其它筹资364.9万元，占年计划的105%。硬化村道46.1千米，完成年任务的105%;农网改造改线31.8千米，完成年任务的101.5%；整修塘坝97口，占年计划的102%，整修渠道23.7千米，占年计划的103%。

是年，县委、县政府明确县新农村建设指导委员会负责对新农村建设帮扶工作的领导，成立帮扶村办（设县农办内），配齐配强专门人员，负责帮扶村日常工作的管理，定期召开会议，掌握帮扶村工作情况，及时研究部署工作。帮扶村工作经费纳入县财政预算，对相关项目建设给予重点支持。强化考核机制。县委将帮扶村工作列入乡（镇）的绩效考核内容，作为一项重要工作加强对乡镇的检查和督促。制定新农村建设帮扶村工作的考核办法，对帮扶村实行动态管理。8月，组织开展大走访活动，赴帮扶村进行调研。11月初，再次对新农村建设项目村的实事项目进行实地检查验收，并拍照存档，年终根据考核办法逐一检查验收。

支村两委和工作队员一起深入群众，及时解情况，通过召开会议、张贴标语、出宣传栏等多种形式，宣讲中央的强农惠农政策和新农村建设的意义，发动群众积极投身新农村建设。年内，110个帮扶村村民自筹资金848.6万元，用于道路、水利、农电提升改造等基础设施建设。谭家山的南泉村，村民自发拓宽路基，夯实基础，按照人、田分半的原则，自筹资金30万余元，硬化村道2千米，超额完成年初硬化路面计划，六个村民小组解决400余人受益。

帮扶村的党支部积极学习，结合党的群众路线教育实践活动，开展一系列富有成效的工作。白石镇永安村严格按照党章的要求和组织程序，“七一”期间，吸收预备党员1名，培养入党积极分子2名。搞好党员的日常教育和管理工作，落实公开承诺工作，公开党员承诺书27份，为全村党员上党课3次，组织党员参加党的知识竞赛活动等。（黄京湘）

精准扶贫工作

【概况】 湘潭县有建档立卡贫困人口 47950人，省定贫困村28个。2015年，湘潭县认真贯彻落实习近平总书记关于扶贫开发系列重要讲话精神和省委全会、市委全会精神，全县精准扶贫工作取得良好成效。

强化保障出实招。县委全会审议通过《关于加快推进精准扶贫开发工作的决议》，根据市委“两个率先”战略部署，明确“到2017年底，全县所有贫困人口、和28个省定贫困村实现全面脱贫摘帽”的扶贫攻坚目标。成立由县委书记任顾问，县长任组长，县委副书记和分管副县长任副组长，相关县直单位负责人为成员的县精准扶贫工作领导小组，各乡镇和县直相关单位相应成立领导机构。县、乡、村三级都充实精准扶贫工作队伍。制定《湘潭县精准扶贫工作实施方案》，明确联系贫困村的县级领导、后盾单位和结对帮扶单位，确定减贫时间表。制定《湘潭县精准扶贫工作考核办法》，加强对精准扶贫工作的督查考核，考核结果纳入县委对各乡镇、县直单位年度绩效考核体系。县财政安排420万元专项资金用于28个省定贫困村建设，从新农村建设专项资金中安排50万元作为精准扶贫工作经费。同时，整合各有关部门项目资金，向贫困村和贫困户倾斜。在县电视台、县网、县报等媒体开辟“精准扶贫，莲乡在行动”专栏，编印《湘潭县精准扶贫工作手册》和《湘潭县精准扶贫工作简报》，广泛宣传精准扶贫政策，深入报道精准扶贫典型。认真开展10.17全国扶贫日系列宣传活动，全县精准扶贫氛围日趋浓厚。

精准识别摸实情。深入开展“一进二访”。制订《湘潭县关于在“三严三实”专题教育中开展领导干部 “一进二访”活动的实施方案》，组织动员全县党员干部进村入户，针对建档立卡中存在的信息不全、不准、逻辑不清等问题，对贫困对象重新进行识别、校正。通过“一进二访”活动，按照贫困户识别程序，对符合贫困户识别标准未纳入贫困户和不符合贫困户识别标准的贫困对象进行全面梳理。同时，做好“四个一批”“五个突出”的专项摸底统计工作。全面清理“四类对象”。在“一进二访”活动识别校正的基础上，对贫困人口进行一次全面的“回头看”，开展对有车、有商品房、经营公司（含个体经营户）和财政供养人员等“四类人员”的专项清理工作，清理出“四类对象”112人。

驻村帮扶全覆盖。制订《湘潭县帮扶、示范工作实施方案》，从县直单位选派22名能力强、作风实的机关干部与6名市工作队员一道，进驻28个省定贫困村开展工作。制订《湘潭县“支部联村、党员联户”结对帮扶实施方案》，组织县直机关、学校、乡镇机关党支部分别联系全县549个行政村，每个党员分别联系一户贫困户，作为帮扶责任人，实现贫困户帮扶责任人全覆盖。各贫困村结合实际，制定村级三年脱贫帮扶规划和年度工作计划。联点市县领导和相关单位负责人都深入联系村调研走访，召开现场办公会议，了解贫困状况，解决实际问题。层层签订责任书。根据扶贫攻坚目标，市扶贫办与县政府签订2015年减贫责任书；湘潭县将减贫计划分解到19个乡镇，县政府与各乡镇政府签订年度减贫责任书；各乡镇及时将减贫任务分解到村，并与村签订责任书；各村将减贫计划分解到贫困户、贫困人口。县扶贫办将年度预脱贫人口在系统平台内进行标识。

分类施策真扶贫。综合民政、卫生、教育、残联等相关部门单位关于扶贫帮困的政策，在已有的普惠政策下，对建档立卡贫困户实行政策倾斜，出台一系列帮扶政策措施，形成《湘潭县精准扶贫政策汇编》。利用统计出的“四个一批”、“五个突出”相关数据，通过提高低保五保标准和救助水平、实施农业“接二连三”工程和新型农业经营主体培育“百家示范”工程、开展助学就业、实施危房改造等措施，建立“贫困户帮扶卡”，重点落实2015年预脱贫户帮扶措施，做到帮扶“零遗漏”，年度减贫13000人的任务全面完成。（黄京湘）

农村环境综合整治

【概况】 2015年，湘潭县农村环境综合整治工作在2012年试点、2013年扩面、2014巩固的基础上，根据市委、市政府关于农村环境综合整治再延伸三年的要求，湘潭县从建设生态文明、改善民生的高度出发，紧扣“山清水秀地干净人文明”的总目标，坚持“立长远、着谋划，抓当前、突难点，树典范、提档次”的思路，坚持“摒弃突击保洁、应对保洁，确保全域保洁、常态保洁，致力源头保洁，科学保洁”的总原则，将2015年作为农村环境综合整治“提升之年”，着力打造农村环境综合整治升级版，推动农村环境综合整治纵深拓展，确保农村环境综合整治持续健康稳步发展。

健全网格管理机制。县委、县政府出台《关于进一步加强农村环境综合整治工作的实施意见》，从政策层面上强化农村环境综合整治专项工作机构和能力建设。县整治办配有专职人员17人；乡镇整治办配有3至6名专职人员；村上明确一名村干部兼任环卫专干，实行村干部分片包干、党员组长包户，覆盖全县的县、乡、村、组、户的五级网格管理不断完善，确保事有人做、责有人负。

健全科学考评机制。完善以月检查、季考评、年总评和明查与暗访、督查与督办、常规检查与专项检查和重奖重罚的科学考核奖惩评价体系，强力推进农村环境综合整治工作。在考核方面，实行分类、分项、交叉、重点工作考核。对镇区按一、二、三类，分镇区组、村组同时进行考核；组建由环保协会、党代表、人大代表、政协委员、大学生村官等人员组成的第三方考核检查成员库，适时抽选人员参与检查；抽调乡镇人员参与明查，实行现场打分；实行中心（专项）工作考核，分季度安排中心工作，占季度总成绩的20%。对人居环境整治重点村制定专项考核办法，突出常态保洁、垃圾分类、美丽屋场建设等方面，实行月月检查考核，其年度成绩与经费拨付挂钩；实行加分制考核，对特色、亮点工作突出和市明查暗访没有扣分的乡镇实行季度加分，作为年底评选先进乡镇的重要依据，逐渐减少垃圾在考核中分值权重，以此推动工作创新。如，二季度对建有垃圾环保焚烧炉的乡镇直接加0.5分，对5月、6月人居环境整治村没有扣分的乡镇加0.5分，市明查没有扣分的乡镇季度直加2分，暗访没有扣分的乡镇季度直加1分。在农户评比方面，由过去的每月评比改为逢单月进行，对已进入常态化的村调整为每季度一次，适时适度减轻村级压力。在奖惩方面，加大奖罚力度，全年安排奖励资金达到400多万元，其中，乡镇奖励资金140余万元、村级奖励资金近290万元（每村5000元）、成员单位奖励资金18万元；对在市明察暗访中没有任何扣分点的乡镇，每次奖励现金1万元；对全年累计3次排名最后3位的乡镇，取消该单位年度农业农村工作所有奖牌。各乡镇也参照县里模式，严格奖罚兑现，如，龙口乡、河口镇党委书记所办点村季度考核排名落后，在乡镇讲评会上主动缴纳罚款。

健全部门联动机制。综合考虑到乡镇的实际，压实县直成员单位的责任，形成部门联动、齐抓共管的工作格局，切实为乡镇“松绑减压”。将全县中小学校、各级各类卫生医疗机构、国省县道路养护以及保洁、五座中型水库和二座河坝、“一江两水”、灌溉渠道、县城建成区环境卫生分别交由县教育局、县卫生局、县公路局、县交通局、县水务局、县城管局负责，并实行月检查、季考评的方式进行考核，其考核成绩也与各乡镇挂钩，确保工作不推诿、不留空档，无缝对接。每季度坚持对县城区各机关企事业单位内部环境卫生进行暗访检查，属县委政府直接管理单位的直接计入年度绩效考核成绩，属上级垂管单位的将情况反馈给市级主管部门。并直接与文明办、爱卫办评选的“文明单位”“文明卫生单位”挂钩，实行“一票否决”。

健全经费保障机制。按照“财政投入为主，乡村自筹为辅”的基本原则，逐年加大财政投入力度。所增加经费重点用于乡村基础保洁、设施配套、专项治理等方面，确保农村环境综合整治的基本所需。是年，县财政预算安排专项经费2000万元，其中，村级经费不少于2万元（基本工作经费1.5万元、奖励经费0.5万元），在2014年的基础上翻一番。安排100多万元用于垃圾焚烧炉建设、垃圾分类。各乡镇顶住压力，在经费上予以重点倾斜、优先拨付。云湖桥镇年投入180多万元，龙口乡按照人均18元安排村级经费，梅林桥镇、中路铺镇、易俗河镇、河口镇、排头乡等乡镇大幅度增加经费投入。各乡镇大力整合相关资金用于农村环境综合整治。石鼓镇明确在帮扶村6万元经费中拿出1万元用于环境卫生整治，实行专项考核，达到工作要求的村全额拨付，未达到要求的村，由乡镇整治办安排人员进行帮助整治，所需经费从1万元中扣除。

抓好环卫设施建设。先后投入亿多元，建设并提质改造县城上马垃圾填埋场，日处理能力达到220多吨。7个乡镇建设简易填埋场，集中填埋处理解决镇区内的垃圾。适度推广简易的自燃式垃圾焚烧环保技术，集中减量处理镇区和集居点生活垃圾。排头乡等6个乡镇建造9座垃圾焚烧炉，使用效果非常好，减量达到95%。全县主要道路、人口集中居住点、镇区等地建设垃圾中转站10个，垃圾池3000多个，为农户配备垃圾桶10万多个。

科学处理垃圾。垃圾处理问题是农村环境综合整治最难点。先后到省内各地学习借鉴其经验做法，结合县情，初步探索出垃圾处理的有效模式，并在推进中并不断完善，实现由“末端治理”向“减量化、资源化”的转变。做好“垃圾分类”。按照“能沤就沤，能烧就烧，能埋就埋，能收就收”的“四分法”方式，对垃圾进行简易分类处理，做到垃圾不出户、垃圾不出村。2014年试点以来，全县已有388个村实施垃圾分类减量处理，行政村覆盖率达到70%。锦石乡、龙口乡、乌石镇、谭家山镇、分水乡等5个乡镇实现全覆盖。8月，由天易示范区牵头，易俗河镇、县城管局配合，在县城启动以分类回收垃圾换积分的试点，再用积分兑换洗发水、沐浴露等日常生活用品，让“分类产生价值，垃圾变成资源”。试行3个多月，县城区上水西郡居民小区、天易小学、示范区机关3个试点单位，注册用户超过300户，分类回收各类垃圾1000余千克。做好“政策支持”。一方面，由县供销社牵头，建立起以湘潭县再生资源回收环保合作总社为龙头、下设19个乡镇分社的垃圾回收处理网络，按照“户分类、村收集、乡转运、县处置”的工作流程，对全县乡村可回收垃圾进行集中处置，县乡财政给予资金补助。另一方面，由县教育局、县卫生局负责，对乡村校园垃圾、乡村医疗垃圾采取强制性措施，进行垃圾规范化、无害化处理；由农业局牵头负责，对有毒农药塑料包装等农业废弃物按照有赏原则进行回收处理。做好“终端处理”。对乡镇运转的可回收垃圾，由县再生资源合作总社按照市场化模式进行处理，其中，玻璃、废纸和废旧塑料等销往本地企业或汨罗市团山废旧物资大市场，对有毒有害垃圾委托有资质企业进行无害化处理，杂色玻璃、瓷片，破碎后进行混凝土道路底层铺填，废旧衣服联系无纺布加工企业收购加工或作为混凝土的养护毛毡，确无利用价值的送往县上马垃圾填埋场进行填埋处理。是年，县乡财政投入100多万元专项资金，累计收集可回收垃圾近600吨，已处理503吨。

抓好面源污染治理。治理养殖粪污。做好湘江干流规模养殖场退出工作，实施规模养殖场的准入制度，坚决杜绝新养殖污染源的产生。切实调整生猪产业补贴政策，重点支持中小型养殖场的粪污治理项目建设。是年，省级1236万元的奖励资金，安排636万元重点支持20个规模养殖场的粪污治理，安排600万元用于退养工作。治理农业面源污染。利用湘江流域重金属污染治理项目，大力推广测土配方施肥、稻草禁焚和回收综合利用、土壤有机提质等农业技术和高效低毒农药品种，实施重点区域治理修复，确保农业生产安全。同时，积极推进煤矿和化工污染企业关停、退出工作。

抓好规划统筹实施。强化规划引领作用，将农村环境整治纳入村镇规划修编工作和小城镇建设重要内容，做到有章可循，从源头上控制违章修建、污水直排、建筑风格乱象等问题。云湖桥镇在新镇区建设中做到污水管网铺设与房屋建设同步进行，房屋建设格调和门店招牌统一规范，凸显小城镇新风貌。

突出重点整治，着力实现全面化。按照建设“山清水秀地干净”的人居环境要求，在强化日常保洁的基础上，重点加强对镇区、公路、水体等公共区域的综合整治，切实解决农村环境脏、秩序乱、设施差的现象。突出全面常态保洁。建立起覆盖全县549个行政村的近3000名专（兼）职乡村保洁队伍，镇村统一配备好工作服、保洁工具，购买意外保险，完善保洁员的管理制度和激励机制，“四员”职责（清扫员、宣传员、评比员、回收员）得到充分落实，日常保洁不断加强。全面加强国省县道、镇区、主要水体（“一江两水”、五座中型水库、两座河坝）等重点区域保洁，率先实现常态化。同时，参照县城模式，全面推进镇区保洁市场化服务，提升保洁水平，乡镇镇区保洁市场化率达到30%。约有70%的村基本做到保洁常态化。突出整治薄弱点。对问题比较突出的村、公路、水系加大工作督查指导力度，实现赶超发展。县整治办对各乡镇上季度排名倒数的村作为下季度县检明查村，将所有矿区村纳入人居环境重点整治村，实行月月检查，并与乡镇季度成绩挂钩。杨嘉桥镇以道路硬化为契机，全力整治烈雁金河、涟水河沿线近40千米的环境卫生，针对沿河一线生活垃圾无处消纳的特殊情况，镇政府统一修建70多个垃圾池，严格落实村组责任，彻底扭转被动落后的局面。突出治理镇区环境。全面推进镇区污水治理，加强对乌石镇污水处理场的管理，确保正常运转，加快花石镇、石潭镇污水处理厂建设，年内完成征地报批手续。充分发挥和运用县人民政府下放的各项行政执法职能，组建乡镇综合执法队，持续不断整治镇区乱丢乱扔、乱贴乱挂、乱堆乱放、乱停乱靠、乱搭乱建等各类不良行为，秩序逐渐好转。规范马路市场。坚持国省道边马路市场必须取缔、其余赶集市场整顿规范的原则，全面整顿规范马路市场。切实加强新建梅林桥集贸市场的监督管理，彻底解决“以路为市”状况，打造取缔马路市场的样板。建立部门联动机制，加大对茶恩寺镇、云湖桥镇2个国道边的马路市场取缔力度，加强中路铺镇、白石镇2个国道边市场日常管理，严格控制以路为市的局面。安排专人维护省县乡道边马路市场秩序，确保交通畅通，卫生保洁及时。县内7个省级美丽乡村和53个县乡秀美村庄初见成效。打造以“小果园、小菜园、小花园”三园结合的梅林桥镇谷塘村、白石镇象天村等美丽屋场近100个，培育整洁示范户近500户。大力推进“三边”绿化工作，美化家园，完成湘湘干线杨嘉桥段、山花线石鼓段、韶茶干线花石、排头段公路绿化和乡村道路绿化200多千米、水渠75千米、庭院绿化近500户。石鼓镇油菜花节、乌石镇采茶节、花石镇赏荷节、梅林桥都市后花园以干净整洁环境迎来大量的游客参观，得到客人们的好评，客观反映农村环境整治所带来的社会效应和经济效应。

深入文明引导，着力实现全民化。始终突出群众在农村环境综合整治中的主体地位，以“人文明”为落脚点，不断创新宣传思路和方式，寓教于乐，营造全民参与的好氛围，养成讲文明卫生的好习惯。由县委组织部、县农素办分批专题培训村支部书记、村主任。狠抓先进典型的推介。在全县乡村保洁员队伍中开展“最美乡村环卫工”的专题宣传活动，先后采访特别优秀的20名保洁员进行专题报道，以他们的先进事迹教育、感化身边人。同时，每个乡镇推荐3至5名保洁员作为全县优秀保洁员的表彰对象，充分调动和发挥好他们的积极性。狠抓重大活动的引导。以元旦、春节、4月“爱国卫生活动月”“五四”青年节、“6.5”世界环境保护日等主要节日活动，通过全民环境卫生大清扫、青年志愿者服务、印发宣传资料等有效活动形式，广泛宣传治理环境的重要意义，强化群众参与环境整治的意识。狠抓校园学生的教育。以云龙小学的“两型教育”示范、县六中垃圾分类处理经验为样板，在全县中小学校深入开展“小手拉大手”的环境卫生整治主题实践教育活动，从娃娃抓起培养讲文明卫生的素养，以小环境带动大环境的改变。狠抓新闻媒体的宣传。充分利用县电视台、县网、县报、手机报、微博、微信等媒体宣传报道日常工作动态，与市电视台合作，开辟“美丽莲乡我的家”专栏，通过新闻报道、人物专访等形式。全方位宣传造势，深度报道农村环境的难点、热点，推介先进经验，展现农村环境整治的新成果，共同营造环境卫生全民共创、美好家园全民共享共爱的浓厚氛围。2015年，全县印发宣传资料10万余份，悬挂宣传牌2000多块，制作播放新闻专辑8期，发布信息动态200余条，人民群众支持度、参与度达到95%以上。 （黄京湘）

特色县域经济建设

【概况】 2015年，县特色办紧紧围绕省定绩效考核目标，认真落实各项举措，顺利通过省财政厅对重点县专项资金中期绩效评价，全县农副产品加工业取得良好发展。

“一区多园”战略深入实施。天易示范区农产品精深加工物流园新增基础设施投入5.3亿元，园区框架基本建成，园区内省地方特色产品（湘莲）质量检测检验中心竣工，珠江啤酒、莲美湘莲投产达效，园区实现农产品精深加工业（食品）产值160亿元以上。茶恩竹木工业园获湖南省现代农业特色产业园省级示范园——特色楠竹产业园。杨河工业园内投资5000万元的荷味食品完成主体建设。总投资5亿元的梅林现代农业园项目，基本完成“一高二链七区”的建设任务，将于2016年接受国家级验收。农副产品加工产业体系日趋完善。以湘莲产业为主，带动粮食、油茶、竹木、生猪产业发展的农副产品加工产业体系建设显成效。自重点县建设以来，湘莲产业重点实施精深加工项目17个，新增生产线28条，新增产能近9万吨，规模以上加工企业增至14家。有国家级龙头企业1家、省级龙头企业1家、市级龙头企业6家。新增“莲美”省著名商标，新增湘莲种植面积1333.33公顷，培育新品种“寸三莲一号”。粮食产业重点实施大米精深加工项目10个，新增生产线7条，新增产能近18万吨，第11次荣获“全国粮食生产先进县”称号。全县有油茶林面积2万公顷，年产茶油150万吨，产值达6.8亿元，解决就业2.6万人。年内新增楠竹林面积近万亩，新增润竹“席伊吖”省著名商标，竹加工企业13家，总产值达9.8亿元。是年再次获得全国生猪调出大县奖励资金，常年出栏量保持在200万头以上，规模化养殖达到80%以上。伟鸿食品有限公司良种猪生态健康养殖产业园、湘潭县羊鹿茶叶产业园及湘潭县谭家山蚕桑产业园荣获2015年度湖南省现代农业特色产业园省级示范园。特色产业经济社会效益显著提升。2015年度省级下达湘潭县特色县域经济重点县专项资金1亿元。截至2015年12月，县财政通过积极拓宽资金筹措渠道，整合中央、省、市和本级财政支农资金1.3亿元以上，撬动社会各类资本投入近30亿元以上，特色产业经济进入黄金发展期。是年，全县农副产品加工业实现总产值203.1亿元，同比增长17.1%。实现农副产品加工业增加值66.2亿元，同比增长17.2%。城镇居民人均可支配收入达2.77万元，年均增长9.5%；农村居民人均可支配收入达1.45万元，年均增长12.3%。

强化政策支撑，优化特色产业发展环境。依据《湘潭县特色县域经济重点县建设项目扶持补助暂行办法》，对涉及品牌建设等5大类的21家农副产品加工企业实施扶持补助。按照《湘潭县中小微企业信用担保基金管理暂行办法》，增加专项资金600万元至中小微企业信用担保基金，获得银行授信额度1.2亿元，发放农副产品加工企业信用贷款3000余万元，引导各金融机构投入农副产品加工类贷款15亿元以上。创建特色产业科技信息综合服务平台，粒粒珍获评高新技术企业，形成从原种保护、研发到精深加工，从食品安全监管到销售的完整链条，为全县特色产业发展提供强劲支撑。强化招商引资，提升特色产业发展实效。充分发挥政策优势招商，坚持“集约集群”和“内培外引”的工作理念，借助重点县扶持政策优势，大力开展特色产业招商活动，做好特色农副产品加工项目的包装策划，实现靠政策带特色，靠特色引项目，靠项目促发展。凭借天易示范区农产品精深加工物流园的平台优势，开展园区招商，促进产业集聚。投资3.7亿元的珠江啤酒预计实现年销售收入4.5亿元，投资1.1亿元的映日荷花湘莲预计实现年销售收入2.6亿元，世界五百强ADM公司动物营养饲料项目成功落户。强化“接二连三”，催生特色现代农业发展。以特色县域经济重点县建设为契机，重点实施农业“接二连三”和新型农业经营主体“百家示范”工程，成功申报湖南省农村一二三产业融合发展试点县项目，着力打造一二三产融合互动的现代农业产业体系。实现农业产业化产值220亿元，增长18.5%。实现农业休闲旅游综合收入10.5亿元。强化宣传推广，扩大特色产业发展影响。改版升级“中国湘莲网”，筹备编辑出版湘莲文化专著，弘扬湘莲文化，彰显莲乡精神，展现莲乡魅力，促进产业发展。率先建立湖南省首家县市级淘宝地方馆—“特色中国·湘潭县馆”，入驻企业160余家，实现销售额8000余万元。阿里巴巴农村淘宝项目作为全省第一家试点县项目，现开设村级服务站点60个。全省首批的“农村商贸综合服务体”电商模式湘潭县站，入驻供应商30余家。成立渤海商品交易所湘潭营业部。组织企业赴台湾、上海、广州、成都、香港等地参加大型农副产品展销会。参加2015年中国（长沙）国际食品展览会，精心布置湘莲特装特展馆，集中宣传推介湘莲，实现现场销售收入23万余元，与80余家采购商达成合作意向。（朱习华）

农村能源建设

【概况】 2015年，县能源生态局“大力推广以沼气、太阳能为主的新能源”，新建沼气池200户，中型联户沼气工程已完成20处，新安装太阳能路灯230盏，太阳能热水器236台，争取项目资金401.75万元。

大型沼气工程建设。伟鸿杨嘉桥基地大型沼气工程严格按照省级示范大型沼气工程进行规划建设，已经完成土建施工、设备安装调试、站区美化、三沼综合利用，一期安装供气到户35户，项目已竣工，顺利通过省市检查验收。科星大型沼气工程已经完成初步设计、施工图设计，已完成项目投资评审、项目招投标、设计交底、基础平整、土建工程已完工，设备采购安装调试在2016年年初可完工。

沼气发电。在湘潭县伟鸿飞龙桥基地、伟鸿白云基地、兴龙牧业和新农泰四个大型沼气工程配套建设好发电项目，确保好项目正常运行并发电。同时针对中型规模养殖场100~200立方米沼气工程沼气有剩余的问题，已在河口天白服务点开展5千瓦时沼气发电试用取得成功，并将继续探索中型沼气工程沼气利用新路子。

加强太阳能的开发利用。以“村上自筹与政府补助”相结合的形式推广安装太阳能路灯100盏（不含示范片）和太阳能热水器200台，将任务划分到全县19个乡镇。安装太阳能路灯230盏；巩固2014年退耕还林成果太阳能热水器项目涉及7个乡镇32个项目村236台太阳能热水器，项目已全部完成。

完善农村能源服务体系。不断规范全县的107个服务网点建设，成立湘潭县方达可再生能源技术服务有限公司，为全县提供农村可再生能源后续服务。力将七里铺服务网点打造为省级示范网点。同时强化后续服务，加强原料供应、建池、维修、三沼综合利用、技术指导等服务。

大力开展沼渣沼液综合循环利用，提高项目效益。云湖桥镇行寅贤脐橙和茶叶基地采用“猪—沼—果”模式，100公顷脐橙和20公顷茶叶种植广泛使用沼肥，年节约农资开支30万元，并将此处建设成省级“新能源示范园”。石潭镇白托苗圃综合利用“猪—沼—林”模式，采用供粪形式对27公顷苗木进行沼渣沼液加肥，年节约农资开支5万元。

抓好市、县重点工程项目。年初，石鼓风力发电项目和中路铺镇、排头乡光伏发电项目被列入县委、县政府2015年固定资产投产责任目标和2015年市、县重点工程建设任务。石鼓风力发电项目：业主单位为湘电新能源有限公司，计划投资26800万元，已完成风力实测、预评估等前期工作，整体设计工作已启动，各项审批工作正在进行，预计需至2016年1月底启动项目建设。中路铺镇、排头乡光伏发电项目：业主单位为中电投湖南娄底新能源有限公司，由于排头项目区省林业厅林地使用审批和企业内部审查难以通过，年内暂时无法启动项目建设，仅可启动中路铺项目区20兆瓦项目建设，预计投资1.8亿元，项目前期申报审查工作已经完成，组织进行现场施工位置确认，开展土地租赁和土地调规报批，年内可开始清表和“三通一平”。

改造旧病池。选择村集体经济条件优、积极性高、户用沼气池建池量大的村进行旧病池改造。年内，完成旧病池改造35口，涉及2个村。排头乡鳌州村旧病池改造29户，29户重做气柜，更换支架；射埠镇杉仙村旧病池改造6户，4户重做气柜，更换支架，2户主池维修。

建设美丽乡村，打造高标准新能源示范片。对3个示范片的农村能源建设做出详实的规划。梅林示范片，计划安装太阳能路灯70盏，已安装70盏，3QK太阳能光伏发电系统一套。茶恩寺示范片，计划安装太阳能路灯30盏，已安装50盏，累计达到100盏。白石潭口示范片，计划安装太阳能路灯50盏，实际安装50盏。

加强沼气安全生产工作。年内，对全县10处大中型沼气工程进行沼气安全生产全面检查46次。9月，分3个组对全县19个乡镇进行沼气安全生产抽查。根据湘潭县沼气安全生产管理的工作实际，用老百姓容易接受的语言编制《沼气安全使用须知》，印发8万份下发至各乡镇。9月中旬，组织大型沼气工程业主单位负责人开展安全生产谈心对话会议，对全县各项目业主进行安全生产培训。10月12日，组织全县各大型沼气工程参加伟宏杨家桥三合养殖场大型沼气工程消防安全应急演练，消防武警现场教授参会人员如何使用灭火器、消防水栓、火场如何求生并进行实地演练。沼气安全生产由要我管变为我要管，加强沼气安全生产已经成为各级各部门的重要工作，成为各项目业主和用户的自觉行为，沼气工程安全隐患基本得到排除，管理漏洞得以堵塞，沼气安全事故得到有效防范和坚决遏制。（黄京湘）

农村经济管理

【概况】 2015年，县农村经济管理局牢牢把握服务“三农”主线，围绕农村稳定、农民增收，着力强化财务审计、促进土地流转、培育新型农业经营主体，充分发挥职能作用，创造性地开展工作，有效推动农经减负工作的开展。

【村级财务指导】 2015年狠抓村级财务审计指导工作，起草《湘潭县加强村级财务管理若干规定》《湘潭县村干部任期经济责任审计实施办法》，参与制定《湘潭县阳光村务管理实施办法》《湘潭县村务监督委员会实施办法》，明确县、乡、村三级各自的职能职责和责任追究办法，将相关条款列入对乡镇和村级班子绩效考核内容，形成各级各部门协作配合、齐抓共管、取长补短、优势互补的村务管理新局面。组织各乡镇严格按规定做好村级账务移交工作。着重做好农村审计指导工作，开办全县村级财务审计工作人员2期业务培训班(80人次)，就审计程序、审计文书、审计要求、审计实务等方面进行讲解，并进行考试，为全县村级财务审计工作的顺利开展打下坚实基础。严格按照《湖南省农村集体经济组织审计办法》《湘潭县加强村级财务管理若干规定》《湘潭县村干部经济责任审计实施办法》等文件规定，督促指导乡镇开展村级财务审计工作，年底各乡镇均按要求完成。

发展村级集体经济，起草《关于鼓励支持村级集体经济发展的实施意见》，进行全县村级集体经济发展情况摸底汇总工作。主要是对村集体经济收入情况进行阶段摸底汇总，为湘潭县推动村集体经济发展工作提供数据支持。湘潭县发展村级集体经济3年任务，分别是2015年108个、2016年43个，2017年63个，共214个“清零”任务村。2015年，108个“清零”任务村共制定发展村级集体经济对策措施188条，年底完成任务村98个。

【农民负担监督】 狠抓农民负担监督管理基础工作。层层签订责任书，将减负惠农工作责任层层分解到各级各部门，同时建立考核机制，明确党政一把手为减负的第一责任人，“一票否决”制度得到较好的落实。加强减负政策宣传。各种减负惠农政策、涉农收费项目的变更和惠农资金项目，及时在湘潭县农经信息网发布；并免费发放农民负担与补贴监督卡24万余份。开展纠正损害涉农利益专项整治。各项惠农补贴资金均按省要求通过“一卡通”发放到农户，共发放资金1.47亿元，没有发现克扣抵扣侵占等现象。涉农乱收费乱摊派得到根本整治，杜绝农电改造转嫁费用、农民建房违规收费等乱收费现象。同时通过制度建设、机制完善和责任追究，促进包括三资管理在内的村务管理进一步加强。2015年上半年，通过纠正损害涉农利益专项整治，全县共清退涉农各款项49.5万元，补发惠农补贴资金1251万元，处分损害农民权益的干部19人。下半年先后2次迎接省市惠农减负工作检查，全县未出现涉及农民负担的群体性上访案件。

【规范管理新型农业经营主体】 至2015年10月，湘潭县已在工商部门登记注册各类农民专业合作社1050余家，成员出资总额达16亿元。在农经部门备案，接受其指导服务和监督管理的合作社有480家，相比2014年新增108家。年底，湘潭县有县级示范社63家、市级示范社51家、省级示范社9家、国家级示范社6家。全县合作社入社农户2.6万户，辐射带动农户5万户，入社社员人均纯收入高出非社员3500元以上。

年内，举办4期160余人次的合作社培训班，内有2期为合作社规范化管理培训班。同时加强对合作社提供上门一对一指导服务工作，至年底已达40余家。

“百家示范工程”稳步实施，2015年6月中旬，开展“新型农业经营主体百家示范工程”专题调研。9月底，出台具体的工作方案，确定2016—2018年百家示范工程重点支持的经营主体，分别是农业龙头企业10家、农民专业合作社30家、家庭农场23家、种养殖基地37家。

【土地流转工作】 健全、规范土地流转管理服务体系，构建县、乡、村三级服务网络。全县19个乡镇均设有土地流转服务中心，年内，收集、发布土地流转供需信息251条。村配备土地流转信息员，按时报送土地流转信息。做好土地流转基础数据收集、统计，加强土地承包日常化管理工作。对于土地流转面积大、流转期限长的项目，要求乡镇经发办积极参与、指导，合同签订后及时归档备案，及时收集、更新土地流转信息，形成长效机制，为上级部门对农村工作做出正确决策提供可靠的信息依据。2015年，调处各类承包流转纠纷15起，为土地流转健康有序、可持续发展起到保驾护航的作用。

【土地确权工作】 4月，农经工作部署会议对确权登记颁证工作进行宣传动员。并组织三支队伍对各乡镇、村干部分别进行培训。突出五项重点，确保工作质量。县委、县政府迅速组织成立县农村土地承包经营权确权登记颁证工作领导小组，并对各成员单位工作职责进行明确分工。10月16日，全县农村土地承包经营权确权登记颁证工作动员会议在县委党校召开。制作并下发各种资料15000余套。并计划与县网、移动、电信、联通公司衔接，采用网络发送宣传短信。各级党委、政府将确权登记颁证工作纳入县对乡、乡对村的绩效考核。全县实行县、乡、村、组一级包一级的责任体系，层层落实责任。筹措工作经费，确保工作顺利进行。县政府第15次常务会议，将土地承包经营权确权登记颁证工作经费按年度纳入财政预算。组织开展技术招投标工作。湘潭县按照省确权办文件要求设立4个标段，严格按文件组织参与投标公司的评标工作，最终4个公司中标。各乡镇正在进行确权入户摸底调查。 （黄京湘）

农业综合开发

【概况】 2015年，湘潭县获得常规农业综合开发项目8个。其中，土地治理项目1个，产业化经营财政补助项目3个、部门项目和地方立项项目4个，争取财政资金3056万元。同时，继续推进国家农业综合开发现代农业园区试点项目—梅林现代农业园区建设。

【国家农业综合开发现代农业园区试点项目】 湘潭县梅林现代农业园区是湖南省第一批率先启动现代农业园建设的试点区，也是国家农业综合开发首批现代农业示范园，于2013年12月获得国办批复，建设期为三年（2013—2015年），投资10亿元以上。其中农业综合开发财政投资8400万元，园区建设主要集中在2014年和2015年。2015年，园区2014年高标准农田建设项目全面完成，实现总投资1600万元，其中财政投资1400万元；2015

年高标项目正在实施当中；2015年实施产业化经营项目6个，目前也已基本完成，产业投入财政资金1400万元，扶持2家农业产业化龙头企业和4家农民专业合作社。

【土地治理项目】 2015年，农业综合开发常规土地治理项目为射埠镇雨华高标准农田建设项目，项目涉及射埠镇雨华、射埠、金岭、烟塘、众星、张公、上春7个行政村，计划总投资1833万元。其中，争取财政资金1813万元，建设高标准农田示范面积926.67公顷。该项目为跨年实施项目，划分为13个标段，于2015年11月中旬动工建设，拟开挖疏浚渠道30千米，衬砌渠道14.68千米，建设小型蓄排水工程30座，更新改造排灌站2座，修建机耕路2.2千米，购置农用机械4台，建防护林33.33公顷。年末已完成所有建设任务，正在进行验收结算。项目实施后，项目区将新增灌溉面积346.67公顷，改善灌溉面积420公顷，新增除涝面积106.67公顷，改善除涝面积53.3公顷，增产粮食136.31万千克，粮食增产增加收入368.04万元。

【产业化经营项目】 农开项目是跨年实施项目。2015年，上级批准实施常规产业化经营财政补助项目3个，计划总投资607.82万元。其中，获得财政资金280万元。3个项目正在扫尾、资料完善和报账当中。具体项目情况为：湖南雁湖农牧有限公司实施的10万套湘黄鸡种鸡场扩建项目，该项目计划总投资341.29万元，其中财政资金140万元；湘潭县百灵生猪专业合作社实施的年新增4000头良种仔猪繁育基地扩建项目，该项目计划总投资153.18万元，其中财政资金70万元；湘潭县民丰蔬菜种植专业合作社实施的33.33公顷标准化蔬菜种植基地扩建项目，该项目计划总投资113.35万元，其中财政资金70万元。

【农业综合开发部门、地方项目】 2015年，湘潭县共获得农业综合开发部门、地方立项项目财政资金963万元，分别是湘潭县水利局负责实施的花石灌区项目续建工程（财政资金840万元）、湘潭县供销社负责管理由湘潭县德诚油沙豆种植专业合作社实施的33.33公顷油莎豆示范基地新建项目（财政资金70万元）、地方立项项目财政资金53万元。已全部完成所有建设任务，正在资料完善和报账当中。

【省直党校99期处干二班到县调研】 4月17日，湖南省直属机关党校副校长王卫东率领第99期处干二班考察湘潭县梅林现代农业园建设。县长傅国平，县委副书记周艳希，县常务副县长周俊文等陪同调研。调研组对梅林现代农业园区建设取得的成绩和产业发展理念给予充分肯定，认为湘潭县人民政府高度重视，定位准确，推动有力，探索出产业发展的成功模式，取得明显成效。

【省农开办指导梅林现代农业园区建设】 8月6日，省农开办副主任余健来带领宁乡县农开办参观学习梅林现代农业园区建设。在园区参观过程中，县农开办负责人从“县委政府高度重视、部门资金高度整合、高标准设计规划、严要求组织实施”四个方面对园区的建设过程进行介绍。省农开办领导对园区建设工作给予高度评价，也对后期建设提出宝贵建议和意见，并鼓励宁乡县农开办借鉴湘潭县现代农业园区建设的经验，互相学习，共同进步。

【国家农发办一行调研湘潭县梅林现代农业园区】 9月11日，国家农发办主任卢贵敏一行调研湘潭县梅林现代农业园建设发展情况。省财政厅副厅长欧阳煌、省农发办主任李丙力、副市长杨真平及县领导傅国平、谭捍卫参加调研。实地查看园区后，卢贵敏对梅林现代农业园的建设给予充分肯定。他表示，园区在发展现代农业的同时，也推进生态休闲旅游的发展，为当地经济发展注入活力，很好地带动农民增收致富，其建设发展经验值得推广，今后将结合实际对其发展给予支持。

【财政部到湘潭县调研】 9月17日，财政部高杰率平江县安定镇横冲村支部党员到梅林现代农业园区指导工作。在实地参观后，高杰一行与村支书、村长座谈，围绕如何发展村级经济，带领村民致富进行互动交流。高杰充分肯定梅林园区项目建设，认为好的做法是可以复制的，同时也希望湘潭县农开办能不断创造出更多的民生工程新亮点。 （刘仙桃）

种植业

【概况】 2015年，按照县委、县政府和上级主管部门的“转方式、稳面积、提单产、增效益”的总要求，完成粮食播种面积10.75万公顷，比2014年增加0.15万公顷，增长1.4%。全县双季稻播种面积10.29万公顷，完成旱粮播种面积0.42万公顷，其中玉米0.19万公顷。粮食单产和总产稳中有增，早稻单产425.5千克，总产31.9万吨；一季稻亩产565.7千克，总产0.28万吨；旱粮亩产437.5千克，总产2.8万吨；晚稻亩产506千克，总产40.1万吨。全年粮食总产75.15万吨，比2014年增加3.94万吨，增长1.4%。冬播油菜面积0.83万公顷，亩产菜籽110千克，总产1.38万吨。花生播种面积800公顷，单产163千克，总产1956吨。落实经济作物种植面积1.18万公顷。其中，湘莲2680公顷，西甜瓜1400公顷，柑橘类1800公顷，茶叶1240公顷，梨子160公顷，葡萄327公顷，凉薯767公顷，棉花733公顷，花卉苗木667公顷，蚕桑500公顷，中药材160公顷。完成蔬菜种植面积2.39万公顷（含复种面积），其中专业蔬菜面积515公顷，总产量43.12万吨，总产值10.36亿元。2015年，湘潭县被湖南省人民政府评为“全省粮食生产标兵县”。

【全面推进早稻集中育秧】 2015年，省农业委安排湘潭县早稻专业化集中育秧面积0.33万公顷，湘潭县实际落实早稻集中育秧面积1.54万公顷，其中专业化集中育秧面积0.45万公顷，落实行政及技术责任人数1568个，集中育秧主体826

个，涉及19个乡镇，251个村，48个专业服务组织，62个合作社，93个育秧专业户。示范区秧苗素质好，没有出现一例烂种烂秧现象，出苗和成苗率高，为早稻生产提供数量充足、素质好的秧苗。

【湘米产业项目实施】 2015年，种植优质稻6.7万公顷。其中，中档优质稻4.6万公顷，高档优质稻2.1万公顷。重点扶持高档优质稻、优质有机稻、特色水稻、优质杂交稻基地建设，总面积0.19万公顷，确保每亩增收300元以上。基地建设的内容包括：扶持0.13万公顷高档常规优质稻连片种植基地建设，基地主要集中在潭花线、云石线公路沿线乡镇、村，涉及石潭、杨嘉桥、乌石、云湖桥、锦石、排头、花石等乡镇，主要推广湘晚籼13号、湘晚籼12号、玉针香、湘晚籼17号、衡晚香3号等品种；扶持267公顷高档杂交优质稻基地建设，基地主要在射埠、中路铺、分水、青山桥等4个乡镇，种植省农委推荐品种桃香优占；扶持优质有机稻、特色水稻、优质糯稻基地建设：总面积267公顷，其中优质有机稻67公顷、彩色水稻67公顷、优质杂交糯稻133公顷，主要由县内水稻种植合作社、农业科技公司、企业承担建设任务。扎实开展高产创建。双季稻高产创建整建制乡镇为排头乡，双季稻万亩高产创建示范乡镇为青山桥镇和石潭镇，顺利通过省厅测产验收。测产结果是：排头乡整建制示范早稻亩平产量548.2千克，石潭镇万亩示范片早稻亩平产量556.1千克，青山桥镇万亩示范片早稻亩平产量553.4千克；排头乡整建制示范晚稻亩平产量586.8千克，石潭镇万亩示范片晚稻亩平产量589.9千克，青山桥镇万亩示范片晚稻亩平产量586.7千克。

【农业生产全程社会化服务试点】 2015年，全县确定22家服务组织，试点区域涉及19个乡镇。2月17日发布招标公告，3月13日完成开标和定标。根据湘潭县粮食生产的实际情况合理安排各环节的指导性服务量，全县安排农资供应环节和病虫害专业化防治环节各0.72万公顷、农技推广和田间管理环节0.5万公顷、机械化作业环节中的机插0.2万公顷、机耕和机收各0.4万公顷、仓储加工环节1.7万吨。各中标单位在当地乡镇人民政府和农推中心的领导和指导下较好地完成安排的指导性任务。

【实施测土配方施肥补贴项目】 2015年，测土配方施肥技术在全县得到普及推广,推广面积102万公顷。其中，早稻4万公顷，晚稻4.7万公顷，蔬菜0.62万公顷，油菜0.53万公顷，其他作物0.13万公顷。推广配方肥28850吨，配方肥应用面积达到63万公顷。在梅林桥镇、石潭镇、射埠镇三个乡镇安排3个配方校正试验。在青山桥镇15个村整村推进15个，办立示范片15个，新型经营主体科学施肥示范14个，总示范面积0.13万公顷。坚持推进测土配方施肥技术进村入户到田，结合村级示范片建设，举办52期农民田间培训班，发放技术资料5500份，培训农民5000人次，培训技术骨干100人次，在关键农时季节，发放23万份施肥建议卡，测土配方信息和施肥方案上墙和张贴公示80处，组织20名专家和30名农技人员开展田间巡回指导和现场指导，免费服务农户23万户。开展“三年一轮回”对土壤采集与测试，完成400个原点周期性采样点采集与测试，并为100个农户开展个性化测土服务。是年，项目实施减少不合理肥料用量3426.88吨，节省支出1596.52万元，增加产量4.3854万吨，增收11484.91万元，共节本增收13081.43万元。

【农业技术服务推广工作】 为普及双季稻和高档优质稻高产栽培技术，在石潭镇、河口镇和排头乡举办专题技术培训班6次，就粮油作物生产管理发布《农情信息》和技术资料9期，为抓好水稻集中育秧工作，印发《水稻集中育秧技术操作规程》。利用局短信平台发送粮油信息6次，共3.5万余条；编写大量主栽品种高产栽培技术资料，如《H优518栽培技术》《天优华占高产栽培技术》《湘晚籼12号栽培技术要点》《湘晚籼13号高产栽培技术》《湘晚籼13号栽培技术要点及注意事项》《春玉米登海11号高产栽培技术》等。通过发布信息和技术资料，有效地指导全县的粮油生产。

【秋冬种生产】 制定《湘潭县2015年秋冬种生产工作方案》和《湘潭县2015年秋冬种生产技术指导方案》，召开全县秋冬种生产工作会议，将秋冬种生产任务分解到各乡镇，计划落实秋冬种面积2.7万公顷，其中油菜0.86万公顷、绿肥0.83万公顷、马铃薯0.07万公顷、蔬菜0.8万公顷、蚕豌豆0.07万公顷、其他作物0.07万公顷。秋冬种生产工作的重点抓好办点示范，油菜、绿肥高产示范采取一线多点的示范模式，一线指107国道沿线，多点指石鼓、花石、梅林桥、谭家山、中路铺5个乡镇467公顷的油菜高产示范点；石鼓、花石和白石3个镇共333公顷绿肥示范点。

【农业执法】 2015年，实施放心农资下乡进村工程。组织放心农资产品申报、评审、推介，印发《2015年放心农资品种公告》，评选诚信农资经营（点）店3个，引导农民使用优质放心农资产品。加大行政执法力度。检查水稻品种（组合）112个，检查农药品种120多个，检查肥料30多个批次。查处违法案件6起，保护农民利益，优化农业生产经营环境，确保农业生产安全。加强日常检测和基地监管。对农产品生产基地、农贸市场、超市进行抽检，全年抽样检测蔬菜、水果样品3115个，合格率为100%。加强对无公害农产品、绿色食品、有机食品认证企业、产品的质量监督，新增无公害农产品认证企业5家，产品11个，新增绿色食品认证企业2家，产品6个。落实属地管理原则，各乡镇农推中心和规模蔬菜种植基地负责人等与县农业局签订责任书，确保农产品质量安全。未发生农产品质量安全事故。积极开展外来有害生物的普查、铲除试点和有毒农业投入品废弃回收、秸秆移除、农产品产地认证申请及管理工作，农业资源与环境得到有效保护。

【湘莲发展状况】 湘莲是湘潭县传统特产，已有3000多年的种植历史，据史书记载，公元前206年的西汉高祖时，就有人把湘潭县白石铺产的莲子进贡朝庭。到了明洪武时，宫庭已正式规定按时进贡，故湘潭产的莲子俗称“贡莲”。该县所产湘莲品质优良，享有“湘莲甲天下，潭莲冠湖湘”等美誉。1979年湘潭县被国家外贸部选定为湘莲出口基地县，1995年被国家认定为首批百家特色之乡——“中国湘莲之乡”，2010年“湘莲”获中国地理标志保护产品。湘莲已成为湘潭县特色支柱产业。

2015年，全县种植湘莲2700公顷，总产5297.7吨，总产值11269.1万元。种植的主要品种是寸三莲、太空莲、芙蓉莲等。花石镇（韶茶干线花石段两厢及花石湘莲市场—罗汉山—花石水库周边）建成万亩湘莲高产示范片，梅林桥、中路铺、白石和茶恩寺镇（107线和韶茶干线茶恩段的两厢）建成湘莲高产示范带，重点推广种植地标产品“寸三莲”，县农业局技术人员到集中连片的乡镇授课,发放《绿色食品湘莲生产技术规程》，提高湘莲种植技术。

【湘莲产业状况】 2015年，全县有湘莲加工贸易企业278家，内有国家级龙头企业1家、省级龙头企业1家、市级以上龙头企业6家。规模以上湘莲加工企业11家，完成年销售收入40亿元以上。湘潭县已成为全国最大的湘莲集散市场，在全国设置销售网点350个，形成遍布国内20个省、市和港、澳、台的销售网络。多家湘莲企业成功进驻步步高、平和堂、家润多、王府井等多家大型商超。粒粒珍、堂皇等企业在天猫、京东、淘宝、一号店等电商平台上销售收入已达1200万元以上。随着湘莲产业的发展和湘莲贸易量的增长，全县有效转移农村剩余劳动力近3万人，湘莲产业为农民增收1.5亿元以上。花石镇举办“赏荷之旅”活动，取得良好的社会和经济效益。

是年7月，花石镇举行第二届赏荷花节活动。9月底，中央电视台CCTV-7《农广天地》栏目组在湘潭县拍摄《从农田到餐桌——走进湘潭》节目。通过严抓安全生产和加强质量监管，确保全县湘莲食品的生产加工安全。配合湘潭市营养学会挖掘整理传统民俗文化，从传统民俗和营养保健学角度大力宣传湘潭特产湘莲食品。

【湘莲原种场建设】 开展生产试验与示范。继续履行大洲公司与花石镇涓江村笃基、罗家、集中三个组农户签订的土地流转合同,租赁水田13公顷，提纯复壮小区102个（每小区10平方米），株系区42个（每小区67平方米），生产试验区8个，繁育区11公顷。对初步筛选出外观特性与“寸三莲”品种相近的20个小区种源，继续进行小区试验，做好生产记录和试验示范，开展“寸三莲”品种提纯复壮和资源保护。对2014年从江西广昌莲子研究所引进10个籽莲、2个观赏花莲和2015年新引进12个籽莲、51个观赏花莲品种资源进行繁育，丰富新品种选育的资源材料。做好新品种“寸三莲1号”申报认定的前期准备工作,由湖南省农科院选育出的优良新品种“寸三莲1号”，经8月7日湖南省农作物品种审定委员会办公室组织省内有关专家在湘潭县湘莲原种场对新品种“寸三莲1号”进行现场考察，经抽样测量、质疑，专家组形成评议意见：湘莲新品种“寸三莲1号”具有特异性、一致性、稳定性，综合性状优良、特点突出，适合在全省莲区推广应用。采集“寸三莲1号”籽莲样品200个送至湖南省农科院进行营养成份及分子检测，淀粉含量59.66克/100克千重，蛋白质含量23.78克/100克千重，纤维素含量3.42克/100克千重。湘莲新品种“寸三莲1号”申报材料已准备齐全，可望在2016年年初通过认定和品种登记。 （李 伟）

【耕地修复治理与种植结构调整试点】 按照省农委2015年试点工作方案要求，在全县19个乡镇125个村和县原种场进行耕地修复治理，实施面积1.2万公顷。耕地修复治理主要采取1+5的综合修复治理技术，项目区施用石灰2.23万吨；在达标生产区、管控专产区、新扩区水稻生产全面实行优化水分管理，实施面积0.24万公顷；在达标生产区完成绿肥种植0.39万公顷，增施商品有机肥0.45万公顷；喷施叶面阻控剂1.6万公顷次，施用调理剂面积0.1万公顷；种植镉低积累水稻品种0.94万公顷，达标区生产的稻米镉合格率显著提高；设立重金属污染耕地修复和农作物种植结构调整试点区域耕地监测点1480个，采取“一对二”的方式，取土样和农产品样进行检测，设VIP及VIP+n技术修复试验点8个，每个试验点面积连片6.7公顷，替代种植区种植饲料玉米47公顷，种植花卉苗木、蚕桑、西甜瓜、酒用湘莲等128公顷，已通过省农委督查验收。

【病虫害防治工作】 做好病虫的预测预报工作，发布病虫情报12期5000份。实施病虫害专业化统防统治与绿色防控融合，发展病虫害专业化统防统治组织72个，统防统治面积4.68万公顷，绿色防控面积1.35万公顷。全县19个乡镇的高产创建和4个高档优质稻示范基地统防统治与绿色防控覆盖率达100%。强化植物检疫，针对农作物种子的调出入进行产地检疫、调运检疫；完成产地检疫0.28万公顷，完成调运检疫59万公斤，有效阻截检疫性病虫害的扩展与蔓延。全年水稻等农作物单个病虫危害损失率控制在3%以内，病虫危害损失率控制在5%以内。 （黄京湘）

养殖业

【概况】 2015年，全县生猪出栏205.7万头，年末存栏90.2万头。其中，存栏母猪8.4万头。家禽出笼385.8万羽，存笼261.2万羽；牛出栏1.59万头，存栏0.69万头；羊出栏6.65万头，存栏4.2万头。全县水产养殖面积6600公顷。其中，池塘5213.33公顷，水库2.08万亩。水产品总产量3.55万吨，实现渔业总产值4.6514亿元。新品种推广面积3266.67公顷，发展网箱养鱼1500口。年内，县畜牧局开展春、秋两季重大动物疫病集中免疫行动，畜禽疫情平稳，实现“疫情不扩散，人员不感染”的防控目标。全县养殖业生产保持持续健康的发展态势，养殖业产值53亿元，与上年相比略有上升。

【动物疫病综合防控】 2015年，县畜牧局在实施重大动物疫病免疫月月补免基础上，重点开展春、秋两季集中免疫行动，共免疫注射猪瘟、猪口蹄疫、高致病性猪蓝耳病279万头份、400万毫升、220万头份，牛羊口蹄疫双价疫苗28.5万毫升、高致病性禽流感324万毫升、鸡新城疫538万羽份、羊小反刍兽疫苗4.5万头份、羊三联四防苗10万头份、羊痘苗5万头份。迎接省抗体检测采样，全年采取生猪血样570份，禽血样570份，全县牲畜口蹄疫、高致病性猪蓝耳病、猪瘟、高致病性禽流感免疫抗体水平分别达到95.4%、86.6%、91.4%、87.9%，都达到70%以上的要求。规范重大动物疫情应急处置、应急物资和疫情信息管理工作，加强应急队伍、疫情监测点的建设，全县安排27个县级疫情监测点，同时配合市动物疫病预防控制中心在全县设立6个疫情监测点，开展生猪流行性腹泻、伪狂犬、羊瘟、H7N9等重大疫情的流行病学调查28次。加强农贸市场、定点屠宰市场的日常检测、监测和检查，对5个集贸市场50个摊位3900羽鸡采样390份血样和鼻腔拭子、10个规模养殖户5万羽鸡采样160份血样和鼻腔拭子送检。年内处置疑似重大动物疫情11起，涉及农户11户，共扑杀猪131头，羊58只，鸡8850羽，鸭4200羽。

【动物卫生监督】 2015年，组织开展全县养殖环节“瘦肉精”专项监测，抽查育肥猪尿样23116个，肉牛尿样841个，肉羊尿样778个，共检测74205个项，未发现非法添加违禁物品现象，全县瘦肉精等违禁品检出率为“0”。切实加强规模养殖场动物防疫条件管理和生物安全管理，指导养殖场（户）落实动物防疫制度，全县共监督检查规模养殖场1152户，对118户不符合动物防疫条件的提出整改意见。全县打捞病死猪10922头，禽类12976羽,无害化处理养殖环节病死猪10922头。打击处理动物卫生违法案件3起。与兽药、饲料经营企业、饲料经营户签订安全承诺书，发放《饲料经营、使用普法必读》1800余份。严格执行兽药GMP后续动态监管制度。全面开展GSP兽药经营企业监管及推进工作。加强饲料市场的日常监管，在饲料经营环节抽样60个，涉及生产企业41家，对7个不合格饲料批次依法做出行政处罚。

【湘江干流养殖污染防治工作】 2015年6月底，历时两年的湘潭县湘江干流养殖污染防治退养工作任务全面完成，并顺利地通过省级验收考核。全县共有110户退养户签订《退出养殖协议书》及《技术服务合同》，拆除栏舍总面积3.6万平方米，拨付退养补偿资金900.31万元。

【渔政管理】 4月1日至6月30日，春季禁渔期间，县渔政站采取常态化日夜沿河巡查、与市渔政站联合执法等方式，加大执法力度，同时扫除执法的盲点死角，查处违法行为22起，没收非法捕捞渔船1艘、非法捕捞渔具26件。

（杨　琼）

林　业

【概况】 2015年，湘潭县完成营造林任务3603.2公顷，完成退耕还林坡耕地造林项目100公顷，巩固退耕还林成果项目249.2公顷，长江防护林项目443.33公顷，名优经济林项目130.67公顷，特色县域经济油茶产业项目933.33公顷，楠竹产业项目533.33公顷，中央财政森林抚育项目866.67公顷，绿色通道两旁“裸露山地”造林项目346.67公顷，完成县重点工程油茶产业基地2000公顷。全县林地保有量和森林覆盖率保持在98980公顷、44.9%水平，森林资源蓄积量达到392.81万立方米，增长4.13%。新建19个市级营造林示范基地，省级秀美村庄1个，市级秀美村庄2个。
2015年，县林业局被评为“省‘十二五’森林资源二类调查先进单位”“湘潭市文明卫生单位”“湘潭市无烟单位”等。

【义务植树】 全民义务植树215.18万株，植树面积1846公顷。有县外单位13家，干部群众597人来县植树。举办“我在湘潭有棵树”第二季、“为孩子种下一个未来”等群众植树活动，尽责率达到98.22%。新建全民义务植树基地20个，晓霞山紫薇园、金霞山桂花园被评为市级义务植树基地。

【“三边”绿化】 按照“村居景观化、道路林阴化”的要求，集中资金打造石鼓顶峰、韶茶干线、湘湘干线等4个示范片及全县面上“三边”绿化任务，绿化县、乡、村级公路和水渠283千米，庭院绿化全县完成3400户，成功打造射埠镇合力村1个“省级秀美村庄”，排头乡熬洲村、谭家山镇紫竹村两个“市级秀美村庄”。

【造林育苗】 湘潭县完成育苗6.67公顷，可产合格苗265万株。其中，国外松育苗面积1.33公顷，可产合格苗80万株；油茶1.33公顷，可产合格苗40万株；杉木0.67公顷，可产合格苗45万株，其它育苗面积3.33公顷，可产合格苗100万株。所有苗木按照要求落实“四证一签”，基本保障县域内造林用苗。

【野生动植物保护】 2015年，开展“爱鸟周”“湿地日”“森林日”等宣传活动，发放野生动植物保护通告1000份。开展候鸟等野生动物保护“利剑”专项行动和集中打击破坏森林和野生动物资源“雷霆”专项行动，共检查单位38家，签订野生动植物保护承诺书38份，收缴并放生各类野生动物150只，含国家二级保护动物猴面鹰3只。落实保护湿地面积1473.04公顷，湿地保护率达到70.2%。完成古树名木调查核查，全县落实740余株古树名木并登记造册，GPS定位，落实挂牌保护。湘潭县的经验在全省绿化暨古树名木保护工作会议上向全省推介。

【有害生物防治】 2015年，湘潭县预测发生林业有害生物3066.67公顷，实际发生3166.67公顷，测报准确率为96.8%。完成松材线虫病的春季、秋冬季普查和除治工作，清理枯死松木77株。购置仿生药剂250箱，防治器械6台，引进12000赤眼蜂卵卡，有效防治竹青虫、松梢螟、马尾松毛虫等有害生物,防治面积达200公顷。利用仿生药剂防治、人工防治和灯光诱杀等方法，防治面积达3166.67公顷，无公害防治率达到100%。完成2万余立方米木材、4万余根楠竹、1500余株苗木的产地检疫，产地检疫合格率达100%，调运检疫合格率达100%。

【林业资源管理】 开展“依法治林年”活动，强化《森林法》的贯彻执行，严格执行省政府三年减伐、禁伐政策，申请下达木材生产计划33600立方米，毛竹8万根，实际采伐林木18245立方米，毛竹8万根，没有突破限额指标。审核审批征占用林地项目25宗，面积65.74公顷。查处无证经营木材2起，无证运输木材案件3起，非法占用林地案件9起，其他案件7起，取缔违法经营加工单位10家，吊销过期经营许可证14个，责令限期整改1家。非法占用林地清理活动历时半年，清理12起非法占用林地案件，已查处9起。持续加强森林公安队伍建设，加强刑事案件的侦办与处罚，查处刑事案件3起，采取刑事强制措施3人。加强育林基金征管，落实按实收缴育林基金政策。加强公益林管护，完成2015年生态公益林数据更新改造与公益林“一张图”建设工作，严格考核管理公益林护林员153人。

【森林防火】 2015年，湘潭县发生森林火灾1起，没有发生重特大森林火灾和人员伤亡事故，火灾发生次数较上年同比减少200余起，火灾受害率控制在0.8‰以内。年内，湘潭县森林防火指挥部发放宣传资料1万人次，张贴禁火令6000张，出动宣传车30台次。组织应急队伍扑火技能培训和扑救演练，培训演练300余人次。组建成立20人的武警森林灭火救援队伍，县财政拨付配套资金35万元，购置配发器材。组织指挥员、值班员培训，落实森林火警短信预警通知，建立“12119”森林火灾报警平台，聘用3名专职接警人员。河口镇先进村和县武警中队组织2次设备操作培训，动用水泵、油锯等设备20余台，培训90余人，各乡镇均组织1次以上培训，人数近千余人。

【林业产业】 2015年湘潭县林业产业总产值达到34.5亿元，比2014年增长4.5%。其中，第一产业11.1亿元，比2014年增长5.6%；第二产业19.1亿元，与2014年基本持平；第三产业4.3亿元，比2014年增长23.5%。第一产业中，湘潭县油茶籽年产量达到500万千克，实现收入1亿元；楠竹年产量达8万根，实际采伐8万根，产值近100万元；杨梅、脐橙、板栗等水果、坚果类产出较2014年略有增长，产量达到3300万千克；林下经济年产值达到3.8亿元，其中木本药材基地达到281公顷，药材品种达到8种,林下养殖基地18个；建立湘潭县楠竹、油茶、花卉苗木等行业的电子商务平台，产值达到1.8亿元；采伐木材1.8万立方米，收缴育林基金58.68万元，全年非税收入达到319.49万元。第二产业中，茶恩寺竹木产业园通过省级验收，获评省特色产业示范园称号，获得奖励资金100万元。板材企业年产量达到6.2万立方米，与2014年同期基本持平；茶油企业生产精品茶油125万千克，较2014年同期略有增长。竹制品企业产量比2014年基本持平，以竹床、竹砧板为主的竹制品产值达到6.8亿元。第三产业中，森林旅游景区年接待游客逐年增长，森林旅游业实现产值29066万元。

【湘潭县组建首支专业森林消防队】 1月9日，湘潭县首支专业森林消防队组建成立，正式上岗履职。该队伍共配备50人，由河口镇、中路铺镇、花石镇人民政府40岁以下青壮年男干部组成，是湘潭县森林防火指挥部直接指挥调度使用的一支专业扑救队伍，由县森林防火指挥部负责培训和演练。该队伍的建设，有利于提升湘潭县森林防火人防、技防、群防能力，保障森林资源、森林生态安全，每年将组织2次以上培训和演练，确保“拉得动、用得上、扑得了”。

【湘潭市造林工作现场会议在湘潭县召开】 2月5日，湘潭市造林工作现场会议在湘潭县中路铺镇召开。副市长杨真平，市政府副秘书长谭毓平，副县长谭捍卫及各县市区相关负责人等参加会议。会议肯定湘潭县的营造林工作取得的成功经验和做法。与会人员参观湘潭县中路铺镇的营造林现场。

【古树名木挂牌保护】 4月17日，湘潭县、乡（镇）林业部门持续三年对所有739棵古树名木保护复查结束。湘潭县挂牌保护的古树名木共计739棵，分布在19个乡镇255个村。树种共有78个，以樟树、银杏树、枫树、马尾松、苦槠树等为主，其中“元帅树”是唯一被列为“中华百棵古树名木”。湘潭县大部分古树名木生长环境及长势良好，未出现意外死亡、人为损毁等情况，也没有一起古树名木移植现象，日常保护只需防虫和防火。少部分古树因根部土壤松动、缺失，遭附近居民生产生活损伤，或树干空心、倾斜等原因，需要采取加固、围挡、输液等保护措施。此次复查对了解湘潭县整体古树名木保护情况有里程牌的意义。

【湘潭县成立森林灭火救援队】 7月8日，湘潭县森林灭火救援队启动仪式在湘潭县武警中队举行。该救援队为湘潭县林业局联合县武警中队成立，救援队武警官兵配备专业森林灭火设备。启动仪式后，武警官兵们现场调试灭火设备，并进行演练，该队伍主要依托湘潭县武警中队，由60名武警官兵组成，努力建设成一支“招之能来、来之能战、战之能胜”的专业化森林消防队伍，为应对森林火灾紧急情况随时作准备，这支队伍的成立将充分发挥武警官兵优势，充实湘潭县森林灭火力量。 （莫丽娟）

水 利

【概况】 2015年，全县完成水利建设投入3.4亿元，争取各级水利投入1.2亿元以上，完成固定资产投资1亿元的目标任务。完成各类水利工程1.1万处，移动土石方1010万立方米，投入劳动工日946万个。其中，完成山平塘清淤扩容加固1424口，高标准渠道建设627千米，堤垸、渠道清淤扫障2111千米，机埠更新改造94处，河坝改造98处，恢复重点水毁工程282处。完成51座小Ⅱ型水库除险加固、紫荆河治理工程（京广至高桥段）、抗旱应急水源工程引调提水项目吟江提水工程（装机3×110千瓦）和石坝口水库引水工程（引水渠8.11千米），霞山河生态清洁小流域治理等重点水利工程建设。面上120个“五小”项目村全部竣工验收，治理水土流失面积39.89平方千米，完成7.96万人农村饮水安全工程建设。

是年，全县水利管理更加完善。加强水利技术实用人才专业教育，组织全县水利系统参加省、市业务培训38人次，推进县韶灌站渠系员的编制解决工作，全面完成县机械化施工公司改制工作，规范县中型水管单位管理，提升服务水平。年内，水利系统预备党员转正5人，发展预备党员4人，选送入党积极分子10人参加培训。局机关党员干部“进村入户、访困问需、访贫问计”，走访贫困户25户，开展“双联共建”“精准扶贫”活动，慰问困难户63户，送慰问金2.4万元。扎实开展安全生产工作，全面开展安全生产专项整治、隐患排查治理工作，确保水库、河道、供水设施、在建工程等水利设施安全运行，全年水利系统没有发生安全生产事故。办理人大代表、政协委员建议提案94件，受理各类行政审批事项8件，办结率100%。编制水土保持方案（表）5个，征收水土保持规费71万元，水资源费70万元。

是年，湘潭县农村饮水安全工程水质检测中心成立，承担湘潭县范围内规模较大的集中式供水工程（大于1000吨/天）的水源水、出厂水、管网水的水质检测和日供水规模小于1000吨的集中式供水工程和分散式供水工程的水质巡检和抽检任务，确保农村人民群众的饮水安全。

2015年，湘潭县水务局荣获“芙蓉杯”水利建设考核先进单位和“市级文明卫生单位”“市级无烟单位”“县级平安单位”等荣誉称号。

【小二型水库除险加固】 2015年，湘潭县完成51座小Ⅱ型水库除险加固工程建设任务，涉及中路铺、谭家山、青山桥、分水、花石（含原龙口乡）、茶恩寺、白石、锦石、排头、乌石、射埠、河口、云湖桥、杨嘉桥、易俗河（含原梅林桥镇）等乡镇。省级补助投资共1680万元，青山桥镇桥头水库180万元，其余50座均为30万元/座。

【农村饮水安全工程】 2015年，湘潭县完成7.96万人农村饮水安全工程建设任务，涉及9个乡镇11处水厂新建、改扩建和扩网工程。其中，万人以上集中供水项目1处（排头乡回龙桥集中供水工程），万人以下集中供水项目8处（石潭水厂、射埠水厂、白石镇双龙水厂、茶恩寺镇水厂、梅林桥麦子石水厂、中路铺枧桥水厂、花石镇水厂、谭家山镇水厂），分散片供水2处（谭家山镇茅亭片区供水工程和乌石国有林场集中供水工程）。工程总投资3794.00万元。其中，中央资金2276.41万元，省级配套519.78万元，市县配套632.26万元，受益群众自筹资金及投劳折资365.00万元。

【抗旱应急水源工程】 2015年9月上旬，抗旱应急水源工程引调提水项目包括石坝口水库引水工程、吟江提水工程开工建设。引提水流量分别为：石坝口水库引水工程0.458立方米/秒，吟江提水工程0.67立方米/秒，2个项目应急抗旱期间为1743.33公顷基本口粮田和1.21万人提供151万立方米应急抗旱水量。项目总投资969.51万元，其中中央补助资金820万元。

防汛抗旱

【概况】 4月1日起，县防指启动24小时领导带班的防汛值班制，密切关注雨、水情变化，及时发布传递预警信息，全县各级防汛单位和部门均进入汛期临战状态。县防指组织多轮防汛检查，县财政安排150万元度汛处险资金，共处理各类隐患81处，有效处理千吨级码头工程、延化坝、涓水射埠鹤霞村堤段、茶恩寺镇大塘桥等较大隐患。4月14日，召开全县防汛工作会议，县政府与各乡镇负责人签订防汛抗旱目标责任状。各乡镇、村组相应召开防汛动员会，层层细化落实防汛责任。4月24日，县防指对各乡镇分管乡镇长、水利站站长、县管中型水利单位负责人、县人武部民兵应急连、县水务局联系乡镇技术人员进行防汛知识培训和抢险救灾演练，并组织相关人员积极参加5月13日市防汛知识培训，提高防汛抢险能力。2015年汛期，全县共出现6次较强降水过程（5月15—16日、6月13—16日、6月20—23日、6月30日—7月5日、9月5—7日、9月19日）。其中，6月30日—7月5日出现雨水相对集中期，面累积降水量为90.2毫米。针对强降雨天气过程，各级各部门按照防汛责任各司其职，各负其责，积极应对强降雨和1961年以来罕见的冬汛，保证全县的防汛安全。是年，全县旱情总体平稳，未出现长旱、大旱现象，城乡居民饮水、工农业和其他产业生产以及生态环境未受到旱情的较大影响和损失。

【50余年来最大冬汛】 2015年11月8日至12日，受湘江流域历史同期罕见强降雨影响，湘江出现1961年以来罕见的冬汛。15日下午4时，洪峰通过湘潭水文站，洪峰水位达36.27米，接近38米的警戒水位，相应流量13900立方米/秒；湘江支流——涓水射埠站水位上涨至44.37米,流量达44立方米/秒。全县科学调度，按主汛期要求启动24小时值班防守制度，对于湘江沿线工程，及时通知在建单位围堰加高加固。严密监控水情、雨情变化，做好山洪地质灾害、城市内涝等应急准备工作，确保安全度汛。

冬汛中，茶恩寺镇黄龙机埠因低排闸漏水，出现近13.33公顷的内涝。县水务局工作人员赶赴现场，与镇防指一道采取措施，全力应对，基本未造成损失。天易示范区承建的湾东港排涝泵站由于施工围堰按5年一遇的设计规范修筑，出现施工基坑被淹。天易示范区、县水务局及各参建单位及时应对，对施工围堰进行紧急加高加固，确保湘江洪水不倒灌，县水务局紧急调拨发电机组、水泵等设备应急排涝。至16日8时，湘江水位退至37米以下，堤内积水可以通过施工导流渠自排，险情基本解除。

至17日8时，水势逐渐回落，湘江湘潭站水位33.95米，冬汛安全度过。

水 政

【概况】 2015年，是湘潭县推进法治水务建设的关键年。全县各乡镇开展以“节约水资源、保障水安全”为主题的水法律法规宣传活动，县水政监察队执法出击120余次，对涓水涟水非法建设砂场和非法采砂及违章建筑下达“责令改正违法行为通知书”20处，“责令停止违法行为通知书”44处，配合县委、县政府开展河道采砂综合整治联合执法行动15次。规范“一江两水”河道管理秩序，制定落实湘潭县第二轮砂石规划工作方案，文明执法，严厉整治非法采砂行为。积极配合省委省政府一号工程和市重点项目工程，完成三联砂场的建设项目，稳步推进河道保洁工作并取得实效。

执行最严格的水资源管理制度，强化基层水资源管理能力建设，建立水资源管理考核工作体系，制定最严格水资源管理考核办法。2015年度市对县水资源考核被评为“优秀”等次。切实保护水源，规范全县水库养殖行为，全面完成5座中型水库的养殖合同终止工作，实行人放天养。

【省水利厅到县视察水利建设工作】 11月19日下午，省防指副指挥长、省水利厅厅长詹晓安一行5人来县视察水利建设工作。市、县领导胡伟林、杨真平、谢振华、谭捍卫及市、县水务局负责人等参加检查。省厅一行实地检查紫荆河整治工程建设河道疏挖、河堤培厚加固、闸门整修、堤坡绿化等方面的治理和梅林桥镇麦子石人饮安全工程项目建设，充分肯定工作成绩，并表示今后将从规划咨询、项目谋划、争资引项等多个方面支持湘潭水利建设，为湘潭经济社会发展做好服务。 （齐华志）

农业机械化

【概况】 2015年，全县农机拥有量和总动力达到32.6万台、149.5万千瓦，农机装备水平大幅提升，连续十年位居全省前列，农机生产总值9亿多元，农作物综合机械化率61%，是全省一类农机大县。其中，水稻机耕率达到99%，机收率达到98.9%，机插率达到24%，水稻综合机械化率达到71%。全县水稻耕、收已基本实现机械化。

水稻育插秧机械化技术推广。是年，孝成农机专业服务合作社创新“一社带多员”的模式和杨嘉桥镇新安农机合作社推广订单式和保姆式服务的模式。通过创新推广模式既完成插秧机台数推广任务，又提高全县机插秧面积。全年，推广水稻插秧机82台（其中高速31台、乘坐式5台，按省农机局折算比例计146.5台），是省下达任务的104.6%，机插秧面积大幅增加。

创新合作模式助力农机专业合作组织的快速发展。创新合作模式：即部门依托型，“农机站+农机大户”合作模式；能人带动型，“能人+农机户”的合作模式；大户联合型，“农机大户+农机大户”的合作模式；集体经营型户“村集体+农机大户”模式；企业领办型。年内，全县新增农机合作社44家，总数达到98家。财政扶持建设现代农机合作社获批14家，总数达到27家，是全省最多的县市之一。服务面积达到333.33公顷以上有3家、66.66公顷以上有15家，普遍拥有旋耕机、插秧机、联合收割机等农业机械，基本实现水稻生产耕、种、收、植保、运输、烘干、加工等环节的全程机械化，并且实现较大的生产经营性赢利。

农机安全生产稳步推进。落实农机安全生产责任制和“党政同责、一岗双责、失职追责”制，全年加强对农机经营网点、维修网点、油站等进行全面的自查自纠，开展农机安全生产集中督查整治活动，发现并排除安全隐患12起，纠正违规行为24起，责令限期整改2起。全年上户拖拉机325台、联合收割机597台。按要求全面完成农机年度检审工作，全年检审农业机械1515台。其中，拖拉机1310台，收割机205台。互助保险参保机车820台、32.3万元，受理事故13起，已理赔6起、3.2万元。创建1个平安农机示范乡镇、8个“平安农机示范村”、80户示范户，特别是以“四有一到位”（即有安全生产规章制度、有安全管理机构并明确安全专管员、有驾驶操作员和机械管理台账、有安全作业调度登记制度、安全管理责任层层落实到位）为标准创建3个市级农机专业合作社，受到省、市主管局高度评价。全年无重特大农机安全事故。

三位一体，全方位宣传安全监理工作。向广大机手、农民发放宣传资料1500余份，在市县报及省市县网站报道安全生产工作30余次，县电视台报道农机安全工作动态5次以上。“县、镇、村”三级培训。县级集中培训14期，培训418人；乡镇办班培训5期，培训250人；下村田间实地培训3期，培训200人。

2015年，湘潭县农机局被评为全省农机工作先进单位、全省农机安全生产目标管理先进单位、湘潭市农机工作先进单位，推广站被省局评为全省农业机械化技术推广先进站。

【农机购置补贴政策】 2015年，继续实施“全价提机，直补到卡”的补贴模式，坚持公平、公正、透明原则，严格要求，坚持做到“三见一查”。全年进行县级核查7次，落实农业部廉政风险防控机制建设的意见，制定全县农机购置补贴工作廉政风险防控方案，层层签订工作责任书，开展农机购置补贴反腐倡廉警示教育活动6次，共发放指标确认书8035份，申请补贴资金3289.43万元，同比增长28.98%，补贴农机具9065台套，受益农户7404户。

【油菜生产全程机械化技术推广工作】 2015年，培育油菜生产全程机械化合作社21个，推广油菜免耕精量直播机11台，推广油菜联合收割机49台，建设6个油菜生产全程机械化示范点，26666.73公顷油菜从土地翻耕、开沟、施肥、播种、覆土、植保、收割等各生产环节全部实行机械化作业，取得较好的经济效益和社会效益。

【湘潭县大型机插秧演示会】 4月22日上午，县农机局和中路铺镇人民政府共同在湘潭县中路铺镇柳桥村举办水稻机插秧现场演示会。演示现场，专家和技术人员讲解机械化插秧的全部操作程序、事项以及需要注意的细节，从秧苗的出苗、装机、调试、发动到正式开插，多种不同类型的插秧机成为现场会的主角，穿梭在26.66多公顷的田间，瞬间展现出整齐的绿色秧苗，生机勃勃，开阔大家的眼界和思路，让农民朋友现学现懂。市农机局、县农机局、县农业局以及19个乡镇站长等负责人和技术专家参加演示会，来自全县的中标农机专业合作社理事长、种粮大户、新购插秧机机手及周边村民近百人观看演示会。

【湘潭县新型职业农民机插秧技术培训班】 11月6—28日，湘潭县农机局开办新型职业农民培训班。此次培训主要对象是年龄在18岁~55岁之间的的农业从业人员、种粮大户、专业合作社骨干，具有一定生产规模和一定经营管理组织能力的农机合作社理事长、农机企业生产负责人等。培训主要内容：拖拉机收割机构造、调整、维护、安全操作、插秧机工作原理与主要作业参数调整、水稻病虫害防控、水稻高产技术栽培、农机合作社的管理、农民合作社法的讲解；实践课程有育秧演练、插秧机驾驶、收割机驾驶、拖拉机驾驶等。培训分5个班两个类型，其中在石潭镇农推中心、龙口农推中心、杨嘉桥镇枫树村村部、射埠镇农推中心举办的培训班是社会服务型，采取“4+3”的模式，即4天理论和3天实践；在排头乡农邦农机服务合作社举办的培训班是生产经营型，采取的是“7+8”的模式，即7天理论和8天实践。累计时间为43天，共培训学员270人，对成绩合格者由认定机构统一认定，颁发“新型职业农民资格证书”。 （黄志坚）

气　象

【概况】 2015年，县气象局根据气候特点及变化趋势，抢前抓早，全力做好气象服务工作。全年提供春耕春播气象服务12期，秋收气象服务12期，一周天气预报服务52期。为全县节假日、高考等重大社会活动提供气象服务7次。积极发布气象灾害预警信息，针对高温、暴雨、雷电天气等灾害性天气，通过手机短信、电子邮箱、湘潭县红网、县电视台等向全县发布。

【汛期气象服务】 从3月20日开始至9月底，湘潭县汛期总体平稳，可概括为：总降水量正常略偏少，降水前少后常，降水时空分布不均，共有6次较强降水过程，未出现较大的旱涝灾情。

县局随时提供气象信息，积极防御强降雨对公众及相关部门的影响，做好强降水预报和情报服务，全力以赴做好强降水过程的监测、预报预警和信息上报工作。2015年，全县6次较强江水过程预报准确，服务超前，预警及时，无一堤、一坝倒塌，无一人死亡。

【农气象服务“两个体系”】 2015年，县气象局在关键的春耕、春播农事季节突出发挥气象服务作用，及时发布为农气象服务专题，多次到田间地头向农民专业合作社、农村种养大户等提供“面对面”服务，特别是针对种粮大户，做到天气转变前有预报、有电话、有预警，事中有联系、有订正预报。 （辜　倩　赵晋萱）

移民开发

【概况】 2015年，全县安排移民后扶资金2590.72万元，实施后扶项目320个，用于交通、水利、农电改造等基础设施项目建设。强力推进移民培训，组织培训移民748人次。其中，实用技术培训640人，技能培训108人。全年发放口粮补贴资金94.38万元，安排小水库项目扶助资金53万元。

移民后扶资金监管。全县移民后扶资金实行专账管理，项目扶持资金严格执行县级报账制的相关规定。通过乡镇财税管理信息网，以银行“一卡通”形式，及时足额发放移民直补资金733万元。全县年度项目计划在湘潭县移民网上进行公示，组织对2015年实施的移民后扶项目进行验收，对乌石、花石等5个乡镇2014年度移民后扶资金使用进行内部审计。

移民产业开发。全县初步形成以油茶产业开发为重点，兼顾发展茶叶、桑蚕的移民产业发展格局。是年，新建油茶基地109公顷，茶叶基地16公顷，桑蚕基地31.33公顷。

库区和移民安置区保持稳定。全县移民部门坚持属地管理原则，严格落实“综治、信访维稳责任制”，每月进行矛盾排查，实行“台账”管理，把问题解决在萌牙状态。年内，接待群众来访23人次，妥善处理来信1件，来电18件，干部下访、约访300余人次，妥善处理要求提高水淹区口粮补贴标准、要求登记为移民后扶人口、要求解决库区遗留工程问题等多起移民群众反映强烈的难点问题，保持库区和移民安置区的社会和谐稳定。

是年，县移民局获得湖南省移民信访维稳工作先进单位、湘潭市移民后扶工作先进单位、湘潭县人口和计划生育综合治理工作模范单位等荣誉。

【县长傅国平现场观摩花石水库环库公路】 8月3日，县长傅国平一行现场观摩花石水库环库公路建设工程，花石水库环库公路全长9.3千米，贯穿花石镇和龙口乡两个库区乡镇，连接花石镇石坝、兴合、天马、北斗村，龙口乡见楼、九如、百和、金宝等村，县移民局共安排200余万元投入环库公路建设。环库公路的竣工后，花石水库库区1500多移民群众出行难的问题得到解决，有力地推动库区经济社会发展，加快美丽库区、和谐库区、小康库区建设进程。县直有关单位负责人、全县乡镇长一同观摩。

【湘潭市人大来县开展《移民条例》执法检查】 8月14日，湘潭市人大常委会副主任彭子玉率市人大常委会检查组到湘潭县开展《湖南省大中型水库移民条例》执法检查。彭子玉充分肯定湘潭县移民后扶工作取得成绩，要求充分发挥政府的宏观调控作业，整合部门资金，形成切实合力，发挥移民资金效益；切实加强移民智力培训，提升移民生产技能；大力发展移民产业，促进移民增收致富；加强移民资金管理，确保移民资金安全高效运转。（钱　镏）

（责任编校　杨　柳）

工 业

概 述

【概况】 2015年，湘潭县新增规模工业企业17家，全县规模企业总数达到206家。完成规模工业总产值483.99亿元，同比增长12.7%。完成规模工业增加值136.6亿元，同比增长11.5%，居全市第一。园区规模工业增加值完成98.5亿元，占比达到72.1%。规模以上工业利润14亿元。完成工业固定资产投资125.3亿元，同比增长20.8%。万元规模工业增加值能耗下降率38.1%。

是年，湘潭县加速推进工业产业结构调整。积极配合湖南师范大学资源与环境科学学院编制《湘潭县“十三五”工业发展规划》；加快培育新兴产业。全年装备制造、食品两大产业分别完成规模工业总值171.15元亿、151.27亿元，全县占比达到35.36%、31.25%；生物医药、新材料、信息产业虽然目前全县所占比重较小，但其平均发展速度达到19%以上，高出全县平均水平6.3个百分点，带动全县工业整体发展。

【园区建设】 2015年，根据湘潭县委、县政府“一区多园”的发展模式，把工业园区作为推进新型工业化建设的主要平台，制订《湘潭县新型工业化—乡镇工业园发展专项引导资金暂行管理办法》，出台《湘潭县2015年度乡镇工业园新型工业化考核办法》，3个乡镇园区新增基础设施投资共计0.29亿元，茶恩竹木工业园、青山皮鞋工业园的环评已通过初审，园区发展逐渐步入科学、规范、可持续发展的轨道。全年“一区多园”共完成规模工业总产值386.7亿元，占全县规模工业总产值的79.91%；天易示范区完成规模工业增加值98.5亿元，占比达到72.1%；3个乡镇工业园的增长速度高于全县平均速度5个点以上；3个乡镇工业园共计开工项目11个，项目主体竣工6个。

【两化融合】 2015年，湘潭县共有电子信息产业企业29家，其中规模以上企业11家，实现产值54.51亿元，增速15.13%，产值增速高于全县规模企业总体水平3个百分点。有6家公司成功申报省、市信息产业和信息化专项资金项目，全年争取省、市信息化项目资金85万元。湘潭县经济和信息化局（以下简称县经信局）指导湘潭云飞电子商务有限公司开发的集产业链整合、合同管理、企业内部管理、生产管理、仓库管理为一体的湘潭区域产业平台，在2015年上半年完成平台的二次开发，完善平台功能，开发平台的安卓客户端及苹果客户端，该平台已在2家企业上线运行。是年，在湘潭县的信息产业企业中，湘潭宇诚电子有限公司成为华为供应商；湖南韶力电气有限公司、湘潭南方电机车制造有限公司等企业开发已生产电机车智能充电系统、电气自动控制设备；湖南傲派自动化设备有限公司建成并正式投产；嘉瑞达自动化设备有限公司厂房建成，设备安装稳步推进。

【企业服务】 2015年，编印《中小企业扶持政策汇编》300本发放至全县规模企业。认定湖南康泰律师事务所等4家机构为湘潭县首批中小企业核心服务机构，集聚核心服务机构为全县中小微企业提供一体化服务；完善湘潭县经济和信息化局官方微信平台，已有注册企业会员335人，共发布政务微信132期。先后组织韶力电气、吉光科技等60余家中小企业参加2015年省、市等专题培训班10余次。7月份，联合武汉大学举办湘潭县中小企业经营管理人员培训班。湖南五洲通药业有限公司成功获批中国驰名商标。湖南傲派自动化有限公司成功获批湖南省“专精特新”企业。组织湖南莲美食品有限公司、湖南花石陶瓷机械有限公司等6家企业申报省著名商标，湖南伍子醉食品有限公司、湘潭市电线电缆有限公司等3家企业申报省名牌产品。全年帮助30余家企业获得银行的贷款支持，为企业争取各级技术改造、节能、中小企业、信息化等项目资金1367万元。

【国有工业企业改革】 湘潭县经直国有工业企业共有15家，已经全部改制完毕。2015年，已完成商务局原下属企业县外贸公司的改制工作，通过拍卖一次性处置县外贸公司资产，职工全部安置，扫尾工作全面完成；已完成住建局下属企业县工程公司改制和职工安置工作；已启动县水务局下属单位原机械化施工公司改制工作。

主要行业

【机电工业】 2015年年末，在全县规模工业企业中，有机电类企业69家，实现产值171.15亿元，同比增长21.77%。主要产品有电线电缆、工程装备机械、矿山机械等。

【医药工业】 2015年年末，在全县规模工业企业中，有医药类企业4家，其中年产值过亿元的企业有3家，全年实现产值11.35亿元，同比增长18.47%。主要产品是中成药、粉针剂、水针剂等。

【食品工业】 2015年年末，在全县规模工业企业中，有食品类企业39家，其中年产值过亿元的企业有23家，全年实现产值151.27亿元，同比增长14.63%。主要产品是湘莲、茶叶、粮食、槟榔等。

【信息化产业】 2015年年末，在全县规模工业企业中，有信息化产业类企业10家，年产值全部过亿，全年实现产值54.51亿元，同比增长15.13%。主要产品是电子元器件、LED、智能生产线、数控设备、电线电缆、特种线缆等。

【新材料】 2015年年末，在全县规模工业企业中，有新材料类企业34家，其中年产值过亿元的企业有26家，全年实现产值69.40亿元，同比增长24.09%。主要产品是混凝土、节能材料、机械装备材料等。

（尹 芳 罗 侃）

（责任编校 杨 柳）

交通·邮政·通信

交通运输

【概况】　2015年，县交通运输局坚持突出交通基础设施建设重点，完善公路路网，全力打造“平安交通、绿色交通、智慧交通、综合交通”。全年承办“两会”关于农村公路建设与养护、干线公路建设、客运秩序行业管理、交通路网、公交规划等方面建议（提案）117件，涵盖19个乡镇、10家企业及文艺界、经济界、农业组，涉及市、县人大代表252人次、政协委员31人次，见面率、办结率、解决率、满意率均为100%。

根据县委办县政府办印发的《湘潭县人民政府职能转变和机构改革方案的实施意见》（潭县办发〔2015〕23号）文件精神，将县公路局、县乡（镇）公路管理站承担的行政职能划入县交通运输局，其他职责整合，重新组建县公路局，改为县交通运输局所属事业单位，暂保留正科级。不再保留县乡（镇）公路管理站。将县道路运输管理所、县地方海事处（县水上交通视频监控中心）承担的行政职能划入县交通运输局，仍为县交通运输局所属副科级事业单位。

是年，县交通运输局获省交通运输行政执法评议考核优秀单位、省级文明卫生单位、市级无烟单位、农村公路建设县重点工程建设优胜项目二等奖等多项荣誉，连续十二年保持全县春运安全无事故，再次获得全市交通运输发展管理考核目标第一名，实现“三连冠”。

【交通状况】　2015年，按照“西提、东扩、南拓、北接”的思路，一个以干线公路为骨架、县乡公路为经络，通村达户的县域公路交通网基本形成，全县公路通车里程达9892千米。跨县境内的高速公路4条：京港澳高速公路（G4）、沪昆高速公路（G60）、韶山高速公路（S01）、岳临高速公路（S61）。国道2条：G107.G320。省道2条：学七线（S208）、分雷线（S313）。县道28条。其中，湘湘、韶茶两条干线公路总长113.21千米，途经县境9个乡（镇）72个村，是省“十一五”重点工程建设项目，是优化湘潭县路网结构，实现县域“三纵五横”交通格局的两条重要交通干道。城市公交线路10条。其中，601路、602路、603路、605路为县城公交，10路、23路、101路、108路、116路、123路为县域公交。重点港口1个：湘潭港易俗河港区千吨级码头一期工程初步建成并开始试运营。

【交通项目建设】　2015年，县内干线公路建设稳步推进，芙蓉大道二期湘潭县段（与武广大道重合段）主路双向六车道，共8座桥梁，基本完成路基、基层、桥梁及附属工程，累计完成建设直接投资约39789万元，基本建成通车。S330武广高铁株洲站—沪昆高铁韶山站连接线项目，在县境内全长33.55千米，第一标段（梅林桥陈生公至欧塘段）2.27千米，已累计完成总投资达4.52亿元，基本建成通车。“十一五”干线公路湘湘、韶茶两条干线公路竣工验收申请资料已上报。“十二五”建设干线公路S333株洲渌口—湘潭县谭家山段已完成交工验收，拟于2016年完成竣工验收（两年的缺陷保质期后）。天易公路二期已于2015年2月9日建成通车，主车道已完成交工验收。农村公路建、养工作取得新突破，县政府在年初财政预算中安排3300万元，解决农村公路建设县级计划300千米，实际投资12400万元，硬化建设农村公路350余千米，超额完成县级目标任务。农村公路养护县级配套资金已纳入年度财政预算。全面推行县、乡、村公路养护改革，农村公路养护采取计划管理模式，各乡镇农村公路建设管理养护站已挂牌办公，有专人负责。县、乡、村道养护里程数量及具体路段下达到各乡镇实施，由县公路站、驻乡镇交管站专业人员进行质量安全监督并检查验收。改造危桥5座，程家桥改造已完工通车,老虫坳桥、友爱桥处于施工建设阶段,完成涓水桥、溢学桥的前期工作。创建文明示范路8.9千米。完成农村公路安防安保工程建设任务175千米。完成国道G107.G320沿线70余千米清灌缝及小修保养，完成56.4千米县道清灌缝和238千米乡村道清灌缝，完成山花线大中修10千米，完成农村公路日常养护3340千米，补板30000平方米；完成水毁抢修20处，清运垮方4000立方米，修建护坡1000立方米。全县农村公路优良路率达85.2%、路面PQI中等路率达85.5%、绿化达78.3%（已完成绿化里程1771.5千米）。公路列养率达到100%,经常性养护率县道达100%、乡道达到75%、村道达60%。水运建设取得新成就，易俗河港区一期千吨级码头转让给湖南德茂宥和能源开发投资有限公司，完成码头挡土墙、吊装设备安装及调试、港区疏浚工程量70%、进出港临时道路工程量60%的建设任务，完成投资3580万元，易俗河港区一期千吨级码头初步建成并开始试运营。完成三联渡口、河口渡口、寺门前渡口、杨泗庙渡口、龙口渡口、大江洲渡口、黄草港渡口、铁铺巷渡口8处渡口码头建设，21艘新造标准化渡船投入运行。

【公共交通建设】 2015年，县城有公交车34台，公交综合用地站场约7000平方米，达到205.88平方米/标台。调整移动站牌7个，改梯形站牌6处，破绿设站5处。县城内实际有公交车212台（县城公交34台、县域公交178台），公共交通车辆实际保有量达到21.2标台/万人。根据县人民政府要求，城市公交能更加便民、利民、惠民，全县公交开通公交IC一卡通工作进入实质准备阶段。结合《湘潭市城市公共交通规划》，做好湘潭县汽车站—谭家山城乡公交的矛盾调查、化解，站点规划，车辆维护、人员培训等前期工作，于12月28日试营运。

全县共开通81条农村客运班线，投放农村客运车辆346台，乡镇客运通车率达到100%，建制村通车率达到98.5%，建成36个农村客运招呼站点并通过验收，基本满足农民出行需要。投资200万元，湘潭县汽车站创建成群众满意客运站。

【交通行业管理】 2015年，通过市、县联动，严厉打击非法营运，全面整治出租汽车违规行为，加强客运市场的监管。完成200台出租车音、视频的设备安装。运管执法人员到一线解决客运矛盾纠纷24起，上路检查查处各类违规现象130起，受理97起社会投诉，全部及时处理，回复率、满意率均达100%，劝导涉嫌非法营运人员4200余次，查处非法营运车辆50台，纠正其他违章行为60余次，发放宣传资料2000余份。

完善治超网络，狠抓公路治超工作，以吴家巷、河口、回龙桥治超站为依托，采取“四班三运转”方式，以固定检测为主，流动稽查为辅，全方位、全时段、全覆盖开展治超工作。不定期组织召开全县源头治超工作动员会议和推进会议，按属地管理原则，各乡镇成立领导机构、召开动员会议，与相关企业单位签订责任书，明确全天候驻点值守人员。按照2015年6月5日《市长交办函》的要求，进行限宽墩建设。共查处违法车辆1345台次，卸载货物21109吨，转载卸驳货物12424吨，查处非法改拼装车辆910起，收取公路赔偿费用和行政罚没款254万余元，确保超限超载率控制在0.5%以下。

【交通运输安全生产】 2015年，交通行业安全监管工作以“打非治违”“安全生产月”等活动为载体，通过会议、悬挂宣传标语、印发资料、发短信等方式，加强安全文化建设，培养安全自主意识，促进安全生产。全年悬挂宣传横幅27条，张贴标语45张，办板报10期，印发宣传材料600份，通过出租车车顶的LED显示屏，循环滚动播放安全标语30000余次。组织安全管理人员培训2次，运输企业安全知识培训50余次，参训人数达到1100余人，组织业务骨干参加省、市安全、法规教育达41人次，组织开展2次大型的消防和突发事件综合应急救援演练。

严格落实乡镇渡船县管、乡包、村落实的管理制度，层层签定水上交通安全责任书。开展水上交通安全巡查，组织全县船员、安全员、签单员90余人开展安全知识培训，定期抽查车站、运输车辆各项安全指标，并组织不定期检查抽查，运输企业进行日安全检查，确保对所有客运车辆安全进行全面普查。发现排查安全隐患33处，并跟踪整改到位。按照“谁检测、谁负责”“谁签章、谁负责”“谁发证、谁负责”的原则，严格要求车辆维护。货运车辆检测完成4800余台，客运车辆384台，营运客车和危货运输车辆维护率达到100%，承运人责任险投保率达到100%，完成车辆年审许可3142台和新证换发640余个，新许可货运车辆549台。

（旷　军）

公路建设与管理

【概况】 2015年，湘潭县公路局管辖主要县道12条，分别为砂易线、河岭线、蔡石线、石中线、云回线、山花线、进站线、湘青线、牛下线、瓦乌线、湘湘干线、韶茶干线，共计里程259.789千米，农村公路2000余千米，代湘潭市公路管理局管养国道G107.G320线，省道S313线，共计里程97.828千米。

2015年是“国检”年，由交通运输部组织对全国干线公路养护管理情况进行5年一次的综合大检查。县内迎国检线路共三条计76.947千米，具体为：G107线养护长度为49.498千米，G320线养护长度为21.969千米，S313线养护线路长度为5.48千米。依据“七无三有”养护工作要求，该局成立迎国检组织机构，集合养护、路政等工作部门人员共150余名，投入劳力15000工日，机械设备120台（套），完成国道绿化补植39000株共77千米、裂缝处治21007米、清灌缝156404米、封油处治705.69平方米、基坑处治94.88平方米、板底灌注5千米、平交道口处治33处、行道树刷白14632株、设置服务区2处等工程，共计投入资金410万元，达到“畅、洁、绿、美、安”的迎检标准。成立内业工作小组，共收集整理完成2011—2015年的各类文件、记录、图标、档案共80余件（卷）。先后迎接省市多次预检并顺利通过10月29日国检，受到上级的好评。

是年，路政执法大队围绕“八无”开展工作，巡查里程达54100千米，组织开展专项整治行动12次，共发送《消除违法行为通知书》208份，发送《整改通知书》480份，清除路障245处，依法拆除违法搭建临时棚屋45处，依法拆除横跨公路大型非公路标志标牌8块，联合公路沿线政府整治占道经营、摆摊设点62处，整治加水洗车点5处等，圆满完成迎国检工作任务。

超限超载治理。该局全方位、全时段、全覆盖开展治超工作。以吴家巷、河口、回龙桥治超站场为依托，采取“四班三运转”方式，以固定检测为主，流动稽查为辅，与县各相关部门开展联合治超行动，共投入执法人员10000余人次，查处违法车辆1298台次，卸载货物20347吨，转载卸驳货物12026吨，查处非法改拼装车辆910起，收取公路赔偿费用和行政罚没款242万余元。下半年，省公路局2次检查验收该局工作，超限超载率皆控制在1%以内，完成既定指标。

日常路政执法。路政大队共完成路政巡查260个工作日，查处违法建筑56处，查处路损案件6起，路政案件查处率100%，结案率98%，未出现一起行政诉讼及复议案件，较好地维护路产路权。

G107吴家巷中心养护站及超限检测站工程建设。该项目位于湘潭县梅林桥镇白云村曾家组，项目建设含综合楼、超限检测处理中心、机库、货物仓库、围墙、挡土墙等，总建筑面积3339.03平方米，预算总投资3500万元。工程于7月17日开工建设，目前综合楼主体工程已完工，超限检测站防雨仓库、处理中心、两台地磅、钢结构棚、进、出站道路、标志指示牌已完成，检测设备，卸货场地等治超设施已投入使用。

桥梁维修加固。涓水大桥大修改造加固工程即将实施，项目共计投资377.3万元，即将开工。已完成衫木桥维修加固工程，投入资金35万元，完成10千米安保工程，投入资金60万元。

交通运输发展考核。完成县道81.344千米清灌缝工作，投入资金110万元；完成10千米安保工程，投入资金60万元；路面PQI指标中等以上比例经测定达85.2%。

公路养护。更换桥梁限载标志73处，共计投入资金30万元。积极参与农村环境治理工作，对全部管养公路进行集中大整治，投入经费50万元，县整治办例行检查，皆名列前茅。积极进行路面维修，共计实施路面换板6100平方米，封油处治7200平方米，填平保通13000平方米，投入经费260万元。完成好路率目标逐年提升，县域公路通行能力明显改善。

路政治超情况。共组织进行所辖公路路域环境2次大型集中综合整治行动和若干小型行动，重点加强县域公路两侧路障、占道经营、非公路标志牌、违法搭建、马路市场整治工作，共拆除非公路标志牌204块，清除路障523处、规范摊点摆放620处。，路政大队共完成路政巡查265工日，查处违法建筑59处，查处路损案件6起，查处超限超载车辆1000余台次，实现非税收入120余万元。

安全生产。2015年，该局出台《安全生产管理办法》，全面落实“一岗双责”“党政同责”的安全生产工作责任制，签订安全生产目标责任状，坚持季度安全例会，对2014年发生的一起交通事故进行责任追究，安全生产形势良好。

（宋　炜）

邮　政

【概况】 2015年5月1日，湘潭县邮政局更名为中国邮政集团公司湖南省湘潭县分公司（以下简称“县分公司”），并完成工商登记注册变更及公章更换工作，于11月8日正式挂牌。其服务业务种类、服务范围和服务对象保持不变。是年，县分公司共有员工251人（不含县邮政储蓄银行）。其中，AB类合同工103人，劳务工131人。停薪留职4人，离退人员56人。县分公司设有9个部室，职能部室设有综合办公室（包括人事、财务、后勤）、市场经营部、网运安保部，生产部室设有代理金融中心、大客户中心、函件中心、电子商务中心、快递包裹营业中心、邮投部。县分公司辖28个金融网点（20个农村支局，8个直辖所），有综合性邮政营业网点32个，全部实行电子化营业。

企业保持健康良性发展。年内，县分公司累计完成收入7083.7万元，较上年同期增长1306.85万元，增幅达22.62%。收入绝对值排名全区四个区县局第一。其中，金融类业务共计完成5301.02万元，同期增长绝对值895.53万元，增幅达20.33%；邮务类业务共计完成1492.42万元，同期增长绝对值246.22万元，增幅达19.76%；包速物流类业务共计完成257.62万元，同期增长绝对值146.02万元，增幅达130.84%。全年无安全生产事故、无资金案件。

金融类业务再创佳绩。2015年12月31日，县分公司邮储规模达361293万元。其中，活期余额为83292万，活期占比为23.05%。全年累计净增45329万元，余额规模全省排名第十位，全区排名第一位。全年点均余额净增1618.89万元，较年初增长近500万元。余额净增在3000万以上的网点有2个，余额净增在2000万以上的网点有6个。规模两亿元以上网点有3个，亿元网点达14个。

包裹快递业务实现快速增长。从“全新产品、全新资费、全新服务”的角度，加大对寄递类业务的宣传工作，营造业务发展良好氛围。10月，单独成立快递包裹营业中心，配备快递业务专兼职营销人员，充实专业管理和营销力量。通过对潜在客户、流失客户、竞争对手客户信息进行整理，采取分组分片的形式进行全面走访，邀请客户参与“客户体验”活动，感受邮政服务时限和价格的双重实惠。对出口邮件在服务时限上，由专人实时跟进邮件的运行情况，主动跟踪邮件的下落直至邮件妥投为准，让客户感受到邮政的服务及速度，满足客户的需求，促进协议客户的开发。实现速递及快包业务收入206.59万元，同比增长207.09%。全年签订56家协议客户，月均交寄量约3000件。

开创转型发展新局面。函件业务：实现函件收入257.45万元，名列全省县（市）局第一。是年，开发9个单位的邮资封业务，实现收入12万元。9月，《丑小鸭》商演实现收入54.8万元。销售《湖南那么大》钱币册创收105.12万元。报刊发行：2015年大收订进机流转额966.85万元.较上年同期增长4%。完成市分公司计划的101.77%。大收订缴款率达75%，达到指标计划。集邮业务：全年共完成业务收入251.34万元，完成年计划的135.13%。6月4日，贵金属鉴赏会，当场销售产品114万多元。绿卡短信：年内，累计新增绿卡短信用户83418户，点日均8.16户，完成年计划的114.27%，同比增幅达9.13%，增长绝对值6981户。车险业务：是年，共计揽收车险992单，同比增幅达634.81%，揽收商业保费225.05万元，同比增幅达523.93%，累计保费和月均台数都排全省县市第一。分销业务：开办酒水鉴赏会，创收51万元。

综合服务平台建设进展顺利。2015年，积极响应省委、省政府服务民生的要求，倾力打造覆盖城乡、服务多样、惠及民生、政府满意的邮政综合服务平台。年内新建46个，全县邮政综合服务平台增至138个。其中，叠加代投点7个，助农取款点32个。全年投入平台建设的费用20万，用于平台店招、业务宣传的统一和邮掌柜货物铺垫。所有网点根据网点区域和发展情况均开通邮政“五通”业务，并在所有网点叠加电商平台，部分网点还建设“惠民优选”线下体验店。平台代收代缴各类资金过亿元，同比增12.5%。业务的量收规模较上年增长21%。

和谐企业建设取得新成果。坚持实行司务公开、“三重一大”等制度。组织开展“三严三实”专题教育活动，领导办公用房全部按规定整改到位，加强公车使用情况管控，严格控制接待标准，并建立长效机制，有效防止“四风”反弹。组织职工加入省邮政职工互助帮扶基金会。是年，帮扶慰问职工69人次，共计发放慰问帮扶资金18100元。职工父母生日慰问19人，发放慰问金22500元，为基层职工家属申报大病困难互助基金5000元。全县24个农村支局自办食堂，全面解决职工就餐问题。

2015年，湘潭县分公司被湘潭市邮政分公司评为先进基层工会、被湖南省邮政分公司评为先进女职工集体。 （杨璐怡）

电　信

【概况】　2015年，中国电信湘潭县分公司设有综合管理部、渠道销售部、政企销售部、易俗河城市营业分部、天易城市营业部、渠道服务中心、校园中心、网络部、接入网维护中心、客户端维护中心共10个部门。下设18个支局，分别为河口支局、石潭支局、云湖桥支局、乌石支局、杨家桥支局、梅林桥支局、中路铺支局、谭家山支局、白石铺支局、茶恩寺支局、射埠支局、锦石支局、排头支局、花石支局、龙口支局、青山桥支局、分水支局和石鼓支局。全年完成业务收入8152.99万元，收入增幅3.33%。累计净增宽带用户4900户，发展移动用户4.02万户，期末移动用户102600户，净增移动用户6300户。是年，建设EPON设备ONU28台，建设窄带端口512个、宽带端口384个。新建EPON设备OLT28台，完成FTTH光网项目建设252个，新建FTTH端口27350个。完成3G基站建设26个、4G基站建设56个，全县基站数量达281个，3G信号覆盖率达到92%，4G信号已覆盖易俗河城区和农村乡镇街道。全年建设投资4050万元。其中，设备投资1200万元，主干配线光缆投资1400万元，驻地网管道建设投资100万元，C网基站建设投资1350万元。

是年，湘潭县分公司积极推进光网建设。遵循“借国家政策之势，联合乡政府发文，迅速打开村支两委口子，村组沟通发力”的原则，由熟悉潜在客户的村干部带领农村支局及其网点的营销人员去村民家营销，起到事半功倍的效果。新增光网小区56个，光网村196个，共计252个，新建FTTH端口27350个。 （唐　宇）

移动通信

【概况】　湘潭县移动通信分公司是负责湘潭县域移动通信网络建设运行管理和经营服务的运营商，下设综合部、网络部、市场部（含营业班组、政企班组、业务支撑班组及宽带运营组），以及5个乡镇营业部。

2015年，湘潭县移动通信分公司坚持“立足地方，服务人民，奉献社会”的宗旨，始终践行中国移动“正德厚生　臻于至善”的企业核心价值观，紧跟信息技术潮流，加快基础通信网络建设，目前已经实现全县4G网络的有效覆盖，全年新增4G基站144个。现通话用户数突破37万户，市场占有率始终保持在76.8%左右，年运营收入达2.57亿元，年上缴税金近千万元,企业人均劳动生产率、服务质量在全省、市同行业中名列前茅。湘潭县移动分公司先后获得“全国模范职工小家”“省级文明单位”“省级青年文明号”“省级芙蓉标兵岗”“先进党支部”“先进团组织”“学习型工会”等荣誉称号。 （黄霞湘）

联通通信

【概况】　2015年，湘潭县联通分公司坚持“诚信经营、创新价值”的工作方针，紧跟社会信息发展需要，加快发展通信网络及基站建设，以实现“服务为民”的工作宗旨。

年内，完成新建基站129个。其中，4G基站72个。全县已建成基站630个。全年收入1.2亿元，移动用户15万户。实现全渠道信号覆盖，网络及通信质量明显提升。

（卢洋洋）

（责任编校　杨　柳）

商务·旅游

商 务

【概况】 湘潭县商务局整合原商业、外经贸等部门职能，主管全县内外贸易、商贸流通、国际国内经济合作，承担着全县外经外贸、生猪定点屠宰、酒类产销、特殊行业、药品、成品油及润滑油市场监管等职能。2015年，全局在职干部职工32人，内设办公室、国内贸易发展股、外经外贸股、财务统计法规股、行政审批股、改制协调与综合治理股6个股室，下设湘潭县商务综合执法大队、湘潭县外派劳务服务中心、湘潭县市场服务中心三个二级机构。

2015年，全县社会消费品零售总额实现75亿元，同比增长13%；电子商务发展步入快车道，成功牵手阿里巴巴集团并成为省内第一家农村淘宝项目试点县，“淘宝网·特色中国·湘潭县馆”成为全省首家淘宝网县级地方馆，“农村商贸综合服务体”电商模式湘潭县站成为全省首批五个试点县之一。将省重点民生实事工作与重点工程统筹部署，易俗河、石鼓、分水三个农贸市场都已完成标准化改造任务，全面完成投资任务。外贸进出口实现1700万美元。全县商贸流通业在扩大就业、改善民生、增加财政收入、促进全县经济社会发展等方面发挥重要作用。

是年，商贸流通产业仍是县域经济重点发展的十大基础产业之一。商贸流通工作实绩继续纳入到县对乡镇的绩效考核。全年向上争取资金成效显著，项目建设进展顺利，城区、乡镇各类市场建设全面加快，“特色中国·湘潭县馆”成功升级与湖南馆平级的一级馆并由湘潭县独立运营。成功推进阿里巴巴农村淘宝项目，农村淘宝县级服务中心于9月28日开业。新农村商务信息建设有新平台，全年发布供求信息33393条，实际成交1233.18万元，意向成交2320.10万元。

开展省级文明县城复查迎检和城乡环境整治活动，结合自身实际，开展诚信示范企业创建、农贸市场、报废汽车回收拆解以及再生资源回收市场等联合整治行动。对主要商业大街、大型商场超市进行联合检查。积极探索农贸市场常态化管理模式，由易俗河农贸市场管理中队负责对易俗河农贸市场及周边进行管理，协调并指导各乡镇大力开展马路市场综合整治及长效巩固工作。对海棠路沿线报废汽车回收拆解市场开展专项整治活动。牵头组织县公安、县工商、县安监等部门对白石镇境内一非法加油站进行拆除取缔。牵头组织人员对青花屠宰场实施日常驻场监管，引导其进行改扩建。

【成品油监管】 2015年，广泛宣传成品油的法律法规，完善各项管理制度。加快农村加油网点建设工作，严格审批程序，对油站的审批建立局务会联合审批制度，按照程序申报成品油零售经营批准证书，满足群众生产生活用油需要。认真组织对全县加油站进行年检，年检率达100%。及时准确地掌握成品油市场的动态。整顿和规范全县成品油市场，会同相关部门开展成品油打非治违专项整治行动，对违法、违规建设的油站以及无证非法经营的油站进行处罚。

【对外贸易】 2015年，外贸进出口保持平稳发展态势。县内有进出口实绩企业23家，新增业绩企业4家。增幅较大的有中联陶瓷、莲冠湘莲、齐心湘莲，较上年同期都出现倍增。重点企业宏信投资、铖浩贸易、红燕化工降幅较大，分别下降84%、32%、17%。推进国家级对外劳务合作服务平台建设，全年输出1210人次。组织人员参加对外劳务专场招聘会100余场，对外劳务领域已拓展到10多个国家和地区。设立湘潭县对外劳务合作报名服务窗口，并在各乡镇设立村级联络点，结合万村千乡市场工程在万福龙10个店面设立咨询报名服务点。

招　商

【概况】　2015年，全县引进新项目50个。其中，过亿元项目11个（含意向签约项目2个），内含过10亿元项目4个（含意向签约项目2个）。引进世界500强企业2个（美国ADM公司、中水电）。外出参加各种招商节会6场次，开展“小分队”招商活动9场（次）。完成到位内资50亿元，直接利用外资7124万美元，完成目标任务的100%。

组织天易示范区以及三大乡镇工业园区围绕各自主体产业，开展招商活动20余场次。7月，天易示范区青山皮鞋工业园主办专场订货会，吸引800余名客商来区参观考察。由县委、县政府主要领导带队，招商、环保等职能部门共同外出开展小分队招商活动30余次。7月，县长傅国平带队赴浙江桐庐参加第二届县域电子商务峰会，与阿里巴巴集团就建设湘潭县农村淘宝项目相关事宜进行洽谈，达成合作意向。先后组织参加第十八届渝洽会、第二十六届哈洽会、第十届东北亚博览会等大型招商节会活动10余次，指导花石镇、青山桥镇等具有特色产业的乡镇，把特色产业企业推到台前，积极“亮出去”，把客商“引进来”，把订单“签下来”。

是年，为落户龙口的泽润生态等10余家企业提供全程代理服务，精简手续，节约时间，促进企业尽早开工建设。监管收费项目，为落户企业协调减免相关办证费用近10万元，减轻企业负担。帮助企业加强项目包装、申报和招商引资，解决建设资金不足、征地拆迁困难、用电用水和周边治安环境等问题50余个。走访企业400余人次，收集建议意见50余条，解决矛盾纠纷30余起，各企业对已解决问题的满意率为100%。

年内，赴五个重点招商区域，即以央企为主的北京区域、以产业转移为主的珠三角区域、以总部经济为主的长三角区域、以电子商务为主的北上广地区、以国有企业裂变和产业配套为主的长株潭地区开展招商活动20余次，对接项目30余个。天易示范区重点跟踪投资10亿元的大洋白石商业广场项目、世界500强企业美国ADM公司动物营养项目、投资20亿元的动力配件产业园项目等项目。乡镇重点跟进中水电投资18亿元的风力发电项目、投资10亿元的海大年产万头原种猪场建设项目、拟投资1.1亿元年出栏3500万羽的一体化养鸡项目等重点项目。跟踪的重点项目已有60%正式签约落户。指导天易示范区围绕“3+2”产业体系招大引强，杨河工业园立足机械装备制造业等产业加大招商力，青山皮鞋工业园、茶恩竹木工业园引进皮鞋、竹木生产及仓储、物流项目，打造中部地区产品生产、销售、中转集散地，逐步形成完善的产业链。以湘莲、油茶等特色农业农产品为重点，积极引进国际国内知名企业，围绕白石名人文化、乌石红色文化等资源加强文化旅游产业招商引资。

粮食购销

【概况】　2015年，全面落实粮食收购政策，认真做好收购前的准备工作，制定收购工作方案，召开全县收购工作专题会议，督促企业做好空仓、人员、资金、设备等系列准备工作，确保农民余粮应收尽收，防止农民“卖粮难”现象的发生。指导和督促粮食企业落实收购政策，开展“心系粮农、务实为民”活动，把“三严三实”主题教育活动与服务基层、服务群众结合起来，机关干部职工下企业500余人次，全部深入收储企业指导收购工作，确保政策执行不走样。全县共收购粮食13.2万吨。

是年，落实省政府“重金属污染耕地修复及农作物种植结构调整工作”会议精神，对管控专产区粮食实行“四专一封闭”管理，对全县早晚稻共计7933.33公顷管控专产区粮食临田采样2798个样本，发放售粮卡27616户，组织150名粮食经纪人进行业务培训，在裕湘粮食购销有限公司设立专仓，对管控区粮食进行专仓收购储存，全县共收购管控专产区粮食13862吨。

加强储备粮管理工作。严格按照地方储备粮管理办法的要求，做好省级储备粮和县级储备粮的管理工作，按要求及时进行轮换，进一步完善储备粮管理制度，确保储备粮储存安全。年内，全县新增县级储备粮3500吨，县级储备粮规模达到1万吨，进一步提高粮食应急管理能力。

落实储粮安全措施。由于连续三年启动托市收购，加上外销不畅，全县粮食库存量多，保防压力巨大。为防止发生储粮安全事故，进一步完善粮食仓储管理制度，加强保防人员的业务培训，大力推广新型储粮技术、新型仓储设备和新型防虫药剂，有效保障库存粮食安全无事故，连续四十五年实现“一符四无”粮仓县。　（肖　湘）

供销合作

【概况】　2015年，县供销合作社根据省、市关于加强基层组织建设的要求，结合供销社改革发展需求，拟用1—3年的时间，按“十有”标准新建一批基层供销社、领办一批农民专业合作社和综合服务社，使全县基层供销社的个数覆盖全县所有的乡镇。以建设新型供销社为目标，把“三社一会”建设作为加强基层组织建设的重中之重，抢抓政策机遇，坚持以领办或联办农民专业合作社为切入点，广泛吸纳各类合作经济组织、龙头企业、专业大户加入供销社，采用与加快项目建设、拓展服务领域、加强联合合作有机结合、同步发展的运作模式，加快基层组织建设。逐步建设一批有规模、有实力、主营业务突出、辐射带动能力强的新型基层社、农民专业合作社、综合服务社。年内，全县新建基层供销社8家、领办参办农民专业合作社4家、综合服务社40家。

与省、市社和县相关项目单位及时沟通衔接，完成2015年农业综合开发项目湘潭县德诚油莎豆种植专业合作社33.33公顷油莎豆示范基地新建项目的实施计划、实施方案及编制说明的制定、上报等工作。全面完成2015年农业综合开发项目33.33公顷油莎豆示范基地新建项目的验收工作，合作社获得财政扶持资金70万元。该社参股的湘潭县羊鹿茶种植专业合作社成功申报为省级示范社，同时上报全国总社示范社。

3月，根据县整治办的安排，由县供销社牵头成立湘潭县洁美再生物资回收公司，按照“户分类、村收集、乡转运、县处理”的原则，终端处理环境整治中收集的可再生利用的垃圾资源。对收集来的可回收利用资源进行分拣和销售。5月中旬，湘潭县洁美物资回收有限公司正式挂牌运营，根据县整治办的统一安排，每月底各乡镇环境卫生整治办分批次将环境整治中分类收集的可再生垃圾资源集中送到洁美公司，公司安排专人进行进一步的分拣、码放，积累到一定量以后由公司组织销售到姜畲和岳阳等地。目前收集的主要是废旧塑料、衣服和酒瓶，尤以废旧酒瓶居多。

县农业生产资料公司系该社直属企业，企业矛盾复杂，遗留问题多，职工期望值高，改制难度大。是年，该社组织专门的改制工作组进驻企业，选出职工代表，多次召开协调会，反复宣讲政策，通过多方努力已顺利完成该公司改制工作。（李　杜）

烟草专卖

【概况】 2015年，湘潭县烟草专卖局（分公司）坚持“稳中求进”总基调，各项工作保持健康稳定发展。全年共销售卷烟44312箱，单箱均价25795元/箱，上交税收6985万元。查处各类卷烟违法案件137起，同比增长6.20%。其中，5万元以上无证运输案件6起，国标级假烟网络案件1起，5万支以上案件10起。查获各类卷烟284.54万支，同比增长4.42%，罚没金额34.6547万元，同比增长72.46%；涉案人员13人，已刑拘6人，批捕4人。

是年，积极贯彻落实“两个责任”，研究制定《党组关于落实党风廉政建设主体责任和监督责任的意见》《党风廉政建设和反腐败工作责任清单》《主体责任和监督责任追究办法》等规章制度，层层签订党风廉政建设责任书，构建横向到边、纵向到底的责任网络体系，扎紧制度篱笆。开展廉政风险防控，以重点岗位为点，以关键流程为线，“正反两向”梳理廉政风险点，新增风险点7个，修改10个，新增防控措施13项，修改30项，健全防控制度30项，股级及以上干部职工廉政档案全部建立。

制定客户基础信息采集表，开展卷烟零售客户终端资源和服务需求调研，完善零售客户电子信息档案和客户电子分布图，开发应用终端资源管理系统，不断提高辖区市场“家底”熟知度，全县3354户零售客户信息档案全部建立。坚持首末户报告和痕迹化拜访制度，规范拜访流程和服务内容，在涉及级别评价、货源分配等关系到客户切身利益的关键环节，做到政策宣传到位、实施过程透明、诉求通道畅通。年内客户满意度提升至92.90分，位居全市系统前列。

严格规范行政许可流程，明确许可证申办、管理、归档操作流程和操作规范，严格按照程序上门受理、实地核查、现场勘验，推动行政许可标准化、规范化、痕迹化。全年新办许可证219个，暂停154户，恢复营业34户，延续51户，歇业6户，注销24户。

加强机关院内卫生环境治理，打造莲品文化墙，营造浓郁文化氛围，连续六年荣获“省级文明卫生单位”称号；积极开展文明城市建设，参与城市巡防、文明劝导、清洁卫生等活动400余人次。与龙口乡兴云村双联共建，深入推进“一进二访”，组织开展“机关联村党员联户”精准扶贫活动，全年开展爱心助学、帮残助困等636志愿服务9次，累计捐赠21万余元，彰显责任烟草、和谐烟草形象。

2015年，湘潭县烟草专卖局（分公司）荣获“烟草行业县级卷烟营销部标兵单位”称号，成为全县首家“湖南省文明标兵单位”。

（唐煜勋）

旅　游

【概况】 湘潭县历史悠久，文化底蕴厚重，“湖湘文化”“白石文化”“湘莲文化”和“唢呐文化”源远流长。自然风光独特，湘江、涓水、涟水和隐山、昌山、乌石峰、金霞山等山水如画。区位条件优越，107国道、320国道，京珠、上瑞、潭衡高速以及湘黔铁路、武广高铁等贯穿全境。2014年成功创建成为“湖南省旅游强县”，全县已拥有1个国家AAAA级旅游景区（彭德怀纪念馆）、2个国家AAA级旅游景区（五龙山大杰寺、周小舟故居）、1个国家AA级旅游景区（齐白石文化生态旅游区）、1家五星级旅游饭店（鑫田国际大酒店）、2家三星级旅游饭店（润玉酒店和长江宾馆）、2个省级特色旅游名镇（乌石镇和白石镇）、2个省级特色旅游名村（乌石村和金霞村）、4家五星级乡村旅游区（点）、1个省级红色旅游景点（周小舟故居）、1家省级三星级旅行社（金侨国际旅行社）、10家省级家庭旅馆等旅游品牌。

2015年，县旅游局围绕“以项目引商、以景点引客”的工作思路，突出“乡村旅游”主题，始终坚持“政府引导、节会搭台，市场运作、节俭办会”的原则，以“打造品牌、愉悦游客、助推经济”为目标，有力推动乡村旅游和现代农业融合发展，乡村旅游产业已成为“农村发展、农业增效、农民致富”的绿色朝阳产业。全年共计接待游客721万人次，实现旅游综合收入48.18亿元。

【旅游线路开发】 成功策划启动“登湘潭西藏、走湘军古道、品非遗文化、赏万亩菜花”为主题的石鼓顶峰之旅、“寻找初恋的地方——花石三月浪漫小南京”、花石·乌石乡村文化一日游、最美乡村·湘潭梅林桥之旅、“品红色文化，采莲乡新茶”乌石采茶之旅和湘潭·花石第二届赏荷之旅等五条生态文化休闲旅游线路。旅游线路的开发将县内红色文化、湖湘文化、白石文化、生态休闲文化互融，在发展旅游的同时做好文化的传承。五条线路的发布启动进一步丰富湘潭县地接旅游，县域旅游日渐火爆，在长、株、潭引起强烈反响，年内共接待团队游客和自驾游客200余万人次，全县农副产品销售收入达到2000万元以上，带动农民增收达到4000万元以上。在花石举办的为期2天的湘莲暨湘潭特色产品展览会，县内特色产品场内场外交易额达1800多万元。

【旅游宣传营销】 2015年，不断加强与各类新闻媒体的合作，开展旅游宣传。积极与《中国旅游报》、新华网、湖南红网、《潇湘晨报》、新浪微博、百度新闻以及各类市、县媒体进行合作，集中对全县旅游产品和旅游形象进行宣传造势，形成各类新闻报道50余篇。投入近20万元分别在二大桥南端、大鹏西路等醒目位置投放户外广告，面向广大市民、游客全方位展示县域旅游形象。组织县内旅游企业参加各类省内外旅游博览会，向来自全国各地的游客和群众进行县域旅游形象展示、旅游商品展示、旅游线路产品展示等。特别是在第六届湖南省旅游休闲博览会上，石鼓油纸伞和齐白石诗书画印石刻拓片，分别荣获2015年中国湖南旅游商品大赛湖南优秀旅游景区纪念品银奖和铜奖。

【旅游行业管理】 加快景区景点建设。大力打造红色旅游、文化旅游、乡村旅游三大核心旅游产品，以创建、提质A级景区为目标，优化白石文化旅游区、石鼓油菜花基地、乌石羊鹿茶基地和花石湘莲文化基地游览环境，提升景区服务设施的功能和档次。引导乡村旅游区（点）发展。积极指导龙凤庄园、梅林山庄、源博园等乡村旅游区点服务提升工作，树立乡村旅游特色品牌。加强业务培训，组织相关业务能手参加湘潭市旅游服务技能大赛，进一步提升旅游从业人员的服务水平。加大旅游安全监管力度。建立健全旅游安全管理体系，依法加强对旅游市场的管理，提升旅游接待水平。建立旅游行政执法机构和旅游行业协会，加强旅游安全教育与培训，推进数字化景区建设等，提高旅游行业管理水平。重点做好春节、“五一”“十一”等法定节假日期间的旅游市场监督管理，开展旅游安全检查，启动“旅游安全生产月”活动，确保全县旅游安全。

【旅游规划统计】 2015年，完成首个乡镇旅游专项规划编制。集中精干力量编制花石镇旅游发展专项规划。该规划以湘莲文化为主脉，依托原生态资源和古镇文化，通过对文化内涵的深度挖掘与资源载体的创新开发，将花石镇总体布局为“一心一带三区”，即水韵莲乡——古镇旅游集散中心、青莲水岸——涓水旅游风光带、步步生莲——万亩莲田观光休闲区、流莲溢彩——田园风光休闲区、莲峰浩气——户外拓展运动休闲区。该项规划的成功编制和具体实施，对于推动地方经济结构调整、打造发展新引擎、增强发展新动力具有重要意义。规范县域旅游调查统计。开展新增床位普查，对全县床位实施动态管理，为全县旅游统计提供较为准确的基础数据。重点开展国内旅游抽样调查和入境旅游调查工作，全面掌握全县旅游工作现实状况和游客主要构成情况。旅游统计数据实行按月报告制，做好重要旅游节假日统计报告工作，及时发布旅游数据，实现全县旅游经济健康、稳步发展。

（王益妍）

风景名胜

【彭德怀纪念馆】 彭德怀纪念馆坐落于湘潭县西南的乌石镇境内，于1998年10月建成开馆，是以全国重点文物保护单位——彭德怀故居为依托建立起来的全国唯一一座完整、系统地介绍彭德怀生平业绩的传记性专馆，包括彭德怀故居、彭德怀纪念馆、彭德怀铜像、彭德怀墓、德怀亭、烈士墓等纪念设施，控制面积30公顷，占地面积10.67公顷。该馆现有陈列室1400平方米，文物资料库房200余平方米，展线370余米，拥有文物藏品2302件，照片资料3000余件，共有干部职工54人，拥有国家AAAA级旅游景区、全国爱国主义教育基地、国家国防教育示范基地等8项国家级荣誉，被上海同济大学、中国农业银行上海分行、湖南步步高连锁有限公司等160余家企事业单位确定为爱国主义教育基地和德育教育基地。

【周小舟故居】 周小舟故居位于湘潭县排头乡黄荆坪管区内，始建于1805年，为一幢大型双天井复合式传统建筑，建筑面积共800多平方米，大小房屋30多间。房子坐西北朝东南，依山面塘，属典型的湘中民居建筑，自左至右共9弄相连，每弄有3~4进，堂屋两侧的厢房设左、右两个天井。夹在其他房间中间，既不靠外墙，又不靠天井的“聋子屋”，从房顶上安装“采光斗”采光。1912年11月11日，周小舟诞生在这里，并在此度过童年和少年时代，后参加革命，建国后曾担任中共湖南省委第一书记，1958年进行农村调查时回过这里。2011年被公布为湖南省文物保护单位，并划定保护范围与建筑控制地带，2009—2011年进行全面维修。周小舟故居于2013年评定为国家AAA级景区（点）和湖南省红色旅游示范点。

【五龙山大杰寺】 五龙山大杰寺地处湘潭县中路铺镇境内，始建于明代崇祯五年（1632），寺院建筑属于重檐宫殿式，飞檐斗拱，琉璃瓦盖、金碧辉煌。寺院占地面积53000平方米，建筑面积10000多平方米，坐北朝南，由山门、天王殿、大雄宝殿、万圣殿四部分组成，自南而北排列在一条中轴线上，左右两侧分别设有钟鼓楼、念佛堂、玄帝殿、寿佛殿、龙山客堂。清光绪年间（1888—1892），齐白石、王仲言等七人在此成立“龙山诗社”，公推齐白石担任社长。1997年唯静法师接过弘法之棒，化缘上千万元修建山门，天王殿、钟鼓楼、念佛堂、斋堂、寮房、藏经楼、观音殿、禅堂、万佛堂等。现已成为省内规模较大的寺院。先后被确立为“湖南省重点宗教活动场所”“湖南省首届和谐寺院先进集体”“湘潭市宗教文化旅游示范点”，2013年成功创建为国家AAA级旅游景区（点）。

【白石文化生态旅游区】 白石文化生态旅游区位于世界文化名人、著名国画大师齐白石的故乡湘潭县白石镇，2007年3月被评为国家AA级旅游景区（点）。景区交通便利，旅游资源丰富，主要包括齐白石森林公园（晓霞山）、紫荆湖景区、五龙山、百泉湖、齐白石故居、黎氏八骏故居、尹氏宗祠、马英九祖居地潭口村等多个景点。该旅游区人杰地灵，文化底蕴深厚，养育齐白石、黎氏八俊等历史文化名人，并逐步形成独特的白石文化，吸引国内外无数文学艺术家和崇拜者前来探寻白石文化的真谛。

乡村旅游区（点）

【概况】 县内乡村旅游区（点）成为带动农民就业、增加农民收入，推动旅游产业结构调整的重要力量。2015年，县内已授牌的省级乡村旅游区（点）共计14家，其中五星级乡村旅游区（点）4家，四星级乡村旅游区（点）1家，三星级乡村旅游区（点）8家，二星级乡村旅游区（点）1家。

宾馆酒店选介

【鑫田国际大酒店】 鑫田国际大酒店投资总额4.5亿元，于2010年3月正式开业，是一家集商务、旅游、会议宴会、健康美食、休闲娱乐为一体的综合性豪华酒店，2014年被正式评为国家五星级旅游饭店。该酒店占地面积4万多平方米，建筑面积5万多平方米，园林绿化面积达70%，名花古木簇拥，环境优雅。酒店有各式客房，房间装饰豪华典雅，设备高档齐全。酒店有大、中、小各类会议室，能满足不同会议需求，其中多功能国际会议中心可容纳600多人，配备同声传译、多媒体投影、视频会议等先进设备。酒店有中餐厅、西餐厅、大小贵宾房、酒吧等，可同时满足2000多人用餐，其中宴会大厅可供600多人用餐。酒店设有KTV、桑拿、按摩、足浴、棋牌、健身、美容美发、游泳池、乒乓球、网球等娱乐休闲项目，购物商场、大型停车场一应俱全。

【润玉酒店】 润玉酒店由湘潭润玉房地产公司投资兴建，总投资4800万元，是集客房、餐饮、商务、会议、休闲于一体的综合型商务旅游度假酒店。酒店功能齐全，设施一流，格调优雅，管理科学。酒店内客房别致舒适，有豪华休闲间、豪华套间、行政套间、标准单人间、高级单人间和高级双人间，客房内均装有宽带。酒店提供叫醒服务、留言服务、叫车服务、洗衣服务、全天候送餐服务等。茶吧清静、优雅、舒适，会议室多功能，可满足40~200人不同规格、不同层次的会议需求。2015年成功通过AAA级旅游饭店复核评定。

【长江宾馆】 长江宾馆是湘潭县首家旅游星级饭店，总投资5000余万元，占地面积4000余平方米，集餐饮、住宿、会务、娱乐于一体，是度假、休闲、旅游、商务、集会的理想场所。宾馆设有宴会厅7个、风格各异的大小餐饮包厢25个，可供2000多人同时就餐；设有豪华套房、商务套房、标准单人间、标准双人间、标准三人间等106间，还设有会议室、茶座、足浴、棋牌等，能满足宾客不同需求。2015年成功通过三星级旅游饭店复核评定。 （王益妍）

湘潭县旅游景区基本情况

表6

景区(点)名称	等级	电话	地址
彭德怀纪念馆	AAAA	57838100	乌石镇乌石村
周小舟故居	AAA	57880807	排头乡星星村
五龙山大杰寺	AAA	57590433	中路铺镇柱塘村
白石文化生态旅游区	AA	57892020	白石镇

彭德怀纪念馆

【概况】 彭德怀纪念馆坐落于湘潭县西南的乌石镇境内，于1998年10月建成开馆，是以全国重点文物保护单位——彭德怀故居为依托建立起来的全国唯一一座完整、系统地介绍彭德怀同志生平业绩的传记性专馆，包括彭德怀故居、彭德怀纪念馆、彭德怀铜像、彭德怀墓、德怀亭、烈士墓等纪念设施，控制面积30万平方米，占地面积10.67万平方米，现有陈列室1400平方米，文物资料库房200余平方米，展线370余米，拥有文物藏品2331件，照片文献资料3000余件，共有干部职工54人，拥有国家AAAA级旅游景区、全国爱国主义教育基地、国家国防教育示范基地等8项国家级荣誉，被上海同济大学、中国农业银行上海分行、湖南步步高连锁有限公司等160余家企事业单位确定为爱国主义教育基地和德育教育基地。

2015年，彭德怀纪念馆接待游客1010225人次，同比增长23.29%，讲解接待1288批次，其中重要接待30批，征集文物藏品29件，配合完成国家文物局第一次可移动文物普查工作，上传可移动文物信息1445件，完成乌石峰部分游道建设工程和《彭德怀元帅》电视剧的拍摄工作，开展无烟景区、省级两型示范基地争创活动，实现年综合经济收入921.81万元。

以彭德怀精神为内涵，以主题活动为载体，以新闻媒体为纽带，提升纪念馆知名度和美誉度。开展雷洪连、王北南先生巨幅油画捐赠仪式、“爱在春天里 相守信合情”单身联谊活动、“采莲乡新茶 品红色文化”湘潭县一日游暨中国旅游日主题活动、全国元帅纪念馆第12次联谊会暨彭德怀同志诞辰117周年纪念活动等大型主题活动,对外宣传和推介彭德怀纪念馆。结合“三严三实”、党风廉政建设、社会主义核心价值观等内容，推出《学习彭德怀的“严”与“实”》《学习彭总精神，做廉洁自律人民满意的党员干部》等党性教育讲座、《听彭爷爷的家风故事学社会主义核心价值观》青少年德育教育讲座等，与《湖南日报》联合发表《正气浩然的“彭门”家风》，与湖南卫视、湖南教育频道、湘潭县电视台制作“湖湘好家风”、国防教育等专题报道8篇，与团县委推出“学习彭德怀精神 践行‘三严三实’要求”手机微宣传。在湖南省旅游网、三湘风纪网、湘潭县网等网络媒体上发布宣传信息53条、舆情信息12条，在纪念馆官网上发布信息48条，编辑印发《彭德怀纪念馆馆刊》5期，适时更新官方微博、微信，全方位多角度弘扬彭总精神，传播社会正能量。举办接待礼仪、文明礼仪、优秀传统文化等形式多样的专题讲座，推动群众性精神文明建设。

深入挖掘彭总精神事迹，创新开展学术研究和交流，加强研究型人才队伍培育。举办全国元帅纪念馆第12次联谊会学术交流会，征集学术论文24篇，参加“中国梦赶考行”全国系列活动之纪念中国抗日战争胜利70周年学术研讨会，并以《铭记历史珍视和平——在抗战胜利70周年之际深切缅怀彭德怀同志》为题发言，馆内员工撰写的理论文章《以彭总为镜 做党性坚强的党办人》《打造红色文化品牌助推红色旅游发展——彭德怀纪念馆红色旅游管理与创新》分别荣获湖南省“深入践行‘五个坚持’,做党性坚强的党办人”征文比赛三等奖、湘潭市“红色旅游发展十年”征文比赛二等奖。

2015年，彭德怀纪念馆被省文物局评为“湖南省十年（2006—2015）博物馆陈列展览精品奖”。

【乌石峰部分游道建设工程】 2015年10月16日，乌石峰游道建设工程开工，总投资69.28万元。该游道从乌石峰山腰至峰顶全长680米，游道、景观亭、护栏、标志标牌、垃圾收集箱等相关设施建设已全部完成。

【拍摄《彭德怀元帅》电视连续剧】 电视剧《彭德怀元帅》于2015年1月5日开机，由解放军总后艺术中心、八一电影制片厂、上海影视集团和彭德怀纪念馆联合发起拍摄，总投资8000余万元，彭德怀纪念馆筹资2500万元。开机后，剧组先后在北京王佐、河北易县、陕西太谷、浙江横店、京郊门头沟等地拍摄，辗转26万千米，历经136天，5月20日在山东烟台顺利杀青。在浙江横店拍摄期间，县委书记谢振华，县委常委、宣传部长刘耀奇带队代表彭总家乡人民前往剧组探班慰问，鼓励剧组全体人员弘扬彭总精神，将《彭德怀元帅》拍成艺术精品。该剧已通过初审、复审，共45集，初定于2016年7月在北京人民大会堂举行首映式，拟在央视一套黄金时间播出，向全国观众呈现一部感染人、教育人、鼓舞人的优秀作品。

【全国元帅纪念馆第12次联谊会暨彭德怀同志诞辰117周年纪念活动】 该联谊会由全国元帅纪念馆联谊会、中共湘潭县委、湘潭县人民政府主办，彭德怀纪念馆承办。4月，彭德怀纪念馆召开专题会议，制定办会方案。7月初，向县委、县政府提交请示，县领导高度重视，并向市委作专题汇报，按照市委批示“隆重、俭朴、有效”的原则，确定会议规模、规格和相关内容。经精心筹备和积极争取，会议得到中共湘潭县委宣传部、韶山毛泽东同志纪念馆、毛泽东广场管理处、韶山润泽东方集团、曾国藩故里管理处、鑫田国际大酒店的大力支持，在彭德怀诞辰117周年之际顺利召开。十大元帅纪念馆、韶山毛泽东同志纪念馆、刘少奇同志纪念馆、平江起义纪念馆管理处、中国西柏坡精神研究会筹委会、曾国藩故里管理处以及县委、县政府、县人大、县政协等20家单位，63名代表出席，征集学术论文24篇，对弘扬彭总精神、传承革命情谊、推动红色文化发展有着十分重要的历史意义。

【无烟单位创建活动】 2015年，在巩固文明景区、两型景区创建成果的基础上，开展无烟单位创建活动，成立创建活动领导小组，制定方案、完善制度，张贴宣传标识30余处，分发倡议书1000份，组织干部职工开展专题学习3次，利用广播、网站、微博、微信、触摸屏、电子屏等循环播放宣传音频、视频，多渠道向游客和社会公众传播禁烟控烟知识，获得市级无烟单位称号。 （邓璐思）

（责任编校 杨 柳）

财政·税务

财 政

【概况】 2015年，全县完成财政总收入24.4亿元，为年初预算的100%，比上年增加2.03亿元，增长9.08%；一般公共预算支出完成43.6亿元，为年初预算的113.66%，比上年增加5.25亿元，增长13.69%。

加强财政征管。积极落实中央“营改增”、扶持小微企业发展、取消部分行政事业性收费等政策性减税减费政策，充分挖掘新兴税源，加强对薄弱环节的征管，努力增加税收，进一步加强行政事业性收费收入、国土收入等重点非税收入的征管。全年税收收入完成131280万元（包括地方实收收入和上划收入），非税收入完成112719万元。

细化编制全口径预算，充实政府性基金预算，扩大国有资本经营预算覆盖范围，加强社保基金收支监管，各项收入按规定全部纳入预算，统筹安排各项支出。同时，全面推进预决算信息公开，所有县级预算单位（涉密部门除外）的预决算和“三公”经费预决算，都在规定时间内按要求予以公开。

实现村账乡代理。根据《关于规范村级财务若干问题的通知》（潭县政办发[2015]12号）规定，财政部门负责村级财务管理，安排村账乡代理业务人员56人；更新财务核算软件；完善备用金制、项目资金直接支付制、大额支出集体会签制、代开收据制等村级财务管理制度；实行业务辅导员派遣制度，抽调业务精通的人员，采取一对一帮扶的方式指导乡镇财政所做好村账乡代理和乡本级财政业务工作。

加强预算绩效管理。编制部门预算时同步启动2015年的绩效目标管理工作,所有由财政性资金安排的项目支出都要编制项目支出绩效目标申报表，实行预算绩效管理与部门预算“同申报、同审核、同批复”。全县80多个预算单位申报的560多个项目资金的绩效目标，审核项目预算资金9.63亿元。加强绩效评价结果的运用，优先考虑或重点支持绩效评价结果较好的项目，减少绩效评价结果差的项目资金安排，取消无绩效或低绩效项目。

加强专项资金管理。出台并落实《湘潭县财政专项资金（基金）管理暂行办法》，统筹安排专项资金，集中投向，避免撒胡椒面，切实改变资金散小、利益固化的格局。跨年度项目资金由往年“一次申请，一年安排预算”改成“一次申请，分年按进度安排预算”，凡是当年不能形成支出的，当年不予安排，不编入预算。县设专项资金实行“一个专项、一个办法”，逐一明确政策目标、设置年限、使用方向、资金申报、分配办法、资金下达、公开方式等要素，严禁大专项下面套小专项，推进专项资金的实质性整合。

加强国有资产管理。是年，对湘潭县矽砂矿、湘潭县工程公司、湘潭县工程总公司等5家企业进行改制；推进裕湘粮食购销有限公司、城市建设投资公司、凤凰数字微波有限公司3家企业与央企、省企合作对接，引进资金近15亿元。面向社会公开拍卖国有资产37宗，处置收益1800余万元，实现国有资产增值159万元，确保国有资产保值、增值。重点加强行政事业单位国有资产管理。年内，全面启动行政事业单位资产管理动态系统，从资产的购置到资产的处置进行全面动态掌握。2015年9月，全县所有事业单位及事业单位所办企业开始产权登记工作，年末已完成96家单位。做好公务用车的控购和处置工作，2015年没有新增一般公务用车。

加强政府采购管理。全年全县累计执行政府采购计划19995万元，实际采购资金为17726万元，节约资金2269万元，节约率为11.34%，做好县重金属污染耕地综合整治、县教育部门合格学校建设、县农业生产全程社会化服务、县城垃圾处理、天易示范区新移交路段清扫保洁服务等项目的政府采购工作。对采购资金严格实行预算执行管理并对执行情况进行绩效评价，要求采购单位按照“应编尽编”的原则，落实采购项目资金来源、明确采购需求、细化采购品目，严格执行“先预算后采购”的政策。牵头制定《湘潭县政府采购管理办法》（潭政办发〔2015〕55号），印发《湘潭县财政局关于进一步规范政府采购工作的通知》（潭财发〔2015〕43号），明确政府采购工作要求和流程，并结合工作实际，对预算已有安排或有资金来源的采购项目，积极简政放权，减少申报手续，及时解决采购单位的合规需求。对部分零星工程（30万元以内）采取通过招标方式确定入围定点供应商，并确定好结算原则。结合本地企业实际情况，发挥政府采购支持中小企业、科技创新、“两型”产品等政策功能导向，积极推进政策功能的实施。

规范财政投资评审。制订出台《湘潭县财政投资评审操作规程》，对评审工作从委托立项、确定评审计划、评审取证、交换意见到出具报告的整个过程都制定明确的规定。加强质量管理，严格执行评审管理程序，实行质量责任制，评审人员评审工作底稿要存档备查，明确职责。实行流水作业，严格按照初审、复审、会审三方定案的评审程序执行。围绕财政体制改革，进一步推行项目预算评审，积极为部门预算的实施提供技术服务。

（陈佳妮）

国家税务

【概况】 2015年，县国税局克服国内经济增速放缓、主体税源——煤炭行业几近停产、重点企业相继缺失、部分企业陷入债务危机等诸多不利因素，凝心聚力抓税收。召开多层次的收入分析会议，寻对策、定措施；深入开展税收分析，《2015年湘潭县国税收入分析报告》《从国税视角看湘潭县财源建设》等多篇专题报告得到县委、县政府高度重视；以税收风险管理为重点，抓好第三方信息的增值利用，发布风险预警信息328条，通过风险管理查漏增收2196万元;加大税收专项检查、大要案查处和发票打假工作力度，稽查查补入库税收293万元；进一步完善收入质量评价体系，强化税收经济协调度、征管主观努力程度的考核，国税收入呈现出“结构优化、质量提高”的特点。全年累计入库税收收入4.35亿元，实现“零新欠”目标。

认真执行各项结构性减税和各项税收优惠政策，落实税收优惠政策，促进创业创新。全年累计办理各类退税924万元。其中，生产性出口企业办理免抵退税额512万元，外贸企业办理出口退税412万元。落实小微企业税收优惠政策的做法得到总局督导组高度肯定。认真落实简政放权要求，全面清理现行税收规范性文件，公开权力清单和负面清单。全面部署2015年税收执法检查和执法监察工作，针对系统内相继发生的系列案件，举一反三，组织专人开展全局窗口代开发票专项执法监察，排查风险，有针对性地出台后续管理措施，有效排除和化解11项164条税收风险事项，查补税款20余万元。税收执法信息系统考核实现“零差错”，分批举办法律法规培训，积极参加六五普法考试，开展“新常态、新税风”系列税收宣传活动，有效提高税务人员法制意识。积极推进第四批“依法决策示范领导班子”的创建工作，依法决策工作得到依法治市办检查验收领导小组的充分肯定。

全面落实“三证合一、一照一码”商事制度改革。将金税三期推广工作纳入绩效考评体系，通过创新“以练代训”“ABC岗协作”等工作机制，有序推进金税三期工程，精心做好演练、测试、应急等工作，金税三期10月8日顺利上线后运行平稳。巩固营改增改革成果，积极做好营改增扩围应对，试点纳税人已达 175户，80%的试点行业纳税人税负下降，有效推动现代服务业的发展。开征电池涂料消费税，加强成品油消费税管理。严格落实扩大固定资产加速折旧、研发费用加计扣除范围等所得税优惠政策。认真开展增值税发票系统升级版推广工作，406户存量纳税人全部完成升级。

组织人员编印涉税流转文书内部传递单，一次性告知纳税人办结流转文书所经环节、时限及资料，打通《全国税务机关纳税服务规范》落地的“最后一千米”。全面落实税收征管、出口退税、国地税合作等工作规范。在全县开展“‘大众创业、万众创新’涉税优惠行”“园区服务直通车”等活动，免费为纳税人送出培训、互动解答、税易贷、奔跑吧小微等服务“大礼包”，现场授课6场次，培训纳税人800余人，解答纳税人问题120余个。与建设银行合作的“税易贷”项目，为72户小微企业发放贷款1260万元。建立税务机关、涉税中介机构和纳税人的三方联席会议制度。通过“湘潭县国税微税宣”平台进行纳税人满意度调查，纳税人满意度不断提升。

开展“三严三实”专题教育，坚持边学边查边改。围绕“实、广、真、严”开展“岗位大练兵业务大比武”竞赛活动，掀起税收业务比学赶超的新高潮，涌现出谭海泉、周勇、肖华辉、冯刃等一批岗位能手。稳步有序推进机构人事改革，建立干部交流轮岗机制，制定干部岗位交流轮换试行办法，年内，中层干部交流面达80%，一般干部交流面达60%，新提拔30岁以下的中层干部4人，女干部4人，破格提拔1人。在全市系统的正、副科级领导干部选拔工作中，提拔正科1人，副科2人。严格落实党风廉政建设“两个责任”，制定责任清单，完善责任体系，分解落实责任，对责任履行情况全程跟踪监督。在全局十个支部精心组织开展“特色纪检日活动”评选活动。主办“湘廉颂·讲述税收廉政故事”主题教育活动，创做出《特殊的辅导》具有国税行业特色的廉政微电影参加市纪委的评比。成立青年工作委员会，拓展以诚为核心的税务文化建设，引导干部传诚之道、行诚之举，培育诚信文明的社会氛围。积极争创全国模范职工之家、省级文明卫生单位。努力改善基层税务分局办公条件、生活环境。建立职工书屋、乒乓球室、舞蹈瑜伽室、篮球场等活动场所，县局工会连续4年被市局评为系统先进工会组织。

搭建个人绩效内部管理综合平台——“湘潭县国家税务局干部综

合评价体系”，有效促进工作的落实，进一步规范内部管理，提升队伍活力，在全局范围内形成良性竞争的工作氛围，经验在全省推介(湖南国税通讯2016年绩效管理工作动态第二期)。对全局各单位贯彻落实中央八项规定精神、纠正“四风”问题工作落实情况开展专项检查督导，严防“四风”问题反弹。规范财务管理，强化实有资金监管和预算管理，“三公”经费和会议费、差旅费、培训费均不同程度下降。加强信息系统的维护和管理，开展网络信息安全宣传，确保信息安全“零事故”。加强政府采购、办文办会、档案保密、信息安全、信访管理等工作，信息调研连续五年保持全市领先位置，荣获2015年市局税收调研论文大赛组织奖。成功创建省特级档案室。创建平安国税，集中开展安全大排查，积极应对涉税舆情，改善机关院落环境，强化后勤保障，社会管理综合治理连续三年保持全县先进。突出抓好道德讲堂、身边先进典型推选、志愿服务、职工之家建设等各项工作，涌现出湘潭市芙蓉百岗明星郑庆华、湘潭市最美基层团干彭湘、湘潭市最美军嫂刘湘鲲等一批先进个人。是年，顺利通过湖南省文明单位、湖南省文明卫生单位复检。（王志标）

地方税务

【概况】 2015年，县地税局紧紧围绕省、市局工作部署，按照年初制定的“七项重点工作”总思路，扎实推进全局各项工作。

迎难奋进，组织收入稳步提高。面对严峻的经济形势、“营改增”逐步扩围推进，全县地税税源更加吃紧，全局上下克服困难，勤征细管，通过强化收入目标责任制、加大欠税催缴、狠抓收入质量等措施，层层落实收入任务。累计组织入库各项收入（全口径）93709万元，同比增收8506万元，增长9.98%。其中，政府考核口径入库88253万元，同比增收8749万元，增长11%，完成年度计划任务102.62%；其他费金入库5366万元，同比减收97万元，下降1.78%。受教育费附加、地方教育附加两费下挫影响，费金首次出现负增长。

集中攻坚，金税三期顺利上线。作为全省六个“金三”双轨试运行单位之一，坚持全员上阵，把金税三期上线作为衡量“三严三实”专题活动成果的重要标准。6月26日，召开全局金税三期推广动员大会，成立“金三”领导小组和指挥部，经过连月不分昼夜的加班加点，积极稳妥地推进环境准备、测试验证、数据清理、岗责配置、人员培训等工作。全局共接收省局异常推送5批次，清理异常数据上万条。共20批次干部参加省市级“金三”业务培训，总数达109人次，实现全员全覆盖。组织1000余户纳税人参加“金三”网厅操作培训，效果显著。8月3日，在预生产环境中成功开出全省“金三”系统首张税票。8月6日，在生产环境中顺利开出首张税票和发票，标志着“金三”成功双轨运行。10月8日，“金三”正式上线后，加强运维管理，各种涉税事项办理顺畅，得到省、市局的高度肯定。

简政放权，小微优惠落实到位。年初接受总局、省局对小微企业优惠政策落实情况、纳税服务规范执行情况以及群教路线开展情况等6大方面重点工作的全面考核，规范税收执法行为。在全市率先联合建设银行启动“税易贷”服务项目，搭建税、银、企沟通服务平台，该业务已发放12笔，贷款金额达1315万元，为广大的小微企业提供便捷高效的融资渠道，被《湖南日报》推介，取得积极反响。设立“小微企业优惠政策落实咨询服务岗”“小微企业绿色通道”，实行专人负责，严格“首问责任制”，方便纳税人快捷办理税收优惠。组织业务干部到湘潭县青年创业协会活动现场宣讲，为青年创业者们进行政策咨询和辅导，广受好评。第一税务分局成功创建2013—2015年省级“依法办事示范窗口单位”，将继续申报创建总局依法行政示范单位，加快全局法治建设进程。

立根固本，征管基础逐步夯实。全面做好房地产建安税收精细化管理，运用房地产一体化数据，做好税源动态监控，强化部门信息比对，堵塞税收漏洞。推进《征管规范（1.0版）》落地，加大学习宣传力度，梳理规范干部职权，并纳入绩效考核，定期对重点业务环节“回头看”。加强个体户征管，2015年在册个体工商户共10106户，年双定税款611万元。认真开展纳税评估，全年共完成361户纳税评估任务，入库各项税费670余万元。12万以上个人所得税自行申报人数达603人呈跨越式增长，应纳税额933.13万元悉数组织入库，圆满完成高收入个人自行纳税申报工作。做好土地使用税调等定级，全年土地使用税入库6487.36万元，较上年同期增加3923.6万元，增加153.04%。全年稽查补税750万元，有效打击涉税违法行为。

便民办税，纳税服务质效提升。优化办税环境。按照全省地税系统办税服务厅规范化建设标准，合理划分咨询辅导等区域，配备LED显示屏、排队叫号机和自助终端服务机等设备，新增高清摄像头，硬件设施全面升级；全面推行《纳税服务规范》，从严、从细、从优执行“规范”，共办理“三证合一”35户。认真落实“便民办税春风行动”，组织“走进地税，感受便民春风”为主题的纳税服务活动日活动，全年共举办“纳税人学堂”12班次，参训人员约1200人次。与湘潭县江声中学组织开展“大手牵小手，我们一起走”为主题的办税服务厅开放日活动，形成以个人带动家庭，以家庭影响社会，营造依法诚信纳税的良好氛围。组织拍摄《传承》微视频，荣获全市微视频竞赛一等奖、全省地税系统微视频竞赛二等奖，并在100多个省直单位激烈角逐中荣获优秀影片奖，通过黑板报宣传正面典型，带动全社会关注税收工作。

筑牢“三基”，队伍建设稳步推进。全面落实干部职级与职务并行、养老保险、边远乡镇干部津补贴等利好政策，全局35人享受乡镇补贴，人均补贴达272元/月，让改革政策红利惠及基层干部。以“三严三实”专题教育为抓手，深化“一调两转”，制订《湘潭县地方税务局深化“一调两转”，加强思想作风建设活动实施方案》，一人获得省局“一调两转”征文优秀奖。年初，提拔3名中层副职，其中包含2名女干部。先后举办“奔跑吧·地税人”趣味运动会、“传国学经典，扬青春之志”五四青年活动，依托“流动书屋”平台和“悦·读”微信公众号，在全局掀起一股“悦·读”热，增强基层组织的凝聚力和战斗力。

严抓严管，廉政建设现新常态。认真落实“两个责任”，制订《湘潭县地方税务局贯彻落实党风廉政建设“两个责任”及责任追究的规定》。加强机关作风监督管理。完善机关工作人员守则、机关考勤、干部出行公示等制度，专项购置5台人脸识别考勤管理机器，不定期对机关人员在岗情况、工作情况进行督查，全年开展8次明察暗访，内部发现和处分干部7人次。加强内部审计。结合省局两次专项审计检查意见，多次召开整改专题会，制定新的《预算审批单》，严格审批程序，实现公用经费、招待费分别同比下降15%和3.6%，全面清理固定资产，完成所有资产二维码粘贴工作，做好账实相符，是全市首个成功导入数据的单位。

是年，县地税局荣获全省地税系统“三基”建设工作先进单位、全市地税系统绩效考核先进单位，湘潭县局第四税务分局荣获“全国模范职工小家”、第五税务分局荣获“2013—2014年度全国青年文明号”称号。（徐珊珊）

（责任编校　杨　柳）

金融·证券·保险

概　述

【概况】　2015年，驻县银行类金融机构13家，营业网点140个，新增兴业银行、交通银行和吉祥人寿、大地产险4家金融机构。年末全县银行类金融机构存款余额299.12亿元，比上年末净增32.61亿元，增长12.24%；贷款余额179.78亿元，比上年末净增13.61亿元，增长8.2%；存贷比为60.1%，其中，中小微企业贷款39.1亿元，比上年增加7.1亿元，涉农贷款117.7亿元，比上年增加8.1亿元。驻县保险公司20家，寿险保费收入4.5亿元，产险保费收入1.2亿元。县内有小额贷款公司1家，融资性担保机构1家，证券营业部1家。全年，全县金融机构缴纳税收1.5亿元。

金　融

湘潭县农村信用合作联社

【概况】　2015年，湘潭县信用社围绕深化改革，转型发展这一主题，坚守服务“三农”宗旨，坚持支农支小支实（支持农业支持小微企业支持实体经济）方向，强化人才、科技和服务三大支撑，转变发展方式，加快经营转型，促进提质增效，严控各类风险，努力打造成客户首选银行、公众满意银行、员工幸福银行，为加速推进全县经济发展做出贡献。截至2015年年末，各项存款余额为1248538万元，比年初增加154950万元，增长率14.17%。其中，低成本存款余额为165004万元，占比为12.89%。各项贷款余额为652149万元，比年初增加21903万元，增长率3.48%。其中，涉农贷款余额为643876万元，占贷款总额的98.73%。实现总收入76215万元，总支出69861万元，实现账面利润6354万元，经营利润22554万元。经营等级为三类七级，绩效等级为C++，较上一年度提升7个等级。累计发行福祥卡742827张，福祥卡存款余额为86044万元，占存款总额的6.89%，比年初增加11205万元，增长率14.97%；累计开通手机银行23780户，比年初增加12204户，完成省联社任务的187.75%；累计开通ETC业务3393户，完成省联社任务的121.18%，各项新业务得以长足发展。

【信贷服务地方经济发展】　年内，开展评级授信，规范业务发展。树立“先授信，后用信”的流程银行理念，加强对大额客户的评级授信管理，做好客户评级授信工作。全年累计完成197户个人客户授信，授信金额268520万元；完成42户企业授信，金额166470万元。创新住房按揭贷款业务。通过与市房产局签订协议，做好商铺按揭贷款和个人经营性贷款分期还款业务的前期工作。深入开展银企合作。已与湖南伍子醉食品有限公司、伟鸿食品股份有限公司、湖南湘水缘长生陵园有限公司等企业签订银企战略合作协议，共计投放贷款23984万元，建立长效发展机制。加强与园区对接，扶持重点工程项目。与天易示范区和九华园区进行业务对接，全年共计向园区和重点工程投放贷款16户、金额17102万元。开展“六个一百”和“六个一”金融服务示范点创建工作，凸显金融支农、支小服务成果。明确23个金融服务示范活动创建单位，其中种养大户胡孝成、农业龙头企业湖南华绿生物科技有限公司、春静农业合作社获省联社授牌。开展“两扫五进”，全员上门营销。共收集31382户的客户信息，其中，收集农户信息17232户、集镇商户5376户、医院9所、学校30所、政府单位77家、企业139家、种植户4014户、养殖户1600户、社区43个、职业人员2307户。

▲“六个一百”：即挑选100个家庭农场、100个专业合作社、100个种养大户、100个农业产业化龙头企业、100个科技型企业、100个商业流通企业进行重点培育对象，为其量身定制综合服务方案，给予重点支持，帮助客户做大做

优做强。

▲“六个一”金融服务示范点：指每个法人行社在辖内挑选和培植1个优秀信贷管理支行、1个信用村、1个专业市场、1个产业链、1个商会、1个园区等信贷示范点。

▲“两扫五进”：即扫街、扫楼、进商区、进社区、进园区、进门店、进企业。

（洪艺彰）

中国农业银行湘潭县支行

【概况】 2015年，中国农业银行湘潭县支行围绕市分行“四大工程”建设要求，积极适应新形势，扎实推动经营转型，坚持稳中求进，切实抓好扩户提质和不良清收工作，各项工作得到全面发展。至年末，各项存款余额47.03亿元，较年初增加23831万元。各项贷款余额153160万元，较年初减少54501万元。其中，对公贷款余额120575万元，较年初减少9591万元；个人一般贷款38357万元，较年初减少6984万元。其中非农个贷26159万元，比年初减少682万元；农户贷款12263万元，比年初减少6663万元。实现收入总额为22942万元，同比减少3328.6万元。实现中间业务收入1121万元，实现拨备后利润2681万元，同比减少6060万元。

【“村村通”工程建设】 支行出台进一步推动“村村通”工程提质增效的方案，推进“村村通”工程建设，延伸升级进位空间。选取中路铺支行作为“村村通”提质示范单位。全县“村村通”已覆盖495个村，设置服务点572个，机具有效率达98.08%，通过“智付通”归集的电费，占全市大部分份额，该项产品功能在逐步显现。全年金融性交易82082笔，占全市的43.8%；电费代缴362万元，占全市的61.9%；机具有效率省分行排名第7位。

中国农业发展银行湘潭县支行

【概况】 2015年，中国农业发展银行湘潭县支行围绕“外树形象、内强素质、深化管理、严控风险”的重要宗旨，坚持发展理念，持续发挥全行农业政策性支农作用。

至年末，各项存款余额为35445万元，比年初增加21998万元，增长率为163.59%；贷款客户11家，各项贷款余额为82235万元，较年初增加13961万元，增长率为20.45%。其中，政策指令性贷款余额为17370万元，政策指导性贷款余额为60435万元，商业性贷款余额为4430万元，全年累计发放贷款33140万元。不良贷款余额7015万元，较年初减少1939万元，下降21.66个百分点，占比8.53%，比年初减少4.58个百分点；中间业务收入52万元，较年初减少25万元；利润总额为829万元，同比减少280万元。

【服务地方经济发展】 2015年，中国农业发展银行湘潭县支行按照总行两轮驱动的基本指导原则，做好粮油收储工作。开展“春天行动”，与县政府、相关局级单位积极沟通、密切配合，相互衔接，互通信息，落实裕湘库存远程监控，及时了解粮食收购、销售和生产经营情况，做好裕湘粮食轮换与监管工作，确保信贷资金安全和粮食安全。针对湘潭县整体情况及农发行工作重心的变化，积极营销符合农发行支持条件的客户。1月至5月，发放土地储备贷款8400万元；5月，发放湖南湘久阳科技能源有限公司流动资金贷款800万元；10月，发放湘潭天易示范区向东渠防洪水利工程项目贷款20000万元。湖南天易融通创业投资有限公司10亿元的金霞山片区城镇化开发项目、湘潭盛弘实业有限公司名下1.5亿元的湘潭县紫荆河水利治理工程和城投（湘潭）制水有限公司名下的1.5亿元湘潭县易俗河自来水厂项目3个项目的初评已基本完成并上报上级行，力争获得上级行审批。基金项目作为农发行新推出的业务，该行按照上级行的要求与当地政府、发改等部门积极沟通，按照相关要求上报符合条件的项目，做好农发重点建设基金项目工作。全年累计申报项目多达50个，涉及项目总投资约434.34亿元，涉及项目资本金100.58亿元。年内，通过农发重点基金审批2.195亿元的项目资本金投资，其中，支持潭煤集团项目投资1.875亿元，支持湖南傲派自动化设备有限公司项目投资1200万元，支持湘潭县湘江防洪生态治理建设项目投资2000万元。这些项目的推进，促进县域经济的发展。

【化解信贷风险】 2015年，该行将信贷风险防控作为工作重点，积极有效化解各类风险。对风险隐患已全部暴露的企业采取法律措施，同时配备现金清收等多手段。10月，清收湖南新皇粮营养米业有限公司不良贷款1879万元，其贷款资本金清零。清收湘潭兴农配方肥有限公司110万元，同时，与企业和政府协商，争取通过政府出面协调缓释和化解风险，后期力争采取续贷、现金清收、法律催收等多种方式进行清收。对风险隐患尚未暴露的企业认真调研，积极沟通协商。收回湖南莲美食品有限公司贷款1075万元，并采取法律催收措施对剩余的1413万元贷款本金进行催收。对企业风险隐患尚未完全体现，但后期生产经营面临较大困难的企业，采取积极深入企业的实际经营当中，与企业共同协商解决部分问题，采取多种方式化解和缓释风险。

（马红毅）

中国银行易俗河支行

【概况】 2015年，中国银行易俗河支行易俗河支行以经营效益为中心，抢抓机遇，拓展市场，严控风险，取得较好的经营业绩。至年末，各项存款时点余额117360万元，较年初新增19646万元。其中，个人储蓄存款时点余额为99837万元，较年初新增14682万元；公司存款时点余额为17523万元，较年初增长4964万元，其中行政事业单位存款8814万元，较年初新增3067万元。贷款总额66290万元，较年初减少725万元。其中，个人贷款余额48923万元，较年初减少3939万元，公司贷款余额17367万元，较年初新增3214万元，其中中小企业贷款余额9448万元，较年初新增2408万元。实现业务净收入3304万元，其中存贷利息收入2826万元；中间业务收入479万元。

不良余额为247万元，其中，

公司不良余额21万元，个人贷款不良余额226万元，综合不良率0.34%，资产质量基本稳定。

【各项业务快速增长】 2015年，中国银行易俗河支行易俗河支行以提升网点效益为目标，加大营销力度，创新营销方式，促各项业务快速增长。加强对湘潭县财政局、湘潭县房地局、湘潭县公积金中心、湘潭县社保局等单位的营销，促进对公业务的发展，行政事业存款大幅度提升。提高走访客户的频率，重视改善和提高银企关系，通过批量代发工资、办理贷记卡、短信通等业务服务，满足企业和客户的个性化多方位需求，稳定老客户，增加一批公司存款客户和个人客户，拓展客户群。以风险控制为重点，理性发展授信业务。面对房地产市场低迷，零售贷款投放不足的外部环境，将营销的重点放在学校、医院等民生行业、优质园区中小企业、以及个人投资和房屋按揭贷款等优质企业或项目上。年内，成功营销湘潭县一中、四中、九中、江声实验学校等县教育系统批量业务，累计实现贷款发放5500万元。在加大推进授信业务时，严格控制各种授信风险，加强贷前、贷中、贷后环节的风险管控。主动清退6户存在风险的中小企业，包括几户竹木企业，提前化解风险。

中国建设银行易俗河支行

【概况】 2015年，中国建设银行易俗河支行以客户为中心，以市场为导向，调整客户分层，存款抓源头，客户抓重点，业务发展成效显著，各项任务指标再创新高。至年末，全口径存款时点余额15.64亿元，新增2.85元，完成全年计划的102%。各项贷款余额达16.04亿元，比年初新增2.49亿元。实现中间业务收入735万元。

【业务快速发展】 2015年，该行以湘潭县天易示范区为中心，重点加大对天易示范区管委会、县财政、县社保局、县税务局等机构客户和园区中小企业客户的营销力度。年内。成功获得湘潭县武广一天易片区开发基础设施建设项目3.5亿元固贷审批，大力支持湘潭县基础设施建设。践行“大资产 大负债”的发展理念，大力发展资管业务，成功投放7000万元理财产品置换湘潭县政府一类债务，并成功营销4.68亿元一类债务贷款置换业务；成功营销机关养老保险职业年金账户、成功营销湘潭县财政统发工资代发210户，实现财政工资统发零的突破；成功营销湘潭产业投资发展集团有限公司2亿元股权投资类理财产品。创新开展特色活动，扩大建行影响力。组织员工深入小区和市场发放宣传资料、营销各类产品，外出举办各类活动：举办免费写春联、小区送电影、走商户送零钞、广场舞大赛公益活动、社区车展等活动；在大型超市门口、县域汽车站、各大机关事业单位食堂为客户宣传金融产品、开展观影客户答谢会等活动；与湘潭县政府部门举办小微企业金融产品推荐会；在网点内做好特色宣传，竖立环卫工人关怀标语，在自助服务区放置便民服务袋和为您服务卡，大厅配备影音设备由大堂经理定时进行产品宣传和风险提示，下班后为网点门口的广场舞爱好者提供免费茶水，积极利用节假日举办进门抽奖、存款抓鸡蛋、平安果赠送、情人节送花和巧克力、元宵节为客户现场煮汤圆等活动，加深客户体验。加大广告宣传力度，使建行品牌深入人心。通过在核心路口大屏幕投放县支行形象宣传片、点播电视剧、县电视台开机广告、在县支行绩效考核手册核心页面印制建行核心产品，在公交车站设立建行广告牌、在汽车站使用印制建行宣传标语的中巴车座椅套、网点贵宾室门口设立行长亲自站立欢迎指示牌，让建行优质品牌在湘潭县无处不在，深入人心。 （唐 婉）

中国工商银行湘潭县支行

【概况】 2015年，中国工商银行湘潭县支行围绕质量、效益、安全三个关键目标，全行员工凝心聚力，真抓实干，积极行动，盯目标、找差距、克服种种困难，完成年度各项工作任务，确保资金安全年的实现。至年末，各项存款余额96701万元，比年初增长9638万元，其中储蓄存款87001万元，比年初增长9589万元；公司存款3378万元，比年初增长942万元；机构存款6322万元，比年初减少893万元。各项贷款21965万元，比年初增长12249万元，其中个人贷款16263万元，比年初增长12868万元，全年贷款不良资产为零。

【业务快速增长】 2015年，中国工商银行湘潭县支行坚持实行行长大堂值班制，加强阵地营销，完善《个人中高端客户维护方案》，通过分层维护和“常年有礼”活动，加强“熟人文化”的渗透，在满足不同客户多元化的服务需求基础上，通过客户关系维护打牢客户基础，依靠优质客户资源带动各项存款特别是储蓄存款快速增长。在同业竞争日趋激烈的情况下，至年末，金融资产5万元~20万元客户新增355户，日均资产新增1804万元；金融资产20万元~100万元以上客户新增120户，日均资产新增2246万元；金融资产100万元以上客户新增7户，日均资产新增1255万元。加强整体联动营销，成立市场营销小分队，将各项指标明确到部门，明确到人，通过市场营销和阵地营销相结合，推动创新业务的发展。营销商户43户，完成任务的215%，任务完成率居一级支行前列。完成融E购注册会员450户、贵金属定期积存23户，分别完成任务的127%、121%，完成电商平台拓户3户，实现电子商城交易金额8000万元。加强目标市场拓展，通过主动服务抢占县域房地产信贷按揭市场份额。实现个人住房按揭贷款发放307笔，金额合计12465万元，较年初净增11700万元，净增幅354%，个人贷款净增额和净增幅均位列湘潭分行全辖一级支行前列，并实现“零不良”。开展捆绑营销，突出银行卡、网银、融E购等产品的捆绑营销，对其住房按揭客户为其配套个性化的“套餐”服务，最大限度地满足个人客户的金融服务需求，推动个人住房贷款业务与其他个人金融业务良性互动和协调发展。特别是在总行开展“置业九州幸福e购”房地产专项营销

活动下，实现碧桂园融e购房地产交易额7925万元，抢占单一客户同业的最大份额。 （胡成方）

中国邮政储蓄银行湘潭县支行

【概况】 2015年，中国邮政储蓄银行湘潭县支行按照“夯实基础，精细管理，转型升级，稳中求进”十六字方针精神，开展经营管理工作，稳步推进业务发展，企业管理逐步完善，企业实力逐渐增强，业务发展逐步提升。

至年末，个人存款余额为95502.6万元，其中活期余额25755.65万元，活期占比26.97%。存款规模列居全省县（市）支行前列；新增存款10593万元，完成年计划的84.75%，排名全市第二；贷款余额为71292万元。其中，小额贷款382户，贷款余额为4695万元；商业贷款1088户，结余余额为41423.1万元，净增2557万元；消费贷款余额为21159万元，净增8256万元，排名全市第二位；小企业贷款11户，贷款金额4015万元，净增2490万元，完成年计划的166%。

完成业务收入3984万元，完成年计划90.68%；实现利润1807万元，完成年计划的78.94%。中间业务发展平稳，信用卡、ETC业务突出。信用卡发卡578张，完成年计划的60.72%，排名全市进度第一；ETC安装603台，完成年计划的53.8%，排名全市第一；累计销售基金98.54万元；销售理财产品日均保有量 4258万元，累计销售国债165.65万元；累计发绿卡通卡14259张。

【贷款逾期清收显成效】 年内，中国邮政储蓄银行湘潭县支行大力开展资产保全工作，多措并举合力清收逾期贷款，全年共计收回逾期资金190万元，完成全年清收任务的105.5%；成功核销呆账34户，金额130万元；向法院起诉抵押贷款逾期客户10户，诉讼标的430万元，法院已判决3户，特殊情况撤诉11户。至年末，小额贷款不良贷款率逾期率为9.49%，不良率为8.67%；商业贷款不良贷款率为1.13%，逾期率为1.23%；消费类贷款逾期率为0.49%，不良率0.26%；小企业贷款逾期率、不良率均为0。 （周 霞）

华融湘江银行湘潭县支行

【概况】 2015年，华融湘江银行湘潭县支行围绕“稳中求进、稳中求新、稳中求变，稳中求实”的工作思路，实现业务的稳健和持续发展。至年末，各类存款时点余额为141914万元，较年初增长15281万元。其中，对公存款时点数较年初增长17656万元，储蓄存款时点数为负增长。各类贷款余额115305万元，较年初下降2299万元。完成年度考核经济利润5000多万元，超额完成分行下达的任务。置换政府债务3.1亿元，化解各类风险类贷款10笔风险，共计金额8929万元。该支行2015年被评为全行的A类支行。

【业务多元化发展】 年内，华融湘江银行湘潭县支行加强核心负债业务营销，营销到湘潭县易俗河镇人民政府村账乡代理专户、湘潭县物业专项维修资金管理中心、湘潭县地税局基本账户等政府类存款账户，机构类存款较年初增长8000多万元，实现对公存款的稳步增长。

拓展同业业务渠道，拓宽负债类业务的资金来源。加强与国家开发银行湖南省分行、国家农业开发银行湘潭县支行、万象信托、安信财富、华融资产湖南分公司等同业金融机构的合作，代理国家开发银行湖南省分行1.5亿元棚户区改造贷款（为分行引进存款近8亿元），代征拆资金1.1亿元；与县农发行已达成合作，预计可代理发放农发行城镇化建设资金10亿元；代理万象信托5亿元信托资金；发放安信财富5亿元委托贷款；推荐华融资产湖南分公司投放1.6亿元资金给天易示范区，预计可增加存款3000万元。加强公司联动，推动零售业务的稳步发展。发展伍子醉食品公司、傲派自动化公司、湖南新向维包装有限公司、湘潭县九中及湘潭县职业技术学校的代发工资业务，累计新增代发工资人数1200人左右，代发金额2000万元。

（王 平）

上海农商银行湘潭县支行

【概况】 2015年，上海农商银行湘潭县支行面对经济下行、主动调整业务发展方式，以“大零售”为业务发展的重点，实现业务稳定增长。至年末，各项存款时点余额17.3亿元，较年初新增0.8亿元；各项贷款点余额30.3亿元，较年初新增3.9亿元；不良贷款余额0.5亿元，不良率为1.83%；预计实现净利润0.3亿元。

【业务稳定增长】 年内，上海农商银行湘潭县支行启动提升网点服务水平的管理机制，员工的服务意识和网点的整体服务水平明显提升，促进网点转型不断推进。由零售部牵头组织、策划、考核各网点做好社区营销活动，一点一策、做出特色。各网点坚持每月深入社区开展各类活动，每月一个主题，每月至少一场活动，扩大品牌形象和社会认知度。加强重点营销战略性大客户，成功营销步步高投资集团、泰富重装、三一重工等战略性大客户。大力营销动拆迁补偿款，成功营销射埠镇的特高压动拆迁项目、地产集团的动拆迁项目等两个大的项目，新开个人账户200多户，新增个人存款8000多万元。 （马建光）

中国光大银行湘潭天易支行

【概况】 2015年，中国光大银行天易支行有员工人数13名，克服新开网点、客户基础群较薄弱等不足，紧紧抓住开展推动大资产业务及国家发改委重点项目的契机，积极营销湘潭县及湘潭高新区范围内的国家发改委重点项目，业务实现稳定增长。至年末，中国光大银行天易支行对公存款时点为2.2亿元，对公贷款时点为3.25亿元；个人存款时点2.38亿元，较年初新增10300万元，个人贷款时点5000万元。理财规模3.89亿元，较年初新增2亿多元。信用卡客户新增800多户,其中白金信用卡新增200张，个人贷款本年新增3100万元，支行基础客户新增3000多户。

【网点建设】 中国光大银行湘潭天易支行建立和完善一整套规章制度，狠抓内部管理工作，每月开展一次“员工合规教育”，增强员工的法治意识、风险意识及责任意识，形成以机制强化内控，以制度严格管理的内部管理模式。年内，没有发生一笔不良贷款，信用卡不良率也非常低，未发生一件风险事件和案件。同时，该行注重品牌形象，坚持优势文明服务、阳光服务的理念，在服务手段大胆创新，相继推出延时营业、上门服务、业务创新等一系列服务举措，为客户提供全方位、周到、便捷、高效的服务，赢得客户的信任，全面提升窗口形象。 （张 乐）

长沙银行湘潭县支行

【概况】 2015年，长沙银行湘潭县支行以“紧紧围绕加快转型、加速发展、安全合规、提升品牌、强化管理”为工作主线，团结、带领全体员工，锐意进取、不断奋进，积极倡导“积极工作，快乐生活”的理念，推动各项工作健康、稳步、跨越发展。至年末，本存款时点数为39019.63万元，其中对公存款时点数26477.05万元，个人储蓄时点数12542.59万元。存款比年初新增时点数21099.20万元，其中个人储蓄存款比年初新增时点数10017.70万元，对公存款比年初新增时点数11081.50万元。信贷余额10.369亿元，个人贷款37笔0.3726亿元，公司贷款22笔9.9965亿元。重点支持湘潭县政务融资平台和县域中小企业。

【服务地方经济发展】 年内，长沙银行湘潭县支行加大支持县域重点政务融资平台和县域中小微企业的发展。加大对吴家巷工贸区、杨河工业区、青山工业园园区内的中小微企业贷款的投放力度，积极促进全县经济目标不减，增速不减。支持湖南天易融通创业有限公司、特色槟榔企业小龙王食品有限公司、伍子醉食品有限公司的发展，先后与之建立信贷关系。深入走访天易示范区征拆范围内各村，落实县域工资代发项目。同时，加强与中国人民保险、中华联合财产保险、湘潭县水务局、城乡设计院、县工商局、县煤炭监督管理局等企、事业单位洽谈，上门衔接信用卡、POS机、工资代发事项，推进业务发展。 （罗 兴）

兴业银行湘潭易俗河支行

【概况】 兴业银行股份有限公司成立于1988年8月，是经中华人民共和国国务院、中国人民银行批准成立的大陆首批股份制商业银行之一，2007年2月5日在上海证券交易所挂牌上市（股票代码：601166），注册资本190.52亿元。开业20多年来，兴业银行始终坚持“真诚服务，相伴成长”的经营理念，致力于为客户提供全面、优质、高效的金融服务。截至2014年年末，兴业银行总资产突破4万亿元，达到4.41万亿元，较年初增长19.84%；归属于普通股股东每股净资产12.86元，较年初增长22.61%。全年营业收入1248.34亿元，同比增长14.23%；已在全国主要城市设立108家分行、1435家分支机构；作为中国首家也是目前唯一一家“赤道银行”，兴业银行始终秉持“科学、可持续”的发展理念，依法、稳健、文明经营，兼顾维护股东、客户、银行、员工以及社会环境等各方利益，积极践行企业社会责任，深受国际国内各界广泛认可和好评。

2015年4月23日，兴业银行湘潭易俗河支行成立。该行秉着为客户量身定制个性化、精细化的金融服务方案，以最优质的金融产品、最优惠的政策，为各企业和个人提供高品质金融服务。取得了一定的成绩。至年末综合金融资产余额达19070.6万元，其中储蓄存款9510万元，理财产品9560.6万元。

（周清清）

证 券

方正证券湘潭县营业部

【概况】 方正证券股份有限公司湘潭县凤凰中路证券营业部成立于2012年6月，营业面积423.6平方米，是湘潭县唯一一家合法的证券经营机构。2013年，获得经纪人资格，为全县人民提供全金融牌照的投资理财平台。至2015年年底，营业部在册员工13人，年内增加4人，业务范围包括证券经纪业务、融资融券业务、期货业务、基金代销业务，是综合型证券营业部。在业务资格不断完善的同时，营业部积极向财富管理转型，多种理财业务全面发展，同时大力推进信用业务，实现证券经纪与期货经纪一体化。2015年，营业部客户资产达3.3亿元，累计实现交易量129亿元，考核利润900万元，各项业务指标实现跨越式增长。 （郭 洁）

保 险

中国人民财产保险湘潭支公司

【概况】 2015年，中国人民财产保险湘潭支公司坚持依法合规经营，以效益为中心，通过抓业务发展、内部管控、树公司品牌形象等，公司业务平稳增长。

2015年，完成签单保费7350万元，同比增长4.08%，其中常规险种签单保费4121万元,同比增长12.99%，其中车险3117万元，同比增长9.14%，非车非农险1004万元，同比增长26.88%；政策性农业保险实现签单保费3229万元,同比减少5.44%。完成实收保费7415万元，同比增长22.19%，其中常规险种实收保费4184万元,同比增长7.41%，其中车险3119万元，同比增长9.22%，非车非农险1065万元，同比增长2.44%；政策性农业保险实收保费3231万元,同比增长48.68%。直接赔款3583万元，赔付率83.59%，综合成本率101.16%,费用率17.58%。

【保险业务稳定增长】 年内，中国人民财产保险湘潭支公司拓宽业务渠道，新发展建设银行、工商银行和长沙银行的保险业务。加强与县建设局、畜牧局等单位的合作，成功营销安责险、燃气责任保险、生猪货运保险，增加保费收入104.8万元；加强与教育部门的沟通，学生意外保险方面的市场份额略有增加，学生意外保险承保68.2万元；加强与卫生、民政等相关职能部门的联系，启动养老机构责任保险和医疗责任保险；加强与质监局的联系，食责险项目取得一定突破。积极开拓新保源，新增伍子醉槟榔企业的雇主责任险的业务，保费收入54万元。

【农业保险业务稳定增长】 年内，中国人民财产保险湘潭支公司以湘财金〔2015〕10号文件为契机，通过与各乡镇分管领导及农业保险专（兼）干多次交流沟通，制定出台农险专干及协保员管理考核办法，调动农险专（兼）干和村协保员工作积极性。加强依法合规意识，促进农险工作的开展。5月中旬，河口服务部通过保监会的筹建批复11月底，已完成选址，年内即可营业。河口服务部的成立，届时将覆盖梅林桥镇、易俗河镇、河口镇、射埠镇。加大政策性农业保险的宣传发动。5月早稻承保之际，该公司安排5万元专项经费在全县19个乡镇开展农业保险系列宣传活动，在全县各乡镇交通要道悬挂横幅85条、印刷墙体广告24条、在人口密集区域发放农业保险宣传资料两万余份等，提高农户对农业保险及人保财险的认识。加大种植业保险大户承保率，2015年早稻新型农业组织和种植大户投保达1178户，投保面积1.33万公顷。 （严　靓）

中国人寿保险湘潭支公司

【概况】 2015年，中国人寿保险股份有限公司湘潭支公司贯彻“重价值、强队伍、优结构、稳增长”的经营思路，增强可持续发展能力和核心竞争力，各项业务持续健康发展。

中国人寿保险湘潭支公司建立建立3支业务队伍，为618人提供就业岗位，为就业人员创造收入2678万，纳税200多万元，是湘潭县寿险业务市场份额最大的保险机构。至年末，完成保费收入5057.8万元，其中，个险业务为1328.78万元，团体保险业务为455.63万元，银邮保险业务为3272.77万元，续期保险5484万元。长短险理赔件数2662件，理赔金额762万，满期给付3267万，为湘潭县经济发展和社会保障体系做出贡献。

（马秀娟）

中华联合保险湘潭县支公司

【概况】 中华联合财产保险股份有限公司（简称中华财险），是经中国保监会批准，于2006年12月由中华联合保险控股股份有限公司发起设立的全国性财产保险公司。其前身是1986年7月15日成立的新疆生产建设兵团农牧业生产保险公司，是中国第二家具有独立法人资格的国有独资保险公司。2002年9月20日经国务院同意，公司更名为中华联合财产保险公司，成为全国唯一一家以“中华”冠名的保险公司。

2015年，中华联合财产保险湘潭县支公司网络覆盖全县17个乡镇，拥有正式签约员工7人，保险代理人30余人，在全县行业中排名第四。公司加强与县政府沟通，承办政策性的农业保险、医疗责任险、校方责任险等保费约500万余元。至年末，完成保费总计2248万元，其中机动车辆保险保费1414万元、健意险保费261万元、企业财产险保费30万元、责任险保费155万元、农业保险保费388万元。缴纳各类税费98.8万元，其中营业税88.4万元、城建税4.4万元、教育费税金4.4万元、印花税1.6万元。代扣代缴代理人个人所得税1.7万元；代扣代缴车船税122.5万元。

（谢秋良）

（责任编校　杨红艳）

教育·科技

教　育

【概况】　2015年，全县教育发展共计投入资金12075.12万元。创建合格学校40所。新建120套教师周转房，改造100套教师周转宿舍(公租房)，新建乡村学校少年宫3所。新建公办幼儿园3所，新增普惠性民办幼儿园77所。

社会各界捐资助学。湘潭子敬慈善基金与湘潭县人民政府签订捐赠协议，出资1亿元，无偿捐建湘潭县子敬学校；湖南时代阳光集团捐资370万元，改善青山桥镇青山中学和石门小学办学条件。

开展教师业务能力培训活动。培训教师4671人，其中参加国培1510人，省培1574人，市培303人，县培1284人。全县义务教育学校校长、教师共计交流轮岗349人次；有13位教师远赴永州江华县支教，有7位教师到泰国、菲律宾进行华文支教。县教育局获“湖南省中小学教师教育宣传工作先进单位”。

加强安全教育管理。制定《湘潭县教育局学校安全管理工作“一岗双责”工作方案》，实施领导干部带队检查安全工作制度。开展“观看交通安全、防溺水教育宣传片”“消防安全疏散演练”“安全主题班（队）会活动”“发放《致家长的一封公开信》”等法制安全教育活动。湘潭凤凰实验中学被省教育厅评为全省安全文明校园；湘潭县教育局被评为全县安全工作、信访维稳工作先进单位。

开展“一进二访”、精准扶贫工作。县教育局与后盾单位工作队员及帮扶村的支村两委一道，完成分水坳村精准扶贫捐助资金55万元。安置各类贫困人员就业近20人，兜底享受低保人员53人，全村34户贫困家庭已有10户成功脱贫。

切实加强师德师风建设。根据县委、县政府制定的《湘潭县创建教育强县三年行动计划》（2013—2015年）中提出的打造“师德师风建设”名片的目标，开展师德调研，召开师德建设专题会议16次，研究解决师德师风建设上的人、财、物、事问题14个。湘潭县教育工会被评为全国教科文卫系统模范职工之家先进工会组织、湖南省师德师风建设先进组织；县十中获评全国职工职业道德建设先进单位；易俗河镇邓新辉获评全国先进工作者；县一中夏志光、云龙小学鲁孟君等54名教师获市级“优秀班主任”“优秀德育工作者”；江声实验中学张琦、凤凰实验中学冯铁光等60名教师获评县级“最美莲乡教师”“十佳校长”“十佳青年教师”“十佳师德标兵”“十佳班主任”“十佳后勤人员”。

学前教育

【概况】　2015年，县内经教育局审批注册的民办幼教机构共有194所，公办幼儿园共19所，全县在读幼儿25256人，幼师1901人。学前教育稳步发展，城镇和农村儿童学前一年教育和三年教育入班率分别达到100%和75.08%。

组织全县第二届幼师赛课活动，决赛分两个赛点，历时2天，共有28名幼师参赛，有6个教师荣获一等奖。

组织全县幼儿园园长和幼儿园教师培训。7月11日、11月26日，组织两次规模大、规格高的新课程培训，培训会上聘请全省一流的专家学者、教材编写人员到会讲课，有近700人次参加培训。

以易俗河镇为现场，组织召开全县学前教育推进工作会议，会议观摩四所优秀的幼儿园，听取有关幼儿园管理的经验介绍。

义务教育

【概况】　2015年，全县招收六周岁一年级学龄儿童8358人，适龄儿童少年入学率达100%，年巩固率为100%，三类残疾少年儿童入学率达63.1%；小学毕业生7557人，并根据"就近入学"原则整体升入初中。全县在校初中生30301人。初中辍学率控制在0.5%以内，毕业发证率97.56%，初中毕业生升入高中阶段学校的入学率94.4%。是年，有40所义务教育阶段学校通过省合格学校验收。初中毕业会考九科及格率，优秀率和人均总分3项指标连续5年排名全市第一。云龙中学（初中部）、江声中学、凤凰实验中学、楠竹山中学、白托中学、茶恩寺中学、云龙小学、烟塘小学、天易金霞小学等一批学校获市综合评价表彰奖励。

高中教育

【概况】 2015年，全县共有普通高中学校10所，其中公办8所，民办2所（云龙、凤凰）。省级示范性高中3所（县一中、凤凰中学、县五中）；市级示范性高中4所（县二中、县四中、县九中、云龙实验中学）。普通高中在校生19932人（其中公办在校生13819人，民办学校在校生6113人）。6463人参考，一、二批上线人数2568人，上线率39.73%，600分以上156人，占全市55.51%，61人进入全市理科前100名，44人进入全市文科前100名。县一中李岸、李蔚分别夺得全市理科状元和文科状元。2人被北大清华录取，4人被空军飞行学院录取。高考成绩第17次蝉联全市第一。学考一次性合格率93.99%，名列全市前茅。县一中、县二中、县五中、云龙中学获市综合评价表彰奖励。

是年，云龙中学被评为湖南省特色学校；彭德怀希望小学分别获评湘潭市特色学校；县八中、江声中学被评为"湖南省学校心理健康教育先进单位"；花石中心小学、云龙小学被评为市级"新课程改革样板学校"，白托中学成为湘潭市首届"足球普及学校"。

2015年湘潭县幼儿园、中小学基本情况

表7

类别	学校数(所)			班级数(个)			在校学生数(人)			教工总数(人)			主任教师数(人)		
	共计	教育部门办	其他	共计	教育部门办	其他	共计	教育部门办	其他	共计	教育部门办	其他	共计	教育部门办	其他
幼儿园	190	15	175	741	43	698	25256	2220	23036	1714	79	1635	—	—	
中小学合计	242	238	4	1923	1706	217	75857	62140	13717	5038	4196	842	4664	3985	679
小学	172	171	1	1315	1284	31	45522	44176	1346	2406	2233	173	2279	2199	80
初中	51	48	3	570	384	186	30356	17964	12392	2632	1963	669	2385	1786	599
高中	8	6	2	324	234	90	13838	7714	6124	1368	1010	358	1205	922	283
职业中专校	7	6	1	43	26	17	5759	3038	2721	516	313	203	424	292	132

特殊教育

【概况】 2015年，县内有特教学校1所，特殊教育在校学生36人，就近随班就读普通学校学生179人。全县适龄残疾儿童共计404人，其中视力类残疾20人、听力类残疾51人、言语类残疾20人、智力类残疾153人、肢体类残疾130人、多重残疾儿童20人；已入学适龄残疾儿童255人（有40人在市特殊教育学校就读），未入学适龄残疾儿童149人，残疾儿童入学率63.1%。

湘潭县特殊教育学校位于易俗河镇金雀东路，占地面积2500平方米，现有教学大楼和生活用楼各一栋，有教职工15人，其中正式教师9人，生活教师2人。有7~14周岁的多动症、脑瘫、自闭症、唐氏综合症、癫痫等各类智力障碍学生共计36人，设有3个教学班。特教学校根据培智义务教育阶段课程设置生活语文、生活数学、生活适应、感统等七门课程。学生来自全县各个乡镇，除易俗河镇学生外全部在校寄宿，且绝大部分学生家庭条件困难。

职业教育

【概况】 2015年，全县共有中等职业技术学校5所（其中公办1所，民办4所），在籍学生5759人，另有职业培训学生2727人，教职工516人。全县共计有乡镇农校19所，职教中心1所（湘潭县职业技术学校）。2015年度，全县驾校培训4000余人；各类培训3000余人。

是年，在湖南省职业院校学生技能竞赛中，县职校、就业职校和科旺职校共派出9名选手，获得7个省级奖项。湘潭市中职信息化教学比赛，周为老师获艺术组一等奖，何秋香、谢煌老师获语文组二等奖，胡晓玲老师获英语组三等奖。在湘潭市职业教育与成人教育优秀论文评审活动中，获一等奖6个、二等奖5个、三等奖13个。在湘潭市职业院校师生技能竞赛中，荣获团体总分一等奖，优秀组织奖，其中市级一等奖7个、技术能手1个、市级二等奖19个、市级三等奖25个。

湘潭市教育科学"十二五"规划2015年县（市）区、市直单位立项课题，有已立项的3个省级课题、3个市级课题正在研究和实施中。陈同春老师主持的课题《赞美教育应用于中职教学的研究》被湖南省职业教育与成人教育学会立项研究。

民办教育

【概况】 2015年，全县有注册的民办教育机构223所，其中中小学5所，职校4所，培训机构20所，幼儿园194所。至2015年9月，民办中小学校共有学生40279人。其中，小学生1346人，占全县小学学生总人数的2.95%；初中生12392人，占全县初中学生总数的40.82%；高中生6124人，占全县高中学生总数的30.67%；职高生2721人，占全县职高学生总数的47.25%。另有学前教育幼儿24554人。凤凰中学为省示范高中学校，江声实验学校、云龙小学是全省首批“两型”示范学校创建单位；云龙小学、就业职业技术学校为全省“骨干民办学校”，江声实验学校、英才幼儿园、中路铺欣欣幼儿园为全省“骨干民办学校”创建单位；石潭恒基幼儿园为省级“规范民办学校”；中路铺晨曦幼儿园、易俗河湘江国际小区幼儿园为省级“优质民办学校”。

规范民办教育办学行为。2015年，全县共注销2所幼儿园和2所培训机构，有14所幼儿园批准发证，另有25所幼儿园已获得筹设批准书。规范民办教育年检，有江声实验学校等43所民办学校被评为县级综合评估优秀单位，11个民办教育机构评为市级年检优秀单位，有8个民办学校被限期整改，3所民办学校停办，并在县教育局官网上公示年检评估结果。报批77所幼儿园为2015年全市普惠性幼儿园。

（唐 耿）

重点学校选介

湘潭凤凰实验中学

【概况】 湘潭凤凰实验中学原为湘潭凤凰中学初中部，2004年借湘潭凤凰中学创建省示范性高中的契机，经市、县教育行政部门批准而成立的一所民办初级中学。学校座落于易俗河镇荷花北路东侧，紧靠107国道和天易高速公路，交通便利，区位优势明显。校园占地面积10公顷，是湘潭市办学规模最大、占地面积最广的纯民办初级中学。该校先后完成投资5000万元，完成建筑面积45000平方米。校园规划科学，环境优雅，设备齐全。现有教学楼4栋，实验楼2栋，学生公寓9栋，图书馆、后勤服务楼、大小食堂各1栋，教工宿舍3栋，有高标准400米塑胶田径运动场1个和篮球场6个。学校各类实验室、图书室、多媒体室、计算机室，音、体、美等设施设备一应俱全。整个校园清新干净，亭台轩榭，点缀其间；花草树木，相互掩映，充满着浓郁的文化气息。

学校现有48个教学班，每个年级各16个班，共有在校学生3500名。教职员工近200人，其中专任教师为134人。有县、市级学科带头人、骨干教师、优秀班主任、优秀教师共28人。高级教师9人，中级教师68人，两者共占专任教师总数的57.5%。教师们团结协作、爱岗敬业，是一支充满希望与青春活力的优秀团队，一支师德高尚、学识渊博、治学严谨、爱生如子的教师队伍。齐抓共管以德育人，构建“文明和谐”的校园。

湘潭凤凰实验中学以其严谨、和谐、开放的作风，培养出了众多优秀的学子，受到社会各界广泛赞誉。

湘潭县第四中学

【概况】 湘潭县第四中学延揽名师，蛟龙昂首腾四海；化育英才，雄鹰振翅飞中天。始建于1954年的湘潭县第四中学，积淀丰厚的文化底蕴，形成优良的办学传统，弦歌不断，薪火相传，捷报频传。

学校坐落于湘潭县排头乡延化村，地处潭衡高速、韶茶干线、潭花公路汇合处，交通便利。学校占地面积近5万平方米，绿化面积27860平方米，绿化覆盖率达52%，学校四区相对独立，巧妙衔接，环境优雅，备享山水之灵性、人文之润泽。学校现有30个教学班，学生1800余人，教职工121人，其中专任教师108人，硕士研究生12人，中学高级教师41人，中学一级教师42人，省市级优秀教师、骨干教师15人，市学科带头人7人，县级学科带头人12人，县级骨干教师15人，县“杏坛之星”8人。

学校现有数字投影多媒体教室35间，拥有服务于教育教学的校园网络、校园电视台、广播系统，配备先进的多媒体电教平台、计算机专用教室、电子音像阅览室、语音室、多媒体课件制作室，生物标本室、音乐室、舞蹈室、美术室以及多媒体演艺厅，各项功能室一应俱全，为学生求知、个性发展提供有效的硬件保证。

学校坚持“为学生终身发展奠基，对学生生命质量负责”的办学理念，确定“坚持内抓管理与外树形象并举，创名校、育名生，将学校做强、做精、做出品牌，办人民满意的教育”的办学目标，确立精细化管理、内涵式发展的管理思想。

全校师生美德雅行、锐意进取、德才兼备。全体教职工发扬求真务实、奋发有为的拼搏精神，高歌猛进、问鼎一流的进取精神，精诚团结、风雨同舟的协作精神，紧承时代脉搏，与时俱进，大力推进教育改革和发展，努力提高教学质量，努力改善教学生活环境，办人民满意的教育。

办学理念：为学生终身发展奠基 对学生生命质量负责；治校方针：文化立校 科研兴校 特色强校 质量名校；校风训词：尚德 弘雅 坚毅 自强；教风训词：严谨 博爱 务实 求精；学风训词：笃学 慎思 明辨 践行；育人目标：德才兼备 全面发展

农民素质教育

【概况】 2015年，县农民素质教育管理办公室继续结合党的群众路线教育实践活动，围绕全县经济和农村工作重点，培训农民，提高农民素质，促进劳务经济发展。全县全年共培训农民10.02万人次，转移农村劳动力33.23万人次，实现劳务收入73.3亿元。 （黄京湘）

加强农民培训管理，提高农民就业能力。制定2015年农民培训计划，以农民素质教育和劳务经济协调管理领导小组的名义将农民素质教育和劳务经济年度工作任务分解至各乡镇，全程督促落实。积极与县委组织部、县委宣传部、县农办、县农业局、县人社局等部门协调，把春耕生产、“三下乡”活动、农村中等专业实用人才培养项目和农村党员大培训等项目有机结合，将农业产业化龙头企业、专业合作社、乡镇党校、村文化活动室和农家课堂作为培训阵地对农民进行各类培训，利用整合培训资源，全面提升培训农民的能力。全县针对水稻、油茶、湘莲、黑山羊、肉牛、牲猪、养蚕等相关产业及其他内容开展的培训活动达850场次，培训农民 69700人次。指导协调各乡镇和涉农单位围绕春耕备耕开展“冬春农民大培训”活动，开展各种技术培训班380班次，培训20300人次，发放技术资料52000份。协调劳务经济发展，促进农民转移增收。抓好全县劳务经济季度统计分析工作，及时掌握全县劳务经济发展情况,开展劳务经济调研工作。12月份该办到易俗河镇、河口镇开展劳务经济工作调研，根据调研情况写出调研报告，为上级部门抓劳务经济工作提供参考依据。

【举办村（社区、居委会）主任素质教育培训班】 2015年，县农民素质教育办公室按照县委干教领导小组的安排，在县委党校举办3期村（社区、居委会）主任培训班，培训内容为党的群众路线教育、整治农村环境、农村矛盾纠纷调处、党风廉政建设等，集中轮训全县第九届村委会换届选举后的村（社区、居委会）主任547名。

【开展农民素质教育示范】 经乡镇推荐、县农素办考察，2015年确定3个村为劳务经济直报村、5个村为农民培训和劳务经济示范村。结合各村实际，明确工作任务，制订产业发展规划，全年在各村开展相关培训18期，直接培训农民1014人次。另外在易俗河镇和射埠镇开展两期实用技术培训班，培训农民110人次。

科 技

【概况】 2015年，湘潭县科技局围绕县委、县政府“强工壮县、惠农富民”总目标，大力实施“科教兴县”“知识产权”和“可持续发展”战略，全面推进战略性新兴产业、省可持续发展实验区和省农业科技示范园建设，整体工作快速推进，工作效率明显提升。

是年，全县纳入高新技术产值统计的企业共计55家。其中，国家高新技术企业24家，列入高新技术产品统计范围企业31家。共完成高新技术产值180亿元，同比增长32%，高新技术产业增加值占GDP比例达到18%；新增知识产权优培企业4家，专利产业化试点企业3家，全县专利申请质量明显提升，发明专利申请量占比达到24%，专利授权151件，专利授权率达到62%。

【项目建设】 2015年，围绕国家、省、市相关政策要求和全县经济社会发展关键和共性技术需求，组织开展摸底调查，精心指导企业申报各级各类项目，积极争取国家和省、市科技计划项目的支持。全年共争取市以上科技项目34个，项目资金1088万元，同比增长20%。其中，湖南金风食品有限责任公司的“双螺杆挤压技术在直条米粉生产中的研究与产业化”项目获批准为湖南省2015年度县域经济发展技术创新引导专项，争资110万元；湖南高耐合金有限公司的“高精镍合金”新材料项目获批湖南省战略性新兴产业科技攻关项目，争资200万元；鸿雁海泡石公司的“高品位海泡石的研发与应用”已经通过湖南省战略性新兴产业科技攻关项目的初评，预计获得项目资金400万元；湘潭县天一生产力促进中心获得科技部“火炬计划”项目资金40万元。

【高企服务建设】 2015年，积极指导湖南泰达天易重工有限公司、湖南百里醇油茶科技有限公司和湖南乐为机车配件有限公司等3家企业申报高新技术企业。其中，百里醇油茶通过高新技术企业的评审；湖南五洲通药业有限公司等3家企业通过高新技术企业重新认定；湖南康宁达医疗设备有限公司的“湘潭市辐射防护材料工程技术研究中心”和湖南鸿雁海泡石科技有限公司的“湘潭市海泡石功能材料工程技术研究中心”成功获批市级工程技术研究中心。

【科技特派员】 2015年，全县共选派科技特派员59名。其中，省派科技特派员2名，市派科技特派员14名，县派科技特派员31名，湘莲、生猪产业聘请省市专家教授科技特派员12名。确定省级科技特派员派驻单位2个；市级科技特派员派驻单位14个，市级农村科技致富示范点5个；县级科技特派员派驻单位29个，县级农村科技致富示范点3个，建设湘莲、生猪产业科技特派员创业链2条。全年培育、引进和推广农业新品种12种、新技术15项，带动农民增收2000多万元。

【科普宣传】 2015年，县科技局与各级有关部门同步开展科技下乡等集中服务月活动，成功举办以“创新创业、科技惠民”为主题的科技活动周，举办良种油茶嫁接技术、良种油茶苗木嫁接技术等培训班，组织县农学会、县会计学会等10多个学会协会在易俗河镇城塘社区开展科技咨询和各类科技知识展览服务，普及食品安全、空气质量、应急避险、低碳节能、健康生活等基本知识，培养群众积极的科学意识，提高他们掌握科学技术的能力。

【培训创新人才】 2015年9月20日至25日，县委组织部、县科技局在东南大学联合举办一期“湘潭县科技创新培训班”。培训课程包括“科技创新与管理”“企业运营法律风险规避与防范”“互联网+产业平台发展的机遇与挑战”“当前经济形势与中小企业发展应对策略”“科技金融结合 促进科技成果转化”“领导干部压力与情绪管理”等内容，全部由东南大学知名教授主讲，组织全体学员参观南京国家级科技企业孵化器。通过理论学习与实践考察相结合的培训，提升学员的创新意识、创新能力和创新水平。

【知识产权】 2015年，县科技局认真贯彻《国家知识产权管理规范》，积极推进企业知识产权管理标准化建设，在全县开展企业专利清零行动，有12家规模以上企业实现零专利的突破。积极开展知识产权质押融资试点和股权分红激励试点。湖南信诺颜料科技有限公司发明专利“一种新型仿瓷环保颜料”和湖南康宁达医疗设备有限公司发明专利“防辐射大理石人造板制造方法”被列入湖南省重点发明专利。湘潭市企业投资公司与鸿雁海泡石公司共同投资1800万元深度开发海泡石，其中鸿雁海泡石公司将海泡石提纯技术发明专利和鸿雁牌商标共作价400万元入股并参与分红。（王　漾）

（责任编校　杨　柳）

文化·体育·传媒

文　化

【概况】　2015年，湘潭县文化旅游体育局，内设办公室、文艺产业股、旅游股、体育股、广播影视管理股、政策法规股（政务服务股）6个股室和1个纪检监察室。下辖的二级机构：县文化馆、县文物局（博物馆）、县旅游服务中心、县文化旅游体育市场综合执法大队、县全民健身服务中心5个副科级单位，县图书馆、县非物质文化遗产保护传承中心、县体育彩票管理站3个股级单位，县少年儿童业余体校1个自收自支股级事业单位，以及县湖湘文化艺术有限责任公司、县电影发行放映有限公司2家国有企业。

是年，县文化旅游体育局认真落实县委、县政府关于加快“文化强县”建设的指示精神，紧密结合县域文体事业发展实际，以转变作风、服务群众为核心，精心谋划，务实创新，各项工作全方位推进。全县有湘潭县网络有限公司等四上（即规模以上工业企业、房地产企业和资质等级以上建筑业企业、限额以上批发零售业、住宿和餐饮业企业、规模以上服务业企业）的文化企业24家，产值29.5亿元，增速25%，在五个县市区中排名第一。新增湖南湖湘木刻艺术产业有限公司和湘潭县凤凰广播电视数字微传输有限责任公司等6家企业为四上文化企业。建成乡镇文体广场6个，每个广场面积2000平方米以上。建成村文化广场4个，乌石镇斑竹村、石潭镇甘露塘村、石鼓镇安乐村、中路铺镇枧桥村，每个广场面积600平方米以上。根据湖南省公共文化设施面积管理系统统计数据，文化设施面积达63万多平方米（新增33万平方米），公共文体设施面积169万多平方米，人均1.98平方米。组织正月十五“庆新春·闹元宵”系列文体活动和“四个一”主题的文体广电站免费开放宣传月活动。组织各乡镇以645家农家书屋为阵地，开展“春节读好书·好书进万家·亲子诵读”等活动。

2015年，湘潭县湖湘文化艺术有限责任公司获湖南“送戏下乡、演艺惠民”先进单位二等奖。湘潭县文化体育旅游局获湖南省“农家书屋”管理先进单位。易俗河镇、锦石乡、茶恩寺镇、云湖桥镇获省级示范农家书屋称号。湘潭县湖湘木刻艺术产业有限公司获湖南省第三届家具博览会产品金奖。

【文艺创作】　2015年，湘潭选送4个项目（节目）在第五届湖南艺术节　“三湘群星奖”评选活动中获奖。花鼓戏表演唱《新农村里新事多》获作品类“三湘群星奖”声乐器乐银奖并参与全省优秀节目巡演，唢呐演奏《青山乡韵》获优秀奖，弹词《元帅树》获戏曲曲艺优秀奖，代表湘潭县纪委参加湖南省廉政文化优秀节目评选荣获二等奖，湘潭县“庆新春·闹元宵”系列文化活动获项目类“三湘群星奖”。

【广电管理】　2015年，为确保湘潭县广播电视安全播出，春节、国庆或特护期期间，印发广播电视安全播出管理文件，深入各乡镇有线电视站开展安全播出检查。年内组织执法活动12次，出动执法人员36人次。对各乡镇的有线电视站进行防插播广告、自办电视节目以及转播境外卫视的现象进行专项治理，并要求各有线电视站做好24小时机房值班，做好防火、防盗等多种措施，确保广播电视安全播出无事故。

【文物管理与保护】　2015年，实施第一次全国可移动文物普查第二阶段工作，完成湘潭县各文物收藏单位的清库、认定、数据录入和上传。一普数据登录量、完成率排名全市县（市）、区前列。完成昌山风电场前期调查勘探工作，协助省考古研究所完成射埠高压变电站工程前期考古调查勘探工作及线程走向桩基勘探。成立齐白石故居管理所，完成齐白石故居屋面维修工程、保护范围内环境整治、风景林清理及游道建设、故居内辅助陈列完善等系列工作，配合完成第四届中国（湘潭）齐白石国际文化艺术节筹办工作。组织“5·18”国际博物馆日、“6·13”中国第十个文化遗产日和文物宣传周系列活动。配合市文物局（市博物馆）新馆陈列现场图片拍摄及陈列文物的征集工作。

2015年湘潭县文物保护单位

表8

名 称	级 别	地 点
彭德怀故居	国保	彭德怀纪念馆
齐白石故居	国保	白石镇杏花村
尹氏宗祠	省保	白石镇尹家冲村
寺门前义渡	省保	白石镇潭口村
黎氏故居	省保	中路铺镇菱角村
周小舟故居	省保	排头乡星星村
胡安国、胡宏墓	省保	排头乡黄荆村
濂溪书堂	市保	排头乡黄荆村
桂再堂	市保	排头乡紫山村
碧泉潭	市保	锦石乡碧泉村
石家大屋	市保	排头乡政府
砚井	县保	易俗河镇砚井社区
汉城桥	县保	花石镇长岭村
王闿运墓	县保	杨嘉桥镇石旗村
乌石峰庙	县保	乌石镇乌石村
天妃宫	县保	白石镇杏花村

【文化市场】 2015年，湘潭县文化体育市场执法大队依法行政、规范执法，加大监管力度，适时组织开展网吧、歌舞娱乐场所、新闻出版市场以及“扫黄打非”、校园周边环境等各类专项整治行动，全年出动执法人员706人次，检查经营单位1047家次，收缴各类非法出版物及印刷品3800余册（张），取缔游商摊点21个，下达限期整改通知书109份，受理各类群众举报49件，实施各类行政处罚案件28起，严厉地打击文化体育市场的违法违规经营行为，全县文化体育市场保持健康、繁荣、有序的态势。

【图书管理】 2015年，湘潭县图书馆坚持免费对外开放，接待读者8万人次（其中电子阅览室8000人次），借阅图书12万余册次，办理借书证600余个。新增图书8000余册、报刊、杂志近200余种，全国文化信息资源共享工程湘潭县支中心正常运行，接收国家中心及省中心数字资源4TB。组织开展湘潭县“元宵节·猜灯谜”“4·23”世界读书日、“5·19工人宣传月”全民阅读活动。选送杨思琪同学在“书香湖南——第五届‘三湘少年儿童阅读之星’”评选活动中荣获“三湘少年儿童阅读之星”称号，县图书馆获市级活动组织奖。

【湘潭县图书馆新增数字移动图书馆服务】 6月，县图书馆投入4万多元建设湘潭县移动数字图书馆、湘潭县图书馆网站等，读者可以通过电脑、手机等移动终端随时阅读该馆购买的丰富资源（包括电子书100万册，论文等及其他数据库资源）。不仅满足读者对移动信息服务便捷、海量资源的需求，而且改变全县传统的图书馆服务模式，为进一步完善全县公共文化服务体系发挥积极作用。

【出版管理】 2015年，以合理布局、优化结构为目标，全力推动全县文化新闻出版市场健康发展。加强对审批项目的指导、鼓励、支持，不断优化文化新闻出版市场布局和环境。清查整顿出版物市场，一查政治、淫秽色情出版物，重点查缴盗版图书、期刊、教辅读物和涉黄、涉暴音像制品。二查销售非法出版物的游商地摊、农村集贸市场临时摊点和无证照经营者，对销售非法出版物的游商地摊全面清理取缔。三查出版物印刷企业，检查其印刷承印手续是否齐全，印刷承印五项制度执行是否规范，是否印刷非法出版物等。全年出动检查706人次，检查经营单位1047家次，收缴各类非法出版物及印刷品3800余册（张），取缔游商摊点21个。

【电影放映】 2015年，湘潭县有放映队伍25支，负责全县19个乡镇549个村和16个社区的农村电影放映工作任务，全年放映电影7716场。易俗河步步高影城以及云湖桥谷岸影城共放映电影10162场，观看人数达到210509人。越来越多的人把去电影院看电影作为日常文化休闲的重要部分。

体 育

【概况】 2015年，湘潭县全面贯彻执行国务院《全民健身计划（2011—2015年）》文件精神，推动全民健身深入开展，积极创建全民健身示范城市，精心组织系列大型群众体育活动。

开展全民健身运动，群众体育活动丰富多彩。正月十五日承办“庆新春·闹元宵”系列文化体育活动，包含“龙腾虎跃闹元宵”龙狮表演、“欢天喜地庆新年”元宵文化庙会和元宵节免费观影活动，吸引上万观众观看。与妇联联合承办湘潭县县直机关单位女干部职工庆“三八”趣味体育运动会，展现女干部职工良好的精神风貌。积极组队八支龙舟劲旅参加湘潭市端午节龙舟竞渡赛，云湖桥王家湾龙舟队凭借着娴熟的技巧和良好的合作获标准船第七名。组织梅林桥镇美丽乡村示范片自行车邀请赛、汽车越野赛、“珠江啤酒杯”篮球赛，将县域全民健身运动推向新高潮。培训社会体育指导员500余人，其中培训50名工间操社会体育指导员，举办湘潭县县直机关工间操比赛。组织2015“欢乐潇湘·幸福湘潭· 莲乡大舞台”群众广场舞大赛，来自全县各乡镇选送的19支代表队、近600名选手参赛。2015年全民健身“挑战日”——健康湘潭动起来湘潭县分会场在县城金霞山广场举行，现场组织开展武术表演、体育舞蹈展示、跆拳道展示、健身知识问答等活动，并设有篮球投球王、足球颠球王、跳绳王、呼啦圈王、排球垫球王、踢毽王、乒乓球单打王等“全民挑战秀——单项运动王”趣味挑战赛。

【群众体育】 2015年，总投资800万元的“雪炭工程”——湘潭县全民健身中心综合楼主体工程已完成。全年建成龙口乡、射埠镇、茶恩寺镇、分水乡、梅林桥镇、云湖桥镇6个乡镇文体广场，市重点民生实事项目20处，农民体育健身工程93处，室外健身路径120处。是年，湘潭县获湖南省体育后备人才重点县，梅林桥镇文体广场等9个单位获湘潭市优秀健身站点，侯勇等14人获优秀社会体育指导员。

【竞技体育】 2015年，湘潭县运动员参加湖南省青少年锦标赛，皮划艇、赛艇项目：荣获皮划艇2项金牌1项银牌，荣获赛艇1项金牌1项银牌1项铜牌；举重项目：黄梓湄获女子丙组48千克级第二名，谭星灼获女子丙组44千克级第三名，刘文杰获男子丙组69千克级第三名，谭欢获女子丙组40千克级第七名；乒乓球项目：郑伊获女子组团体第四名，丁童熠、朱凯城获男子丙组团体第六名，胡孟源、唐鸿博、龙俊中获男子乙组团体第六名，易欧雯、潘宇昕获男子甲组双打第四名，郑人彰、葛子翼获男子丁组双打第六名，郑人彰获单打第六名，胡孟源、罗梓彰获男子丁组双打第八名，雷丽珊、李靓琪、陈语嫣获女子乙组团体第六名；跆拳道项目：贺宇亮、文畅、刘子尧分别获得二、三、四名；田径项目：卢蕾、黄雨薇、戴妙、姜志豪、林哲浩获得九个前八名，卢蕾获女子丙组跳高第一名。

【体育产业】 2015年，制订体育彩票管理方案，加强对各城区、乡镇体彩点的日常服务和管理，增加发行站点，加大宣传力度，利用车贴、彩车、电子屏、县网进行广泛宣传。拓展体育即开型彩票“顶呱刮”市场，发行额度增大。是年，湘潭县体育彩票销售总额达到1000万元。 （王益妍）

广播电视

【概况】 2015年，湘潭县广播电视台重点关注一区带多园、城乡环境整治、省级文明县城复查迎检、平安创建、精准扶贫等县委县政府的重点工作。年内录制4部中心工作宣传片。其中，《中国湘潭县》外宣片赴美国作为友好城市交流展示片获得好评。参与市台新闻频道“家乡美——莲乡新韵”新闻直播。第一部微电影《寻找仇桂》被推送到省委组织部。县委党校形象宣传片《党性教育锻炼的阵地、党员干部成长的摇篮》报送到中组部展示，受到大家的一致好评，提高县台的品牌效应，获得良好的口碑。完成湘潭县视频网改版，积极推广“湘潭县广播电视台”微信公众号，打造台、报、网、广播、手机合一的集成新闻平台。

县广播电视台坚持“新闻立台”的办台宗旨，全年向上级媒体发稿167条，其中中央电视媒体1条，中国新闻网7条，省级10条。所有新闻、专题、广告执行“党管导向”原则，执行三审、监播监看、重播重审制度，强化总编室安全播出实行新闻讲评制，组织记者编辑业务培训、鼓励向上级媒体发稿、坚决抵制“三俗”、提升宣传质量。栏目宣传采取制片人负责制，将栏目采编工作分配到人，实现栏目质量的整体提升，夯实新闻阵地。

开发频道资源，整合成“湘潭县新闻频道”“湘潭县综合频道”“湘潭县资讯频道”3个频道。以《湘潭县新闻》、自办栏目为主，转播中央台《新闻联播》，穿插高品质电视剧和品牌商业广告。打造具有特色、内容丰富、形式生动、荧屏干净的“新闻”频道。各频道均实行全数字化硬盘播出，每天坚持播出16个小时，播出时间8:00—24:00。自办10个电视专栏；拍摄《中国湘潭县》《梦想之舟》《圆梦美丽乡村》《党性教育锻炼的阵地 党员干部成长的摇篮》等16部专题和宣传片；制作并滚动播放文明县城创建、中国梦、纪念抗战70周年、打击非法洗白莲、迎接三类城市语言文字工作等公益宣传片23条，三个频道共计播出2.4万条次，累计时长400小时。

非税创收化解矛盾，开拓平台。面对传统媒体影响力下降、市场竞争的艰难环境，经营创收方面努力突破市场大环境和净化荧屏等影响，在注重内容生产、搞好服务的同时，探索新平台建设，通过深挖广告源、搜寻新的广告创收增长点、举办湘潭县首届房博会、首届青少年才艺大赛等大型活动，继续开办“你看电视我送礼”等栏目，重新激发商家参与赞助的积极性，取得业务单位的信任与支持，年内完成非税创收704万元，完成率为137%。

发展有线数字电视。面对新形势、新挑战，采用上门宣传、微信推广、多媒体广告等手段，塑造品牌形象，同时，紧扣优质服务本质，竭心尽力地做好服务，在市场竞争日益激烈的环境下，仍然取得可喜的成绩。实现收入1300万元，新增有线数字电视用户2200户，宽带新开用户增加730户，城区宽带用户达到3620户。

无线数字微波在困境中发展。无线数字微波努力摆脱移动4G的信号阻碍和清流的影响，把提振员工信心放在首位，以突出保在册用户和按期缴费为重点，扎实整治假卡骗费违法行为，全年新装分米波用户2200户，在网微波转国标1600户，经营创收493万元，完成年度目标任务。

加大服务民生与舆论监督力度。 继续深入开展记者“走基层”活动；围绕作风建设开展“三严三实”“整改进行时”“晒晒整改成绩单”“两个责任”访谈等专栏报道；进一步顺应民意净化荧屏，严格控制广告时长，重点保证新闻频道干净无医疗药品广告；进一步加大公益宣传力度，全年新制作电视公益广告120条，新增“中国梦”“社会主义核心价值观”等13个主题，主题和形式不断丰富。

2015年，县广播电视台被评为社会治安综合治理和维护稳定工作考核年度合格单位。在2015年度湘潭县“双联”和困难职工帮扶工作目标考核中评定为优秀等次。

【湘潭县新闻频道】 湘潭县广播电视台坚持“新闻立台”“特色强台”的办台思想，“湘潭县新闻频道”以贴近实际、贴近群众、贴近生活为宗旨，全力打造以新闻资讯节目为主，独具魅力的县内新闻媒体。主要栏目有：《湘潭县新闻》《法制天地》《莲乡交警》《消防零距离》《人口之窗》《走进新农村》《夜夜关注》《法制天地》《爱廉说》《两个责任》《孟哥讲案子》《卫士》《第一首映》《奋斗》《莲乡气象》《星梦剧场》等。

《湘潭县新闻》：坚持每周五期新闻“5（时政）+3（社会）”的基本格局，全年制作新闻287期2812条。《孟哥讲案子》：与公安局联手打造的一档全面反映公安工作，展现莲乡铁骨铮铮、忠诚英勇人民警察良好形象的方言“脱口秀”栏目。栏目由干警担任主持人，以活泼、生动的“脱口秀”形式阐述近期发生的各类案件，宣传相关法律法规，凸显莲乡干警打击犯罪的坚定决心，全年采编制作完成20期。《卫士》：自2014年11月新开办的一档纪实性栏目。通过纪实的拍摄手法，对医卫系统的工作状态进行梳理，用真实的现场镜头，平实的老百姓语言，来诠释医务工作者淡泊名利、甘于奉献、救死扶伤的精神，播出3期。《法治天地》：以生动的案例吸引观众眼球，增强广大人民群众的法律意识和法制观念，为创“社会管理综合治理先进县”营造良好的舆论氛围，全年制作20期。《人口之窗》：报道计生动态，宣传人口计生政策，全年12期，每月制作一期，每期不少于10分钟。《走进新农村》：以服务三农为中心，重点围绕新农村建设、特色县域经济重点县建设、文化强县建设、农村环境卫生综合整治四大主题，多方位、多层次反映莲乡新农村建设，打造具有湘潭县特色的对农精品栏目，每周制作一期，新闻频道周一晚首播，综合、资讯频道重播，全年制作20期。《消防零距离》：由《警钟长鸣》《隐患直击》《消防课堂》3个板块构成，营造浓厚的消防安全氛围，提高全民消防安全意识，推动消防工作社会化进程，创造良好的消防安全环境，全年制作12期。《莲乡交警》：以媒体的视角关注莲乡交警的执法工作，展现基层交警的警容警貌和风采，以全县道路交通管理工作为主线，以解说交通法规、宣传交管措施、曝光交通违法行为等为主要内容，全年制作播出20期。《两个责任访谈》：邀请乡镇、县直机关单位党委书记、纪委书记，就如何落实两个责任、深入推进党风廉政建设开展访谈，年内播出10期。

2015年湘潭县新闻频道节目时间

表9

播出时间	节目内容
7:55—8:00	开机(湘潭县风光片5分钟)
8:00—8:30	重播《湘潭县新闻》星期二至星期六 《绝版现场》(一、日)
08:35—09:15	重播晚间星梦剧场(1)
9:20—10:00	重播晚间星梦剧场(2)
10:05—10:45	重播晚间星梦剧场(3)

续表9

播出时间	节目内容
10:50——11:20	奋斗(首播)
11:25——11:55	农广天地(首播)
12:00——12:05	健康美食集锦
12:05—12:35	湘潭县新闻(周二至周六重播)　爱莲说(周日重播)　人口之窗(周一重播)
12:40—12:50	中国民间艺人、中华传统小吃(首播)
13:00—16:00	传奇剧场4集连播
16:05—16:50	莲乡影院上
16:55—17:45	莲乡影院下
17:50—18:20	第一首映(周一至周日)
18:30—19:00	国家地理百年典藏
19:00—19:30	转播中央台新闻联播
19:35—20:00	湘潭县新闻(周一至周五首播)　法制天地、爱我国防(周六首播)　人口之窗(周日首播)
20:05—20:10	莲乡气象
20:15—20:35	走进新农村、孟哥说法(半月播栏目 周一首播)　爱廉说(2月播栏目 周二首播)　卫士(1月播栏目 周三首播)　消防零距离(半月播栏目 周四首播)　莲乡交警 (半月播 周五首播)　第一首映(周六 周日)
20:40—21:05	天眼(首播)
21:10—23:30	星梦剧场
23:30—24:00	重播20:15电视中心栏目(周一至周六)　绝版现场(周日)
24:00—24:30	重播《湘潭县新闻》

【湘潭县资讯频道】 湘潭县资讯频道以新闻资讯节目为主，以生活节目为重要补充，发挥电视传播优势，打造成集新闻、资讯、娱乐、服务于一体的电视媒体。主要栏目有：《资讯影院》《奇趣大自然》《传奇中国》《快乐生活一点通》《开心动画吧》《情感剧场》等。

【湘潭县综合频道】 湘潭县综合频道主要以“剧”为核心，有针对性地编排好4个剧场，每天播出2本单本剧，播出5集连续剧，全方位锁定不同收视人群。主要栏目有：《经典影院》《记录片场》《明星影院》《生活剧场》《偶像剧场》等。

【湘潭县首届青少年才艺大赛】 2015年下半年，县广播电视台与县教育局合作，举办“湘潭县首届青少年才艺大赛”，参赛人数达到1600余人，选手遍及全县19个乡镇。经过海选、初选、复赛、决赛等环节，15强进入决赛。选手刘嘉依夺冠。通过此次活动，改变以往传统的招商方式，利用赛事的人气，结合商家的需求，前往客户的指定地点进行比赛，为客户提供更多的销售平台，做到社会效益和经济效益双赢。

【开通“湘潭县广播电视台”微信公众号】 4月7日，申请认证“湘潭县广播电视台”微信公众号，安排专人负责微信的编辑和上传，确保周一至周五每天都有3条新闻信息，一条电视预告的推送。至年底，共编辑和上传549条新闻信息，推送193条电视预告片。据统计，微信公众号关注人数已经达到7万人。首届青少年才艺赛首次启动微信直播，关注度突破5万人。

【农村广播“村村响”试点】 首批广播“村村响”工程建设在白石、龙口、分水三个乡镇开展，县财政投入150万元，县广播电视台为建设牵头单位。6月29日至7月1日，全面完成县乡村三级平台验收。建成县广播“村村响”应急指挥中心，已挂牌两块（“湘潭县应急广播指挥中心”和“湘潭县人民广播电台”）。建设3个乡镇广播站、64个行政村广播室，安装1280个喇叭，县、乡镇、村三级平台建设构架基本形成。安排专人值守，早晚各安排30分钟节目，同步传播中央人民广播电台“中国之声”新闻栏目，链接“湘潭县新闻”，信号质量良好，可直通到各乡镇每一个喇叭点。基本实现乡镇辖区内广播联网及村级平台无线自主广播，为全县普及推广积累成功的经验。

湘潭县广播电台

【概况】 湘潭县调频广播(106.5兆赫)发射台继续在雨湖区响塘乡仙女山发送调频广播节目。

2008年6月27日，县广电局与湖南金鹰之声传媒有限公司签订调频广播频率FM106.5兆赫合作合同，合作期限十五年，从2009年1月1日（以正式开播日为准，十五年）起至2023年12月31日止。2015年3月25日，湖南广播电视台广播传媒中心函告县广播电视台，由湖南平安小精灵文化发展有限公司湘潭分公司独家代理FM106.5MHZ的广告经营。

县广播电视台、电台实行《湘潭县新闻》资源共享，并严格执行当日20:00—20:15首播，次日8:00—8:15重播制度以及新闻三审制度。

《湘潭县报》

【概况】 《湘潭县报》作为县委、县政府权威发布的一个重要平台，履行宣传喉舌作用，围绕中心、服务大局，为县域经济社会发展呐喊助威。以每周一期、对开彩版大报形式，作为内部刊物免费赠阅，每期1万份，发行到县内各乡镇、机关、企事业单位、县籍知名人士和县城主要街道门面。由县广播电视台具体承办，工作人员由县广播电视台内部组合，工作经费由县财政每年预算28万元，其余不足部分由县广播电视台自行解决。

2015年，湘潭县报社全年共派出采访600人次，自采稿件630余条，刊登通讯员稿件395条，向上级媒体发稿8篇，全年出版《湘潭县报》49期，每期四版，并上传电子版到《湘潭县视频网》，发挥互联网优势；编辑出版县刊《江边有个湘潭县》6期，全面完成各项目标任务。　　（彭　平　黄希群）

（责任编校　杨　柳）

卫生·医疗

概　述

【概况】　2015年，全县卫生计生工作紧紧围绕经济社会发展大局，按照“保基本、强基层、建机制”的要求，深化医药卫生体制改革，全面落实计生新政，扎实做好农村卫生、公共卫生、医改、计划生育服务等重点工作，统筹推进各项工作开展。项目建设稳步实施，全面启动县级公立医院综合改革，每千人拥有床位数3.97张，全县参合率为98.04%，在统筹地区新农合政策范围内住院费用补偿率为76.38%，居民电子健康建档率83.32%，儿童免疫规划疫苗合格率以乡镇为单位达到95.63%，产妇住院分娩率100%，5岁以下儿童死亡率6.6‰，卫生监督覆盖率达100%；符合政策生育率84.4%，高于全省平均水平，出生婴儿性别比107.68，控制在正常值范围，多孩率3.12%，低于全省平均水平，再次评为“省计生工作先进县”“省计生协会工作模范单位”“阳光计生示范县”。获献血工作先进单位、基层中医药工作先进单位，成功创建为省首批“县级甲等”疾控中心，石潭中心卫生院被国家卫计委评为2014—2015年度群众满意乡镇卫生院。基本公共卫生工作取得全省第一名的好成绩。　（黎　蜜）

【疾病预防控制】　2015年，全县报告法定传染病3276例，死亡率0.53/10万，无甲类传染病报告。乙类传染病共报告13种1190例，丙类传染病5种2086例。以乡镇为单位，国家免疫规划疫苗单苗合格接种率达95.63%，8月龄儿童麻风疫苗及时接种率达95.8%。加强手足口病、人禽流感、不明原因肺炎、钩体、流出等重点传染病监测工作。加强艾滋病患者、活动性肺结核患者免费治疗工作。开展食品风险监测、食源性疾病监测工作。稳步开展“国家慢性病综合防控示范区”创建前期工作，“农村结核病感染现况调查”被正式列为市级科研项目。

【卫生监督】　全年发放卫生许可证77个，对97家逾期未延续的公共场所卫生行政许可予以注销并公示。查处各类违反卫生法律法规案件37起，无行政复议和诉讼案件发生。对全县760家注册的医疗机构进行现场卫生监督检查，验收合格675家，合格率为88.82%。对放射防护、饮用水、学校、公共场所等单位进行卫生监督。卫生监督覆盖率达100%，县卫生监督所荣获全市卫生计生监督技能竞赛团体第一名，2起案卷入选为市级优秀指导案例。

【医疗服务】　开展“建设群众满意的乡镇卫生院”活动，规范乡镇卫生院管理，不断完善乡镇卫生院各项管理制度，加强医务人员“三基”培训，实行乡村一体化管理，开展乡村医师签约服务。石潭中心卫生院被国家卫计委评为2014—2015年度群众满意的乡镇卫生院。积极开展抗菌药物临床合理应用、医院感染管理、医疗质量安全专项整治行动。实施医疗废弃物集中处置，推动医疗责任保险。全县二级以下医疗机构校验合格755家，3家县级医院共实行30多个病种的临床路径管理，县人民医院获批创建三级医院。持续深入推进“平安医院”创建工作，共协助调处医疗纠纷80起。

【爱国卫生运动】　2015年，城乡环境卫生整治行动持续推进，县、乡、村三级农村环境卫生整治工作网络、乡村保洁队伍不断完善，农村生活垃圾分类处理行政村覆盖率达到70%，全县各级各类医疗机构医疗废弃物全部实现无害化处理，农村卫生厕所普及率接近70%，城乡环境卫生面貌不断改善，县域对外形象不断提升。病媒生物防制工作有效开展，稳步推进专业化、市场化服务，灭鼠由突击性向常年性转变。健康教育“六进”活动深入推进，公共场所和工作场所禁烟控烟工作成效明显，新创建省级文明卫生单位1家、市级文明卫生单位5家、卫生村镇5家、无烟单位15家，复查省市级文明卫生单位30家。

【农村卫生】 2015年，医疗卫生基础建设项目顺利实施。全年固定资产投资1亿元。县中医院外科综合大楼暨“治未病中心”如期投入使用；云湖桥镇卫生院整体搬迁建设项目、青山桥、石潭中心卫生院周转宿舍项目、县精神卫生服务中心均已峻工即将投入使用；完成村卫生室项目建设51个；乌石中心卫生院改建项目已开工，县妇幼保健院整体搬迁项目已做好前期工作；县急救指挥中心于8月份正式挂牌投入使用。

开展“三湘农民健康行”活动，继续实施二级医院对口支援乡镇卫生院制度。

通过公开招聘落实卫生系统人员编制103名，其中硕士研究生3名，安排2名农村订单定向免费培养医学本科生充实基层医疗卫生队伍，选送10人参加乡村医生本土化培养。规范岗位聘用人员管理，完成2012年首次参加岗位设置管理的2264人的合同续签工作。开展科普宣传及义诊活动8次，参加宣传义诊医务人员125人次，义诊2530余人次，发放宣传手册3400余份，免费发放药品5000余元。组织各类在职人员培训1500余人。

【妇幼保健】 2015年共有活产8638人，产妇8544人，住院分娩率100%，高危孕妇住院分娩率100%；产妇系统管理率89.25%；农村孕产妇住院分娩补助率100%；叶酸服用率93.57%；婚前医学检查率93.55%；医疗保健机构分娩产妇8544人，活产8638人，剖宫产率41.73%；产妇产前筛查率97.89%；产妇艾滋病抗体检测率95.04%；产妇梅毒检测率95.04%；产妇乙肝表面抗原检测率95.04%；孕产妇死亡1人，孕产妇死亡率11.57/10万；乳腺癌检查2100人，完成率100%；0～6岁儿童健康管理率91.37%；0～3岁儿童系统管理率89.05%；5岁以下儿童死亡率6.6‰；新生儿疾病筛查率91.96%；听力筛查率87.25%。完善流动孕产妇和儿童保健管理，落实流动人口基本公共服务均等化工作的各项要求，落实流入地和流出地的责任，推进流动人口“一盘棋”机制建设，将流入辖区内的孕产妇和儿童纳入常规管理，提供保健服务和指导，确保流动人口基本公共服务均等化。

医疗机构选介

湘潭县中医医院

【概况】 湘潭县中医医院始建于1958年，是一所融中国传统医学与现代医学为一体的二级甲等中医医院、全国示范中医医院、湖南中医药大学临床教学医院。医院现已发展成为一所集医疗、科研、教学、康复、预防于一体的大型综合医院。

医院占地面积4公顷，床位498张，职工604人，其中主任医师5人，副主任医师48人，市级名中医（药）师4人。新住院综合大楼已于2016年元月投入使用，新楼占地1700平方米，层高17层，设备齐全、就诊流程通畅。新住院大楼所有病房均设置了独立卫生间，具有良好的通风和采光，每个临床科室都配备有中医特色治疗室及多间温馨病房，为病友了提供舒适、整洁的住院条件。

医院拥有西门子1.5T核磁共振、进口螺旋CT、CR、DR、四维彩色B超、电子胃肠镜、腹腔镜、膝关节镜、显微镜、超声刀、全自动生化分析仪、血气分析仪、血球计数仪、800毫安数字胃肠机、C臂机、有创和无创呼吸机、动态心电图、肺功能测定仪、电子阴道镜、力普刀、康复理疗仪等一批大型医疗设备为广大病友提供优质、便捷的服务。

医院能成功开展肝胆、颅脑、人工关节置换、脊柱脊髓手术、断肢再植、子宫全切、宫颈癌根治术等大型手术，率先开展的外科、妇科、腹腔镜、膝关节镜微创手术享誉县域。

科研课题“止痛消炎敷料”“三消洗剂防治创伤性感染的临床研究”“四边法手术治疗甲亢的临床应用研究”“ 腰椎退行性骨关节炎与Ⅰ型骨质疏松的发病相关性研究”均获省科技进步奖。中西医结合治疗在糖尿病、心脑血管疾病、呼吸、消化、不孕不育等疾患中取得突出疗效。

医院骨伤科、针灸理疗科为省级重点专科；急诊科为省级重点急诊科；妇产科、神经内科为市级重点专科。医院专科制剂发展迅速，拥有包括活血祛瘀胶囊、养血四物糖浆、疳积灵颗粒的自制中药制剂产品22种。

传承中医国粹，守护生命绿洲，湘潭县中医医院将站在新的起跑线上，抓机遇，促和谐，谋发展，以高尚的医德、精湛的医术、优质的服务，再创新的辉煌。

（黎 蜜）

（责任编校 杨 柳）

社会民生

人民生活

【概况】 2015年，湘潭县城镇居民人均可支配收入27709元，比上年增长8%。全年工资性收入17012元，比上年增长8.2%，对可支配收入增长的贡献率为55.7%，工资性收入占人均可支配收入的比重为61.4%；经营性纯收入5478元，增长8.2%，贡献率为20.3%，占19.8%；财产净收入1331元，增长14.1%，贡献率为8%，占4.8%；转移净收入3888元，增长9.2%，贡献率为16%，占14%。

全县城镇居民人均消费支出15078元，增长14.5%。消费结构中，食品烟酒支出4602元，占30.5%；衣着支出1388元，占9.2%；居住支出2865元，占19%；生活用品及服务支出855元，占5.7%；交通通信支出1815元，占12%；教育文化娱乐支出2347元，占15.6%；医疗保健支出947元，占6.3%；其它用品和服务259元，占1.7%。城镇居民家庭恩格尔系数为30.5%。年末人均居住面积为49.1平方米。

是年，县内农村居民人均可支配收入14539元，增长9%。全年工资性收入7541元，比上年增长11%，对可支配收入增长的贡献率为62.6%，工资性收入占可支配收入的比重为51.9%；经营性纯收入4361元，增长8.1%，贡献率为27.1%，占30%；财产净收入271元，增长8%，贡献率为1.7%，占1.9%；转移净收入2366元，增长4.6%，贡献率为8.6%，占16.2%。

农村居民人均生活消费支出11023元，增长9.6%。消费结构中，食品烟酒支出3615元，占32.8%；衣着支出514元，占4.7%；居住支出1923元，占17.4%；生活用品及服务支出685元，占6.2%；交通通信支出1064元，占9.7%；教育文化娱乐支出1571元，占14.3%；医疗保健支出1343元，占12.2%；其它用品和服务支出308元，占2.7%。农村居民家庭恩格尔系数为32.8%。年末人均住户面积为57.1平方米。 （谢 卫）

人口和计划生育

【概况】 2015年，全县出生11952人，男孩6197人，女孩5755人，符合政策生育率84.4%，高于全省平均水平，出生婴儿性别比107.68，控制在正常值范围，多孩率3.12%，低于全省平均水平。期内施行各种节育手术14940例，同比增加858例。打击“两非”典型案件8起，超省定目标7起，市定目标2起，连续多年保持“国优”“省优”地位。再次评为“省计生工作先进县”“省计生协会工作模范单位”“阳光计生示范县”。

强化国策意识。1月27日、7月9日分别召开全县计划生育大会和讲评推进会。县委县政府重申计划生育国策地位，先后在全县乡镇开展计划生育督查7次。对被市、县“一票否决”的乡镇四位计生责任人进行“约谈”，对乡镇和综治单位开具“问题清单”并限期整改落实，对分线工作排名靠后的12个乡镇责任人进行约谈，组织23家计生综治单位召开年度述职测评大会。同时在全县所有部门单位开展计划生育年度检查验收。

夯实基础工作。全面开展全员人口信息数据清理工作，全县全员信息空填率0.03%，逻辑错误率0.02%，重复率0.03%，全员人口数据质量大幅提升。人口网格化管理，乡镇和村建立网格，迅速启动村直报工作，19个乡镇156个村（社区）计生专干配备“网格通”手机，正在逐步进行推广。在19个乡镇38个村进行为期5天的抽样调查，结合“实时通”、公安、卫生等综合数据，分乡镇进行数据比对，共核查疑点问题58人，上报出生44人，进一步澄清工作底子。分季度开展优质服务竞赛活动，有效保证人口计划的完成。

提升服务水平。加强队伍培训，组织新调整的乡镇计生队员和新聘用的计生专干开展2期业务培训，并先后开办执法、流管、统计、医技、综治专干等系列培训班。强化孕前管理，普查19个乡镇21万多名育龄妇女，治病3万余人次。拓展关爱救助活动，慰问计生困难家庭和困难计生工作者1281人，慰问贫困母亲230名。开展“两扶一奖”等实事工作，确定新增奖扶对象1133人，特扶对象87人，城镇独生子女父母奖励817人。全面落实“关爱失独家庭”扶助制度，全县257位失独老人每人补助300元/月。启动流动人口健康检查档案，与城管部门联合防控流动人口传染病，摸底排查0~6岁流动儿童116名，已全部免费接种疫苗。

狠抓难点工作。加大流动人口区域协作力度，监控平台匹配率达98.9%，重要信息反馈及时率达99.6%，通过“实时通”平台落实政策外怀孕补救措施17例，发送优生优育、健康保健信息12万条，办理异地一孩生育证12本。年内成功查处“两非”典型案件8起。

（徐　戬）

劳动就业

【概况】　2015年，全县新增城镇就业7066人，失业人员再就业1316人，新增创业主体2876户，带动城乡就业4603人，帮扶零就业家庭9户，零就业家庭动态就业援助100%，新增农村劳动力转移就业8278人。农村劳动力转移就业实现劳务收入73.8亿元。开发公益性岗位389个，重点安置“4050”下岗失业人员、军队退役转业人员，提供的岗位具体为保安、保洁、保绿、协管员。城镇失业登记率稳定控制在4.11%以内。开展“春风行动”招聘会7场，提供岗位11352个，达成就业意向2688人。9月，举办“大众创业、万众创新”、缓解企业用工难及就业扶贫系列招聘会5场，提供1451个岗位，吸引求职者3000多人，达成意向642人次。与妇联联合举办“湘潭贫困母亲”专场招聘会，达成就业意向40人；每周星期三例行招聘会48场。

【职业技能鉴定】　2015年，职业技能鉴定共778个。其中，获得初级职业资格证书的552个，中级职业资格证书的125个。

【技能人才培训工程】　2015年，通过校企合作，推进中级技能人才素质提升。年内，通过县职校与傲派自动化的对接，共培训59名中级技能人才。

【全市旅游服务业职业技能竞赛团体一等奖】　2015年8月27日至29日，湘潭市旅游服务业职业技能竞赛在湘潭华都国际大酒店举行，来自全市16家单位的195名选手参赛。湘潭县代表队共有22名参赛手，通过激烈角逐，分别获得一等奖1名，二等奖1名、三等奖4名，被评为参赛单位团体一等奖。

劳动监察

【概况】　2015年，共接受日常投诉206件，立案206件，结案率100%，为劳动者追讨工资1300多万元。严格执行农民工保障金征收制度，新增农民工保障金441万元，累计存入专户1070万元。妥善处理碧桂园中鼎和广西一建拖欠农民工工资、八角砖厂拖欠农民工工资等农民工集体上访案件，有力维护劳动者的合法权利，确保全县劳动关系总体和谐稳定。

【劳动争议仲裁】　2015年，基层调解组织实现乡镇全覆盖，覆盖县内企事业单位96家。全年受理劳动争议案件140件，全部结案，劳动者获得各类补偿1198.87万元。办理行政复议行政诉讼案件31起。受理工伤案件1115起，劳动能力鉴定183起，有效维护劳动者合法权益。

社会保障

【概况】　2015年，全县参保总人数达到56.9万人次，自行征缴社会保险金6.47　亿元，各项待遇按时足额发放。

【企业职工养老保险】　2015年，全县企业养老保险参保人数72099人。其中，在职参保人数50291人，离退休人数21808。基金收入31208万元，基金支出43546万元。企业退休人员养老金实现十一连调，对全县2014年12月31日前退休的20260名参保退休人员的养老金进行调增，月人均增加养老金188元。调整后企业离退休人员月平均养老金达1748元。

【机关事业单位养老保险】　2015年11月起，启动机关事业单位养老保险制度改革，做好业务经办人员培训、信息采集等有关前期工作。全县机关事业单位养老保险参保人数22832人。其中，在职参保人数15061人，离退休人数7771人。基金收入9486万元，基金支出11926万元。

【失业保险】　2015年，失业保险参保人数21946人，基金收入1982万元，基金支出620万元。领取失业保险待遇从原来最低工资的80%提高至现在的85%。

【医疗生育保险】　2015年，城镇职工医保参保人数56802人，基金收入14882万元，基金支出11347万元。特殊人群（离休干部、伤残军人）参保401人，基金收入1585万元，基金支出1302万元。城镇居民医保实际参保人数55950人，基金收入2436万元，基金支出2233万元。生育保险参保人数27929人，基金收入552万元，基金支出245万元。与太平洋保险公司湘潭支公司签订2015—2016年职工医保大病保险和意外伤害保险的转投协议，降低大病医疗和意外伤害亏损风险，缓解医疗审核、外调工作人员人手不足的矛盾，加强大病医疗和意外伤害外调工作。

【工伤保险】　2015年，工伤保险新增参保2089人。基金收入2175.5万元，基金支出2118.8万元。

【城乡居民社会养老保险】　2015年，城乡居民基本养老保险整合并轨，与城镇职工养老保险实现自由转移接续。将社会保障卡发放应用与开展全民参保登记工作有机结合，开展银医合作工程，推广社保卡社保服务功能与银行和医院的对接合作，共发放社会保障卡53.2万张。城乡居民养老保险基础养老金标准提高至75元/人/月。全年共征缴保险费3804万元，发放待遇16666万元。（刘湘云）

住房保障

【概况】 2015年，湘潭县住房和城乡建设局从改善民生、服务大局出发，突出重点，扎实推进，有效地解决城镇低收入家庭、新就业职工和外来务工人员的住房困难问题。公租房建设：全县新建公租房589套，基本建成542套，竣工184套，总建筑面积27289.6平方米，完成投资3821万元，为年度目标任务的115.3%。廉租住房租赁补贴：新增廉租住房租赁补贴保障对象148户，为年度目标任务的148%，正在享受租赁补贴保障户数为624户，累计发放租赁补贴86.28万元。危房改造：制定《湘潭县2015年农村危房改造实施方案》，下发《关于做好2015年农村危房改造有关事项的通知》，积极争取中央、省、市财政配套农户危改补贴资金1646万元，县财政配套补贴资金276万元（含2014年结余的46万元），完成农村危房改造目标任务2100户，发放补助资金1922万元，为年度目标任务的190.9%。棚户区改造：成功申报金霞、武广、京竹三个片区城市棚户区改造项目，共拆迁棚户区棚改户600户，全部为货币安置，争取补助资金480万元，完成投资27000万元，为年度目标任务的115.4%。（黄丽）

社会事务

城乡低保

【概况】 2015年，全县有城市低保对象5596户、8461人，发放保障金及一次性价格临时补贴2498.67万元；有农村低保对象17774户34396人，发放保障金及一次性价格临时补贴4357.58万元。

加强救助动态管理，基本实现全县城乡困难群众救助全覆盖，累计救助6万余人次。城市低保保障标准达到380元/人.月，农村低保保障标准达到2400元/人・年。

建立健全社会救助“一门受理、协同办理”机制。全县17个乡镇人民政府全部建立统一受理社会救助申请窗口。

【阳光行动】 召开全县年审工作会议，制定印发《湘潭县2015年城乡低保年审及农村五保清查工作实施方案》（潭县民发〔2015〕38号）等文件，安排部署城乡低保年审及农村“五保”清查工作。全年共退出城市低保400户805人，新批城市低保对象131户228人；退出农村低保对象765户2240人，新批农村低保对象1811户3013人；退出农村五保对象455人，新批农村“五保”对象382人。

【“五保”供养】 2015年，全县有农村“五保”供养对象9072人。出台《关于提高农村“五保”分散供养标准和城市“三无人员”、农村低保救助标准的通知》。农村“五保”分散供养标准由2640元/人・年提高到2900元/人・年，全年发放“五保”供养经费2799.92万元。

【敬老院建设】 2015年，共投入资金900余万元，新改扩建白石镇中心敬老院、梅林桥镇中心敬老院、石鼓镇中心敬老院、排头乡留田敬老院等4所敬老院，增加建筑面积6500平方米，新增床位200余张。全县共1600余人入住敬老院，其中新入住老人173人。

【“五位一体”医疗救助制度】 2015年，全县17个乡镇和市、县级26家定点医院全部实行“一站式”即时结算。全年共救助69202人次，列支救助金1705.15万元。

救灾救济

【概况】 2015年，湘潭县遭受严重的洪涝、泥石流等自然灾害，19个乡镇全部受灾，受灾人口9548人，紧急转移安置1191人，倒塌房屋96间，水电、交通、通信、森林、绿化等均遭受不同程度的破坏，直接经济损失6180万元。争取上级下拨各类救灾资金620万元（2014年冬令救济260万元，2015年春荒救济60万元，2015年冬令救济300万元）。全年发放救灾衣被2500余件，及时有效地解决受灾群众的生活困难。

【农村特困户住房建设】 2015年，湘潭县严格按照《2015年湘潭市资助农村特困户建房工作方案》的要求，出台《湘潭县关于切实做好资助农村特困户建房工作实施方案》，成立湘潭县农村特困户建房工作领导小组，坚持实行各乡镇“一把手工程”。全年完成71户农村特困户住房建设任务，建房补助资金按照农村危房改造重点帮扶对象4万元的标准实行补助，实行指标一次到户，建房补助资金在房屋建设完成并验收合格后一次性拨付到位。

“资助农村特困户住房建设”情况

表10

乡镇	任务数	完成数
云湖桥镇	3	3
杨嘉桥镇	3	3
石潭镇	4	4

续表10

乡镇	任务数	完成数
乌石镇	4	4
分水乡	4	4
石鼓镇	5	5
青山桥镇	3	3
龙口乡	3	3
花石镇	5	5
排头乡	6	6
锦石乡	3	3
射埠镇	5	5
河口镇	3	3
易俗河镇	3	3
梅林桥镇	4	4
谭家山镇	3	3
中路铺镇	5	5
白石镇	3	3
茶恩寺镇	2	2
合计	71	71

临时救助

【概况】 2015年，全面开展“救急难”救助试点县工作，县财政预算安排临时救助资金98.5万元，全年共救助758人，发放救助金150.2万元。救助流浪乞讨人员351人次，列支救助金42万元。

婚姻登记

【概况】 2015年，湘潭县民政局婚姻登记处（由民政部授牌的国家4A级婚姻登记机关）。办理结婚登记6731对，离婚登记2041对，补办结婚登记68对，补发结婚登记1213对，补离132对，出具证明3210份，查档案出证420余人次。湘潭县婚姻家庭纠纷人民调解委员会全年共接待群众咨询550人次；调解169对，其中调和39对。

福利事业

【概况】 2015年，全县销售福利彩票6924.6万元，同比增加1879万元，增幅37.3%，增幅排名全省第4，总量排名较2014年提升10个名次，位居全省（96个县市）第14，为国家筹集公益金1835万元，其中为全县筹集公益金458.75万元。发挥福彩公益金的作用。启动福彩公益金共480万元，改扩建敬老院9个，建设农村幸福院43个、老年活动中心26个、养老示范点24个、扶贫济困1135人次。开展社会福利企业年检工作。全县10家社会福利企业，完成企业生产总值3.09亿元，退税 835.93万元，安置残疾人总数271人，占福利企业职工总人数708人的38.3%，保障残疾职工月工资最低标准，残疾职工养老保险、工伤保险、医疗保险、失业保险等社会保险均已落实到位。开展孤儿、困境儿童清理扩面提标工作，清理出年满18周岁非全日制学校在读孤儿18人，新增孤儿3名，困境儿童49名，提高孤儿保障水平，确定保障标准为600元/月，保留孤儿所享受的五保或低保待遇。启动民办养老机构清查工作，成立由分管副县长任组长，县人民政府联系民政工作负责人和县民政局局长任副组长，县公安局、县卫生计生局、县环保局、县食品药品监管局、县公安消防支队等单位负责人为成员的湘潭县集中清理整治非法民办养老机构工作领导小组，切实加强该项工作的组织领导。

【湘潭县社会福利中心】 2015年，县社会福利中心按照“十二五”规划社会类民生项目工作的要求，成功争取国家对养老事业项目老年养护楼的立项。是年，该中心累计供养老人43人。

慈善工作

【概况】 2015年，开展“一张纸献爱心行动”活动，联合宣传、教育等六个部门印发《关于开展“一张纸献爱心行动”的通知》（潭宣发〔2015〕20号）文件，在易俗河镇百花社区、吴家巷社区、砚井社区设立社会捐赠站点，在云湖桥镇铁炉塘、中路铺镇谭湖村新建慈善超市。

老龄工作

【概况】 2015年，免费办理优待证8205本，保障老人的优先优待和合法权益。2015年5月6日，县人民政府第7次政府常务会议，县民政局与县财政局联合印发《关于高龄老人生活补贴提标扩面的通知》（潭县民发〔2015〕51号），对高龄生活补贴进行提标扩面。加强对老协会建设指导，全县社区老年协会覆盖率达到79.3%，村老年协会覆盖率达到99.6%。

【高龄生活补贴】 年内，共为2192名高龄老人发放高龄生活补贴318.66万元。其中，为1356名80周岁老人发放高龄生活补贴75.26万元。年底，全县健在的百岁老人有29名。百岁老人长寿保健金由原来的300元/人·月提高至600元/人·月，共发放百岁老人长寿保人健金19.2万元。

【基本养老服务补贴】 年内，对基本养老服务补贴进行扩面。对象范围由原来的80—89周岁的低保老人和分散供养的“五保”老人扩大到65—79周岁的低保A类老人。对2196名失能半失能贫困家庭的老人提供20元/人·月的基本养老服务，全年共发放补贴资金52.7万元。基本养老服务补贴覆盖率达69.3%。

【省级城乡养老示范点】 2015年，积极争取省民政厅对农村综合性养老服务示范点建设的支持和投入，将易俗河镇青光村、百花社区、砚井社区、石潭镇联盟村、河口镇红旗村、双丰村老年协会等21个村、社区打造成省级村、社区养老服务示范点。

【殡葬管理】 2015年，落实困难群体遗体免费火化政策，全年为五保、低保等特困群体支付遗体运输、遗体火化、遗体冷冻等费用共计54万元，全年火化遗体471具。

（龚　卓）

（责任编校　杨　柳）

乡镇

云湖桥镇

【概况】 云湖桥镇地处湘潭县西北部，距湘潭市区20千米，东邻姜畲镇、响塘乡，南与石潭、杨嘉桥镇隔云湖河、涟水河相望，西与湘乡市、韶山市毗邻，北与宁乡县接壤。2015年，全镇总面积127.9平方千米，辖38个村1个社区。全镇总户数19338户。其中，农业户16412户。总人口61831人。其中，农业人口57786人。人口自然增长率0.8‰。耕地面积64275.3公顷。其中，水田面积49680公顷、旱地面积7045公顷。山林面积5568公顷，

是年，实现工农业总产值33亿元，比上年增长12.7%。完成财税收入3286万元，其中国税1531万元、地税1755万元，同比增长13%。财政总支出2509万元，增长3%。农村经济总收入12.3亿元，增长5.4%；农村集体经济收入122.5万元，增长1.3%；农民人均纯收入14261元，增长10%。年末银行存款余额6.8亿元，增长13%。全镇规模企业用电量1449.4千瓦时。

全年实现工业总产值达28.1亿元，同比增长14.2%；规模以上工业总产值17.1亿元，同比增长14.1%；实现规模以上企业利润3122万元，工业企业技术改造投入完成5.6亿元，完成年度计划的101.8%，同比增长10.7%。全镇引资落户项目5个，完成投资5563万元。其中，湖南代代福食品有限公司槟榔生产项目完成投资957万元、湘潭圣意缘铸造有限公司铸造生产线完成投资514万元，均已投产使用。湘潭圣立宇置业有限公司新时代广场完成投资1100万元，七里铺商业开发二期完成投资2592万元，湘潭市康盛玻璃制品公司熔化炉改造项目完成投资400万元。

全年实现农业总产值4.9亿元，增长5%。粮食播种总面积6266.7公顷，粮食总产达4.6万吨，其中，早稻面积2933.3公顷，优质稻面积1266.7公顷，晚稻面积3066.7公顷，优质稻面积2600公顷，施用石灰修复治理耕地470公顷。完成造林任务92公顷，中幼林抚育间伐88公顷，义务植树10.2万株。存栏生猪3.7万头，存笼禽15.4万羽。

全年共投入各型耕、种、收机械1850台套，机械化耕种面积5866.7公顷，投入高速乘坐式插秧机1台，手扶步进式插秧机23台，机插秧面积1280公顷。累计发放农机购置补贴199台20.3万元。

全年投入水利建设资金530万元，完成水利工程550处，移动土石方42万立方米，改善灌溉面积53.3公顷，增加蓄水量6万立方米，渠道清淤21千米，维修水毁工程5处。完成村道硬化24.5千米；8个“五小”项目村工程顺利推进，完成10个台区的配变增容，完成8个村的农网改造工程。

全年出生707人，符合政策生育率85.43%，性别比104：93。落实节育措施821例，开展孕前优生遗传检查320对。

全镇参加新农合5.3万人，参合率95%，门诊及住院补偿合计补偿5.7万人次，1300余万元。城镇居民医疗保险已参保1245人，完成年度指标103.8%。参加新农保15848人，发放社保IC卡1443张，享受城镇低保190户，324人，享受农村低保1029户，2060人。五保户422人，资金全部实行社会化发放。贯彻落实“结对帮扶”政策，全年脱贫650人，完成全镇总脱贫任务的30%。

举办湘潭市首个“认养茶园、赠送果园”活动，接待游客300余人。成功举办“脐橙采摘节”，接待游客2000余人。举办“纪念王闿运诞辰182周年暨文联工作”座谈会，配合县委宣传部等部门开展县2015年首场“三下乡”活动，开展一期广场舞培训班，刊印《云湖》双月刊5期。投入100余万元，完成响石等7个村的农民体育健身工程。

完成11项为民办实事项目。新增城镇就业人员455人。全镇有学校27所，含初中4所，小学13所，幼儿园10所，在校学生3006人。史家小学、建东小学、云湖小学、七里小学完成义务教育合格学校建

设。新增养老服务床位15张。资助农村特困户建房3户，实施危房改造177户。救治救助贫困重性精神病患者11人。扶助城乡60岁以上的失独老人12户，共计14人。抢救性康复贫困残疾儿童3名，免费为6名贫困残疾人适配助听器。

有序推进农村土地确权颁证第一阶段工作。完成投资310万元，相继建成500米的镇区排污工程及340米雨水排水工程，镇区亮化绿化面积250公顷，改造镇区地坪80公顷。投入专项资金200余万元，全面推进农村环境卫生综合整治工作。积极开展马路市场整治，拆除七里铺地段违法构筑物88户，270公顷。是年，云湖桥镇农村环境卫生综合整治工作获得市级先进。

落实安全生产责任制，全年组织开展专项行动和检查125人次，发出安全生产监督现场检查记录231份，行政处罚单位6家，处罚金额15900元。深入推进“平安云湖”建设，全面启动和部署党员干部“大走访”活动，年内，全镇干部走访1567人次，走访户数14560户，接受群众咨询9890余人次。

建立党建工作每季度“一部署、一督查、一总结、一通报”的“四个一”工作落实和督查机制。全面推行阳光三农、阳光村务、便民服务中心建设，成立村务监督委员会，推进农村“三资”管理，做好村级财务公开。组织开展“一进二访”活动，做到全镇38个行政村和2100余户贫困户全覆盖。制定印发《关于加快发展村级集体经济的实施意见》，完成无集体经济收入村“清零”工作任务。（袁 祎）

2015年云湖桥镇各行政村基本情况

表11

村 名	面积（平方千米）	户数（户）	人口（人）	农村经济总收入（万元）	农村经济总费用（万元）	农村经济净收入（万元）	农民人均纯收入（元）
芦塘村	6.5	626	1866	2943.71	2144.1	799.61	14952
烈马村	7.1	598	1871	2727.02	2137.34	589.68	13655
天鹅村	6	634	1902	2732.86	2284.5	448.36	13971
楠竹村	3.3	777	2364	3589.56	2883.48	706.08	14997
北岸村	4.5	620	1806	2608.93	2177.56	431.37	14125
高湖村	2.9	364	1103	1668.19	1522.5	145.69	14875
良湖村	3.1	472	1396	2104.37	1678.72	425.65	14966
望梅村	5.1	809	2474	3668.75	2898.55	770.20	14638
建东村	2	368	1152	1663.08	1358.08	305.00	13969
建新村	3.1	413	1326	2020.31	1683.91	336.40	14958
移山村	2.4	443	1331	2052.44	1714.35	338.09	14965
立山村	2.4	456	1397	2151.96	1707.27	444.69	14961
塘湾村	3.3	662	2043	3108.52	2623.4	485.12	14975
史家坳村	4.8	665	2084	3170.36	2486.71	683.65	14970
清风村	2.4	502	1543	2372.34	1999.65	372.69	14976
狮山村	5	718	2172	3287.73	2498.31	789.42	14998
烟山村	3.6	444	1272	1953.72	1475.96	477.76	14975
古湖村	3.6	495	1460	2217.00	1703.29	513.71	14945
大安村	3.6	455	1353	2039.01	1578.57	460.44	14900
天星村	3	341	1004	1529.76	1153.97	375.79	14953
响石村	4.7	660	1994	2962.41	2356.87	605.54	13966
石家村	3.5	485	1471	2232.86	1810.62	422.24	14970

续表11

村 名	面积（平方千米）	户数（户）	人口（人）	农村经济总收入（万元）	农村经济总费用（万元）	农村经济净收入（万元）	农民人均纯收入（元）
熊家村	3	454	1369	1940.97	1553.64	387.33	13950
黄金村	3.6	499	1459	2098.65	1649.98	448.67	13941
东塘村	4.6	626	1914	2730.82	2357.09	373.73	13954
石马咀村	2.9	480	1428	2021.96	1785	236.96	13980
楚家村	2.2	324	1028	1584.51	1417.75	166.76	14952
云湖村	2.5	554	1649	2458.19	2005.76	452.43	14806
石井铺村	4.5	944	2941	4457.62	3706.12	751.5	14972
新南村	2	467	1493	2243.91	1805.84	438.07	13968
飞轮村	3.3	503	1572	2407.28	1928.63	478.65	14926
集中村	1	358	1096	1564.71	1232.82	331.89	13951
王家湾村	2	401	1181	1688.34	1383.86	304.48	13966
七里村	1.9	494	1540	2337.00	2029.26	307.74	14985
侯家村	1.8	372	1124	1603.44	1163.83	439.61	13945
税湖村	2.3	417	1266	1808.02	1439.98	368.04	13950
马栏桥村	2.4	337	1061	1599.61	1362.65	236.96	13965
铁炉塘村	2	384	1170	1700.28	1429.09	271.19	13966
云湖社区	—	2182	3940	—	—	—	—

石潭镇

【概况】 石潭镇位于湘潭县西部边陲，北接云湖桥镇，南临乌石镇，东临杨家桥镇和射埠镇，西接湘乡市东郊乡。湘江支流涟水由西而东贯穿全境。河中有一深潭，潭底有石户龙床，潭旁横卧仙人石，故称石潭。320国道和湘黔铁路复线与涟水平行，横穿北部，“韶茶”“湘湘”两条县级公路干线从镇内经过，贯通南北与东西，交通便利，区位优势明显。2015年，镇域总面积124.87平方千米，辖4个管区，37个村、5个居委会，630个村（居）民小组。全镇总户数22291户，其中农业户17373户；年末总人口7.48万人，其中农业人口66272人。人口自然增长率5.31‰。全镇耕地面积4304.33公顷，其中水田4082.27公顷，旱地222.07公顷。

全年实现工农业总产值13.74亿元，比上年增长4.09%；实现固定资产投资3.15亿元，规模企业总产值6.15亿元；招商引资到位资金5700万元；万元规模工业产销率98%，产值能耗下降率15%；实现财政总收入3714万元，增长14.3%；财政总支出3713万元，增长14.3%。完成两税收入1846万元，其中国税158万元、地税1688万元，较上年增加127万元；农村经济总收入299991.27万元，增长39%；农村集体经济收入14310元，增长9%；城镇人均可支配收入达3万元，增长13%；农民人均纯收入达14564元，增长14%；年末银行存款余额 15.25亿元，增长6.8%。全年规模企业用电量0.06亿千瓦时。

全年实现农业总产值达7.9亿元，增长8%。农作物播种面积4304.33公顷，内含早晚稻种植面积7866.67公顷，粮食总产5.92万吨。发展种粮大户63户，推进早稻水稻集中育秧核心村建设66.67公顷，土壤重金属治理150.67公顷，高档优质杂交稻示范片“湘米工程”提质增效，发展优质稻湘晚籼13号2000公顷。圆满完成农业部财政部的214公顷农业生产全程社会化服务项目和省农业委组织的南方稻区高档优质稻品比展示。机插双超万亩高产创建项目通过省级验收。

推广插秧机11台，实现机插面积1873.33公顷。全年农用机械上户27台，组织培训各类驾驶员13人。湘潭县农机校在石潭镇举办新型职业农民培训班，培训50人次。完成农机购置补贴139.635万元，共计517台。全镇发展生猪41.8万头，含良种瘦肉猪（含良杂）35.1万头，存栏生猪11.6万头，存栏

100头以上的规模养殖户298户，存栏生猪300头以上的规模养殖户55户。规模养殖比例逐步提高，年出栏50头以上占全镇出栏总数的57.2%。发展家禽51.2万羽，存笼家禽19.7万羽,出笼31.5万羽，存笼200羽以上养禽户130户。水产品持续发展，出产水产品4064吨，特种、特色养殖得到推广。

引导农村土地经营权有序流转、发展农业适度规模经营，累计流转耕地1533.33公顷。新增农民专业合作组织7家，家庭农场3户，西瓜基地4处。

全年完成农村公路建设21千米，镇城区至石乌线路段提质改造1.1千米、沿河大堤改造硬化1.4千米。安泰自来水改扩建工程基本结束，7298人直接受益。投资140万元的石潭大道至后湖长1084米的污水管网铺设完工。顺利封闭鸿泰宇一矿井筒，完成煤矿关闭退出后周边村组基础设施建设的规划设计。完成草塘村土地平整项目立项和光荣片区农业综合开发项目前期调研。

全面推广垃圾分类回收，改革城镇环卫管理体制，新增置25处大型垃圾箱，“美丽屋场”示范效果显著。推行城镇精细化管理，加强镇区主要街道“五乱”现象综合整治工作。年内，共组织8次专项整治行动，出动50人次，对镇区进行350次日常巡查，共清理拆除乱摆遮阳账篷20个、乱挂横幅246幅，整顿跨门槛经营8户，清理流动摊档40余个次，教育占道经营、乱摆乱卖的摊贩80人次，下达停工通知书10处，限期拆除整改5处，清除墙体粘贴广告80处、小广告180余处、粉刷墙体涂写牛皮癣450余张，拆除镇区违规设置的户外广告420块，画停车标识线车位46个。

民生保障不断完善，认真开展社会救助年审工作。新增农村低保141户199人，新增城镇低保13户15人，取消农村低保44户148人，取消城镇低保40户75人。不断完善敬老院管理制度和居住环境，白托敬老院添置家具35套，集中供养90人，残疾人无障碍改造项目实施7户，优抚安置、救灾救济等政策全面落实。提升就业服务，新增城镇就业602人、农村就业600人。新农合、新农保等政策性保费规范征缴，民生实事全面推进。全面推进精准扶贫，结合“双联共建”，扎实开展“一进二访”活动,427名党员、22名科级领导干部结对帮扶，1021个贫困人口成功脱贫。强化村集体经济措施，35个村集体经济收入实现清零。

全镇有学校27所，含初中4所，小学10所，幼儿园13所，在校学生5603人。石潭中学、古云小学“合格学校”创建顺利验收。切实增强医疗卫生服务水平，食品药品常态监督，中心卫生院周转房顺利竣工。深入开展群众性文体活动，积极筹备数字电视改造，完成有线电视光纤主干线架设2千米，增设光接点8处，完成坑山、新庄等15个村农民体育健身工程建设，完成甘露塘村文体广场建设，举办石潭片区大型群众文艺汇演活动，安全服务端午节民间龙舟赛事。

深入开展“平安创建”。印发便民服务联系卡1.9万份，发放《家在莲乡·共建平安》宣传手册2万份。加大依法逐级信访的宣传引导，定期开展矛盾纠纷排查化解，妥善处理突发性群体涉稳事件3起。“三官一律”进驻基层，“巡回法庭”现身说法，全民法制意识明显提升。以省级“安全生产示范乡镇”创建为契机，认真开展“安全生产宣传月”活动，强化消防培训、应急演练，严格执法监督，先后开展“打非治违”“九打九治”等安全生产专项行动。联合执法部门开展超载限载治理、水上安全治理、摩托车治理等道路交通违法违章专项行动；镇区电子监控系统已经调试启用。认真落实各类特护期稳控措施，加强突发事件处理，实现非法进京零上访；社会管理综合治理民意调查排名全市第九、全县第三。

严格遵循党员发展“2233”制，全年发展党员20名，转正预备党员21名。分类建档、定时定人加强流动党员管理和服务，党费收缴按时、足额到位；成立石潭镇党校，开展党校集中学习10次、党组织书记培训6期。完成2417名党员的档案集中整理。新建3个村级活动场所、9个基层党建示范点，整顿5个软弱涣散党组织，完成37个村的便民服务站点建设。开展“共产党员示范家庭”创建试点活动，完成7个村57户党员家庭集中授牌。

全面落实“一岗双责”责任，认真开展述责述廉评议。坚持实行党务、政务公开，加强“三资”平台建设，加大审计监督力度，规范管理村级财务，落实阳光村务制度，37个村村务监督委员会全覆盖，古云村被评为全市“廉政文化先进农村示范点”。持续深入改进作风，修订完善14项机关管理制度，狠抓“四风”惩治，开展督查12次，处置不合格党员3人，处分违纪党员干部3人。

2015年石潭镇各行政村基本情况

表12

村名	面积（平方千米）	户数（户）	人口（人）	农村经济总收入（万元）	农村经济总费用（万元）	农村经济净收入（万元）	农民人均纯收入（元）
古 云	2	481	1891	9805.34	6704.04	3101.3	16410
古 城	2.4	540	2284	8898.43	6080.25	2818.18	15328
莳 竹	2.5	547	2074	8283.77	5660.26	2623.51	14347
联 盟	2.7	625	2651	8273.46	5653.21	2620.25	14340

续表12

兆 托	2.5	608	2480	8349.47	5705.15	2644.32	14414
托 下	2.4	620	2320	8337.9	5697.25	2640.65	14420
九 龙	1.7	304	1188	8189.99	5596.17	2593.82	14197
通 湖	2	386	1543	8275.38	5654.51	2620.87	14324
莲 花	3.8	426	1680	8474.74	5790.75	2683.99	14638
白 龙	3.4	494	1732	7963.47	5441.4	2522.07	13922
分 水	3.7	350	1349	8387.25	5730.96	2656.29	14290
向 韶	3	600	2145	9980.46	6824.06	3156.4	17057
芙 蓉	3.2	645	2580	8401.22	5740.52	2660.7	14515
八 角	3.3	637	2548	8892.23	6076.02	2816.21	15159
青 和	5.3	500	1930	7793.43	5325.22	2468.21	13546
枫 树	3.3	203	736	7739.82	5288.57	2451.25	13518
甘露塘	3.4	344	1200	7706.95	5266.12	2440.83	13473
列家桥	3.8	500	1700	8370.86	5719.77	2651.09	14485
龙 泉	2.8	310	1140	7964.28	5433.38	2530.9	13811
中 新	4.8	610	1980	7719.58	5274.74	2444.84	13437
毛 塘	4.1	401	1380	7751.09	5296.28	2454.81	13479
洪 望	5	365	1358	7644.61	5223.52	2421.09	13283
屯 下	3	365	1358	7963.12	5441.15	2521.97	13799
普 庆	2	265	970	8348.73	5704.65	2644.08	14725
双 马	4.2	510	1783	8188.69	5595.29	2593.4	14449
马 桥	4.3	548	1820	7704.38	5264.36	2440.02	14290
草 塘	4.1	438	1738	8427.29	5758.32	2668.97	14519
饶 田	3.9	428	1628	7338.43	5014.32	2324.11	14298
坑 山	4	310	1245	7317.15	4999.78	2317.37	14033
杨 梓	1.9	376	1535	7066.35	4828.41	2237.94	13851
中 塘	3.9	386	1390	8481.9	5795.64	2686.26	14542
紫 涟	3.3	589	2350	7706.8	5266.03	2440.77	14296
白 托	2.5	540	1800	7707.22	5266.3	2440.92	14298
光 荣	2.6	442	1642	7015.73	4793.81	2221.92	13719
文 佳	3.1	495	1825	9056.73	6361.95	2694.78	14909
新 庄	3.4	458	1700	6998.16	4781.81	2216.35	13166
新 合	8.1	765	2900	7466.86	5102.07	2364.79	14183

【陈三新到石潭进行党建工作调研】 7月1日，市委书记、市人大常委会主任陈三新到石潭镇慰问困难党员，调研基层党建、村集体经济发展工作，市、县领导严华、陈忠红、傅国平、周贤、谭何龙陪同。陈三新等人首先看望慰问托下村易菊生及八角村冯先满两名老党员，随后实地查看八角村香菇生产基地，并在石潭镇政府与县、镇、村三级干部围绕基层组织建设和村级集体经济发展工作进行座谈。

【美丽乡村“珠江啤酒杯”篮球赛夺冠】 7月27日，由湘潭县梅林桥美丽乡村建设指挥部和县文体广新局主办、湖南珠江啤酒有限公司冠名赞助的美丽乡村“珠江啤酒杯”篮球赛正式开始，经过多轮角逐，石潭代表队顺利进入决赛，并在8月20日下午的决赛中以76：37的绝对优势击败民政局队，获得本次比赛的冠军。

【鸿泰宇一矿顺利关闭】 鸿泰宇有限公司系2011年由原湘潭县人民煤矿（二矿）、原湘潭市列家桥煤矿（一矿）资产合并，年产量为24万吨的矿井，位于石潭镇列家桥管区，涉及6个村。为响应市、县有关文件要求，鸿泰宇二矿于2014年10月31日签订关闭退出协议。经多方协调处理，2015年10月31日鸿泰宇一矿井口封闭，原湘潭县人民煤矿和原湘潭市列家桥煤矿顺利关闭退出。 （张 波）

乌石镇

【概况】 乌石镇位于湘潭西南方向，东与锦石乡相邻，南与排头乡接壤，西与湘乡市近郊，北与石潭镇相连，距县城约40千米，是彭德怀元帅的故乡，湖南省著名的旅游乡镇。2015年，全镇总面积97.4平方千米，辖26个村民委员会，1个居委会，390个村民小组。全镇总户数1.06万户。其中，农业户10584户。总人口3.89万人。其中，农业人口3.79万人。人口自然增长率3‰。耕地面积2143公顷。其中，水田1971公顷，旱地171公顷。林地4983公顷。有43个基层党支部，党员1263名。

全年实现工农业总产值56250万元，比上年增长16%。财政总收入2441.6万元，财政总支出2404.1万元。完成国税收入172万元，地税收入699万元。农村经济总收入42933.12万元，增长10%。农村集体经济收入557万元，增长19.7%。农民人均纯收入11328元，增长10%。

全镇规模企业总产值2.96亿元，同比增长12.5%，规模企业产销率达到99.9%，规模工业万元产值能耗下降率12%，规模企业利润1493万元，固定资产投资2.2亿元。

全年实现农业总产值2.3亿元，增长9%。农作物播种面积5122.3公顷。其中，粮食作物播种总面积4159公顷，总产量5.4万吨，种植玉米66.7公顷，薯类100公顷，冬播油菜466.7公顷。新发展专业合作社2家、家庭农场1家，农业专业合作社总数达到23家，家庭农场2家，农民协会1家。农机补贴252台，补贴资金24万余元。出栏生猪8.45万头，家禽26.5万羽。动物防疫密度达97%以上。义务植树11万株，长防林人工造林13.3公顷，公路绿化10.2千米、水渠绿化5.5千米、庭院绿化20户。

新建省柴灶20个，太阳能热水器50个。硬化道路14.6千米。改造村级有线光缆8千米，新增有线用户85户，启动乌石峰生态隔火带项目，完成0.7千米。完成水利工程建设504处，高标准建设骨干山塘55口，新修渠道8.3千米，清污扫障120千米，完成土石方40万立方米，投入劳动工日40万个，总计耗资572万元。投资100万元的占地400平方米的彭德怀希望小学教师周转房投入使用。投资108万元的占地410平方米的景泉中学教师周转房投入使用。投资430万元的小城镇提质改造项目全面完成。完成镇区总体和控制性详细规划，规划2015—2020年项目用地。

全镇有学校17所，包括初中2所，小学6所，幼儿园8所，在校学生1775人。共有3.28万人参加新型农村合作医疗，参合率达95.12%，全年补偿金额共计1562.04万元。新农保参保缴费1.3万人，完成率98.06%。扩大就业，完成农村劳动力转移415人，城镇新增就业82人，失业人员再就业20人，困难人员再就业3人。组织农民工技能培训1期，召开现场招聘会1场。社会保险面扩大，新增企业养老保险20人、工伤保险30人，城镇居民医疗保险240人。通过精准扶贫，全镇减贫760人。回收处理各类可回收垃圾100余吨。年内，新出生人口446人，免费为全镇育龄妇女服务1.64万人次。

落实社会治安综合治理各项措施，排查各类矛盾纠纷97起，调处率100%。调处成功96起，成功率98.9%，基本实现“小事不出村，大事不出镇，矛盾不上交”的工作目标。全年接待群众来访96起，未发生重大集体访、越级访、赴省进京访。成立一支由32名机关干部组成的民兵应急分队，统一着装，不定期进入村组主干道巡防保安，维稳处突1次，扑灭森林火灾2次，镇区治安巡逻100余次。

以深化“四大三基”三年行动活动为载体，深入开展“八打八治”，先后开展校园安全、企业生产、公路客运、食品卫生、烟花鞭炮、加油站、网吧等专项检查整治行动。全面落实安全生产“党政同责、一岗双责”制度和“联校、联村、联企”三项联系制度，全面实行网格化管理，实行党政领导班子带队检查安全生产，完成8个安全生产示范村和6所安全生产示范学校的创建，实现全镇全年安全生产事故零发生。

全镇共有党员1263名，年内新发展党员19名，调入28人，调出15人，减少16人。共有村推荐后备干部164名，大学生村官2名。全年上缴党费37531元，全体党员做到足额按时上缴。强化党员干部教育管理，通过党员冬春训活动对全镇914名农村党员进行轮训。组织开展《中国共产党廉洁自律准则》和《中国共产党纪律处分条例》的学习，强化党员干部的规矩和宗旨意识。召开党委会研究党建工作和党风廉政建设15次。对3个软弱涣散党组织展开整顿工作。村级便民服务站已实现全覆盖，实行村干部轮流值班制度和村民事务代理代办制度。积极推进党风廉政建设，落实“两个责任”。开展各项督查120多次，发放督查通报9期，全镇通报批评37人次，诫勉谈话19人次，追究分管负责人和站办所长领导责任4人次。党纪立案9起，办结8起，1起移送司法机关，开除党籍5人。建立健全“服务、帮扶、管理、教育”四位一体的党员与困难群众“一帮一”帮扶体系，深入村组进行走访，共走访联系代表70人次，走访群众500余户。镇团委获评“湖南省乡镇（街道）榜样团建示范单位”，“靓化乌石峰”活动被湘潭市评为2014年度“十佳志愿服务项目”。

2015年乌石镇各行政村基本情况

表13

村名	面积（平方千米）	户数（户）	人口（人）	农村经济总收入（万元）	农村经济总费用（万元）	农村经济净收入（万元）	农民人均纯收入（元）
天明村	3.3	438	1446	2030.1	1443.1	587	11552
双庙村	5.7	613	2326	4266.6	2890.4	688.1	13516
龙塘村	3.3	386	1524	2144.1	1452.5	691.6	13578
联塘村	3.3	331	1229	2130.1	1443.1	687	13498
铁山村	3.3	378	1388	2110.2	1429.7	680.5	13383
乌石村	3.7	572	2085	2148.6	1455.6	693	13603
寺冲村	4.3	522	2048	2129.3	1442.5	686.8	13493
旗头村	3.6	449	1677	1868.8	1230.4	638.4	13429
明德村	3.2	347	1330	2110.5	1429.9	680.6	13388
龚泉村	3.4	363	1208	2111.4	1430.6	680.8	13394
平山村	3.8	525	1865	4278.9	2898.6	690.15	13551
狮龙村	3.1	335	1294	2122.4	1437.8	684.6	13454
安平村	3.9	417	1461	1999.1	1415.3	583.8	10248
槐塘村	4.3	402	1420	2115.6	1433.2	682.4	13416
岳冲村	2.9	309	1101	1788.7	1111.7	677	13498
景泉村	5.8	561	1981	1800.1	1199.4	600.7	11617
四美村	3.4	369	1429	1871.3	1233.8	637.5	11738
石峰村	3.4	416	1639	3643.2	2267.9	598.2	11740
双雲村	7.1	364	1487	3699.8	2506.3	596.8	11901
斑竹村	3.1	295	1163	2018.6	1434.8	583.8	10869
珍珠村	2.4	348	1113	1908.8	1293.6	615.2	12236
大塘村	4.3	481	1733	1996.2	1352.2	644	13265
九节龙村	2.6	299	1050	1953.1	1322.7	630.4	12486
洪家山村	2.2	241	977	1909.1	1293.6	615.5	12236
奇才村	3.4	314	1130	1859.6	1256.5	603.1	12734
羊塘村	4.7	509	1836	1885.8	1276.8	609	12112

【"情系伟人故里·爱心捐赠活动"】 4月22日，由北京和长沙期货商会共同组织的"情系伟人故里·爱心捐赠活动"，在乌石镇景泉中学举行。北京和长沙期货商会向学校捐赠价值近10万元的高配置电脑40台。

【"采莲乡新茶 品红色文化"大型旅游活动】 5月23日，乌石镇成功举办"采莲乡新茶 品红色文化"大型旅游活动，市旅游外事侨务港澳局党组书记、局长张昱，县委宣传部长刘耀奇，副县长陈卫兵，彭德怀纪念馆、县旅游局、乌石镇负责人，与200余名游客参加启动仪式。在此次活动中，游客们不仅可以体验茶园生活，还可以购买、品尝到香米、绿壳蛋、香腐乳、黄花菜等当地特色农产品、土特产，领略彭德怀纪念馆、故居、乌石峰等红色文化的魅力。

【湘潭市公益组织"湘钢帮帮团志愿者"】 5月30日，湘潭市公益组织"湘钢帮帮团志愿者"、湘潭爱心企业华夏保险、乌石镇团委共同到镇中小学爱心资助贫困学子，彭德怀希望小学的2名贫困学子获每学期500元的一对一爱心捐赠。在彭德怀纪念馆专门设立一个爱心衣物发放站，将各界爱心人士捐赠的一车八成新的衣服，发放到贫困学子们的手中。

【湖南师范大学化工院学社到镇调研】 8月4日，湖南师范大学化工院学社联暑期社会实践团在乌石中学进行乡村教育情况调研，深入了解乡村教育的现状，详细分析乡村教育的发展历程、存在的问题及未来发展方向。调研活动结束后，团队向乌石中学捐赠500多本图书。

【乌石镇派出所正式挂牌成立】 12月25日，湘潭县公安局乌石镇派出所正式挂牌成立，县委宣传部副部长、彭德怀纪念馆馆长李日方、乌石镇党政负责人、乌石辖区人大代表、政协委员、乌石村支两委、群众代表等参加揭牌仪式，同时揭牌的还有该镇综治办。此后，该镇派出所、综治办协同办公，共同服务守卫彭总家乡近4万群众。 （张金平）

杨嘉桥镇

【概况】 杨嘉桥镇地处湘潭县西部，因当地邓家坝村有一座桥名曰杨嘉桥而得名。该镇东、南面与河口镇相连，西靠石潭镇，北接姜畲镇，距县城15千米，距湘潭市区8千米。湘黔铁路位临其旁，107国道、湘湘干线贯穿其境，潭衡西线途经镇10个村，已规划的湘潭市西二环线纵穿镇8个村，交通十分便利。该镇农业以种粮食、蔬菜、发展农副产品为主。羊鹿茶声名远播，曾多次获国家、省、市各类奖项。工业以海泡石、石灰石为主，特别是海泡石矿藏十分丰富，占全国90%以上，为全国之最，该镇也因此被誉为"中国海泡石之乡"。镇域总面积115.92平方千米，辖杨嘉桥、峡山口、荆州、雁坪4个管区，38个行政村，1个社区，2个居委会，585个村民小组，11个居民小组。2015年总户数16915户，总人口63551人。其中，农业人口59214人。人口自然增长率20.7‰。陆地100.34平方千米，水域15.29平方千米。耕地面积3739.54公顷。其中，水田3973.33公顷，旱地666.87公顷，人均0.073公顷。

全年实现工农业总产值17916元，比上年增长3.9%。财政总收入2870.11万元，财政总支出2850.3万元；上缴国税675万元、地税656万元；农村经济总收入30516元，增长1.5%。农村集体经济收入213万元，增长0.46%；农民人均纯收入12800元，增长15.8%。年末银行存款余额80378万元，增长17.17%。全年规模企业用电量364万千瓦时，增长15.8%。全年完成固定资产投资4.73亿元，占任务数的131.4%，较上年增长40%。

农业总产值5.96亿元。发展双季稻面积7070.2公顷，优质稻面积2801.4公顷，粮食总产约9.85万吨。8个村高档优质稻基地核心区连片面533.6公顷喜获丰收。荆洲管区1000.5公顷专业化统防统治效果明显，全年重金属污染耕地修复治理面积4008.3公顷，涉及农产品及土壤取样1293个，抽样检测化验220个。发展蔬菜106.72公顷，莲藕20公顷，早稻集中育秧186.76公顷。年内，早晚两稻水稻参保6803.4公顷，参保率98%，发放早晚稻农业保险资金111.14万元。新增农民专业合作社5家，家庭农场6个，全镇共有43个新型农业生产经营主体，其中"百家示范"工程8个，是全县最多的乡镇。全市唯一的农业生产全程社会化服务项目由该镇华绿公司推广和实施，简称"华绿模式"。是年，公司新建大米加工厂房2000平方米，购置成套大米加工设备，已安装投入生产。举办10期新型职业农民培训班，推介合作社发展经验与"华绿模式"，已发展3.335公顷以上的种植大户382户，发展合作社48家，服务面积达5402.7公顷，投入农业项目的大小拖拉机50多台套，插秧机126台，实现水稻种植机械化服务。

工业园区新引进湘潭华旺建设工程有限公司和嘉瑞达自动化设备有限公司。其中，嘉瑞达公司已建成主体厂房和办公楼，华旺公司已着手平整土地。加大园区基础设施建设力度，完成2.2千米园区排水管道末端管网和相关的水系加深加固工程建设，300米长的园区大道，路灯、绿化等工程正在高标准建设之中。以土地总体利用规划修编为契机，新增、调整建设用地40公顷，主要分布在杨河工业区范围，为园区的发展打下坚实的基础。新增规模企业2家（熙源建材，华绿生态米业），完成乡镇企业总产值1.6亿元，完成规模企业利润总额4269.3万元，占年计划的121.9%，比上年同期增长25%。年内引进新建项目4个，已完工项目3个（湖南华绿生态农业发展有限公司、湘潭祥盈文具有限公司和嘉瑞达自动化设备有限公司），招商引资到位资金11503万元，占年计划的127.8%。全镇4个重点工程进展顺利，杨河工业园杨嘉桥片区一期工程建设完成投资额8000万元，金峰长生陵园完成投资8253万元，金峰生态农业完成投资2075万元，农业生产全程社会化服务项目完成投资5800万元。

建设8个五小水利项目村（已

完成2个村建设任务），2座水库（高叶塘、泉塘）除险加固，完成24.18千米防洪大堤的扫障，水毁工程修复12处。完成水利工程500处、土石方32万立方米、劳动工日32万个，累计投入水利建设资金650余万元，水利建设整体进度达85%。结合全民义务植树在湘湘干线营造香樟和红叶石楠7000余株，推进三边绿化建设，在三合林场封山育林6.67公顷，在七一林场和雁坪林场完成低产林改造13.34公顷、油茶低改20.01公顷。全年完成造林任务40.02公顷，实现全年零火灾。全镇有养殖畜禽户数6902户，生猪规模养殖户达186户，年存栏生猪13.5万头，存栏羊3550头、牛273头，存笼家禽7.3万羽。春秋两季动物防疫免疫率100%，全镇畜牧水产总产值达3.7亿元，占农业总产值62%。新推广插秧机10台，完成机插秧面积任务1647.49公顷。推广新农机具183台，检验农用拖拉机161台，送训拖拉机驾驶员3人，补贴新农机具371台/套，农民受益农机补贴资金43.84万元，受益农户366户。

全镇3032人贫困人口建档立卡，落实帮扶责任，制定措施，深入开展“一进二访”活动，走访慰问困难群众300余户。完成800个贫困人口的脱贫任务。省定贫困村雁坪村，落实“六个一批”的扶贫举措，村级规划实施与个体精准扶贫协同推进。先后5次召开专题会议安排部署及培训农业“三项补贴”改革。组织5次专题业务培训，开展专项督查2次，加强农村土地确权工作。推行一村一策，因村制宜发展村级集体经济，柳湖、银湖、洞合等10个村的村集体经济清零任务全面完成。

严格实行“一周一调度、一月一考核、一季一考评”机制，加强环境卫生整治。全年投入140万元用于农村环境卫生整治，在涟水河和烈雁金河河堤修建垃圾池150个，建设9个垃圾分类减量处理中心，打造柳湖村学堂组“美丽屋场”，环境卫生整治工作在全县排名有所提升。年内，完成农村公路建设21千米，涉及乡道双柳线石旗段硬化1.2千米，村道硬化15.8千米，提前实施公路硬化计划4千米，完成乡村公路日常养护162千米（乡道30千米，村道132千米），完成乡村公路维修补板2400平方米，清灌缝13千米，全面完成上级下达的公路建设和养护任务。镇村共计投入200余万元完成11个村的主干道亮化工程，安装路灯369盏。东皋、洪托、福星、洪坪4个村的农网改造顺利完成。新增有线户100户，实现全镇有线用户全覆盖，互联网入户率达35%。新建沼气池50个，沼气池总数达8850个，改卫、改厨、改厕率达78%。新建330米长雨水管网，改建农贸市场内排污管道（镇区农贸市场至青湖桥的排水管道），维修镇区路面1.6千米，新装路灯40盏，改造镇区老路灯36盏，镇区基础设施建设投入50余万元。新增镇区小城镇开发建筑面积3978平方米、商住楼建筑面积900平方米，严格实施动态巡查、动态拆除方式，拆除严重影响城镇规划的违法建筑，拆违控违成效明显，确保镇区建设规范有序。启动新建综合性文体广场项目，重新规划政府进出道路和食堂改造项目，已完成征地、场地平整、进出路路基成型、接通等建设前期工作。白鹿冲、聂家坪和震福村三个“农村淘宝”服务站相继开业，羊鹿茶、碧之源养鸡场、叠福红堤3家电商网顺利建设，为“网货下乡”和“农产品进城”双向互动提供平台。全年社会消费品零售总额4.3亿元，比上年同期增长4.5%。

是年，全镇出生738人，出生率11.74‰，符合政策生育率84.2%，出生婴儿性别比105.6，多孩出生22人，多孩率2.98%。施行各类节育手术1014例。确认奖扶和特扶对象4797人，城镇独生子女父母奖励对象134人，发放独生子女保健费49万元。民政社保统筹发展。新增农村低保103户，城镇低保33人，五保10人，取消低保102人。临时救助526户，发放救助金23万余元。发放残疾证253个。全镇共有农村低保2314人，城镇低保553人，月保障金共35万余元，农村五保718人，集中供养59人，投入12万余元对中心敬老院的安全隐患进行整改，保障敬老院老人的安全。新农保参保1.65万人，参保率78%，有1.1万人领取农村养老保障金。组织就业招聘会3场，新增农村劳动力转移就业613人，新增城镇就业人员491人，失业人员再就业71人。科教文卫亮点频显。全镇有学校29所，含初中4所，小学11所，幼儿园14所，在校学生3422人。中考一中录取25人，师范12人。规范幼儿园管理，投入近400万元建设合格学校5所及花围子综合楼项目、荆洲中学周转房建设，均已竣工验收。选送节目获“欢乐潇湘 幸福湘潭”县广场舞决赛三等奖，选送作品获书法、美术、摄影比赛县二等奖、优胜奖。累计规范建立居民健康档案51703份，0~6岁儿童预防接种率达97%，成功创建群众满意卫生院，通过省卫计委验收。重点民生实事项目全面完成。危房改造97户，重点帮扶农村特困户建房3户，救治救助贫困重性精神病患者8人，扶助失独老人9人，无障碍改造7户，新增养老服务床位15张，超额完成5张。8个帮扶村和1个美丽乡村建设进展顺利。新建雁坪、枫树桥、渡口三所幸福院，已全部投入使用。

扎实推进“平安建设”活动，各类社会矛盾纠纷得到及时调处。坚持咨询台坐班制度，受理矛盾纠纷321起，调解成功率98%。组建治安巡逻队，开展治安巡逻98次，盘查600人次，处理突发事件40次，化解纠纷50余次，保障群众的生产生活安全。推进电子防控系统建设，投入5万余元在政府院内多处安装高清监控摄像头。杨嘉桥派出所正式挂牌成立，停办10年的派出所重新进驻该镇。建立健全安全生产责任体系。明确村支部书记为安全生产信息联络员，联村镇干部为村级安全生产第一责任人，全面实施网格化管理。层层签订安全生产责任状，坚持每季度召开安全生产工作会议，深入开展“九打九治”打非治违专项行动，坚持主要领导带队检查安全生产工作制度，开展安全生产谈心对话活动50余次，检查生产经营单位153家次，排查隐患253处，下达责令整改指令书16份，已全部整改到位。深入学习新《安全生产法》，创建安全生产示范村14个、安全示范学校10所、安全生产示范企业2个。狠抓道路交通整治、超限超载治理，超限超载现象得到有效遏制。发放宣传单2万余份，悬挂横幅200余条，安装固定宣传牌5处，设置限宽墩6组，并通过电视、微信、短信平台等方式进行广泛宣传。安排10名镇干部对4处货源点24小时长期值守，防止杜绝超载货物现象，组织交警、交管等部门进行联合执法行动5次，查处违法车辆30余台次，超载和改装车辆15台次，通过治理，全镇道路交通状况明显好转。出动执法人员100余人次，进行3次河道违章采沙集中执法行动，下达执法文书6份，拆除非法挖沙、吸沙船只7艘，有效整治涟水河的河道采砂秩序。

年内，报送信息260余条。其中，县级媒体（湘潭县网）采用173条，市级媒体（湘潭日报、湘潭廉政网、华声湘潭）采用36条，省级媒体（三湘风纪网、《三湘都市报》）采用2条，中央级媒体（中国文明网）采用2条。报送基层热议信息180余条，采用130余条。湘潭县网乡镇上稿量排名第五。完成“书记的一天”“美丽乡村杨嘉桥”、纪念县治移址20周年等征文活动。及时做好市长热线、县长热线、政风行风、红网百姓呼声等网络舆情引导工作。回复处理网络媒体投诉、意见及建议80余条，回复率100%。创建县级“文明机关”，已通过县级验收。民兵整组、征兵工作、民兵参训均已达标，出动民兵维稳处突35次。

落实党风廉政建设党委主体责任和纪委监督责任。层层签订党风廉政建设责任书102份，组织镇村干部学习《准则》《条例》以及中央、省、市、县一系列关于廉洁自律各项规定。强化监督执纪，年内开展作风建设监督检查28次，召开机关干部作风讲评会议4次，下发督查通报5期，通报批评2人，廉政谈话60余人，诫勉谈话9人。认真落实“三转”要求，成立专门信访事项处置小组，召开信访调度专题会议20余次，6个村的信访问题有效化解。受理群众信访举报件19件（其中重复5件），党纪立案调查8人，党内警告处分1人，党内严重警告处分6人，开除党籍1人，追回集体资金40余万元。

2015年杨嘉桥镇各行政村基本情况

表14

村 名	总面积（平方千米）	户数（户）	人口（人）	农村经济总收入（万元）	农村经济总费用（万元）	农村经济净收入（万元）	农民人均纯收入（元）
乌石村	3.489	303	1128	554	234	320	11727
洞合村	3.381	343	1239	407	384	23	12746
金桥村	3.123	316	1159	359	308	51	13841
碧源村	2.558	384	1371	520	298	222	12991
三合村	3.703	556	2113	1840	394	1446	13792
新湘村	2.779	384	1516	941	398	543	13830
龙华村	2.923	392	1458	718	370	348	13021
东皋村	2.736	360	1321	331	299	32	11994
蛟托村	2.925	428	1642	792	368	424	11818
金星村	2.537	406	1482	545	348	197	11818
白云村	2.775	379	1328	424	329	95	12397
石旗村	3.522	542	1888	1032	319	713	11988
铺子岭村	4.883	656	2372	1523	347	1176	14036
九江村	5.316	485	1742	1125	486	639	12708
金龙村	3.815	360	1251	487	293	194	10993
花围村	3.793	500	1883	853	589	264	10931
新河村	2.187	232	779	397	304	93	12050

续表 14

村名	总面积（平方千米）	户数（户）	人口（人）	农村经济总收入（万元）	农村经济总费用（万元）	农村经济净收入（万元）	农民人均纯收入(元)
枫树桥村	1.742	203	768	449	366	83	13972
邓家坝村	3.015	268	903	481	288	193	13925
福星村	2.763	478	1658	882	320	562	12749
叠福村	3.305	528	1949	1470	373	1097	13572
荆洲村	1.668	367	1312	491	358	133	12849
金马村	1.888	419	1627	862	323	539	12725
羊鹿村	2.237	376	1320	467	309	158	12928
燕山村	3	362	1274	357	289	68	12725
西花村	4.124	408	1507	723	338	385	12857
银湖村	4.261	423	1353	513	313	200	12955
雁坪村	3.7	440	1532	623	350	273	11937
柳湖村	3.772	547	1979	1280	359	921	13679
同福村	3.312	691	2625	1672	626	1046	12530
金凤村	2.057	468	1837	1000	331	669	12082
洪坪村	2.068	385	1584	835	327	508	12993
洪托村	2.484	415	1623	861	318	543	12921
旷家村	3.733	485	1860	886	362	524	13295
八托村	2.151	369	1476	801	349	452	13216
新福村	2.67	504	2004	846	358	488	13171
震福村	2.61	378	1431	704	349	355	13327
渡口村	2.915	485	1948	1465	389	1076	13501
机关居委会	—	338	1312	—	—	—	—
王家山居委会	—	339	1106	—	—	—	—
电厂街居委会	—	219	624	—	—	—	—

【杨嘉桥镇举办“践行社会主义核心价值观”演讲比赛】 4月28日下午，杨嘉桥镇政府举办“社会主义核心价值观”演讲比赛，比赛在杨嘉桥中学大礼堂举行，该镇4所中学的23名中学生、5名小学生参加比赛。杨嘉桥中学获最佳组织奖。

【杨嘉桥镇党校挂牌成立】 杨嘉桥镇党校于7月1日正式挂牌成立，并举行开班仪式,特邀县委讲师团成员、县委宣传部副部长刘立新讲党课，该镇全体党政负责人、站办所长以及60多名支部书记参加听课。党校定期轮训党员，组织开展党课教学和党性教育，及时组织学习上级党组织重要会议、重要文件精神，培训入党积极分子。

【组建杨嘉桥镇治安巡逻队】 4月21日，杨嘉桥桥镇综治办牵头，抽调40名精干力量组建治安巡逻队，开展治安巡逻，维护镇辖区稳定。巡逻队统一臂戴“治安巡逻”袖标，主要履行治安巡逻职责，协助安全、消防、交通、社区矫正、防范和处理邪教、维稳等信息掌握，向村民宣传安全防范知识，提高群众的自我防范意识和防范水平。

【组织召开农业“三项补贴”土地确权培训会议】 11月25日，杨嘉桥镇召开农业“三项补贴”土地确权培训会议。该镇全体党政负责人、联点干部、村干部等180余人参加会议。农业“三项补贴”是为调动种粮农民的积极性实施的普惠政策，对象为所有拥有耕地承包权的农民，明确长年抛荒地和质量达不到耕种条件的耕地等不再给予补贴，倡导秸秆还田、禁止露天焚烧，采取“一卡通”方式直接补贴到户。镇政府以“组织领导、执行政策、公示监督、矛盾化解、纪律要求、长效机制”的形式驾好农业“三项补贴”马车，统筹兼顾播撒好惠农利民的种子。

【杨嘉桥镇雁坪村精准扶贫工作】 雁坪村位于杨嘉桥镇西南角，与烈雁金河相邻，全村18个村民小组，1557人，水田面积94.2公顷，村民主要经济收入来源于水稻种植，生猪养殖以及务工收入。2015年，该村被定为省级贫困村，全村登记在册的贫困人口48户，共计83人。该镇深入推进精准扶贫工作，通过建立长效、具体的帮扶机制，确保扶贫政策措施真正落实到位，确保精准扶贫取得实效。 （邹 莹）

河口镇

【概况】 河口镇位于湘潭县中部偏北，东临县城、梅林桥镇，南界射埠镇，西邻杨嘉桥镇，北与湘潭市隔江相望，因涟水、涓水在此汇入湘江，故称“河口”。潭花公路、潭衡西线贯穿全镇，水陆交通便利，区位优势明显。2015年，镇域总面积93.78平方千米，辖3个管区，35个行政村，1个居委会，434个村民小组，总户数11659户，总人口4.37万人，其中农业人口43557人。人口自然增长率5.51‰。耕地面积3037.83公顷，其中水田面积2903.93公顷，旱地133.9公顷。

全年实现工农业总产值23.30亿元，比上年增长5.06%。财政总收入3213.95万元，增长13.47%；财政总支出3187.77万元，增长1.49%。上缴国税1628万元、地税2118万元，增和11.43%。农村经济总收入31.13亿元，增长3%；实现工业总产值18.4亿元。其中，规模工业产值16.95亿。农村集体经济收入41万元；增长9%；农民人均纯收入14735元，增长13%。年末银行存款余额9.34亿元，增长6.2%。全年规模用电量0.17亿千瓦时，下降1%。镇党委、政府严格按照杨河工业园详细规划进行决策、招商和基础设施建设。有吉安汽车零配件、裕川包装等项目落户杨河工业园区。第二期排水排污工程建成投入使用，园区供水、入园通道及主干道绿化提质改造完成规划和前期准备工作。荷味食品完成厂房和办公楼主体建设，即将投产达效；东凌彩印产销两旺，投资5000万元的二期工程已完成厂房建设，即将安装设备投入生产。三树青制药完成土地平整，正在进行厂区护坡、围墙挡土墙工程建设。离心机厂完成土地平整和2000平方米钢架式厂房建设。东升机电、锦华饰品、湘滋味等投产企业运营正常。

全年实现农业总产值4.9亿元，增长7.4%。农作物播种面积6988.41公顷，其中粮食播种面积5751.57公顷，粮食总产值44962.53吨。加强农业生态治理，开展测土配方施肥和子塘、莲托等20个村1320公顷耕地修复治理工作，大力推广早稻良种、良法，采取有效措施杜绝耕地抛荒，确保全镇粮食种植面积稳定在8万吨左右，其中优质稻面积达90%。完成植树造林144公顷，“三边”绿化村级公路12千米，义务植树10万余株。完成湘江干流退养工作，防疫密度达到100%，未出现重大动物疫情。积极发展现代农业，新建中湾、山湖、高司、董泉4个无公害蔬菜基地，培育3公顷以上种植大户100余户。发展螃蟹、肉兔、蛇等特种养殖户20余户。新增德余林木种植等3家农民专业合作社，全镇流转土地1200公顷，拥有湘莲、草莓、西瓜、蔬菜等特色农产品种植基地600公顷。农村土地确权颁证和农业三项补贴改革深入推进。

全镇有学校19所，内含初中2所，小学8所，幼儿园9所，在校学生2143人。古塘桥第三期小城镇开发建成入住，全面启动双板桥、河口小城镇开发，积极妥善化解原河口农贸市场42户住户建房遗留问题，集市规模不断扩大，新增城镇人口192户1260人，城镇化率达51.8%。大力发展以农家乐生态休闲为主的乡村旅游业，全镇拥有8家上规模的农家乐，1家上档次的乡村度假酒店。坚持把农村环境综合整治作为一项经常性的民生工程来抓，健全镇村两级定人、定岗、定责、定标、定酬的保洁长效机制，严格实行“一周一调度、一月一考核，一季一考评”，以奖代投、分季兑现。新建桐家坝、双江、白米等9个垃圾分类回收站，新建垃圾池102个，配备村级保洁员121名，5个镇区集市及主要公路段面的环境保护继续实行市场化运作模式。深入开展清理“牛皮癣”、清理沉积垃圾、绿化亮化等专项行动，对占用天易公路二期两旁道路摆摊设点和乱搭乱建等不良现象进行集中整治。以中湾、易佳坝、双江、紫塘、三联等村为示范，大力开展美丽屋场建设。

三联砂场完成厂房、转运平台建设和设备安装，即将投产达效。天易公路二期全线通车，80余处水渠水系和附属工程得到及时完善，公路沿线全线亮化。启动太和、齐力两个安置区建设。千吨级码头完成航道、堆场和塔吊建设，第一期工程竣工投入营运。潭花公路拓宽改造项目于7月开工建设，至年底，全部拉通2.18千米公路路基，所有土方工程基本完成，将进行水稳层施工阶段。

河口自来水厂扩建工程建成投入使用，有效解决镇区及月形、河口等村近5000人饮水困难问题。先进、金丰水库除险加固工程全面开工建设，林泉、西林、新星等8个五小水利建设示范村带动效果明显，完成各类水利工程建设300余处，硬化骨干山塘30余口。上星、天白等16个村的国土整理项目开工建设，先后硬化齐力、陶仑等村道路11千米，建设沼气池40口，推广新型生物质炉灶25台，安装太阳能热水器110个、太阳能路灯110盏。

深入实施精准扶贫。全面推进党员干部一对一结对帮扶，通过为贫困户提供信息、牵线搭桥安排就业、帮助发展种植业和养殖业、实施临时救助和社保兜底等方式，777名贫困户脱贫。认真执行社会保障“阳光行动”，新增城乡低保35户47人，取消25户67人，发放各类临时救济400人次20余万元，完成特困户建房3户、危房改造82户，有111位高龄老人和192名重残人员享受相关政策补贴，对7名贫困残疾人完成无障碍改造，对15名重性精神病患者完成居家托养服务，向25名贫困精神病患者免费发放药物，新增13户残疾人低保户，免费发放轮椅3台，拐杖2副。积极引导人民群众创业就业，年内组织就业招聘会3场，新增农村劳动力转移287人，全镇外出劳动力1.5万余人。新农合、新农保参保率分别达95%、80%，共有0.5万人次获得新农合补偿，补偿金额410万余元，有0.87万人领取农村养老保障金。完成中湾、月形、林泉等合格学校建设。村级“农家书屋”实现全覆盖，16个村建有农村幸福院，7个村建有农民健身广场。优化计生服务，认真落实各项奖扶政策和开展计生帮扶行动，积极倡导生育新风尚，出生536人，符合政策生育率89.5%，出生性别比110，落实女扎57例、上环361例、取环28例、流引产144例。

扎实推进“平安建设”活动。认真贯彻“四通”工作法，村群众工作室作用发挥明显，各类社会矛盾纠纷得到调处，化解信访积案2起，受理群众信访31批78人次，调处矛盾纠纷110起。认真落实“党政同责，一岗双责”制度，全面推行企业员工双向承诺公示、安全风险公示、安全生产情况公示，强化源头防范。深入开展“七打七治”等专项行动，严格实行安全生产“一月一小检，一季一大检”，下达责令改正书113份，发现隐患257个，查处违法经营单位17家，依法拆迁非法建筑工地1处。河口、白米等9个村创建为安全生产示范村。

按照“党要管党，从严治党”的原则，从严抓好队伍管理。全面推行首问责任制，优化整合站办所办事窗口。镇纪委开展明查暗访62次，下发督查通报3期，通报批评、诫勉谈话和责任追究9人。深入实施基层组织建设“双创”工程，全面推行四议两公开和阳光村务管理，依法依程序选举产生村务监督委员会，集中开展清理整顿村级财务工作，对河口、月形等12个村进行经济责任审计。友余、紫塘村部建成投入使用，全镇实现村部和村级便民服务站的全覆盖。深入开展“一进二访”“双联共建”“千万帮扶”等主题活动。党员管理工作逐步规范化、制度化，党员培训和民主评议工作扎实推进。成立镇党校，年内上党课10期，镇党政、人大负责人包片分村上党课，培训党员1200余人，发展预备党员18人，入党积极分子89人，处置不合格党员4名。

【河口镇农村党员冬春训示范培训班】 3月17日，河口镇举行农村党员冬春训示范培训班，县委书记谢振华参加并给全体党员上党课。谢振华讲课的主题为：全面建成小康社会。重点就全面建成小康社会是什么；我们离全面建成小康社会还有多远；全面建成小康社会，不能丢了农村这一头等三个问题与大家进行学习交流。谢振华说，农民收入是小康水平的一个重要衡量标准。要搞活集体经济，建设农村经济小康；推进环境整治，建设农村生态小康；加快城乡统筹，建设农村幸福小康；完善治理机制，建设农村文明小康。他希望，河口镇的党员充分发挥共产党员的先进性，以身作则带头干、发动群众一起干，走在湘潭县全面建成小康社会的前列。

【王惠芳到杨河工业园调研】 7月7日，县政协主席王惠芳到河口镇调研杨河工业园建设发展情况。河口镇、杨嘉桥镇相关负责人参加座谈。王惠芳肯定工业园区的发展建设情况，指出在经济发展转型升级的新形势下，要从三个方面大力探索绿色发展模式。要变招商引资为招商选资，把好企业入园关，注重与天易示范区产业配套，充分利用“一区带多园”的辐射带动作用，优化企业布局，形成聚集优势；要统筹经济效益与社会效益，立足长远，从全局利益出发、从公共利益出发，走可持续的绿色发展模式；要更加主动作为，帮助企业渡过难关，突破发展瓶颈，在鼓励企业做大做强的同时，也要鼓励企业稳打稳扎，实现健康稳步发展。

【湘潭县重点工程项目集中开工动员会】 7月17日，县委书记谢振华、县长傅国平等参加在河口镇举行的潭花线河口段（S107河口镇—岳临高速杨嘉桥连接线）公路改建工程等12个湘潭县重点工程项目集中开工动员会。县长傅国平主持动员会。潭花线河口段公路改建工程，北起河口镇齐力村北侧天易公路，距S107与天易公路交叉口285米，向西南方向穿越齐力村，在先进村东南侧接入S107，沿S107前行，往南止于S107与岳临高速杨家桥连接线的交叉口。该项目全长2.18千米，路基宽16米，采用二级公路标准，设计时速为60千米/小时，双向四车道，沥青混凝土路面，总投资约5000万元。该工程是一项富民、便民工程，改建通车后，缓解西向交通压力，方便民众出行拓展发展空间，推进城乡统筹发展，推动“一区带多园”战略的实施，都具有十分重要的意义。动员会上，河口镇政府镇长吴能代表该镇党委政府和项目建设指挥部郑重承诺：一是把改建工程作为一件头等大事来办，二是把改建工程作为一件发展实事来办，三是把改建工程作为一件惠民好事来办，让老百姓共享发展实惠，确保整个工程建设和谐、平安、顺利。

【谢振华到东凌彩印公司调研】 10月22日，谢振华、傅国平一行来东凌彩印公司调研。该公司为张新发、胖哥、小龙王等多家知名槟榔企业提供包装业务。2015年，出于市场需求，该企业新开辟两条生产线，此举为生产销售再添马力。

【天易公路二期正式通车】 2月12日，天易公路二期正式通车，大大缓解易俗河西边入口、涓水桥等通行压力，为当地百姓提供更为方便的出行环境。天易公路二期为双向4车道，路基宽40米，是河口镇乃至湘潭县的重点工程项目。

【河口自来水厂竣工】 7月3日，河口镇克服资金困难，筹资近500万元新建的河口自来水厂顺利竣工。自来水厂内反应池、沉淀池、储水池一应俱全，采用絮泥沉淀工艺、无阀过滤等先进工艺，对河水进行沉淀过滤、消毒、净化，确保水质安全健康。8月，全面通水，日供水量达2500吨，解决11个村9758人饮水安全问题，有效提高全镇供水能力。 （王星辉）

2015年河口镇各行政村基本情况

表15

村 名	面积（平方千米）	户数（户）	人口(人)	农村经济总收入（万元）	农村经济总费用（万元）	农村经济净收入（万元）	农民人均纯收入（元）
河口村	2.6	450	1656	4344.52	1907.18	2435.84	15053
月形村	3.0	400	1568	4424.21	1959.22	2463.49	16061
齐力村	3.2	386	1474	3856.19	1671.82	2182.87	15159
先进村	4.0	374	1425	3616.12	1622.46	1992.16	14329
双丰村	4.1	470	1787	4616.51	2099.54	2515.47	14415
白米村	2.3	455	1794	4610.92	2055.28	2554.14	14576
中湾村	2.5	432	1680	4534.25	1913.20	2617.55	15927
太和村	2.2	429	1697	4654.29	1981.20	2671.59	16090
三联村	2.2	489	1855	5006.60	2121.50	2883.60	15887
山湖村	1.9	353	1373	3729.60	1621.80	2106.30	15697
天白村	3.4	306	1122	2916.50	1413.10	1501.90	13744
高司村	2.7	290	1072	2705.50	1226.60	1477.40	14145
沙泉村	2.0	402	1528	3964.26	1811.12	2151.64	14427
杨基村	1.6	254	1060	2716.12	1236.46	1478.16	14310
紫塘村	4.1	487	1830	4526.48	2107.25	2417.73	13547
莲托村	1.7	287	1143	2929.61	1402.28	1525.83	13706
双江村	1.7	235	1010	2676.49	1249.12	1425.87	14487
芦花村	2.2	359	1434	3716.28	1806.20	1908.58	13655
友余村	3.5	351	1453	3810.96	1803.32	2006.14	14154
红陶村	7.7	546	2120	5609.20	2697.23	2910.47	14061
上星桥村	3.6	368	1526	3889.29	1825.02	2062.77	13861
桐家坝村	2.8	359	1406	3716.28	1819.54	1895.24	13827
大坝村	2.7	275	1138	2820.25	1313.94	1504.81	13580
林泉村	3.5	318	1171	3016.22	1453.20	1561.52	13691
易佳村	3.0	334	1296	3406.69	1599.26	1805.93	14288
西京村	4.8	464	1730	4229.26	2000.65	2227.11	13209
古新村	4.0	418	1747	4629.16	2013.28	2614.38	15808
石泉村	7.2	497	1944	5032.28	2317.28	2713.50	14294
石枫村	3.6	375	1589	3906.13	1816.24	2088.39	13483

射埠镇

【概况】 射埠镇位于湘潭县腹部地带，涓水中游，镇址距县城30千米。东临谭家山镇、南临花石镇、西接乌石镇和锦石乡、北接河口镇和梅林桥镇。境内有潭花公路、韶井公路交叉通过，潭衡西线设有射埠互通口，交通十分便捷。镇区总面积170.96平方千米，城镇总面积为3.2平方千米。2015年，全镇总户数16736户。其中，农业户17831户。总人口60405人。其中，农业人口65995人。人口自然增长率3.48‰。山地面积8640公顷，耕地面积4425.5公顷。其中，水田4140公顷，旱土285.5公顷。

是年，实现工农业总产值19.8亿元，比上年增长3.1%。财政总收入2871万元，增长26.8%；财政总支出2871万元，增长26.8%。上缴国税574万元、地税893万元。农村经济总收入114231万元，增长3.4%。农村集体经济收入5.6万元。农民人均纯收入11988元，增长0.9%。年末银行存款余额10.88亿元，增长13.5%。年内，规模企业用电量675.4万千瓦时，下降12.5%。

规模工业产值完成9.8亿元，比上年增长23%。固定投资完成4.2亿元，比上年增长16%。招商引进项目6个，到位资金6450万元，比上年略有增长。重点工程项目：酒泉—湖南±800千伏特高压直流输电工程建设正有序推进。规模企业：湘浙特种铸造有限公司、湘潭县万达灶具加工厂、大方玻璃有限公司、鑫达服装有限公司等16家传统老企业产销率高达95%。节能减排降耗20%。鑫达服装、东方红鞋业实现网上接单、派单、物流配送产品。

实现农业总产值5.99亿元，增长5.2%。农作物播种面积0.96万公顷。完成粮食播种面积0.9万公顷。其中，优质稻面积0.6万公顷、超级稻0.3万公顷，总产约7万吨，比上年稳中有增。有效控制直播面积，增扩双季稻面积。

开展重金属污染耕地修复治理工作，1094公顷耕地撒施石灰，813公顷耕地施用1236吨有机肥，24566瓶叶面阻镉剂，完成高泉、射埠、洪湖三个村233公顷深耕改土任务。

推广插秧机7台（含久保田高速插秧机2台），完成推广任务的100%，早晚稻机插秧面积共计1560公顷，水稻生产全程机械化率达到75%。

新增高产油茶林140余公顷，万亩高产油茶示范基地1个已接近完工，全镇油茶林面积达到5400公顷，其中高产林1333公顷。作为龙头企业的农其科技的恒温精品油储藏室已建成。湘潭船形茶叶完成合资改制，优化经营结构，扩张公司茶叶基地，稳中求进，现产销两旺。

德诚油沙豆种植专业合作社种植面积达47余公顷,入会社员达160余人。新兴产业龙头顺天农业合作社推广种植67公顷富硒彩米和80公顷富硒米,年产量约240吨，顺天富硒彩米在第十五届中国绿色食品博览会上参评，获博览会金奖。

全镇规模养殖户199户,其中养猪户128户,年末存栏数3.58万头，出栏8.1万头。镇政府成立镇动物重大疫病防控领导小组，选聘29名村级防疫员，并在全镇设立50个监控点。已完成2000多头病死猪无害化处理的斟查、补助申报,公共水域打捞病死猪300多头。动物防疫实现100%全覆盖，杜绝疫情扩散、人员感染现象。全镇新建无害化处理用化尸池8个，有效改善规模养殖生态环境。

县实事工程公路建设合计完成16千米，实施道路换补板2300平方米。国家电网投资建设的酒泉至湖南±800千伏特高压直流输电项目换流站落户射埠，该项目路线全长2413千米,工程静态投资288亿元,规划占地22.6公顷,建设期计划2年。

加大农村水利设施建设，投资29.56万元维护栗塘水库，硬化防渗面板，实现水库除险加固，涵蓄水源确保下游47公顷农田的灌溉需求。2014年度“五小水利项目”村全部验收竣工。镇区硬化茶油市场道路600米，新建日处理能力达50吨的垃圾中转站，改建新农贸市场供水管道，安装镇区十字路口交通安全摄像头。投资300万元建成集康体、休闲、文化活动为一体的多功能的文化广场。成立县内首个创业孵化中心、农民工返乡创业园。

是年，全镇有学校25所，内含初中2所，小学12所，幼儿园10所，在校学生1933人。农村低保1150户1944人，月发放低保金达23.77万元；城镇低保82户114人，月发放低保金达2.46万元。年内，新增农村低保61户89人，动态调整115户125人；新增城镇低保1户1人，动态调整12户15人。全年对五保户、低保户、高龄老人、特困户解决临时救助约32万元。积极筹建合力村“养老服务示范点”建设，新建杉仙村、知青村、新建村3所农村幸福院。完成新增农村劳动力转移就业638人，完成城镇新增转移就业508人，帮扶农村困难对象再就业24人。成功举办一场春风行动招聘会。

年内，出生738人。其中，政策内出生639人，政策外出生99人，多孩出生23人，符合政策率为86.59%，多孩率为3.12%。开展“关爱女孩”、关心失独老人等活动，对全镇16个计生特困家庭和63户失独老人进行慰问。投入7万余元建设高标准、高规格的人口学校，为计生工作人员业务学习提供良好的保障。

是年，民调成绩位列全市第14名，全县第6名。社会治安综合治理工作紧紧围绕“法治乡镇”“平安乡镇”的建设，重点抓好反邪教活动、打击黄赌毒、预防青少年范罪、“三官一律”建设、信访维稳等综治中心工作，实行村级综治工作承包责任制和工作考核制，建立领导接访调处机制,设立群众接待室,由当日值班领导到接待室开门办公。镇群众工作站接待来访群众115批次，212人次，具体问题114件，当场解决67件。村级群众工作站积极开展矛盾纠纷摸排工作，调处率100%，调处成功率98%，无一起民转刑案件。

安全生产工作按照“全覆盖，零容忍，严执行，重实效”的要求，安排部署“打非治违”“清剿火患”、烟花爆竹“清剿”行动、“九打九治”活动等一系列工作，对非煤矿山、工贸企业、烟花鞭炮经营户、危险化学品单位开展执法检查100余家次，下发责令整改27份。关闭取缔知青点非法洗砂场、高泉非法采石场和鹤霞机砖厂，督促供电营业所对高泉村非法采石场采取停电措施。在校车园车“打非”行动中，督促3家幼儿园办理证件，对谷塘乐中幼儿园、烟塘小树苗幼儿园下达关停指令。关闭修缮中的存在较大安全隐患的射埠二、三索桥，整修碧水村到吟江村的石桥，管控梳理十字路口的道路交通。加强村级安全信息员管理，坚持每10天上报一次安全隐患报表，全年摸排隐患158处，由安委会口头交办68起，书面交办90起，整改到位128处。

党建工作和经济工作、项目建设、产业发展同安排部署，同检查督促，同考核奖惩。扎实开展学教活动，集中开展“庸懒散”“三公”经费开支过大、乡镇干部“走读”等11项“四风”突出问题专项整治活动。理顺职能，按照“六件”管理和“八公开”的运行机制，逐步撤管区为便民服务中心，实现“一楼式办公、一站式服务”。完成经发办、民社办、农推中心的机构合并，理顺政府部门职责。专项经费保障标准化村部和“五小设施”建设，村级组织活动场所实现全覆盖。

2015年射埠镇各行政村基本情况

表16

村 名	面积（平方千米）	户数（户）	人口(人)	农村经济总收入（万元）	农村经济总费用（万元）	农村经济净收入（万元）	农民人均纯收入（元）
射埠村	3.4	793	2480	4689.68	1502.88	3186.8	12850
湾塘村	2.9	395	1360	2574.48	894.88	1679.6	12350
烟塘村	2.5	412	1365	2581.22	922.74	1658.48	12150
张公村	3	298	1268	2400.32	935.78	1464.54	11550
上春村	4.3	585	2184	4129.94	1589.95	2539.99	11630
新建村	4.5	484	1769	3345.18	1264.84	2080.34	11760
金岭村	5	323	1262	2386.44	869.52	1516.92	12020
雨华村	3.5	445	1782	3369.76	1220.67	2149.09	12060
旺冲村	3.8	372	1429	2702.24	1038.88	1663.36	11640
余佳村	4.1	419	1573	2974.54	1110.54	1864.01	11850
鹤霞村	2.7	420	1321	2498.01	898.28	1599.73	12110
白水村	3.6	502	1863	3522.93	1355.52	2167.41	11634
荷花村	2.7	302	1071	2025.26	765.77	1259.5	11760
筱里村	3.1	404	1394	2636.05	1027.38	1608.68	11540
高丰村	4.6	611	2155	4075.11	1502.04	2573.07	11940
大方上桥村	5.1	566	1895	3583.45	1200.48	2382.96	12575
高泉村	3	321	1274	2409.13	772.04	1637.09	12850
方霞村	5.5	569	2026	3831.17	1371.6	2459.56	12140
长延村	3.1	356	1266	2394.01	854.55	1539.46	12160
巨鱼村	4.3	491	1687	3190.12	1176.68	2013.43	11935
池子村	3.5	402	1315	2486.67	950.35	1536.31	11683
洪湖村	2.9	339	1300	2458.3	917.8	1540.5	11850
鹿鸣村	4.9	362	1359	2569.87	968.97	1600.9	11780

续表 16

村 名	面积(平方千米)	户数(户)	人口(人)	农村经济总收入(万元)	农村经济总费用(万元)	农村经济净收入(万元)	农民人均纯收入(元)
月塘村	4.9	348	1171	2214.36	863.03	1351.33	11540
泉井村	3.9	446	1769	3345.18	1142.77	2202.41	12450
谷塘村	2.2	412	1611	3046.4	1100.31	1946.09	12080
合力村	3.6	336	1201	2271.09	810.68	1460.42	12160
新桥村	5.1	404	1277	2414.81	872.19	1542.62	12080
桂塘村	7.2	476	1710	3233.61	1195.29	2038.32	11920
来仪村	6.3	480	1770	3347.07	1215.99	2131.08	12040
铁江村	4	317	1153	2180.32	834.77	1345.55	11670
碧水村	3.9	313	1169	2210.58	817.13	1393.45	11920
群台村	5	400	1465	2770.32	1035.76	1734.56	11840
团山村	5.1	431	1300	2458.3	908.7	1549.6	11920
仙凤村	7.1	458	1868	3532.39	1330.02	2202.37	11790
杉仙村	5	292	1092	2064.97	746.93	1318.04	12070
船形村	7.6	590	2190	4141.29	1539.57	2601.72	11880
高桥新村	5.9	391	1535	2902.69	1080.64	1822.05	11870
知青村	7.5	471	1726	3263.87	1211.65	2052.21	11890

【征求县人大代表对“一府两院报告”意见建议】 1月15日，副县长唐仁光一行到射埠镇集中走访座谈，征求县人大代表对2014年度“一府两院报告”意见建议。射埠镇县人大代表发言后，唐仁光就代表们提出的农村合作医疗、城镇基础建设、村级财务、土地平整项目、司法公开、加强农村道路建设、妇女儿童教育保护等问题作简要回复，表示将代表们提出的意见和建议带回政府和两院认真研究，综合各方意见和建议，予以采纳，使报告更加严谨、更加完善。

【谢振华调研基层党建工作】 4月8日，县委书记谢振华到射埠镇调研基层党建工作，听取河口、花石、中路铺、锦石、射埠等五个乡镇关于农村基层组织建设、村级财务管理、村级事务管理、村（社区）松绑减负等工作的建议和意见。县领导周贤、谭何龙、赵新良等参加调研座谈会。

谢振华充分肯定基层党建工作所取得的成绩，并提出三点意见：一是既要提高认识，增强抓党建工作的主动性，更要立足实际，加强抓党建工作的针对性。二是既要着眼共性问题，破难点，更要着力个性问题，出亮点。三是既要刻不容缓把近期工作抓实，更要一以贯之把长期工作抓严。谢振华指出，下阶段，全县将自上而下开展一次加强《党章》等知识的学习活动。县委、县委组织部要把党建考核融入到日常调研等工作中去，实现党建考核常态化。要适时召开一次党建工作现场会，加强各乡镇党建工作的交流。要培育县乡党建工作典型，在奖先鞭后上下功夫，促进全县党建迈上新的台阶。

【酒泉—湖南±800千伏特高压直流输电工程射埠换流站开工】 6月3日，酒泉—湖南±800千伏特高压直流输电工程在射埠镇正式开工，省、市、县领导陈肇雄、谈文胜、傅国平、刘铁强等参加开工仪式。

全线将于2017年6月投运，工程建成后每年可从甘肃向湖南输送电量400亿千瓦时。

该线路是在建的电压等级最高、送电距离最长、输送容量最大的特高压直流输电工程，也是首条直接为湖南供电的特高压线路。线路建成后，可构建起外电入湘“直通车”，为湖南能源供应提供可靠保障。工程建设还将直接带动装备制造业产值增加118亿元，带动电源相关投资约655亿元，可增加就业岗位1.8万个，在稳增长、调结构、惠民生方面发挥重要作用。经测算，该线路年输送电量相当于6座长沙电厂的年发电量，可满足湖南1/4强的用电需求。

省委常委、常务副省长陈肇雄要求省直各有关部门和沿线各市县政府要强化协调配合，主动排忧解难，提供优质服务，全力以赴做好工程保障工作。建设单位要坚持高标准、严要求，全面加强安全管理，严格控制工程质量，确保工程按期竣工，及时发挥能源保障作用。

【白水村开展精准扶贫工作】 10月14日，县人大常委会主任黄忠德到射埠镇白水村开展精准扶贫工作，与射埠镇相关负责人、白水村支村两委就如何“精准识贫、精准帮扶、精准脱贫”进行深入交流，并走访部分贫困家庭。

黄忠德一行认真听取镇村负责人汇报扶贫工作三年规划，全面细致地了解村支两委班子关于村级建设基本情况、群众思想状况以及贫困户建档工作进度，强调镇村两级将精准扶贫工作重心放在把贫困对象摸清、把困难家底摸实、把贫困原因摸准，多措并举帮助贫困户脱贫。肯定“支部党员结对帮扶、危房改造扶贫、社保托底扶贫以及抓住县就业孵化基地、后盾单位科技局委派科技特派员加强种养殖技术指导的契机加强培训就业扶贫”的工作思路。要求支村两委合理规划新建村部和深塘组至大冲组道路硬化两个在建项目，实行阳光村务，争取在便民惠民的同时，不给村级债务增添新的负担。 （肖智敏）

锦石乡

【概况】 锦石乡位于湘潭县境中部，涓水中游，距县城36千米。东与花石镇的金塘和金丰村、射埠镇金岭等村毗邻，西连乌石镇的明德、龚泉村，南与排头乡的回龙、雪佳、苍冲、辰山、龙潭、紫山、长山等村接壤，与花石镇的盐埠、涓江等村隔涓水相望，北临射埠镇方仑、长延、上春、张公、新塘、余家、众星村。因境内涓水西岸有历史悠久的锦石小集市，乡依地名。全乡总面积56.70平方千米，辖18个行政村，8235户，总人口30024人，其中非农业人口1028人，人口自然增长率4.9‰。耕地面积1989公顷，其中水田1882公顷。经济结构以传统的种植业、养殖业为主，境内的碧泉潭乃湖湘文化发祥地。

全年实现工农业总产值84000万元，比上年增长8%；财政总收入1534.8万元，增长11.4%；财政总支出1405.2万元，增长13.3%。上缴国税106万元、地税208万元，增长15%。农村经济总收入71636.8万元，增长12%；农村集体经济收入12573元，增长9%；农民人均纯收入12798.5元，增长8%。年末银行存款余额1.24亿元，增长3.2%。全年规模企业用电量2000万千瓦时，下降2%。

实现工业总产值9195万元，比上年增长87.7%。工业税金180.2万元，利润总额248.5万元。新引进的湖南曦晨现代农业发展有限公司,总投资2200万元，属现代农业开发、休闲项目，项目进展顺利。7月31日，湖南碧泉潭生态资源开发有限公司正式登陆上海股权交易中心中小企业股权报价系统（企业简称：碧泉潭，证券代码：206822），成为湖南省首家涉足资本市场的水企。

实现农业总产值3.5亿元，增长8%。农作物播种面积4675公顷。其中，粮食播种面积3867公顷，粮食总产量2.9万吨。唐家湖村高产创建连片种植水稻20公顷，双超示范点5个村连片种植200公顷。种植油菜512公顷。出栏生猪6.5万头，牛600头，羊1500头，家禽出笼14.2万羽，水产品保持在1622吨以上。完成长江防护林6.7公顷，森林抚育20公顷，巩固退耕还林后续产业油茶低改6.7公顷。新成立“向东渠水稻种植专业合作社”“雨林家庭农场”和“雨溪家庭农场”等新型农业经营主体。

年内，争取上级投入和自筹资金1900多万元，实施一批事关农业农村发展的基础设施建设。完成纯塘、唐家湖等5个村的低产田改造工程，完成市长办公会与市人大代表视察活动交办的向东渠、群英渠小流域治理项目后续工程；完成群英坝更新改造工程，东风水库西干渠、东干渠垮方修复工程以及中干渠全线硬化，完成碧泉村、太阳村的国土整治项目，完成剑锋、东山等7个村“五小工程”项目，完成东风村、桂花村20多公顷荒山整体开发。硬化道路12千米，碧泉、东风、唐家湖、大荷、纯塘、苍场等村安装路灯1200余盏。

是年，全镇有学校20所，内含初中2所，小学9所，幼儿园9所，在校学生1879人。新增城镇就业人员68人，城镇下岗失业人员再就业任务15人，新增农业劳动力转移就业400人。慰问贫困家庭160多户，慰问金额12.5万余元。对全乡60岁以上11名失独老人提供各类扶助。做好困难群众和农村低保困难补助的发放、农村危房改造等惠民工作，完成47户危房改造工程，完成特困户建房3户。为10名贫困精神病患者免费提供诊疗和药物，为6名贫困残疾人成功配置助听器，为5户贫困残疾人家庭进行无障碍改造。完成12个村的文艺宣传队标准化建设。

落实“一岗双责，党政同责”责任制。在创建“省级安全示范乡镇”的基础上，巩固示范乡镇的成果，开展“打非治违”，开展安全生产大检查，整治非法采砂、非法营运园车、餐饮场所燃气安全及食品安全专项治理。年内，共进行安全生产检查12次，排查隐患807处，下达现场检查记录204份，下发整改指令32份，依法取缔非法生产、经营点76处。开展集中大走访活动2次，走访群众2000余户，16000余人，答复和办理群众建议意见220件，调处化解矛盾纠纷126起。接待群众来访120人次，处理上级转办来信来访案件5个，化解信访积案1起。

组织全乡党员、干部开展“三严三实”“两考四评”“党小组划分”“双联共建”“一村一大”等系列活动，整顿软弱涣散党组织，以远程教育设备为依托，深入学习党的十八届三中、四中全会以及五中全会精神，扎实推进党员冬（春）训及民主评议党员工作。文佳、碧泉等5个村党支部争创县级党建示范点，18个村全面实现便民服务站点规范化建设，构建为民服务平台，站点实行村干部轮流坐班制，做到有规有矩；7月1日，成立“中共锦石乡委员会党校”，开展培训12次。11月6日，举办入党积极分子培训班一期，培养入党积极分子40名，发展预备党员10名，预备党员转正9名。深入开展“一进二访”、精准扶贫活动，以支部联村、党员联户的结对帮扶方式，机关支部党员与农村贫困户结对107个，农村党员帮扶贫困户458人，脱贫人口231人。

是年，锦石乡年度民调位居全县第一、全市第五，获湘潭县农村环境综合整治工作“先进乡镇”称号。

2015年锦石乡各行政村基本情况

表17

村 名	面积（平方千米）	户数（户）	人口(人)	农村经济总收入（万元）	农村经济总费用（万元）	农村经济净收入（万元）	农民人均纯收入（元）
太阳村	3.2	565	2036	4550.9	1950.4	2600.5	12760
金湖村	2.7	500	2163	4804.7	2027.4	2777.3	12840
涠水村	2.2	392	1136	2445.6	1007	1438.6	12664
剑锋村	6.4	499	1820	3910	1582.6	2327.4	12788
大荷塘村	2.1	420	1578	3234.5	1212.9	2021.6	12811
东边山村	1.8	352	1180	2409.3	903.5	1505.8	12761
桂花村	4.3	421	1388	2943.2	1170.2	1773	12774
锦石村	3.2	458	1763	3659.7	1400.6	2259.1	12814
佳塘村	2.7	393	1452	2955.4	1097.1	1858.4	12799
纯塘村	2.7	440	1780	3879.4	1597.4	2282	12820
唐家湖村	1.8	490	2460	5532.5	2334.5	3198	13000
文佳村	2.2	398	1475	3202.1	1296.1	1906	12922
碧泉村	6.3	636	2157	4351.5	1614.7	2736.8	12688
大桥村	1.8	286	1080	2113.1	732	1381.1	12788
清塘村	2.2	398	1140	2316.2	868.6	1447.6	12698
苍场村	2.6	446	1220	2692.2	1136	1556.2	12756
东风村	3.5	478	1359	2922.4	1182.9	1739.5	12800
胜利村	5.0	663	2837	6038.9	2379	3659.9	12890

【“欢乐潇湘·莲乡大舞台”锦石乡广场舞大赛暨锦石乡文体广场启动仪式】 6月2日，举行“欢乐潇湘·莲乡大舞台”锦石乡广场舞大赛暨锦石乡文体广场启动仪式，人气爆棚，市县各级有关领导亲临现场观看演出。《爱我就把我追求》展现的是锦石儿女的豪迈热情，《中华全家福》表达对祖国母亲的深深热爱和眷恋，《刘海砍樵》和《唱脸谱》将戏曲元素蕴含于广场舞也确是别出心裁，《侗乡儿女心向党》则将节目推向高潮。此次共演出节目19个。轻舞飞扬舞蹈队的《侗乡儿女心向党》荣获一等奖，太阳村代表队的《手拉风箱》和万家乐代表队的《刘海砍樵》获得二等奖。

【天士力集团董事局主席闫希军到锦石考察】 8月4日，天士力控股团董事局主席闫希军一行到锦石乡考察调研，副市长苏健全，县委副书记、县长傅国平，副县长唐仁光，锦石乡相关负责人陪同参加考察活动。闫希军一行先到中南第一名泉碧泉潭与碧泉潭生态资源开发有限公司考察，对碧泉潭宜人的景色与优良的水质称赞不已。县委副书记、县长傅国平向闫希军一行表示热烈欢迎，并介绍碧泉潭旅游开发与特色产业的整体规划，表示将积极创造良好的投资环境，提供高效优质的服务和相关政策，为天士力集团在湘潭投资兴业提供便利。闫希军一行还在相关领导的陪同下，参观湖湘文化源碧泉文化基地。

【县委书记谢振华调研飞跃湘莲公司】 9月10日，县委书记谢振华，县委常委、县委办主任谭何龙率县农办、县特色办等单位负责人到飞跃湘莲企业调研考察。谢振华一行详细了解公司规模、年加工湘莲的能力、投资生产的运转等情况。湘潭飞跃湘莲食品有限公司位于锦石乡纯塘村，占地1公顷，公司计划总投资3000万元，一期投资近2200万元，新建生产线车间、仓储和环境设施等。该公司是一家以研发、种植、加工销售湖南特产——湘莲系列产品为主体的农业特色企业。主要生产圆粒湘莲、开边湘莲、钻心湘莲、去芯湘莲、磨皮磨头白莲、莲心荷叶等产品，并已注册“美芙麟、飞跃湘莲”两个品牌，是县委县政府支持的特色产业。该公司与上海大山河集团建立战略合作伙伴关系，成为该公司在渤海商品交易所湘莲产品物流交割中心，能同时在网上与现货相互交流，能向全世界发布，实现信息共享。谢振华充分肯定锦石乡政府为企业营造的良好投资环境，使企业如期正常投资生产，同时勉励该企业进一步做大做精，为县域特色经济做出应有的贡献。

【碧泉村创建省级美丽乡村】 11月23日，湖南省住建厅村镇建设处副处长吴立玖、省农委县域经济发展处副处长尹邦友率领省社会主义新农村建设考核验收组来到锦石乡碧泉村，对该村“湖南省美丽乡村示范村”工作进行考核验收。碧泉村按照“生产发展、生活宽裕、乡风文明、村容整洁、管理民主”的方针，大力开展美丽乡村建设，社会事业全面发展，村容村貌焕然一新。该村依托优质的碧泉潭自喷泉水资源优势，按照“公司+基地+农户”的模式创办碧泉潭生态资源开发有限公司，发展娃娃鱼养殖基地、贡米生产、桑蚕养殖、围山养鸡、生态养猪等特色农业，有效带动地方经济发展。走进碧泉村，只见整洁的村组公路四通八达，桑蚕基地、果树分列道路两旁，园林庭院的农家门口干净整洁、花簇相拥，太阳能路灯、供休憩的凉亭、村民活动广场等一一呈现。验收组一行首先冒雨察看碧泉村饮用水生产基地、娃娃鱼养殖基地和贡米生产基地，了解碧泉的公共设施和基地建设情况。随后在碧泉村村委会议室观看碧泉村“美丽乡村”创建宣传片，听取碧泉村“美丽乡村”创建工作报告，验收组高度评价碧泉村的创建工作，认为碧泉自然环境好、基础设施好、农业项目好、发展规划好，碧泉村很好的利用自身优势来发展特色农业，其建设和发展模式是值得肯定和推广的，“美丽乡村”的建设正是要创造好金山银山又守护住绿水青山。

【傅国平到乡调研经济社会发展工作】 12月29日上午，县委副书记、县长傅国平率县政府办、县政府督查室、县经研室负责人到锦石乡调研，石鼓、乌石、石潭、中路铺9个乡镇参加调研汇报。座谈会上，傅国平听取各乡镇负责人关于乡镇区位、资源、经济社会发展、美丽乡村建设、民生设施、征迁控违、信访维稳以及近期重点工作农业三项补贴及农村土地确权颁证登记等方面的工作汇报，认真了解乡镇发展中的经验、做法，存在的问题，仔细听取乡镇意见、建议。锦石乡党委副书记、乡长戴勇汇报该乡2015年的各项工作完成情况以及工作存在的困难，来年的工作思路、重点项目、工作举措。随后，县长傅国平对各乡镇工作进行点评，高度评价锦石乡依托碧泉潭的湖湘文化，把碧泉打造成一个富有文化内涵、基础设施完备、旅游价值高的文化景点，把锦石打造成文化名乡。对各乡镇敢闯、敢拼、做实事的工作态度给予充分的肯定，对各乡镇工作取得的成绩给予高度的评价。傅国平指出，调研乡镇经济社会发展是为更好地谋划明年的工作思路，乡镇经济社会稳定发展是全县持续发展的基础。各乡镇一定要结合各自的实际，自力更生，坚定发展信心，提振发展士气，敢想敢干，勇于克服困难，在经济社会发展中要找准定位，发挥优势，守住底线，突出特色重点，创造品牌。

（俞 海）

排头乡

【概况】 排头乡位于县境西南，是湖湘文化的发源地。全乡总面积124.7平方千米，辖黄荆坪、严冲、排头、留田4个管区，36个行政村，638个村民小组，全乡总户数15699户，总人口59655人。人口自然增长率3.6‰。耕地面积4319.5公顷，旱地565公顷。2015年，排头乡党委、政府围绕“特色农业稳乡、优势工业强乡、生态旅游兴乡、湖湘文化促乡、村镇建设亮乡”的新工作思路，着力打造“三个中心、一条走廊”的经济发展框架，统筹谋划全乡发展，不断改善民生，发展社会事业，维护社会和谐稳定。

2015年，实现工农业总产值8.34亿元。比上年增长15.67%：财政总收入2915万元，增长22.3%；财政总支出2781.9万元，增长21.9%。上缴国税257万元、地税314万元，下降10.5%。农村经济总收入13.43亿元，下降2.37%。农村集体经济收入148万元，增长0.83%。农民人均纯收入12510元，增长7.84%。年末银行存款余额6.88亿元，增长5.86%。（因区划调整，该乡3个建制村调整至花石。此统计按36个村，增长比是去掉原三个村2014年的数值再进行比较的）

完成规模工业总产值6.12亿元，同比增长15%。招商引资到位资金6835万元。全乡有大小企业16家。其中，规模企业4家，完成规模工业增加值18374万元，同比增长15%。新增工业及技术改造投入达22880万元，企业万元产值降耗9.8%，特别是规模企业万元产值降耗10%。

实现农业总产值22.13亿元，增长0.67%。农作物播种面积10970公顷。其中，粮食生产面积6867公顷，粮食总产量达5.34万吨。新增湘莲绿色食品种植基地133公顷。继续推进双季高产创建整建制示范乡项目，以同心、毫光两村为核心的粮食高产示范片，连续2年实现水稻亩产超1.05吨。排头乡春静合作社被评为“全国五十佳优秀创新示范社”。种粮示范户彭水平被全国妇联、科技部评为“巾帼创业女青年”。

是年，排头乡农校组织各类农业技术培训5000人次，被市农业委科教科、湘潭生物机电学校、县农业局科教站联合定为“新型农民培训基地乡”，被《中国农民日报》定为“网惠工作服务站”。

年内，完成裸露山地、长江防护林、抚育间伐、特色油茶产业、退耕还林等造林任务45公顷，完成14.6千米韶茶干线回龙桥至长山村段的三边绿化，组织义务植树11万株，实现全年零火灾。

全年累计出栏生猪19.6万头，内含出栏瘦肉猪11.5万头。出栏鸡、鸭17.7万羽、羊4954只、牛2513头，年内没有发生重大动物疫病。

新增插秧机35台，收割机31台。办理农机购置补贴机具896台，补贴农户497户，共计补贴金额215万元。

新增变压器5台，新架设10千伏线路3.5千米，新架设低压线路12千米，低压线路隐患消缺100多处。鳌州、回龙村进行农网改造，仁陂、桐梓、船形村进行农网维护。

引导投资800万元开发小城镇二期项目共4栋，面积6000平方米。投资300万元，开发湘莲市场姜西林商住楼面积2028平方米。累计竣工房屋面积42841平方米，累计投资4285万元。拆除违章建筑5处，支持严冲村、桐梓村安装路灯50盏。

是年，新增城镇就业400人，救治救助贫困重性精神病患者16人，新增养老服务床位60个，资助农村特困户建房6户，帮扶城乡60岁以上失独老人11户，帮助0~7岁残疾儿童实施抢救性康复4人，为贫困残疾人家庭进行无障碍改造7户。对湘南、藕塘等7个村实施“百村帮扶”，提质改造农村村级组织活动场所4个，新增村级农民体育健身工程5个。

全乡出生婴儿774人，政策内出生655人，计划生育率为84.31%。全年共完成节育措施907例，完成优生遗传监测338对，新增奖扶人数74人，破获跨市“两非”案件一起。

全乡有城镇低保对象60户80人，农村低保对象1320户2440人，五保对象621人。发放困难家庭临时救助28.5万余元。加强对敬老院的管理，改扩建留田敬老院，确定排头、仁陂村为农村幸福院项目建设村。

全年有510名城镇居民参加医保。社会养老保险参保率达到100%，居全县第一。农村合作医疗参合率100%，10620人次参合农民得到住院补偿，共计补偿兑付2587万余元，有27748人次得到门诊补偿，补偿金额为60.6万元。

全镇有学校25所，内含初中2所，小学11所，幼儿园10所，在校学生3158人。留田中心小学、紫山小学成功创建省级合格学校。争取资金20万用于排头中学围墙改造，争取资金 22万用于严冲中学校外池塘护坡和宿舍楼电路的改造。组织相关单位每月开展一次校园安全工作检查。

年内，完成公路建设18千米，包括湘南、龙潭、月塘等村的村道建设，方便当地群众出行。

2015年，被县政府定为“水利建设示范乡镇”，通过积极争资引项，继续利用“四个水利”模式筹资筹劳，投入水利资金1500余万元，完成毫光水库、白云水库的重点工程建设，完成200口骨干塘清淤扩容，完成长山支渠、南田水库北干渠留田支渠等高标准渠道硬化10千米，完成渠道清淤扫障120千米，更新改造抗旱机埠1处，完成小塘小坝建设400处，完成五小项目建设8个。排头乡水厂建设已基本完成。

是年，全乡重点打造人居环境整治村3个，“美丽村庄”2个，“美丽屋场”5个，垃圾分类减量处理行政村20个，新建垃圾回收站4个、垃圾分类处理焚烧场2处。

2015年，通过便民联系卡、民意调查问卷、平安建设公开信、平安家庭牌、平安建设手提袋，手机短信预警机制等方式，加大平安创建的宣传。

2014年排头乡各行政村基本情况

表18

村 名	总面积(平方千米)	户数(户)	人口(人)	农村经济总收入(万元)	农村经济总费用(万元)	农村经济净收入(万元)	农民人均纯收入(元)
湘南村	3.4	444	1705	3836.25	1705.00	2131.25	12500
上南村	3.1	405	1588	3575.86	1589.27	1986.59	12510
南桥村	2.5	386	1488	3352.02	1489.79	1862.23	12515
留田村	3.1	462	1904	4287.42	1905.52	2381.90	12510
兴阳村	1.5	292	1104	2486.98	1105.32	1381.66	12515
合荣村	3.6	560	2090	4710.02	2093.34	2616.68	12520
合兴村	2.8	413	1547	3483.54	1548.24	1935.30	12510
毫光村	3.1	504	2030	4574.81	2033.25	2541.56	12520
延化村	2.7	472	1840	4149.94	1844.42	2305.52	12530
先劲村	6.9	603	2310	5197.50	2310.00	2887.50	12500

续表 18

村 名	总面积（平方千米）	户数（户）	人口（人）	农村经济总收入（万元）	农村经济总费用（万元）	农村经济净收入（万元）	农民人均纯收入（元）
红祺村	4.2	573	2068	4656.72	2069.65	2587.07	12510
藕塘村	2.7	321	1300	2927.34	1301.04	1626.30	12510
扶冲村	3.2	325	1226	2760.71	1226.98	1533.73	12510
排头村	2.4	325	1361	3064.70	1362.09	1702.61	12510
回龙村	3.6	365	1446	3258.70	1448.31	1810.39	12520
月塘村	3.5	360	1273	2866.54	1274.02	1592.52	12510
同心村	4.1	488	2037	4594.25	2041.89	2552.36	12530
仁陂村	2.8	331	1279	2877.75	1279.00	1598.75	12500
船形村	2.8	393	1385	3118.75	1386.11	1732.64	12510
鳌洲村	4.6	513	1910	4300.94	1911.53	2389.41	12510
松梓村	3.3	548	2086	4697.26	2087.67	2609.59	12510
严塘村	4.4	659	2067	4658.19	2070.31	2587.88	12520
严冲村	3.5	546	2161	4873.92	2166.19	2707.73	12530
雪佳村	3.4	369	1458	3280.50	1458.00	1822.50	12500
苍冲村	4.8	501	1962	4414.50	1962.00	2452.50	12500
龙潭村	3.9	402	1353	3044.25	1353.00	1691.25	12500
黄荆村	4	568	2170	4894.22	2175.21	2719.01	12530
安全村	3.9	398	1498	3370.50	1498.00	1872.50	12500
东山村	4	430	1529	3443.00	1530.22	1912.78	12510
辰山村	3.4	416	1652	3717.00	1652.00	2065.00	12500
双泉村	4.2	395	1507	3390.75	1507.00	1883.75	12500
星星村	3.4	460	1667	3753.75	1668.33	2085.42	12510
长山村	3.6	345	1263	2841.75	1263.00	1578.75	12500
紫山村	2.9	361	1265	2846.25	1265.00	1581.25	12500
霞山村	2.3	340	1485	3341.25	1485.00	1856.25	12500
指南村	3.1	426	1641	3692.25	1641.00	2051.25	12500

【排头乡党校正式成立】 4月1日，排头乡党校正式成立，这是湘潭县首个乡镇党校。该党校切实加强组织建设和师资队伍建设，努力成为乡镇党员干部教育的主阵地，成为服务经济发展的助推器。全乡1272名党员分批进行春季集中培训。

【回龙桥水厂建设】 回龙桥水厂建设是2015年排头乡实事工程之一，位于排头乡同心村大树组。工程总投资550多万元，首期建设日供水能力1600吨，改善覆盖区域内村民打井取水的局面，供水区域可覆盖同心村周边等7个自然村以及范围内各学校、单位，规划供水总人口18000人。

【副市长杨真平到乡实地考察】 7月22日，湘潭市副市长杨真平来到排头乡，实地考察垃圾焚烧炉的使用情况。一同参加考察的还有市环保局、建设局、农办相关负责人及县委副书记周艳希、副县长谭捍卫。

副市长杨真平考察完后竖起大拇指说道："现在居民的生产生活产生的垃圾越来越多，城市里面的垃圾堆得没地方放，在农村建起垃圾焚烧炉自行处理垃圾后，不仅能实现垃圾不进城，减少城市的压力，还能减少垃圾的运输成本，减少对环境的污染，是一件惠民利民的好事。以后要在全市更多的农村地区推广使用垃圾焚烧炉。"

【30余名文艺家到排头乡采风】 8月13日，湘潭市、县30余名文艺家走进排头乡，开展采风活动。市文联党组书记、常务副主席陈志光，市文联党组成员、副主席李运启，县委常委、宣传部部长刘耀奇参加活动。在笔会现场，文艺家们齐聚一堂，挥毫泼墨，创作一幅幅精美书画。

【春静水稻种植专业合作社被认定为全国巾帼现代农业科技示范基地】 9月9日，位于排头乡仓冲村的春静水稻种植专业合作社被全国妇联、科技部、农业部联合认定为全国巾帼现代农业科技示范基地，是2015年湘潭唯一被认定的合作社。

春静水稻种植专业合作社的"女掌门"彭水平，曾被评为"全国种粮大户"，在她的带领下，合作社搞起土地流转，做起全程机械化水稻种植，发展龙芽百合特色种植。合作社已经发展成为拥有社员354名、拥有固定资产1700多万元、年营业收入达2200多万元的示范性合作社，很好地带动一方群众致富。合作社也先后获得"全国农机合作社示范社""湖南省农民合作社示范社""湖南省先进合作社""湘潭市粮食生产先进单位""湘潭县示范合作"等荣誉称号。

【农村土地确权登记颁证培训】 11月11日，排头乡开展农村土地确权登记颁证培训，邀请县农业办专业讲师专题讲课。各联点干部、各村支书、村主任、计生专干以及业务骨干等260余人参加培训。

【农业"三项补贴"改革试点工作大会】 11月25日，排头乡组织各联点干部、各村支书、村主任、计生专干等200余人参加农业"三项补贴"改革试点工作大会。

【区划调整】 11月12日，排头乡第五届人民代表大会第四次会议在排头乡政府四楼会议室召开。大会共有人大代表81人，因事因病请假13人，实到人大代表68人。会议听取《湘潭县乡镇区划调整改革工作方案》并审议排头乡桐梓、中加、红卫等3个建制村成建制并入花石镇相关事宜。本次会议经书面表决，以68票赞成全票通过排头乡桐梓、中加、红卫等3个建制村成建制并入花石镇。 （彭 立）

花石镇

【概况】 花石镇位于湘潭县西南部，衡峰远峙，涓水穿流。2015年，镇域总面积201.25平方千米，城镇面积4.2平方千米，城镇人口2万余人。辖28个行政村，1个社区，总人口近10万人。

是年，实现财政总收入1680万元，上缴国税689万元、地税983万元。

全镇有15家规模工业企业，完成规模工业企业总产值39.8亿元，固定资产投资完成5.19亿元，招商引资完成9968万元。花石陶瓷机械厂生产的p50全自动拉扳机、切泥机已经试制成功进入市场。湘潭泵业集团有限公司投入60多万元改造节能型锅炉。

全年实现粮食播种总面积8049.33公顷，总产量59586吨。农民专业合作组织44家。全镇共计发展牲猪14.327万头，内含存栏牲猪6.235万头，鸡鸭存笼30.104万羽，动物免疫率达到100%。完成机车年检65台，推广插秧机18台，受理农机购置补贴416份，补贴机具425台，补贴金额69.2万元。

完成造林任务137.33公顷，通过省级造林成果验收检查。完成面上三边绿化路边11千米，水边3千米，以及庭院绿化300户，完成韶茶干线花石镇区境内路段干线公路12千米示范片的绿化造林。年内没有发生重特大森林火灾。水利建设完成1180处，完成劳动工日73.3万个，完成土石方75.7万立方米，重点工程东晓支渠、花石水库干渠配套项目、涓江抗旱机埠、毛家水库除险、潭溪村先锋水库、紫桥村斜岭水库已实施，前进拦河坝正在加固施工。移民后扶工程建设总投资近400余万元。

是年，扎实推动一批项目实施。重点启动实施建设项目6个，完工项目3个，在建项目3个，投资总额近2亿元。建设污水处理厂及配套管网，建立雨污分流排水体系，已完成立项、报批、设计、土地征收工作，污水管网已完成主干道新湖路排水排污管网建设双向1.4千米。建设垃圾中转站，对镇域内垃圾进行集中收集处理。推进集镇供水设施建设，先后3次对花石自来水厂进行提质改造，供水设备完善，日供水量达5000立方米，集中供水率达90%。破解镇区交通瓶颈，湘莲市场至韶茶干线项目建设已完成测绘、设计、招投标等工作。完善公共服务设施，湘莲市场四期项目顺利推进，"兴宏运湘莲综合贸易市场"10625平方米的商居楼建设已封顶，私人联建完成6000平方米。镇区路灯亮化工程投入170余万元，改装LED高亮度路灯170余盏，已全面竣工验收。样板示范街项目，总长800米，已完成统一的广告招牌制作110余项，总面积近800平方米。休闲旅游片区项目投入100万元完成罗汉山游道、停车场、公厕等基础设施建设，万亩湘莲基地结合国土整治项目进行升级提质，总投资520万元。

启动农村电网改造工程，全镇28个村和1个社区的农电网进行二次改造。硬化村组道路30千米，通畅村比率达到100%。其中，环库公路硬化实现竣工、投入使用。全镇水、电、路网得到全面改善，基础设施建设不断加强。

抓住特色县域经济重点县的机遇，突出湘莲产业特色优势，做大产业规模，提升产业发展质量和水平。完成湘莲市场的绿化、亮化、道路提质改造项目。扩大湘莲种植面积，形成涓江、赵家营、七星、马垅、罗汉、长岭等村近万亩的湘莲种植示范带。建设26.67公顷

“中国寸三莲原种场”，提纯复壮湘莲品种寸三莲，并培育出新品种“寸三莲一号”。助力湘莲企业，新发展市级农业产业化龙头企业3家，全镇市级农业产业化龙头企业增至6家。大力宣传推介特色乡村旅游，组织策划一系列重大活动，成功打造特色旅游城镇名片。6月，举办“莲动潇湘”花石马拉松越野赛。连续两年成功举办“花石赏荷之旅”特色旅游活动，来花石休闲旅游、赏荷度假的游客在15万人次以上，拉动消费4000万元以上。

是年，扎实推进“平安花石”创建，开展“打非治违”专项行动。关停6家石膏矿和1家机砖厂，强化安全生产宣传教育，年内未发生安全生产责任事故。全镇有学校33所，内含初中4所，小学18所，幼儿园10所，在校学生4957人。全面完成中小学校校舍安全工程、中心幼儿园建设、合格学校创建工作。巩固计生工作“国优”地位，全年出生男孩541例，女孩475例，人口出生率11‰。率先在各村推行流动人口计生“网格化管理”试点工作，计生工作保持县内先进行列。

全面推动精准扶贫工作，实行“一户一策”精准扶贫，做到“户有卡、村有册、镇有档”，形成全社会扶贫攻坚合力。新成立扶贫办，加强对扶贫工作的重视和支持。全面完成省、市、县为民办实事工程22项。“发现成堆垃圾举报有奖”群众监督举报机制在全市得到推广，农村环境卫生整治工作成效明显，棋岭、北斗、石坝、七星、金峰、金宝、百和、董家坪、日华等村环境卫生名列前茅，镇村面貌焕然一新。

深入践行“三严三实”，严格落实党风廉政建设责任制，贯彻执行《中国共产党廉洁自律准则》和《中国共产党纪律处分条例》，完善镇村两级财务管理、采购审批、公务接待、工程招投标等制度，促进党员干部廉洁从政。

发展新党员。实行发展党员“2233”制，党委严格把关，新发展党员34名。组织农村党员定期参加“三会一课”、民主生活会、两考四评等党内生活，党成立镇党校和党建工作站，设立书记大讲堂，加强对农村党员的培训，创建13个党建示范点。投入12万余元，建设28个村及1个社区村级便民服务站，形成镇村便民服务体系。

2015年，花石镇先后获评全国重点镇“湖南省首批新型城镇化试点建制镇”“湘潭市特色镇”“湘潭市十大魅力乡镇”“湖南省美丽乡镇”。

2015年花石镇各行政村情况

表19

村名	面积（平方千米）	户数（户）	人口（人）	农村经济总收入（万元）	农村经济总费用（万元）	农村经济净收入（万元）	人均纯收入（元）
河头村	3.5	673	2779	5875.8	1836.2	4039.6	14536.2
极星村	6	586	2223	4410.2	1342.8	3067.4	13798.5
前进村	2	396	1600	3192.4	1214.5	1977.9	12361.9
超上村	1.4	305	1202	2511.5	698.1	1813.4	15086.5
马垅村	5	798	3026	7056.6	2312.4	4744.2	15678.1
罗汉村	2.5	394	1517	2848.1	785.2	2062.9	13598.5
长岭村	3.36	452	1533	2769.4	675.4	2094	13659.5
芙蓉村	4.8	603	2143	4217.2	1242.3	2974.9	13881.9
棋岭村	7.5	576	2262	3748.1	1132.2	2615.9	11564.5
双溪村	4.5	464	1858	3390.2	868.8	2521.4	13570.5
金莲村	6.16	675	2608	4942.8	1502.7	3440.1	13190.6
赵家营村	4.5	453	1970	3312.6	936.7	2375.9	12060.4
涓江村	3.5	652	2714	4484.5	1335.2	3149.3	11603.9
盐埠村	3.14	686	2689	4622.1	1368.2	3253.9	12100.8
东晓村	5	416	1628	2464.2	637.7	1826.5	11219.8
润塘村	6.8	602	2384	3919.6	1141.2	2778.4	11654.4
盐浮村	1.8	411	1639	2660.3	634.8	2025.5	12358.1

续表19

村名	面积(平方千米)	户数(户)	人口(人)	农村经济总收入(万元)	农村经济总费用(万元)	农村经济净收入(万元)	人均纯收入(元)
金塘村	6.5	487	1772	2916.5	748.2	2168.3	12236.5
金丰村	12	606	2176	3837.3	1078.8	2758.5	12676.9
永仁村	4.84	525	2027	3151.9	824.2	2327.7	11483.5
铜锣村	4	447	1819	3005.2	787.1	2218.1	12194.1
水南村	2	416	1578	2242.6	542.3	1700.3	10775
紫荆村	6	449	1720	2385.5	709.4	1676.1	9744.8
中心村	6	510	1887	3065.2	798.2	2267	12013.8
北斗村	3	398	1437	2242.8	476.3	1766.5	12293
天马村	5	369	1419	2312	507.3	1804.7	12718.1
兴合村	5.6	357	1392	2104.2	428.5	1675.7	12038.1
石坝村	5	324	1334	2298.4	507.4	1791	13425.8
见楼村	2.8	467	1761	4335.3	1946.7	2388.6	13563.9
泥湾村	4.4	815	3236	8127.9	3347.2	4780.7	14773.5
百和村	5.3	563	1848	4739.5	2147.4	2592.1	14026.5
九如村	3.1	464	1781	4454.8	1923.6	2531.2	14212.2
大江村	1.8	468	1744	3876.2	1648.2	2228	12775.2
潭溪村	4.1	625	2127	4398.4	1947.2	2451.2	11524.2
兴荣村	1.4	441	1614	3756.8	1567.6	2189.2	13563.8
龙口村	0.9	276	998	2376.3	876.4	1499.9	15029.1
董家坪村	2.1	483	1859	4636.7	2051.9	2584.8	13904.2
长寿村	2.6	496	1947	4858.1	2120.2	2737.9	14062.1
琵琶村	2.7	337	1174	2421.2	923.1	1498.1	12760.6
日华村	4.4	556	2100	4455.1	1927.3	2527.8	12037.1
金子村	3.2	319	1046	2186.5	802.5	1384	13231.5
紫桥村	5.6	428	1550	3320.4	1352.8	1967.6	12694.2
湘江村	3.9	427	1942	4171.8	1797.2	2374.6	12227.6
天石村	4.7	468	1552	3615.7	1513.3	2102.4	13546.4
金宝村	2.9	298	1004	2243.2	801.7	1441.5	14357.6
团建村	4.4	435	1482	3489.7	1468.6	2021.1	13637.7
社区	2	1316	2478	—	—	—	—

【“莲动潇湘·荷之韵杯”马拉松越野赛】 6月28日，“莲动潇湘·荷之韵杯”马拉松越野赛在花石镇火热开跑。此次比赛路线以湘莲市场为起终点，经荷花基地、汉城桥、罗汉村、水库大坝、铜锣村部等地，全程13.8千米。来自长沙、株洲、湘潭及邵东等地的400名马拉松爱好者参加比赛。

【湘潭县第二届赏荷之旅暨第一届湘潭地方特色产品交易展示会·“欢乐潇湘 幸福湘潭 莲乡大舞台”花石专场】 7月5日，湘潭县第二届赏荷之旅暨第一届湘潭地方特色产品交易展示会在湘潭县花石镇召开，2015年“欢乐潇湘 幸福湘潭 莲乡大舞台”花石专场同步举行。此次“赏荷之旅”依托湘莲文化，涵盖“寸三莲”原种场、花石荷花园、汉城桥、十八罗汉山、花石水库、湘莲特色街、周小舟故居、湖南粒粒珍湘莲有限公司等八个景点。游客们可以游荷花基地、览万亩荷花，观十八罗汉山、赏丹霞地貌，还可以在特色产品交易展示会上品尝到原汁原味的花石豆腐、石坝米酒等当地美食。“欢乐潇湘 幸福湘潭 莲乡大舞台”花石专场富有当地特色的文艺汇演，舞蹈、戏曲、葫芦丝独奏、小品等精彩的节目，让大家一饱眼福。

【乡镇区划调整新设花石镇党委及政府揭牌仪式】 12月6日，乡镇区划调整新设花石镇党委及政府的揭牌仪式在花石镇政府举行，县委常委、常务副县长周俊文、县政府办、花石镇负责人等参加揭牌仪式并为花石镇揭牌。根据《湖南省民政厅关于同意湘潭县乡镇区划调整方案的批复》（湘民行发[2015]46号）和《湘潭市人民政府关于湘潭县乡镇区划调整的通知》（潭政函[2015]16号），湘潭县乡镇区划调整方案已经省人民政府批准同意。将龙口乡、花石镇成建制合并设立花石镇，将排头乡的桐梓、红卫、中加3个建制村划出成建制并入花石镇。行政区划调整后，新花石镇辖1个社区居委会，49个村民委员会，镇政府驻原花石镇政府驻地。

【花石镇湘莲综合贸易市场奠基开工】 1月27日，花石镇湘莲综合贸易市场开工奠基仪式举行。湘莲综合贸易市场坐落于花石荷花大道，总占地0.93公顷，总建筑面积3万平方米，总投资8000万元，是一家集酒店、商场、居住、超市、影院、商务办公于一体的大型综合体。

【花石镇第五届人民代表大会第四次会议】 11月12日，花石镇第五届人民代表大会第四次会议在三楼大会议室召开。参加本次大会的代表应到77人，实到70人，2人工作调动，5人因事请假，符合法定人数。会议审议并通过《提请审议原花石镇与原龙口乡成建制合并新设立花石镇》及《提请审议排头乡部分行政区域并入花石镇》的两个议案。

【全县危房改造工作推进会议】 8月7日，县危改办负责人携湘潭县19个乡镇危改办主任及工作人员齐聚龙口乡，召开全县危房改造工作推进会议，互通危房改造的推进情况，共同探讨存在的困难，及未来要采取的措施。

【走访慰问抗战老兵】 9月1日，龙口乡和县民政局主要负责人到大江村堆子组，走访慰问8旬抗战老兵王自清，送去中央颁发的中国人民抗日战争胜利70周年纪念章和慰问金。

【区划调整座谈会】 11月7日，花石镇、龙口乡、排头乡区划调整座谈会在龙口乡政府召开，县委副书记、县长傅国平及相关单位负责人、部分人大代表、政协委员、村支两委负责人等参加会议。县民政局负责人首先汇报乡镇区划调整改革工作方案，并听取各方意见。乡镇区划调整改革工作在县委、县政府的统一领导下，由乡镇区划调整改革领导小组负责组织实施，11月底前全面完成，（周 璇）

分水乡

【概况】 分水乡位于湘潭县西南边陲，北邻湘乡市梅桥镇，东与排头乡毗邻，西与石鼓镇接壤，南临青山桥镇。乡政府距县城60余千米。2015年，全乡总面积85.33平方千米，辖23个行政村，409个村民小组。总户数11002户，计39375人。其中，农业人口38272人。人口自然增长率5.3‰。山林面积4700公顷，耕地面积2321公顷，水田面积2225公顷，旱地195公顷。经济以农业为主，村民主要从事皮鞋、养殖等产业，农作物除水稻等常规作物外，经济作物以油茶种植为主。境内锰、磷、铀的藏量较大，只进行小容量开采，效益较好。交通线路有X030.X028.X026县道经过境内，交通较为便利。

是年，实现工农业总产值3.87亿元，比上年增长0.3%；财政总收入1909万元，增长8%；财政总支出1909万元，增长8%。上缴国税46万、地税153万元，增长15.02%。农村经济总收入7.21亿万元，增长7.3%。农民人均纯收入11500元，增长7.26%。年末银行存款余额3.99亿元，增长2.57%。

实现工业总产值7300万元。全乡有工业企业21家（无规模企业），年内，完成技改投入和固定资产投入6100万元，完成招商引资2800万元。

实现农业总产值3.14亿元，增长0.4%。农作物播种面积5722公顷。播种水稻4130公顷，其中，优质稻3070公顷。推广集中育秧1400公顷，机插秧1230公顷。申报购置补贴农机218台，补贴金额18.9万元。发展常年存栏生猪300头以上的规模养殖场12户，其中存栏生猪500头以上的2户。发展存栏黑山羊50头以上的专业大户16户，300头以上的2户，永红村养羊大户丁若海正按存栏3000头的规模扩建羊舍。红宇生态农业投资80余万元，扩大基础设施建设和农场规模。乡内草食动物养殖规模进一步扩大。完成长防林造林13.33公顷、封山育林6.67公顷、幼林抚育6.67公顷，发动全民参与植树3.1万人次，绿化道路22千米，植树12万株。

分水苗木合作社投入200万元，总投资达500万元，苗木产业基地建设已经成形，成为乡域林业经济发展的新亮点。翠峰农业承接彭何水库的管护，流转木鱼山水岛林地8公顷，投资2000万元，筹建“百果园”和休闲娱乐度假基地，并以此为中心，着手第一期流转山地133公顷建设红心晚柚种植基地。盘活原环山塑料编织厂闲置资源引入的克良鞋业。10月，引进较场槟榔代加工厂，正在建设厂房，建成后可带动周边就业400人。

年内，硬化村组道路15千米以上，以双凤、分水、槐北等村硬化道路为主，乡村路网结构和通行状况进一步优化。35千伏变电站项目配套和线路架设等有序推进，大冲垅等4个村的电网改造正在施工。完成渠道清淤130千米，骨干山塘建设50口，高标准渠道建设5.5千米，河坝修整4座，机埠更新改造2处，建设五小工程项目村8个，移民项目村12个，面上重点村1个。3座小Ⅱ型水库的除险保安工程和曲江河流域治理项目均开工建设。

推进精准扶贫和农业“三项补贴”改革，做好双凤冲、分水坳、槐北三个省定扶贫村的联系服务工作。组织机关事业单位的党员开展“一进二访”大走访，每个贫困户都落实具体的帮扶责任人，把扶贫户家底摸实、困难摸清。整合资源，将基础设施建设、危房改造、教育扶贫、就业扶贫、社会救助等向扶贫户倾斜，落实政策兜底。

有序推进城乡低保，投入5万多元改善敬老院设施条件，投入7万余元为敬老院老人添置物资，做好农村“五保”供养。成立乡社会救助受理中心，落实各类困难群体的救助救济工作，1—11月发放各类救助救济资金45.4万元。落实危房改造125户、特困户建房4户。成功举办一场招聘会，招聘90余人。新增农村转移就业274人、城镇就业42人、失业再就业12人。是年，全乡新农合参合率为98.9%，住院报销6200多人次,补偿1300多万元,门诊报销近2万人次,补偿近58万元。

全乡有学校18所，内含初中3所，小学10所，幼儿园5所，在校学生2098人。如期完成环山中心小学的合格学校创建，总投资47万元。加强民办幼儿园和校车安全管理，乡内5辆园车全部实行公司运营模式。年内，开展“春节读好书”、广场舞培训班、“全民阅读从我做起”等活动，积极筹办“欢乐潇湘·幸福湘潭·莲乡大舞台”群众文化会演。乡文体广场开工建设，9月底正式投入使用。

逐步改善医疗设施设备，重点加强医务人才培养和医德医风建设，全面推开基本药物制度，减轻群众医疗负担。利用村村响、标语、板墙报等普及计生知识，乡内群众受教育面达95%以上。是年，全乡共出生434人，政策内生育率80.18%，性别比维持在113.79。

深入开展各类隐患排查治理和“打非治违”专项行动，下发各类整改通知78份，排查各类安全隐患52处，整改52处，责令停产整顿5处，关闭生产经营单位1家，实现全年安全生产零事故。创建安全生产示范村9个、示范学校4所。按“横向到边，纵向到底”的要求，深入开展“大走访活动”，投入10余万元设立固定宣传栏6处、大型户外宣传广告牌6块，发放干群联系卡和平安建设倡议书各2万余份。开办村级协调委员会培训1期，全面做好社区矫正工作，年内调解各类矛盾78件。

2015年，分水乡被评为“湖南省文明乡”。

2014年分水乡各行政村基本情况

表20

村名	面积（平方千米）	户数（户）	人口（人）	农村经济总收入（万元）	农村经济总费用（万元）	农村经济净收入（万元）	人均纯收入（元）
石江	4	326	1223	2471.97	1095.71	1376.26	11538
白沙	3	310	1061	2180.37	937.09	1243.28	11933
湾头	4.2	368	1473	3221.97	1210.11	2011.86	11995
同合	3.8	312	1195	2421.57	1042.87	1378.7	11814
大垅	3.8	543	1773	3461.97	1447.56	2014.41	11802
天垅	3	415	1519	3004.77	1267.78	1736.99	11819
合家	3.8	465	1702	3534.17	1548.16	1986.01	10912
双凤	3.6	508	1753	3425.97	1522.94	1903.03	11288
沙洲	2.2	354	1210	2448.57	1054.15	1394.42	11807
彭何	4	436	1465	2907.57	1230.49	1677.08	11817
长丰	3	356	1595	3241.57	1454.66	1786.91	10971
分水	3.6	385	1500	2970.57	1246.54	1724.03	11873

续表 20

村名	面积（平方千米）	户数（户）	人口（人）	农村经济总收入（万元）	农村经济总费用（万元）	农村经济净收入（万元）	人均纯收入（元）
广林	3.5	420	1563	3283.97	1319	1964.97	11686
晓冲	3.5	638	2050	4060.57	1632.27	2428.3	11844
旗山	3.5	379	1435	2853.57	1187.74	1665.83	11971
较场	3	671	2676	5087.37	2201.58	2885.79	11336
虎形	3.7	628	2423	4631.97	2061.92	2570.05	11134
石桥	4.1	740	2551	4862.37	2161.04	2701.33	11129
大冲垅	4	579	2038	3938.97	1729.15	2209.82	11324
珍鸽	4.9	561	2039	3940.77	1826.23	2114.54	10848
新山	4.8	545	1954	4287.77	1612.81	2674.96	11601
永红	3.8	493	1769	3554.77	1558.6	1996.17	11153
槐北	4.5	573	1753	3425.97	1589.5	1836.47	10905

【湖南翠峰发展现代农业】 3月27日，湖南翠峰农林生态发展有限公司在县工商局注册，选地分水乡晓冲村，注册资本2988万元。翠峰农业承租分水乡彭何水库（水面面积30多公顷），流转水库木鱼山、庙坝湾共8公顷林地，以彭何水库和木鱼山发展种养殖和观光旅游业。前期投资2000万元，在木鱼山筹建“百果园”，计划种植红心蜜柚800公顷，由公司建设133公顷的示范基地，组织农户合作种植667公顷。

【彭何马路市场易地重建】 彭何集市位于狗钟线公路两旁，是分水乡环山片区的自然商贸集散地，辐射10个村、约1.7万人，彭何马路市场易地重建列入省政府为民办实事农贸市场标准化改造项目。经实地考察，选址彭何村胜利组与晓冲村交汇处进行重建。新农贸市场占地0.18公顷，建立钢结构大棚，200个摊位，并建设排水系统、厕所等配套设施。 （胡小波）

石鼓镇

【概况】 石鼓镇地处湘潭县西南边陲，西北与湘乡市相连，西南与双峰县接壤，东南毗邻青山桥镇，东北接分水乡，是湘潭县最偏远的乡镇之一，距县城86千米，距320国道15千米。2015年，全镇辖歇马、石鼓、明道三个管区，31个行政村和1个居委会，15209户，总人口49952人。镇域总面积为96.05平方千米，耕地面积为2583.53公顷。其中，水田2342.80公顷、旱地240.73公顷。

是年，实现工农业总产值3.85亿元，比上年增长10%。财政总收入2038万元，稳中略增。农民人均纯收入10886元，同比减少8.1%。

完成规模工业总产值1.18亿元，同比增长10%。规模工业同比增长16%。工业固定资产投资1.2亿元，同比增长31.5%。工业总产值完成7500万元。规模以上工业总产值完6600万元。招商引资2200万元。现有企业规模不断扩大，招商引资稳步提升。全镇旅游伞加工企业达24家，年销售收入在5200万元以上。

完成粮食播种面积4201.27公顷，完成优质稻面积3928.8公顷。实现土地流转233.33公顷；新建农产品生产基地2个，生产粮食31000吨。切实加强动物防疫工作，全镇未发生禽流感、生猪五号病和蓝耳病，生猪出栏5.1万头。造林面积80.5公顷，森林覆盖率达到54.5%；农村劳动力新增就业人数1377人，城镇新增就业人数120人，劳务收入2.3万元。农村输出劳动力人数18539人。新增专业合作组织5个，新增固定资产投资50万元以上的农产品加工企业1个，科技培训1.6万人。仪式，该项目总投资4.67亿，计划安装22台风机，年发电量为9000万千瓦/时。整个项目的建设周期为18个月，一期工程有望在2016年年底实现并网发电。

年内，该镇发展生态农业促进乡村旅游，两者形成良性互动，基本形成政府主导、群众参与、社会资本辅助的工作格局。确定打造“一轴三区”的工作思路，即一条15千米长的旅游主轴，观光引导区、农业规模区、乡村旅游精品区。拉通5.8千米长的旅游干线公路路基，正在实施硬化。同时争取县政府将大坪台、歇马、铜梁峰确定为县级生态农业示范园，使之成为今后该镇争取农业项目和农业资金的平台，加快推进全镇农业产业和乡村旅游业的发展。

4月，明道大桥重建工程竣工通车。11月，启动飞跃桥重建工程。总投资300多万元实施中心敬老院二期改造工程，新增床位50个，完善食堂、会议室、娱乐室等设施建设，12月投入使用。修复歇马—铜梁5.2千米乡道，完成四茅桥改造加固工程，在铜梁至顶峰公路沿线设置安全警示标牌和防护栏，完成村级公路硬化25千米。硬化大坪台村至铜梁峰村旅游专线及环铜梁水库旅游公路。2015年共投入水利建设资金365万元，改善水利基础设施。解决人饮安全人数200人。完成7个“五小”水利项目村，恢复面上重点水毁工程5处。完成《镇区控制性详细规划》编制工作。

启动石鼓大市场扩建工程和农贸市场建设，为扩大镇区纵深，推动城镇发展奠定坚实基础。

狠抓安全生产监管，严格落实“一岗双责、党政同责、带队检查、月排查”等制度，加强日常监管，不定期开展专项治行动。年内，开展各类专项行动38次，行政处理4人次，治安拘留1人，刑事拘留1人。是年，全镇有学校19所，内含初中2所，小学10所，幼儿园7所，在校学生2420人。巩固发展计生工作，年度内出生625人，含政策外出生121人，符合政策生育率80.64%；多孩29人，多孩率4.64%；性别比106.95。期内施行各种节育手术842例。其中，完成结扎146例，补救措施246例，上环450例。免费孕前检查完成258对。有效推进农村环境卫生整治，积极改善环卫设施，镇区添置新的垃圾桶，山花公路沿线垃圾池全面改建，垃圾填埋场的道路、排水、填埋场平整硬化，新建两个垃圾焚烧炉，日处理垃圾10吨左右，启动青山河的专项治理，在23个村选址建立垃圾分类回收点。扎实推进社会保障工作，全镇累计退出低保138户173人，取消五保12人，新增低保户96户150人，五保对象16人。城乡居民养老保险完成目标任务17380人的97%；企业社保征缴任务完成120多万元，完成目标任务的100%；城镇居民医疗保险全面完成目标任务。农村合作医疗参加人数46783人，参合率为95%。

全镇有建档立卡贫困户4175人，有双河、安乐、兴旺等3个省定贫困村，市委书记陈三新在双河村联点，县委书记谢振华在兴旺村联点，县纪委书记在安乐村联点。通过救助一批、搬迁一批、发展一批、兜底一批等办法帮扶，全镇共有1118名贫困人口年收入达到或超过2850元，成功实现脱贫。

围绕充分发挥党的领导核心、支部战斗堡垒和党员先锋模范三大作用，大力实施四议两公开、村干部“五制”管理，深入开展“创先争优”等活动。深化党员示范行动，在镇机关窗口单位开展“三亮三创三争三评”“共产党员示范岗”活动，在广大农村党员中开展“科学发展党员示范户”活动，积极抓好党建工作。充分利用党校、党员活动室等载体，加强对党员干部的思想教育。加大党员干部违法违纪案件查处力度，推进党风廉政建设和反腐败斗争。积极稳妥地做好新党员的发展工作，严把党员“入口”关，新党员质量明显提高，全年吸纳预备党员19名，预备党员转正22名。

积极开展平安和谐石鼓建设。全年组织集中排查4次，重点排查3次，排查出矛盾纠纷42起，调处42起，化解群众上访事件12起。提供法律服务19次，法律案件援助4起。帮助25名社区矫正人员进行矫正，平安创建知晓率达到100%，有效维护社会和谐。2015年，该镇民调结果排名全县第2，全市第8。

2015年石鼓镇各行政村基本情况

表21

村名	面积（平方千米）	户数（户）	人口（人）	农村经济总收入（万元）	农村经济总费用（万元）	农村经济净收入（万元）	农民人均纯收入（元）
大桥居委会	2.8	725	3515	10505	5272.5	5232.5	14886
铜梁峰村	1.7	548	1925	4812.5	2695	2117.5	10890
双河村	1.9	274	1085	2757.5	1468.85	1288.65	10525
山田村	2.4	358	1212	3029.8	1785.6	1244.2	10265
歇马村	3.7	498	1631	3540.25	1465.02	1958.49	10986
大坪台村	2.5	439	1266	4025.22	817.12	1349.31	10843
沿红村	2.9	433	1509	3423.51	1896.23	2317.16	10678
竹塘村	1.7	316	1139	2166.43	1964.08	2451.02	11286
路口村	2.2	380	1388	4213.39	851.04	1359.15	11035
云霞村	2.7	458	1588	4415.1	1788.26	2293.69	10723
石湖塘村	2.6	459	1559	2210.19	743.09	1244.56	10824
福霄村	1.7	337	1087	4081.95	1246.31	1811.38	10435
高家坪村	3.4	447	1536	1987.65	1665.39	2131.87	10616

续表21

村 名	面积（平方千米）	户数（户）	人口（人）	农村经济总收入（万元）	农村经济总费用（万元）	农村经济净收入（万元）	农民人均纯收入（元）
西冲村	2.3	407	1091	3057.69	1401.21	1876.73	10734
花楼村	2.9	413	1425	3797.26	740.55	1319.27	10342
海云村	3.4	479	1696	3277.94	1365.42	1861.61	10921
石鼓村	4.3	585	1977	2059.82	1536.41	1958.49	11021
万家村	4.1	567	1733	3227.03	1465.02	1349.31	11214
珠山村	3.7	574	1932	4315.95	817.12	2317.16	11436
欧冲村	2.8	400	1507	4028.98	1896.23	2451.02	10576
将军村	3.4	585	1939	3540.25	1964.08	1359.15	10341
安乐村	4.2	695	2424	4025.22	851.04	2293.69	10613
兴旺村	2.1	457	1295	3423.51	1788.26	1244.56	10345
栗山村	3.3	452	1764	2166.43	743.09	1811.38	10912
森梅村	2.5	422	1465	4213.39	1246.31	2131.87	10724
龙段村	2.1	403	1405	4415.1	1665.39	1958.49	10881
道贯村	4.1	520	1887	2210.19	1401.21	1349.31	10621
珠联村	3.6	483	1628	4315.95	1536.41	2317.16	10975
向阳村	3.1	422	1483	4028.98	1465.02	2451.02	10542
七家坪村	2.4	492	1731	3540.25	817.12	1359.15	10623
五家嘴村	1.7	327	1091	4025.22	1896.23	2293.69	10273
四路村	3.85	431	1417	3200.67	1263.55	1937.12	9951

【“无限风光在顶峰——石鼓·顶峰之旅活动正式启动!”】 3月14日上午11时许，县委副书记周艳希宣布“石鼓·顶峰之旅”正式启动。县委常委、宣传部部长刘耀奇主持启动仪式。县领导胡亚湘、陈卫兵，以及市、县旅游局和石鼓镇相关负责人，近千名游客一同参加启动仪式。此次以“登湘潭西藏、走湘军古道，品非遗文化、赏万亩菜花”为主题的首届“无限风光在顶峰——石鼓·顶峰之旅”活动，吸引五万余名游客前来石鼓踏春旅游，实现旅游收入1000余万元。

【市委书记陈三新到镇精准扶贫调研】 9月7日，湘潭市委书记、市人大常委会主任陈三新到湘潭县石鼓镇铜梁峰村和双河村，开展进村入户访困问需、访贫问计“一进二访”活动。要求因地制宜、顺势而为，切实增强精准扶贫、精准脱贫的针对性和实效性，形成脱贫致富奔小康的内生动力。湘潭市委常委、秘书长陈忠红，副市长杨真平参加调研。

【湘潭县昌山风电项目动工】 12月23日，总投资4.6亿多、年上网电量达9000千瓦时的湘潭县昌山风电项目正式动工。县领导胡亚湘、唐仁光参加动工仪式。 昌山风电项目由湘电集团投资，位于石鼓镇境内。该项目总投资4.67亿元，设计安装22台单机容量2兆瓦的机组，装机规模为44兆瓦，预计年上网电量为9000千瓦时，相应年等效满负荷利用小时为2168小时。经过一年测风检验，昌山平均风速达6米/秒，是长株潭地区为数较少的风力资源丰富的地方。湘电集团置业投资有限公司总经理黄辅贤表示，将迅速着手各种手续办理及征地拆迁工作，在2016年3月雨水减少时正式动土建设，项目建设周期为10个月，预计年底可实现发电。

（李圣权）

青山桥镇

【概况】 青山桥镇位于湖南省湘潭县的西南边陲，北连湘乡市，西与双峰县接壤，南抵衡山县，东邻分水、排头、龙口3乡，距县城70千米.素有“皮鞋之乡”“唢呐艺术之乡”之美誉。2015年，全镇总面积109.37平方千米，镇区面积2.7平方千米，辖26个村1个社区。全镇总人口4.9万人。镇区人口1.9万人。耕地2066.67公顷，林地5666.67公顷，森林覆盖率达68%。

是年，财政总收入3098万元，完成国税290万元，地税240万元。农民人均纯收入13996元。

完成农业总产值4.25亿元。水稻种植全年落实播种面积4039.8公顷。投入资金574.5万元，完成6个村的“五小水利项目”建设、31口高标准骨干塘建设、125处水毁工程恢复，完成标准渠道建设14.53千米、小型河坝改造7座、渠道清淤扫障123千米，完成合心坝的重建及完善工程、小响水潭水库的除险加固工程等重点水利项目建设。青山集中供水工程、晓南集中供水和四境等六村分散供水工程扫尾验收。完成楠竹低改86.67公顷，新造楠竹扩鞭26.67公顷，长防林荒山造林6.67公顷，封山育林6.67公顷，裸露山地造林6.67公顷，坡耕地造林10.33公顷，中幼林抚育间伐10.33公顷。建成市级种苗基地1个，市级封山育林示范基地1处。完成14千米村道绿化，300户庭院绿化，10千米水边绿化，完成10个村的村级森林防火器材标准化建设，培训护林防火员5次。

完成工业总产值12.89亿元。规模企业实现利润3580万元，产销率达99.99%，能耗下降幅度为18%。工业固定资产投资完成7.1亿元。招商引资到位资金5200万元。社会消费品零售总额3.75亿元。小城镇建设逐步成为一座独具特色，以皮鞋产业为支柱产业和农机制造业为主导的综合工贸城镇。

2015年，该镇始终坚持以“富农惠民”为出发点，落实民生实事工程，大力推进社会事业健康发展。完善城乡医疗卫生体系，全镇参合率为96.42%，获得合作医疗报销的9366人次，报销补偿总额达1550余万元。认真做好低保五保审核，审批新增农村低保60户94人、城镇低保2户2人，清退农村低保128人、五保20人。通过“一门式”救助平台，联合社保站、规划站、合管站、医院、学校积极进行就业、住房、医疗、助学等救助，对递交救助申请的对象根据实际情况通过社会化发放的方式给予资金救助。完成新农保收缴16184人，城镇居民医疗保险500人。新增农村劳动力转移就业410人（超额完成10人）、城镇新增就业267（超额完成17人）、下岗失业人员再就业30人、困难对象再就业5人。完成农村危房改造80户、特困户建房3户，分别为“五保”9户、低保17户、贫困残疾2户、其他52户。年内，硬化村组公路17.2千米。切实推进环境卫生整治工作，完善村级环境卫生整治机制，推行垃圾分类处理方式，大力整治水域、路面、房前屋后的垃圾乱丢、乱倒现象，倡导农村居民改厨改厕，全镇环境卫生整治工作被市、县评为先进单位。是年，全镇有学校25所，内含初中4所，小学11所，幼儿园10所，在校学生3592人。

2015年青山桥镇各行政村基本情况

表22

村 名	面积（平方千米）	户数（户）	人口（人）	农村经济总收入（万元）	农村经济总费用（万元）	农村经济净收入（万元）	农民人均纯收入（元）
青山社区	2.7	570	1911	2433.9	1236.9	1197.0	12736.3
高屯村	3.5	577	2116	2463.8	1252.1	1211.7	11643.6
和坪村	4.7	557	1970	2378.4	1208.7	1169.7	24119.1
新阳村	3.5	303	1108	1304.2	657.5	646.7	11677.0
马栏村	2.1	411	1581	1755.0	891.9	863.1	11100.3
龙书村	1.4	288	1097	1229.8	625.0	604.8	11210.2
观元村	2.5	441	1676	1883	957	926	22303.2
富石村	3.1	323	1251	1379.2	700.9	678.3	11024.8
富晓村	2.9	347	1302	1481.7	753.0	728.7	11380.1
三富村	2.9	300	1083	1281.0	651.0	630.0	11828.2
观山村	4.1	381	1443	1626.9	826.8	800.1	11274.2
松柏村	5	482	1795	2058.2	1046	1012.2	23599.3
青山村	1.9	471	1842	2011.2	1022.1	989.1	10918.4
龙舞村	5.2	360	1313	1537.2	781.2	756	23627.1

续表22

村 名	面积（平方千米）	户数（户）	人口（人）	农村经济总收入（万元）	农村经济总费用（万元）	农村经济净收入（万元）	农民人均纯收入（元）
大兴塘村	7.6	533	2008	2275.9	1156.6	1109.3	34103.8
幸福村	4.9	487	1795	2079.5	1056.8	1022.7	23240.7
福门村	6.6	525	2578	2822.4	1434.3	1388.1	22063.6
天塘村	7.6	469	1657	2002.7	1017.8	9849	36263.3
桥头铺村	5.4	622	3843	2656	1349.8	1306.2	22070
高强村	5.6	534	2139	2280.2	1158.8	1121.4	21479.7
新铺村	2.7	488	2001	2083.8	1059.0	1024.8	10413.6
高山村	2.6	540	2291	2305.8	1171.8	1134	10064.6
晓南村	2.2	555	2386	2369.9	1204.4	1165.5	9932.3
上方村	2.4	362	1449	1545.7	785.6	760.1	10667.6
四境村	3.8	262	978	1118.7	568.5	550.2	11439.1
沙河村	3.6	462	1897	1972.7	1002.5	970.2	20807.3
扶冲村	4.1	500	2019	2135	1085	1050	21129.2

【青山皮鞋工业园】 2015年，该镇以皮鞋工业园建设为主战场，按照“加快土地征收、完善基础设施、提升服务效能、突出招商引资、拓宽产品市场、推进综合开发、狠抓安全生产、强化技能培训、加大技改投入、拓展电子商务”的十条工作举措，工业园在运行、建设等方面保持快速发展的良好势头。全年累计生产销售各类皮鞋680万双，安排就业人员3800余人，发放各类工资1.24亿元，实现年产值6.15亿元，新引进各类制鞋企业9家，完成湖南爱丽丝、湘潭志高缘、湘潭东达等6家皮鞋生产线项目建设，新建厂房1.87万平方米，新引进流水生产线8条，实现新增投资1.15亿元。

是年，园区累计投入基础设施建设资金2460万元，完成19万方土方工程，1200米青山大道征地与380米道路硬化；完成2860米下水管网建设，3250立方米挡土墙工程，1800米主干电力架设与6台变压器安装；完成3200平方米绿化与80盏太阳能路灯安装；完成3个水防取水点与1台消防车引进。园区整体基础不断夯实，行业影响逐步彰显。

加大服务企业的力度，不断提升服务企业水平与效果。全年累计帮助企业代办各类手续32件，申报各类项目14个，争取资金85万元，协调处理各类矛盾纠纷186起；组织融信部门对接活动3次，融资650万元。

【“行走天下　耀眼青山”全国皮鞋产品订货会】 7月18—20日，首届青山桥鞋业联盟全国订货会在湘潭县鑫田国际大酒店举办，共有19家企业参展，展出各类皮鞋样品1180种，吸引来自全国各地的1200多名采购商前来采购，累计实现各类皮鞋销售订单240万双，成交金额达1.85亿元。（赵新建）

易俗河镇

【概况】 易俗河镇是湘潭县城关镇，是长株潭“两型社会”综合配套改革试验区核心区。2015年，镇域面积212.408平方千米。其中，城区面积17.3平方千米。辖50个村，13个社区居委会，976个村（居）民小组，全镇常住人口16.54万人。其中，农业人口7.8万人。人口自然增长率7.5‰。

是年，实现财政总收入6354元，财政总支出6354元。上缴国税2171万元，地税3693万元。农村经济总收入19.7亿元；易俗河片区农村集体经济收入720万元，增长12%，梅林片区农村集体经济收入850万元，增长10%；农民人均纯收入15065.4元，增长12%。全年规模企业用电量9921千瓦时，下降36.13%。

完成规模工业企业总产值43.9亿元，完成固定资产投入20.8亿元。以紫竹路、云龙东路、金霞山路等项目为主，全力配合拆迁安置和矛盾纠纷排查稳控工作，大力推进征地拆迁，签订房屋拆迁合同133户、土地协议22份，征收集体土地12.27公顷。编制修改梅林桥中心区域7.6平方千米的控制性详细规划。海棠路提质改造，大鹏中路提质改造工程，富豪阁绿化广场建设，吴家巷休闲广场等工程已全部完成。

完成长防林人工植苗24公顷，封山育林13.33公顷，退耕还林退耕地造林4.13公顷，裸露山地造林20公顷，油茶低改13.33公顷，营造林任务完成率和质量合格率达100%，全年无大的森林火灾发生。投入水利建设资金4980.7万元，完成水利工程1025处。扎实开展动物防疫，春防期间免疫家禽147867羽，免疫生猪61450头，发放猪耳标62445只、羊耳标5500只，出栏生猪18.8万头，出笼家禽34.79万羽。深化环境整治，多次开展专项整治活动，打造赋江村枫树组10户和谷塘村四合组12户农户为“美丽屋场”，成为湘潭县首家授牌的“美丽屋场”，成为环境整治工作的亮点。投资2500万元完成紫荆河二期治理工程，梅林大桥至高桥段3.2千米河堤护坡主体工程及相关配套工程。加强龙畅金谷千亩湘莲基地建设，围绕农产品供给、乡村旅游及农耕文化体验等功能，着力推进农业低碳发展、绿色发展、循环发展。

开展大走访活动，组织170余名镇村干部与县直机关干部一起，开展“千名干部进万户”走访活动，发放《平安你我他，建设靠大家——致全镇人民的一封信》4万余份，走访住户69631万户次、15万人次，整理群众诉求488条，排查化解矛盾纠纷50起。畅通信访渠道，全年共接待上访群众340批425人次，群众来电、来信及网上信访解决率均达到95%，全镇信访总量较上年同期下降30%。

落实“一岗双责，党政同责”，党政负责人带队，分线对学校、敬老院、非煤矿山、建筑工地、危化行业、燃气主管道等行业领域开展安全生产检查474家次，发现一般隐患659起，整改隐患629起，整改率达95%，责令停产整顿企业11家，取缔非法生产经营建设单位2家。开展治超专项整治行动，在辖区内设置9个源头治超驻守点，配备饮水机、被子、反光背心、手电筒、对讲机、停车检查牌及执法记录仪等工作必需，抽调36名干部24小时值班驻守，严厉打击超限超载行为，治超工作成效明显。

是年，全镇有学校48所，内含初中6所，小学12所，幼儿园30所，在校学生12672人。开展冬季优质服务竞赛和夏季优质服务竞赛，易俗河片区、梅林桥片区在县计生工作年度考核评估中，分别取得全县第一、第四的成绩。截止9月底，全镇出生1619人，男孩820人，女孩799人，政策内出生1421人，政策符合率为87.8%，性别比为102.6。期内落实节育措施1250例，结扎152例，上环1098例。落实补救措施399例。成功举办第三届校园文化艺术节、广场舞大赛、欢乐潇湘等文艺活动，选派龙舟队参加湘潭市2015年端午节龙舟竞渡活动。认真开展五保、低保申请受理、上户协调、评议、公示工作，新增城市低保100人，农村低保208人，取消城市低保401人，农村低保157人，“五保”供养对象62名。新增城镇就业人员2405人。申报危房改造项目202户，全部竣工。

组织基层党组织书记开展“联述联评联考”和“两考四评”工作，落实镇村两级党组织书记抓党建工作责任制和党风廉政建设责任制，做好50个村的便民服务站点建设工作。成立易俗河镇党校，组织学习培训6次，培训机关事业单位干部、基层党组织书记、入党积极分子等827人次，新发展党员26人。深化党务、政务公开，主动公开政府信息586条，回复网上在线咨询32条。

是年，易俗河镇获得一类乡镇。易俗河镇农技站被全国农业技术推广服务中心授予“全国五星乡镇农技推广机构”。梅林村被授予“省民主法治示范村”荣誉称号。牛头岭社区被湘潭市打击传销工作联席会议授予“无传销社区”。牛头岭社区、砚井社区被中共湘潭市委统战部授予“市级同心社区”，石梅村被中共湘潭市委统战部授予“市级同心村”。砚井社区被湘潭市残疾人联合会授予“湘潭市残疾人社区康复示范基地”。砚井社区被湘潭市政法委授予“全市政法系统‘三官一律’进社区（村）活动先进工作室”。城塘社区被湖南省民政厅人事（社会工作）处授予“湖南省社会工作示服务示范社区”。城塘社区被中国科协、财政部授予“全国科普示范社区”。

2015年易俗河镇各行政村基本情况

表23

村 名	面积（平方千米）	户数（户）	人口（人）	农村经济总收入（万元）	农村经济总费用（万元）	农村经济净收入（万元）	农民人均纯收入（元）
烟塘村	3.9	850	3100	5694.41	1759.36	3935.05	18369.07
山塘村	3.5	339	1300	2322.19	1036.58	1285.61	17863
金霞村	3.41	492	1704	3207.78	1269.65	1938.13	18825.01
赤湖村	6.49	978	2873	5387.51	2045.23	3342.28	18752.23
八角村	5.76	584	2548	4448.3	1845.65	2602.65	17458.04
上马村	4.08	620	1830	3195.73	1147.46	2048.27	17463.02
青光村	4.15	432	1600	2809.67	1653.25	1156.42	17560.48
水竹村	5.67	793	2738	5054.04	1748.36	3305.68	18458.89

续表23

村 名	面积（平方千米）	户数（户）	人口（人）	农村经济总收入（万元）	农村经济总费用（万元）	农村经济净收入（万元）	农民人均纯收入（元）
京竹村	2.31	615	2271	4711.27	1589.57	3121.7	20745.36
青狮村	3.25	426	1243	2308.5	1078.65	1229.85	18572.06
樟树村	3.46	413	1503	2924.47	1146.71	1777.76	19457.58
赋江村	3.29	392	1520	2465.94	1165.64	1300.3	16223.34
杉荫村	4.56	452	1565	2508	1120.35	1387.65	16025.56
杨溪村	2.31	332	1310	2225.33	1036.98	1188.35	16987.25
河洲村	2.4	324	1397	2383.09	1205.32	1177.77	17058.63
银塘村	2.68	383	1372	2465.82	1184.24	1281.58	17972.48
荷佳村	2.4	320	1140	3856.15	2185.07	1671.08	15126
万利村	4.2	445	1678	3585.35	2005.28	1580.07	15107
联云村	3.1	320	1297	3768.23	2086.1	1682.13	15132
安云村	3	325	1247	3541.22	2298.15	1243.07	15108
千江村	2.8	387	1221	3685.75	2105.32	1580.43	15110
竹山村	4.1	285	1072	3886.66	2085.12	1801.54	15152
金盆洲村	4	325	1212	3535.65	2175.35	1360.3	15004
石壁村	5.4	685	2533	4651.22	2905.68	1745.54	15025
梅市村	4	355	1246	3538.16	2305.37	1232.79	15110
石梅村	5.3	362	1251	3485.66	2320.45	1165.21	15009
黄竹村	6.3	620	2101	4998.25	3886.28	1111.97	15085
京广村	5.2	455	1545	4118.65	3005.11	1113.54	15066
梅林村	6	628	2149	4875.15	2320.13	2555.02	15268
谷塘村	3.3	318	1212	4566.33	2588.02	1978.31	15118
洪塘村	2.5	288	1003	3865.22	2688.36	1176.86	15109
高桥村	3.2	485	1077	3612.25	2485.26	1126.99	15112
谷丰村	5.5	465	1804	3975.45	2852.22	1123.23	15003
宝塔村	6.4	478	1655	4055.21	2938.45	1116.76	15106
友谊村	5.6	450	1474	4185.66	2820.64	1365.02	15085
白云村	8.5	565	2251	4889.87	3745.01	1144.86	15112
飞龙桥村	2.5	366	1371	4298.85	2168.67	2130.18	15190
划香村	3.2	425	1498	3675.24	2552.28	1122.96	15056
新虎村	4.5	498	1814	4025.25	2863.15	1162.1	15042
新湖村	2	382	1378	3966.57	2812.54	1154.03	15105

续表23

村 名	面积（平方千米）	户数（户）	人口（人）	农村经济总收入（万元）	农村经济总费用（万元）	农村经济净收入（万元）	农民人均纯收入（元）
新堤村	3	418	1537	3866.55	2754.38	1112.17	15033
新长村	3.2	415	1404	3628.58	2275.48	1353.1	15078
踏龙村	6	495	1662	4540.85	3110.26	1430.59	15104
合龙村	3	355	1079	4085.04	2688.35	1396.69	15022
城塘村	5	386	1264	3865.65	2375.54	1490.11	15107
王家冲村	3.2	263	923	3665.67	2311.21	1354.46	15109
鹧鸪村	2.3	466	1502	4201.85	2736.54	1465.31	15106
凫塘村	2.5	375	1314	3965.47	2311.28	1654.19	15008
杨柳村	3.2	350	1225	3836.66	2355.47	1481.19	15108
郭家桥村	4	375	1484	4188.2	2112.88	2075.32	15148

2015年易俗河镇社区居委会基本情况

表24

社区名称	面积（平方米）	居民小组数	党员人数	户籍人口数	流动人口数	总人口数	服务用房面积（平方米）	公共活动场所（处）
富豪阁社区	145864	5	63	2983	3886	6869	280	2
吴家巷社区	3713182	3	31	3757	23323	27080	316	1
城塘社区	427713	12	117	5233	2109	7342	300	1
百花社区	785058	9	193	8439	7568	16007	300	0
牛头岭社区	2500000	5	117	6200	4000	10200	260	2
砚井社区	1215321	10	135	6342	6126	12468	300	1
云龙社区	1542447	9	41	3392	9656	13048	980	4
赵家洲社区	1090000	6	35	1420	11780	13200	368.4	0
凤形山社区	972991	8	103	4200	678	4878	500	0
大湖塘社区	1100000	8	8	26	2964	2990	230	1
瓦屋湾社区	820000	4	18	920	10580	11500	228	0
花果山社区	960000	6	62	2765	6948	9713	300	11
晓木塘社区	1180000	3	17	4700	3000	7700	220	1

【梅林桥农贸市场正式启用】 梅林桥农贸市场建设列入湘潭市梅林桥城乡统筹发展示范片16个项目建设任务之一，同时也列入省长杜家毫联系的美丽乡村示范片主要项目建设任务之一，第一期完成交易大棚、露天摊位区、临107国道商居楼、配套设施（包括道路、停车场、排水、厕所垃圾站等）等建设。2015年2月5日，梅林桥镇梅林桥农贸市场正式启用。

【梅林桥美丽乡村示范片建设】 2015年，投资2500万元完成紫荆河二期治理工程，梅林大桥至高桥段3.2千米河堤护坡主体工程及相关配套工程，完成梅林文体广场建设，完成民居改造200户，重点打造梅林山庄葡萄园基地和龙畅金谷千亩湘莲基地。7月18日，梅林桥美丽乡村示范片启动“都市后花园·生态梅林桥”开园仪式和系列文化体育旅游活动，分期举办开园文艺汇演、赏荷游园、文人采风、自行车爬山赛、场地越野车赛、篮球赛等活动，示范片生态资源和旅游资源优势得到充分挖掘和发挥。日均吸引长株潭300名左右游客前来玩赏，外省、市前来参观学习、相互交流的兄弟单位络绎不绝。

【徐守盛调研梅林桥美丽乡村示范片】 8月21日，湖南省委书记、省人大常委会主任徐守盛来到梅林桥美丽乡村示范片调研。省委常委、省人大常委会副主任、省委秘书长韩永文，市、县领导陈三新、胡伟林、陈忠红、谢振华、傅国平等一同参加调研。与梅林村村支部书记座谈，了解村上党组织建设、农民收入及困难村民救助的情况。徐守盛指出，带领广大群众实现共同富裕是共产党的最终目标，也是党员干部应尽的责任。村里的贫困户子，他们有的是因病、有的是因残、有的是因灾而致贫，作为村里的支部书记，要充分发挥党员的传帮带作用，每家每户分情况进行帮扶，带领广大村民达到共同富裕的目的。要求村支部，要经常开展党员活动，保证每一个党员都过上组织生活。

【陈三新与基层党员干部、群众代表座谈】 10月13日，市委书记、市人大常委会主任陈三新到梅林桥片区与基层党员干部、群众代表座谈交流，飞龙桥、王家冲、城塘等村的16名党员干部、群众代表，分别围绕“三严三实”主题教育、美丽乡村示范片建设及离任、在任村干部待遇等方面提出意见和建议。当天，陈三新一行还到易俗河片区云龙社区走访，并就党组织活动开展、党风廉政建设等提出要求。

【原易俗河镇与原梅林桥镇合并成立新易俗河镇】 根据《湘潭县乡镇区划调整改革工作方案》，撤销梅林桥镇、易俗河镇，合并设立新的易俗河镇。人口23.3万人，面积212.4平方千米。辖易俗河一、易俗河二、易俗河三、梅林桥、麦子石、郭家桥、白云等7个管区，13个社区居民委员会，50个村民委员会。2015年12月6日，新易俗河镇挂牌成立。镇政府驻原易俗河镇政府驻地。 （董 旦 刘 静）

谭家山镇

【概况】 谭家山镇位于湘潭县中南部，距县城15千米，南与中路铺镇、西与射埠镇、北与梅林桥镇接壤，东与株洲县古岳峰、雷打石镇毗邻，总面积100.45平方千米。镇区辖25个村、3个社区，全镇总户数16501户，总人口50335人。其中，农业人口3.86万。人口自然增长率1.65‰。全镇耕地面积2556.93公顷。其中，水田2395.3公顷，旱土161.6公顷。山林面积5306.67公顷，山塘1690口。境内107国道、313省道、武广高铁从中穿越，交通十分便利。

2015年，实现工农业总产值10.24亿元。财政总收入4377万元，财政总支出4377万元。上缴国税604万元、地税324万元，下降42%。农村经济总收入3.8亿元。农村集体经济收入1393.3万元。农民人均纯收入11472元，约增长2元。

实现招商引资到位资金4790万元。林之神游乐场、伍子醉槟榔加工分厂等项目在谈，腾庆煤业、件万建材等项目在建，林泉山农林科技，万发食品等公司续投。完成规模工业总产值6.1亿元，完成固定资产投资1.9亿元，完成技改投入1.9亿元。

投入水利建设资金1200万元，动工水利工程586处，完工520处。6个单村集中供水工程和谭家山镇集中集水工程第四期扩网工程全部完工，新增解决约4000人的饮水安全问题；投入资金120万元，启动朝连等4座小二型水库除险保安工程，全镇7座小二型水库除险保安任务全部完成。15个村16个移民后扶项目已全部完工，投入资金约400万元。完成农村公路硬化12千米。累计投入180多万元深入推进农村环境综合整治工作，打造4个“秀美村庄”、24个“美丽屋场”。

实现农业总产值3.8亿元。农作物播种面积6823.3公顷。其中，粮食播种面积523.2公顷，粮食总产量3.6万吨。全镇各村免费发放早晚稻种子37吨，向14个重金属污染耕地修复治理村发放石灰1230吨。新增插秧机具6台，机插秧面积达708.67公顷。养殖专业大户由15户增加到37户。开展食品专项行动10次。完成植树造林10.12万株。新增专业合作社4家，家庭农场2家。土地确权全面铺开，全镇开展农村土地承包经营权确权登记入户调查等前期准备工作。

是年，全镇发放平安宣传资料和群众工作名片6.3万余份，验收贴牌“平安家庭”1.7万余户，群众工作站接待群众来访1055批次，协调解决各类矛盾426余起，共破获各类刑事案件84起，查处治安案件121起，民调工作排名全市第22名、全县第9名。全年摸排洗铁、洗砂、采石、炼油企业30家，开展执法检查60余次，关闭非法企业4家。

重点民生实事工作全部完成。农村危房改造完成132户。发放优抚、五保、城乡低保、残疾、特困户等各类社会保障资金228.29万余元。发放农机购置、“五保”户分散供养、危房改造、农村低保等9种补贴资金229.95万元。年内参合群众37925人，缴筹新农合基金180多万元，群众享受住院补偿金额1266万余元。新农保缴纳保费87.8万元。推进分路口社区创建工作，成立筹建工作领导小组，完成居民摸底、建册、办公场所选址及前期建设等工作。投入60多万元硬化S313至卫生院的道路。投入40万元新建镇区文化广场，占地面积1200平方米。投入40多万元改造镇区排水，投入近30万元，镇政府院外前坪铺设沥青。年内，拆除户外违章建筑牌230个，开展治超联合执法4次。基本完成湘潭县精神卫生服务中心项目建设，投资450万元。夯实计生基层基础，强化计生政策宣传，加大利益导向机制投入，出生461人，出生率9.15‰，符合政策生育率84.38%，出生性别比111，全面完成上级下达的各项指标任务。是年，全镇有学校24所，内含初中2所，小学10所，幼儿园12所，在校学生2625人。投入96万元完善镇内12所中小学综合楼等学校基础设施建设。投入约10万元在坪塘等7个村建立村级文体活动场所。全年输送新兵28人。

2015年，成立党建工作站，配备专职组织员，完善党建工作考核细则，实行党建月工作例会和书记公开述职制度，撤并新源煤矿等5个空壳非公企业党支部，新成立卫生院党支部，完成机关事业单位、非公支部换届选举工作，3个软弱涣散党组织全部实现晋位升级，紫竹等3个村支部顺利完成支委补选。成立镇党校，开展培训9次，授课19场，培训党员1530人次，举办农村党员干部培训班4期，受训800余人次。发展预备党员20名，转正14名。加强大学生村官和村党支部第一书记的日常管理。选拔培养村级后备干部162名。全镇1825名党员档案清理归档并通过县档案局检查验收，党费收缴足额及时。创建9个基层党建示范点，完成10个无集体经济收入村清零任务。积极开展“一进二访”“两考四评”等主题活动，签订减贫责任书，建立扶贫对象进出管理机制，年内有1798名贫困人口建档立卡，脱贫人员465名。扎实履行党风廉政建设“两个责任”，成立25个村务监督委员会，落实中层干部和村干部任前谈话和离任财务审计制度，严肃查处基层党员干部不正之风和违法违纪行为。开展督查活动28次，印发督查通报6期，通报批评单位3个，诫勉谈话15人，立案4起，配合县纪委立案1起，结案4起，收缴违纪资金210万元，挽回群众损失10余万元。

【矿区治理】 镇人民政府积极争资争项，推进矿区综合治理。完成矿区山塘水渠整修项目建设40余处，完成矿区损毁道路修复硬化8千米。投入200多万元垦复坪塘、紫竹、长塘等3个村近100公顷土地，矿区种植蚕桑、油茶苗、珍稀苗木、珍稀药材、棉花种植等非粮食作物共计220公顷，矿区油菜耕种面积达到133.33公顷。稳步推进矿区人畜饮水自来水安装工程，政府筹资100万元基本完成长岭煤矿周边自来水主管道铺设，新安装自来水用户150户。重建石坝口水库至泉坝沿线15千米的水渠。投入资金15万元在镇区分路口安置小区新安装太阳能路灯31盏。启动全程约2.5千米的Y195镇道提质改造建设项目。

【千亩桑树“落户”矿区村】 在煤炭产业不景气，煤矿相继关闭的大背景下，谭家山镇在矿区及其周边村如榜塘、坪塘、紫竹、竹霞等村引进蚕桑项目166.67公顷。千亩桑树“落户”谭家山镇，可从一定程度上缓解矿区村无水种田的问题，同时避免干涸农田荒废，并逐步调优镇域内农业结构。项目可安排劳动力就业200多人，缓解矿区部分群众的就业压力。

【杨梅基地开园】 6月上旬，杨梅成熟，谭家山镇杨梅基地正式开园。谭家山镇杨梅基地位于谭家山镇石坝口水库四页坳山上，总面积32公顷，有杨梅树14400株。杨梅的成熟期为6月上旬，一般20天左右结束。该基地的杨梅因个大、肉嫩、质甜和绿色无公害等特点，吸引周边县市的顾客争相采购。

【老屋煤矿关闭】 8月19日，湘潭县谭家山镇老屋煤矿正式完成矿井封闭，这标志着谭家山镇最后一个小煤矿关闭，小煤矿开采退出历史舞台。

【农村土地承包经营权确权登记工作全面铺开】 11月13日，谭家山镇召开农村土地承包经营权确权登记颁证工作领导小组全体会议，研究布署土地确权登记颁证工作。全镇农村土地承包经营权确权登记入户调查等前期准备工作全面开展。

（史添伍）

2015年谭家山镇各行政村基本情况

表25

村名	面积（平方千米）	户数（户）	人口	农村经济总收入（万元）	农村经济总费用（万元）	农村经济净收入（万元）	农民人均纯收入（元）
高山村	2.2	299	1118	9614.8	7714.2	1900.6	11180
茶金村	2.8	532	1925	16555	13282.5	3272.5	11250
泉丰村	3.5	463	1724	14826.4	11895.6	2930.8	11240
肖冲村	3.2	351	1357	11670.2	9363.3	2306.9	11570
响垅村	3.2	309	1098	9442.8	7576.2	1866.6	11980
茅亭村	4.5	465	1721	14800.6	11874.9	2925.7	11210
榜塘村	2.3	337	1150	9890	7935	1955	11500
紫竹村	5.6	614	2593	22299.8	17891.7	4408.1	11930
长塘村	2.4	344	1258	10818.8	8680.2	2138.6	11580
坪塘村	3	417	1522	13089.2	10501.8	2587.4	11220

续表25

村 名	面积（平方千米）	户数（户）	人口	农村经济总收入（万元）	农村经济总费用（万元）	农村经济净收入（万元）	农民人均纯收入（元）
铁炉村	3.7	385	1383	11893.8	9542.7	2351.1	11830
竹霞村	3.2	351	1268	10904.8	8749.2	2155.6	11680
长岭村	4.5	709	2529	21749.4	17450.1	4299.3	11290
棠霞村	5.6	941	3143	27029.8	21686.7	5343.1	11430
南泉村	5.3	517	1957	16830.2	13503.3	3326.9	11570
新泉村	4.7	521	1980	17028	13662	3366	11800
高塘村	3.2	344	1242	10681.2	8569.8	2111.4	11420
石洪村	3.8	337	1135	9761	7831.5	1929.5	11350
月塘村	4.6	461	1751	15058.6	12081.9	2976.7	11510
仙鹅村	3.8	408	1477	12702.2	10191.3	2510.9	11770
花门村	3.4	359	1393	11979.8	9611.7	2368.1	11930
陈家垅村	4	427	1618	13914.8	11164.2	2750.6	11180
石坝口村	5.8	428	1602	13777.2	11053.8	2723.4	11020
荷叶坝村	4.3	374	1300	11180	8970	2210	11000
石龙村	5.7	414	1442	12401.2	9949.8	2451.4	11420

中路铺镇

【概况】 中路铺镇因位于长沙至衡阳十八铺的中点而得名，辖区总面积183.6平方千米。2015年，镇辖34个行政村和1个社区居民委员会，595个村民小组，总人口6.2万人。全镇有基层党支部59个，党员2417名。耕地面积3919公顷，城镇区面积2.55平方千米，城镇人口2.2万人，含非农业人口4000人，城镇化水平37.8%，流动人口日平均6000人。镇区形成两纵五横的街道，有各类店铺1180个，中型超市5家，大型连锁药店1家，综合性农贸市场1个，菜食品专业市场1个。中路铺镇区域交通优势明显，107国道贯穿全镇南北，中碧公路连接株洲，韶井公路途经全镇20多个村，通往射埠、石潭、楠竹山，直达韶山。

2015年，完成财税收入1135万元，国税701万元，地税434万元。完成规模工业总产值23850万元，规模工业企业税收216万元。实现固定资产投资29253万元，投入技改资金28253万元，规模工业综合能耗下降20%。流转耕地18837公顷，30公顷以上种粮大户达246户，湘莲种植面积连片增加，达到4000公顷以上，新增中南蔬菜基地一个。落实冬种油菜连片种植4000公顷，辐射面积万余公顷，油菜种植大户6户。以107国道、韶井公路沿线为重点，打造1500公顷油菜观光带和以美丽乡村竹冲村为主的1500公顷油菜示范片。春秋两季动物防疫达标率100%，100头以上规模养殖户达56户。推广插秧机10台，机插秧面积14100公顷，购机补贴资金合计37.625万元。完成长防林造林1220公顷，裸露山地造林2200公顷，油茶新造林360公顷，森林抚育2000公顷。

是年，全镇有学校26所，内含初中2所，小学6所，幼儿园16所，在校学生3778人。在“省级卫生乡镇”建设过程中，努力植入美丽项目，将美丽、健康的理念贯穿其中，以美丽、健康的理念转变引领村民生活方式的转变，提升村民的生活质量。通过“省级卫生乡镇”创建验收，荣获“省级卫生乡镇”称号。竹冲村、响鼓村荣获“湖南省卫生村”称号，卫星村等7个村（社区）获得“市级卫生村”称号。

项目引领推进城乡一体发展。新修村级道路12千米。投入移民后扶资金508万元，涉及项目50处。总投资462.91万元的枧桥集市人饮工程已完工。荷塘中学人饮安全工程已完工。争取20万元资金修复重点水毁工程已基本完工。投入120多万元资金，修复治理重金属耕地2005公顷。总投资103万元的四个小II型水库除险加固工程已开始动工建设。新建槟榔加工厂3家，湘潭晓霞鞋业公司投资1500万元续投原宏信鞋业有限公司，已顺利开工。

完成镇区2.9平方千米的控制性详细规划，集镇商业区、住宅区、工业区等布局合理。新成立城镇执法中队，妥善处理历史遗留问题，对镇区涉及150余户50000多平方米的建筑面积进行登记造册，违法建设得到有效遏制。

农村垃圾分类处理工作全面推进，29个村实行垃圾分类处理，中路铺镇竹冲村、大湾桥村入选湘潭县首批秀美村庄，其中竹冲村、柱塘村已通过湘潭县整治办的“美丽屋场”验收挂牌。完成“三边”绿化7千米。对107国道两旁进行绿化补植和水渠清淤，竹篱笆进庭院工作正式启动，柱塘段集中组样板工程已经完成。

投入8万元用于中心敬老院和柱塘敬老院的电路改造，中路铺敬老院新建宿舍楼投入使用。全面落实危房改造项目65户。新增五保对象7户，取消12户；新增低保户37户新增55人，取消208人。城乡临时救助210户，发放临时医疗救助资金共61600元。走访慰问优抚对象576户，发放慰问款80500元。农村劳动力新增转移就业627人，举办1期微商培训班、1期酒店管理培训班和1场大中型“春风行动”招聘会，扶持返乡（自主）创业5家，扶持离校未就业高校毕业生就业创业55人，拥有湘潭县第一批农村淘宝项目4个。2015年，全乡共出生婴儿729人，其中政策内出生595人；计划生育率为83.7%。全年共完成优生遗传监测313对，新增奖扶人数25人，落实有男户结扎123例、纯女户25例，流引产197例，上环522例。完成6个村的农民体育健身工程。完成中路铺药糖非遗申报工作。

2015年，对非煤矿山、危险化学品、工贸企业和烟花鞭炮经营户开展执法检查，共立案3起（安监），处罚生产经营单位2家及烟花鞭炮经营户1家，关闭液化气零售点1个，关闭消防安全条件不达标的家具企业1家，假发厂1家，停业整顿网吧5家。查处交通违法行为400余起，处理危化品运输车辆3台次，查处违法校车6台次。年内无新增上访人员，信访案件办结率为95%。进京非访2次,总量明显下降，发现和劝返23批次36人预备进京非访人员，化解一批遗留多年的信访问题。

2015年中路铺镇各行政村基本情况

表26

村名	总面积（平方千米）	户数（户）	人口（人）	农村经济总收入（万元）	农村经济总费用（万元）	农村经济净收入（万元）	农民人均纯收入（元）
竹冲村	8.6	876	3031	7944	3315	4629	16856
柳桥村	9.3	1090	3557	9362	4098	5264	16893
贺塘村	4.2	375	1440	3987	1568	2419	16435
柱塘村	4.1	435	1545	4394	1755	2639	16614
南冲村	4.7	360	1760	4777	2025	2752	16344
凤形山村	6	519	2007	5340	2119	3221	16324
茅塘村	5.9	485	1981	5328	2263	3065	16234
金银村	7.1	626	2406	6322	2686	3636	16643
杨家湾村	5.3	501	1887	4936	1850	3086	16667
潭湖村	3.2	346	1269	3694	1582	2112	16252
双云村	3.8	320	1222	3551	1512	2039	16443
碧云村	4.5	486	1896	4986	1891	3095	16599
双江坝村	3.1	382	1455	4285	1750	2535	16682
中路铺村	3.4	483	1738	4688	1730	2958	16878
荷塘村	6.4	600	2331	6155	2633	3522	16454
天螺村	5.8	618	2318	5941	2456	3485	16564
石狮村	4.6	498	1980	5276	2259	3017	16648
佛祖村	3.01	266	1064	3029	1290	1739	16334
拗柴村	4.6	416	1580	4001	1266	2735	16488

续表26

村名	总面积（平方千米）	户数（户）	人口（人）	农村经济总收入（万元）	农村经济总费用（万元）	农村经济净收入（万元）	农民人均纯收入（元）
水口桥村	3.2	348	1247	3548	1389	2159	16578
上田冲村	4.2	400	1335	3701	1456	2245	16502
响鼓村	2.4	268	1018	2864	1098	1766	16599
太坪村	4	420	1640	4265	1597	2668	16611
银泉村	3.5	302	1083	3061	1205	1856	16615
金石村	10	430	1650	4178	1689	2489	16612
卫星村	7.8	461	1794	4864	1997	2867	16615
蛇形村	4	338	1303	3705	1428	2277	16576
菱角村	8.7	389	1819	4831	1913	2918	16519
群力村	7.9	567	2288	5658	2179	3479	16647
永红村	6	428	1615	4440	1787	2653	16645
大湾桥村	3.8	288	1076	3050	1087	1963	16565
枧桥村	3.3	389	1530	4138	1659	2479	16695
中南村	6.8	462	1621	4095	1813	2282	16637
桃树村	5.34	348	1381	3650	1569	2081	16686
凤形社区	2.55	1510	4390	14254	4539	9715	16896

【社区论坛暨“四中全会精神进基层”百姓微宣讲活动】　5月28日，湘潭县第十七届社区论坛暨“四中全会精神进基层”百姓微宣讲活动走进中路铺镇凤形社区，为当地社区百姓送上一份“精神粮食”。活动邀请彭德怀纪念馆、县法院、司法局工作人员作为宣讲人，通过围绕“四个全面”的背景、依法治国的关系、健全宪法实施和监督制度、加快建设法治政府、提高司法援助等重要问题，以事故案例解析，宣讲法制莲乡建设现状、成就及湘潭县贯彻落实四中全会精神的举措。

【开展“十佳优秀共产党员”先进事迹专题报告】　6月29日，中路铺镇举行庆祝中国共产党成立94周年暨“七一”表彰大会，全体机关党员和所有支部书记一同认真听取马述初、罗顺清、齐铿等一批“十佳优秀共产党员”的先进事迹专题报告。

通过推荐、初审、考察、终审等层层甄选，十佳优秀共产党员从百余名候选人中脱颖而出，他们在各自岗位上践行着共产党员的誓言，实现着一个普通共产党员的光辉理想。表彰大会向全镇共产党员发出“我是党员，向我看齐，从我做起”的号召，号召全镇党员从自己做起，从现在做起，从小事做起，从身边事做起，从力所能及的事做起，时刻发挥党员先锋模范作用，让党性在奉献中闪光，让党旗在奋进中飘扬，让2000多名党员汇聚的正能量成为推动中路铺镇经济社会又好又快发展的强大力量和坚强保障。

【人饮工程枧桥水厂顺利开工】　7月17日上午，在进行简单的开工仪式后，中路铺镇惠及9000余人的枧桥水厂破土动工。该工程总投资462.91万元，供水规模1000立方米/日，供水等级为Ⅳ级，包括：取水工程、输水工程、净水工程、配水工程四部分。将重点解决中路铺镇枧桥集市、枧桥村、中南村、大湾桥村、永红村、石潭坝中学、石潭坝中心小学共计9606人的饮水安全问题，是政府顺应民心，推进为民办实事的又一重要举措。

【20兆瓦P光伏电站项目正式落户中路铺】　10月21日，中电投湖南娄底新能源有限公司与中路铺镇政府签订20兆瓦P光伏电站项目土地租赁协议书，这标志着光伏发电项目正式落户中路铺镇。20MVP的光伏电站年均预计发电量为2426.84万千瓦时，同燃煤火电站相比，能够节约标煤202034.83吨。该项目洽谈之初，中路铺镇政府主动介入，提出利用中路铺水库库区滩涂地块用于电站建设，并及时协调村组关系，帮助解决土地方面的问题，为项目建设提供良好的周边环境。

【省林业厅到县调研】　7月31日，由省林业厅厅长黄旭国、省林科院黄晓明、市林业局副局长陈伟组成的考察队到中路铺镇开展林业综合调研工作，实地调查造林大户、合作社、林业企业，全面掌握解林业的发展情况，并对应用林地测土配方系统给予高度评价。

【敬老院改扩建项目竣工】 2月12日，中路铺镇敬老院改扩建项目顺利通过竣工验收。该项目是2014年度省实事工程重点项目，项目兴建一栋三层近1600平方米的钢混结构大楼，共有房间31间，床位62个，总投资为200多万元。 (许心星)

白石镇

【概况】 白石镇地处湘潭县东南部,毗邻株洲县、衡山县、衡东县，距湘潭市48千米，近瞰湘江，远眺南岳，属于长株潭衡的“金三角”，有南岳七十二峰之一晓霞山，有世界文化名人齐白石故居和台湾地区领导人马英九的祖籍地，境内武广高速铁路、107国道贯穿全境，青山绿水，有得天独厚的自然生态环境。2015年，镇域面积100.4平方千米，辖23个行政村，1个居委会，331个村民小组，9402户，总人口4.01万人。其中，农业人口37791人。耕地2617.8公顷。其中，水田2351.1公顷，旱地266.7公顷。林业用地5680公顷。

是年，财政总收2112.65万元；财政总支出2103.47万元。上缴国税238万元，地税地税615万元。农村经济总收入67.75亿元，增长10%。农村集体经济收入88.18万元，增长1%。农民人均纯收入14091，增长9%。年末银行存款余额45445万元，增长28%。全年规模企业用电量40万千瓦时，下降15%。

完成工业总产值35373万元，工业企业实现利润4100万元。技术改造投入2.05亿元，能耗下降18.5%。实现固定资产投入3.1亿元。湘潭盛华塑业有限公司成功申报为2015年中、小企业扶持生产项目企业，湘潭县宇诚电子有限公司成功申报为2015年规模企业奖励扶持企业、2016年自愿性清洁生产计划企业；湘潭市保温防腐安装公司系国家一级企业，2015年纳税额居中路铺地区首位。成功引进外来投资项目3个,其中水口电子厂预计2016年初开工生产。宇诚电子续投资金600万元，盛华塑业续投320万元，湘潭市方圆情食品有限公司续投160万元扩大再生产规模。累计合同投资额4000万元。

实现农林畜牧渔总产值36416.95万元，同比增长3%。农作物播种面积1590公顷，共落实水稻播种面积47200公顷，旱粮面积4920公顷，粮食总产26855吨。其中，水稻总产量24149吨。发展优质稻33570公顷，超级杂交稻13040公顷。发展30公顷以上种粮大户共145户。走“企业+基地+农户”的新型操作模式，与湘潭市聚宝米业公司签订合同3.3万公顷进行订单生产保证收购价格，每公顷可为农民增收约150元。实现土地流转1.41万公顷。推进农业耕作机械化，推广插秧机6台，机插秧面积15800公顷。继续稳固双新村200公顷寸三莲基地，同时加大对“洗白莲”等违法行为的专项打击力度，全力维护湘莲市场秩序。杏花村建立400公顷的油菜示范基地，白石村建立1000公顷的绿肥示范基地。完成裸露山脊造林1000公顷，长防林造林300公顷，象天村楠竹低改1000公顷，抚育间伐2800公顷，油茶抚育400公顷，新湖大道“三边绿化”工程8千米。杏花村被设为湘潭县义务植树基地，全镇完成义务植树12.5万株。继续做好国家储备林基地安定林场的保障与建设工作。有养殖户数4196户，其中存栏生猪300头以上的养猪大户18户，共存栏生猪21357头。象天、金虎、永安、黄毛、湘河等村的个体户特种养殖均取得较好效益。动物防疫、湘江退养整改、禽畜安全监管等工作全面到位，动物防疫密度达到100%全覆盖，无一例疫情扩散、人员感染现象。镇内专业合作社总数达28家，其中新成立1家，家庭农场总数达到8家，新增6家，逐步实现农业经营主体由家庭为主向种养大户、家庭农场、专业合作社等新型经营为主的转变。

全镇有学校15所，内含初中2所，小学2所，幼儿园8所，在校学生2485人。全面发展文化旅游产业，完善齐白石故居周边建设规划，基本完成故居周边7栋民居的“穿衣戴帽”工程在故居附近争取湘潭县植树基地立项，完成故居杨梅园建设。齐白石中学被湘潭县文学艺术界联合会设立为书法美术教学基地，成立齐白石书画班。开展齐白石故居国家AAA景区、杏花村传统村落申报等项目建设，编制完成以文化旅游为特色的2015年度白石镇招商推广书，广泛与白石镇在外文化名家联系交流，挖掘白石故里的文化旅游潜力；着力启动齐白石故居—故居环线—潭口示范片环线—寺门前义渡旅游线路建设，扩大旅游资源集成优势，提升景观观赏价值。

全面完成“十三五”水利建设计划申报”，投入450万元启动双龙城镇自来水取水工程。2015—2016年度冬修水利建设共投入1300余万元，完成各类工程300处。争取“五小水利”项目村8个。争取移民后扶项目16个，投入101万元。投入资金45万元改建镇区排污管线。争取公路建设指标，修建村级道路8千米，投入40多万元对村组公路保养维护。提出筹建镇区污水处理厂的项目申报。农网改造新增或增容配变累计10个台区。积极开展供电线路消缺和安全隐患排查，完成高低压线路消缺累计296次。白石村投入40万元建设完善村级活动中心，并正式投入使用。湘河村硬化潭湘堤路面1.4千米。潭口新农村示范片建设大力推进，修订环线绿化、亮化实施规划，完成12.1千米环形道路的全面拓宽和提质改造，硬化潭口村潭湘堤堤面公路2千米。按湘潭市委组织部标准图纸新建深溪村村部。

加强综治维稳工作。恢复白石派出所，配齐配强警力。突出对矛盾纠纷的排查和化（缓）解，构建好综治维稳防线，开展好三官一律进社区、法制宣传等活动，健全和完善治安防范体系，年内排查矛盾纠纷68起，成功调处68起。扎实开展群众工作，大力推进全体镇村干部“大走访”，答复群众提出问题286个，实现非法赴京上访“零发生”，各特护期平稳度过。下达执法检查文书25份，对非法充装等行为坚决打击；全面开展土地动态巡查100多次，查处土地违法行为4宗，下达“责令停止土地违法行为通知书”6宗，发放到户明白卡5份。竖立警示标牌5块，认真做好地质灾害预防、预警、预报工作，严格宅基地审核报批，做到“选址、放线、验收”三到场，全年农村居民建房申请55宗，完成危房改造107户，对存在严重安全隐患的在建项目共下达停建通知书25份。严格落实安全生产“党政同责、一岗双责”制度，组织开展寺门前码头非法客运打击行动、二期在建房屋高压线隐患排除、金泰老加油站油管拆除、废旧烟囱爆破拆除、非法加油站取缔、残留化工产品处理等一系列专项整治行动，积极开展各类安全执法检查，创建安全生产示范村10个。搞好治超限载专项整治行动，杜绝源头超载违法行为。

投入农村环境整治经费139.5万元，完善镇、村、组三级一体的网格化管理机制。重点整治镇内107国道、白马线及其他主要公路和湘江、朝阳渠主支渠公共区域。大力推进“美丽乡村”建设，象天村以环境优美、村容整洁被评选为2015年度湘潭市环境卫生先进村，尹家冲村积极推进两个“美丽屋场”建设。清理集镇区经营户的“六乱”现象，重点整治镇内2个马路市场，拆除户外广告牌180多块，清除牛皮癣约1000多处。投入10万元改造白石镇区垃圾中转站，设立11个垃圾分类处理试点村，新建7个垃圾回收站。

完成农村劳动力转移就业386人，城镇就业51人，失业人员实现再就业10人，扶助就业困难对象实现再就业2人，成功举办“春风行动”现场招聘会一场，扶持自主创业5人。新农保参保缴费14314人，完成参保缴费任务的95.4%。新农合参合人数达35648人，总参合率达96.8%，参合农户累计补偿19075人次，补偿金额达1501.2万元，参合农民受益面达50.68%。

严格开展低、五保年审程序，年内新增低保113人，清退148人，新增“五保”11人，减少2人。临时医疗救助689人次，救助金额达11万余元。支持资金4万余元，收养流浪乞讨人员29人次，组织护送重度精神病患者5人。做好灾民紧急转移安置工作，提供支持扶助资金18万余元，帮助灾后重建6户、维修房屋20余户。完成乡镇敬老院改扩建第二期工作，新增养老服务床位60张。12项为民办实事任务全部完成。以省级贫困村湖田村为重点，精准扶贫工作全面启动，强势推进。

设有农村书屋26个、文化活动室23个，实行免费开放。发展文艺队伍12支，业余文艺人员800余人，舞蹈《茉莉花》被选送参加“欢乐潇湘、幸福湘潭”市级决赛，非物质文化遗产胡秀英剪纸作品被选送参加2015年湖南省（韶山）非物质遗产艺术节，并由湘潭市博物馆收藏。在深溪村成立白石示范片侨联小组，是湘潭县、也是湘潭市首家农村地区侨联小组。

年内出生494人，政策内出生403人，政策外出生91人，符合政策生育率81.58%，多孩率4.25%，性别比119.56。

是年，白石镇党委辖5个党总支，42个党支部。其中，农业党支部23个，机关事业党支部15个，非公有制企业党支部4个。有党员1280名。其中，农村党员1079名。整顿软弱涣散党组织2个，在深溪等4个村党支部和计生党支部创建党建示范点。完成黄毛等8个村的集体经济清零任务，尹家冲、潭口2个村的村级集体经济收入达到6万元以上。扎实开展“双联共建”“支部联村、党员联户”“一进两访”等结对帮扶活动，各机关党支部到村开展共建活动50余次，帮扶慰问困难群众150余户。发展新党员17名。成立白石镇党校，开办各类教育培训14期，参训人数1000余人次。

年内，组织党风廉政建设专题学习5次，开展作风督查34次，印发作风建设专项督查通报12期，镇村干部遵纪廉政谈话169人（次），通报批评违反工作纪律或财经纪律镇村干部27人（次），诫勉谈话1人（次），党内警告处分1人，全镇未出现一起因镇村干部纪律作风问题引发的群众上访。

2015年白石镇各行政村基本情况

表27

村 名	面积（平方千米）	户数（户）	人口（人）	农村经济总收入（万元）	农村经济总费用（万元）	农村经济净收入（万元）	农民人均纯收入（元）
昭公村	3.2	426	1593	4023.78	1777.01	2246.77	14104
金虎村	7.6	594	2232	5308.14	2266.38	3041.76	13628
永安村	3.7	380	1450	3589.12	1529.97	2059.15	14201
双龙村	7.4	584	2378	5809.21	2438.39	3370.82	14175
潭口村	7	636	2536	6124.31	2565.03	3559.28	14035
湘河村	3.1	306	1380	2936.87	1002.52	1934.35	14017
团山村	2.5	192	812	1915.54	787.67	1127.87	13890

续表27

村 名	面积（平方千米）	户数（户）	人口（人）	农村经济总收入（万元）	农村经济总费用（万元）	农村经济净收入（万元）	农民人均纯收入（元）
黄毛村	7.6	512	2096	5234.51	2256.51	2978	14208
友爱村	7.8	528	2056	4925.24	2143.06	2782.18	13532
湖田村	2.6	320	1258	3106.45	1313.93	1792.52	14249
烟墩村	5.3	526	2078	5298.62	2358.87	2939.75	14147
堰湖村	3	476	2048	5116.23	2247.19	2869.04	14009
深溪村	2.8	358	1427	3425.25	1447	1978.25	13863
尹家冲村	2.5	332	1385	3529.78	1555.05	1974.73	14258
广桥村	9.8	284	1106	2869.18	1283.07	1586.11	14341
莲花村	3.8	232	934	2306.19	968.42	1337.77	14323
白石村	6.7	536	2137	5345.64	2337.17	3008.47	14078
水口村	7.8	420	1608	3889.67	1612.9	2276.77	14159
田桥村	2.1	278	1123	2756.32	1181.87	1574.45	14020
双新村	4.7	532	2049	4989.12	2163.56	2925.56	14278
杏花村	1.2	250	948	2469.67	1114.98	1354.69	14290
象天村	3.5	350	1502	3807.45	1670.85	2136.6	14225
谭家垅村	2	318	1298	3187.24	1361.73	1825.51	14064

【湖南工程学院赴白石镇开展“三下乡”社会实践活动】 7月13日，湖南工程学院赴白石镇“三下乡”社会实践活动正式启动。启动仪式上，志愿者们向结对帮扶的13名留守儿童捐助学习用品，并为孩子们带来一场“传承中华美，弘扬爱国情”主题文艺演出。仪式结束后，由湖南工程学院大学生组成的“留爱相伴，守梦相助”关爱留守儿童志愿服务团，在白石镇开展为期5天的志愿服务活动。

【白石镇开展“洗白莲”专项整治行动】 10月19日，白石镇食品药品安全监督管理办公室联合湘潭县质监局、中路铺工商所、中路铺派出所对全镇辖区内19家白莲加工作坊开展突击检查，彻查“洗白莲”违法行为，拆除“洗白莲”浸泡、烘焙场所6处，收缴双氧水60余桶，氢氧化钠12.5袋。

【湘潭县首家侨联小组在白石镇成立】 11月10日，白石示范片侨联小组成立大会在白石镇深溪村举行，湘潭市旅游外事侨务港澳局、湘潭市及湘潭县侨联相关负责人和来自白石镇的12名侨眷、侨属、港澳台眷属参加成立大会。湘潭县侨联主席宣读同意成立白石示范片侨联小组的批复，选举产生侨联小组组长和侨联小组秘书长。

【齐白石中学书法美术教学基地成立】 12月10日，由湘潭县委宣传部、湘潭县文联牵头，白石镇党委政府、白石镇文联、齐白石中学承办，县内外10余位书画名家相聚齐白石中学，举行“湘潭县文学艺术界联合会齐白石中学书法美术教学基地”成立暨“齐白石书画班”开班仪式。 （李勇毅）

茶恩寺镇

【概况】 茶恩寺镇位于湘潭县南端，东临湘江，与衡东县隔江相望，南与衡山县交界，西与龙口乡、花石镇接壤，西北与中路铺镇毗邻，北与白石镇相连。2015年，全镇总面积137.21平方千米，辖27个村，1个居委会，374个村民小组、2个居民小组，总户数11653户，总人口49189人。耕地2579.4公顷。其中，水田面积2058公顷，旱土面积521.4公顷。林业用地面积9133.33公顷，有林面积8832.8公顷。

2015年，完成财政收入2737万元，上缴国税58万元、地税208万元。农民人均纯收入13776元。

实现工业总产值9.5亿元，增长15%。全社会固定资产投入完成4亿元。三次产业值达15亿元，第二产业值达9亿元，第一产业值达3.7亿元，第三产业值达2.3亿元。实现竹木工业总产值10亿元。规模企业产值7.8亿元。技改投入完成4.004亿元，引进7个招商引资项目，总投资5170万元。全镇有竹木企业70余家，园区内40家，从业人员8000人，规模以上企业6家。华钢竹业、祥盛竹业、润竹竹业、福鑫木业为市级农业产业化龙头企业。

早稻面积为1747.7公顷，种植晚稻面积为2012.8公顷。新注册成立合作社8个，其中水稻种植专业合作2个。春、秋防工作坚持“五个不漏”和“七个100%”的防疫要求，加强检疫检测，完善动物集中免疫工作。生猪出栏1.8万头，产值4968万元，家禽出笼12.6万羽，产值882万元。植树造林120公顷，发放各类造林补助62万元，公益林补偿资金182.2万元。完成义务植树及村庄四旁绿化12.2万株，完成防火林带建设2千米，完成长防林人工造林43.8公顷，退耕还林人工造林3.7公顷，中幼林抚育32公顷。乱砍滥伐林木、非法占用林地案件的查处率达到100%。

年内完成水利建设工程550处，土石方50万立方米，劳动工日50万个，群众投筹390万元，解决人饮安全8733人，8个“五小”水利项目村，完成22口骨干山塘建设，完成17千米高标准渠道建设，堤垸、渠道清淤扫障21.4千米。投入120多万元用于环境整治，镇村组织环卫队伍120人，购置环卫设施5000余件。启动垃圾分类试点村14个，每个村投入5万元以上，可回收垃圾80余吨。新修改造村组道路近40千米，村主干道硬化率达100%。镇区完善供排水建设，道路整修，完成126盏太阳能路灯的安装，启动自来水管网整修项目。推进青坪桥建设项目。深入开展非法采砂洗砂集中整治行动。

2015年，有学校21所，内含初中2所，小学9所，幼儿园9所，在校学生3803人。社会保障方面，有贫困户1188户，2623人，其中“五保户”332人，月发放补助资金21.1873万元。新农保征缴完成16020人。新增农村劳动力转移就业437人。完成农村困难危房改造105户。参合人数42739人，筹资金额353.76万元，参合率95.76%，超额完成任务。年内，出生706人，符合政策生育率。落实结扎手术102例，流引产228例，上环453例。

2015年茶恩寺镇各行政村基本情况

表28

村 名	面积（平方千米）	户数（户）	人口（人）	农村经济总收入（万元）	农村经济总费用（万元）	农村经济净收入（万元）	农民人均纯收入（元）
上丰村	4.42	414	1896	5870.07	3597.24	2272.83	12690
双凤村	4.81	380	1519	5171.56	3068.54	2103.02	13560
棠花村	4.16	331	1315	4785.86	3192.24	1593.62	12031
杨溪村	5.07	482	2053	5546.45	3131.53	2414.92	11650
回龙村	5.92	317	1317	4957.79	3248.56	1709.23	13511
晓花村	4.06	430	1783	5333.77	3197.24	2136.53	13352
金坪村	4.63	445	1788	5858.57	3495.45	2363.12	13318
柏塘村	4.05	495	2097	5725.86	3224.54	2501.32	12063
复兴村	3.13	344	1440	5288.93	3245.24	2043.69	14196
千家村	6.04	585	2388	6018.88	3092.54	2926.34	12332
吴家村	4.41	362	1572	5166.98	3157.64	2009.34	13536
茶花村	8.24	666	2827	7657.56	3895.47	3762.09	13335
花桥村	5.15	415	1718	5313.77	3119.54	2194.23	12310
东山村	6.75	416	1741	5191.65	3082.34	2109.31	11849
泉坪村	4.18	370	1564	4876.94	2948.54	1928.4	12434
星月村	3.73	331	1372	4829.77	3004.47	1825.3	14032
湘衡村	5.58	438	1802	5348.2	3057.57	2290.63	13421
青坪村	5.23	530	2139	5671.02	3157.57	2513.45	11680

续表28

村 名	面积(平方千米)	户数(户)	人口(人)	农村经济总收入(万元)	农村经济总费用(万元)	农村经济净收入(万元)	农民人均纯收入(元)
扶桥村	2.86	323	1353	5089.87	3134.74	1955.13	14261
双花村	9.23	494	1595	5730.45	3446.11	2284.34	12834
茶恩村	6.32	436	2002	6514.68	3579.14	2935.54	14230
熊市村	4.86	402	1784	5857.32	3597.87	2259.45	13942
樟树村	4.39	332	1516	5301.29	3167.75	2133.54	14524
弄子村	3.81	318	1309	5314.9	3119.54	2195.36	13898
荷月村	4.55	418	1387	5856.73	3357.49	2499.24	13235
樊田村	6.77	543	2391	7020.32	3375.54	3644.78	14693
双阳村	4.86	409	1724	5959.59	3464.24	2495.35	13869

【茶恩农校在晓花村正式揭牌成立】 12月30日，茶恩寺农校在晓花村正式揭牌成立，农校以传授农业知识、输送技术人员为目的，扩大农机学员交流渠道，实现“高产高效、安全可靠”，该校首批培训学员31人，覆盖全镇27个村，全面提高镇区学员素质。 （何　磊）

（责任编校　杨　柳）

人物·荣誉录

全国先进工作者

【邓新辉】 女，汉族，1971年9月出生，湖南湘潭县人，中共党员，大学本科学历，中学高级教师。1989年湘潭师范毕业；1989年7月—2006年8月在湘潭县花石镇从事教育教学工作；2006年8月—2013年8月任湘潭县易俗河镇百花小学校长；2013年8月至今任易俗河镇中心学校校长兼任天易金霞小学校长。她执教26年，从一名普通的农村教师成长为一名优秀的基层教育管理者。她是湘潭县首届小学数学学科头人，因为勤奋敬业、教学严谨、管理科学、师德高尚，邓新辉被誉为全县教育系统的“铁娘子”。由于教学与教育管理工作成绩突出，2001年9月，她先后被教育部授予全国优秀教师称号，被湖南省教育厅评为省级骨干教师，被县委、县政府评为“十大杰出青年”、县域精神十佳实践者。2002年5月，被全国总工会授予全国五一劳动奖章，被湖南省委、省政府授予湖南省先进工作者光荣称号。2003年—2009年被市教育局评为湘潭市小学数学骨干教师。她先后担任三所学校校长，三所学校均实现教师、学生、学校的长足发展。2012年被市人民政府评为2008—2011年湘潭市义务教育合格学校创建工作先进个人，2015年被中共中央、国务院授予“全国先进工作者”荣誉。

省级劳动模范

【谭俊岳】 男，1959年生，汉族，中共党员，湘潭县锦石乡碧泉村人。2004年起至今，担任碧泉村党支部书记；2007年和2012年，当选为湘潭市第十三届、第十四届人大代表。他带领村民发展蚕桑养植，实行“公司＋基地＋农户”的发展模式，由公司提供桑树苗、蚕种，派技术员进行技术指导，统一收购蚕茧。全村种植蚕桑6.67公顷，亩平收入达3000元以上，解决部分老人、妇女和返乡农民工增收问题。他组织农村妇女开展家政培训，帮助村民再就业；成立湘潭县碧泉潭水稻种植合作社，开发“碧泉潭贡米”项目；引进湖南润孚生物有限公司投资3000万元，建成全国最大的仿生态娃娃鱼繁殖基地；引进湘潭市三湘泉饮品有限公司，投资1500万元，建成一个高标准桶装水厂，已于2013年10月投产见效。这些项目累计为村民提供就业岗位380个，每年创税100万元，为农民增收800万元以上。他还累计组织争取资金1000万余元，硬化乡村公路15千米，为碧泉小学新建一栋教学楼，硬化水渠8000米，硬化骨干山塘30口，改造一座危桥胜利桥，在全村全面进行农网改造，新建一栋村部。对碧泉潭进行改造和保护，并成功申报碧泉潭为“市级文物保护单位”。在他的带领下，碧泉村多次被市人民政府评为“湘潭市新农村建设先进村”“湘潭市农村基层先进党支部”，连续5年被评为“湘潭县新农村建设和绩效考核一类村”；他也多次被评为“市优秀人大代表”“县、乡优秀村干部”，还曾被省司法厅评为“优秀调解能手”。2014年5月，被湘潭市人民政府授予“湘潭市劳动模范”称号。2015年，他被湖南省人民政府授予“湖南省劳动模范”称号。

【郭彩云】 女，汉族，1963年7月出生，湘潭县易俗河镇三塘村人，大专文化，湘潭市第十三、十四届人大代表。

2002年年初，离开县房产局机关到当时负债140多万元的县房地产开发公司任总工程师至今。她主动为政府分忧，投身保障性安居工程建设，说服公司股东破例以最低价格转让2公顷土地供安居工程项目使用，参照同期商品房市场价格共让利4485万元；她作为公司总工程师和项目具体负责人，累计建设保障性住房84800平方米，为765户共3100多名困难群众解决住房难问题。她围绕工程质量、安全生产、工程进度、节能降耗、科技创新、劳务管理等方面，大力组织开展劳动竞赛活动，降低开发成本11%；她注重在工程建设全过程实施最严格的质量管理，牵头清退不合格建筑材料130多批次，所负责的保障性安居工程被相关部门评为优良工程。她热心公益事业，为家乡修路、新农村建设、资助贫困学生、资助重病患者、慰问“五保户”，抗震救灾等共计捐款70余万元。同时，她先后多次荣获县“三八”红旗手、市建设系统先进个人、市优秀人大代表、省建设工程造价工作先进个人。2005年，她被县人民政府授予“湘潭县劳动模范”称号。2011年，她被市人民政府授予“湘潭市劳动模范”称号。2015年，她被湖南省人民政府授予为“湖南省劳动模范”称号。

湘潭县第四届劳动模范

【邓　梁】

男，汉族，1979年5月出生，湖南湘潭人，中共党员，大学文化，现任湘潭县地税局第二税务分局副局长。多次获嘉奖和优秀共产党员、工会积极分子称号。他扎根基层18年，曾有过一次回城机会却让给别人。累计负责过400多户企业和2600余户个体户的征收管理，直接为国聚财入库税费2.65亿元。2013年，担任第四税务分局副局长时，加强对房产、土地两税的管理，此两项税收入库110余万元，比上年增收80多万元，增长率260%。2014年11月至2015年2月，他身兼业务副局长、大厅办税员、中路铺镇税管员三职，白天在大厅工作，晚上加班做其他两个职位的工作。特别是到年底，因时间紧、任务重，连续加班到深夜，征收入库税费986万多元。他热心服务于纳税人，创建QQ群，及时帮助纳税人解决各类问题。他热爱生活，助人为乐。热心公益，10多年里无偿献血十余次，累计献血量达5200CC，被省卫生厅、省红十字会授予爱心奉献银奖；汶川地震后，他以个人名义汇款至红十字会，为灾区人民贡献自己的绵薄之力；2014年8月，他路遇车祸受伤女子，不顾过往路人怀疑是否“讹诈”，义无反顾的挺身救人并护送至医院。2015年，他被县委、县政府授予“湘潭县劳动模范”荣誉称号。

【肖旭阳】

男，汉族，1969年11月出生，湖南湘潭人，中共党员，大专文化，现任湘潭天易示范区管委会规划建设部副部长。他先后荣获县优秀共产党员、县重点工程建设突出贡献奖等荣誉。10年里，他吃苦耐劳、兢兢业业。天易示范区成立，园区进入大开发、大建设、大发展的关键时期，每年实施的基础设施项目均在40个左右，他十年如一日，一心扑在项目施工现场，参与天易大道、芙蓉大道、武广大道等一批重大项目的建设。他创造性推行“一个点、一条线、一个面、一个项目”的全过程项目管理机制，缩短工期，控制成本，确保质量。在省级重点工程——天易公路二期的实施过程中，他调整优化实施方案，改进施工措施，缩短工期近半年，节约投资上千万元，让4.6千米长的天易公路二期按期实现主车道建成通车。他无私奉献、经常带病坚持工作。工作中，一旦遇到急难险重的突发性情况，他总是身先士卒，冲锋在前。2010年，示范区创业大厦工程在实施过程中发生火情，他不顾自身安危，第一个从电梯井控制火源，硬是把损失降到最低。2015年，他被县委、县政府授予“湘潭县劳动模范”荣誉称号。

【陈升根】

男，汉族，1959年10月出生，湖南湘潭人，中共党员，高中文化，现任中路铺镇竹冲村党支部书记、湘潭湘中建筑集团水电安装公司总经理,市、县人大代表。2005年，他成立湘中建筑集团水电安装公司，有固定员工120余人，固定资产数千万元，累计上缴国家利税1000多万元。2011年，他回乡当村官，每年组织村民参加镇上举办的“五新”农村实用技术培训，培训村民熟练掌握电工、焊工、修车等1~2项职业技术，安排剩余劳动力和下岗工人近300人就业。他履职尽责，开展村级建设，筹资190万元，改善电、路、水等基础设施。该村完成第二轮农网改造，新增变压器6台，硬化村级道路，全村水泥路到户率达90%以上，修整主水渠2条、骨干山塘20口，修缮村部，新建村级活动中心，新建柱塘敬老院，新建垃圾池240口、垃圾回收站1座、大型中转站1处、垃圾填埋所1处。他无私奉献，关注民情民生。作为人大代表，他积极履职，共提出建议6条，积极参加代表视察和调研活动，推动韶井公路提质改造、印子山水库除险保安、白石小城镇建设等项目进度，推动火柱公路全线修整工程顺利竣工。他热心公益事业，捐款近50万元用于县镇特困党员生活援助等。2015年，他被县委、县政府授予“湘潭县劳动模范”荣誉称号。

【胡红辉】

男，汉族，1968年11月出生，湖南湘潭人，中共党员，大专学历，经济师，湖南粒粒珍湘莲有限公司董事长、全国烘焙协会理事。先后荣获湖南省十强农产品经纪人、青年星火带头人标兵、优秀企业家等称号。他是湘莲品牌的捍卫人。2003年，福建文鑫食品有限公司抢注湘莲商标。他用两个月的时间在县档案局搜集资料，将一份14公分厚的文书资料寄到国家工商总局，为湘莲正名。2006年，湘潭县成功夺回湘莲之名，并正式注册。2012—2015年，湘潭县将湘莲申请为国家特色产业，每年争取上级扶持资金1个亿。他是科技创新的领头人。先后承担市级以上科技项目20余项，主持研发拥有独立知识产权的全自动莲子剥壳机、振动式莲子分选装置等和莲子膨化制备工艺，组建市湘莲工程技术中心、省企业技术中心，研发以藕片、香芋等18种口味的膨化食品，外销美国、加拿大、澳大利亚等10个国家。他是带动创业的暖心人。建立“公司+基地+农户”的运作模式，新增湘莲种植基地2万公顷，帮助湘莲行业增收1.6亿元，每户年均增收3.86万元。同时带动养殖、种菇、加工等相关产业，新增就业岗位200个。热心公益，共计捐资捐物80余万元。2015年，他被县委、县政府授予“湘潭县劳动模范”荣誉称号。

【钟金盆】

女，汉族，1974年10月出生，湖南湘潭人，中共党员，大学文化，副主任医师。现任湘潭县人民医院大妇产科主任、院长助理，县人大代表。先后荣获湘潭市“三八”红旗手、全市农村妇女普查普治工作先进个人、“湘潭市优秀临床管理者”“湘潭县十佳医务工作者”“湘潭县最美群众贴心人”以及湘潭县卫生系统先进工作者、优秀共产党员等称号。她爱岗敬业，每年休息不超过10天，一天工作12个小时。1996—2013年，她完成妇产科各类手术2万余台，年均手术1000余台。由她引进推广腹膜外剖宫产术、输卵管吻合术、改良子宫切除术等20余项新技术新方法。主持组织危重孕产妇抢救每年数十例，成功治愈不孕不育300多例次。她在妇产科常见多发病的诊治方面积累丰富的临床经验，成功组织抢救产后大出血、羊水栓塞、严重妊娠合并症、难产等危急重症数百例。2014年4月，她为抢救一例前置胎盘大出血、感染严重、有多种并发症的高危产妇，她守护三天三夜，直至病人脱险。人民医院2006年至2015年，孕产妇死亡率为“0”。大妇产科连续多年被评为医院先进科室，获市级“芙蓉标兵岗”。2014年9月，在湘潭县委党的群众路线教育实践活动领导小组主办的“莲乡发现——最美群众贴心人”评选活动中，她被评为“最美群众贴心人”。2015年，她被县委、县政府授予“湘潭县劳动模范”荣誉称号。

【唐　平】

女，汉族，1979年10月出生，湖南湘潭人，中共党员，大学文化，高级技师，湘潭县供电分公司调控中心值班长。连续两年在省电力公司职工技能竞赛荣获前三名，多次在湘潭供电公司职工技能大赛中摘获桂冠，先后荣获省公司、市公司安全生产先进个人、优秀女职工等荣誉称号。她精通业务，勇挑重担。继电保护是电力系统安全运行的最后屏障，她主动请缨，逐步完成县电力公司管辖的19座变电站、10台110千伏主变、23台35千伏主变、2条110千伏线路、21条35千伏线路、100条10千伏线路及近200家高压用户关口设备的保护定值计算，无一例出错。她技术精湛，善于创新。2008年冰灾期间，110千伏石留线因覆冰导致断线，她提出从35千伏留射线送电源带留田主变的运行方式，保证冰灾期间花石、青山桥、石鼓三镇居民生活用电。2010年，她编写城区线路合环转负荷方案，大大减少城区的停电次数和停电时间，提高城区供电可靠性。15年来，她经手的上万次调度下令无误、千次保护整定无差错，多次参加重大活动的保电工作。2015年，她被县委、县政府授予“湘潭县劳动模范”荣誉称号。

【唐　伟】

男，汉族，1977年1月出生，湖南湘潭人，中共党员，高级技工，湖南韶力电气有限公司机加工车间车工班长。2013年获得县车工技能竞赛第一名；先后荣获湘潭市最美班组长、湘潭市五一先锋称号、湘潭县技术标兵称号等。他热爱学习、厚积薄发。在韶力公司工作13年，共计生产车轴2.2万余根，件件是合格产品。他自学数控理论，公司的数控机床他操作自如，在机床维修人员不在岗的情况下，他主动帮助车间主任一起修理机床，为公司培养20多名技工。无私奉献、毫无怨言。2013年11月，公司订单大增，他勉励和动员全组人员牺牲休息时间，共超额工时近2000个。2014年，公司销售定单比同期有所减少，有部分车工离职，他把离职者的工作任务主动承担下来，每天工作10多个小时，工作量增加50%，毫无怨言。2014年，湘潭县开展首届道德模范评选活动，唐伟被县委、县政府授予“湘潭县首届道德模范”荣誉称号。2015年，他被县委、县政府授予“湘潭县劳动模范”荣誉称号。

【谭伟明】

男，汉族，1960年3月出生，湖南湘潭人，中共党员，大专文化，湘潭县青山桥镇水利站站长。他是水利战线的排头兵。他负责的新阳水库保安材料工程（土工模）获得国家南方除险工程新材料防渗工程奖励。他主导建设的青山大桥项目、晓南土地整改项目、青山桥镇集中供水项目、青山河7.6千米治理项目均高标准地完成。2013年至2015年，青山桥镇累计硬化渠道36千米，山塘清污硬化358口，渠道清污扫障120千米，水库除险保安6座，增加灌溉面积186.67公顷，解决19650人的安全饮水问题，争取上级部门基础设施投入资金达437万元。积极稳妥地处理八仙桥管道建设纠纷，及时处理2014年皮鞋工业园内的突发爆管事故。他是抗旱防洪的急先锋。2003年，他带头在洪水中奋战8个多小时，因此患上“出血热”(同期的三名“出血热”患者中，只有他侥幸存活)，休养两天后又“逃”出医院投入工作。妥善处理大兴水库的水事纠纷，及时化解涉及分水、青山两个乡镇近千村民的群体性事件。他是人民群众的贴心人。为特困户王国建的两个女儿争取助学资金，村民肖俭皇去世后照顾其女肖雅丽，带头为患病的田启成捐款800元。2015年，他被县委、县政府授予“湘潭县劳动模范”荣誉称号。

【薛安定】

男，汉族，1968年8月出生，湖南湘潭人，中共党员，大专学历，工程师，湖南五洲通药业有限责任公司工程设备部部长。他不畏艰辛、乐于奉献，全身心扑在工作上，为公司各个车间GMP改造和设备的正常运行提供保障。2012年6月，冻干三车间GMP改造安装设备时，因操作人员工作不当，制水设备砸在他的脚背上，他只在医院住一天一夜，又回到工作现场，坐阵指挥，督促改造进度。强调安全、消除隐患。始终把生产安全、质量安全放在第一位，严格执行各项操作规程。做好传帮带，他亲自动手操作，手把手培训设备操作和维修人员累计120人。他注重技术、降低成本。十几年来，在每一次设备交流会上全面收集最新最强的设备技术性能等信息，关注各个厂家设备的价格，只要公司决定购置设备，他便会迅速提供最新最可靠的设备信息以及性价比，让公司能够更好的决策。他亲自设计制造消音设施，有效缓解凉水塔产生的噪声，为公司降低成本20万元左右；2002—2015年，他牵头实施企业十多次国家级GMP改造和认证，全部一次性通过，这在全国同行中是极为罕见的。为企业节约成本，创造直接和间接经济效益800余万元。2015年，他被县委、县政府授予“湘潭县劳动模范”荣誉称号。

荣誉录

2015年度湘潭县获中央部委级表彰的先进集体名录

表29

获奖单位	获奖名称	授奖单位
湘潭县	全国计划生育优质服务先进县	国家卫生和计划生育委员会
县人民法院司法警察大队	全国法院司法警察大队先进集体	最高人民法院
县人民法院	有效实施失信被执行人示范法院	最高人民法院
县司法局	全国人民调解宣传工作先进单位	中华全国人民调解员协会
中路铺司法所	全国模范司法所	司法部
县财政局国库集中支付局	全国巾帼文明岗	全国妇联
湘潭县春静水稻种植专业合作社	全国巾帼现代农业科技示范基地	全国妇联
县总工会职工帮扶中心	全国职工教育培训示范点	中华全国总工会
易俗河镇城塘社区居民委员会	全国科普示范社区	中国科协 财政部
易俗河镇农技推广中心	全国五星乡镇农技推广机构	全国农业技术推广服务中心
县烟草专卖局(分公司)	烟草行业县级卷烟营销部标兵单位	中国烟草总公司

2015年度湘潭县获省厅级表彰的先进集体名录

表30

获奖单位	获奖名称	授奖单位
湘潭县	全省人口与计划生育工作优秀单位	中共湖南省委办公厅 湖南省人民政府办公厅
湘潭县	全省安全生产先进单位	中共湖南省委办公厅 湖南省人民政府办公厅
湘潭县	全省粮食生产标兵县	湖南省人民政府
湘潭县	全省加速推进新型工业化二等奖	湖南省人民政府
湘潭县	全省福彩销售先进县	湖南省民政厅
湘潭县	湖南省“十二五”森林资源二类调查优秀成果单位	湖南省林业厅
湘潭县	全省计生协会工作模范单位	湖南省计生协会
湘潭县	阳光计生示范县	湖南省卫生和计划生育委员会
县纪委监察局	2015年度全省纪检监察信息工作先进单位	中共湖南省纪律检查委员会办公厅
县纪委监察局	表演唱《元帅树》获全省廉政文化节目优秀作品二等奖	中共湖南省纪律检查委员会 湖南省监察厅 湖南省文化厅
湘潭县经济和信息化局	全省工业运行监测协调工作先进单位	湖南省经济和信息化委员会
县妇联	2015年度湖南省妇联系统宣传工作先进单位	湖南省妇联
县民政局	全省民政系统信息先进单位	湖南省民政厅
县水务局	“芙蓉杯”水利建设考核先进单位	湖南省水利厅
县林业局	湖南省“十二五”森林资源二类调查工作先进单位	湖南省林业厅
县档案局	全省档案宣传工作先进单位	湖南省档案局
县公安局	通报表扬全省侦破命案工作成绩突出集体	湖南省公安厅
县公安局	通报表扬全省“打击盗骗毒、全力保平安”专项行动成绩突出集体	湖南省公安厅
县公安局政工室	通报表扬全省政治工作成绩突出集体	湖南省公安厅
县司法局	全省全民创业专项法律服务通报表扬集体	湖南省司法厅
石潭司法所 河口司法所 花石司法所 石鼓司法所	全省规范化司法所	湖南省司法厅
云湖桥司法所	全省“三调联动化矛盾，息诉息访促平安”专项调解活动通报表扬集体	湖南省司法厅
县交通运输局	2015年度湖南省交通运输行政执法评议考核优秀单位	湖南省交通运输厅
湘潭县湖湘文化艺术有限责任公司	湖南“送戏下乡、演艺惠民”先进单位二等奖	湖南省文化厅

续表30

获奖单位	获奖名称	授奖单位
县文化旅游体育局	2015年湖南省“农家书屋”管理先进单位	湖南省新闻出版广电局
易俗河镇银塘村 锦石乡文佳村 茶恩寺镇熊市村 云湖桥镇塘湾村	省级示范农家书屋称号	湖南省新闻出版局
乌石镇团委	湖南省乡镇(街道)榜样团建示范单位	共青团湖南省委
县科技局	湖南省县市区防震减灾工作综合考核优秀单位	湖南省地震局
县审计局	湖南省文明单位	湖南省精神文明建设指导委员会
县人民法院 县交通运输局	湖南省文明卫生单位	湖南省爱国卫生运动委员会
县烟草专卖局(分公司)	湖南省文明标兵单位	湖南省精神文明建设指导委员会
县农业综合开发办公室	全省农业综合开发宣传信息工作先进单位	湖南省农业综合开发办公室
彭德怀纪念馆	湖南省十年(2006—2015)博物馆陈列展览精品奖	湖南省文物局
湘潭县湖湘木刻艺术产业有限公司	湖南省第三届家具博览会产品金奖	省林业厅、省第三届家居博览会组委会
湘潭京湘供水公司	“安全生产标准化二级企业”	湖南省职业安全健康协会
石潭镇农技站	湖南省五星级服务乡镇农技推广机构	湖南省农业委员会
排头乡文联	湖南省文联系统先进单位	湖南省文联
排头乡综治办	湖南省禁毒先进集体	湖南省禁毒委

2015年度湘潭县获中央部委级表彰的先进个人名录

表31

姓名	单位与职务	获奖名称	授奖单位
邓新辉	天易金霞小学校长	全国先进工作者	中国共产党中央委员会 中华人民共和国国务院
谭君岳	锦石乡碧泉村党支部书记	湖南省劳动模范	湖南省人民政府
郭彩云	县房地产开发公司总工程师	湖南省劳动模范	湖南省人民政府

2015年度湘潭县获省厅级表彰的先进个人名录

表32

姓名	单位与职务	获奖名称	授奖单位
唐晓昆	易俗河镇武装部部长	全民国防教育工作先进个人	湖南省全民国防教育委员会
邓璐思	彭德怀纪念馆团总支书记	湖南省“深入践行‘五个坚持’,做党性坚强的党办人”征文比赛三等奖	中共湖南省委办公厅
张灼峰	县档案局党组书记　局长	湖南省档案工作先进个人	湖南省人力资源和社会保障厅 湖南省档案局
王高峰	县公安局干部	湘潭市公安局“8·13”专案工作记个人二等功	湖南省公安厅
彭孟强	县公安局干部	记个人二等功	湖南省公安厅
唐灿永	县公安局干部	全省“十佳社区”(驻村)民警记个人二等功	湖南省公安厅
斛潭良	县林业局资源林政股股长	湖南省“十二五”森林资源二类调查工作先进个人	湖南省林业厅
谢希庭	锦程司法鉴定所主任	湖南省“助改革、促发展、保民生”法律服务专项活动表现突出个人	湖南省司法厅
刘兰楠	县民政局福利办主任	全省福利彩票销售先进个人	湖南省民政厅
周　佳	湖湘文化艺术有限责任公司经理	“送戏下乡、演艺惠民”工作先进个人	湖南省文化厅
赵　李	县民政局干部	湖南省全民国防知识竞赛第一名	湖南省国防教育办公室
刘啸军	县房地管理局物业办副主任	湖南省无偿献血奉献铜奖	湖南省卫生和计划生育委员会 湖南省红十字会
王　伟 刘啸军	县房地管理局物业办主任 县房地管理局物业办副主任	湖南省物业管理先进个人	湖南省房地产业协会
刘仙桃	县农业综合开发办公室主任	全省农业综合开发宣传信息工作先进个人	湖南省农业综合开发办公室
彭水平	县春静水稻种植专业合作社理事	湖南省“最美创业”	湖南省妇联
杨思琪	百花学校学生	“书香湖南——第五届三湘少年儿童阅读之星”	湖南省委宣传部
向　瑶	湘潭市皮划艇、赛艇运动训练基地学生	湖南省青少年锦标赛女子皮划艇乙组第一名	湖南省体育局
何　鹏	湘潭市皮划艇、赛艇运动训练基地学生	湖南省青少年锦标赛男子乙组皮划艇第一名	湖南省体育局
左奇德	湘潭市皮划艇、赛艇运动训练基地学生	湖南省青少年锦标赛赛艇男子乙组第一名	湖南省体育局
罗　捷	湘潭县湖湘木刻艺术产业有限公司负责人	湖南省第五届艺术节湖湘工艺美术创意成果展新人奖二等奖	湖南省文化厅、湖南省第五届艺术节组委会
楚炳峰	县交通运输局干部	优秀预备役军官	湖南省陆军预备役步兵师第一团
颜朝晖 王　斌	县交通运输局干部	2015年度湘潭市交通运输工作先进个人	湘潭市人民政府

（责任编校　杨红艳）

统计资料

"十二五"期间湘潭县国民经济主要指标

表33

指　标	单位	2011年	2012年	2013年	2014年	2015年
一　综合						
地区生产总值(按当年价格计算)	亿元	195.5	227.3	258.4	286.8	329.8
第一产业	亿元	43.5	47.3	48.9	48.7	58.7
第二产业	亿元	95.3	115.0	134.6	152.6	170.4
第三产业	亿元	56.7	65.0	74.9	85.5	100.7
人均地区生产总值	元	22348	27061	30445	33633	38565
三次产业结构比	%	22.3：48.7：29.0	20.8：50.6：28.6	18.9：52.1：29	17.0：53.2：29.8	17.8：51.7：30.5
二　农业						
农业总产值	亿元	73.4	78.7	81.75	91.7	100.1
粮食种植面积	万公顷	10.23	10.36	10.43	10.65	10.75
粮食总产量	万吨	71.62	72.75	71.68	74.1	75.15
蔬菜种植面积	万公顷	2.03	2.06	2.21	2.25	2.39
蔬菜产量	万吨	58.25	60.26	64.35	68.14	72.54
水产品产量	万吨	3.25	3.40	3.61	3.78	4.11
禽蛋产量	万吨	1.71	1.79	1.87	1.94	2.02
出栏肉猪	万头	206.98	211.75	213.25	218.47	207.59
三　工业						
规模工业企业个数	个	174	184	202	208	206
规模工业企业总产值	亿元	245.8	304.2	364.6	427.6	484.0
规模工业增加值	亿元	78.0	94.9	109.2	130.4	136.6

续表 33

指　标	单位	2011年	2012年	2013年	2014年	2015年
规模工业企业实现主营业务收入	亿元	243.9	303.3	365.2	418.2	463.9
规模工业企业实现利润	亿元	8.6	11.2	12.3	14.5	14.0
四　建设领域						
(一)固定资产投资	亿元	74.4	101.2	134.6	166.3	200.4
按经济类型分						
国有投资	亿元	20.1	33.9	40.2	50.6	52.7
非国有投资	亿元	54.3	67.3	94.4	115.7	147.7
按投资方向分						
产业投资	亿元	—	—	47.2	60.8	102.7
基础设施投资	亿元	21.2	31.8	36.7	47.4	48.4
房地产开发投资	亿元	8.4	13.2	18.6	13	16.9
施工项目	个	—	—	449	431	422
其中:新开工项目	个	—	—	411	364	394
(二)建筑业						
具有资质等级的总承包和专业承包建筑业企业个数	个	21	21	21	22	21
具有资质等级的总承包和专业承包建筑业企业总产值	亿元	15.1	20.0	18.7	21.6	24.5
具有资质等级的总承包和专业承包建筑业企业利润总额	亿元	0.86	0.81	0.92	1.16	1.19
具有资质等级的总承包和专业承包建筑业企业完成房屋施工面积	万平方米	208.0	215.4	212	205	199.3
具有资质等级的总承包和专业承包建筑业企业完成房屋竣工面积	万平方米	116.5	124.9	107.4	93.5	115.3
五　贸易						
社会消费品零售总额	亿元	42.4	48.9	56.8	64.8	74.8
其中:批发和零售业	亿元	—	—	38.0	45.3	53.4
住宿和餐饮业	亿元	—	—	18.8	19.5	21.4

(县统计局 提供)

"十二五"期间湘潭县预算内财政收入情况

表34 单位：万元

项　目	2011年	2012年	2013年	2014年	2015年
财政总收入	130198	170018	200068	223698	243999
一　地方财政收入	86690	123656	146497	165434	190802
(一)税收收入	37831	45303	56766	68378	78083
1. 国内增值税(25%)	7084	7002	7255	7892	7372
2. 营业税	11373	16013	19633	23161	21555
3. 企业所得税40%部分	2554	3374	5124	6688	5220
4. 企业所得税退税					
5. 个人所得税40%部分	897	712	1152	1203	1562
6. 城市维护建设税	2766	2882	2954	3548	3256
7. 耕地占用税	2540	3633	5841	5027	2823
8. 契税	4161	3208	2929	9735	22368
9. 房产税	656	855	1084	1272	1565
10. 印花税	549	684	765	902	665
11. 资源税	425	496	505	180	288
12. 固定资产投资方向调节税					
13. 城镇土地使用税	1760	2403	2748	1795	4541
14. 土地增值税	2531	3359	5978	5935	5621
15. 车船税	535	682	798	1040	1247
16. 其他税收收入					
(二)非税收入	48859	78353	89731	97056	112719
1. 专项收入	4443	2107	2676	3098	8677
2. 行政事业性收费收入	7175	10834	18841	13788	9335
3. 罚没收入	2132	2639	5790	4319	5117
4. 国有资本经营收入				200	1000
5. 国有资源(资产)有偿使用收入	16726	8060	6540	6675	9835
6. 其他收入	18383	54713	55884	68876	78755
二　上划收入	43508	46362	53571	58264	53197

“十二五”期间湘潭县预算内财政支出情况

表35 单位：万元

项 目	2011年	2012年	2013年	2014年	2015年
一般预算支出合计	257508	305006	350682	383500	436116
其中，一般公共服务	44921	49066	52910	50009	65641
外交					
国防	495	666	547	693	629
公共安全	9787	15161	15179	16893	15143
教育	51402	61359	67530	67366	76489
科学技术	4574	5429	6260	5347	5296
文化体育与传媒	2292	3113	3565	3555	4055
社会保障和就业	48349	53385	60927	66104	66877
医疗卫生	23064	28107	36027	44413	52296
节能环保	14314	6212	7728	6604	7510
城乡社区事务	4306	8063	9402	8566	9154
农林水事务	29431	40900	58755	72976	90466
交通运输	4320	9176	9478	18483	15245
资源勘探电力信息等事务	3678	4407	3655	3098	5296
商业服务业等事务	7051	8093	5013	4370	4123
金融监管等事务支出	185	407	8	8	—
援助其他地区支出					
地震灾后恢复重建支出					
国土资源气象等事务	5407	6347	7099	7169	4836
住房保障支出	2208	2667	4076	4806	9150
粮油物资管理事务	885	1762	1850	2130	2061
债务付息支出	409	276	432	587	1824
其他支出(类)	430	440	241	323	25

（县财政局 提供）

“十二五”期间湘潭县农村住户抽样调查情况

表36

	单位	2011年	2012年	2013年	2014年	2015年
一　调查户数	户	100	100	90	90	90
二　调查户常住人口	人	373	375	296	295	307
三　人均可支配收入	元	8758	10106	11979	13344	14539
1.工资性收入	元	4315	5154	6128	6793	7541
2.经营净收入	元	3330	3547	3733	4037	4361
3.财产净收入	元	441	495	185	251	271
4、转移净收入	元	672	750	1933	2263	2366
四　生活消费支出	元	5860	6376	8062	10059	11023
1.食品烟酒	元	2454	2530	2053	3202	3615
2.衣着	元	246	262	492	522	514
3.居住	元	1128	1380	1735	2440	1923
4.生活用品及服务	元	285	297	548	510	685
5.交通通信	元	512	532	983	764	1064
6.教育文化娱乐	元	487	496	1031	1334	1571
7.医疗保健	元	597	711	871	1020	1343
8.其他用品和服务	元	151	168	349	267	308
五　住户面积	平方米	49	49	52	54	57
六　全年人均总收入	元	12890	14640	16320	18359	19893
七　全年人均现金收入	元	11675	13444	15254	16798	18385
八　全年人均总支出	元	9600	10883	14734	17783	20784
九　全年人均现金支出	元	8571	8733	13743	15446	18524

（县国调队　提供）

（责任编校　杨红艳）

文献文摘

湘潭县人民检察院工作报告

——在湘潭县第十五届人民代表大会第四次会议上

县人民检察院检察长　曹海平
（2016年2月26日）

各位代表：

现在，我代表县人民检察院向大会报告工作，请予审查，并请列席的同志提出意见。

一、2015年工作回顾

2015年，在县委和上级检察院的正确领导下，在县人大、县政府、县政协以及社会各界的监督和支持下，我院深入贯彻落实党的十八大、十八届三中、四中、五中全会精神，紧紧围绕“四个全面”战略布局和全县工作大局，充分发挥检察职能，全力维护社会稳定，积极服务经济发展，各项检察工作取得新进展。

（一）紧紧围绕全县工作大局，服务经济社会发展取得新成效

着力优化经济发展环境。突出打击、教育、预防、保护等职能作用，严厉打击危害经济安全和市场经济秩序犯罪，批准逮捕非法吸收公众存款等涉众型经济犯罪案件6件8人，起诉9件14人；批准逮捕组织领导传销活动、合同诈骗、串通投标等扰乱市场经济秩序犯罪案件6件6人，起诉5件5人；依法查办淘汰落后产能、林业贷款贴息专项资金和小煤矿全面关停等领域职务犯罪案件3件4人，有效净化经济发展环境。充分发挥园区检察室作用，协助园区搞好反腐倡廉建设。组织园区工作人员参加原征拆队员周广贪污、受贿案庭审观摩，通过以案说法，达到惩处一人、警示一片的法律效果。

着力服务社会管理创新。坚持以监督促管理，对执法办案中发现的社会管理中的突出问题，及时向有关部门提出对策建议，取得良好效果。依法履行民事行政检察职能，就占道经营、非法营运、违章停车等违法违规现象发出检察建议，督促相关部门依法履职，提升城市管理水平。积极参与对特殊人群的教育管理，加强社区矫正监督工作。对社区服刑人员日常监管情况进行专项检察，督促社区矫正小组依法履行监督管理和教育帮助职责，使矫治教育形成合力，跟踪帮扶形成常态，该项做法得到市县有关部门认同，并在我县率先予以推广。对乡镇敬老院的资金使用管理情况开展专项预防调查，针对发现的问题提出建议，促进农村五保供养工作规范化。

着力化解社会矛盾纠纷。坚决惩治损害群众切身利益的犯罪，协同开展食品药品安全专项整治活动，依法审查起诉生产销售假药劣药、有毒有害食品等犯罪嫌疑人4人。积极开展严肃查办危害民生民利职务犯罪专项工作，在征地拆迁、社会保障、专项资金管理使用等领域查办职务犯罪案件8件；依法同步介入重大责任事故调查6件。建立健全联系群众、服务群众长效机制，认真落实有访必接、下访巡访、联合接访、检察长接待日等制度，办理群众信访件21件。开展“三官一律”进社区（村）、党员干部到社区报到服务基层群众活动，畅通联系渠道，化解矛盾纠纷。

（二）全面履行法律监督职能，各项检察业务工作取得新进展

坚持打击犯罪与促进和谐并重。认真履行批捕、起诉职能，全年受理公安机关提请批准逮捕案件359件473人，审查后批准逮捕300件398人；受理侦查机关移送审查起诉案件537件763人，审查后提起公诉464件665人。深入开展打黑除恶等专项行动，突出打击黑恶势力犯罪、严重暴力犯罪和盗窃、抢劫、抢夺等多发性侵财犯罪，依法快速办理了张湘等10人涉嫌敲诈勒索、寻衅滋事、抢劫、非法拘禁、开设赌场罪案等一批重大案件。注重运用法治思维和法治方式促进刑事和解，对轻微刑事犯罪、

未成年人犯罪等坚持“教育、感化、挽救”方针，依法决定不批捕69人，不起诉72人。

坚持查办与预防职务犯罪并重。坚决贯彻中央反腐败决策部署，坚持有腐必惩、有贪必肃。立案侦查贪污贿赂、渎职侵权等职务犯罪案件17件25人，起诉21件24人，为国家挽回经济损失200余万元。加大对执法环节的监督，立案侦查的湘潭市第一强制隔离戒毒所原管教民警孙上四涉嫌滥用职权、受贿案，雨湖区检察院原侦监科长周桑涉嫌受贿案均已依法提起公诉。加大对农村基层组织工作人员的监督，积极查办发生在群众身边损害群众切身利益的职务犯罪案件，共立案查处6件9人，其中被依法判处有期徒刑10年以上的2人。贯彻惩防结合原则，积极开展廉政建设。以上法制课的方式，为县中医院、县公安局、县纪委等单位开展警示教育；以送法下乡等方式，为基层干部提供职务犯罪预防平台；提供行贿犯罪档案查询服务501次，有效预防商业贿赂行为，促进社会诚信体系建设；开展预防调查，进行犯罪分析，提出检察建议，督促整改落实，撰写的《对林业贷款贴息领域渎职案件的犯罪分析》被省检察院评为优秀犯罪分析。

坚持强化监督与人权保护并重。以监督有案不立、以罚代刑为重点，加强刑事检察监督。监督立案10件，监督撤案5件，追捕漏犯22人，追诉漏犯25人，追诉漏罪58条；提请刑事抗诉5件，中级法院已发回重审1件。注重刚柔并济，加强与法院沟通协调，对同类案件量刑不均衡现象，统一法律认识和司法标准。以开展民事执行检察监督专项活动为抓手，加强民事执行监督。对执行案件中存在的问题，以纠正违法通知书等方式提出监督意见，督促法院退还当事人因改判和执行不当造成的经济损失20余万元。以规范执行行为为目标，加强刑事执行监督。审查暂予监外执行案件7件，建议收监2人；审查社区矫正评估意见338份，提出不同意见10件；开展羁押必要性审查6人次，建议变更6人，发现社区矫正人员案件刑期计算错误1件，均已执行和纠正到位。以贯彻落实《关于构建涉法涉诉信访改革背景下新型检律关系的实施办法（试行）》为突破口，加强诉讼权益保护。接受案件当事人和律师维护诉讼权益申请2件，督促相关办案单位依法保障当事人和律师的合法权益。

（三）坚持推进工作机制创新，全面规范执法行为得到新加强

创新案件管理工作。依托案件管理平台，建立源头管理、统一分流、预警管控和集中评查的案件管理机制，实现多渠道、多角度、全方位的内部监督管理。督促整改假性超期8件，有效提高办案人员程序公正意识。坚持常规评查、专项评查和重点评查相结合，认真开展案件质量评查活动。在认真完成县委政法委和上级院开展案件专项评查活动的同时，对职务犯罪案件、社会关注的热点案件开展重点评查，引导各业务部门加大法律监督力度，注重监督质量和效果的有机统一。2015年我院执法质量考评名列全市检察机关第一。坚持开展案件回访，重点回访自侦、不捕不诉、未成年人犯罪等六类案件，及时发现和纠正办案中存在的问题，促进廉洁公正执法。

创新检务公开工作。将举报、信访接待、控告申诉、案管以及民事行政、监所、预防等对外服务的职能整合成一个窗口，成立方便群众的“一站式”检务中心，形成案件进出、交办督办、会谈约见、提示回复、查询公开、信息统计一条龙工作格局。自检务中心设立以来，共接待网上查询个案信息156人次，律师网上预约阅卷29人次，听取意见15次，接待群众来访134人次。通过莲乡检察官网和电子政务平台，将检察机关受案范围、办案流程和案件办理情况等予以公开，提高检察工作透明度。全年共计公开案件程序性信息727条，重要案件信息15篇，终结性法律文书94件，公开审查、公开答复案件5件5人。全面对接高检院关于“互联网+检察工作”的重要部署，积极创新莲乡检察微信宣传内容，采取文字、图片、网络语言等形式展示检察工作动态，展现检察干警风采，传播法治正能量。

创新内部监督制约。深入开展“司法公正湘潭县行”和规范司法行为专项整治活动，坚持以问题为导向，按照见事、见人、见原因、见整改措施、见整改结果、见责任追究、见经验教训总结的标准从严整治司法不规范行为。对2010年至2014年作撤案、不起诉决定的职务犯罪案件，对市院评查认为有执法瑕疵的案件，对省委巡视组重点关注并提出整改意见的案件，采取领导包案、部门负责人承办、检务督查跟进督查等方式全面整改，依法纠正案件错误处理决定1件，并启动追责程序。自觉接受省检察院巡视监督，针对巡视组提出的领导班子及班子个人存在的46个问题，认真分类，狠抓整改落实，促进班子整体素能提升。

（四）自觉接受社会各界监督，有效依法独立正确行使检察权

主动接受人大监督。坚决贯彻党的路线方针政策，重大问题、重要工作主动向党委请示汇报，确保检察工作的正确方向。牢固树立自觉接受监督的意识，贯彻落实《湘潭市人大常委会关于加强检察机关法律监督工作的决定》，向人大及其常委会报告重要工作4次，办理主任会议建议等2件。健全代表、委员联络工作机制，明确院领导联点乡镇、实地走访，赠阅检察刊物、发送手机报，及时报告我院队伍建设、业务建设和信息化建设等工作情况。开展检察开放日活动，邀请人大代表、政协委员、社区居民群众视察、评议检察工作，努力为代表履职创造良好条件。

主动接受各界监督。以透明促公开，以公开促公正，开展不捕听证工作，如对未成年人吴某涉嫌抢劫一案，组织检风监督员、侦查人员、双方监护人进行公开听证后，形成共识，依法决定不批捕，获得各方认同。注重对乡镇基层反映强烈的案件依法处理，如周某某故意毁坏公私财物一案，在依法不起诉之前，认真与谭家山镇党委政府沟通协

调、反馈情况。对市人大督办的左某某故意伤害案以及人大代表、政协委员关注的相关案件及时释法说理，通报案件情况和办案进展。加强外宣联络，编发《检察快报》《莲乡检察》月报、《莲乡检察》手机报等共45期，及时向人大代表、政协委员、500余个行政村以及全县3万余名手机报用户报告检察工作情况，接受各界监督。

注重队伍自身建设。深入开展“三严三实”专题教育，组织干警认真学习党的十八大、十八届三中、四中、五中全会精神和习近平总书记在中央政治局“三严三实”专题民主生活会上的重要讲话精神等，切实增强干警的政治意识、大局意识、责任意识、法律意识和廉洁意识。突出强化纪律作风建设，开展集体廉政谈话，组织全体干警到党风廉政教育基地参观，观摩受贿案件庭审，接受廉政教育和精神洗礼；加强日常督查，对干警作风、纪律上的问题早提醒、早纠正，发现问题不护短，对一名违纪干警给予党内严重警告处分。扎实开展“基层基础建设年”活动，规范检委会建设，使检委会工作进一步规范化、科学化。继续推进检察信息化建设，全面实现网上办公办案。加强队伍管理和教育，建立科学的评价考核体系，涌现出全省十佳热爱读书检察官提名奖廖小娜、全市检察机关公诉业务能手康珉、全县“五一先锋”谭义等一批先进典型，2015年反贪、反渎、公诉、侦监等八类主要业务工作位列全市检察机关第一，检务保障工作、基层基础建设分别被评为省、市检察机关先进集体。

各位代表，一年来检察工作取得的成绩，离不开县委的领导，离不开县人大、政府、政协以及社会各界的监督、关心和支持。在此，我代表县检察院全体干警向各位表示衷心的感谢！回顾一年的工作，我们也清醒地认识到自身存在的问题和不足，主要表现在：检察职能的发挥离依法治国的要求、人民群众对公平正义的期望还有一定差距；执法不规范现象仍然存在，检察队伍纪律作风建设还需要进一步加强；检察人员的政治素质、执法能力还有待进一步提高。这些问题，我们将在今后的工作中认真加以解决，恳请各位继续给予监督和支持。

二、2016年工作安排

各位代表，2016年是实施“十三五”规划的开局之年，也是检察改革的攻坚落地之年。我院将认真贯彻落实中央政法工作会议精神，紧紧围绕“五位一体”总体布局和“四个全面”战略布局，主动适应新形势、新变化、新常态，切实增强优患意识、责任意识，致力在狠抓队伍建设、推进服务大局、推进规范履职、推进检察改革上下功夫，为县域经济社会科学发展跨越发展提供法治保障。

（一）狠抓队伍建设。以“三严三实”专题教育活动为契机，以规范司法行为专项整治活动为抓手，着力强化检察干警理性、平和、文明、规范的执法理念。以先进的司法理念指导职务犯罪案件的查办、法律监督工作的开展，做到不枉不纵、客观公正。深入开展党的政治纪律和政治规矩教育，确保始终忠诚于党，始终对组织坦诚，始终正确对待权力，始终牢记使命，做政治上的明白人。从加强业务学习、带头真抓实干、模范遵规守纪入手，增强班子活力，发挥表率作用；从加强选拔培养、健全激励制度入手，加强人才培养，提高业务能力；从主动关心干警、开展谈心谈话、靠感情留人入手，重视思想政治工作，提升单位凝聚力。建立能上能下的用人机制，对不作为的敢于问责，真正实现能者上、庸者下，营造风清气正、干事创业的良好氛围。

（二）推进服务大局。深刻领会、准确把握党对检察工作提出的新任务、新要求，将防控风险、服务发展摆在更加突出的位置。完善和改进服务经济发展措施，为“大众创业、万众创新”创造法治化营商环境，严厉打击强迫交易、欺行霸市、非法集资、网络传销、非法经营、非正常上访等扰乱市场经济秩序、社会公共秩序的犯罪和破坏项目建设环境的犯罪，保障和促进全县经济平稳较快发展。积极参加“三官一律”进社区（村）等活动，主动参与社会治安综合治理，以法治方式处理经济关系中的矛盾，为创新、协调、绿色、开放、共享发展提供优质高效的司法服务和保障，促进社会安定有序，人民安居乐业。

（三）推进规范履职。严格执行人大及其常委会的决议决定，主动邀请人大代表监督执法办案，认真办理人大代表议案和建议。增强主动接受政协民主监督的意识，认真办理政协委员的提案，加强与政协委员的联络工作，健全与民主党派、工商联和无党派人士的联系机制。全面加强对侦查、审判和执行活动的监督力度，着力解决错误立案、非法取证、滥用强制措施、侵犯诉讼权利、裁判不公、执行不当等诉讼活动中执法不严、司法不公的突出问题，切实维护司法公正。集中查办惠农扶贫领域职务犯罪，紧盯因不作为、乱作为致使公共财产、国家和人民利益遭受重大损失和安全生产事故背后的渎职犯罪，让反腐倡廉持续发力，引向深入。强化职务犯罪预防的实效，围绕重点工程、重大投资项目、关键岗位、关键环节等开展预防，坚持以案说法，开展警示教育，努力从源头上减少和遏制职务犯罪的发生。坚持从严治检，严格检察人员司法和社会行为规范，严肃查处检察人员违纪违法行为，切实加强司法规范化建设，使规范司法成为检察人员的职业习惯。

（四）推进检察改革。遵照上级统一安排部署，围绕优化检察职权配置，开展调查研究，摸清情况，找准问题，遵循规律，稳步推进以司法责任制为核心的检察改革。进一步统一思想、坚定信心，打牢开展各项司法体制改革工作的思想基础；细化落实办案质量终身负责制、错案责任倒查问责制等各项改革措施；完善对限制人身自由司法措施和侦查手段的检察监督，健全冤假错案有效防范、及时纠正机制。建立健全过问案件登记、说情干扰警示、监督情况通报等制度，将《领导干部干预司法活动、插手具体案件处理的记录、通报和责任追究规定》《司法机关内部人员过问案件的记录和责任追究规定》落到实处。坚持目标导向与问题导向相结合，自觉做改革的促进派和实干家，在抓落实上下功夫，确保在解决影响司法公正、制约司法能力的深层次问题上取得重要进展，为全面建成小康社会提供有力司法保障。

各位代表，在新的一年里，我院将认真贯彻本次大会决议，牢记使命，忠诚履职，为建设“现代壮县、幸福莲乡”做出更新更大的贡献!

湘潭县人民法院工作报告

——在湘潭县第十五届人民代表大会第四次会议上

县人民法院院长　袁钢赤

（2016年2月26日）

各位代表：

现在，我代表县人民法院向大会报告工作，请予审查，并请列席会议的同志提出意见。

2015年工作回顾

2015年，我院在县委的正确领导、县人大及其常委会的有力监督、县政府、县政协的大力支持和上级法院的精心指导下，紧紧围绕“努力让人民群众在每一个司法案件中感受到公平正义”的工作目标，坚持“司法为民、公正司法”工作主线，认真履行审判职责，积极推进司法改革，真情服务人民群众，切实加强队伍建设，圆满完成了各项工作任务。一年来，全院共受理各类案件5881件，审执结5020件，收结案数与去年同期相比分别上升27.4%和27.7%。被最高人民法院评为“有效实施失信被执行人名单制度示范法院”、司法警察大队被评为“全国法院司法警察大队先进集体”，另有32名个人获得市、县表彰奖励。

一、牢记使命，认真履行审判职责

依法打击刑事犯罪。审结刑事案件444件，判处罪犯694人。严厉打击涉黑涉恶犯罪，公开审理田兵等寻衅滋事、非法拘禁、故意伤害一案，判处6名被告人有期徒刑七年三个月至一年两个月不等的刑罚。重拳打击多发性侵财犯罪和毒品犯罪，审理“两抢一盗”案件105件，判处罪犯202人；审理毒品犯罪案件45件，判处罪犯51人。审结生产、销售有毒、有害食品犯罪和销售假药犯罪案件8件，判处罪犯13人，依法维护人民群众生命健康安全。审理14起全县社会影响大、群众反映强烈的非法吸收公众存款等涉众型经济犯罪案件，判处罪犯19人，并做出责令被告人退赃退赔的判决。审理贪污贿赂、渎职侵权等职务犯罪案件8件，判处罪犯8人。公开审理全县首例行贿案件，分别判处两名被告人有期徒刑五年，并邀请150余名企业负责人旁听，壮大反腐声势，扩大警示教育效果。开展历年来因病未交付执行罪犯的专项清理活动，将其中8名罪犯依法收监。

妥善调处民商纠纷。共审结各类民商事案件3399件，诉讼标的6.9亿元。依法审理7起侵犯集体经济组织成员权益案，成功化解因土地征收款分配引发的社会矛盾。审结婚姻家庭类案件811件，其中以调解或撤诉方式结案的500件，有效解决婚姻家庭纠纷。审结劳动争议案件67件，为劳动者追回劳动报酬400余万元。与交警、保险、医疗等部门建立诉调对接机制，快立、快审、快执机动车交通事故责任纠纷案件501件，为受害者追回经济赔偿款5947万余元。适用小额诉讼程序，审结小额诉讼案件35件。注重保护合法的民间借贷和企业融资行为，依法制裁高利贷等不法行为，审结民间借贷纠纷案件554件，结案标的1.91亿元。开通涉县信用联社借款案件审理便捷通道，积极运用财产保全措施，结案152件，结案标的1.52亿元。审结瑞鸿置业有限公司、湘潭县机械化施工公司破产案件，有效维护社会稳定。

积极化解行政争议。审结行政诉讼案件93件，其中判决驳回原告诉讼请求22件，判决行政机关败诉18件，裁定驳回起诉和撤诉53件。审查非诉行政执行案件245件，裁定准予执行164件，执结164件，执结率达100%。坚持法治引导，推动行政机关负责人出庭应诉，落实行政机关败诉案件通报制度，针对行政执法突出问题发出司法建议2份，邀请300余名行政机关工作人员旁听2起行政诉讼案件的公开审理，促进行政机关依法行政。积极运用行政诉讼调解机制，化解征地拆迁、行政处罚等诉讼案件25件。全力配合武广大道、潭花复线、梅林山庄二期等重点项目建设，受理征拆腾地非诉行政执行案件20件，促成15户拆迁户自动履行，强制执行行政征收腾地案件5起。认真做好计划生育社会抚养费征收工作，征收到位154万余元。

及时兑现胜诉权益。执结案件960件，涉案标的5.99亿元。在中秋、春节等节日期间开展涉民生案件专项执行活动，上户执行70次，司法拘留41人，净执结案件158案，执行到位标的257万元。开展“百日执行大会战”活动，执结案件137件，执结标的2657万余元。成立为县信用联社清收贷款专案执行组，执结涉县信用联社借款合同纠纷案件34件，净执结标的8000万元。执结涉众型经济纠纷案件8起，执行到位标的5158万元。10月30日，在原龙口乡召开执行兑现大会，为当地166名牲猪养殖户和4名债权人当场兑现执行款181万余元，湖南卫视、湖南都市频道、湘潭日报等媒体进行了现场报道。加强执行信息化建设，投入资金80余万元，建成集远程视频监控、被执行人相关信息查询、失信被执行人信用惩戒、执行人员统一调度等功能于一体的执行指挥中心。将800名被执行对象纳入失信被执行人名单，采取司法拘留措施120人次，罚款5人次，将1名涉嫌犯拒不执行判决、裁定罪的被执行对象依法移送公安机关侦查。

二、勇于探索，积极推进司法改革

认真落实立案登记制。按照立案登记制改革要求，杜绝有案不立、拖延立案、年底不立案等现象。细化立案流程，对符合立案条件的当场登记立案；对起诉不符合要求的，以书面形式一次性全面告

知，充分保障当事人诉权，减轻群众诉累。充实立案窗口力量，认真抓好诉讼服务中心建设。自5月1日全面实施立案登记制度以来，全院共立案登记3764件，与去年同期相比增长43%，发出一次性补正告知通知书215份，裁定不予受理或不予立案5件。

有序推进审判权运行机制改革。5月至11月，易俗河法庭率先在全市法院启动审判权运行机制改革试点工作，努力实现“让审理者裁判，由裁判者负责”。按照“一审一助一书”模式，明确两名审判员担任主审法官，并分别配备法官助理和书记员各1名。主审法官独立办案，直接签发法律文书，法官助理和书记员承担各类事务性工作。试点期间，该庭结案数与去年同期相比增加56件，案件平均审理天数缩短16.9天，且无一超审限、无一上访、无一发回重审。下半年，我院在民事审判领域全面实施审判权运行机制改革，共结案2100件，比去年同期增加275件，案件平均审理天数缩短8天。

建立健全院、庭长办案制度。出台《院、庭长办案制度》，明确院、庭长全年具体办案任务，将其工作重心和主要精力转移到办案中来。院、庭长全年主审各类案件423件，其中大多是重大、疑难、复杂及新类型案件，真正实现了院、庭长一线法官的身份“回归”，不仅较好地解决了长期存在的“审者不判、判者不审”难题，促进了法院内部有限司法资源的整合与优化，缓解了力量与任务的矛盾，也带动了办案质量的全面提升。

三、落实举措，真情服务人民群众

加大司法公开力度。认真落实司法公开三大平台建设要求，依托法院官方网站和微博全面公开法院基本情况、工作流程、办案程序、案件审判等司法信息，满足不同群体对司法公开不断增长的需求。加大庭审公开力度，符合公开审理条件的案件全部公开审理。举办“12.4”国家宪法日暨法院开放日活动，邀请100余名社区群众走进法院，参观办公区域，旁听庭审。在全县19个乡镇开展巡回审判29场，邀请社会公众旁听庭审5000余人次。网上公布生效裁判文书3005份，公布执行案件信息193件，接受网民和社会公众监督。对外委托司法鉴定181件、评估101件、拍卖80件，均做到程序合法，公开透明。邀请湖南电视台、湖南公共频道、湘潭法制频道等媒体开展专题报道32次，在《湖南日报》《湘潭日报》等媒体发稿400余篇，印发《法在您身边》《莲乡审判》等宣传资料3万余份，发送《布告》9000余份，编发《手机报》21期，增强了审判工作透明度，展示了法院良好形象。

畅通司法救济渠道。审理再审案件10件，既维护生效裁判既判力，又及时纠正错误裁判，确保司法公正。认真解决群众合理诉求，共接待群众来访1621人次，办理群众来信45件，并通过判后答疑、思想教育疏导等多种方式，化解信访积案11件。倾情关注弱势群众，全年为困难当事人缓、减、免交诉讼费用300余万元，提供司法救助资金44万余元，组织干警为贫困群众捐款近3万元。派出92名干警到易俗河镇砚井社区集中走访居民451户，选派44名法官进驻全县22个“三官一律”工作室，为48名困难群众解决生产、生活难题52个，提供法律咨询150余人次。机关各党支部与云湖桥镇楚家村等3个对口帮扶村签订共建承诺书，64名在职党员干警进村开展“一进二访”工作。出台《关于为扶贫开发工作提供司法保障和服务的意见》，25名副科职以上干警入驻青山桥镇天塘村开展精准扶贫。

推进基层法庭建设。加快法庭物质装备建设，为人民群众提供更加高效便捷、公正公平的司法服务。石潭法庭和青山桥法庭两个科技法庭实现庭审活动同步录音录像和全程监控，庭审秩序进一步规范。射埠法庭新建项目已进入主体施工阶段，年底前已完成主体建设。中路铺法庭新建项目已完成国土审批手续。激发法庭工作活力，将新录用的4名干警全部充实到法庭。鼓励法庭依托自身解决基层矛盾纠纷的优势和经验，积极参与“三调联动”，把矛盾纠纷化解在基层。采取“巡回开庭”“集市普法”等形式，对老百姓进行面对面法制宣传。一年来，7个人民法庭共结案1645件，指导人民调解组织化解矛盾纠纷350余起，开展巡回审判、集市普法合计57场次。

四、严格管理，切实加强队伍建设

加强司法能力建设。选派23人次参加上级法院和市、县党校组织的培训，开展全院性业务学习42场次，组织干警重点学习了新《行政诉讼法》和新《民事诉讼法司法解释》，提高法官准确适用法律、依法公正裁判的能力。开展法警集中轮训和书记员业务培训与竞赛活动，提升司法辅助人员业务技能。开展“百日办案竞赛”活动，激发干警办案热情，竞赛期间共审执结案件1659件，比去年同期多结案518件。加强司法理论研究，1篇案例被最高人民法院公布为全国法院指导性案例，3篇案例入选《中国法院年度案例》，1篇论文荣获全国法院第27届学术研讨会二等奖。

提高审判工作效率。加强审判流程节点管理，落实办案期限临界预警，规范审限变更程序，严格明确审限延长审批权限，避免案件久拖不决、久执不结，全年法定正常审限内结案率为99.8%。狠抓薄弱环节，加大长期未结案件清理力度，建立台账，逐案予以研究，审管办每周书面通报清理进度，清理审结立案一年以上未结案件40件。积极参加全市政法系统“百案讲评”活动，对3件示范性案件、12件瑕疵案件进行公开讲评。将发回重审案件、超审限案件、重大瑕疵案件列为司法问责重点，对16案12名承办法官予以司法问责。审判管理工作排名全市基层法院第一。

筑牢廉洁司法防线。认真落实“三严三实”专题教育活动要求，通过党总支集中学习、支部讨论和召开领导班子专题民主生活会、院长上党课、组织干警到县廉政教育基地参观学习等活动，强化法官的责任意识和担当意识。切实履行党风廉政建设党组主体责任和纪检组监督责任，建立明查暗访长效机制，及时督促整改在庭审活动、工作纪律、司法礼仪等方面存在的问题。组织集体廉政谈话，强化对审执工作重点领域的监督，约束干警不越雷池、不踩红线。对各种违纪违法问题坚持“零容忍”，将2名存在违纪行为的干警分别给予纪律处分、调离审判岗位。

强化监督机制建设。自觉接受人大监督，主动向县人大常委会报告法院工作的重大部署、重要事项，认真落实县人大常委会对涉众型经济案件审理工作的审议意见，邀请人大代表调研、视察、旁听庭审等活动230人次，走访人大代表110余人次。积极配合县政协驻法院民主监督小组来院开展民主监督，邀请政协委员视察、旁听庭审活动75人次。对代表建议和政协委员提案全部及时办结。加强人民陪审员增选、培训和参审工作，增选人民陪审员43人，人民陪审员总人数达到90人，普通程序参审率达100%。回访案件当事人和来访人员1532人，答复网民发帖21条，收集意见和建议89条。

各位代表，过去的一年，我们努力克服案多人少困难，较好地完成了各项审判工作任务，这是县委正确领导、县人大有力监督、县政府县政协及社会各界关心支持的结果。借此机会，我代表全院干警向大家致以崇高的敬意和衷心的感谢！

我们也清醒地认识到自身工作还存在一些问题和不足：一是受经济下行影响，进入司法程序的纠纷案件居高不下，人民群众日益增长的司法需求与审判力量不足、司法保障相对滞后的矛盾有待缓解；二是法官对办案的社会效果注重不够，灵活运用多种方式化解矛盾纠纷，促进县域经济发展和社会和谐的司法能力还有待进一步提高；三是法院信息化建设、基础设施建设有待进一步加强；四是司法不廉，办案不公的现象仍然未得到根本杜绝，个别法官工作作风不扎实，反腐倡廉建设和纪律作风建设的效果还有待进一步提高。这些问题，我们将在今后的工作中有针对性地加以解决。

2016年工作安排

2016年，是“十三五”规划开局之年。新的一年里，我院工作总的思路是：认真贯彻党的十八大、十八届三中、四中、五中全会精神和中央政法工作会议精神，按照“五位一体”总体布局和“四个全面”战略布局，准确把握司法改革的总体要求，以维护公平正义为目标，以提升司法公信为重点，以改革创新为动力，以队伍建设为引导，坚持公正司法、廉洁司法、为民司法，为全县经济社会发展创造和谐稳定的社会环境、公平正义的法治环境和优质高效的服务环境。重点做好以下几个方面的工作：

一是进一步发挥职能作用，在服务大局上有新作为。全力助推平安创建，依法严厉打击各类刑事犯罪，加大对涉众型经济犯罪的追赃力度，营造安全稳定的社会环境，提高人民群众满意度。密切关注社会热点问题，妥善审理民间借贷纠纷，增强公民法律意识、规则意识和诚信意识。依法审理婚姻家庭、劳动就业、社会保障、教育医疗、人身损害赔偿等涉民生利益案件，保障人民群众特别是弱势群体的合法权益。有效化解行政争议，监督行政机关依法行政，保护当事人合法权益。加大对非诉行政执行案件的执行力度，全力服务全县重点工程及项目建设。强化执行指挥中心的功能，配强执行队伍，确保反应快速、运转高效，提高执行的实际到位率。

二是进一步推进司法公开，在阳光司法上有新突破。主动适应信息化时代人民群众对司法公开的新需求，建立网上诉讼服务中心案件查询系统，向当事人适时公开案件审理、执行、鉴定、评估、拍卖等流程信息，使其成为了解群众诉求的窗口、方便群众办事的平台和接受群众监督的渠道。继续加强裁判文书上网工作，注重提高上网文书质量，确保符合公开条件的生效裁判文书100%上网公开。加大巡回审判力度，继续开展法院开放日活动，提高群众参与旁听庭审的积极性。加强法院官网、微信、微博等自媒体建设，让人民群众更便捷、更直接地监督司法审判工作。积极应对网络舆情，及时发布权威信息，说明事实真相，回应社会关切。

三是进一步深化司法改革，在审判质效上有新提升。认真贯彻落实四中全会《决定》和最高法院“四五改革纲要”要求，积极稳妥推进司法体制改革，落实审判责任制，将审判权真正交由法官来行使，切实做到“让审理者裁判、由裁判者负责”。完善以庭审为中心的诉讼制度，做到事实调查在法庭、证据展示在法庭、控诉辩护在法庭、裁判说理在法庭，通过庭审查明案件事实，确保司法公正。以案件质量评查制度为抓手，强化审判流程管理，健全案件评查机制，完善审判质量评估体系，探索建立符合法院工作特点的考核办法和奖惩机制，切实提高案件质效。

四是进一步提高法官素质，在队伍建设上有新进展。坚持抓好班子建设，充分发挥班子的示范引领作用。坚持从严选拔、从严教育、从严监督、从严考核，着力打造高素质法官队伍。健全业务学习机制，培育浓厚的学习氛围，大兴司法调研之风，努力打造“精英型”法官。注重从优待警，重视和关心审判一线法官，为其依法履职创造良好条件。继续推进信息化建设，坚持以信息化手段管理审判执行工作，管理、评价、考核法院干警。认真落实党风廉政建设责任制，严守党的政治纪律和政治规矩，加强司法廉洁教育，继续深入学习贯彻《准则》和《条例》，认真排查廉政风险点，构筑坚固的风险防控体系，确保公正廉洁司法。

吉羊归玉宇，金猴庆新春。在全面建成小康社会的伟大历史进程中，我们将在县委的坚强领导下、县人大及其常委会的有力监督下，认清形势，牢记使命，务实创新，努力适应经济社会发展新常态，积极回应人民群众司法新需求，奋力推动法院工作再上新台阶，为推动县域经济社会发展做出新贡献！

关于湘潭县2015年国民经济和社会发展计划执行情况与2016年国民经济和社会发展计划草案的报告

——在湘潭县第十五届人民代表大会第四次会议上

县发展和改革局局长 易继辉
（2016年2月25日）

各位代表：

受县人民政府委托，我就2015年国民经济和社会发展计划执行情况与2016年国民经济和社会发展计划草案向大会书面报告如下，请予审查，并请列席会议的同志提出意见。

一、2015年国民经济和社会发展计划执行情况

2015年，在县委、县政府的坚强领导下，在县人大、县政协的监督支持下，全县上下坚持“现代壮县、幸福莲乡”主题，强力实施“强工壮县、惠农富民”举措，努力克服经济下行压力，全县经济社会保持平稳健康发展态势。全年地区生产总值增长10.7%，达到329.8亿元；固定资产投资增长20.5%，达到200.4亿元；社会消费品零售总额增长12.7%，达到74.8亿元；财政收入增长9.1%，达到24.4亿元；城乡居民人均可支配收入分别增长8%、9%，达到2.77万元、1.45万元。

1.坚持调结构促转型，产业升级成效显现。三次产业比重由2014年的18.3：51.6：30.1调整为17.8：51.7：30.5，第三产业占比同比提高0.4个百分点。现代农业稳步发展。全年完成第一产业增加值58.7亿元，增长2.4%；粮食种植面积10.67万公顷，粮食总产量79万吨，肉猪出栏205.7万头;大力实施农业“接二连三”和“百家示范”工程，全县市级以上农业产业化龙头企业达到43家，实现农业产业化产值220亿元。工业经济总体趋稳。全年完成规模工业总产值484亿元，规模工业增加值136.6亿元；主导产业发展迅速，食品、医药、机电、建材等行业实现两位数以上的增长；全年完成第二产业增加值170.4亿元，增长12.2%。现代服务业发展加速。成功举办首届房交会、青山鞋业联盟首届订货会和湘莲地方特色产品展览会；大力发展生态农业观光旅游，成功推进“美丽梅林都市后花园”开园。全年接待游客721万人次，实现旅游综合收入48.2亿元；电子商务、健康养老等新产业、新业态发展迅速；全年完成第三产业增加值100.7亿元，增长13%。

2.坚持“一区多园”模式，强工壮县步伐加快。天易示范区全年完成技工贸收入606.4亿元，规模工业总产值338亿元，固定资产投资150.2亿元，财税收入15.5亿元。主导产业不断壮大，食品医药、先进装备制造、新材料三大产业完成产值321.3亿元，占园区规模工业总产值的比重在93%以上；招商引资实现新突破，全年新签约项目21个，其中投资过亿元项目10个，到位资金40.2亿元，成功引进世界五百强ADM公司，实现外商投资零的突破；重点项目稳步推进，海棠路提质改造等21个项目竣工投运，武广大道、潭花复线等19个在建项目进展顺利，傲派自动化、新向维、珠江啤酒、电线电缆二期、傲农等9个产业项目投产；“一区多园”成效喜人，杨河、青山、茶恩等三个乡镇工业园签约落户项目10个，完成工业投资18亿元，完成规模工业总产值48.7亿元。茶恩寺竹木工业园成功获批湖南省现代农业特色产业园，青山皮鞋工业园积极争创省级工业集中区。“一区引领、多园支撑”的工业发展模式成为全市示范。

3.坚持扩大有效需求，拉动经济稳步增长。投资保持稳步增长。全年完成固定资产投资200.4亿元，增长20.5%，增速保持全市第一。投资结构呈现积极变化。全县“湖南省12大振兴产业投资”完成108.4亿元，同比增长48.1%，产业投资占全县固定资产投资比重达到51.2%，高于全市产业投资占比平均水平。重点项目建设进展良好。全县91个重点工程建设项目开工85个，开工率达94%，全年完成投资100.5亿元。54个项目建成投产或投入使用，29个项目超额完成年度建设任务。消费需求保持稳定。完成社会消费品零售总额74.8亿元，增长12.7%。电子商务快速发展，淘宝特色中国湘潭县馆入驻企业达到160余家，实现销售额8000万元。争资引项成果喜人。全年直接利用外资7124万美元，增长9.6%；争取到位国省预算内资金10808万元，国家专项建设基金26150万元；全面启动“招商突破年”活动，全年共引进项目50个，其中过亿元项目11个，到位资金50亿元。

4.坚持抓统筹促融合，城乡一体有序推进。城市建设方面，飞龙路、黄莺西路、紫竹南路竣工通车，大鹏路提质改造、滨江风光带二期等项目加快推进；县档案馆、非遗保护中心和全民健身综合中心完成主体施工，文体广场建设加快推进。城市管理方面，对城区“六乱”行为、城区交通秩序等进行了集中整治；全面启动“林荫大道、林荫行动”工程，城区净化、绿化、亮化实现提质上档。小城镇建设方面，不断加大建设投入，中路铺、花石、谭家山等乡镇基础设施不断改善。新农村建设方面，完成农村公路硬化390千米，扎实推进示范片、美丽乡村、帮扶村建设基础设施建设，梅林桥美丽乡村示范片成为全市典范；深入推进农村环境综合整治，300个村实施垃圾分类减量处理，农村环境显著提升。

5.坚持全面深化改革，发展动力不断增强。按照县委全面深化改革的实施意见和2015年工作要点，积极推进各领域改革。行政审批制度改革全面推进。大力推行“1+3”清单，将45家单位的行政职权整合为30家，删除重复项138项，修改职权内容410项；取消、新增和调整行政审批项目221项。财税体制改革取得初步成效。实行全口径预算编制，试点推行部门预算及“三公”经费预决算公开，“三公经费”大幅下降。投融资体制改革加快推进。发布我县2015年第一批14个PPP项目，总投资102亿元；起草《湘潭县政府核准的投资项目目

录（2015年本）》和《湘潭县投资管理负面清单》，即将正式发布。城建投公司实行企业化运作。商事登记制度改革成效明显。全面推行“三证合一、一照一码”登记制度改革，全年新增市场主体845户。

6.坚持惠民生促和谐，社会事业全面进步。民生支出力度加大。全年用于各领域的民生支出32亿元，占财政总支出的72%，“八大民生重点”顺利推进。就业形势稳中向好。全年新增就业1.52万人，城镇登记失业率稳定控制在4.11%以内。社会保障水平继续提高。城乡居民基本养老保险整合并轨，开工建设公租房589套，矿区村综合整治等项目稳步推进。生态环境日益改善。实施吴家巷工业园金属污染治理一期工程，完成500多家排污企业初始排污权核定；湘江干流禁养区内养殖户全部退出；森林覆盖率达45%。社会事业统筹发展。创建合格学校40所，公办幼儿园3所，高考各项评价指标连续十七年蝉联全市第一；全面启动县级公立医院综合改革，县中医院外科综合大楼和云湖桥镇卫生院整体搬迁项目顺利推进，县人民医院获批创建三级医院。其他各项社会事业取得新的进步。

虽然全县2015年经济社会发展取得了一定成绩，但仍存在一些困难和问题：一是调结构速度放缓。2015年三次产业结构比为17.8∶51.7∶30.5，二、三产业占GDP比重为82.2%，离全面建成小康社会的目标仍有较大差距。二是工业回升基础不扎实。全年规模以上工业增加值增速处于近年来较低水平，企业产品市场需求依然疲软，加之经营综合成本居高不下，使企业经营总体上仍处于困难之中，工业整体回升动力不足。三是投资增长动能不足。投资增速持续放缓，全年增幅同比回落4.5个百分点；项目支撑不强，全县91个重点项目完成投资100.5亿元，只占全部投资的50.2%。四是财政收支压力较大。2015年我县财政收入增速一直在低位波动，而社会保障、民生工程、生态建设等刚性支出持续增加，财政收支平衡面临巨大压力。针对这些问题，我们必须切实采取有效措施逐步加以解决。

二、2016年经济社会发展环境

2016年是“十三五”的开局之年，是我县提前建成全面小康社会的关键之年，也是全面推进结构性改革的攻坚之年，做好今年的经济工作任重道远。

从国内看，当前我国经济受趋势性周期性因素叠加、内外部条件交织的影响，短期下行压力较大，但结构性改革与结构性调整等积极因素不断积累，经济中新亮点新动能持续增加，就业、居民收入等民生领域取得长足发展，经济整体保持在合理区间内平稳运行。

从省内看，全省经济正处于多重任务、多重机遇、多重挑战叠加的关键阶段，经济发展长期向好的基本面没有变。随着“一带一部”、长江经济带、“中国制造2025”等国家战略的推进实施，将进一步优化全省重大生产力布局、加速一批重大产业和基础设施项目落地、吸引更多生产要素向我省集聚。

从自身看，我县经济稳中有进的态势将继续保持。国家“一带一路”、长江经济带等战略的纵深推进，以及长株潭一体化的提速，均为我县带来重大发展机遇。近年来，我县投资持续增长，“一区多园”发展战略效果凸显，一大批重大产业项目开工建设或竣工投产；特色产业稳步发展，农业产业化步伐加快；服务业新业态加速发展，均为经济增长拓展了新的空间。

综合判断，2016年全县经济下行的压力仍然较大，但发展的动力不断增多增强，发展的有利因素不断集聚累积，我们有基础、有条件、有信心实现“十三五”的良好开局。

三、2016年经济社会发展主要预期目标和任务

2016年我县的经济社会发展工作，将深入贯彻落实党的十八大、十八届三中、四中、五中全会和中央、省、市、县委经济工作会议精神，坚持“创一流、进百强”发展目标，坚持“强工壮县、惠农富民”发展举措，坚持“一区多园、创新驱动”发展模式，稳中求进、改革创新，推动全县经济社会创新发展、协调发展、绿色发展、开放发展和共享发展，为实现“现代壮县、幸福莲乡”努力奋斗。主要预期目标是：地区生产总值增长10%以上，达到365亿元；财政总收入增长7%以上（其中税收增长10%以上），达到26亿元；规模工业增加值增长14%以上，达到158亿元；固定资产投资增长20%以上，达到240亿元；社会消费品零售总额增长12.5%以上，达到84.5亿元；城镇和农村居民人均可支配收入分别增长11%和12%以上，达到3.07万元和1.63万元；城镇化率达到41%以上；万元GDP能耗下降6%以上。主要任务是：

1.着力推进“一区多园”，加快强工壮县。按照“一区做大，多园做专”思路，全力推进一区多园建设。加快国家级经开区创建工作，充分利用长株潭“国家自主创新示范区”、省政府创新创业园区“135”工程等机遇，集聚产业优势，提升产业品质，加快产城融合，全力提升综合承载能力，力争全年完成技工贸总收入690亿元以上，完成规模工业总产值375亿元以上，完成固定资产投资170亿元以上，完成财政总收入16.8亿元以上。大力实施“一区多园”战略，积极协调推进天易示范区青山皮鞋工业园、茶恩竹木工业园、杨河工业园的建设发展。完善《竹木产业发展规划》，抓好楠竹资源保护、品种改良和产品升级换代；推进青山桥皮鞋工业园续建工程建设，引进先进皮鞋流水生产线，拓展皮鞋产业链，提升皮鞋档次，建成企业淘宝电商平台；完善杨河工业园配套基础设施建设，确保英达机电、海大饲料等项目建成投产；积极筹建和申报花石湘莲产业园。

2.着力推动产业升级，提升发展质量。加快发展现代农业，推进谭家山、云湖桥等11个乡镇1800公顷高标准农田建设工程，提高农业综合生产能力，确保粮食安全。全力推进“百家示范”和“接二连三”工程，突出发展油茶、湘莲等特色产业，大力培育农业产业化龙头企业，力争全年实现农业产业化产值260亿元以上。加快推进新型工业化，大力发展食品医药、先进

装备制造等主导产业，支持企业加强科技创新和品牌建设，重点培育珠江啤酒、五洲通等10家贡献份额大、带动力强的龙头骨干企业和高耐合金、映日荷花等20家高成长型企业，引导企业通过上市、新三板挂牌等其他资本市场实现快速发展。大力发展现代服务业，加快文化旅游业、商贸流通业、金融房产业的发展。

3.着力扩大有效投资，强化发展支撑。发挥投资对稳增长的关键作用，以重点项目为抓手，以扩大有效投资为重点，围绕产业发展、基础设施、生态环保、社会民生等领域，着力实施一批重大项目，保持投资平稳较快增长。重点实施80个以上重点工程项目，确保完成投资145亿元以上。认真研究国家投资导向和产业政策，科学谋划和包装一批重点项目，争取更多项目进入国家、省、市“十三五”规划“大盘子”。围绕示范区装备制造、食品医药、新材料产业和湘莲、皮鞋、竹木、茶油等特色产业，大力开展“招商突破年”活动，力争全年引进过亿元项目12个以上，实现到位资金50亿元以上。加强用地计划争取，盘活存量土地，千方百计破解征拆难问题，确保重点项目用地需求。

4.着力推动城乡统筹，促进协调发展。优化城镇空间布局。加快推进县城总体规划和土地利用控制性详细规划修编，结合乡镇行政区划调整改革，编制5个村镇布局规划、10个中心村村庄规划，编制花石镇总体规划和控制性详细规划。加强基础设施建设。以中心镇和特色镇建设为重点，发挥政府投资引导作用，鼓励社会资本参与公共基础设施建设。推进乡镇机关“五小设施”和村级组织活动场所提质改造。加快推进芙蓉大道辅道和大鹏西路辅道建设，提质改造凤凰路、海棠路等城市主干道和富豪阁、研井社区等背街小巷，加快沪昆高速公路扩容工程湘潭县段、花石湘莲市场干线公路、杨嘉桥湘水缘环线公路、晓南互通至青山桥连接线等项目建设。加快推进小城镇和新农村建设。重点抓好花石、石潭等中心镇垃圾处理、污水处理、城镇燃气等基础设施建设，全年硬化农村公路建设300千米。加快示范片、美丽乡村和帮扶村建设，推进农村环境综合整治常态化运作，实现农村生活垃圾分类减量处理率达到100%。

5.着力深化改革创新，增强发展活力。加快政府机构改革，转变政府职能，全面完成乡镇区划调整改革和建制村合并工作。深化行政审批制度改革，大幅减少前置审批，进一步缩小投资项目核准范围，加快备案进度。深化投资体制改革，完善《湘潭县政府投资管理办法》和《湘潭县政府投资项目评估管理办法》，规范政府投资行为。深化财税金融体制改革，完善预算管理和控制，建立政府债务管理及风险预警机制，加快农村信用社改革改制和村镇银行建设。深化公共资源交易体制改革，建立统一规范的县级公共资源交易平台，制定公共资源交易项目目录。完善城乡一体化体制机制，创新农业经营体制，大力培育新型农业经营主体，积极创建“湖南省家庭农场示范县”，新增省级示范家庭农场5家以上，市级示范家庭农场10家以上。推进农村土地承包经营权确权登记和农业“三项补贴”改革，激发农业发展活力。深化科技体制改革，积极参与长株潭国家自主创新示范区建设，推动建立企业为主体产学研用紧密结合的技术创新体系。

6.着力保障改善民生，共享发展成果。完善社会保障体系。继续抓好各项社会保险扩面提标，健全社会救助体系，加大对特困家庭的救助，探索建立村、社区养老新模式。大力推进精准扶贫，易俗河镇和河口镇2016年提前实现贫困人口脱贫。加强公共卫生和计划生育工作。提升医疗卫生服务水平，加快县人民医院内科住院楼及门诊医技综合楼建设，启动县妇幼保健院整体搬迁，完成白石、茶恩寺2所乡镇卫生院改扩建和100个村卫生室标准化建设任务。抓好重大传染病防控工作，启动省级卫生县城创建工作。依法组织实施全面两孩政策，完善登记服务制度。加快教育文体事业发展。加快推进湘潭子敬学校建设，建成县一中艺体馆，完成12所合格学校、1所公办幼儿园、11所国省足球学校建设。完成全民健身综合楼、非遗保护中心建设并投入使用，新建5个乡镇文体广场，完成100个建制村“村村响”工程建设任务。创新社会管理。切实抓好重点行业和重点领域安全生产工作，加大“打非治违”力度，全力创建省级“安全生产示范县”。深化“平安湘潭县”建设，健全立体化治安防控体系和打防管控一体化运行机制。

各位代表，做好2016年工作，任务艰巨，责任重大。我们将在县委、县政府的坚强领导下，在县人大、县政协的监督支持下，坚持稳中求进，锐意改革创新，坚定信心，扎实工作，奋力推动全县经济持续健康发展和社会和谐稳定，为实现“十三五”良好开局努力奋斗!

关于湘潭县2015年财政预算执行情况和2016年财政预算（草案）的报告

——在湘潭县第十五届人民代表大会第四次会议上

县财政局局长　胡自庚

（2016年2月25日）

各位代表：

我受县人民政府委托，向大会报告2015年财政预算执行情况和2016年财政预算（草案），请予审查，并请列席的同志提出意见。

一、2015年全县财政预算执行情况

2015年，面对经济新常态下的各种挑战，全县上下团结一心，奋力拼搏，努力促使预算执行科学化水平不断提高，较好地完成了县十五届人大三次会议确定的各项目标任务。

（一）一般公共预算执行情况

1.预算收入完成情况。2015年，全县完成财政总收入24.4亿元，为年初预算的100%，比上年增加2.03亿元，增长9.08%。其

中，一般公共预算收入完成19.08亿元，为年初预算的106.12%，比上年增加2.54亿元，增长15.33%。

2.预算支出完成情况。2015年，全县一般公共预算支出完成43.6亿元，为年初预算的113.66%，比上年增加5.25亿元，增长13.69%。

3.财力平衡情况。2015年，全县一般公共预算收入完成19.08亿元,上级补助收入26.82亿元，调入资金0.04亿元，上年结余结转和债务转贷收入5.57亿元，收入总计51.51亿元。2015年，全县完成一般公共预算支出43.6亿元，债务支出、上解支出及结转下年支出6.56亿元，安排预算稳定调节基金1.35亿，支出总计51.51亿元。全年收支平衡。

（二）政府性基金预算执行情况

2015年，县本级完成政府性基金收入0.94亿元，上级补助收入1.57亿元，支出2.51亿元。全年收支平衡。

（三）国有资本经营预算执行情况

2015年，县本级完成国有资本经营收入0.05亿元，支出0.01亿元，其余0.04亿元调入公共预算平衡财政。

（四）社会保险基金预算执行情况

2015年，县本级完成社会保险基金收入8.2亿元，支出7亿元，当年结余1.2亿元。

以上具体收支决算数待省财政厅决算批复后，再报送县人大常委会审查。

（五）财政工作的主要特点

1.全力稳增长。一是强化收入征管。积极落实中央“营改增”、扶持小微企业发展、取消部分行政事业性收费等政策性减税减费政策，充分挖掘新兴税源，加强对行政事业性收费收入、国土收入等重点非税收入的征管。二是争取上级支持。认真研究上级支持转型发展、推进财税改革的系列政策和公共财政的支出方向，加强县直各部门的协调沟通，积极同上级财政部门对接，努力争取上级在转移支付、专项补助、重大项目等方面的支持。三是盘活国有资产。通过规范资产处置行为、加强经营性资产管理、建设国有资产管理平台等一系列举措，积极整合资源、盘活资产，努力变资源为财源。

2.努力促转型。一是支持园区发展。认真落实“一区多园”战略。全力支持天易示范区融资，加大对天易示范区的投入，充分发挥天易示范区的集聚效应，2015年天易示范区完成财税收入15.5亿元。支持乡镇工业发展，整合部分工业类资金支持乡镇工业园建设，乡镇土地收益县级部分全额用于支持乡镇小城镇基础设施建设和支持乡镇园区建设。二是助推产业升级。大力推动特色县域经济重点县建设，全年完成农副产品加工业项目总投资30亿元，实现农副产品加工业产值200亿元。充分发挥财政资金“四两拨千斤”的作用，投入新型工业化引导资金1000万元，帮助、引导企业节能减排。三是淘汰落后产能。为落实小煤矿关闭工作提供资金保障，顺利关闭茶园、新源煤矿等5家煤矿，落实关闭“五小”企业工作。

3.竭力惠民生。一是加大民生投入。2015年，我县各类民生支出31亿元，占财政总支出的72%。其中，投入7.8亿元推进统筹城乡就业、养老保险、城乡低保救助和农村五保供养扩面提标等社会保障方面的工作；投入7.7亿元促进全面改善义务教育薄弱学校基本办学条件、合格学校建设、助学资助等教育事业的发展；投入5.4亿元推动新农合、城镇居民医保、基本公共卫生服务等医疗卫生方面的工作；投入7.8亿元提升小型农田水利建设、现代农业等农林水事务方面的服务水平；投入2.2亿元开展交通运输、廉租房建设、小城镇基础设施建设等其他民生方面的工作。二是保障基层运转。重点加强了对乡镇、村级运转的经费保障，全年安排乡镇村级运转经费2.8亿元。2015年起村级运转经费标准由7万元/村提高至8万元/村，村干部工资及养老保险从800元提高至1200元。三是落实惠农政策。启动了“三项补贴”改革试点工作，制定了《湘潭县农业“三项补贴”改革试点实施方案》和《湘潭县农业“三项补贴”改革试点考评办法》，明确了政策实施的具体要求和保障措施。发挥农业保险功能，增加农户抵御自然灾害能力，全年共赔付农业保险资金近3000万元。筹措村级公益事业建设“一事一议”资金8338万元，实施奖补项目378个。认真落实各项惠农补贴政策，通过“一卡通”发放惠农补贴40项，发放金额3亿元以上。

4.强力推改革。一是提高预算管理水平。细化编制全口径预算，充实政府性基金预算，扩大国有资本经营预算覆盖范围，加强对社保基金收支监管，各项收入按规定全部纳入预算，统筹安排各项支出。同时，全面推进预决算信息公开，所有县级预算单位（涉密部门除外）的预决算和“三公”经费预决算，都在规定时间内按要求予以公开。二是提高绩效管理实效。绩效目标管理与部门预算编审做到“同申报、同审核、同批复”，全县80多个预算单位的560多个项目申报了绩效目标，审核项目预算资金9.63亿元。加强了对绩效评价结果的运用，优先考虑或重点支持绩效评价结果较好的项目，减少绩效评价结果差的项目资金安排，取消无绩效或低绩效项目。三是提高资金使用效率。认真落实《湘潭县财政专项资金（基金）管理暂行办法》，在专项资金设立、整合、使用等方面严格把关，切实规范专项资金管理，加大整合力度，提高资金使用效率。同时，通过政府采购、财政投资评审、重点工作财务集中核算等工作的开展，实行财政资金使用效益最大化。

总的来看，2015年全县财政预算执行情况总体良好，各项财政工作取得新进展。在看到成绩的同时，我们也清醒地认识到，当前我县财政运行还存在一些困难和问题，如财政收支矛盾突出，资金调度压力大，财源培植力度不够等。对此，我们将高度重视，在今后的工作中采取更有力的措施加以解决。

二、2016年财政预算安排草案

2016年是“十三五”规划的开局之年，是我县全面深化改革、转型升级的关键之年。按照全面深化财税体制改革的总体要求和新预算法的规定，2016年的预算编制以建立全面规范、公开透明的预算管理制度目标，严格遵循“统筹兼顾、勤俭节约、量力而行、讲求绩效和收支平衡”的原则进行。

（一）一般公共预算安排情况

2016年，财政总收入预期增长目标定为7%以上（其中税收增长10%以上）。

据此，预计全县财政总收入26亿元，比上年增加1.6亿元，其中地方公共预算收入20.07亿元，上划收入5.93亿元。

2016年，县级地方公共预算收入20.07亿元，加上上级补助24.74亿元，调入预算稳定调节基金1亿元，置换一般债券转贷收入6.58亿元，可安排使用收入总计52.39亿元。安排一般公共预算支出44.3亿元，债券还本0.46亿元和上解上级支出1.05亿元，置换一般债券还本支出6.58亿元，支出总计52.39亿元，当年收支平衡。

一般公共预算支出安排如下：一般公共服务支出6.4亿元，国防支出0.06亿元，公共安全支出1.8亿元，教育支出7.62亿元，科学技术支出0.5亿元，文化体育与传媒支出0.33亿元，社会保障和就业支出7.95亿元，医疗卫生支出5.48亿元，节能环保支出0.78亿元，城乡社区事务支出1.25亿元，农林水事务支出7.9亿元，交通运输支出1.32亿元，资源勘探电力信息等事务支出0.43亿元，商业服务业等事物支出0.39亿元，国土资源气象等事务支出0.3亿元，住房保障支出0.81亿元，粮油物资储备事务支出0.14亿元，债务付息支出0.19亿元，其他支出0.05亿元，预备费0.6亿元。

以上安排数包括上级转移支付安排的支出，共计44.3亿元。

（二）政府性基金预算安排情况

2016年，根据《财政部、人民银行关于修订2016年政府收支分类科目的通知》（财预〔2015〕205号）要求，将政府住房基金收入列入一般公共预算。根据财政部印发的《污水处理费征收使用管理办法》规定，将污水处理费纳入基金预算管理。同时将国有土地使用权出让收支进一步细化。2016年纳入县本级政府性基金预算编制范围的基金项目为9项，基金收入预算为9.24亿元，安排基金支出预算为9.24亿元，当年收支平衡。

（三）国有资本经营预算安排情况

国有资本经营预算按照收支平衡的原则编制，不列赤字，并安排资金调入一般公共预算。2016年，我县纳入国有资本经营预算的单位有2家，国有资本经营收入预算为0.05亿元，安排支出0.05亿元，其中国有资本经营支出预算为0.01亿元，调出资金0.04亿元到一般公共预算。

（四）社会保险基金预算安排情况

根据《财政部、人力资源社会保障部、国家卫生计生委关于编报2016年社会保险基金预算的通知》安排，机关事业单位养老保险基金项目纳入社会保险基金预算编制范围，2016年社会保险基金项目为7项，收入预算为13.1亿元，安排社会保险基金支出预算为12.5亿元，当年结余0.6亿元。

三、2016年全县财政工作的基本思路和主要举措

2016年全县财政工作的指导思想和基本思路是：全面贯彻中央、省、市、县各项决策部署，主动适应经济发展新常态，深入推进财税改革，着力完善体制机制，加快释放改革红利；认真落实积极财政政策，着力支持稳增长调结构转方式，促进经济平稳健康发展；优化支出结构，着力保障和改善民生，增进民生福祉；坚持依法理财，着力加强内部控制建设，提高财政管理水平，努力推动全县经济社会事业科学持续发展。

按照上述指导思想和基本思路，2016年财政部门将重点抓好以下几个方面的工作：

（一）适应新常态，精心组织收入

一是科学研判形势。重点聚焦税制改革、转移支付改革、价格机制改革、事权与支出责任划分改革、优化县级基本财力保障机制等重大改革，积极做好政策的收集、整理、分析工作，准确预判形势，做好政策对接，积极争取上级支持。二是依法组织收入。加强与税务部门衔接，促进依法征税、应收尽收，继续清理规范行政事业性收费和政府性基金的执收缴库，着力提高财政收入质量。同时，进一步加强国有资产管理，促进资产合理配置和有效营运。三是盘活存量资金。进一步完善国库资金管理机制，加强对结余结转资金、财政间歇性资金及预算编制和执行环节的管理力度，进一步盘活财政沉淀资金。

（二）适应新政策，科学培植财源

一是转变支持发展思路。深入贯彻落实县政府出台的《关于稳增长促发展的九条意见》等政策文件精神，从提供金融支持、减轻企业负担、提升审批效率、加快项目建设、落实财政投入等方面进一步加大对实体经济的帮扶力度。二是转变财政投入方式。充分发挥财政杠杆的引领和撬动作用，财政投入方式从以直接投入为主，逐步向补贴、以奖代投、股权投资、中小企业贷款担保等多种扶持方式并重转变。三是转变政府调控方法。对应由市场主体发挥主导作用的领域，探索建立财政支持政策和资金退出机制。抓住经济建设需求与社会资本投资需求的契合点，通过PPP（公私合营）、政府购买服务等方式，引导社会资本进入公共服务、生态建设、基础设施等领域，提高公共产品和公共服务的供给效率。

（三）适应新要求，优化支出结构

一是厉行节约保运转。坚持“人员支出按政策、公用支出按标准、项目支出按财力、其他支出按实际”的原则，严格控制建设、行政、“三公”、项目等方面的支出，进一步完善乡镇及机关事业单位工资制度，切实提高党政机关正常运转和村级保障水平。二是加大投入保民生。突出财政资金的公共导向，落实中央和省、市、县相关民生事业投入政策，加大民生财政投入力度，重点向文化教育、医疗卫生、社保就业等方面投入，促进经济社会协调发展。三是城乡统筹保和谐。认真落实各项强农惠农政

策，加大农业投入力度，支持农田水利、农村道路等基础设施建设。继续扩大“一事一议”财政奖补范围，支持美丽乡村建设，努力改善农村生产生活条件。

（四）适应新形势，深化财税改革

一是完善预算管理体系。加大一般公共预算对各项资金的统筹使用力度，完善全口径预算编制，进一步提高预算透明度。加强第三方绩效评价，注重绩效评价结果应用。强化对债务举借、使用、偿还的全过程审批和监督，研究探索逐步把政府债务分门别类纳入全口径预算管理，着力防范和化解财政风险。二是创新财政运行机制。以信息化为支撑，稳步推进绩效管理、资产管理、投资评审、财政监督、政府采购、国库集中支付“六位一体”的财政运行管理新机制。通过整合资源、优化机制来实现财政资金使用效益和效率的最大化。三是加强内部控制建设。对照新《预算法》开展权力搜索，拿出权力清单，规范权力流程，真正做到权责明晰、权责相当、用权受约束、责任可追溯。按照分级授权、分岗设权、分事行权的原则，研究制定内部控制制度，加强对权力运行的制约和监督，形成“不能腐”的长效机制。

各位代表，做好2016年的财政工作任务艰巨、责任重大，我们将在县委的坚强领导下，在县人大、县政协的监督支持下，坚定信心、求真务实，开拓创新，努力完成本次会议确定的各项财政收支目标任务。

文件目录

中共湘潭县委重要文件目录

1.潭县发〔2015〕1号，关于印发《关于落实党风廉政建设党委主体责任和纪委监督责任的实施办法（试行）》的通知；

2.潭县发〔2015〕3号，《关于实施基层组织建设“双创”工程的意见》；

3.潭县发〔2015〕4号，《关于推动村（社区）“松绑减负、提升服务”的实施意见》；

4.潭县发〔2015〕5号，关于印发《湘潭县党风廉政建设主任责任和监督责任追究办法（试行）》的通知；

5.潭县发〔2015〕7号，《关于新形势下加强党管武装工作的意见》；

6.潭县发〔2015〕8号，《关于加快推进精准扶贫开发工作的决议》。

湘潭县人民政府重要文件目录

1.潭县政函〔2015〕14号，《关于下达〈政府工作报告〉重点工作任务的通知》；

2.潭县政函〔2015〕18号，《关于移交天易示范区第一批行政管理及社会事务的通知》；

3.潭县政函〔2015〕36号，关于印发《湘潭县农村信用合作联社筹建农村商业银行工作方案》的通知；

4.潭县政函〔2015〕98号，《关于乡镇区划调整的通知》；

5.潭县政发〔2015〕3号，《关于加快高新技术产业发展的实施意见》；

6.潭县政发〔2015〕4号，《2015年稳定发展粮食生产的意见》；

7.潭县政发〔2015〕5号，关于印发《湘潭县推行城市管理相对集中行政处罚权实施办法》的通知。

中共湘潭县委办公室重要文件目录

1.潭县办发〔2015〕2号，《关于进一步加强农村环境综合整治工作的实施意见》；

2.潭县办发〔2015〕5号，关于印发《湘潭县群众满意度考核奖励及责任追究办法》的通知；

3.潭县办发〔2015〕6号，关于印发《湘潭县阳光村务管理实施办法》的通知；

4.潭县办发〔2015〕7号，关于印发《湘潭县安全生产“网格化”管理工作实施方案》的通知；

5.潭县办发〔2015〕13号，《关于全面推进村级权力规范化运行的实施意见》；

6.潭县办发〔2015〕14号，《关于扎实推进整治“四风”和侵害群众利益行为常态化长效化的意见》；

7.潭县办发〔2015〕17号，《湘潭县关于鼓励支持村级集体经济发展的实施意见》；

8.潭县办发〔2015〕20号，关于印发《湘潭县农村土地承包经营权确权登记颁证工作方案》的通知；

9.潭县办发〔2015〕21号，关于印发《湘潭县公务员职务与职级并行制度的实施方案》的通知；

10.潭县办发〔2015〕25号，《关于加强我县安全生产监管能力建设的实施意见》；

11.潭县办发〔2015〕27号，关于印发《中共湘潭县委贯彻落实“三重一大”事项集体决策制度的实施办法》的通知。

湘潭县人民政府办公室重要文件目录

1.潭县政办函〔2015〕17号，《关于认真开展国民经济和社会发展第十三个五年规划编制工作的通知》；

2.潭县政办发〔2015〕54号，关于印发《湘潭县财政投资评审管理办法》的通知；

3.潭县政办发〔2015〕9号，关于印发《湘潭县财政专项资金（基金）管理暂行办法》的通知；

4.潭县政办发〔2015〕14号，关于印发《湘潭县区域医疗机构设置规划（2015—2018年）》的通知；

5.潭县政办函〔2015〕20号，关于印发《湘潭县县级公立医院综合改革实施方案》的通知；

6.潭县政办发〔2015〕26号，关于印发《湘潭土地利用总体规划调整完善工作方案》和《湘潭县永久基本农田划定工作方案》的通知；

7.潭县政办发〔2015〕56号，关于印发《湘潭县国有土地使用权出让收支管理办法》的通知；

8.潭县政办发〔2015〕44号，《关于提高农村五保分散供养标准和城市“三无人员”、农村低保救助标准》的通知；

9.潭县政办发〔2015〕49号，关于印发《湘潭县关于调整机关事业单位工作人员基本工资标准和增加机关事业单位离退休人员离退休费的实施方案》的通知；

10.潭县政办发〔2015〕50号，关于印发《湘潭县机关事业单位养老保险制度改革工作实施方案》的通知；

11.潭县政办发〔2015〕52号，关于印发《湘潭县促进开放型经济发展的意见》的通知；

12.潭县政办发〔2015〕45号，《关于进一步促进房地产市场平稳健康发展的意见》；

13.潭县政办函〔2015〕33号，关于印发《湘潭县深入开展“招商突破年”活动实施方案》的通知；

14.潭县政办发〔2015〕3号，关于印发《湘潭县重大动物疫情应急预案》的通知。

（责任编校 杨红艳）

索 引

说 明

一、本索引采用分析索引方法，按索引条目第一字汉语拼音(同音字按声调)顺序排列。第一字相同，按第二字音序排列，依次类推。

二、部类用蓝体字标明。标引调后的阿拉伯数字表示内容所在页码，

Y

Z